"十二五"普通高等教育本科国家级规划教材

普通高等教育精品教材

东北财经大学会计学系列教材

刘明辉 史德刚 主编

审计

Auditing

第8版

东北财经大学出版社
Dongbei University of Finance & Economics Press
大连

图书在版编目（CIP）数据

审计 / 刘明辉，史德刚主编．—8版．—大连：东北财经大学出版社，2022.9（2024.7重印）

（东北财经大学会计学系列教材）

ISBN 978-7-5654-4630-6

Ⅰ.审… Ⅱ.①刘… ②史… Ⅲ.审计-高等学校-教材 Ⅳ.F239

中国版本图书馆CIP数据核字（2022）第147333号

东北财经大学出版社出版

（大连市黑石礁尖山街217号 邮政编码 116025）

网 址：http://www.dufep.cn

读者信箱：dufep@dufe.edu.cn

大连图腾彩色印刷有限公司印刷 东北财经大学出版社发行

幅面尺寸：185mm×260mm 字数：848千字 印张：29.5 插页：1

2022年9月第8版 2024年7月第5次印刷

责任编辑：田世忠 李 彬 周 慧 责任校对：慧 心

封面设计：冀贵收 版式设计：钟福建

定价：57.00元

教学支持 售后服务 联系电话：（0411）84710309

如有印装质量问题，请联系营销部：（0411）84710711

卷首语

谁都不能否认，经济与会计的关系越来越密切，尤其是经济全球化的趋势让全世界的会计准则制定机构都走上了会计准则的国际趋同和等效之路；谁也不能否认，我国的会计改革紧跟了我国和世界经济发展的步伐，尤其是20世纪90年代初至今，会计改革经历了与国际接轨、趋同和等效的阶段；谁都必须承认，会计人才的培养要适应经济与社会的发展变化，尤其要适应建设社会主义市场经济的需要。另外，一整套优秀的系列教材对于培养会计人才的重要性是显而易见的，尤为重要的是教材必须紧跟时代进步的节奏，把握好经济与会计发展的脉搏。

纵观“东北财经大学会计学系列教材”的生命线会发现，她之所以能常青，正是上述认识指引的硕果。

20世纪90年代初，我们编写了东北财经大学第1套会计学系列教材，其奉行的理念是：积数十年教材编写之经验，融十几位教授之心血，编系列精品教材。我们一直坚持这样的原则，前后共出版过4套系列教材，每一套系列教材都修订过若干次，总销量近千万册，其“足迹”遍布祖国的大江南北。在30多年中，东北财经大学会计学系列教材伴随着一批又一批的大学生成长，并且以教材编写为契机，在高等学府中培养了一代又一代的教师精英。

从时间上来推算，本套会计学系列教材是30多年中的第5套。本套会计学系列教材的第1版诞生于2007年1月，正好踏着2006年财政部发布“企业会计准则”体系的节拍。在此期间，我们又掌握和理解了更新的会计准则与规范，积累和领会了更多的专业知识，尤其是对会计准则与会计教材之间的关系有了更深刻的认识。基于此，我们才有了这一次的修订，并以新版的形式呈现在读者面前。

东北财经大学会计学系列教材修订的主要依据是财政部最近几年来修订或发布的企业会计、行政事业单位会计、税收、财务管理、管理会计等方面的法规：

•就企业会计准则而言，2017年以来，财政部发布修订后的《企业会计准则第22号——金融工具确认和计量》《企业会计准则第23号——金融资产转移》《企业会计准则第14号——收入》《企业会计准则第7号——非货币性资产交换》等8项准则，印发了《企业会计准则解释第13号》《企业会计准则解释第14号》，这些准则及其解释公告对财务会计类教材影响比较大；同时，我们根据2019年度一般企业财务报表格式对相关内容进行了调整。

•从管理会计来看，财政部发布了《管理会计基本指引》，分3批发布了34项《管理会计应用指引》，不仅有利于加强管理会计指引体系建设，还将对制定案例示范起统领作用。

•从成本会计来看，继《企业产品成本核算制度（试行）》发布后，财政部又发布了《企业产品成本核算制度——石油石化行业》《企业产品成本核算制度——钢铁行业》《企业产品成本核算制度——电网经营行业》等，对大中型石油化工企业等的成本核算业务进行规范。

•从审计来看，中国会计准则、审计准则与国际会计准则和审计准则持续趋同；内部控制审计指引出台；会计师事务所组织形式不断创新；会计师事务所做大做强战略实施和注册会计师执业领域不断拓展；风险导向审计模式进一步推广；中国注册会计师协会借鉴国际审计准则研究的最新成果，修订并增加了审计报告相关准则。

•财政部和国家档案局联合发布新《会计档案管理办法》，自2016年1月1日起施行。

•财政部、国家税务总局和海关总署发布的《关于深化增值税改革有关政策的公告》，自2019年4月1日起执行。

这些对于会计学系列教材建设都提出了新的挑战。

在修订的过程中，我们更加注重提升同教材配套的平台建设质量：

•关于习题与案例。按照修订后的教材内容体系，根据各章内容的安排重新进行习题与案例的修订。一是加大习题量，适当提高习题的难度。二是更换部分案例，使案例与实践更加贴近，学生通过案例的学习得到进一步启发。三是配置阶段性综合习题，根据内容模块设置习题，便于学生综合性地理解和掌握几个章节的内容，循序渐进，达到深入学习的效果。

•关于电子课件。电子课件的制作摒弃了复制主教材各级标题的简单做法，由各主教材的作者主持制作，这样能更好地把握授课内容，对各章节的内容进行更深入的讲解和逻辑勾勒，真正起到辅助和深化的作用。

•关于教学大纲。本套教材配有电子版教学大纲，为教师提供课时分配、重难点提示、教学结构等参考信息，进一步方便教师教学。

•关于慕课。《基础会计》《中级财务会计》《高级财务会计》《管理会计》等书的配套慕课在中国大学MOOK平台上播放。其中，《管理会计》获评"首批国家级线上线下混合式一流本科课程教材"。

•关于在线组卷。东北财经大学出版社网站的"会员中心"提供"在线组卷"功能，本套书所有教材都可以在线组卷，所有题目都来自教材的配套习题。

•关于课程思政。为了适应新时代会计教学改革的需要，本版教材尝试融入思政课堂相关知识，这既是对教材知识体系的必要补充，也进一步体现教材应担负的立德树人使命，更是为人工智能环境下会计教学形式的创新创造条件。

为保证质量，我们陆续推出新版东北财经大学会计学系列教材，分别有：《基础会计》《中级财务会计》《高级财务会计》《成本会计》《管理会计》《财务管理》《会计信息系统》《内部控制》《财务分析》《会计学》《审计》《审计（精编版）》，共计12种。值得一提的是，截至目前：

•入选"十二五"普通高等教育本科国家级规划教材的有7种，普通高等教育"十一五"国家级规划教材的有4种，"十二五"普通高等教育本科省级规划教材的有9种；

•入选普通高等教育精品教材的有1种；

•荣获全国优秀畅销书奖的有6种，省级优秀畅销书奖的有6种；

•所支撑的课程获得国家级精品课程称号的有5种，所支撑的课程获得省级精品课程称号的有6种；

•获得国家级精品资源共享课称号的有5种，获得省级精品资源共享课称号的有2种；

•荣获2020年辽宁省普通高等教育本科优秀教材奖的有4种。

由于我们的时间和精力有限，教材中难免存在不足，我们恳请广大读者批评指正。

每次修订仅仅是一个新的起点，而不是终点，我们将随着经济的发展与会计环境的变化不断修订，使东北财经大学会计学系列教材紧随时代步伐，及时反映学科的最新进展。

东北财经大学会计学系列教材编委会

第8版前言

本书自2015年再版发行后，注册会计师审计环境不断发生变化：中国会计准则、审计准则与国际会计准则和审计准则持续趋同；内部控制审计指引出台；会计师事务所组织形式不断创新；会计师事务所做大做强战略实施和注册会计师执业领域不断拓展；风险导向审计模式进一步推广等。除了上述变化，投资者和社会公众对多年一成不变的审计报告模式也多有诟病，要求审计报告披露更多有价值的信息的呼声愈来愈高，为此，中国注册会计师协会借鉴国际审计准则研究的最新成果，修订并增加了审计报告相关准则并由财政部发布。党的二十大召开以后，审计界认真学习贯彻党的二十大会议精神，增强“四个意识”，坚定“四个自信”，做到“两个维护”，掀起了持续提升审计质量的热潮：持续修订审计准则及其相关审计指南。为了反映审计环境的变化，体现审计理论研究的最新成果，特别是为了更好地满足投资者和社会公众对审计报告的要求和期望，本书作者依据审计环境的变化以及新修订的审计准则以及新金融工具和新收入会计准则，对全书进行了重新修订。

本书修订的主要表现为：对第十二章审计报告章节按照新修订的审计准则进行了全面修订；对第三篇交易循环审计相关章节依据新金融工具会计准则和新收入会计准则进行了全面修订；其余章节按照最新修订的相关审计准则进行了全面梳理和修订，以适应现实的需要。

本书由东北财经大学教授、博士生导师、财政部会计准则委员会咨询专家、审计署国家审计准则委员会委员、中国注册会计师协会审计准则委员会委员刘明辉教授和东北财经大学副教授史德刚任主编。具体分工为：第一章至第七章由刘明辉教授编写；第八章由樊子君副教授编写；第九章至第十章由曲明副教授编写；第十一章至第十二章由祁渊教授编写；第十三章至第十九章由史德刚副教授编写；第二十章至第二十二章由郑艳茹副教授及唐大鹏教授编写，其中唐大鹏教授编写了第二十章第三节内部控制审计，其余为郑艳茹副教授编写。此外，张婷婷副教授，袁歆博士、韩艳锦博士参与了部分章节的修订。全书由刘明辉教授、史德刚副教授负责修订、总纂、定稿。

本书作为“十二五”普通高等教育本科国家级规划教材中的精品教材，得到了广大高校师生的普遍认同和广泛采用。很多任课教师和学界同仁为本书的不断完善提出了建设性的意见和建议，对此，我们表示由衷的感谢！书中如果存在不足和瑕疵，恳请读者指正。

作　者

2023年5月19日

目录

第一篇　审计、鉴证与注册会计师职业

第二篇　审计程序与审计技术

第三篇　交易循环审计

第一篇 审计、鉴证与注册会计师职业

第一章

审计与鉴证概论

第一节 审计与鉴证业务的产生和发展

一、注册会计师审计的产生

注册会计师审计是商品经济发展到一定程度时，随着企业财产所有权与经营权分离而产生的。通常认为，注册会计师审计产生于资本主义工业革命时代，而其萌芽则可以追溯到16世纪。

16世纪，威尼斯城的航海贸易日益发达并出现了早期的合伙企业。在合伙企业中，通常只有少数几人充当执行合伙人，负责企业的经营管理，其他合伙人则只出资而不参加经营管理。非执行合伙人需要了解合伙企业的经营情况和经营成果，执行合伙人也希望能证实自己经营管理的能力与效果，因此双方都希望能从外部聘请独立的会计专业人员来承担查账和监督工作。这些会计专业人员所进行的查账与监督，可以被看作注册会计师审计的最初萌芽。

18世纪下半叶，资本主义工业革命开始以后，英国的生产社会化程度大大提高，导致企业所有权与经营权进一步分离。企业主们雇用职业经理人员来管理日常经营活动，他们需要借助外部专业人员来检查和监督经理人员，于是出现了第一批以查账为职业的独立会计师。特别是股份公司兴起以后，企业财产所有权与经营权日渐分离，绝大多数股东只向企业出资而完全脱离了经营管理。因此，股东们要求由经理人员组成的管理层定期向他们提交财务报告，以便了解公司的财务状况和经营成果。而后，随着资本市场的快速发展，企业融资渠道进一步拓宽，债权人、潜在的投资者等社会公众都迫切需要了解公司的财务状况和经营成果，以作出贷款、投资等相应的经济决策。因此，为确保财务信息的真实与公允，由独立会计师对股份公司的财务报告进行审计就显得尤为必要。

1720年，英国爆发了南海公司破产事件，公司股东和债权人遭受了巨大的经济损失。会计师查尔斯·斯内尔受议会聘请对其会计账目进行了检查，并以"会计师"的名义出具了一份

"查账报告书"，指出南海公司的财务报告存在着严重的舞弊行为，这标志着独立会计师——注册会计师的正式诞生。随后，为保护投资者和债权人的利益，监督股份公司的经营管理，英国议会于1844年颁布了《公司法》，规定股份公司必须设立监事会审查会计账簿和报表，并将审查结果报告给股东。次年又对《公司法》进行了修订，规定股份公司必要时可以聘请会计师协助办理审计业务。该法案使公司有了聘请外部审计人员的选择权，从而有力地促进了独立会计师职业的发展。其间，英国政府对一批独立会计师进行了资格确认。1853年，爱丁堡会计师协会在苏格兰成立，标志着注册会计师审计职业的诞生。1862年修订的《公司法》又确定会计师为法定的公司破产清算人，进一步明确了独立会计师的法律地位。

二、注册会计师审计的发展

商品经济的发展不仅促成了审计的产生，而且不断推动审计向前发展。政府审计和内部审计如此，注册会计师审计也不例外。从审计对象的演变过程来看，注册会计师审计可以分为会计账目审计、资产负债表审计和财务报表审计三个阶段。

（一）会计账目审计阶段

该阶段大致从19世纪中叶至20世纪初，其中，英国审计模式占据主导地位。在此阶段，注册会计师审计的主要特点是：审计逐渐由任意审计转变为法定审计；审计的目的在于查错防弊，保护企业财产的安全完整；审计的方法是对会计账目进行逐笔的详细审计；审计报告的使用人主要是企业股东。

（二）资产负债表审计阶段

该阶段大致包括20世纪的前30年。其间，全球经济发展中心由欧洲转向美国。当时企业筹资主要依靠银行贷款解决。银行通常要求借款人提供经独立会计师审核的资产负债表，以判断企业的偿债能力。企业也希望借助独立会计师对其资产负债表进行审查，以更好地获取银行信用。因此，资产负债表审计成为此阶段独立会计师的主要业务。注册会计师审计的基本特点是：审计对象由会计账目扩大到资产负债表；审计的主要目的在于通过审查资产负债表来判断企业的信用状况；审计方法从详细审计初步转向抽样审计；审计报告的使用人除企业股东外，更突出了债权人的需要。

（三）财务报表审计阶段

该阶段大致从20世纪30年代至今。20世纪30年代后，美国证券市场得到快速发展，为保护投资者的权益，美国1934年的《证券交易法》规定，上市公司必须向证券交易管理部门报送经过审查的资产负债表和损益表。为顺应这种需要，注册会计师审计从资产负债表审计逐步扩大到财务报表审计。在此阶段，注册会计师审计的主要特点为：审计对象转为企业的全部财务报表及相关资料；审计的主要目的在于对财务报表发表审计意见；审计范围扩大到测试相关的内部控制制度；抽样审计和计算机辅助审计技术逐渐被运用；审计报告的使用人进一步扩大，包括股东、债权人、潜在的投资者、证券交易机构、政府及社会公众；注册会计师审计准则体系不断建立和完善；注册会计师资格考试和认证制度逐步推行。

三、审计模式的演进

审计模式是审计导向性目标、范围和方法等要素的组合，它规定了如何分配审计资源、如何控制审计风险、如何规划审计程序、如何收集审计证据、如何形成审计结论等内容。审计环境的不断变化和审计理论水平的不断提高，促进了审计模式和方法的不断发展和完善。截至目前，一般认为，审计模式和方法的演进经历了账项导向审计阶段、内控导向审计阶段和风险导向审计阶段。

（一）账项导向审计阶段

该阶段大致从19世纪中叶到20世纪40年代。最初的账项导向审计以查错防弊为主要目的，详细审查公司的全部账簿和凭证，即检查各项分录的有效性和准确性、账簿记录的加总和过账是否正确、总账和明细账是否一致。经过一段时间后，企业规模日渐增大，审计范围也不断扩大，审计师已无法全面审查企业的会计账目，客观上要求改变原有的审计模式。注册会计师审计开始转向以财务报表为基础进行抽查，审计方式由顺查法改为逆查法，即通过先审查资产负债表有关项目，再有针对性地抽取凭证进行详细检查。在此阶段，抽查的数量仍然很大，但由于采取以判断抽样为主的方法，审计师仍难以有效揭示企业财务报表中可能存在的重大错弊。

（二）内控导向审计阶段

20世纪40年代以后，随着经济的发展，财务报表的外部使用者越来越关注企业的经营管理活动，日益希望审计师全面了解企业的内部控制情况，审计目标逐渐从查错防弊发展到对财务报表发表审计意见。经过长期的审计实践，审计师们也发现内部控制制度与财务信息质量具有很大的相关性。如果内部控制制度健全有效，财务报表发生错误和舞弊的可能性就小，财务信息的质量就更有保证，审计测试范围也可以相应缩小；反之，就必须扩大审计测试范围，抽查更多的样本。为顺应这种要求并提高审计工作效率，账项导向审计逐渐发展为内控导向审计，即通过了解和评价被审计单位的内部控制制度，评估审计风险，制订审计计划并确定审计实施的范围和重点，在此基础上进行实质性测试，获取充分、适当的审计证据，从而提出合理的审计意见。通过实施内控导向审计，大大提高了审计工作的效率和质量，但客观上也增加了审计风险。

（三）风险导向审计阶段

随着经济环境的变化，社会公众日益对审计人员寄予更高的期望，要求审计人员担负更大的责任。20世纪70年代以来，审计诉讼案件有增无减，深入研究、防范和降低审计风险成为审计职业界的重要任务。为合理地防范和降低审计风险并降低审计成本，注册会计师审计逐渐从内控导向审计发展到风险导向审计。在此阶段，审计人员在考虑审计风险时，不仅考虑会计系统和控制程序，还考虑控制环境。换句话说，风险导向审计既关注和评估企业内部控制风险，又关注和评估企业经营所面临的外部风险。通过对审计风险的量化和模型化，确定审计证据的数量，使审计风险的控制更加科学有效。风险导向审计是适应现代社会高风险的特性，为量化审计风险、减轻审计责任、提高审计效率和审计质量所做的一种尝试。风险导向审计的出现，有助于审计人员有效地控制审计风险，提高审计工作的效率和效果，因而越来越受到注册会计师的青睐，标志着注册会计师审计发展到了一个新阶段。

四、鉴证业务的产生与发展

“鉴证业务”（assurance service）也称“保证服务”、“认证业务”或“可信性保证业务”。它是20世纪90年代中后期国际会计师行业对注册会计师专业鉴证性服务的一个新的概括和提法，既是注册会计师专业服务产品向纵深开发的结果，也是注册会计师专业服务从“审计”向“鉴证”的一次重大跨越。

最早有组织地致力于鉴证业务的研究与开发的是美国注册会计师协会（AICPA），1993年AICPA探讨并指出了审计的未来发展方向是鉴证业务。1994年AICPA成立了鉴证业务特别委员会（SCAS），对审计的发展进行专门研究。此后，AICPA成立了鉴证业务执行委员会（ASEC），对鉴证业务的具体执业准则、有待发展的鉴证业务进行系统的研究。加拿大的特许会计师协会（CICA）和澳大利亚的会计职业组织等也成立了相关机构进行鉴证业务的研究。

1993年5月，美国注册会计师协会在新墨西哥州圣达菲（Santa Fe）召开了审计/保证会议，这次会议注意到了用户对审计和其他鉴证服务需求的下降，以及用户对鉴证业务的范围和效用方面的不满，并决定开发一项广阔的计划，重塑鉴证业务的未来，以增加其价值。为此，AICPA于1994年正式成立了以毕马威（KPMG）合伙人Robert K.Elliott为主席的临时性机构“鉴证业务特别委员会”（SCAS，通称为Elliott委员会）。1996年年底，该委员会通过网站发布了翔实的报告（通称为Elliott报告）。1997年，AICPA成立了一个永久性的机构“鉴证业务执行委员会”（ASEC），Ronald S.Cohen、Robert L.Bunting、Susan C.Rucker、Thomas E.Wallance等先后担任主席。值得特别提到的是，美国注册会计师职业界于1998年发布的《CPA远景报告：2011年及以后》在展望未来的五大核心服务领域时，“保证与信息真实性”服务位列第一。

加拿大特许会计师协会（CICA）于1995年8月组建了以KPMG合伙人Axel N.Thesberg为主席的“鉴证业务工作组”（TFAS），旨在开发和实施一项拓展保证业务的计划，并确保注册会计师（CA）在保证领域的优势。TFAS于1995年12月、1997年6月分别向CICA管理委员会（BOG）提交了一份中期报告，1998年1月发表了最终报告。CICA根据最终报告的建议成立了“鉴证业务发展委员会”（ASDB），主席为德勤（Deloitte & Touche）合伙人John W.Beech，现任主席为安永（Ernst & Young）合伙人Doug McPhie。

AICPA和CICA之间就鉴证业务的研究，尤其是新鉴证业务产品的开发方面进行了密切的合作。AICPA和CICA合作开发的鉴证业务领域包括：风险评估（risk assessment）、业绩计量（performance measurement）、系统质量（systems quality）、电子商务（e' commerce）、养老（eldercare），尤其是针对电子商务鉴证业务产品的网誉认证（webtrust）和信息系统可靠性鉴证业务产品系统认证（systrust），联合开发了一系列原则与标准。

澳大利亚注册会计师协会（ASCPA）与澳大利亚特许会计师协会（ICAA）于1997年成立了以安永合伙人Stuart Alford为主席的鉴证业务联合工作组（JASTF）。JASTF于当年12月发布了一份报告，讨论了未来发展的一些关键问题，并提议成立研究与创新委员会（RIB）。RIB于1998年7月成立，直至1999年4月ASCPA宣布退出。1999年6月，澳大利亚会计研究基金会管理委员会宣布将审计准则委员会（ASB）更名为审计和保证准则委员会（AuASB）。

国际会计师联合会（IFAC）下属的审计实务委员会（IAPC）于1997年8月发布了一份名为《信息可靠性报告》的征求意见稿，得到了积极回应。IAPC在进行重大修改之后，于1999年3月以“保证业务”为名重新发布了征求意见稿，并最终于2000年6月正式发布了《保证业务国际准则》，为保证业务提供了总体框架，并针对高度保证业务规定基本原则和主要程序。2002年，IAASB（国际审计和鉴证准则委员会）重新划分CPA的业务类型，并将IASE100分拆为《鉴证业务的国际框架》和ISAE 2000《鉴证对象为历史财务信息之外的鉴证业务》。2003年，IAASB发布上述两个文件的征求意见稿，建议取代ISAE 100《鉴证业务》并废止ISA 120《审计准则的国际框架》。2005年1月，IFAC正式发布了ISAE 3000《除历史财务信息审计和审阅之外的鉴证业务》。

应该说，致力于鉴证业务的研究与开发的初衷是着眼于注册会计师行业的未来发展。进入20世纪90年代以后，传统的财务报表审计已经成为一个相对成熟的服务产品，社会期望甚高，同业竞争激烈，诉讼风险加大，迫使注册会计师行业另辟蹊径，在咨询和鉴证方面进行拓展。市场对提高信息质量方面的显著需求和注册会计师自身的能力，很自然地促使注册会计师鉴证类专业服务在完成由审计到鉴证的过渡之后，很快又开始向鉴证业务跨越，并将其作为行业发展的远景方向。实际上，促使AICPA开展相关研究与开发的是1993年的审计/保证会议对未来服务的探索和展望；CICA开展相关努力的一个重要背景是其通过研究草拟了一份“远景报告”（Vision Report）；英格兰和威尔士特许会计师协会（ICAEW）的一份展望报告《增值职业：2005年的特许会计师》也勾画了未来鉴证业务的蓝图。

美国鉴证业务特别委员会委员William Kinney教授在1998年的一次关于鉴证业务的研讨会上一针见血地指出：会计行业成立鉴证业务特别委员会的根本动机只有一个——生存。Robert Elliott在该委员会成立（1994年）致辞中谈到，美国在过去的7年中，来自证书鉴证业务（传统审计）的收入停滞在70亿美元。他预测到2000年传统审计的总收入仍然只会接近这个水平，而来自其他鉴证业务的收入将增加到210亿美元（其中相当大的一部分目前被其他行业所赚取）。

当然，变化的环境也是鉴证业务拓展和演进的重要原因。信息技术的发展降低了对历史性信息以及查找和纠正差错的需求，也使得大规模、高速度地处理信息成为可能，但同时却加大了对信息质量和侦查舞弊的需求，以及对企业持续经营的关注。Elliott报告将变化的环境概括为7个方面：信息技术的变革；对受托责任（accountability）的更大的需求；资本提供者构成的变化；人口年龄分布的变化；组织结构的变化；供应商、客户和资本市场的全球化；教育。Elliott正是以此为背景提出了一个新的鉴证业务架构。

五、中国注册会计师审计与鉴证的发展

中国的注册会计师审计始于辛亥革命以后。当时，一批爱国学者积极倡导创建中国的注册会计师审计事业。1918年，北洋政府颁布了我国第一部注册会计师审计法规——《会计师暂行章程》。同年，谢霖先生获准成为中国第一位注册会计师，并创办了第一家注册会计师审计机构——正则会计师事务所。1925年，上海首先成立了会计师公会。经过30余年的缓慢发展，到1947年，中国的注册会计师审计事业已经初具规模。然而，由于政治经济的落后，旧中国的注册会计师审计业务发展缓慢，远未能发挥注册会计师审计的应有作用。中华人民共和国成立初期，在我国国民经济恢复过程中，注册会计师审计曾发挥了积极作用。在社会主义改造完成以后，由于照搬苏联高度集中的计划经济模式，我国的注册会计师审计陷入了长时期的停滞状态。

改革开放以后，我国逐渐从计划经济体制转向市场经济体制，并出现了国有、集体、外资以及个体私营经济等多种所有制经济形式，股票、债券等资本市场也得到了快速发展，注册会计师审计随着经济的发展而得到了恢复和发展，其发展大致分为以下四个阶段：

（一）恢复重建阶段（1980—1991年）

党的十一届三中全会作出了实行改革开放的历史性决策，为了吸引外资、改善投资环境，按照国际通行做法，我国建立了注册会计师独立审计制度。1980年颁布的《中外合资经营企业所得税法施行细则》规定，合资经营企业在向税务机关报送所得税申报表和会计决算报表时，应附送注册会计师查账报告。1980年12月，财政部发布了《关于成立会计顾问处的暂行规定》，标志着我国注册会计师制度得到了恢复重建。1986年7月，国务院颁布《中华人民共和国注册会计师条例》，确立了注册会计师行业的法律地位，到1988年年底，注册会计师发展到3 000人，会计师事务所250家，业务领域仍以外商投资企业为主。1988年11月，中国注册会计师协会成立，注册会计师行业开始步入政府监督和指导、行业协会自我管理的轨道。

在注册会计师事业发展的同时，我国另一支注册会计师审计队伍——注册审计师也从无到有发展壮大起来。1986年，全国有审计事务所189家，从业人员1 600人；1990年，有审计事务所2 322家，注册审计师7 273人；1993年11月，中国注册审计师协会成立；1995年，审计事务所已发展到3 828家。

（二）规范发展阶段（1991—1998年）

1990年11月和1991年7月，上海证券交易所和深圳证券交易所相继成立，标志着我国资本市场的初步形成。1991年12月，首次举办注册会计师全国统一考试，为注册会计师专业化、规范化发展奠定了坚实的人才基础。1991年至1993年，中国注册会计师协会先后发布检查验证会计报表规则等7个执业规则，规范注册会计师执业行为。1993年10月31日，党的八届全国人大四次会议通过了《中华人民共和国注册会计师法》（以下简称《注册会计师法》），财政部和中国注册会计师协会先后制定发布了注册会计师注册、事务所审批、境外所临时执业等14项行业管理制度，注册会计师行业在法制化的轨道上大步向规范化方向发展。

1995年6月，中国注册会计师协会（简称"中注协"）与中国注册审计师协会实现联合，开创了统一法律规范、统一执业标准、统一监督管理的行业发展新局面，为行业的规范发展奠定了良好的基础。"两会"联合后，注册会计师行业的规范化发展主要体现在四个方面：一是1997年拉开了行业清理整顿工作的序幕；二是1998年启动了行业体制改革工作；三是中注协分别于1996年10月和1997年5月加入亚太会计师联合会（CAPA）和国际会计师联合会（IFAC），并与50多个境外会计职业组织建立了友好合作和交往关系；四是注册会计师审计准

则制定工作基本完成，执业规范体系基本形成。1995—2003年，中注协先后制定了6批注册会计师审计准则，包括1个准则序言、1个注册会计师审计基本准则、28个注册会计师审计具体准则和10个注册会计师审计实务公告、5个执业规范指南，此外，还包括3个相关基本准则（职业道德基本准则、质量控制基本准则和后续教育基本准则），共计48个项目。

（三）体制创新阶段（1998—2004年）

1998年至1999年年底，在财政部领导下，注册会计师行业全面开展并完成了会计师事务所的脱钩改制工作，会计师事务所实现了与挂靠单位在“人事、财务、业务、名称”四个方面的彻底脱钩，改制成为以注册会计师为主体发起设立的自我约束、自我发展、自主经营、自担风险的真正意义上的市场中介组织。会计师事务所脱钩改制，彻底改变了行业的责权利关系，为注册会计师实现独立、客观、公正执业奠定了体制基础，极大地释放和激发了会计师事务所的活力。

（四）国际发展阶段（2005年至今）

2004年年底，中国注册会计师协会召开第四次会员代表大会，会议明确提出开放国内市场和进军国际市场并举的国际化发展思路。一是以培养国际化人才为重点，全面实施行业人才战略。二是以实现国际趋同为目标，深入推进准则国际趋同战略。三是以会计师事务所“走出去”为标志，大力推进做大做强战略。

2005年开始，按照财政部领导关于着力完善我国注册会计师审计准则体系，加速实现与国际准则趋同的指示，中国注册会计师协会拟订了22项准则，对26项准则进行了必要的修订和完善，并于2006年2月15日由财政部发布，自2007年1月1日起在所有会计师事务所施行。这些准则的发布，标志着我国已建立起一套适应社会主义市场经济发展要求，顺应国际趋同大势的中国注册会计师执业准则体系。

2007年，财政部启动注册会计师行业做大做强战略，发布《关于推动会计师事务所做大做强的意见》和《会计师事务所内部治理指南》，并协调九部委发布《关于支持会计师事务所扩大服务出口的若干意见》；发布《中国注册会计师胜任能力指南》；促成会计师事务所民事侵权责任司法解释的发布实施；在布鲁塞尔举行中国注册会计师统一考试欧洲考区的首次考试；签订内地与中国香港审计准则等效的联合声明。

2008年，建立行业诚信信息监控系统；与英格兰及威尔士特许会计师协会签署两会间职业资格考试部分科目互免协议；发布注册会计师考试制度改革方案；制定发布《关于规范和发展中小会计师事务所的意见》和《关于改进和加强协会管理和服务工作的意见》；研究推进行业党建工作。

2009年10月3日，国务院办公厅正式《转发财政部关于加快发展我国注册会计师行业若干意见的通知》（国办发〔2009〕56号），明确提出了加快发展注册会计师行业的指导思想、基本原则、主要目标和具体措施。这是改革开放以来经国务院同意、由国务院办公厅转发的关系注册会计师行业改革与发展全局的第一个文件。这一纲领性文件有力地推动了注册会计师行业的跨越式发展。

2009年年初，为应对审计环境的重大变化，实现与国际审计与鉴证准则的持续趋同，中注协启动了审计准则修订工作，共涉及38个准则项目。经过一年多的努力，历经两次公开征求意见，2010年10月31日，中国审计准则委员会审议通过修订后的新审计准则，2010年11月1日由财政部正式发布，定于2012年1月1日起施行。

2016年12月23日，财政部印发《在审计报告中沟通关键审计事项》等12项中国注册会计师审计准则（新审计报告准则）。本次发布的12项审计准则，最为核心的1项是新制订的《中国注册会计师审计准则第1504号——在审计报告中沟通关键审计事项》，该准则要求在上市公司的审计报告中增设关键审计事项部分，披露审计工作中的重点难点等审计项目的个性化信息。其中，要求注册会计师说明某事项被认定为关键审计事项的原因、针对该事项是如何实施审计工作的。该准则仅适用于上市实体的审计业务。除该准则外，“对财务报表形成审计意见和出具审计报告”“在审计报告中发表非无保留意见”“在审计报告中增加强调事项段和其他事项段”“与治理层的沟通”“持续经营”“注册会计师对其他信息的责任”等6项准则属于作出实质性修订的准则，另外5项准则属于为保持审计准则体系的内在一致性而作出相应文字调整的准则，这11项准则中，有的条款是仅对上市实体审计业务的规定，有的条款是对所有被审计单位（包括上市实体和非上市实体）审计业务的规定。为确保新审计报告准则能够平稳顺利实施，采取分批、分步骤实施的方案，即自2017年1月1日起，首先在A+H股公司以及纯H股公司按照中国注册会计师审计准则执行的审计业务中实施；自2018年1月1日起扩大到所有被审计单位，其中，主板、中小板、创业板上市公司，IPO公司，新三板公司中的创新层挂牌公司，以及面向公众投资者公开发行债券的公司执行新审计报告准则的所有规定，对其他企业的审计暂不执行仅对上市实体审计业务的规定。同时，允许和鼓励提前执行新审计报告准则。

2019年，为了满足资本市场改革与发展对高质量会计信息的需求，保持我国审计准则与国际准则的持续全面趋同，规范和指导注册会计师应对审计环境和注册会计师利用内部审计人员的工作、应对违反法律法规行为、财务报表披露审计等方面审计实务的新发展，中国注册会计师协会修订了《中国注册会计师审计准则第1101号——注册会计师的总体目标和审计工作的基本要求》等18项审计准则，于2019年7月1日起施行。

2021年，为了贯彻落实《国务院办公厅关于进一步规范财务审计秩序　促进注册会计师行业健康发展的意见》（国办发〔2021〕30号）中“持续提升审计质量”和“完善审计准则体系”的要求，规范和指导注册会计师开展实务工作，保持我国审计准则与国际准则的持续动态趋同，中国注册会计师协会修订了《中国注册会计师审计准则第1601号——审计特殊目的财务报表的特殊考虑》《中国注册会计师审计准则第1603号——审计单一财务报表和财务报表特定要素的特殊考虑》《中国注册会计师审计准则第1604号——对简要财务报表出具报告的业务》等3项审计准则，于2022年1月1日起施行。

第二节　审计概念与种类

一、审计概念

美国会计学会（American Accounting Association，AAA）在1973年《基本审计概念报告》中将审计定义如下：

“审计是一个客观地获取和评价与经济活动和经济事项的认定有关的证据，以确认这些认定与既定标准之间的符合程度，并把审计结果传达给有利害关系的用户的系统过程。”

简单地说，审计是对有关经济活动和经济事项的一些说法加以验证的意思。如财务报表就是企业的管理层表示认定主张的一种方式，企业通过发布财务报表来认定其财务状况、经营成果和现金流量等情况。这些认定是否真实，就需要审计人员加以验证。如何进行验证呢？应当将这些认定同有关的标准进行比较，看它是否与既定的标准相符并判断其相符合的程度。在验证过程当中，特别强调审计人员应当收集证据，没有证据就不能发表意见；而且在收集证据时必须保持系统性和客观性，以保证审计的质量。最后，审计的结论必须以一定的方式传达给使用者，审计过程才算完成。

为了更好地理解上述定义，以下就其中的几个关键术语做进一步的解释：

1.经济活动和经济事项的认定

引起被审计单位的资产、负债、所有者权益及收入和费用发生增减变化的活动就是经济活动，或称交易事项（transactions）。被审计单位有关经济环境和经济事项的认定是审计的对象，它可以是公司的财务报表，也可以是某一建造合同的总成本等。

2.客观地获取和评价证据

客观意味着没有偏见，这不仅是对信息获取方法的质量要求，也是对审计人员的道德要求。审计证据是审计人员用来确定被审计的认定与既定标准是否一致的资料。获取和评价证据是审计的中心环节，客观地获取和评价证据要求对被审计单位有关认定的形成基础加以审查，并对其结果加以公正的评估，不因支持或反对作此认定的个人或单位而有所偏差或持有任何偏见。

3.系统的过程

系统的过程指的是合理的、有序的、有组织的步骤或程序，审计是一种遵循顺序、逻辑严密的活动，这就要求审计的事前规划必须详细周到，执行过程必须合乎顺序，传达结果的报告必须用词明确且准时送达。

4.与既定标准相符合的程度

既定的标准是指判断认定时所采用的衡量标准，这些标准可能是立法机关所制定的规则，或管理层所制定的预算或绩效衡量标准，也可能是财务会计委员会或其他权威机构所定的一般公认会计原则。符合的程度就是将被审计单位所作的认定与既定标准相比较，验证两者的接近程度。

5.审计结果

审计结果是基于对证据的分析与评价而得出的对认定与结果的一致程度的评价。审计结果的传达通常采用书面报告的形式，如财务报表审计报告。

6.有利害关系的用户

审计服务的对象并不限于被审计的单位或审计的委托人，可能是所有有利害关系的用户，包括股东、债权人、证券交易机构、税务金融机构及潜在投资者等。

审计的系统化过程如图1-1所示。

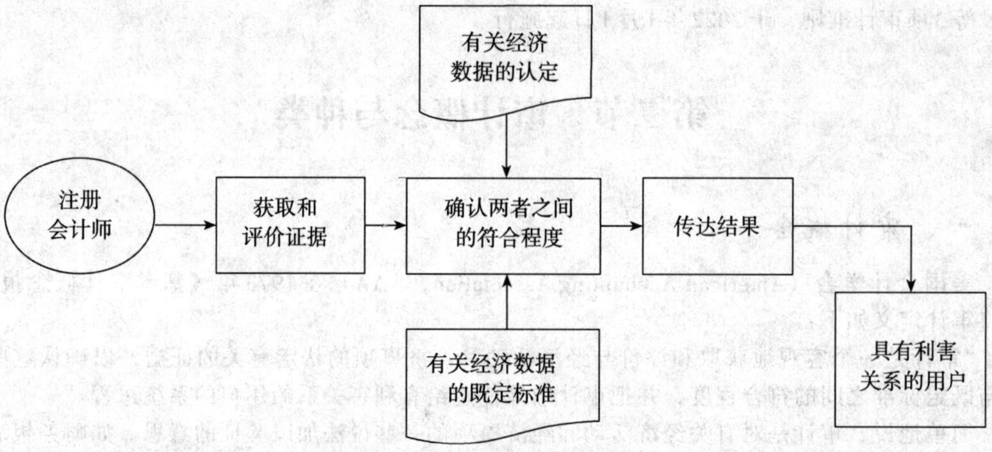

图1-1 审计的系统化过程

二、审计种类

为了能正确理解与掌握不同的审计形态，有必要按照一定的标准，对审计予以科学的分类。审计分类的标准很多，例如，按审计主体的不同，可以划分为政府审计、内部审计和注册会计师审计；按审计范围的不同，可以划分为全面审计和局部审计、综合审计与专题审计；按审计时间的不同，可分为事前审计和事后审计、期中审计和期末审计、定期审计和不定期审计；按审计地点的不同，可分为就地审计、送达审计和远程网络审计；按审计动机的不同，可分为法定审计和任意审计等。本节的论述将按照审计的目的、内容的不同，对审计进行分类，包括财务报表审计、合规审计和经营审计三类。

（一）财务报表审计

财务报表审计，亦称会计报表审计，是对被审计单位的财务报表（如资产负债表、利润表、所有者（股东）权益变动表和现金流量表）、财务报表附注及相关附表进行的审计。这种审计的目的在于查明被审计单位的财务报表是否按照一般公认会计原则（在我国，是指适用的《企业会计准则》和相关会计制度，下同），公允地反映其财务状况、经营成果和现金流量情况。

财务报表审计是近代股份公司出现后，由于公司的所有权和经营权的分离，以及股份的社会化而逐渐发展起来的一种审计方式。在西方国家，从名义上讲，财务报表审计是保护股东权益的一种手段，但从实际效果来看，财务报表审计所涉及的范围包括了与被审计单位有财务联系的各个方面。例如，美国注册会计师协会颁布的《审计准则说明书》就详细规定了审计人员所应考虑的有关事项。财务报表审计是现代审计中理论最完备、方法最先进的一种审计方式。

（二）合规审计

合规审计，是为查明和确定被审计单位财务活动或经营活动是否符合有关法律、法规、规章制度、合同、协议和有关控制标准而进行的审计。由注册会计师或税务审核人员就企业所得税结算申报书是否遵从税法的规定申报而进行的审计，是合规审计的典型例子。我国开展的财经法纪审计，如对严重违反国家现金管理规定、银行结算规定、成本开支范围规定、税法规定等行为所进行的审计，也是一种合规审计。其主要目的是检查财经纪律执行情况，揭露违法乱纪行为，如偷税漏税、乱挤乱摊成本、擅自提价涨价、滥发实物奖金、公款旅游、请客送礼、贪污盗窃、扰乱市场经济、行贿受贿等。由于违反财经纪律手段的特殊性，审计机构应采取不同的审计对策。按照有关规定，审计机关对违反财经纪律的单位和个人有权予以经济制裁；对严重违法乱纪人员，有权向有关部门建议予以行政纪律处分；对触犯国家刑律的，有权提请司法机关依法惩处。开展财经法纪审计对于维护财经纪律的严肃性，保证和推动改革开放的深入进行，保护国家、企业和个人三者的正当权益有特殊意义。

（三）经营审计

经营审计是为了评价某个组织的经济活动在业务、经营、管理方面的业绩，找出改进的机会并提出改善的建议，而对一个组织的全部或部分业务程序与方法进行的检查。经营审计的独立性要求不像财务报表审计那么严格，此外，内部审计人员、政府审计人员或注册会计师都可以执行经营审计。经营审计的结果以一定的报告形式传达给用户，但这种报告的形式与内容随着约定任务的情况不同而有非常大的差别。经营审计的用户通常为被审计单位，而且经营审计报告很少被第三方所利用。

表1-1列示了财务报表审计、合规审计和经营审计三种不同审计类型的差异。

表1-1　**财务报表审计、合规审计和经营审计三种不同审计类型的差异**

审计类型	认定的性质	既定标准	审计报告的性质	示例
财务报表审计	企业个体的财务报表信息	一般公认会计原则	财务报表是否公允的意见	上市公司年度财务报表审计
合规审计	认定或资料是否遵照政策、法令、法律、规定及规章等	管理层的政策、法律、规定或第三方的要求	发现偏差的汇总及对合规程度的保证	财经法纪审计
经营审计	活动或执行的资料	管理层或法令设立的目标	观察到的效率或效果；改进的建议	经济效益审计

三、审计人员的种类

审计人员是审计活动的执行者，根据其所服务的单位在审计组织体系中的位置的不同，审计人员可以分成社会审计组织中的注册会计师、国家审计机关中的政府审计人员和企业内部审计机构中的内部审计人员。

（一）注册会计师

注册会计师是依法取得注册会计师资格证书，并接受委托从事审计和会计咨询、会计服务的执业人员。凭借他们所受的教育、训练以及其所拥有的经验，注册会计师有资格执行上述各种专业服务，注册会计师的客户可能包括各类企业、非营利组织、政府机构及个人。同医生、律师等专业人员一样，注册会计师也是以公费基础来提供服务的。在我国，注册会计师必须在会计师事务所执业，他们在其中的角色同律师在律师事务所的角色有许多相似的地方，但是注册会计师在进行审计及报告结果时必须与客户保持独立，而律师则可在为客户提供法律服务时，立场偏向客户。

要取得注册会计师资格通常必须通过资格考试。各国对注册会计师资格的要求不同，如美国要求申办执照的注册会计师必须通过统一的注册会计师考试，有学士文凭，并有两年工作经验；日本的公认会计士申办执照必须通过3个等级考试，总体掌握会计知识，有初级的公认会计士的专门知识和职业能力；德国的经济审计师必须通过个人和职业资格检查，并符合政府规定的批准和考试程序，其中包括不少于5年的工作经验方面的要求，此后，还要公开任命并宣誓；我国的注册会计师必须参加全国统一考试且成绩合格，并从事审计业务工作2年以上，方可申请注册。

（二）政府审计人员

政府审计人员是指国家审计机关中接受政府委托，依法行使审计监督权，从事审计业务的人员。他们对包括各级政府机构、国家金融机构、国有企事业单位以及其他有国家资产的单位的财政、财务收支的真实性、合法性、效益性进行综合性的经济监督活动。政府审计是世界各国审计的最初形态，中国最早的政府审计人员是西周的宰夫。现代政府审计不仅在审计体制上更加完善，而且在审计理论和实务方面有了许多发展，绩效审计、环境审计、3E审计等的逐步开展对政府审计人员的素质提出了更高的要求。我国的政府审计人员实行专业技术资格制度，审计署和省级审计机关建立专业技术资格考试、评审制度。审计专业技术资格分为初级（审计员、助理审计师）资格，中级（审计师）资格，高级（高级审计师）资格。审计机关录用的审计人员必须经过培训合格后，才能独立承办审计业务。政府审计人员既从事合规审计、经营审计，也从事与财务报表有关的审计。在美国很多州，在审计总署的工作经验可以作为充任注册会计师所要求的实际工作经验。

（三）内部审计人员

内部审计是指由被审计单位内部机构或人员，对其内部控制的有效性、财务信息的真实性和完整性以及经营活动的效率和效果等开展的一种评价活动。内部审计人员是单位所雇用的从事本单位内部审计工作的在册职员。内部审计有助于强化企业内部控制、改善企业风险管理、完善公司治理结构，促进企业目标的实现。内部审计的范围和目标因被审计单位的规模、组织结构和管理层需求的不同而存在很大差异。内部审计通常包括下列一项或多项活动：监督内部控制和风险管理；检查财务信息和经营信息；评价经营活动的效率和效果；评价对法律法规、其他外部要求以及管理层政策、指示和其他内部要求的遵守情况等。内部审计同样应当具有独立性才能发挥最大的控制功能。然而，内部审计人员受雇于企业，限于劳资关系的固有约束，内部审计人员不能具有像注册会计师那样强的独立性。

第三节　鉴证业务的含义与类别

一、鉴证业务的定义

鉴证业务是指注册会计师对鉴证对象信息提出结论，以增强除责任方之外的预期使用者对鉴证对象信息信任程度的业务。

上述定义可从以下方面加以理解：

（1）鉴证业务的用户是“预期使用者”，即鉴证业务可以用来有效地满足预期使用者的需求；

（2）鉴证业务的目的是改善信息的质量或内涵，增强除责任方之外的预期使用者对鉴证对象信息的信任程度，即以适当保证或提高鉴证对象信息的质量为主要目的，而不涉及为如何利用信息提供建议；

（3）鉴证业务的基础是独立性和专业性，通常由具备专业胜任能力和独立性的注册会计师来执行，注册会计师应当独立于责任方和预期使用者；

（4）鉴证业务的“产品”是鉴证结论，注册会计师应当对鉴证对象信息提出结论，该结论应当以书面报告的形式予以传达。

二、鉴证对象与鉴证对象信息

鉴证对象信息是按照标准对鉴证对象进行评价和计量的结果，如责任方按照会计准则和相关会计制度（标准）对其财务状况、经营成果和现金流量（鉴证对象）进行确认、计量和列报（包括披露，下同）而形成的财务报表（鉴证对象信息）。在注册会计师提供的鉴证业务中，存在多种不同类型的鉴证对象，相应地，鉴证对象信息也具有多种不同的形式，主要包括：

（1）当鉴证对象为财务业绩或状况（如历史或预测的财务状况、经营成果和现金流量）时，鉴证对象信息是财务报表；

（2）当鉴证对象为非财务业绩或状况（如企业的运营情况）时，鉴证对象信息可能是反映效率或效果的关键指标；

（3）当鉴证对象为物理特征（如设备的生产能力）时，鉴证对象信息可能是有关鉴证对象物理特征的说明文件；

（4）当鉴证对象为某种系统和过程（如企业的内部控制或信息技术系统）时，鉴证对象信息可能是关于其有效性的认定；

（5）当鉴证对象为一种行为（如遵守法律法规的情况）时，鉴证对象信息可能是对法律法规遵守情况或执行效果的声明。

鉴证对象信息应当恰当反映既定标准运用于鉴证对象的情况。如果没有按照既定标准恰当反映鉴证对象的情况，鉴证对象信息可能存在错报，而且可能存在重大错报。

三、鉴证业务的类别

（一）基于责任方认定的业务和直接报告业务[①]

按照鉴证对象信息是否以责任方认定的形式为预期使用者所获取，鉴证业务可分为基于责任方认定的业务和直接报告业务。

在基于责任方认定的业务中，责任方对鉴证对象进行评价或计量，鉴证对象信息以责任方认定的形式为预期使用者获取。如在财务报表审计中，被审计单位管理层（责任方）对财务状况、经营成果和现金流量（鉴证对象）进行确认、计量和列报（评价或计量）而形成的财务报表（鉴证对象信息）即为责任方的认定，该财务报表可为预期使用者获取，注册会计师针对财务报表出具审计报告。这种业务属于基于责任方认定的业务。

在直接报告业务中，注册会计师直接对鉴证对象进行评价或计量，或者从责任方获取对鉴证对象评价或计量的认定，而该认定无法为预期使用者所获取，预期使用者只能通过阅读鉴证报告获取鉴证对象信息。如在内部控制鉴证业务中，注册会计师可能无法从管理层（责任方）

① 刘明辉，胡波．两类鉴证业务之辨析：基于责任方认定的业务与直接报告业务［J］．中国注册会计师，2006（6）．

获取其对内部控制有效性的评价报告（责任方认定），或虽然注册会计师能够获取该报告，但预期使用者无法获取该报告，注册会计师直接对内部控制的有效性（鉴证对象）进行评价并出具鉴证报告，预期使用者只能通过阅读该鉴证报告获得内部控制有效性的信息（鉴证对象信息）。这种业务属于直接报告业务。

基于责任方认定的业务和直接报告业务的区别主要表现在以下四个方面：

（1）预期使用者获取鉴证对象信息的方式不同。在基于责任方认定的业务中，预期使用者可以直接获取鉴证对象信息（责任方认定）。在直接报告业务中，可能不存在责任方认定，即便存在，该认定也无法为预期使用者所获取。预期使用者只能通过阅读鉴证报告获取有关的鉴证对象信息。

（2）注册会计师提出结论的对象不同。在基于责任方认定的业务中，注册会计师提出结论的对象可能是责任方认定，也可能是鉴证对象。在直接报告业务中，无论责任方认定是否存在、注册会计师能否获取该认定，注册会计师在鉴证报告中都将直接对鉴证对象提出结论。

（3）责任方的责任不同。在基于责任方认定的业务中，责任方对鉴证对象信息负责，可能同时要对鉴证对象负责。在直接报告业务中，责任方仅对鉴证对象负责。

（4）鉴证报告的内容和格式不同。在基于责任方认定的业务中，鉴证报告的引言段通常会提供责任方认定的相关信息，进而说明其所执行的鉴证程序并提出鉴证结论。在直接报告业务中，注册会计师直接说明鉴证对象、执行的鉴证程序并提出鉴证结论。

（二）合理保证的鉴证业务与有限保证的鉴证业务①

按照鉴证业务的保证程度不同，鉴证业务可分为合理保证的鉴证业务和有限保证的鉴证业务。

合理保证的鉴证业务的目标是注册会计师将鉴证业务风险降至该业务环境下可接受的低水平，以此作为以积极方式提出结论的基础。如在历史财务信息审计中，要求注册会计师将审计风险降至该业务环境下可接受的低水平，对审计后的历史财务信息提供高水平保证（合理保证），在审计报告中对历史财务信息采用积极方式提出结论。这种业务属于合理保证的鉴证业务。

有限保证的鉴证业务的目标是注册会计师将鉴证业务风险降至该业务环境下可接受的水平，以此作为以消极方式提出结论的基础。如在历史财务信息审阅中，要求注册会计师将审阅风险降至该业务环境下可接受的水平（高于历史财务信息审计中可接受的低水平），对审阅后的历史财务信息提供低于高水平的保证（有限保证），在审阅报告中对历史财务信息采用消极方式提出结论。这种业务属于有限保证的鉴证业务。

合理保证的鉴证业务和有限保证的鉴证业务的区别主要表现在以下几个方面：

（1）目标不同。合理保证的目标是将鉴证业务风险降至具体业务环境下可接受的低水平，以此作为以积极方式提出结论的基础，并对鉴证后的信息提供高水平的保证。有限保证的目标是将鉴证业务风险降至具体业务环境下可接受的水平，以此作为以消极方式提出结论的基础，并对鉴证后的信息提供低于高水平的保证，但该保证水平应当是一种有意义的保证水平，即能够在一定程度上增强预期使用者对鉴证对象信息的信任。

（2）证据的收集程序不同。在合理保证的鉴证业务中，为了能够以积极方式提出结论，注册会计师应当通过一个不断修正的、系统化的执业过程，获取充分、适当的证据。与合理保证的鉴证业务相比，有限保证的鉴证业务在证据收集程序的性质、时间和范围等方面是有意识地加以限制的，主要采用询问和分析程序获取证据。

（3）所需证据的数量和质量不同。注册会计师需要获取充分、适当的证据作为其对鉴证对象提供某种水平保证的基础。相对于有限保证的鉴证业务而言，合理保证的鉴证业务提供的保证程度相对较高，相应地，对证据数量和质量的要求也就更为严格。

① 刘明辉，徐正刚．注册会计师鉴证业务中的保证概念［J］．财务与会计，2006（6）．

（4）鉴证业务风险不同。鉴证业务风险通常体现为重大错报风险和检查风险。在重大错报风险一致的情况下，鉴证业务风险主要取决于检查风险。而检查风险的高低取决于注册会计师所实施的证据收集程序的性质、时间和范围。由于有限保证的鉴证业务的证据收集程序在上述方面受到有意识的限制，因此，其检查风险高于合理保证的鉴证业务。相应地，有限保证的鉴证业务的风险水平高于合理保证的鉴证业务的风险水平。

（5）鉴证对象信息的可信性不同。与有限保证的鉴证业务相比，注册会计师在合理保证的鉴证业务中实施的证据收集程序更为系统和全面，收集的证据更充分，提供的保证水平更高，相应地，鉴证后的鉴证对象信息也更为可信。

（6）提出结论的方式不同。合理保证和有限保证鉴证业务提供的保证鉴证业务水平不同，鉴证后鉴证对象信息的可信性也不同，为了使预期使用者能够清楚地了解两者的区别，两者提出结论的方式也不同。合理保证的鉴证业务要求注册会计师以积极方式提出结论，有限保证的鉴证业务要求注册会计师以消极方式提出结论。

应当指出的是，对于某项具体鉴证业务而言，其保证水平一般都是事先约定好的，而不是根据注册会计师的工作执行情况确定的。当然，如果业务环境变化影响到预期使用者的需求，或预期使用者对该项业务的性质存在误解时，注册会计师也可以应委托人的要求，考虑同意变更业务的保证水平。在实务工作中，保证水平的确定取决于法律法规和执业准则的要求，以及注册会计师的职业判断。

正确理解鉴证业务准则中的保证概念，首先要将它们与“绝对保证”的概念作以区分。这里，对绝对保证、合理保证和有限保证作以界定是有必要的。绝对保证是指注册会计师对鉴证对象信息整体不存在重大错报提供百分之百的保证。合理保证是一个与积累必要的证据相关的概念，它要求注册会计师通过不断修正的、系统的执业过程，获取充分、适当的证据，对鉴证对象信息整体提出结论，提供一种高水平但非百分之百的保证。与合理保证相比，有限保证在证据收集程序的性质、时间和范围等方面受到有意识的限制，它提供的是一种适度水平的保证。可以看出，三者提供的保证水平逐次递减。前文已经区分过合理保证和有限保证，因此，这里关键是要区分绝对保证与合理保证。正确理解合理保证与绝对保证的关系，有助于减少注册会计师承担不必要的责任的风险。

由于下列因素的存在，将鉴证业务风险降至零几乎不可能，也不符合成本效益原则：

（1）选择性测试方法的运用。注册会计师要在合理的时间内以合理的成本完成鉴证任务，通常只能采用选取特定项目和抽样等选择性测试的方法对被鉴证单位的信息进行检查。选取特定项目实施鉴证程序的结果不能推断至总体；抽样也可能产生误差，在采用这两种方法的情况下，都不能百分之百地保证鉴证对象信息不存在重大错报。

（2）内部控制的固有局限性。例如，在决策时的人为判断可能出现错误和由于人为失误而导致内部控制失效；内部控制可能由于两个或更多的人员进行串通或管理层凌驾于内部控制之上，而使内部控制被规避。小型企业拥有的员工通常较少，限制了其职责分离的程度，业主凌驾于内部控制之上的可能性更大。

（3）大多数证据是说服性的而非结论性的。证据的性质决定了注册会计师依靠的并不是完全可靠的证据。不同类型的证据，其可靠程度存在差异，即使是可靠程度最高的证据也有其自身的缺陷。例如，对应收账款进行函证，虽然提供的证据相对可靠，但受到被询证者是否认真对待询证函、是否能够保持独立性和客观性、是否熟悉所函证事项等诸多因素的影响。尽管注册会计师在设计询证函时要考虑这些因素，但是很难百分之百地保证函证结果的可靠性。

（4）在获取和评价证据以及由此得出结论时涉及大量的判断。在获取证据时，注册会计师可以选择获取何种类型和何种来源的证据；获取证据之后，注册会计师要依据职业判断，对其充分性和适当性进行评价；最后依据证据得出结论时，更是离不开注册会计师的职业判断。

（5）在某些情况下，鉴证对象具有特殊性。例如，鉴证对象是矿产资源的储量、艺术品的价值、计算机软件开发的进度等。

（三）审计、审阅与其他鉴证业务

按照鉴证对象信息和保证程度的不同，鉴证业务可分为历史财务信息审计、历史财务信息审阅和其他鉴证业务。

历史财务信息审计是指鉴证对象信息为历史财务信息的合理保证鉴证业务。在历史财务信息审计业务中，注册会计师作为独立第三方，运用专业知识、技能和经验对历史财务信息进行审计并以积极方式发表专业意见，旨在提高财务报表的可信赖程度。财务报表审计业务就是一种典型的历史财务信息审计业务。财务报表审计的目标是注册会计师通过执行审计工作，对财务报表的下列方面发表审计意见：（1）财务报表是否按照适用的会计准则和相关会计制度的规定编制；（2）财务报表是否在所有重大方面公允反映被审计单位的财务状况、经营成果和现金流量。由于审计存在固有限制，审计工作不能对财务报表整体不存在重大错报提供绝对保证。

历史财务信息审阅是指鉴证对象信息为历史财务信息的有限保证鉴证业务。在历史财务信息审阅业务中，注册会计师作为独立第三方，运用专业知识、技能和经验对历史财务信息进行审阅并以消极方式发表专业意见，旨在提高财务报表的可信赖程度。传统的财务报表审阅业务就是一种典型的历史财务信息审阅业务。财务报表审阅的目标，是注册会计师在实施审阅程序的基础上，说明是否注意到某些事项，使其相信财务报表没有按照适用的会计准则和相关会计制度的规定编制，未能在所有重大方面公允反映被审阅单位的财务状况、经营成果和现金流量。在财务报表审阅业务中，要求注册会计师将审阅风险降至该业务环境下可接受的水平（高于财务报表审计中可接受的低水平），对审阅后的财务报表提供低于高水平的保证（即有限保证），在审阅报告中对财务报表采用消极方式提出结论。

其他鉴证业务是指除历史财务信息审计和审阅业务以外的鉴证业务，如预测性财务信息审核、内部控制审核、风险管理鉴证、网誉认证等。其他鉴证业务的保证程度分为合理保证和有限保证。有限保证的其他鉴证业务的风险水平高于合理保证的其他鉴证业务的风险水平。

四、鉴证业务与相关服务的区别

相关服务，是相对于鉴证服务而言的，是指那些由注册会计师提供的、除了鉴证服务以外的其他服务，主要包括：

1.对财务信息执行商定程序

对财务信息执行商定程序的目标是注册会计师对特定财务数据、单一财务报表或整套财务报表等财务信息执行与特定主体商定的具有审计性质的程序，并就执行的商定程序及其结果出具报告。

注册会计师执行商定程序业务，仅报告执行的商定程序及其结果，并不提出鉴证结论。报告使用者自行对注册会计师执行的商定程序及其结果作出评价，并根据注册会计师的工作得出自己的结论。

2.代编业务

代编业务的目标是注册会计师运用会计而非审计的专业知识和技能，代客户编制一套完整或非完整的财务报表，或代为收集、分类和汇总其他财务信息。

注册会计师执行代编业务使用的程序并不旨在也不能对财务信息提出任何鉴证结论。

咨询服务是为个人或组织提供信息使用建议的专业服务。与鉴证服务相比，其具有以下三个基本特征：

（1）咨询服务以信息的使用为主要目标，而不涉及信息质量，也不对咨询业务所使用的信息加以保证。

（2）咨询服务一般是咨询服务的提供者与客户之间的两方契约。

（3）专业性是咨询服务的基础。

注册会计师提供的专业服务包括鉴证业务和相关服务，两者的区别主要体现在以下几个方面：

（1）业务涉及的关系人不同。相关服务通常只涉及两方关系人，即客户和提供相关服务的注册会计师；而鉴证业务通常涉及三方关系人，即责任方、预期使用者及提供鉴证业务的注册会计师。

（2）业务关注的焦点不同。相关服务关注的焦点主要是信息的生成、编制或对如何利用信息作出决策提供建议，而鉴证业务关注的焦点是适当保证和提高鉴证对象信息的质量，通常不涉及信息的利用。

（3）工作结果不同。相关服务的工作结果不对信息提供可信性保证，而鉴证业务的工作结果是注册会计师以书面形式提出的结论，该结论能对鉴证对象信息提供某种程度的可信性保证。

（4）独立性要求不同。相关服务通常不对提供服务的注册会计师提出独立性要求，而鉴证业务要求注册会计师必须独立于鉴证业务中的其他两方。

注册会计师在确定某项业务是适合作为鉴证业务还是适合作为相关服务时，应当根据执业准则的要求，着重考虑客户寻求服务的目的。如果客户的要求只涉及信息的编制和利用或就某一事项寻求建议或意见，那么注册会计师将此业务作为相关服务是恰当的。但是，如果客户需要注册会计师对特定事项以书面报告的形式提供保证，则此业务应当作为鉴证业务。

第四节　审计的动因与社会角色

一、审计的动因

审计作为一种服务性职业，其存在和发展都受到所处的社会经济环境的影响，毫无疑问，审计是为适应社会经济发展的需求而存在和发展的。但如何认识审计存在和发展的动因，理论界和职业界存在不同的观点，主要包括信息理论、代理理论、受托责任论、保险理论和冲突理论等[①]。表1-2对上述主要的审计动因理论作出了比较。

表1-2　　审计动因理论比较

审计动因理论	主要的观点	对审计本质的认识
信息理论	审计的结果可以使信息更加可靠，减少出现于管理层和投资者之间的潜在的信息不对称，使市场更具效率	审计旨在增进财务信息的价值，提高财务信息对信息使用者决策的正确程度
代理理论	审计是企业中的股东与债权人、管理层之间，为了减少代理关系下的代理成本，监督委托代理双方签订一系列契约条款实施的外部独立第三方。具有良好声誉的注册会计师、审计师在审计工作中既代表委托人的利益，也代表代理人的利益	审计在于促进股东利益和企业管理人员的利益达到最大化
受托责任论	审计因受托责任的产生而产生，并伴随着受托责任的发展而发展。当受托责任关系确立后，客观上就存在授权委托人对受托人实行监督的需要	审计是一项独立的经济监督活动
保险理论	审计是降低风险的活动，即审计是一个把财务报表使用者的信息风险降低到社会可接受的风险水平之下的过程，甚至认为审计是分担风险的一项服务	审计是一种分担风险的服务
冲突理论	审计存在的根本原因在于人与人之间存在的利害冲突。因为财务报表的提供者和使用者之间、使用者和使用者之间的利益并不一致，这种实际或潜在的利害冲突导致财务报表存在不实报道的可能性，而审计是协调冲突的活动	审计是通过独立的合理保证业务来维护各个利益集团利益的方式

① 刘明辉，薛清梅．注册会计师审计产生动因的观点评述［J］．中国注册会计师，2000（9）．

我们认为，审计的存在是由多方面因素决定的，单从某一角度来分析问题都有失偏颇，也无法解释不同社会经济环境对审计的需求。决定审计存在与发展的因素主要包括如下几个方面：

1.权力分散的结果

随着社会环境的改变，组织规模的不断扩大，无论是由财产所有者还是由少数管理人员直接控制组织的全部经营管理工作都变得越来越不现实，这时就出现了权力的分散。权力分散既包括财产所有权与财产管理权的分离，也包括经营管理权的不断分解、下放。权力分散使得财产所有者或者有关管理人员在获取信息时可能面临风险，因此有必要进行监督检查。

就政府审计而言，不论社会制度如何，财产所有者都需要对财产管理者，即政府行政部门的管理活动进行监督；就内部审计而言，由于决策权和其他管理权的部分下放，有些部门或分支机构要实行独立经营，随之而来的，最高管理层的许多决策活动就要转变为监督活动，根据管理跨度原则，最高领导层直接控制的人员相对于间接控制的人员越来越少，因而也就越来越需要专职的监督人员来协助自己完成对企业的总体控制；就注册会计师审计而言，由于公司所有者——股东不参与管理，管理权交由公司管理部门如董事会等执行，公司所有者同样需要聘请独立的审计师对管理部门的管理活动予以监督。所以，权力的分散是审计产生的原因之一。

2.客观条件的约束

在理论上，组织中的财产所有者和高层管理人员可以获得有关经营管理的信息，也有权对经营管理者和中下层管理人员的活动进行检查，但由于受到在权力分散基础上的法律、时间、空间、成本等一系列条件的限制，他们不能直接取得完整、可靠的信息，或者无法进行直接监督，因而聘请具有某种资格（独立性、经过专业训练）的人来对相关信息进行验证、代为检查成为一种必然。

就政府审计而言，现代政府收支巨大，政府职责日益扩大，政府活动、政府项目日趋复杂，使得立法部门无法有效履行自己的监督职责，因而有必要建立政府审计组织，招聘或利用各种专家，来对政府行政部门的活动进行检查监督；就内部审计而言，现代企业规模不断扩大，分权式管理方式不断深化，企业的管理层无法对下属的活动实施直接监控，于是，设置内部审计部门的方式被广为采用；就注册会计师审计而言，股份公司的结构使财产所有权与管理权实现了分离，股东不但不能直接参与公司管理，而且无权亲自检查公司财务报表，这就需要有人代表股东验证财务报表，这种限制是通过法律来明确的，属于法定的限制。所有这些约束都是促使审计产生的原因。

3.复杂技术约束

现代社会下的经济业务日益复杂，错误和舞弊产生的可能性都在增加，账务处理和报表编制需要专门的技术，信息使用者为了得到真实准确的信息，在自己不具备对财务信息鉴证的能力的情况下，有必要雇用独立的第三方对财务报表进行审计。愈加复杂的技术因素无论在过去、现在还是未来都是影响审计的一个重要因素。不难推断，如果决策者自己可以轻易地对信息的真实可靠性进行鉴证，那么审计就没有产生的必要了。未来经济业务会更加复杂，计算机技术的广泛应用使信息存取方式发生变化。经济的发展需要更多样的信息，对信息的鉴证需要更多样的知识，一个决策者不可能同时具备这些专业知识，因此有必要利用独立专家对信息质量进行鉴证。

4.趋利动机的存在

信息提供者在提供信息给使用者时总有一定的利己动机。例如，公司希望得到银行贷款而向银行提供财务报表，为了能得到贷款，管理者就有高估资产、低估负债的倾向，银行需要对财务报表的真实可靠性进行鉴证。或者，为了使其业绩更加突出乃至使股票期权顺利实现，管理者在向社会公众公布财务报表时，会有虚增利润的动机。总而言之，人性的贪婪和自私使得信息提供者只要有机会就会选择利己的方式处理信息，而这一方式很可能是对信息使用者不利的。正是由于趋利动机的存在，信息使用者为了避免决策失误要求对信息进行鉴证，同时有些信息提供者为了证明自己并未由于趋利动机而使信息发生歪曲也要求对信息鉴证。双方的要求只能由一个独立的第三方完成才更公正，这样就产生了对注册会计师审计的需要。

5.调和矛盾的需要

根据经济学原理，任何一个人或一个集体都有自己相对独立的利益，而在社会经济资源一定的前提下，不同利益主体之间必定存在一定的矛盾。这种矛盾既可能体现为公司股东和公司管理部门之间的矛盾，也可能体现为公司管理部门与债权银行之间的矛盾。

就政府审计而言，财产的所有者希望作为财产管理者的政府行政部门能以最小的成本来从事最高效的经营活动，而财产管理者可能会要求较高的报酬，即较大的成本，在两方利益冲突的情况下，客观上就需要对管理者的经营活动予以审计，使得所有者和管理者对所需合理成本尽量达成一致；就内部审计而言，高层管理人员与中下层管理人员之间同样存在局部利益的对立，于是，就产生了内部审计，使高层和中下层管理人员对所需合理的经营成本达成一致；就注册会计师审计而言，股东和经营管理人员更是存在利益上的冲突，因为对股东来说，企业的经营管理所需费用归根到底是他们所支付的费用中的一部分，是利润的减项，而对管理人员来说，企业的经营管理费用正是他们主要的收入来源，这也就是他们冲突的根本原因，这在客观上需要注册会计师审计，对他们在利润分配等此类问题上的矛盾予以调节。

6.降低风险的需要

由于经济上或营业上的原因，如经济衰退、决策失误和意外同业竞争等，企业面临严峻的营业风险，所有者的投资极有可能成为泡影。为减少营业风险所带来的损失，就要求企业提供更多的财务与非财务的信息，而且投资者更关心的是关于企业前景的信息。但由于存在信息风险，向投资者提供不可靠信息的可能性与日俱增。为了把信息风险降到一定水平，就要由审计师对信息进行审核，并提供评价，因而产生了对审计的需要。

未来技术创新将使企业产品的科技含量越来越高，高科技产品种类越多，经营风险也就越大，金融创新使企业投资风险不断加大；企业经营更趋复杂，错误处理的概率提高。未来决策所需信息与目前会有所不同，知识经济下的无形资产、人力资本将会得到确认，确认的风险性使财务信息打破了传统的稳健性原则，信息风险在21世纪将有增长的趋势。面对这种趋势，决策者为了减少自身风险，更有必要聘请审计师先对信息进行鉴证。如果审计师未能发现信息的不真实之处，他们应为自己的失职而作出赔偿，这样也就达到了转嫁风险的目的。

总而言之，权力的分散构成了现代社会的基本特征，而日益复杂的现代经济环境使建立在权力分散基础上的组织面临严重的信息风险问题。社会需要审计师以独立的身份对代理人提供的财务信息进行鉴证，监督代理人活动，调和冲突各方的矛盾，从而降低信息风险，确保委托代理关系的有效维系[①]。审计在纷繁复杂的现代社会环境之中变得愈发重要。

二、审计人员的社会角色

（一）审计人员角色定位的历史变换及评介

早期审计人员曾被赋予“警犬”（watchdog）的功能。这种观点的形成依据主要来源于对审计目标进而对审计导因的初步认识。它认为审计目标在于查错防弊，审计人员的作用和价值在于履行查错防弊的职能，而审计人员的作用之所以在于查错防弊是因为审计业务委托人对受托人有实行经济监督的需要，即委托人为了维护其利益，有必要对财产经营管理者因经营管理其财产所负的受托经济责任履行情况进行审查，以评价受托经济责任的履行。而审计被视为一种独立的经济监督方式，就承担起了这种监督检查的职能。当时的公司审计业务主要涉及的就是调查会计中的错误与舞弊行为。

但是随着经济现实和审计实务的发展，“警犬”的功能被予以否定，审计人员被重新定位

① 陈汉文．审计［M］．厦门：厦门大学出版社，2004．

为“看门人”。由于审计人员在实务中主要采用了以内部控制为基础的抽样审计，为了避免过多的审计风险，他们强调自己只是“看门人”，仅仅对财务报表的真实公允性发表意见，不对查找账簿中的错误与舞弊负责。在一定程度上对内部控制的依赖，反映了委托人与代理人之间的委托代理关系和受托经济责任的一些形式上的变化。

20世纪后期，社会公众对审计人员的期望增加，仅仅履行“看门人”的职能无法满足人们对审计的需求，社会公众不仅要求他们对财务报表的真实公允性发表意见，还要求他们查找重大的错误与舞弊，审计人员被誉为“经济警察”。但是，因为审计以何种方式存在以及如何发挥[①]作用是多因素共同作用的结果，现代审计可能受自身审计技术、审计成本、审计时间，以及外在的审计环境，甚至包括社会公众和客户等构成的社会信用体系的制约，审计人员实际上无论多么勤勉尽职，都无法保证其审计后的会计数据绝对真实公允，审计人员的作用不能被盲目夸大，审计人员的定位也不能仅仅迎合人们的主观愿望，审计人员不是警察，他们并不具有警察那样大的强制性。

此外，还有一些其他的观点。例如，有人把审计人员看作财务信息披露过程中的“法官”（the quasi-judicial theory）。这种观点认为在财务信息披露过程中，审计人员充当法官的角色，要对信息的真实公允作出裁判。但是该理论的缺陷在于审计人员的决定和决定的过程并不公开，审计需要专业判断，没有精确的标准可以衡量。而且由于不同的报偿体系使得审计的独立性和法官的独立性有所区别（Porter，1990）[②]。也有人把审计人员比喻成企业的“保健医生”，他们认为审计工作的作用就是提前发现隐藏在企业内部的问题，并且把这个问题揭露出来。[③]

（二）审计人员的现实定位

在对审计人员的定位中有两种观点比较盛行：其一，认为审计人员是“信息风险降低者”；其二，认为审计人员是“信息风险分摊者”。这两种观点的理论依据主要来源于“信息论”和“保险论”的结合。

1.信息风险的含义和导因

现代社会的经济发展日新月异，企业面临着巨大的营业风险，所谓营业风险是指企业由于经济上或营业上的原因而导致面临经营失败的可能性。企业的利益相关者为了作出正确的决策，就需要得到大量相关的财务与非财务信息，但是判断营业风险的信息有不正确的可能性，这种可能性就是信息风险。

信息风险产生的原因主要有信息的距离、信息提供者的偏见和动机、信息量过大和复杂交易业务。[④]

（1）信息的距离。在现代社会，决策者几乎不可能大量地获取其所在单位的第一手资料，而是必须依赖他人提供的信息。信息一旦由他人提供，被有意或无意错报的可能性就会增大。

（2）信息提供者的偏见和动机。如果信息由目标不同于决策者的人提供，就有可能出现有利于提供者的偏差。其原因可能是对未来事项的盲目乐观，或是有意以某种方式对信息使用者施加影响。无论哪种情况出现，都将导致信息的错报。以贷款决策为例，在借款人提交给贷款人的财务报表中很可能存在有利于提高贷款人获得贷款机会的偏差。错报形式可能是直接的金额错误，也可能是信息揭示得不充分或不完整。

（3）信息量过大。随着组织规模的扩大，其业务量也随之增大，这就增加了记录不当信息的可能性——这种不当信息很容易被大量的其他信息所掩盖。

（4）复杂交易业务。近几十年来，各组织之间的业务日趋复杂，从而加大了正确记录的困难。

---

① 刘明辉. 审计［M］. 大连：东北财经大学出版社，2001：17.
② Rick Hayes，California State University，Accounting Professor，the Course of Auditing，2002.
③ 《经济半小时》2002年9月13日，访谈审计署审计长李金华。资料来源：央视国际，2002年9月13日。
④ 阿伦斯，洛布贝克. 审计学——整合方法研究［M］. 石爱中，李斌，柳士明，译. 北京：中国审计出版社，2001：13.

2.信息风险分摊论

这种观点认为审计人员要对欺诈和错误行为承担足够的责任，审计行为被视为分摊社会风险的过程。这种风险分摊的角色类似于保险人，不分享成功决策的利益而分摊损失。按照保险理论，如果发生了损失，审计人员必须赔偿，但如果没有损失，审计人员的利润就是其得到的审计公费。由于信息风险的复杂性，要求审计人员对每一个错报事项都负法律责任是不合情理的，这样将导致社会所支付的成本超过其收益，更为重要的是，即使增加社会成本，也未必能够发现那些经过周密策划的欺诈行为，同时不可能完全排除判断失误。审计人员所面临的风险分为固有风险、控制风险、检查风险，其中只有检查风险是审计人员有能力控制的风险，因而信息风险分摊论将审计人员视为由多种因素综合作用形成的信息风险的“分摊者”，使得审计人员的社会责任压力过重，从而使得这种审计期望变得不现实。

3.信息风险降低论①

这种观点认为审计人员的作用之一在于通过审计减少财务信息中可能存在的故意或非故意的错报，降低信息使用人的信息风险。它强调审计人员只是作出合理保证，而不是绝对的保证。“审计师有责任计划和实施审计，以便为财务报表中是否不存在因错误或舞弊事项而引起的重大错报取得合理保证。由于受审计证据的性质和舞弊事项的特性的影响，审计师只能为查出错报取得合理的保证，而不是绝对的保证。”②审计人员应以重要性作为衡量标准，能否查出重大错报而不是所有错报是确定审计人员是否作出合理保证的依据。“合理保证而非绝对保证这一概念表明，审计师不是财务报表正确性的保证人或保险人。”如果要求审计人员对所有报表信息予以保证，则高昂的审计成本将使审计行为在经济上不可行。信息风险的复杂性决定了审计人员只能降低信息风险，而无法完全分摊这种信息风险。

第五节 审计基本假设

审计基本假设亦称审计假定、审计公设、审计假说、审计公理、审计前提，它是指对审计领域中存在的尚未确知或无法论证的事物按照客观事物的发展规律所做的合乎逻辑的推理或判断。它有两层含义：一是指无须证明的“当然”之理，可作为逻辑推理的出发点。二是指人们在已掌握的知识基础上，对观察到的一些新现象作出理论上的初步说明的思维形式，是有待于继续证明的命题。

世界各国对审计假设的理论研究时间还不长，从20世纪60年代初才开始重视。在这方面作出杰出贡献的首推莫茨和夏拉夫。1961年，他们在其合著的《审计理论结构》一书中，首先提出了“审计假设”这一概念，并将审计假设归纳为以下8条具体内容：③（1）财务报表和财务资料是可以验证的；（2）审计人员和被审计单位管理层之间没有必然的利害冲突；（3）提交验证的财务报表和其他信息资料不存在串通舞弊和其他非常行为；（4）完善的内部控制系统可以减少舞弊发生的可能性；（5）公认会计原则的一致运用可以使财务状况、经营成果和财务状况变动得以公允表达；（6）如果没有明确的反证，对被审计单位来说，过去真实的情况将来也属真实；（7）审计人员完全有能力独立审查财务资料并提出报告；（8）注册会计师承担的职业责任与其职业地位相称。

莫茨和夏拉夫提出的8条审计假设，开创了审计假设研究的先河。多年来已成为人们研究审计假设的基础。英国的审计理论研究者汤姆·李在其所著的《企业审计》一书中，从信息论的角度，将审计假设分为审计依据假设、审计行为假设和审计功能假设共3类13条④。1975

---

① 阿伦斯，洛布贝克．审计学——整合方法研究［M］．石爱中，李斌，柳士明，译．北京：中国审计出版社，2001：169.
② 阿伦斯，洛布贝克．审计学——整合方法研究［M］．石爱中，李斌，柳士明，译．北京：中国审计出版社，2001：169.
③ 莫茨，夏拉夫．审计理论结构［M］．文硕，肖泽忠，译．北京：中国商业出版社，1990：47-65.
④ 李．企业审计［M］．徐宝权，张立民，译．天津：天津大学出版社，1991：110-129.

年，美国的审计学者C.W.尚德尔在《审计理论》一书中，提出了5条审计假设①：目的基本假设、判断基本假设、证据基本假设、标准基本假设、传输基本假设。

借鉴西方关于审计假设的论述，并考虑我国的国情，我们认为，我国的审计假设体系应包括如下具体内容②：

一、信息不对称假设

这一假设认为，信息不对称是审计存在的直接原因。在信息不对称的情况下，需要一个机构来解决在事前不对称的情况下提供真实信息（让人说真话）、在事后信息不对称的情况下确实履行责任（让人不偷懒）的问题。例如，在资本市场上，审计的功能实际上就是为企业外部的投资者和债权人承担起查账的任务，由审计师替全体出资人检查企业的经济活动，从而降低资金提供者的监督成本。

这一假设主要解决为什么需要审计以及审计做什么的问题。

二、信息不确定假设

财产所有者与经营者分离进而造成的信息不对称是审计产生的直接原因，而被审计单位管理层提供的财务报表和其他资料等所反映的信息的不确定性是审计产生的根本原因。我们知道，在社会经济生活中，任何一个国家、各种社会经济组织及个人都时刻需要和获取各种各样的信息，其中主要的是经济信息。然而，诸多影响因素的存在却导致了信息的不确定性，这种不确定性导致信息可能呈现出真实有用的信息、错误的信息或虚假的信息三种情况。错误和虚假信息，会给信息使用者造成决策失误，从而导致巨大的经济损失。为了避免这种情况，信息使用者客观上需要一个来自外部的，持独立、客观、公正立场的第三方对被审计单位管理层提交的信息的公允性加以验证，这样就产生了审计。无论国家审计、内部审计还是注册会计师审计，都是由于信息的不确定性而产生的。如果信息是确定的，则审计也就不再存在。

审计的性质、目标、任务以及各类审计概念都是从信息不确定假设中派生出来的，或者说是从这个假设中推导出来的。

三、信息可验证假设

信息可验证假设，是指反映被审计单位的财务收支及有关的经营管理活动的财务信息是可以验证的。在现实生活中，虽然我们还不能证明所有的经济活动都能予以验证和评价，但由于存在公认会计原则及一系列经济技术指标和优良管理的范例，人们普遍接受信息可验证假设。这条假设的含义我们认为至少应包含四个方面：①对审计客体的记录和汇总是客观的，即反映经济业务的凭证和对凭证进行分类登记的账簿以及反映综合情况的报表等资料之间存在逻辑联系。②存在判断财务报表和财务数据及其形成过程合理性的客观标准。③重大舞弊差错及非法行为是可揭露的。④审计主体能在合理的时间、人力和费用范围内取得足够的证据并得出有效的结论。也就是说，审计师可采用一定的审计程序、审计技术和方法对企业递交的信息资料进行验证，以为审计意见的形成提供充分而有力的证据。如果企业递交的信息资料无法验证，则应拒绝该项目。同样，审计师也可以应用适当的程序来发现重大舞弊、差错及非法行为。

从信息可验证假设出发，可以推导出四个重要的审计概念，即审计证据、审计标准、审计风险和合理保证。要对审计客体进行验证，首先必须取得充分有效的审计证据；为了作出审计评价，还必须有大家公认的审计标准；审计师未能揭露财务报表所包含的重大差错和舞弊，就必须承担相应的审计风险；社会公众可以相信经验证的财务报表能提供某种程度的合理保证，一旦遭受损失，就可向审计师提起诉讼，寻求赔偿。

---

① 尚德尔．审计理论［M］．汤云为，吴云飞，译．北京：中国财政经济出版社，1992：23-30.
② 刘明辉．以审计环境为起点构建审计理论体系［J］．审计与经济研究，2003（3）.

四、信息重要性假设

信息重要性假设，是指经济信息的内涵微妙、复杂、重要，以致如果没有业经审计的信息，就无法作出合理的决策；而验证信息的真实、可靠是审计过程的主题。没有审计不可能正确地理解、评价或判断信息。

两权分离造成了被审计单位不可避免地负有经济责任，审计正是要审查这种经济责任。在经济社会中经济责任是普遍存在的，必须有这样的审计假设，在审计中才能明确经济责任，考核经济责任的履行情况，真正发挥审计的作用。

五、审计主体独立性假设

这一假设认为，随着财产所有权和经营权的分离，客观上需要一个与上述两者没有任何利害冲突的独立“第三人”，对财务信息的真实可靠性作出鉴证和评价。第三人假设不仅说明审计产生的理由，而且还从性质上明确审计是一种证实、评价性活动，更重要的是，根据这一假设，推导出审计从方式上必须是一种委托审计，从而将审计与会计检查、经济监察等区分开来，使得审计具有自身的基本特征。

六、审计主体胜任性假设

审计作为一门服务职业，是为整个社会负责的，因此其责任是重大的。审计主体胜任性假设，是指审计师在履行审计职责过程中应具备专业胜任能力，包括技术、知识和经验等。审计师在进行风险识别、评价、估量时，需要根据具体的情况，作出大量的判断和决策。“虽然有适合于审计师的技术和方法，但现代职业审计是包括了一系列相互联系的判断在内的复杂的决策过程。所以，最有效的审计师不一定是那些熟练的技术能手，而是最有判断能力的决策者。”[①]假定审计师具备执业所需的胜任能力，就是说审计师有能力进行一系列的判断和决策，识别所有影响审计风险的因素，达到审计目标。

七、审计主体理性假设

这一假设认为，人类行为，不论是出自生命自身的冲动，抑或是为个人荣誉而产生的善举，其动机都发端于利己心。毫不例外，审计师也是有理性的、追求自身利益或效用最大化的人。审计师在执行业务的过程中所表现出的自利性体现为对审计公费和客户数量的追求。但出于理性的考虑，审计师不能无视法律和规范的存在而出具虚假报告。理性的审计师会从长远的角度考虑其行为的最大效益，并主动接受法律和规范的约束。

根据这一假设，可以推导出审计必须通过制定规范予以约束，必须建立健全有关法律、规范对审计师的执业行为和道德行为予以规范及约束，并采取一定的监督措施对审计质量予以控制。

八、内控相关性假设

内控相关性假设是指内部控制是否健全和一贯有效与财务报表是否存在错报、漏报以及是否存在错误与舞弊息息相关。也就是说，健全、有效的内部控制系统能够减少甚至排除错误与舞弊事项的发生。依据这一假设，审计实质性程序就可以以风险评价为基础，从而形成风险基础审计，并使风险基础审计建立在有效的假设基础上。健全而有效的内部控制结构可减少欺诈舞弊的机会，从而降低审计风险，这只是审计实践的经验总结，而无法对其因果联系从逻辑上加以证明，因此只能是一种假设。这种假设是现代审计所必须具备的一个基本条件，没有它，一切有关控制测试和评价的要求都失去逻辑的理论依据。因此，在审计过程中必须对内部控制结构进行检查评估，唯有如此才能把审计风险降低到社会可接受的水平。

① RICCHIUTE.Auditing and Assurance Services［M］. 7th ed.South-Western College Pub.，2002.

根据这一假设，可以演绎出控制测试、实质性程序、抽样风险、统计抽样、判断抽样等重要审计概念。

九、风险可控性假设

风险可控性假设，是指虽然审计风险是不可消除的，但审计师可以通过设计恰当的审计程序，通过风险的识别、计量、评价、预防，把审计风险控制到社会可接受的水平。审计师要对其报告的正确性承担责任的风险是人们早就认识到的，会计职业界也是在不断受到诉讼和损失的情况下生存与发展起来的。审计风险是客观存在的，但长期以来人们都无法知道审计风险程度的高低，只能被动地接受审计的风险，导致了审计期望差距越来越大，社会公众对审计提出了越来越多的批评。通过对审计风险的研究，人们认识到审计风险由重大错报风险和检查风险组成，虽然重大错报风险的发生是审计师无法控制的，但审计师可通过了解被审计单位的经营环境和内部控制评估重大错报风险，进而应对风险。通过对检查风险的控制，而间接地控制审计风险。尽管审计风险的计量相当主观，但是如果没有假设审计风险是可控制的，那么审计界将会被越来越高的审计风险捆住手脚而失去活力，也不能积极地采取措施，使审计更好地满足社会公众的需求。实践也证明，认为审计风险是可控制的，把这一思想贯彻到所实施的审计程序中去，把审计资源重点分配到高风险的审计领域，可以较好地揭露企业财务报表中所包含的重大差错和舞弊，从而缩小社会公众的需求和审计能力之间的差距，使审计风险控制在社会可接受的水平范围之内。

十、认同一贯性假设

认同一贯性假设，是指如果没有确凿的反证，过去被认为是正确的，将来也会被认为是正确的。设定这一假设主要是为了解决企业经营业务的连续性与审计行为的阶段性之间的矛盾。任何企业的经营活动都是连续不断的，而会计是分期反映的，审计行为是阶段性的，财务信息是一个累积的结果，审计要鉴证的是期末余额，因而要假定前后会计期间反映的财务报表的逻辑关系都具有连续性。只有根据这一假设，审计师才能认为根据上期审计过的资产负债表的期末余额转记过来的本期期初余额是可信的，通过对本期发生的业务的真实性进行审查，即可鉴证本期期末余额。除非有确切的相反证据证明前期资料有误，才对那些对本期有影响的前期资料作出调整。这一假设不仅为审计师执行所有验证工作提供了指南，而且在验证过程中，当被审计单位发生不可预见或意外的财务状况和经营变化时，为审计师提供一种必要的保护，从而使审计责任有了一个合理的界限。

十一、证据力差别假设

证据力差别假设，是指不同的审计证据其可靠性是不同的，会受其来源、及时性和客观性的影响。具体如下：①书面证据比口头证据可靠。②外部证据比内部证据可靠；已获独立的第三方确认的内部证据，比未获独立的第三方确认的内部证据可靠。③自行获得的证据，比由客户提供的证据可靠。④内部控制较好时所提供的内部证据，比内部控制较差时所提供的内部证据可靠。⑤不同来源或不同性质的审计证据相互印证时，审计证据较具可靠性。⑥越及时的证据越可靠；客观证据比主观证据可靠。

审计工作的核心就是获取审计证据，审计证据是作出审计结论的依据。证据力差别假设为审计工作的顺利进行提供了必要的基础，没有审计证据力差别假设将无法展开审计工作，得出最终的审计结论。

十二、标准适当性假设

标准适当性假设，认为财务报表是否公允表述，其判断以是否遵守公认的会计原则为标准，如果“没有公认的会计原则，审计师的意见就失去了通用的共同语言。因此，对任何人无价值可言”[1]。舍弃了这一假设，也将剥夺审计师所有判断公允性的标准。而适当的标准应当具备下列所有特征：①相关性。相关的标准有助于得出结论，便于预期使用者作出决策。②完整性。完整的标准不应忽略业务环境中可能影响得出结论的相关因素，当涉及列报时，还包括列报的基准。③可靠性。可靠的标准能够使能力相近的注册会计师在相似的业务环境中，对鉴证对象作出合理一致的评价或计量。④中立性。中立的标准有助于得出无偏向的结论。⑤可理解性。可理解的标准有助于得出清晰、易于理解、不会产生重大歧义的结论。

□ 复习思考题

1. 为什么注册会计师审计的萌芽会出现在16世纪的威尼斯，但是真正的发展却是在英国？
2. 审计模式是如何演变的？风险导向审计与内控导向审计的本质区别有哪些？
3. 如何理解审计和鉴证的定义？
4. 审计有哪些种类？
5. 注册会计师、政府审计人员和内部审计人员的资格认可、独立性有何不同？
6. 合理保证的鉴证业务和有限保证的鉴证业务有何区别？如何确定鉴证业务的保证程度？
7. 鉴证业务与相关服务有何区别？
8. 有关审计动因的理论解释有哪几种不同的观点？如何解释审计动因？
9. 审计的社会角色是如何转变的？你认为现代审计应扮演何种角色？
10. 审计假设有哪些？如何理解这些假设？

本章要旨及测试题

① 莫茨，夏拉夫. 审计理论结构［M］. 文硕，肖泽忠，译. 北京：中国商业出版社，1990.

第二章

注册会计师管理

第一节　注册会计师

一、注册会计师考试与注册制度

注册会计师考试和注册制度是注册会计师制度的重要内容之一，它是一系列选拔注册会计师的措施、制度的总称。目前，世界上许多国家为了保证审计工作质量，保护投资者合法权益，维护注册会计师职业在公众心目中应有的权威性，都相继制定了较为完善的注册会计师考试和注册制度。

在美国，50个州和哥伦比亚特区都通过自身的注册会计师法，确认本州和特区从事开业会计活动的会计师资格，并对具备注册会计师资格的开业会计师发放注册会计师证书。根据各州和特区注册会计师法的规定，注册会计师申请者必须通过由美国注册会计师协会考试委员会组织和评卷的全国注册会计师统一考试，考试每年两次，考试科目包括：①财务会计与报告（企业）；②会计与报告（税务、管理、政府和非营利组织）；③审计；④商法和职业责任。美国注册会计师协会在其发行的小册子《注册会计师考试信息》中，登载每一考试科目的考试大纲，并说明评分和其他有关考试管理的问题。已通过一门或两门科目考试的考生和未参加全部考试的考生，可进行补考或参加部分科目考试。

在英国，为了取得特许会计师（CA）资格，申请人必须在会计师事务所工作并通过专业考试。申请人在完成大学水平的学业后，将与某会计师事务所签订一份为期3年的培训合同。对所受大学教育的专业不作限制，可以是除会计或商业以外的任一其他专业，但申请人必须通过14门课程的考试，考试分为3级：基础级，包括会计基础、法律基础、管理信息、公司组织4门课程；资格级，包括信息分析、审计、税法、财务管理4门课程；职业级，包括控制与决策信息、会计与审计实务、税务计划、管理与战略、财务报告的环境、财务战略6门课程。某些符合条件的申请人，可以申请某一门或某几门课程的免试。

在日本，要成为一名公认会计士，申请人也必须通过类似英美考试制度的国家考试。日本国家考试分为3次：第一次考试科目包括国语、英语、数学、论文，目的是判定考生是否具备参加第二次考试的资格；第二次考试科目为簿记、财务会计、成本会计、审计理论、经济学、经营学和商法，目的是判定申请人是否具备作为公认会计士应有的专业知识；第三次考试包括审计、财务分析及其他（包括税务论文），考试分笔试和口试。

我国于1991年开始组织全国注册会计师统一考试。通过考试，一大批优秀人才加入了注册会计师队伍。现就我国注册会计师考试制度的具体内容予以介绍。

（一）报考条件

根据《注册会计师法》和《注册会计师全国统一考试办法》的规定，符合下列条件的中国公民，可以报名参加注册会计师全国统一考试：①具有完全民事行为能力；②具有高等专科以上学校毕业学历，或者具有会计或者相关专业中级以上技术职称。有下列情形之一的人员，不得报名参加注册会计师全国统一考试：①因被吊销注册会计师证书，自处罚决定之日起至申请报名之日止不满5年者；②以前年度参加注册会计师全国统一考试因违规而受到停考处理期限未满者。

对外国籍公民，按互惠原则，其所在国允许中华人民共和国公民参加该国注册会计师（或其他相应称谓）考试者，中华人民共和国政府亦允许其公民参加我国注册会计师考试。中国港澳台地区居民及按互惠原则确认的外国籍公民申请参加中华人民共和国注册会计师考试必须具备下列条件之一：具有财政部注册会计师全国考试委员会认可的境内外高等专科及以上学校的学历；已取得境外法律认可的注册会计师资格（或其他相应资格，下同）；已取得中国注册会计师统一考试的单科合格证书。符合上述条件的报考人员，还必须提供如下有效证明：

（1）报名人员合法身份的有效证件（护照、身份证等）。

（2）报名人员境内外高等专科及以上学校毕业的有效学历证书或境外注册会计师资格证书，或有效的中国注册会计师考试单科成绩合格凭证。

（二）考试组织

财政部成立注册会计师考试委员会（以下简称财政部考委会），组织领导注册会计师全国统一考试工作。财政部考委会设立注册会计师考试委员会办公室（以下简称财政部考办），组织实施注册会计师全国统一考试工作，并负责确定考试组织工作原则，制定考试工作方针、政策，审定考试大纲，确定考试命题原则，处理考试组织工作的重大问题，指导地方考委会工作。财政部考办设在中国注册会计师协会。

各省、自治区、直辖市财政厅（局）成立地方注册会计师考试委员会（以下简称地方考委会），组织领导本地区注册会计师全国统一考试工作。地方考委会设立地方注册会计师考试委员会办公室（以下简称地方考办），组织实施本地区注册会计师全国统一考试工作，贯彻、实施财政部考委会的决定，处理本地区考试组织工作的重大问题。地方考办设在各省、自治区、直辖市注册会计师协会。

（三）考试范围

考试范围在考试大纲中确定。考试大纲由全国考试办公室提出，经全国考试委员会审定发布。考试划分为专业阶段考试和综合阶段考试。考生在通过专业阶段考试的全部科目后，才能参加综合阶段考试。专业阶段考试设会计、审计、财务成本管理、公司战略与风险管理、经济法、税法6个科目；综合阶段考试设职业能力综合测试1个科目。具有会计或者相关专业高级技术职称的人员，可以申请免予专业阶段考试1个专长科目的考试。按互惠原则与境外会计师组织达成相互豁免部分考试科目协议范围内的人员，可以免予部分科目考试。

考试均采取闭卷、笔试的方式进行。考试实行百分制，60分为成绩合格分数线。专业阶段考试的单科考试合格成绩5年内有效。对在连续5个年度考试中取得专业阶段考试全部科目考试合格成绩的考生，财政部考委会颁发注册会计师全国统一考试专业阶段考试合格证书。综合阶段考试科目应在取得注册会计师全国统一考试专业阶段考试合格证书后5个年度考试中完成。对取得综合阶段考试科目考试合格成绩的考生，财政部考委会颁发注册会计师全国统一考试全科考试合格证书。

（四）注册登记

根据《注册会计师法》的规定，注册会计师考试全科成绩合格的，均可取得注册会计师资格，在政府、企业、一切经济单位工作的人员均可按规定在取得注册会计师资格后，申请加入注册会计师协会成为非执业会员，但不能执业。注册会计师依法执行业务，应当取得财政部统一制定的中华人民共和国注册会计师证书（以下简称注册会计师证书）。具备下列条件之一，并在中国境内从事审计业务工作2年以上者，可以向省级注册会计师协会申请注册：（1）参加注册会计师全国统一考试成绩合格；（2）经依法认定或者考核具有注册会计师资格。

申请注册者，如果有下列情形之一，受理申请的注册会计师协会不予注册：（1）不具有完全民事行为能力的；（2）因受刑事处罚，自刑罚执行完毕之日起至申请注册之日止不满5年的；（3）因在财务、会计、审计、企业管理或者其他经济管理工作中犯有严重错误受行政处罚、撤职以上处分，自处罚、处分决定生效之日起至申请注册之日止不满2年的；（4）受吊销注册会计师证书的处罚，自处罚决定生效之日起至申请注册之日止不满5年的；（5）因以欺骗、贿赂等不正当手段取得注册会计师证书而被撤销注册，自撤销注册决定生效之日起至申请注册之日止不满3年的；（6）不在会计师事务所专职执业的；（7）年龄超过70周岁的。

已取得注册会计师证书的人员，如果注册后出现以下情形之一，准予注册的注册会计师协会撤销注册，收回注册会计师证书：（1）完全丧失民事行为能力的；（2）受刑事处罚的；（3）自行停止执行注册会计师业务满1年的；（4）以欺骗、贿赂等不正当手段取得注册会计师证书的。

注册会计师有下列情形之一的，由所在地的省级注册会计师协会注销注册：（1）依法被撤销注册，或者吊销注册会计师证书的；（2）不在会计师事务所专职执业的。

中国注册会计师协会的外籍非执业会员符合条件者，可申请注册成为中国注册会计师。

二、注册会计师业务范围

《注册会计师法》规定，注册会计师依法承办审计业务和会计咨询、会计服务业务。审计业务属于法定业务，非注册会计师不得承办。在审计业务中又包括以下4种：（1）审查企业会计报告；（2）验证企业资本；（3）办理企业合并、分立、清算事宜中的审计业务；（4）办理法律、行政法规规定的其他审计业务。通常会计咨询、会计服务业务包括代理记账、税务代理及管理咨询等业务。

从目前的发展趋势来看，会计师事务所的审计业务比重在日益下降，业务范围向着多样化方向发展，非审计鉴证业务和相关服务的种类越来越多，例如，预测性财务信息审核、内部控制鉴证、风险管理鉴证、养老鉴证、系统鉴证、网誉认证等其他鉴证业务，以及代编财务信息、执行商定程序和税务咨询、管理咨询等相关服务。目前最显著的特征是，在全球范围内，会计师事务所的管理咨询服务得到了蓬勃发展，例如，前“四大”会计公司的管理咨询收入比重已经超过了审计服务的收入比重。因为随着经营环境的逐步改变，市场对拥有丰富经验和专业知识的注册会计师提出了更多的要求，而且由于审计业务已经趋于成熟，成长的空间有限，会计师事务所的发展必然需要拓展更广泛的业务领域。在实务工作中，我国现阶段注册会计师的经营业务主要包括：

（1）审计等鉴证业务，包括但不限于：审查企业财务报表；审计企业内部控制；验证企业资本；企业合并、分立、清算事宜中的审计业务；对医疗卫生机构、大中专院校及基金会等非营利组织的财务报表进行审计；提供农村财务公开鉴证服务；提供企业社会责任履行、风险管理、信息系统、低碳减排、投资绩效、市场监督、体制改革、社会管理等方面的鉴证服务；基建预决算鉴证审核；司法会计鉴定；法律、行政法规规定的其他审计鉴证业务。

（2）会计咨询、会计服务业务，包括但不限于：设计会计制度；担任会计顾问；为企事业单位提供内部控制、战略管理、并购重组、资信调查、业绩评价、投资决策、政府购买服务等会计管理咨询服务；代理公司注册；代理报关；代理招投标；代理记账；代理企业进行市场调查、尽职调查、社会责任调查、职工社会保障调查；项目可行性研究和项目评价；培训财会人员；其他会计咨询与服务业务。

（3）受托管理与事务所业务相关的工程造价、管理咨询、税务咨询等专业服务公司。

（4）担任企业破产清算的管理人，提供破产管理相关事项的服务。

（5）法律法规规定和委托人委托的其他业务。

三、注册会计师职业后续教育

由于市场经济的快速发展，企业的经济业务和经营管理日趋复杂，社会对独立审计的期望也越来越高。为顺应这种需要，审计理论和方法也不断地向前发展，为此，注册会计师应不断地更新知识结构，提高专业素质和执业水平。如今，世界各主要国家都非常注重加强注册会计师职业后续教育，并制定了相应的职业后续教育准则。我国也于1996年颁布了注册会计师职业后续教育准则。下面简要介绍该准则的内容：

（一）职业后续教育的内容和形式

注册会计师职业后续教育的内容主要包括：

（1）会计准则及国家其他有关财务会计法规。为了对被审计单位财务报表发表合理的审计意见，注册会计师必须熟悉企业会计准则及国家其他有关财务会计法规，包括企业会计准则及其具体准则、企业会计制度等。

（2）独立审计准则和其他职业规范。为保证和提高注册会计师执业质量，中国注册会计师协会拟定和发布了一系列职业规范，具体包括独立审计准则、注册会计师职业道德基本准则、事务所质量管理基本准则和注册会计师职业后续教育基本准则。这些职业规范，是对注册会计师执业资格、执业行为的具体规定，注册会计师必须学习和掌握。

（3）与执业有关的其他有关法规。主要指与注册会计师执业有关的经济法律、法规和行政规章，如《会计法》《注册会计师法》《公司法》《证券法》等法律以及国务院及其主管部门发布的行政法规和部门规章。

（4）执业所需的其他知识与技能。为壮大会计师事务所规模，提高其业务收入，注册会计师在做好传统审计业务的同时，应当利用其专业优势不断扩展业务领域。因此，注册会计师需要了解和掌握多种知识及技能，如基建工程预决算、资产评估、投资咨询、管理咨询等。

注册会计师职业后续教育可以采取多种形式，例如，参加各级注册会计师协会举办或认可的专业培训、专业课程进修、专题研讨会；参加所在事务所的专业研讨与培训；公开出版专业著作或发表专业论文；承担专业课题研究并取得研究成果；个人专业学习与实务研究等。

（二）职业后续教育的组织和实施

职业后续教育由中国注册会计师协会及其地方组织负责组织和实施。

中国注册会计师协会的主要职责包括：制定全国性的职业后续教育制度和办法；组织全国性的职业后续教育活动；制定全国性年度职业后续教育大纲；组织全国性职业后续教育教材的编写与选定以及组织全国性职业后续教育的考核与检查。

各地方注册会计师协会在其上级协会的指导下，根据职业后续教育准则及其他相关要求，组织和实施本地区的职业后续教育。其职责在于：制定本地区职业后续教育制度与办法；组织本地区职业后续教育活动；制定本地区年度职业后续教育大纲；组织本地区职业后续教育的考核与检查。

各会计师事务所也应根据职业后续教育准则和其他相关要求，合理地制订本所职业后续教育计划，并有效地组织本所注册会计师的后续教育工作。

（三）职业后续教育的检查和考核

为了有效开展和落实注册会计师职业后续教育工作，准则中规定由中国注册会计师协会及其地方组织负责检查和考核注册会计师的职业后续教育情况。目前，中国注册会计师协会确定的时间标准是：执业会员每年接受职业后续教育的时间不得少于40学时，3年累计不得少于180学时；每年接受脱产培训的时间不得少于20学时，3年累计不得少于120学时。注册会计师如未能提供职业后续教育的有效记录或无故未达到职业后续教育要求，考核时将不予通过。

第二节 会计师事务所

一、会计师事务所的设立与审批

（一）国外会计师事务所的组织形式

会计师事务所是注册会计师依法承办业务的机构。从世界范围来看，会计师事务所的形式包括独资制、普通合伙制、有限责任合伙制、股份有限公司制等四类形式。

（1）独资制。独资制会计师事务所，是指注册会计师个人独立开办的事务所。其特点是：个人出资并承担无限责任，能适应中小企业代理记账、税务代理等一般性需要，但难以承接综合业务，因此制约了其长远发展。

（2）普通合伙制，即由两位或多位注册会计师合伙设立的会计师事务所。其特点在于：多人共同出资，并以各自财产对合伙事务所债务承担无限责任；由于利益共享，能有效扩展业务，扩大规模；但任何合伙人的执业行为都会影响整个事务所的生存和发展，因而风险较大。

（3）有限责任合伙制，即多个合伙人通过设立有限责任公司的方式来组建事务所。其显著特点是：事务所以其资产对债务承担有限责任，但各合伙人对个人执业行为承担无限责任。该方式结合了合伙制与公司制会计师事务所的优点，既能壮大会计师事务所规模，又能促进注册会计师关注审计风险，因而得到国际注册会计师职业界的认可。

（4）股份有限公司制，即通过设立股份有限公司方式组建事务所。它的特点有：执业的注册会计师认购事务所股份，并以其股份为限对本所债务承担有限责任；该方式能迅速扩大事务所规模，业务扩展较快；但由于风险均摊，不利于注册会计师关注职业风险。

（二）我国会计师事务所的组织形式

《注册会计师法》规定，不准个人设立独资会计师事务所，只批准有限责任会计师事务所和合伙会计师事务所。

注册会计师可以发起设立有限责任会计师事务所。有限责任会计师事务所是指由注册会计师出资发起设立、承办注册会计师业务并负有限责任的社会中介机构。在以有限责任方式设立的情况下，会计师事务所以其全部资产对其债务承担责任，会计师事务所的出资人承担的责任以其出资额为限。它有别于由合伙人按照出资比例或者协议以各自的财产承担连带无限责任的合伙会计师事务所。

会计师事务所可以由注册会计师合伙设立。合伙设立的会计师事务所，债务由合伙人按出资比例或者协议的约定，以各自的财产承担责任，合伙人对会计师事务所的债务承担连带责任。申请设立小型会计师事务所，原则上应当采用普通合伙组织形式，合伙人依法对合伙企业债务承担无限连带责任。小型会计师事务所，是指规模较小、主要提供相关专项服务的会计师事务所。

二、会计师事务所的组织结构

会计师事务所的组织结构是其内部管理机构的组成形式，一个科学合理的组织结构，能便于会计师事务所的日常管理，提高工作效率和工作质量。在我国，会计师事务所的组织结构大致有两种，即所长负责制和董事会领导下的主任会计师负责制。在实行所长负责制的事务所里，所长对本所工作负全面责任，副所长协助所长工作；事务所可根据需要设置若干业务部门，分别负责不同的工作；设立主任会计师负责业务承接、人员安排、督促检查和报告初审等日常工作。在实行董事会领导下的主任会计师负责制的会计师事务所里，董事会为事务所最高权力机构，主任会计师负责日常业务，在机构设置上，因事务所规模、业务特点不同而有所差别。

合伙会计师事务所在其机构设置上有如下特征：一是可以设立有限责任合伙人。二是可以设立合伙人管理委员会，由若干主要合伙人组成。管理委员会推举其中一名合伙人担任负责人。管理委员会负责人即为会计师事务所负责人。不设立合伙人管理委员会的合伙会计师事务所，可由全体合伙人对会计师事务所的重大问题集体作出决定，并推举主任会计师一人担任会计师事务所负责人，主任会计师必须由合伙人担任。

无论哪种类型的会计师事务所，其内部工作人员的分工都大体一致，即实行主任会计师（或所长、总经理）、部门经理、项目经理（或业务经理）三级管理制度。其中，主任会计师全面负责事务所工作，处理和决定所有重大事项；部门经理负责处理和决定本部门审计或咨询业务的接洽、质量管理、人员安排、指导和复核及其他重要事项；项目经理负责委派本项目小组的具体工作、检查助理人员工作底稿及工时记录、拟订各种审计方案和计划、就审计或咨询工作中的问题与客户进行协调等。

在国外，会计师事务所的组织结构比较复杂，因会计师事务所类型不同而各具特点，但以合伙会计师事务所最为典型。合伙会计师事务所人员构成通常包括合伙人、部门经理、高级会计师、聘任会计师。其中，合伙人负责联络主要委托人，对审计工作结果作最终审核，批复审计收费，签发审计报告并对与审计报告相关的一切事项负最终责任；部门经理负责与委托人就审计报告或审计工作中发生的问题进行协商，直接监督和管理审计工作，详细审核审计工作底稿，向客户发出收费通知等；高级会计师直接负责拟订审计工作计划，指导聘任会计师的审计工作，对聘任会计师的工作进行复核；聘任会计师协助高级会计师拟订部分审计计划，直接负责被分派审计任务的外勤工作。

三、会计师事务所的业务承接

在我国，注册会计师不能以个人名义承办业务，而必须由会计师事务所统一接受委托。接受委托时，应在业务约定书中明确承办业务的种类、范围，以及双方的责任，以避免客户对注册会计师所履行的职责误解，然后，根据业务的性质选派适当的注册会计师担任该项工作，并制订审计计划。注册会计师在实施审计工作时，应依照具体情况，不断修订审计计划，达到业务约定书所要求的目的；完成审计工作时，应出具审计报告。审计报告除应由注册会计师本人签署外，还必须加盖会计师事务所的公章。注册会计师承办业务时，由会计师事务所按照收费标准统一收费。

会计师事务所在承办业务时，由于委托人不同，其被授予的权限也不同。在接受国家机关委托办理的业务时，根据业务的需要，注册会计师有权查阅有关财务会计资料和文件，查看业务现场和设施，向有关单位和个人进行调查与核实；接受其他委托人的委托时，需要查阅资料、文件和进行调查的，则应按照依法签订的业务约定书的约定办理。

第三节　注册会计师协会

中国注册会计师协会是注册会计师行业的全国组织，依法取得社会团体法人资格。其宗旨是服务、监督、管理、协调，即以诚信建设为主线，服务协会会员，监督会员执业质量、职业道德，依法实施注册会计师行业管理，协调行业内、外部关系，维护社会公众利益和会员合法权益，促进行业科学发展。中国注册会计师协会依法接受财政部、民政部的监督、指导，依据《注册会计师法》和《中国注册会计师协会章程》行使职责。截至2016年12月31日，全国有注册会计师103 081人，会员225 068人，会计师事务所8 460家。

一、中国注册会计师协会的职责

中国注册会计师协会的主要职责有：审批和管理协会会员，指导地方注册会计师协会办理注册会计师注册；拟订注册会计师执业准则、规则，监督、检查实施情况；组织对注册会计师的任职资格、注册会计师和会计师事务所的执业情况进行年度检查；制定行业自律管理规范，对会员违反相关法律法规和行业管理规范的行为予以惩戒；组织实施注册会计师全国统一考试；组织、推动会员培训和行业人才建设工作；组织业务交流，开展理论研究，提供技术支持；开展注册会计师行业宣传；协调行业内、外部关系，支持会员依法执业，维护会员合法权益；代表中国注册会计师行业开展国际交往活动；指导地方注册会计师协会工作；承担法律、行政法规规定和国家机关委托或授权的其他有关工作。

二、中国注册会计师协会会员

（一）会员种类

中国注册会计师协会的会员分为团体会员和个人会员。依法批准设立的会计师事务所，为中国注册会计师协会团体会员。凡参加注册会计师全国统一考试全科合格并经申请批准者和依照规定原考核取得会员资格者，为中国注册会计师协会个人会员。个人会员分为执业会员和非执业会员。其中，依法取得中国注册会计师执业证书的，为执业会员。对注册会计师行业作出重大贡献的境内外有关知名人士，经有关方面推荐，由理事会批准，可授予名誉会员称号。符合中国注册会计师协会规定条件的个人会员，经理事会批准，可授予资深会员称号。

（二）会员的权利和义务

中国注册会计师协会的会员拥有一定的权利和义务。

1.中国注册会计师协会个人会员享有下列权利：

（1）协会的选举权和被选举权；

（2）对协会给予的惩戒提出申诉；

（3）参加协会举办的学习和培训活动；

（4）参加协会举办的有关专业研究和经验交流活动；

（5）获得协会提供的有关资料；

（6）通过协会向有关方面提出意见和要求；

（7）监督协会工作，提出批评和建议；

（8）监督协会的会费收支；

（9）依照规定申请退出协会。

2.中国注册会计师协会个人会员应当履行下列义务：

（1）遵守协会章程；

（2）执行协会决议；

（3）遵守会员职业道德守则；

（4）遵守协会纪律；

（5）接受协会的监督、管理；

（6）按规定交纳会费；

（7）完成规定的继续教育；

（8）自觉维护注册会计师职业声誉，维护会员间的团结；

（9）承担协会委托的任务。

中国注册会计师协会执业会员除应当履行前款规定的义务外，还应当履行遵守执业准则、规则的义务。

会员拒不履行义务的，以及不再具备会员资格的，理事会可劝其退会或予以除名。

三、协会权力机构和常设办事机构

（一）权力机构

协会最高权力机构为全国会员代表大会。全国会员代表大会每5年举行1次，必要时，由协会理事会决定延期或提前举行。延期召开全国会员代表大会的期限不得超过1年。全国会员代表大会代表采取选举、协商和特邀的办法产生，其产生办法，由上一届理事会决定。全国会员代表大会的职权是：制定、修改协会章程；选举协会理事；讨论决定协会工作方针和任务；审议、批准协会理事会的工作报告；制定、修改会费管理办法；审议理事会提请全国会员代表大会审议的其他事项。

全国会员代表大会选举理事若干人组成协会理事会。每届理事会任期5年，理事可以连选连任。理事会会议每年举行1次，必要时，可以提前或推迟召开。理事会对全国会员代表大会负责，其职权是：提议召开全国会员代表大会；选举协会常务理事会成员；选举协会领导成员；聘任协会常设执行机构领导成员；增补或更换协会理事；审议协会常设执行机构职能部门的设置；审议、批准协会常设执行机构的年度工作报告；审议、批准协会的年度会费收支报告；审议、批准下一届全国会员代表大会代表产生办法；审议、批准下一届理事会理事产生办法；批准授予协会名誉会员和资深会员称号；其他应由理事会办理的事项。

理事会全体会议选举名誉会长、名誉理事若干人，选举会长1人，副会长若干人，常务理事若干人。常务理事会于理事会闭会期间行使理事会职权。会长代表协会，召集、主持理事会和常务理事会会议，并监督、检查其决议的贯彻实施。副会长协助会长工作。

（二）常设执行机构

协会设秘书处，为常设执行机构。秘书处负责具体落实协会会员代表大会、理事会、常务理事会的各项决议、决定，承担协会的日常工作。协会设秘书长1人、副秘书长若干人。秘书长和副秘书长由财政部推荐，理事会表决通过。秘书长为协会的法定代表人。秘书长主持秘书处日常工作，副秘书长协助秘书长工作。秘书处各职能部门的设置，由秘书长提出方案，经理事会审议后，报财政部批准。

目前，秘书处设14个职能部门，包括办公室、考试部（财政部注册会计师考试委员会办公室）、注册部、继续教育部、业务监管部、专业标准与技术指导部、研究发展部、国际及港澳台事务部、财务部、期刊编辑部、信息技术部、人事部、党委办公室、服务部。

（三）专门委员会与专业委员会

理事会设若干专门委员会。专门委员会是理事会履行职责的专门工作机构，对理事会负责。目前，理事会下设12个专门委员会，包括战略委员会、行业信息化委员会、审计准则委员会、职业道德准则委员会、财务委员会、惩戒委员会、申诉与维权委员会、教育培训委员会、注册管理委员会、执业责任鉴定委员会、会计师事务所内部治理指导委员会、《中国注册会计师》编辑委员会。

理事会设若干专业委员会。目前，理事会下设1个专业委员会即专业技术指导委员会，负责处理行业发展中的专业技术问题，对理事会负责。

各专门委员会、专业委员会的设置、调整、具体职责和运作规则，以及委员的聘任和解聘，由秘书长提出方案，理事会批准。

（四）地区注册会计师协会

各省、自治区、直辖市注册会计师协会是中国注册会计师协会的地方组织，其章程由当地会员代表大会依法制定，并报协会和当地政府主管行政机关备案。

省、自治区以下成立注册会计师协会，须经省级注册会计师协会批准，报中国注册会计师协会备案，其组织运行、职责权限，依照国家法律、行政法规及所在地省级协会的规定办理。

四、外国会计职业组织和国际会计职业组织简介

（一）美国注册会计师协会

美国注册会计师协会（AICPA）是美国的全国性会计职业组织，其前身成立于1887年，成立时的名称是美国公共会计师联盟（American Association of Public Accountants，AAPA）。1916年AAPA更名为公共会计师协会（Institute of Public Accountants），当时拥有1 150名会员。1917年公共会计师协会更名为美国会计师协会（American Institute of Accountants）。1957年更

名为美国注册会计师协会（American Institute of Certified Public Accountants）。1936年，AICPA与1921年成立的美国注册会计师公会（American Society of Certified Public Accountants）合并。目前，AICPA拥有大约370 000名正式会员。

会员大会决定协会的工作与政策，由约263名来自各州和地区的代表组成。会员大会的权力包括确定协会的政策和程序，并执行决议。理事会作为会员大会的执行委员会，负责协会理事会会议闭会期间的工作，每年召开5次会议。AICPA的其他委员会包括：会计准则执行委员会、鉴证业务执行委员会、工商业执行委员会、咨询业务执行委员会、政府审计质量中心执行委员会、信息技术执行委员会、资格前教育执行委员会、职业道德执行委员会、执业实务执行委员会、税务执行委员会以及女性从业执行委员会等。

AICPA的目标是为会员提供资源、信息及领导，使会员向公众及其客户提供最高标准的专业服务。为实现此目标，AICPA的主要职能包括：

（1）在政府部门、监管机构和其他组织中作为注册会计师的全国性代表，保护并提高行业利益；

（2）通过最高标准统一的证书及执业标准，推广并保护注册会计师品牌；

（3）促进公众对注册会计师的诚信、客观、胜任能力及专业性等方面的认知及信心，关注注册会计师的需求及意见并协助沟通；

（4）鼓励高端人才加入注册会计师行业，支持开展优秀的学术项目；

（5）制定行业准则，协助会员持续改进职业规范、提高执业水平及增强专业知识，监督执业行为符合现行准则及要求。

（二）英国会计职业组织

由于历史的、地理的、民族的原因，英国的会计职业组织较为复杂，现有6家相互独立的会计职业团体，即特许公认会计师协会（ACCA）、英格兰和威尔士特许会计师协会（ICAEW）、苏格兰特许会计师协会（ICAS）、爱尔兰特许会计师协会（ICAI）、成本和管理会计师协会（ICMA）、特许公共财务会计协会（CIPFA）。上述6家会计职业团体中，只有ICAEW、ACCA、ICAS、ICAI具有登记会员资格，即有权批准其会员从事独立审计业务并发给执业证书。这6家会计职业组织彼此互相独立，并相对独立于政府部门。为促进相互合作，他们共同发起成立了一个咨询委员会（CCAB），代表英国会计职业组织向国际会计师联合会提出专业意见。英国会计职业组织的职责是组织注册会计师考试和注册，制定审计准则和职业道德规范，监督执业行为和执业质量等。

英国的6家会计职业组织中，中国审计界较为熟悉的是特许公认会计师协会（The Association of Chartered Certified Accountants，ACCA），其前身伦敦会计师协会（London Association of Accountants）成立于1904年，至1984年正式更名为ACCA。ACCA总部设在伦敦，在全球设有80多家办事处。目前拥有147 000名会员和424 000名学员，分布在全球170多个国家和地区。ACCA的最高权力机构为会员代表大会，每年举行一次会议。会员代表大会选举产生理事会，由来自世界各个地区的36名代表组成。理事会选举产生会长、常务副会长及副会长，并任命执行总裁。理事会下设若干委员会，包括提名委员会、管理委员会、教育政策委员会、监管委员会、专业委员会、薪酬委员会、审计委员会、英国事务委员会及特别工作小组等。

（三）加拿大会计职业组织

加拿大有两个会计职业组织，即加拿大特许会计师协会（CICA）和加拿大注册会计师协会（CGA）。

CICA是加拿大最大的会计师职业团体，前身是1902年成立的全国性的会计师协会联合体——加拿大特许会计师统管联盟（Dominion Association of Chartered Accountants）。1951年，加拿大特许会计师统管联盟更名为加拿大特许会计师协会，目前拥有加拿大和百慕大70 000多名会员和约8 500名学员。

加拿大注册会计师协会，简称CGA-Canada，是一个全国性的会计职业组织。CGA-Canada

成立于1908年，由于其广受认可，于1913年经联邦政府特许注册。目前，CGA-Canada全球会员和学员人数约75 000人，分布在加拿大、百慕大、加勒比海、中国香港和内地。CGA-Canada每年召开年度大会。自2008年10月起，实行双轨制治理，分设理事会和分会委员会。理事会由12名理事组成，其中包括主席、前主席、副主席、会长、公共代表及非选举产生的秘书。理事会为管理机构，可根据需要下设委员会和工作组。分会委员会由各分会代表组成，负责通过协会战略计划、制定会费和收费标准、制定教育及行业准则等，也可根据需要下设委员会和工作组。CGA-Canada的宗旨是通过在国内和国际上代表加拿大会计行业、制定行业准则、提供服务等，维护会员及公众利益。

（四）日本公认会计士协会

日本公认会计士协会（JICPA）是日本会计行业的唯一组织，成立于1949年，1966年根据《公认会计士法》重组，总部位于东京，在各地设有分会。该会会员由3部分组成：普通会员（公认会计士）、联系会员和审计公司。截至2009年，JICPA拥有普通会员19 935人，联系会员8 405人、审计公司195家。该会会长、副会长、执行理事会理事、理事会理事、审计师均从会员中选举产生，任期3年。日常事务由秘书处处理，由执行总裁负责。JICPA设有选举监督委员会、提名委员会、惩戒委员会及申诉委员会。各委员会委员均为志愿担任，主席由会长任命，工作由JICPA员工支持。每个委员会都根据正在进行的讨论项目分为多个分委员会。

JICPA的主要职责包括：就日本和海外的会计、审计和其他相关专业服务的实务和体制进行研究和调查；对审计、会计和其他相关专业服务提供指南，并对其他组织的各种征求意见稿作出反馈；提供资格前培训和后续教育；进行质量控制检查；实施调查与惩戒程序。

（五）亚太会计师联合会

亚太会计师联合会（CAPA）是亚太地区会计职业组织的代表，成立的最初构想始于1957年11月28日至12月1日在菲律宾马尼拉召开的第一次远东会计师大会，正式成立于1976年。CAPA秘书处设于马来西亚吉隆坡。迄今为止，CAPA是世界上规模最大的区域性会计组织，覆盖全球一半的区域。

CAPA的宗旨是：在亚太地区会计行业的发展、提高和协调方面发挥领导作用，使会计行业能够不断为社会公众提供高质量的服务。

CAPA的会员资格分为正式会员、准会员和联系会员。目前，CAPA拥有来自24个国家和地区的31个会计职业组织成员。

CAPA的决策机构是理事会，负责实现CAPA目标的具体工作，理事会会议每年召开两次。理事会通过选举产生，由不超过12名成员组成，所有成员均应为不同国家或地区的正式会员组织所授权的代表。其中10人为年度大会选举产生，选举出的理事会可最多指定另外2名正式会员的代表，此2名正式会员所在国家或地区，应在已选出的10人所代表的国家或地区范围之外。拥有理事会席位的国家或地区可以更换自己在理事会中的代表。每一届理事会任期至下一次会员代表大会召开时届满（一般为4年），理事会成员可以连续当选。CAPA主席和副主席由理事会选举产生。理事会下设战略委员会、治理与审计委员会。

CAPA每10年至少召开3次大会，由全体大会及分组讨论会组成，就会计行业共同感兴趣的话题进行探讨，并邀请业内专家发表演讲。

（六）欧洲会计师联合会

欧洲会计师联合会（Fédération des Experts Comptables Européens，FEE）成立于1987年1月1日，是欧洲会计行业的联合组织，总部设在比利时布鲁塞尔。FEE成员由来自欧洲33个国家的45个会计职业组织构成，代表了欧洲地区的50多万名会计师。其中45%的会员为公共执业会计师，55%服务于工商业界、政府机构和教育界。

FEE的目标是在工作中保证公众利益的同时，最大限度地提高和增加欧洲会计行业的利益。其工作涵盖了欧洲会计行业的广泛内容，包括会计、审计、职业道德、税收、公司法、银行、保险、资本市场等。为了更好地开展上述工作，FEE与欧盟的相关机构，特别是欧盟委员会进行了密切的合作。

FEE的最高权力机构是会员大会，每两年举行一次会议，管理机构是理事会，其决策由秘书处具体执行。

（七）国际会计师联合会

国际会计师联合会（The International Federation of Accountants，IFAC）成立于1977年，是会计行业的全球性组织，总部位于美国纽约。会员由来自125个国家和地区的164个成员组织及准成员组织组成，代表着250万名服务于不同行业的会计专业人员。中注协于1997年5月8日正式加入IFAC，成为其会员。

IFAC的宗旨是：通过制定和实施高质量的执业准则，推进准则的国际趋同，促进世界范围内会计行业发展，推动全球经济增长，服务公众利益。

IFAC的最高机构为会员代表大会，每年举行一次会议，主要负责审议与章程有关的问题及选举理事会理事。IFAC理事会由1位主席、1位副主席及20位来自18个不同国家和地区行业组织的理事组成。理事会下设提名委员会、国际审计与鉴证准则理事会、国际会计教育准则理事会、国际会计师职业道德准则理事会、国际公共部门会计准则理事会、职业会计组织发展委员会、工商业界职业会计师委员会、中小事务所委员会、跨国审计师委员会、遵循咨询小组等。此外，根据各阶段工作的需要，IFAC还成立多个特别工作组来完成相应工作。

（八）国际会计师公会

国际会计师公会（The Association of International Accountants，AIA）成立于1928年，总部设在英国，是一家国际性会计专业考试机构和会员团体，其专业资格证书受到英国政府的官方认可，会员分布在全球85个国家和地区。

国际会计师公会的主要目标是：成为职业会计师的国际化组织；通过教育培训，推广国际会计准则、国际审计准则、职业道德标准及国际商务管理和实践，支持会计行业的国际趋同；为国际会计师公会所在国家和地区的会计行业提供支持和协作。

第四节 注册会计师的行业管理

一、注册会计师的行业管理体制概述

在现代市场经济条件下，注册会计师在维护社会经济秩序、保护公众和投资者权益中日益发挥重要的作用。为促进注册会计师事业的健康发展，加强注册会计师的行业管理就显得十分必要。因此，各国政府和注册会计师职业自身都制定相应的机制，加强注册会计师行业管理，以维护职业形象，提高从业人员的业务素质和执业水平。

根据各国政府介入程度的不同，注册会计师的行业管理体制基本上可以分为三类：

（一）政府干预型

政府干预型的管理体制，是指在发挥注册会计师行业自我管理的基础上，政府部门具有较大的影响和作用的管理体制。目前，实行政府干预型管理体制的国家主要有日本、德国、荷兰、瑞典、法国、意大利等。在这种体制下，政府部门通过制定一系列法律、法规，来强化注册会计师的行业管理和监督，能够有效地对国民经济实施宏观调控。行业组织通过与政府部门的相互合作，制定和执行合理有效的执业规范，保证和提高注册会计师的执业质量，维护职业声誉。

（二）行业自律型

行业自律型管理体制，是指政府在注册会计师行业管理中较少发挥作用，主要依靠行业自

我管理的管理体制。实行这种管理体制的国家主要有美国、加拿大、英国、澳大利亚、阿根廷等。在这种体制下，由会计职业组织直接根据审计环境和审计实务的发展，制定相应的准则和规章，来规范和约束注册会计师的执业行为，保证注册会计师的执业质量，推动注册会计师行业的公平竞争，因而能够有效地促进注册会计师行业的发展。其局限性在于管理力度不如政府干预型大，特别是难以有效地处理违规会计师事务所，在一定程度上制约了行业的稳步发展。

（三）政府干预与行业自律结合型

政府干预与行业自律结合型，是指在注册会计师管理中，政府管理与行业自我管理并重的管理体制，以我国最为典型。在该体制下，国家通过立法规范注册会计师行业，有关的政府部门发布行政性规章和命令对注册会计师行业进行管理和监督。同时，充分发挥注册会计师协会的职能，对注册会计师实行行业管理，引导和促进独立审计事业的发展。

二、外国注册会计师的行业管理

（一）美国注册会计师的行业管理

在美国，注册会计师是备受尊敬的职业，具有很高的社会地位，注册会计师行业在社会上具有很高的威信和声誉。这与多年来注册会计师行业在接受外部管理的同时，不断加强自我管理是分不开的。

（1）外部管理。美国注册会计师的外部管理包括行政管理和法律约束。其中，最具影响的机构是证券交易委员会、法院和州会计委员会。

① 证券交易委员会（SEC）。根据美国1933年的《证券法》和1934年的《证券交易法》的规定，所有上市公司在申请上市和年度备案时提交的财务报表及其他财务信息必须经由注册会计师审计。证券交易委员会对上市公司财务报表的形式和内容、审计报告的内容和注册会计师的上市公司审计资格作出具体规定。注册会计师对其审计报告须负相应的法律责任，证券交易委员会有权对注册会计师的违规行为进行处罚。

② 法院。当注册会计师违反专业准则，对审计报告使用人造成损失时，往往会招致法律诉讼。对此，法院可以依据有关的法律或判例，对注册会计师的违约、过失或欺诈等行为作出司法审判，注册会计师会对其执业行为承担相应责任。

③ 州会计委员会。作为州政府的独立机构，州会计委员会根据州会计法的规定，有权颁发、更换或吊销注册会计师的执业许可证。多数州还规定了注册会计师后续教育的要求。

（2）行业自我管理。美国注册会计师职业界自我管理的组织主要包括美国注册会计师协会、政府会计准则委员会、财务会计准则委员会和州注册会计师协会。

① 美国注册会计师协会（AICPA）。协会负责制定和发布一般公认审计准则、职业道德规范及其他执业规范。为强化注册会计师行业的管理，该协会建立了同业互查委员会和CPA事务局。同业互查委员会主要负责同业互查相关标准的制定以及对同业互查情况的监督和检查工作。CPA事务局下设证券交易委员会业务部和私人公司业务部。会计师事务所可自愿选择加入或不加入，但加入的事务所都必须遵守该部制定的质量控制标准和其他有关要求。

② 政府会计准则委员会（GASB）。它是制定和发布政府单位会计和报告准则的主要部门，在结构上与财务会计准则委员会相似，美国注册会计师协会也要求其会员遵守该会发布的准则。

③ 财务会计准则委员会（FASB）。该委员会是独立的民间组织，主要制定和发布财务会计准则公告及相关的公告解释和技术简报。该会没有专门的机制保证其公告的执行。但由于美国注册会计师协会和证券交易委员会都要求执行该会颁布的准则公告，因而该会的准则公告及相关解释实际上具有很高的权威性。

④ 州注册会计师协会。州注册会计师协会独立于美国注册会计师协会，两者在组织结构

和作用上都很相似，在规范注册会计师行业中长期保持良好的合作。州注册会计师协会的主要工作是推进有利于注册会计师的州立法，并出版专业刊物等。

（二）日本注册会计师的行业管理

（1）外部管理。日本注册会计师外部管理主要包括法律规范和行政管理。

① 法律规范。在日本，规范注册会计师的主要法律为《公认会计士法》，该法规定了公认会计士的业务范围、行政监督机关、行业自律团体、资格考试与注册以及法律责任等内容。

② 行政管理。金融厅是公认会计士行业的最高管理机构，主要通过下属各个局、专门委员会对公认会计士行业进行监管。金融厅监管的内容主要包括：A. 批准审计法人设立；B. 检查审计法人年度业务报告和个别审计业务综述；C. 检查特定公司的财务报告；D.CPA 考试和检查委员会的监管；E.FSA 的惩戒。

（2）行业自我管理。日本公认会计士协会是公认会计士行业自我管理的组织。协会通过拟定审计准则和执业规则、对会员进行业务指导、执业监督等多种方式，来提高公认会计士审计业务和其他相关业务的质量，从而维护职业声誉，促进行业的繁荣和发展。

三、中国注册会计师的行业管理

近年来，我国在颁布法律法规对注册会计师行业进行监管的同时，充分发挥行业协会的职能，有力地保障和促进了注册会计师行业的健康发展。

（一）外部管理

（1）法律规范。《注册会计师法》是我国注册会计师行业管理的主要法律。该法规定了注册会计师考试与注册、注册会计师业务范围和规则、会计师事务所管理、行业协会以及法律责任等内容。在我国，会计师事务所和注册会计师执行审计业务、政府有关部门及行业协会对注册会计师行业实施管理必须遵守该法的规定。

（2）行政管理。我国有权对注册会计师行业进行行政管理的部门主要有财政部门、市场监管部门、税务部门和中国证监会。其中：①国务院财政部门和省级人民政府财政部门，负责对注册会计师行业进行监督和指导，包括对注册会计师和会计师事务所的执业行为进行监督和收费管理，对注册会计师和会计师事务所执业过程中的违法和违规行为进行相应的处罚；②市场监督管理部门，可以依法对会计师事务所进行工商登记、对其业务范围进行监督；③税务部门，主要是对会计师事务所进行税务登记、税收征收和管理工作；④证监会，可会同财政部对注册会计师和会计师事务所从事证券、期货相关业务实施管理和监督，包括对注册会计师和会计师事务所从事证券、期货相关业务的资格确认，对其执业行为进行监督检查等。

（二）行业自我管理

我国注册会计师行业自我管理的组织是各级注册会计师协会。中国注册会计师协会是注册会计师行业的全国性组织，省级注册会计师协会是其地方组织。在国务院财政部门的领导下，中国注册会计师协会通过制定独立审计准则和其他职业规范，组织注册会计师考试与培训，规范注册会计师的执业行为，提高独立审计工作的质量，有力地维护了独立审计职业的声誉，促进了独立审计事业的快速健康发展。当然，随着社会经济的不断发展，审计环境也会不断变化，作为行业自律组织的注册会计师协会也必须进行相应的改革和完善，以更好地发挥其行业自律职能，为社会主义市场经济发展服务。

□ 复习思考题

1. 如何成为中国注册会计师协会的会员？取得注册会计师资格应具备哪些条件？

2. 我国允许设立哪些形式的会计师事务所？都需具备哪些条件？

3. 中国注册会计师的业务范围有哪些？注册会计师的执业领域发展趋势如何？

4. 中国注册会计师协会有哪些职责？

5. 中国注册会计师行业管理体制是什么样的？

6. 地区或国际会计职业组织有哪些？

本章要旨及
测试题

第三章

注册会计师执业准则

第一节　注册会计师执业准则概述

注册会计师执业准则（practising standards）是指注册会计师在执行业务的过程中所应遵守的职业规范，包括业务准则和质量管理准则。

一、注册会计师执业准则的作用

执业准则的根本作用在于保证注册会计师执业质量，维护社会经济秩序。此外，执业准则的制定、颁布和实施，对于增强社会公众对注册会计师职业的信任、合理区分客户管理层的责任和注册会计师责任，客观评价注册会计师执业质量、保护责任方及各利害关系人的合法权益，以及推动审计理论的发展均有一定的作用。具体地说，执业准则的作用主要表现在以下几个方面：

（1）制定、实施执业准则，为衡量和评价注册会计师执业质量提供了依据，从而有助于注册会计师执业质量的提高。

在市场经济社会中，一种商品能否取信于社会的关键在于它的质量，一项服务能否取信于社会同样取决于它的质量。审计和鉴证工作能否满足社会的需求和取信于社会，关键也是质量。由于审计和鉴证业务质量对维护责任方、社会公众的利益以及提高注册会计师职业的社会地位都有直接的联系，因此，无论是被审计单位、社会公众还是注册会计师职业界本身都需要一个衡量评价注册会计师执业质量的标准，即执业准则。注册会计师执业准则对注册会计师执行业务应遵循的规范做了全面规定，既涵盖了鉴证业务和相关服务等业务领域，又为质量管理提供了标准。其中的审计准则对财务报表审计的目标和一般原则、审计工作的基本程序和方法，以及审计报告的基本内容、格式和类型等都做了详细规定。只要注册会计师遵照执业准则的规定执行业务，执业质量就有保证。另外，执业准则是注册会计师实践经验的总结和升华，它的实施有助于注册会计师理论和实务水平的提高。

（2）制定、实施执业准则，有助于规范审计工作，维护社会经济秩序。

市场经济的要素之一是平等，一切市场经济参与者都不能因权力、地位不同而形成差异，行政权力如果与经济交易结合在一起，就会破坏市场经济秩序，无法实现经济资源的合理配置。从一定意义上说，审计工作作为一种经济监督，其经济后果或多或少总是会使一部分人受益，而使另一部分人受损，这种受益和受损的幅度需要加以限制，限制的手段便是执业准则。前已述及，执业准则是审计工作自由度和统一度的平衡结果，这种结果的本质作用便是规范审计工作，维护社会经济秩序。建立了注册会计师执业准则，就确立了注册会计师的执业规范，使注册会计师在执行业务的过程中有章可循。比如，执业准则规范了在审计业务中注册会计师如何签订审计业务约定书，如何编制审计计划，如何实施审计程序，如何记录审计工作底稿，如何与治理层进行沟通，如何利用其他实体的工作，如何出具审计报告，以及如何控制审计质量等，执业准则也对注册会计师从事财务报表审阅、其他鉴证业务和相关服务进行了规范。这就使注册会计师在执行业务的每一环节都有了相应的依据和标准，从而规范了注册会计师的行为，可以减少注册会计师选择政策、程序和方法的自由度，避免注册会计师随意发表审计意见。

（3）制定、实施执业准则，有助于增强社会公众对注册会计师职业的信任。

执业准则的制定和实施反映了注册会计师职业的成熟度。过去几十年中，当许多国家正式颁布执业准则后，注册会计师职业的声望都大大提高了。这表明审计界有信心公开明确它的标准，并使从业人员遵循这些标准。

注册会计师行业担负着对会计信息质量进行鉴证的重要职能，客观上起着维护社会公众利益的作用。中国注册会计师执业准则体系立足于维护公众利益的宗旨，充分研究和分析了新形势下资本市场发展和注册会计师执业实践面临的挑战与困难，强化了注册会计师的执业责任，细化了对注册会计师揭示和防范市场风险的指导。其中，审计准则要求注册会计师强化审计的独立性，保持应有的职业谨慎态度，遵守职业道德规范，切实贯彻风险导向审计理念，提高识别和应对市场风险的能力，更加积极地承担对财务报表舞弊的发现责任，始终把对公众利益的维护作为审计准则的衡量标尺。中国注册会计师执业准则体系的实施，必将提升注册会计师的执业质量，加强会计师事务所的质量管理和风险防范，为提高财务信息质量，降低投资者的决策风险，维护社会公众利益，实现更有效的资源配置，推动经济发展和保持金融稳定发挥重要作用。

另外，由于执业准则为衡量和评价注册会计师执业质量提供了依据，这就使社会公众可以通过对注册会计师的某项审计工作结果进行评价，看它是否符合执业准则，是否达到令他们满意的程度，只有注册会计师的执业质量令人满意，注册会计师的工作才能令人信任。正如爱德华·斯坦泼与莫里斯·穆尼兹在合著的《国际审计标准》一书中所说的："只有假定那些信任人员意见的人确信注册会计师是按照最高的准则去做他的工作的，注册会计师才能完成对财务报表提供可信任的职责。"①

（4）执业准则的制定、实施，有助于维护会计师事务所和注册会计师的正当权益，使得他们免受不公正的指责和控告。

注册会计师的责任并非毫无限制，工作结果也不可能在任何条件下都绝对地正确。执业准则中规定了注册会计师的工作范围，注册会计师只要能严格按照执业准则的要求执业，就算是尽到了职责。当审计委托人与注册会计师发生纠纷并诉诸法律时，执业准则就成为法官判明是非、划清责任界限的重要依据。

（5）制定、实施执业准则，有助于推动审计与鉴证理论的研究和现代审计人才的培养。

执业准则是注册会计师实践经验的总结和升华，已成为审计与鉴证理论的一个重要组成部分。在执业准则制定过程中，必然会激发各种理论的争论、探讨，从而带动理论研究。随着执业准则的制定、修订和实施，一些理论方面的争论就会消除，认识上和实践上的分歧就会趋于统一。执业准则颁布以后，审计学界仍然要围绕着如何实施准则和怎样达到准则的要求展开细致的工作和研究，不断改进完善这些准则。因此，审计理论水平会随着执业准则的制定实施不断得以提高。注册会计师执业质量和理论水平的提高，无疑会带动审计教育水准的提高，这样必然会有助于培养现代化的审计人才，推动审计事业的进一步发展。

应当指出的是，大多数人只注意到了执业准则的种种作用和优点，很少有人分析执业准则可能带来的负面作用。其实，任何事物都是矛盾的统一体，执业准则也不例外，执业准则有积极作用，也有消极作用。在充分认识执业准则积极作用的同时，探讨其可能带来的负面效应，对于正确理解和认识准则，合理运用准则是大有裨益的。

执业准则的负面效应主要表现在以下几个方面：①执业准则可能导致僵化，人为缩小注册

① 斯坦泼，穆尼兹．国际审计标准［M］．李天民，译．北京：中国财政经济出版社，1983：2.

会计师职业判断的范围；②报告使用者往往认为依据执业准则审定的财务报表是确实可靠的；③执业准则可能源于社会或政治压力，致使会计师职业受到操纵；④执业准则可能抑制批评性思想、建设性思想的发展；⑤准则越多，注册会计师的执业成本越高。

二、中国注册会计师执业准则的基本体系

2001年以来，针对国际资本市场一系列上市公司财务舞弊事件，国际审计准则制定机构改进了国际审计准则的制定机制和程序，强调以社会公众利益为宗旨，全面引入了风险导向审计的概念，全面提升了国际审计准则质量。在充分借鉴国际审计准则的基础上，中国注册会计师协会根据我国实际情况和国际趋同的需要，将“中国注册会计师独立审计准则体系”改进为“中国注册会计师执业准则体系”，以适应注册会计师业务多元化的需要。原审计准则体系包含了部分非审计业务准则，如《独立审计实务公告第9号——对财务信息执行商定程序》《独立审计实务公告第5号——盈利预测审核》《独立审计实务公告第10号——会计报表审阅》等，导致以审计准则的名义规范其他业务类型。因此，新的注册会计师执业准则体系借鉴国际通行做法，将非审计业务准则从独立审计准则体系中分离出来，按照其业务性质冠以适当的名称。

中国注册会计师执业准则体系包括鉴证业务准则、相关服务准则和会计师事务所质量管理准则。为了便于社会公众理解，有时将执业准则简称为“审计准则”。中国注册会计师执业准则体系和业务准则体系的构成如图3-1和图3-2所示。

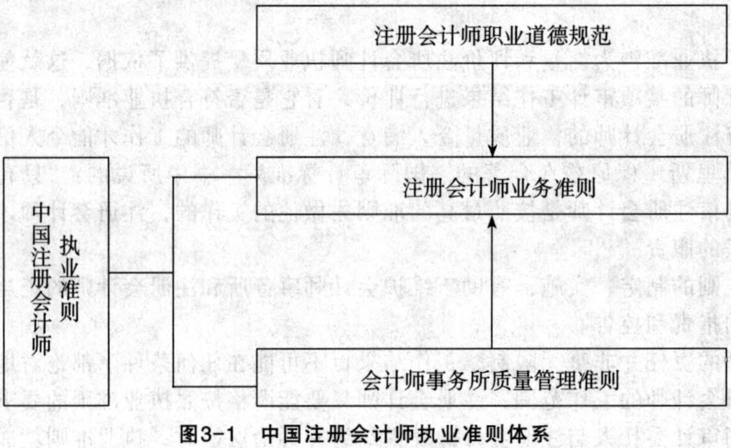

图3-1 中国注册会计师执业准则体系

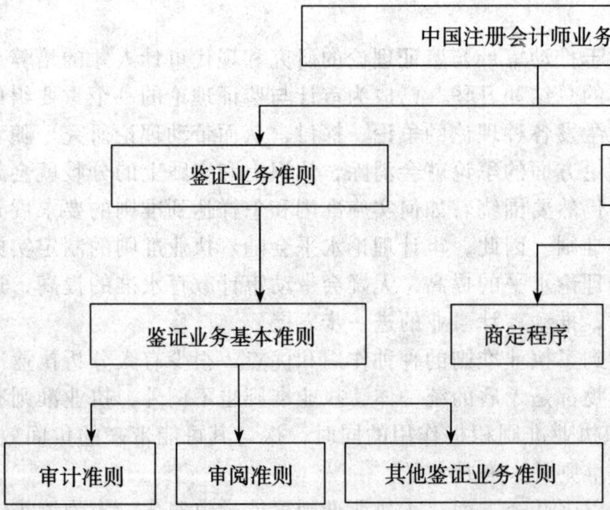

图3-2 中国注册会计师业务准则体系

鉴证业务准则（general assurance standards）是指注册会计师在执行鉴证业务的过程中所

应遵守的职业规范。鉴证业务准则由鉴证业务基本准则统领，按照鉴证业务提供的保证程度和鉴证对象的不同，分为中国注册会计师审计准则、中国注册会计师审阅准则和中国注册会计师其他鉴证业务准则（以下分别简称审计准则、审阅准则和其他鉴证业务准则）。其中，审计准则是整个执业准则体系的核心。

审计准则（auditing standards）是注册会计师执行历史财务信息审计业务所应遵守的职业规范。在提供审计服务时，注册会计师对所审计信息是否不存在重大错报提供合理保证，并以积极方式提出结论。

审阅准则（review standards）是注册会计师执行历史财务信息审阅业务所应遵守的职业规范。在提供审阅服务时，注册会计师对所审阅信息是否不存在重大错报提供有限保证，并以消极方式提出结论。

其他鉴证业务准则（other assurance standards）是注册会计师执行历史财务信息审计或审阅以外的其他鉴证业务所应遵守的职业规范。注册会计师执行其他鉴证业务，根据鉴证业务的性质和业务约定的要求，提供有限保证或合理保证。

相关服务准则（related services standards）是注册会计师代编财务信息、执行商定程序，提供管理咨询等其他服务所应遵守的职业规范。在提供相关服务时，注册会计师不提供任何程度的保证。

质量管理准则（quality control standards）是会计师事务所在执行各类业务时应当遵守的质量管理政策和程序，是对会计师事务所质量管理提出的制度要求。

目前，中国注册会计师执业准则体系共包括53项准则，其具体构成是：

（1）中国注册会计师鉴证业务基本准则（1项）；

（2）中国注册会计师审计准则第1101号—第1633号（45项）；

（3）中国注册会计师审阅准则第2101号（1项）；

（4）中国注册会计师其他鉴证业务准则第3101号—第3111号（2项）；

（5）中国注册会计师相关服务准则第4101号—第4111号（2项）；

（6）会计师事务所质量管理准则第5101号—5102号（2项）。

在注册会计师执业准则体系中，准则编号由4位数组成。其中，千位数代表不同类别的准则："1"代表审计准则；"2"代表审阅准则；"3"代表其他鉴证业务准则；"4"代表相关服务准则；"5"代表质量管理准则。百位数代表某一类别准则中的大类。以审计准则为例，我们将审计准则分为6大类，分别用1至6表示。"1"代表一般原则与责任；"2"代表风险评估与应对；"3"代表审计证据；"4"代表利用其他主体的工作；"5"代表审计结论与报告；"6"代表特殊领域审计。十位数代表大类中的小类。个位数代表小类中的顺序号。例如，第1311号，千位数的"1"表示审计准则，百位数的"3"表示审计证据大类，十位数的"1"表示获取审计证据的某一小类，个位数的"1"表示某类审计程序的序号。

第二节　中国注册会计师业务准则

中国注册会计师业务准则体系由鉴证业务准则和相关服务准则构成。其中，鉴证业务准则由鉴证业务基本准则统领，按照鉴证业务提供的保证程度和鉴证对象的不同，分为审计准则、审阅准则和其他鉴证业务准则。

一、中国注册会计师鉴证业务基本准则

《中国注册会计师鉴证业务基本准则》的目的在于规范注册会计师执行鉴证业务，明确鉴证业务的目标和要素，确定中国注册会计师审计准则、中国注册会计师审阅准则、中国注册会计师其他鉴证业务准则适用的鉴证业务类型。该准则共9章60条，主要对鉴证业务的定义与目

标、业务承接，以及鉴证业务的三方关系、鉴证对象、标准、证据、鉴证报告等鉴证业务的要素等方面进行了阐述。注册会计师执行历史财务信息审计业务、历史财务信息审阅业务和其他鉴证业务时，应当遵守该准则，依据该准则制定的审计准则、审阅准则和其他鉴证业务准则。如果一项鉴证业务只是某项综合业务的构成部分，该准则仅适用于该业务中与鉴证业务相关的部分。如果某项业务不存在除责任方之外的其他预期使用者，但在其他所有方面符合审计准则、审阅准则或其他鉴证业务准则的要求，注册会计师和责任方可以协商运用该准则的原则。但在这种情况下，注册会计师的报告中应注明该报告仅供责任方使用。

注册会计师执行司法诉讼中涉及会计、审计、税务或其他事项的鉴证业务时，除有特定要求者外，应当参照该准则办理。

某些业务可能符合鉴证业务的定义，使用者可能从业务报告的意见、观点或措辞中推测出某种程度的保证，但如果满足下列所有条件，注册会计师执行这些业务不必遵守该准则：

（1）注册会计师的意见、观点或措辞对于整个业务而言仅是附带性的；

（2）注册会计师出具的书面报告被明确限定为仅供报告中所提及的使用者使用；

（3）与特定预期使用者达成的书面协议中，该业务未被确认为鉴证业务；

（4）在注册会计师出具的报告中，该业务未被称为鉴证业务。

二、中国注册会计师审计准则

中国注册会计师审计准则共包括45项，用以规范注册会计师执行历史财务信息的审计业务。审计准则涉及审计业务的一般原则与责任、风险评估与应对、审计证据、利用其他主体的工作、审计结论与报告、特殊领域审计6个方面。

（一）一般原则与责任

规范审计业务的一般原则与责任的准则具体包括《中国注册会计师审计准则第1101号——注册会计师的总体目标和审计工作的基本要求》《中国注册会计师审计准则第1111号——就审计业务约定条款达成一致意见》《中国注册会计师审计准则第1121号——对财务报表审计实施的质量管理》《中国注册会计师审计准则第1131号——审计工作底稿》《中国注册会计师审计准则第1141号——财务报表审计中与舞弊相关的责任》《中国注册会计师审计准则第1142号——财务报表审计中对法律法规的考虑》《中国注册会计师审计准则第1151号——与治理层的沟通》《中国注册会计师审计准则第1152号——向治理层和管理层通报内部控制缺陷》《中国注册会计师审计准则第1153号——前任注册会计师和后任注册会计师的沟通》9项。

《中国注册会计师审计准则第1101号——注册会计师的总体目标和审计工作的基本要求》共6章38条，指出注册会计师的总体目标是，对财务报表整体是否不存在由于舞弊或错误导致的重大错报获取合理保证，使得注册会计师能够对财务报表是否在所有重大方面按照适用的财务报告编制基础编制发表审计意见；按照审计准则的规定，根据审计结果对财务报表出具审计报告，并与管理层和治理层沟通，并且从定义、财务报表审计、总体目标、要求（与财务报表相关的职业道德要求、职业怀疑、职业判断、审计证据和审计风险、按照审计准则的规定执行审计工作）等方面进行了阐述。

《中国注册会计师审计准则第1111号——就审计业务约定条款达成一致意见》共4章21条，主要对定义、目标、要求（审计的前提条件、就审计业务约定条款达成一致意见、连续审计、审计业务约定条款的变更、业务承接时的其他考虑）等方面进行了规范。

《中国注册会计师审计准则第1121号——对财务报表审计实施的质量管理》的目的在于规范注册会计师对财务报表审计实施质量管理程序的具体责任，以及项目质量复核人员的责任。该准则共5章41条，主要从定义、目标、要求（对审计质量承担的领导责任，相关职业道德要求，客户关系和审计业务的接受与保持，项目组的工作委派，业务执行，监控，审计工作底稿）等方面对财务报表审计业务的质量管理进行了规范。

《中国注册会计师审计准则第1131号——审计工作底稿》共4章20条，主要规范了定义、目标、要求（及时编制审计工作底稿，记录实施的审计程序和获取的审计证据，审计工作底稿的归档）。

《中国注册会计师审计准则第1141号——财务报表审计中与舞弊相关的责任》共5章52条，对定义、目标、要求（职业怀疑，项目组内部的讨论，风险评估程序和相关活动，识别和评估舞弊导致的重大错报风险，应对评估的由舞弊导致的重大错报风险，评价审计证据，无法继续执行审计业务，书面声明，与管理层和治理层的沟通，向监管机构和执法机构报告，审计工作记录）方面进行了规范。

《中国注册会计师审计准则第1142号——财务报表审计中对法律法规的考虑》旨在规范注册会计师在财务报表审计中对法律法规的考虑。该准则共5章31条，主要对定义、目标、要求（注册会计师对被审计单位遵守法律法规的考虑，识别出或怀疑存在违反法律法规行为时实施的审计程序，对识别出的或怀疑存在的违反法律法规行为的报告，审计工作底稿）方面进行了规范。注册会计师接受专项委托，对被审计单位遵守特定法律法规进行单独测试并出具报告的鉴证业务不适用这一准则。

《中国注册会计师审计准则第1151号——与治理层的沟通》共4章24条。该准则主要对定义、目标、要求（沟通的对象，沟通的事项，沟通的过程和审计工作底稿）方面进行了规范。

《中国注册会计师审计准则第1152号——向治理层和管理层通报内部控制缺陷》旨在规范注册会计师向治理层和管理层恰当通报在财务报表审计中识别出的内部控制缺陷。该准则共5章13条，主要对定义、目标、要求作出了规范。

《中国注册会计师审计准则第1153号——前任注册会计师和后任注册会计师的沟通》旨在规范前任注册会计师和后任注册会计师在财务报表审计中的沟通责任。该准则共5章19条，分别对定义、目标、要求（接受委托前的沟通，接受委托后的沟通，发现前任注册会计师审计的财务报表可能存在重大错报时的处理）进行了规范。

（二）风险评估与应对

对风险评估与应对进行规范的审计准则共有6项，包括《中国注册会计师审计准则第1201号——计划审计工作》《中国注册会计师审计准则第1211号——通过了解被审计单位及其环境识别和评估重大错报风险》《中国注册会计师审计准则第1221号——计划和执行审计工作时的重要性》《中国注册会计师审计准则第1231号——针对评估的重大错报风险采取的应对措施》《中国注册会计师审计准则第1241号——对被审计单位使用服务机构的考虑》《中国注册会计师审计准则第1251号——评价审计过程中识别出的错报》。

《中国注册会计师审计准则第1201号——计划审计工作》共4章14条，分别从目标、要求（项目组关键成员的参与、初步业务活动、计划活动、审计工作底稿、首次审计业务的补充考虑）等方面提供了指引。

《中国注册会计师审计准则第1211号——通过了解被审计单位及其环境识别和评估重大错报风险》共5章36条。该准则从定义、目标、要求（风险评估程序和相关活动，了解被审计单位及其环境，了解内部控制，识别和评估重大错报风险，审计工作底稿）方面进行了规范。

《中国注册会计师审计准则第1221号——计划和执行审计工作时的重要性》旨在规范注册会计师在计划和执行财务报表审计工作时运用重要性概念。该准则共5章15条，分别从定义、目标、要求（计划审计工作时确定重要性和实际执行的重要性，审计过程中修改重要性水平，审计工作底稿）等方面进行了阐述。

《中国注册会计师审计准则第1231号——针对评估的重大错报风险采取的应对措施》共5章31条，从定义、目标、要求（总体应对措施，进一步审计程序，控制测试，实质性程序，列报和披露的恰当性，评价审计证据的充分性和适当性，审计工作底稿）等方面进行了详细阐述。

《中国注册会计师审计准则第1241号——对被审计单位使用服务机构的考虑》共5章31条，对定义、目标、要求（了解服务机构提供的服务，应对评估的重大错报风险，注册会计师的报告）等方面进行了阐述。

《中国注册会计师审计准则第1251号——评价审计过程中识别出的错报》旨在规范注册会计师评价识别出的错报对审计的影响以及未更正错报对财务报表的影响。该准则共5章17条，对定义、目标、要求（累计识别出的错报，随着审计的推进考虑识别出的错报，沟通和更正错报，评价未更正错报的影响，书面声明，审计工作底稿）进行了规范。

（三）审计证据

审计证据是注册会计师发表审计意见的基础。与审计证据有关的审计准则共有11项，包括《中国注册会计师审计准则第1301号——审计证据》《中国注册会计师审计准则第1311号——对存货、诉讼和索赔、分部信息等特定项目获取审计证据的具体考虑》《中国注册会计师审计准则第1312号——函证》《中国注册会计师审计准则第1313号——分析程序》《中国注册会计师审计准则第1314号——审计抽样》《中国注册会计师审计准则第1321号——审计会计估计（包括公允价值会计估计）和相关披露》《中国注册会计师审计准则第1323号——关联方》《中国注册会计师审计准则第1324号——持续经营》《中国注册会计师审计准则第1331号——首次审计业务涉及的期初余额》《中国注册会计师审计准则第1332号——期后事项》《中国注册会计师审计准则第1341号——书面声明》。

《中国注册会计师审计准则第1301号——审计证据》旨在规范财务报表审计中审计证据的构成，明确注册会计师设计和实施审计程序以获取充分、适当的审计证据的责任。该准则共4章15条，主要对定义、目标、要求（充分、适当的审计证据，用作审计证据的信息，选取测试项目以获取审计证据，审计证据之间存在不一致或对审计证据可靠性存有疑虑）进行了规范。

《中国注册会计师审计准则第1311号——对存货、诉讼和索赔、分部信息等特定项目获取审计证据的具体考虑》旨在规范注册会计师在财务报表审计中对存货、诉讼和索赔、分部信息等特定项目的某些方面获取充分、适当的审计证据的具体考虑。该准则共4章14条，对目标、要求（存货、诉讼和索赔、分部信息）进行了规范。

《中国注册会计师审计准则第1312号——函证》旨在规范注册会计师按照《中国注册会计师审计准则第1231号——针对评估的重大错报风险采取的应对措施》和《中国注册会计师审计准则第1301号——审计证据》的规定使用函证程序，以获取相关、可靠的审计证据。该准则共5章24条，主要对定义、目标、要求（函证程序，管理层不允许寄发询证函，实施函证程序的结果，消极式函证，评价获取的审计证据）进行了规范。本准则不适用于注册会计师对被审计单位诉讼和索赔事项实施询问程序。

《中国注册会计师审计准则第1313号——分析程序》共5章8条。该准则阐述了定义、目标、要求（实质性分析程序，有助于形成总体结论的分析程序，调查分析程序的结果）的规定。

《中国注册会计师审计准则第1314号——审计抽样》共5章25条，旨在规范注册会计师在实施审计程序时使用审计抽样。该准则说明了定义、目标、要求（样本设计、样本规模和选取测试项目，实施审计程序，偏差和错报的性质与原因，推断错报，评价审计抽样结果）。

《中国注册会计师审计准则第1321号——审计会计估计（包括公允价值会计估计）和相关披露》旨在规范注册会计师在财务报表审计中与会计估计（包括公允价值会计估计）和相关披露有关的责任。该准则共5章29条，对定义、目标、要求（风险评估程序和相关活动，识别和评估重大错报风险，应对评估的重大错报风险，实施进一步实质性程序以应对特别风险，评价会计估计的合理性并确定错报，与会计估计相关的披露，可能存在管理层偏向的迹象，书面声明，审计工作底稿）作出了规范。

《中国注册会计师审计准则第1323号——关联方》旨在规范注册会计师在财务报表审计中对关联方及其交易的责任。该准则共5章30条，分别对定义、目标、要求（风险评估程序和相关工作，识别和评估与关联方关系及其交易相关的重大错报风险，针对与关联方关系及其交易相关的重大错报风险的应对措施，评价识别出的关联方关系及其交易的会计处理和披露，书面声明，与治理层的沟通，审计工作底稿）等方面进行了详细阐述。

《中国注册会计师审计准则第1324号——持续经营》旨在规范注册会计师在财务报表审计中与管理层编制财务报表时运用持续经营假设相关的责任。该准则共3章25条，从目标、要求（风险评估程序和相关活动，评价管理层的评估，询问超出管理层评估期间的事项或情况，识别出事项或情况时实施追加的审计程序，审计结论与报告，与治理层沟通，严重拖延对财务报表的批准）等方面进行了规范。

《中国注册会计师审计准则第1331号——首次审计业务涉及的期初余额》旨在规范注册会计师在执行首次审计业务时对期初余额的责任。该准则共5章16条，阐述了定义、目标、要求（审计程序，审计结论和审计报告）。

《中国注册会计师审计准则第1332号——期后事项》共4章20条，旨在规范注册会计师在财务报表审计中对期后事项的责任。该准则主要针对定义、目标、要求（财务报表日至审计报告日之间发生的事项，注册会计师在审计报告日后至财务报表报出日前知悉的事实，注册会计师在财务报表报出后知悉的事实）等方面进行了说明。

《中国注册会计师审计准则第1341号——书面声明》共4章19条，从定义、目标、要求（提供书面声明的管理层，针对管理层责任的书面声明，其他书面声明，书面声明涵盖的日期和期间，书面声明的形式，对书面声明可靠性的疑虑以及管理层不提供要求的书面声明）方面进行了规范。

（四）利用其他主体的工作

涉及利用其他主体的工作的审计准则共有3项，包括《中国注册会计师审计准则第1401号——对集团财务报表审计的特殊考虑》《中国注册会计师审计准则第1411号——利用内部审计人员的工作》《中国注册会计师审计准则第1421号——利用专家的工作》。

《中国注册会计师审计准则第1401号——对集团财务报表审计的特殊考虑》旨在规范主审注册会计师执行集团审计时的特殊考虑，特别是涉及组成部分注册会计师的特殊考虑。该准则共5章64条，对定义、目标、要求（责任，集团审计业务的接受与保持，总体审计策略和具体审计计划，了解集团及其环境、集团组成部分及其环境，了解组成部分注册会计师，重要性，针对评估的风险采取的应对措施，合并过程，期后事项，与组成部分注册会计师的沟通，评价审计证据的充分性和适当性，与集团管理层和集团治理层的沟通，审计工作底稿）等方面进行了规范。

《中国注册会计师审计准则第1411号——利用内部审计人员的工作》旨在规范注册会计师在获取充分、适当的审计证据时利用内部审计人员的工作，明确注册会计师利用内部审计人员的工作的责任。该准则共5章38条，对定义、目标、要求（确定是否利用以及在多大程度上利用内部审计人员的工作，利用内部审计人员的特定工作，审计工作底稿）等方面进行了规范。

《中国注册会计师审计准则第1421号——利用专家的工作》共5章17条，对定义、目标、要求（确定是否需要利用专家的工作，审计程序的性质、时间安排和范围，专家的胜任能力、专业素养和客观性，了解专家的专长领域，与专家达成一致意见，评价专家的工作的恰当性，在审计报告中提及专家）进行了规范。

（五）审计结论与报告

涉及审计结论与报告的审计准则共有6项，包括《中国注册会计师审计准则第1501号——对财务报表形成审计意见和出具审计报告》《中国注册会计师审计准则第1502号——在审计报告中发表非无保留意见》《中国注册会计师审计准则第1503号——在审计报告中增加强调事项段和其他事项段》《中国注册会计师审计准则第1504号——在审计报告中沟通关键审计事项》《中国注册会计师审计准则第1511号——比较信息：对应数据和比较财务报表》《中国注册会计师审计准则第1521号——注册会计师对其他信息的责任》。

《中国注册会计师审计准则第1501号——对财务报表形成审计意见和出具审计报告》共4

章46条，规范了注册会计师对财务报表形成审计意见，以及作为财务报表审计结果所出具的审计报告的格式和内容。该准则说明了定义、目标、要求（对财务报表形成审计意见，审计意见的形式，审计报告，与财务报表一同列报的补充信息）。

《中国注册会计师审计准则第1502号——在审计报告中发表非无保留意见》对注册会计师出具非无保留意见的审计报告进行了规范，共4章31条。该准则对定义、目标、要求（应当发表非无保留意见的情形，确定非无保留意见的类型，非无保留意见审计报告的格式和内容，与治理层的沟通）进行了规范。

《中国注册会计师审计准则第1503号——在审计报告中增加强调事项段和其他事项段》旨在规范注册会计师在审计报告中增加强调事项段和其他事项段，以传递必要的补充信息。该准则共4章13条，规范了定义、目标、要求（审计报告中的强调事项段，审计报告中的其他事项段，与治理层的沟通）。

《中国注册会计师审计准则第1504号——在审计报告中沟通关键审计事项》对上市实体审计报告中增加关键审计事项部分、沟通关键审计事项进行了规范。关键审计事项，是指注册会计师根据职业判断认为对当期财务报表审计最为重要的事项。该审计准则为新增加的准则，共4章18条。该准则主要从定义、目标、要求（确定、沟通关键审计事项，与治理层的沟通以及记录关键审计事项等）方面进行了规范。

《中国注册会计师审计准则第1511号——比较信息：对应数据和比较财务报表》旨在规范注册会计师在财务报表审计中对比较数据的责任，共5章23条。该准则从定义、目标、要求（审计程序，审计报告：对应数据，审计报告：比较财务报表）方面进行了规范。

《中国注册会计师审计准则第1521号——注册会计师对其他信息的责任》共4章25条，用于规范定义、目标、要求（阅读其他信息，重大不一致，对事实的重大错报）。

（六）特殊领域审计

与特殊领域审计有关的审计准则共有10项，包括《中国注册会计师审计准则第1601号——审计特殊目的财务报表的特殊考虑》《中国注册会计师审计准则第1602号——验资》《中国注册会计师审计准则第1603号——审计单一财务报表和财务报表特定要素的特殊考虑》《中国注册会计师审计准则第1604号——对简要财务报表出具报告的业务》《中国注册会计师审计准则第1611号——商业银行财务报表审计》《中国注册会计师审计准则第1612号——银行间函证程序》《中国注册会计师审计准则第1613号——与银行监管机构的关系》《中国注册会计师审计准则第1631号——财务报表审计中对环境事项的考虑》《中国注册会计师审计准则第1632号——衍生金融工具的审计》《中国注册会计师审计准则第1633号——电子商务对财务报表审计的影响》。这些审计准则涵盖了对特殊行业、特殊性质的企业和企业特殊业务、特殊事项的审计。

《中国注册会计师审计准则第1601号——审计特殊目的财务报表的特殊考虑》共5章16条，对定义、目标、要求（业务承接时的考虑，计划和执行审计工作时的考虑，形成审计意见和出具报告时的考虑）进行了规范。

《中国注册会计师审计准则第1602号——验资》以规范注册会计师执行验资业务、明确工作要求为目标，共5章36条。该准则从签订业务约定书、制订验资计划、实施审验程序和记录验资工作底稿以及验资报告等方面进行了说明。该准则指出，注册会计师在执行验资业务时不应孤立地使用该准则，而应当将该准则与相关审计准则结合使用。

《中国注册会计师审计准则第1603号——审计单一财务报表和财务报表特定要素的特殊考虑》共5章20条，对定义、目标、要求（业务承接时的考虑，计划和执行审计工作时的考虑，形成审计意见和出具报告时的考虑）进行了规范。

《中国注册会计师审计准则第1604号——对简要财务报表出具报告的业务》共5章38条。该准则对定义、目标、要求（业务的承接，程序的性质，意见的格式，工作的时间安排和期后事项，对简要财务报表出具的审计报告，对审计报告分发或使用的限制，提醒阅读者关注编制基础，比较信息，与简要财务报表一同列报的未审计的补充信息，含有简要财务报表的文件中的其他信息，与注册会计师相关联）进行了规范。

《中国注册会计师审计准则第1611号——商业银行财务报表审计》用于规范注册会计师执行商业银行财务报表审计业务，共7章56条。该准则从接受业务委托，计划审计工作，了解和测试内部控制，实质性程序，以及审计报告等多个环节对商业银行财务报表审计进行了说明。注册会计师在执行商业银行财务报表审计业务时，也应当将该准则与相关审计准则结合使用。

《中国注册会计师审计准则第1612号——银行间函证程序》共5章14条，从询证函的编制与寄发、函证的内容、回函的评价等几个方面规范了注册会计师在商业银行财务报表审计中实施银行间函证程序。

《中国注册会计师审计准则第1613号——与银行监管机构的关系》共6章37条，旨在明确在商业银行财务报表审计中商业银行治理层、管理层和注册会计师的责任，促进注册会计师与银行监管机构之间的理解与合作，提高审计的有效性。该准则重点说明了以下几个方面：商业银行治理层和管理层的责任，注册会计师的责任，注册会计师与银行监管机构的关系，协助完成特定监管任务时的补充要求。该准则既适用于注册会计师执行商业银行财务报表审计业务，也适用于接受银行监管机构委托执行专项业务。

《中国注册会计师审计准则第1631号——财务报表审计中对环境事项的考虑》共5章40条，从实施风险评估程序时对环境事项的考虑，针对评估的重大错报风险实施审计程序时对环境事项的考虑，以及出具审计报告时对环境事项的考虑等方面，对注册会计师在财务报表审计中对被审计单位环境事项的考虑进行了规范。

《中国注册会计师审计准则第1632号——衍生金融工具的审计》旨在规范注册会计师针对与衍生金融工具相关的财务报表认定计划和实施审计程序。该准则共12章66条，对衍生金融工具及活动，管理层和治理层的责任，注册会计师的责任，了解可能影响衍生活动及其审计的因素，了解内部控制，控制测试，实质性程序，对套期活动的额外考虑，管理层声明，以及与管理层和治理层的沟通等若干方面作出了规定。

《中国注册会计师审计准则第1633号——电子商务对财务报表审计的影响》共7章34条，从知识和技能的要求，对被审计单位电子商务的了解，识别风险，对内部控制的考虑，以及电子记录对审计证据的影响等方面加以阐述，以规范注册会计师在财务报表审计中对被审计单位电子商务的考虑。

三、中国注册会计师审阅准则

执业体系中只有一项审阅准则，即《中国注册会计师审阅准则第2101号——财务报表审阅》。该准则共7章31条，对审阅范围和保证程度、业务约定书、审阅计划、审阅程序和审阅证据、结论和报告等进行了重点说明，以规范注册会计师执行财务报表审阅业务。

四、中国注册会计师其他鉴证业务准则

其他鉴证业务准则共有2项，包括：《中国注册会计师其他鉴证业务准则第3101号——历史财务信息审计或审阅以外的鉴证业务》和《中国注册会计师其他鉴证业务准则第3111号——预测性财务信息的审核》。

《中国注册会计师其他鉴证业务准则第3101号——历史财务信息审计或审阅以外的鉴证业务》共10章77条，旨在规范注册会计师执行历史财务信息审计或审阅以外的鉴证业务，即其他鉴证业务。该准则从承接与保持业务，计划与执行业务，利用专家的工作，获取证据，考虑期后事项，形成工作记录，编制鉴证报告，其他报告责任等方面对注册会计师执行其他鉴证业务作出了规定。

《中国注册会计师其他鉴证业务准则第3111号——预测性财务信息的审核》共9章30条，用于规范注册会计师执行预测性财务信息审核业务。该准则从保证程度，接受业务委托，了解

被审核单位情况，涵盖期间，审核程序，列报和审核报告等方面进行了说明。

五、中国注册会计师相关服务准则

中国注册会计师执业准则体系中的相关服务准则共有2项，包括：《中国注册会计师相关服务准则第4101号——对财务信息执行商定程序》和《中国注册会计师相关服务准则第4111号——代编财务信息》，分别为注册会计师执行商定程序和代编财务信息这两项服务提供了指引。两项准则分别从业务约定书，计划、程序与记录，报告等方面对注册会计师执行商定程序和代编财务信息业务进行了规范。注册会计师执行这两项相关服务都没有独立性要求，且出具的报告不发表任何意见。

第三节 会计师事务所质量管理准则

健全完善的质量管理制度是保证会计师事务所及其人员遵守法律法规的规定、中国注册会计师职业道德规范以及中国注册会计师执业准则的基础。中国注册会计师执业准则体系中包括3项质量管理准则，即《会计师事务所质量管理准则第5101号——业务质量管理》和《会计师事务所质量管理准则第5102号——项目质量复核》以及《中国注册会计师审计准则第1121号——对财务报表审计实施的质量管理》。前两项从会计师事务所层面上进行规范，适用于包括财务报表审计和审阅、其他鉴证业务和相关服务业务；后一项从执行审计项目的负责人层面上进行规范，仅适用于财务报表审计业务。这三项准则联系紧密，前两项是后一项的制定依据。《会计师事务所质量管理准则第5101号——业务质量管理》系统地总结了近些年审计失败的经验教训，旨在规范会计师事务所建立并保持有关财务报表审计和审阅、其他鉴证和相关服务业务的质量管理制度。该准则共4章106条，包括定义、目标、要求（运用和遵守相关要求，质量管理体系的要素以及对质量管理体系的记录）。

一、相关术语定义

《会计师事务所质量管理准则第5101号——业务质量管理》涉及以下相关术语：

（1）职业准则，是指中国注册会计师鉴证业务基本准则、中国注册会计师审计准则、中国注册会计师审阅准则、中国注册会计师其他鉴证业务准则、中国注册会计师相关服务准则、质量管理准则和相关职业道德要求。

（2）相关职业道德要求，是指项目组和项目质量复核人员应当遵守的职业道德规范，通常是指中国注册会计师职业道德守则。

（3）人员，是指会计师事务所的合伙人和员工。

（4）合伙人，是指在执行专业服务业务方面有权代表会计师事务所的个人。

（5）员工，是指合伙人以外的专业人员，包括会计师事务所的内部专家。

（6）项目合伙人，是指会计师事务所中负责某项业务及其执行，并代表会计师事务所在出具的报告上签字的合伙人。

如果项目合伙人以外的其他注册会计师在报告上签字，本准则对项目合伙人作出的规定也适用于该签字注册会计师。

（7）项目组，是指执行业务的所有合伙人和员工，以及会计师事务所或网络事务所聘请的为该项业务实施程序的所有人员，但不包括会计师事务所或网络事务所聘请的外部专家。

（8）网络事务所，是指属于某一网络的会计师事务所或实体。

（9）网络，是指由多个实体组成，旨在通过合作实现下列一个或多个目的的联合体：

① 共享收益、分担成本；

② 共享所有权、控制权或管理权；

③ 执行统一的质量管理政策和程序；
④ 执行同一经营战略；
⑤ 使用同一品牌；
⑥ 共享重要的专业资源。

（10）项目质量复核，是指在报告日或报告日之前，项目质量复核人员对项目组作出的重大判断和在编制报告时得出的结论进行客观评价的过程。

项目质量复核适用于上市实体财务报表审计，以及会计师事务所确定需要实施项目质量复核的其他业务。

（11）上市实体，是指其股份、股票或债券在法律法规认可的证券交易所报价或挂牌，或在法律法规认可的证券交易所或其他类似机构的监管下进行交易的实体。

（12）项目质量复核人员，是指项目组成员以外的，具有足够、适当的经验和权限，对项目组作出的重大判断和在编制报告时得出的结论进行客观评价的合伙人、会计师事务所的其他人员、具有适当资格的外部人员或由这类人员组成的小组。

（13）具有适当资格的外部人员，是指会计师事务所以外的具有担任项目合伙人的胜任能力和必要素质的个人，如其他会计师事务所的合伙人、注册会计师协会或提供相关质量管理服务的组织中具有适当经验的人员。

（14）业务工作底稿，是指注册会计师对执行的工作、获取的结果和得出的结论作出的记录。

（15）报告日，是指注册会计师在出具的报告上签署的日期。

（16）监控，是指对会计师事务所质量管理制度进行持续考虑和评价的过程，包括定期选取已完成的业务进行检查，以使会计师事务所能够合理保证其质量管理制度正在有效运行。

（17）检查，是指实施程序以获取证据，确定项目组在已完成的业务中是否遵守会计师事务所质量管理政策和程序。

（18）合理保证，是指一种高度但非绝对的保证水平。

二、业务质量管理的目标和要求

1.业务质量管理的目标

会计师事务所的目标是建立并保持质量管理制度，以合理保证：

（1）会计师事务所及其人员遵守执业准则和适用的法律法规的规定；

（2）会计师事务所和项目合伙人出具适合具体情况的报告。

2.业务质量管理的要求

质量管理准则的要求旨在使会计师事务所能够实现本准则的目标。正确运用这些要求被人们预期可以为实现目标提供充分的依据，但由于实际情况变化很大，且无法预料，会计师事务所应当考虑是否存在特殊事项或情况，要求其建立除本准则要求外的政策和程序，以实现质量管理的目标。会计师事务所应当遵守质量管理的所有要求，除非在某些情况下，准则中的某项要求与会计师事务所执行的财务报表审计和审阅、其他鉴证及相关服务业务不相关。

会计师事务所内部负责建立并保持质量管理制度的人员应当了解会计师事务所质量管理准则的全部内容以及应用指南，以理解其目标并恰当遵守其要求。

三、业务质量管理的要素

会计师事务所应当建立一套质量管理体系。质量管理体系包括针对下列要素而制定的政策和程序，应当形成书面文件，并传达至全体人员：

（1）会计师事务所的风险评估程序；

（2）治理层和领导层；

（3）相关职业道德要求；

（4）客户关系和具体业务的接受与保持；
（5）业务执行；
（6）资源；
（7）信息与沟通；
（8）监控和整改程序。

四、对业务质量承担的领导责任

会计师事务所应当制定政策和程序，培育以质量为导向的内部文化。这些政策和程序应当要求会计师事务所主任会计师或同等职位的人员对质量管理制度承担最终责任，并使受会计师事务所主任会计师或同等职位的人员委派，具有充分、适当的经验和能力的人员负责质量管理制度运作，以及给予其必要的权限，以履行其职责。

五、相关职业道德要求

会计师事务所应当制定政策和程序，以合理保证会计师事务所及其人员遵守相关职业道德要求，以及合理保证会计师事务所及其人员和其他受独立性要求约束的人员（包括网络事务所的人员）保持相关职业道德要求规定的独立性。

这些政策和程序应当使会计师事务所能够：①向会计师事务所人员以及其他受独立性要求约束的人员传达独立性要求。②识别和评价对独立性产生不利影响的情形，并采取适当的行动消除这些不利影响；或通过采取防范措施将其降至可接受的水平；或者如果认为适当，在法律法规允许的情况下解除业务约定。③项目合伙人向会计师事务所提供与客户委托业务相关的信息（包括服务范围），以使会计师事务所能够评价这些信息对保持独立性的总体影响。④会计师事务所人员立即向会计师事务所报告对独立性产生不利影响的情形，以便会计师事务所采取适当行动。⑤会计师事务所收集相关信息，并向适当人员传达，以便会计师事务所及其人员能够容易确定是否满足独立性要求；会计师事务所能够保持和更新与独立性相关的记录；会计师事务所能够针对识别出的、超出可接受水平的对独立性产生的不利影响采取适当的行动。

会计师事务所应当制定政策和程序，以合理保证能够获知违反独立性要求的情况，并能够采取适当行动予以解决。这些政策和程序应当包括：①会计师事务所人员将注意到的、违反独立性要求的情况立即报告给会计师事务所；②会计师事务所将识别出的违反这些政策和程序的情况，立即传达给需要与会计师事务所共同处理这些情况的项目合伙人、需要采取适当行动的会计师事务所和网络内部的其他相关人员以及受独立性要求约束的人员；③项目合伙人、会计师事务所和网络事务所内部的其他相关人员以及受独立性要求约束的其他人员，在必要时立即向会计师事务所告知他们为解决有关问题而采取的行动，以使会计师事务所能够决定是否应当采取进一步的行动。

会计师事务所应当至少每年一次向所有需要按照相关职业道德要求保持独立性的人员获取其已遵守独立性政策和程序的书面确认函。

会计师事务所应当制定下列政策和程序：①明确标准，以确定长期委派同一名合伙人或高级员工执行某项鉴证业务时，是否需要采取防范措施，将因密切关系产生的不利影响降至可接受的水平；②对所有上市实体财务报表审计业务，按照相关职业道德要求和法律法规的规定，在规定期间届满后轮换项目合伙人、项目质量复核人员，以及受轮换要求约束的其他人员。

六、客户关系和具体业务的接受与保持

会计师事务所应当制定有关客户关系和具体业务接受与保持的政策和程序，以合理保证只有在下列情况下，才能接受或保持客户关系和具体业务：①能够胜任该项业务，并具有执行该项业务必要的素质、时间和资源；②能够遵守相关职业道德要求；③已考虑客户的诚信，没有信息表明客户缺乏诚信。

如果在接受业务后获知某项信息，而该信息若在接受业务前获知，可能导致会计师事务所拒绝该项业务，会计师事务所应当针对这种情况制定保持具体业务和客户关系的政策和程序。这些政策和程序应当考虑：①适用于这种情况的职业责任和法律责任，包括是否要求会计师事务所向委托人报告或在某些情况下向监管机构报告；②解除业务约定或同时解除业务约定和客户关系的可能性。

七、资源

会计师事务所应当制定政策和程序，以合理保证拥有足够的具有胜任能力和必要素质并承诺遵循职业道德基本原则的人员，以使：①会计师事务所按照执业准则和适用的法律法规的规定执行业务；②会计师事务所和项目合伙人能够出具适合具体情况的报告。

关于业务委派，会计师事务所应当采取以下措施：

① 会计师事务所应当对每项业务委派至少一名项目合伙人，并制定政策和程序，明确下列要求：将项目合伙人的身份和作用告知客户管理层和治理层的关键成员；项目合伙人具有履行职责所要求的适当的胜任能力、必要素质和权限；清楚界定项目合伙人的职责，并告知该项目合伙人。

② 会计师事务所应当制定政策和程序，委派具有必要胜任能力和素质的适当人员，以便：按照执业准则和适用的法律法规的规定执行业务；会计师事务所和项目合伙人能够出具适合具体情况的报告。

八、业务执行

会计师事务所应当制定政策和程序，以合理保证按照执业准则和适用的法律法规的规定执行业务，使会计师事务所和项目合伙人能够出具适合具体情况的报告。这些政策和程序应当包括：与保持业务执行质量一致性相关的事项，监督责任，复核责任。

会计师事务所在安排复核工作时，应当由项目组内经验较丰富的人员复核经验较少的人员的工作。会计师事务所应当根据这一原则，确定有关复核责任的政策和程序。

1.咨询

会计师事务所应当制定政策和程序，以合理保证：就疑难问题或争议事项进行适当咨询；能够获取充分的资源进行适当咨询；咨询的性质和范围以及咨询形成的结论得以记录，并经过咨询者和被咨询者的认可；咨询形成的结论得到执行。

2.项目质量复核

会计师事务所应当制定政策和程序，要求对特定业务实施项目质量复核，以客观评价项目组作出的重大判断以及在准备报告时得出的结论。

这些政策和程序应当包括下列要求：对所有上市实体财务报表审计实施项目质量复核；制定标准，据此评价所有其他的历史财务信息审计和审阅、其他鉴证和相关服务业务，以确定是否应当实施项目质量复核；对所有符合（前述）“制定标准”的业务实施项目质量复核。

会计师事务所应当制定政策和程序，以明确项目质量复核的性质、时间和范围。这些政策和程序应当要求，只有完成项目质量复核，才能签署业务报告。这些政策和程序要求项目质量复核包括下列工作：就重大事项与项目合伙人进行讨论；复核财务报表或其他业务对象信息及拟出具的报告；复核选取的与项目组作出的重大判断和得出的结论相关的业务工作底稿；评价在准备报告时得出的结论，并考虑拟出具报告的恰当性。

针对上市实体财务报表审计，会计师事务所应当制定政策和程序，要求实施的项目质量复核包括对下列事项的考虑：项目组就具体业务对会计师事务所独立性作出的评价；项目组是否已就涉及意见分歧的事项，或者其他疑难问题或争议事项进行适当咨询，以及咨询是否得出结论；选取的用于复核的业务工作底稿，是否反映项目组针对重大判断执行的工作，以及是否支持得出的结论。

会计师事务所应当制定政策和程序，以满足下列要求：安全保管业务工作底稿并对业务工作底稿保密；保证业务工作底稿的完整性；便于使用和检索业务工作底稿。

会计师事务所应当制定政策和程序，以使业务工作底稿的保存期限满足会计师事务所的需要和法律法规的规定。对历史财务信息审计和审阅业务、其他鉴证业务，会计师事务所应当自业务报告日起对业务工作底稿至少保存10年。如果组成部分业务报告日早于集团业务报告日，会计师事务所应当自集团业务报告日起对组成部分业务工作底稿至少保存10年。

九、监控

会计师事务所应当制定监控政策和程序，以合理保证与质量管理制度相关的政策和程序具有相关性与适当性，并正在有效运行。监控过程应当包括：持续考虑和评价会计师事务所质量管理制度；要求委派一名或多名合伙人，或会计师事务所内部具有充分、适当的经验和权限的其他人员负责监控过程；要求执行业务或实施项目质量复核的人员不参与该项业务的检查工作。其中：

①持续考虑和评价会计师事务所质量管理制度应当包括：周期性地选取已完成的业务进行检查，周期最长不得超过3年；在每个周期内，对每名项目合伙人，至少检查一项已完成的业务。

②会计师事务所应当评价在监控过程中注意到的缺陷的影响，并确定缺陷是否属于下列情况之一：该缺陷并不必然表明会计师事务所的质量管理制度不足以合理保证会计师事务所遵守执业准则和适用的法律法规的规定，以及会计师事务所和项目合伙人出具适合具体情况的报告；该缺陷是系统性的、反复出现的或其他需要及时纠正的重大缺陷。

③会计师事务所应当将实施监控程序注意到的缺陷以及建议采取的适当的补救措施，告知相关项目合伙人及其他适当人员。

④针对注意到的缺陷，建议采取的适当补救措施应当包括：采取与某项业务或某个人员相关的适当补救措施；将发现的缺陷告知负责培训和职业发展的人员；改进质量管理政策和程序；对违反会计师事务所政策和程序的人员，尤其是对反复违规的人员实施惩戒。

⑤会计师事务所应当制定政策和程序，以应对下列两种情况：实施监控程序的结果表明出具的报告可能不适当；在执行业务过程中遗漏了应实施的程序。这些政策和程序应当要求会计师事务所确定采取哪些进一步的行动以遵守执业准则和适用的法律法规的规定，并考虑是否征询法律意见。

⑥会计师事务所应当至少每年一次将质量管理制度的监控结果，向项目合伙人及会计师事务所内部的其他适当人员通报。这种通报应当足以使会计师事务所及其相关人员能够在其职责范围内及时采取适当的行动。通报的信息应当包括：对已实施的监控程序的描述；实施监控程序得出的结论；如果相关，对系统性的、反复出现的缺陷或其他需要及时纠正的重大缺陷的描述。

⑦如果会计师事务所是网络事务所的一部分，可能实施以网络为基础的某些监控程序，以保持在同一网络内实施的监控程序的一致性。

如果网络内部的会计师事务所在符合质量管理准则要求的共同的监控政策和程序下运行，并且这些会计师事务所信赖该监管制度，为了使网络内部的项目合伙人信赖网络内实施监控政策和程序的结果，会计师事务所的政策和程序应当要求：至少每年一次就监控过程的总体范围、程度和结果，向网络事务所的适当人员通报；立即将识别出的质量管理制度缺陷，向网络事务所的适当人员通报，以便使其采取必要的行动。

⑧关于投诉和指控。会计师事务所应当制定政策和程序，以合理保证能够适当处理下列事项：投诉和指控会计师事务所执行的工作未能遵守执业准则和适用的法律法规的规定；投诉和指控会计师事务所未能遵守会计师事务所质量管理制度。

作为处理投诉和指控过程的一部分，会计师事务所应当建立清晰的投诉和指控渠道，以使会计师事务所人员能够没有顾虑地提出关心的问题。

如果在调查投诉和指控的过程中识别出会计师事务所质量管理政策和程序在设计或运行方面存在缺陷，或存在违反质量管理制度的情况，会计师事务所应当按照准则中有关应对注意到的缺陷的相关规定采取适当行动。

⑨对质量管理制度的记录。会计师事务所应当制定政策和程序，要求形成适当工作记录，以对质量管理制度的每项要素的运行情况提供证据；要求对工作记录保管足够的期限，以使执行监控程序的人员能够评价会计师事务所遵守质量管理制度的情况；要求记录投诉、指控以及应对情况。

□ 复习思考题

1.注册会计师执业准则有哪些作用？有何负面作用？如何避免其可能带来的负面作用？

2.我国审计准则建设应当坚持中国特色还是与国际接轨？审计准则国际趋同的意义何在？如何实现国际趋同？

3.中国注册会计师执业准则体系包括哪些部分？

4.注册会计师业务准则与质量管理准则的关系如何？二者有何联系与区别？

5.会计师事务所应当从哪些方面实施业务质量管理？

6.会计师事务所接受或保持客户关系应当具备哪些条件？

7.项目质量复核包括哪些内容？

8.何谓网络事务所？

本章要旨及
测试题

第四章

注册会计师职业道德

第一节 注册会计师职业道德概述

一、职业特征与职业道德

职业特征是指用来描述或标志一个职业或从事职业的人士在行为、目的或品质方面的特征。职业特征相对于商业性投机而言，具有四个方面的特征：①专业教育，即通过培训和教育，在一种特殊知识和技能方面具有优势；②职业自律，即从业人员固守由其管理机构制定的共同的价值和行为守则，包括制定客观的发展目标；③执业证书，即取得执业证书（通常是指对独享某一称谓或获得某一资格的回报），接受政府的监督；④社会责任，作为一个整体承担一定的社会责任（通常是指对独享某一称谓或获得某一资格的回报）。道德是指以道德责任和义务为基础，用来表明个体应该如何行事的行为系统或规范。[①]注册会计师职业道德，是对注册会计师职业品德、职业纪律、专业胜任能力及职业责任等的总称。

注册会计师的职业性质决定了其对社会公众应承担的责任。为使注册会计师切实担负起这项神圣的职责，为社会公众提供高质量的、可信赖的专业服务，就必须大力加强对注册会计师的职业道德教育。注册会计师的道德水平是关系到整个行业能否生存和发展的大事。从世界各国来看，凡是建立注册会计师制度的国家，都制定了相应的职业道德规范，以昭示注册会计师应达到的道德水准。中国注册会计师行业非常重视自身的职业道德规范的建设，在行业协会成立之初就开始了职业道德规范的建设。1992年，中国注册会计师协会发布了《中国注册会计师职业道德守则（试行）》。随着执业环境的变化，在借鉴美国职业道德守则的基础上，中国注册会计师协会在1996年印发了《中国注册会计师职业道德基本准则》（以下简称《基本准则》），于1997年1月1日起施行。《基本准则》提出了独立、客观、公正的基本原则，并从专业胜任能力和技术规范、对客户的责任、对同行的责任和其他责任角度对注册会计师提出职业道德要求，为我国职业道德规范的建设奠定了基础。为了指导职业道德基本原则的有效执行，中国注册会计师协会于2002年6月25日发布了《中国注册会计师职业道德规范指导意见》。2009年10月，中国注册会计师协会发布了《中国注册会计师职业道德守则（2009）》，2020年，中国注册会计师协会全面修订了《中国注册会计师职业道德守则（2009）》和《中国注册会计师协会非执业会员职业道德守则（2009）》全面规范了注册会计师的职业道德行为，实现了与国际会计师职业道德守则的全面趋同。

修订后的《中国注册会计师职业道德守则（2020）》（以下简称《职业道德守则（2020）》）由五部分组成。其中，《中国注册会计师职业道德守则第1号——职业道德基本要求》提出了注册会计师应当遵守职业道德基本原则，对后面的4号守则起到统御作用。《中国注册会计师职业道德守则第2号——职业道德概念框架》为注册会计师提供思路，以识别、评

① MINTZ.Cases in Accounting Ethics and Professionalism［M］. New York：Irwin/McGraw-Hill，1997：4.

价和应对对职业道德基本原则产生不利影响的情形。《中国注册会计师职业道德守则第3号——提供专业服务的具体要求》对注册会计师提供的所有专业服务提出要求。注册会计师提供的各项专业服务中，注册会计师应当客观公正。独立性是注册会计师执行鉴证业务的灵魂，是客观、公正的体现，也是职业道德守则的精髓。审计审阅业务的独立性要求要高于其他鉴证业务的独立性要求。《中国注册会计师职业道德守则第4号——审计和审阅业务对独立性的要求》和《中国注册会计师职业道德守则第5号——其他鉴证业务对独立性的要求》列举可能对独立性产生不利影响的多种情形，并提供识别、评价和应对不利影响的因素和防范措施。由于难以涵盖所有的情形和防范措施，守则要求在应对不利影响时，注册会计师应当运用职业道德概念框架。为了便于注册会计师理解和执行守则，中国注册会计师协会同时发布配套的术语表。

《职业道德守则（2020）》的主要作用有：

（1）规定了职业道德的基本原则和概念框架，从而为注册会计师职业界提供了有用的行为指南。

（2）促使注册会计师按照独立审计准则等执业准则的要求提供专业服务，保证与提高服务质量。

（3）加强注册会计师对来自外界压力的抵抗力，避免注册会计师在外界强制要求下发表不当意见，以牺牲一方利益为代价而使另一方受益。

（4）向社会公众昭示注册会计师应达到的道德水准，提高社会公众对注册会计师职业的信赖程度。

（5）明确注册会计师的职业责任，进而规范注册会计师与客户、同行以及社会公众的关系，有利于维护注册会计师的正当权益，使他们免受不正当的指责和控告。

二、道德困境举例

注册会计师在执业中经常面对道德困境。对于注册会计师来说，培养良好的道德品格是重要的，这样他们就能在诸如此类的情形下作出恰当的回应。我们不妨先看一个案例，思考在下述的情况中注册会计师会怎样做。

> A会计师事务所最近接受B银行的委托，对其20×8年的年度财务报表进行审计。B银行现在是A会计师事务所最大的客户，该项业务的审计收费在事务所的收入总额中占很大份额。由于承接B银行这笔审计业务，事务所发生了额外的成本，包括新雇了几名员工和从一家更大的事务所里请来一名经理。在承接这项业务的过程中，该所注册会计师王波知道第一年的审计收费仅仅够弥补第一年审计所发生的成本，但是他希望增加未来的审计收费，并且其他服务的收费可能使其成为一项长期的有盈利的业务。在与前任注册会计师讨论的基础上，王波了解到B银行的贷款中用于担保的抵押品可能有问题。考虑到过去一年房地产行业的经济效益下滑，王波担心B银行提取的坏账准备可能有问题。但是，王波认为可以处理这些问题。
>
> 在这一年里，坏账准备账户的余额合计675万元，与前一年的数字大致相当。行业规定尚未偿还的贷款要按1.5%计提坏账准备。675万元略高于规定的要求。但是王波确认了两笔看似不能全部收回的贷款，合计为15 000万元。据了解，这两笔贷款开始于本年度，但均已逾期4个月没有归还。另外，用于贷款担保的抵押品价值大大低于贷款全额，且贷款没有遵守B银行规定的程序。根据这些信息，王波估计15 000万元中有大约40%，或者说是6 000万元不能收回。另外，王波还确定了这些贷款是发放给B银行的CEO刘夏及其商业合作伙伴所有的企业。
>
> 当王波和刘夏会面并讨论两笔拖欠的贷款时，刘夏极力向王波证明那些贷款会全部偿还。他告诉王波贷款没有问题，并且只要经济状况回升，就能够偿还贷款。刘夏暗示不需要计提额外的准备，并且如果王波要求这种调整，B银行将更换会计师事务所。

王波在决定如何行动时，应当考虑什么样的道德和职业关注？

作为一个理性的经济人，他必须考虑行为的后果对其收益和成本的影响。要求增加准备金的好处是可能会如项目组评估的那样，对事实加以完全的或准确的披露，另一个好处可能来自由来已久的保守主义的惯例，从而维护了注册会计师行业的声誉。但这些好处也是有代价的，王波知道A事务所可能就会失去B银行这个客户。若不要求增加准备金，好处是保持了B银行这个客户，但可能面对一旦问题贷款不能偿还，A事务所会面临股东提出的巨额赔偿，以及声誉受损。

在这个案例中，王波的职业特征在很大程度上得到考验。一方面他意识到很可能应该增加坏账准备，同时他担心失去这个有价值的客户以及事务所在新员工方面所作的重大投资受损。当应该采取何种措施（要求客户调整准备金）看似十分清晰时，问题就变成——正如经常发生的那样——注册会计师（王波）能坚守道义正确行事吗？下面我们将从道德发展的视角，说明应该怎样确立王波的道德判断使他能够要求B银行提供额外的坏账准备。

大量的研究①表明道德判断随时间而发展，并且是年龄、教育和经历的复杂程度的函数。劳伦斯·科尔伯格提出道德发展有6个阶段，这6个阶段可以分成3个道德推理的时期。表4-1描述了科尔伯格的6阶段模式。一个阶段对应一种行为模式或类型，这种模式或类型用来描述个体生命中可以确定的一些时点的特征。6阶段模式要比表中能看到的内容复杂得多。例如，个体不大可能在某一时间只处于一个发展阶段。个体更可能的是从一个阶段发展到另一个阶段。在道德成规前期，个体关心他自己的利益。法规是由他人强加的，以个体遵守法规的情况来对其作出判断。儿童是这一道德发展阶段的典型。在道德成规期，个体意识到他人的存在和遵从团体规范的需要；他关心社会中的秩序，以法律和规范为指南。在道德成规后期，个体承认社会的法律法规，但是运用普遍的道德和伦理原则公正地解决矛盾。②

表4-1 **道德发展的6个阶段**

道德发展的6个阶段②
时期1：道德成规前期
在道德成规前期，个体关心自己。法规由外部强加给个体
阶段1：个体行为以有形的结果来判断，例如对违反法规行为的惩罚
阶段2：个体知晓他人的需要，但是个体自己的需要得到满足是行动的基本动机
时期2：道德成规期
在道德成规期，个体能够借助他人（如家人、同龄群体或国家）的观点来判断情况
阶段3：个体试图遵守团体规范。个体考虑他人关于情况的观点，运用这些规范来解决矛盾
阶段4：个体关心社会和规则的秩序。遇到矛盾时，个体以法律和法规作为指导
时期3：道德成规后期
在道德成规后期，社会的法律和法规受到质疑，并以普遍的道德标准来重新定义
阶段5：个体看重社会契约和共同的义务。个体考虑每个人的利益不偏不倚地来解决矛盾中的分歧
阶段6：应用于个人和团体的普遍的道德和伦理标准（如正义、平等和尊严）是个体行为的基础

再回到B银行的案例，如果王波在道德发展的第二阶段，他会同意刘夏的做法，也不要求坏账准备增加到6 000万元。他会担心失掉客户和未来的收益，因此极有可能按照自己的利益行事。但是，目前的研究表明注册会计师现在处于第三和第四推理阶段。③在第三阶段，王波将受到团体规范的影响，因此，他的推理很可能受到事务所成员观点的影响。这也许解释了为什么在困难的境遇下注册会计师向事务所中的其他成员咨询来获得指导。在第四阶段，注册会计师的行为将通过严格地遵守职业技术准则和行为准则来加以指导。如果王波处于这一阶段，

① REST.Moral Development：Advances in Research and Theory［M］. New York：Praeger，1986.对这一研究有详细的总结。

② MINTZ.Cases in Accounting Ethics and Professionalism［M］. New York：Irwin/McGraw-Hill，1997：4.

③ PONEMON.Ethical Reasoning and Selection Socialization in Accounting［J］. Accounting，Organizations and Society，1992（17）. SHAUB.An Analysis of The Association of Traditional Demographic Variables with The Moral Reasoning of Auditing Students and Auditors［J］. Journal of Accounting Education，1994（12）.

他的推理将引导他遵循执业准则并增加坏账准备。

第二节　注册会计师职业道德的基本原则

注册会计师为实现执业目标，必须遵守一系列前提或一般原则。这些基本原则包括下列职业道德基本原则：诚信、独立性、客观和公正，专业胜任能力和应有的关注，保密，良好职业行为。

一、诚信、独立性、客观和公正

（一）诚信

诚信，是指诚实、守信。诚信是市场经济的基石，因为市场经济就是信用经济。现在许多行业都将诚信作为其职业道德的一部分，这实际上是适应了市场经济的需要。对于注册会计师行业来说，将诚信作为其职业道德的重要部分，不仅是为了适应市场经济的需要，更重要的是诚信是其生存之本，没有诚信，这个行业就没有存在的必要。独立审计业务作为注册会计师行业最基本的业务，其之所以能够存在几百年，就是因为社会公众对注册会计师比较信任，而社会公众的信任是建立在注册会计师诚信的基础上的。

诚信原则要求注册会计师应当在所有的职业关系和商业关系中保持正直和诚实、秉公办事、实事求是。注册会计师如果认为业务报告、申报资料或其他信息存在下列问题，则不得与有问题的信息发生牵连：

（1）含有严重虚假或误导性的陈述；

（2）含有缺少充分依据的陈述或信息；

（3）存在遗漏或含糊其词的信息。

注册会计师如果注意到已与有问题的信息发生牵连，应当采取措施消除牵连。在鉴证业务中，如果存在注册会计师依据执业准则出具了恰当的非标准业务报告，不被视为违反上述要求。

（二）独立性

独立性是注册会计师执行鉴证业务的灵魂，因为注册会计师要以其自身的信誉向社会公众表明，被审计单位的财务报表是真实与公允的。在市场经济条件下，投资者主要依赖财务报表判断投资风险，在投资机会中作出选择。如果注册会计师与客户之间不能保持独立，存在经济利益、关联方关系或屈从于外界压力，就很难取信于社会公众。那么，什么是独立性呢？较早给出权威解释的是美国注册会计师协会。美国注册会计师协会在1947年发布的《审计暂行标准》（The Tentative Statement of Auditing Standards）中指出："独立性的含义相当于完全诚实、公正无私、无偏见、客观认识事实、不偏袒。"传统观点认为，注册会计师的独立性包括两个方面：实质上的独立性和形式上的独立性。美国注册会计师协会在《职业行为准则》中要求："在公共业务领域中的会员（执业注册会计师），在提供审计和其他鉴证业务时应当保持实质上与形式上的独立。"国际会计师联合会《职业会计师道德守则》也要求执行公共业务的职业会计师（执业注册会计师）保持实质上的独立和形式上的独立。中国注册会计师协会《职业道德守则（2020）》要求注册会计师执行审计和审阅业务以及其他鉴证业务时，应当从实质上和形式上保持独立性，不得因任何利害关系影响其客观性。其中，实质上的独立性是一种内心状态，使得注册会计师在提出结论时不受损害职业判断的因素影响，诚信行事，遵循客观和公正原则，保持职业怀疑态度；形式上的独立性是一种外在表现，使得一个理性且掌握充分信息的第三方，在权衡所有相关事实和情况后，认为会计师事务所或审计项目组成员没有损害诚信原则、客观和公正原则或职业怀疑态度。

为指导中国注册会计师识别对独立性的不利影响、评价不利影响的严重程度、必要时采取防范措施消除不利影响或将其降低至可接受的水平，《职业道德守则（2020）》建立了独立性概念框架。独立性概念框架要求注册会计师在确定是否接受或保持某项业务，或者某一特定人员能否作为审计项目组成员时，会计师事务所应当识别和评价各种对独立性的不利影响；如果不利影响超出可接受的水平，在确定是否接受某项业务或某一特定人员能否作为审计项目组成员时，会计师事务所应当确定能否采取防范措施以消除不利影响或将其降低至可接受的水平；在确定是否保持某项业务时，会计师事务所应当确定现有的防范措施是否仍然有效；如果无效，是否需要采取其他防范措施或者终止业务；在执行业务过程中，如果注意到对独立性产生不利影响的新情况，会计师事务所应当运用独立性概念框架评价不利影响的严重程度。

如果无法采取适当的防范措施消除不利影响或将其降低至可接受的水平，注册会计师应当消除产生不利影响的情形，或者拒绝接受审计业务委托或终止审计业务。

（三）客观和公正

客观性是一种思想状态，一种能为注册会计师的服务增加价值的品质，也是一项职业特征。客观性原则要求注册会计师应当力求公平，不得因为成见、利益冲突或他人影响而损害独立性。也就是说，注册会计师应该按照事物的本质去考察，在执业中要做到一切从实际出发、注重调查研究，只有这样，才能取得主观与客观的一致，做到审计结论有理有据。

注册会计师的服务涉及多方利益，因此，不可避免地会受到来自客户或其他方面的压力。公正性原则要求注册会计师应当具备正直、诚实的品质，在各种压力面前不屈服，能够公平公正、不偏不倚地对待利益各方，不以牺牲一方的利益为条件而使另一方受益。

需要指出的是，客观性原则和公正性原则适用于注册会计师提供的各种专业服务，而不仅仅局限于鉴证业务。

二、专业胜任能力和应有的关注

专业胜任能力与应有的关注原则要求注册会计师应当通过教育、培训与执业实践获取和保持专业胜任能力。注册会计师应当持续了解并掌握当前法律、技术和实务的发展变化，将专业知识和技能始终保持在应有的水平，确保为客户提供具有专业水准的服务。

（一）专业胜任能力

专业胜任能力是指为提供高质量的专业服务，注册会计师必须具备的职业品德、学识与经验、专业训练以及足够的分析、判断能力。为何要把专业胜任能力提高到道德层次？这是因为，注册会计师如果不能保持和提高专业胜任能力，就难以完成客户委托的业务，也就无法从根本上满足社会公众对注册会计师的需求。事实上，如果注册会计师在缺乏足够的专业知识、技能或经验的情况下提供专业服务，就构成了一种欺诈。因此，一个合格的注册会计师不仅要充分认识自己的能力，充满自信心，更重要的是，必须清醒地认识到自己在专业胜任能力方面的不足，不承接自己所不能胜任的业务。

注册会计师应当通过教育、培训和执业实践获取和保持专业胜任能力。注册会计师应当持续了解并掌握当前法律、技术和实务的发展变化，将专业知识和技能始终保持在应有的水平，确保为客户提供具有专业水准的服务。在应用专业知识和技能时，注册会计师应当合理运用职业判断。

（二）应有的关注

注册会计师应当保持应有的关注，遵守执业准则和职业道德规范的要求，勤勉尽责，认真、全面、及时地完成工作任务。在审计过程中，注册会计师应当保持职业怀疑态度，运用专业知识、技能和经验，获取和评价审计证据。职业怀疑态度是指注册会计师以质疑的思维方式评价所获取证据的有效性，并对相互矛盾的证据，以及引起对文件记录或责任方提供的信息的可靠性产生怀疑的证据保持警觉。注册会计师应当采取适当措施，确保在其领导下工作的人员得到应有的培训和督导。在适当的情况下，注册会计师应当使客户以及业务报告的其他使用者了解专业服务的固有局限性。

三、保密

注册会计师能否与客户维持正常的关系，有赖于双方能否自愿而充分地进行沟通和交流，不掩盖任何重要的事实和情况。只有这样，注册会计师才能充分了解情况，并有效地完成工作。但注册会计师与客户的这种沟通，必须建立在对客户信息保密的基础上。这里所说的客户信息，通常是指商业秘密，因为一旦商业秘密被泄露或利用，往往会给客户造成损失。这样，如果注册会计师在接受委托后不能保守客户的秘密，那么客户就会认为其利益没有得到很好的维护，从而使得客户因担心秘密泄露而在是否允许注册会计师检查某些重要文件的时候表现出犹豫不决。客户对注册会计师的这种不信任将导致双方的合约关系很难维持。因此，注册会计师在签订业务约定书时，应当书面承诺对在执行业务过程中获知的客户信息保密。许多国家都规定，在公众领域执业的注册会计师，不能在没有取得客户同意的情况下，泄露任何客户的秘密信息。

注册会计师应当对职业活动中获知的涉密信息保密，不得有下列行为：

① 未经客户授权或法律法规允许，向会计师事务所以外的第三方披露其所获知的涉密信息；

② 利用所获知的涉密信息为自己或第三方谋取利益。

注册会计师在社会交往中应当遵循保密原则。注册会计师应当警惕无意泄密的可能性，特别是向主要近亲属和其他近亲属以及关系密切的商业伙伴无意泄密的可能性。主要近亲属是指配偶、父母或子女。其他近亲属是指兄弟姐妹、祖父母、外祖父母、孙子女、外孙子女。

注册会计师应当对拟接受的客户或拟受雇的工作单位向其披露的涉密信息保密。在终止与客户或工作单位的关系之后，注册会计师应当对以前职业活动中获知的涉密信息保密。如果获得新客户，注册会计师可以利用以前的经验，但不得利用或披露以前职业活动中获知的涉密信息。注册会计师应当明确在会计师事务所内部或工作单位内部保密的必要性，采取有效措施，确保下级员工以及为其提供建议和帮助的人员履行保密义务。

在下列情形下，注册会计师可以披露涉密信息：

① 法律法规允许披露，并取得客户的授权；

② 根据法律法规的要求，为法律诉讼、仲裁准备文件或提供证据，以及向监管机构报告所发现的违法行为；

③ 在法律法规允许的情况下，在法律诉讼、仲裁中维护自己的合法权益；

④ 接受注册会计师协会或监管机构的执业质量检查，答复其询问和调查；

⑤ 法律法规、执业准则和职业道德规范规定的其他情形。

在决定是否披露涉密信息时，注册会计师应当考虑下列因素：

① 客户同意披露的涉密信息，是否为法律法规所禁止；

② 如果客户同意披露涉密信息，是否会损害利害关系人的利益；

③ 是否已了解和证实所有相关信息；

④ 信息披露的方式和对象；

⑤ 可能承担的法律责任和后果。

四、良好职业行为

罗斯科·庞德曾经对职业这样定义："所谓职业，就是富有为公众服务精神的，并把一门有学问的艺术作为共同的天职来追求的一群人。即使这种追求是一种谋生手段，但其本质仍然是一种公共服务。"因此，任何职业的存在和发展都必须对其所提供的服务是否达到社会期望，也就是该职业所承担的责任予以特别关注。对于注册会计师行业来说，这种社会期望集中体现在职业声誉上，良好的职业声誉是整个行业赖以生存的命脉。《职业道德守则（2020）》要求注册会计师遵守相关的法律和规章，维护本职业的良好声誉，避免任何损害职业形象的行为。例如在推介自己和工作时，注册会计师应当客观、真实、得体，不得损害职业形象；注册会计师不得夸大宣传提供的服务、拥有的资质或获得的经验；不得贬低或无根据地比较其他注册会计师的工作。

第三节　注册会计师职业道德概念框架

一、职业道德概念框架的内涵

《职业道德守则（2020）》提出职业道德概念框架，以帮助注册会计师遵循职业道德基本原则，履行维护公众利益的职责。那么，什么是职业道德概念框架呢？职业道德概念框架（conceptual framework of professional ethics）是指解决职业道德问题的思路和方法，用以指导注册会计师：①识别对职业道德基本原则的不利影响；②评价不利影响的严重程度；③必要时采取防范措施消除不利影响或将其降低至可接受的水平。职业道德概念框架适用于注册会计师处理对职业道德基本原则产生不利影响的各种情形，其目的在于防止注册会计师认为只要是《职业道德守则（2020）》中未明确禁止的情形就是允许的。

注册会计师在运用职业道德概念框架时，应当运用职业判断。注册会计师应当考虑：一个理性且掌握充分信息的第三方，在权衡注册会计师当时可获得的所有具体事实和情况后，是否很可能认为这些防范措施能够消除不利影响或将其降低至可接受的水平，以使职业道德基本原则不受损害。

如果发现存在可能违反职业道德基本原则的情形，注册会计师应当评价其对职业道德基本原则的不利影响。在评价不利影响的严重程度时，注册会计师应当从性质和数量两个方面予以考虑。如果认为对职业道德基本原则的不利影响超出可接受的水平，注册会计师应当确定是否能够采取防范措施消除不利影响或将其降低至可接受的水平。

在运用职业道德概念框架时，如果某些不利影响是重大的，或者合理的防范措施不可行或无法实施，注册会计师可能面临不能消除不利影响或将其降至可接受水平的情形。如果无法采取适当的防范措施，注册会计师应当拒绝或终止所从事的特定专业服务，必要时与客户解除合约关系，或向其工作单位辞职。

注册会计师运用职业道德概念框架的具体分析思路如图4–1所示。

二、对职业道德基本原则的威胁及防范措施

（一）对职业道德基本原则的威胁

注册会计师对职业道德基本原则的遵循可能受到多种因素的威胁。威胁的性质和严重程度因注册会计师提供服务类型的不同而不同。可能对职业道德基本原则产生威胁的因素包括自身利益、自我评价、过度推介、密切关系和外在压力。

（1）自身利益导致的威胁。如果经济利益或其他利益对注册会计师的职业判断或行为产生不当影响，将产生自身利益导致的威胁。

（2）自我评价导致的威胁。如果注册会计师对其（或者其所在会计师事务所或工作单位的其他人员）以前的判断或服务结果作出不恰当的评价，并且将据此形成的判断作为当前服务的组成部分，将产生自我评价导致的威胁。

（3）过度推介导致的威胁。如果注册会计师过度推介客户或工作单位的某种立场或意见，使其客观性受到损害，将产生过度推介导致的威胁。

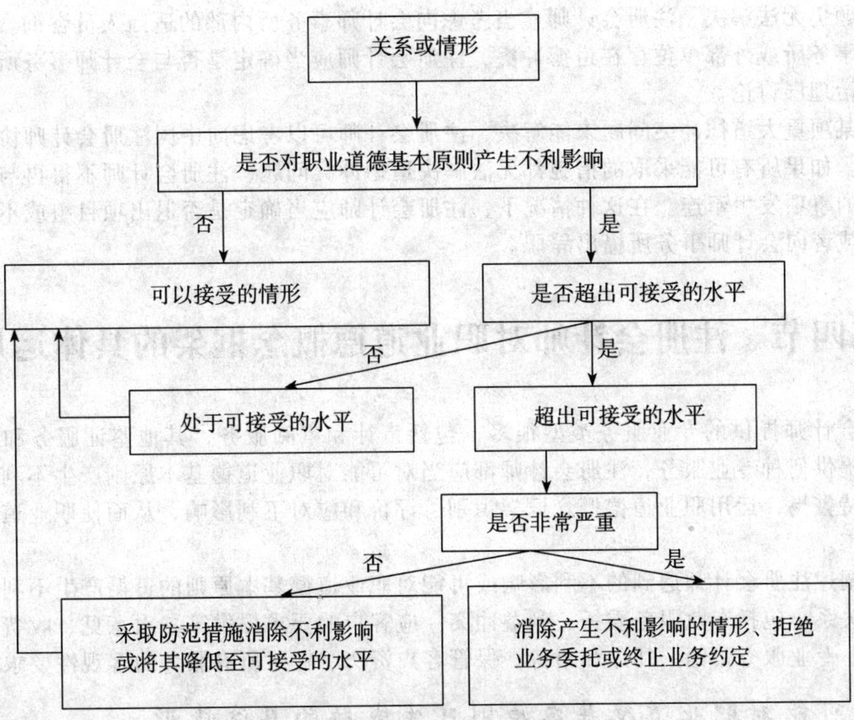

图4-1　职业道德概念框架分析思路

(4) 密切关系导致的威胁。如果注册会计师与客户或工作单位存在长期或亲密的关系，而过度倾向于他们的利益，或认可他们的工作，将产生密切关系导致的威胁。

(5) 外在压力导致的威胁。如果注册会计师受到实际的压力或感受到压力（包括对注册会计师实施不当影响的意图）而无法客观行事，将产生外在压力导致的威胁。

(二) 防范措施

防范措施是指可以消除威胁或将其降低至可接受水平的行动或其他措施。应对威胁的防范措施包括法律法规和职业规范规定的防范措施和在具体工作中采取的防范措施。

法律法规和职业规范规定的防范措施主要包括：

(1) 取得注册会计师资格必需的教育、培训和经验要求；

(2) 持续的职业发展要求；

(3) 公司治理方面的规定；

(4) 执业准则和职业道德规范的要求；

(5) 监管机构或中国注册会计师协会的监控和惩戒程序；

(6) 由依法授权的第三方对注册会计师编制的业务报告、申报资料或其他信息进行外部复核。

本章第四节将讨论注册会计师在具体工作环境中应采取的防范措施。

三、道德冲突的解决

在遵循职业道德基本原则时，注册会计师应当解决遇到的道德冲突问题。在解决道德冲突问题时，注册会计师应当考虑下列因素：

(1) 与道德冲突问题有关的事实；

(2) 涉及的道德问题；

(3) 道德冲突问题涉及的职业道德基本原则；

(4) 会计师事务所制定的解决道德冲突问题的程序；

(5) 可供选择的措施。

在考虑上述因素并权衡可供选择措施的后果后，注册会计师应当确定适当的措施。如果道德冲突问题仍无法解决，注册会计师应当考虑向会计师事务所内部的适当人员咨询。如果与所在会计师事务所或外部单位存在道德冲突，注册会计师应当确定是否与会计师事务所领导层或外部单位治理层讨论。

如果某项重大道德冲突问题未能解决，注册会计师可以考虑向中国注册会计师协会或法律顾问咨询。如果所有可能采取的措施都无法解决道德冲突问题，注册会计师不得再与产生道德冲突问题的事项发生牵连。在这种情况下，注册会计师应当确定是否退出项目组或不再承担相关任务，或者向会计师事务所提出辞职。

第四节 注册会计师对职业道德概念框架的具体运用

注册会计师提供的专业服务类型很多，包括审计和审阅服务、其他鉴证服务和非鉴证服务。不论提供何种专业服务，注册会计师都应当对可能对职业道德基本原则产生不利影响的各种情形保持警惕，运用职业道德概念框架识别、评价和应对不利影响，从而使职业道德基本原则不受损害。

本节阐述注册会计师遇到的不利影响或可能对职业道德基本原则的遵循产生不利影响的各种情形和关系，包括专业服务委托、利益冲突、应客户的要求提供第二次意见、收费及其他类型的报酬、专业服务营销、礼品和招待、保管客户资产、针对所有服务的客观性要求。

一、可能对职业道德基本原则产生威胁的具体情形

1. 自身利益导致不利影响的情形主要包括：

（1）鉴证业务项目组成员在鉴证客户中拥有直接经济利益；

（2）会计师事务所的收入过分依赖某一客户；

（3）鉴证业务项目组成员与鉴证客户存在重要且密切的商业关系；

（4）会计师事务所担心可能失去某一重要客户；

（5）鉴证业务项目组成员正在与鉴证客户协商受雇于该客户；

（6）会计师事务所与客户就鉴证业务达成或有收费的协议；

（7）注册会计师在评价所在会计师事务所以往提供的专业服务时，发现了重大错误。

2. 自我评价导致不利影响的情形主要包括：

（1）会计师事务所在对客户提供财务系统的设计或操作服务后，又对系统的运行有效性出具鉴证报告；

（2）会计师事务所为客户编制原始数据，这些数据构成鉴证业务的对象；

（3）鉴证业务项目组成员担任或最近曾经担任客户的董事或高级管理人员；

（4）鉴证业务项目组成员目前或最近曾受雇于客户，并且所处职位能够对鉴证对象施加重大影响；

（5）会计师事务所为鉴证客户提供直接影响鉴证对象信息的其他服务。

3. 过度推介导致不利影响的情形主要包括：

（1）会计师事务所推介审计客户的股份；

（2）在审计客户与第三方发生诉讼或纠纷时，注册会计师担任该客户的辩护人。

4. 密切关系导致不利影响的情形主要包括：

（1）项目组成员的近亲属担任客户的董事或高级管理人员；

（2）项目组成员的近亲属是客户的员工，其所处职位能够对鉴证业务对象施加重大影响；

（3）客户的董事、高级管理人员或所处职位能够对鉴证业务对象施加重大影响的员工，最近曾担任会计师事务所的项目合伙人；

（4）注册会计师接受客户的礼品或款待；

（5）会计师事务所的合伙人或高级员工与鉴证客户存在长期业务关系。

这里的项目合伙人是指会计师事务所中负责某项业务及其执行，并代表会计师事务所在报告上签字的合伙人。在有限责任制的会计师事务所，项目合伙人是指主任会计师、副主任会计师或具有同等职位的高级管理人员。如果项目合伙人以外的其他注册会计师在业务报告上签字，《职业道德守则（2020）》对项目合伙人作出的规定也适用于该签字注册会计师。

5.外在压力导致不利影响的情形主要包括：

（1）会计师事务所受到客户解除业务关系的威胁；

（2）审计客户表示，如果会计师事务所不同意对某项交易所作的会计处理，则不再委托其承办拟议中的非鉴证业务；

（3）客户威胁将起诉会计师事务所；

（4）会计师事务所受到降低收费的影响而不恰当地缩小工作范围；

（5）由于客户员工对所讨论的事项更具有专长，注册会计师面临服从其判断的压力；

（6）会计师事务所合伙人告知注册会计师，除非同意审计客户不恰当的会计处理，否则将影响晋升。

二、应对不利影响的防范措施

注册会计师应当运用职业判断，确定如何应对超出可接受水平的不利影响，包括采取防范措施消除不利影响或将其降低至可接受的水平，或者终止业务约定或拒绝接受业务委托。在运用职业判断时，注册会计师应当考虑：一个理性且掌握充分信息的第三方，在权衡注册会计师当时可获得的所有具体事实和情况后，是否很可能认为这些防范措施能够消除不利影响或将其降低至可接受的水平，以使职业道德基本原则不受损害。应对不利影响的防范措施包括法律法规和职业规范规定的防范措施和在具体工作中采取的防范措施。

在具体工作中，应对不利影响的防范措施包括会计师事务所层面的防范措施和具体业务层面的防范措施。

1.会计师事务所层面的防范措施主要包括：

（1）领导层强调遵循职业道德基本原则的重要性；

（2）领导层强调鉴证业务项目组成员应当维护公众利益；

（3）制定有关政策和程序，实施项目质量管理，监督业务质量；

（4）制定有关政策和程序，识别对职业道德基本原则的不利影响，评价不利影响的严重程度，采取防范措施消除不利影响或将其降低至可接受的水平；

（5）制定有关政策和程序，保证遵循职业道德基本原则；

（6）制定有关政策和程序，识别会计师事务所或项目组成员与客户之间的利益或关系；

（7）制定有关政策和程序，监控对某一客户收费的依赖程度；

（8）向鉴证客户提供非鉴证服务时，指派鉴证业务项目组以外的其他合伙人和项目组，并确保鉴证业务项目组和非鉴证业务项目组分别向各自的业务主管报告工作；

（9）制定有关政策和程序，防止项目组以外的人员对业务结果施加不当影响；

（10）及时向所有合伙人和专业人员传达会计师事务所的政策和程序及其变化情况，并就这些政策和程序进行适当的培训；

（11）指定高级管理人员负责监督质量管理系统是否有效运行；

（12）向合伙人和专业人员提供鉴证客户及其关联实体的名单，并要求合伙人和专业人员与之保持独立；

（13）制定有关政策和程序，鼓励员工就遵循职业道德基本原则方面的问题与领导层沟通；

（14）建立惩戒机制，保障相关政策和程序得到遵守。

2.具体业务层面的防范措施主要包括：

（1）对已执行的非鉴证业务，由未参与该业务的注册会计师进行复核，或在必要时提供建议；

（2）对已执行的鉴证业务，由鉴证业务项目组以外的注册会计师进行复核，或在必要时提供建议；

（3）向客户审计委员会、监管机构或注册会计师协会咨询；

（4）与客户治理层讨论有关的职业道德问题；

（5）向客户治理层说明提供服务的性质和收费的范围；

（6）由其他会计师事务所执行或重新执行部分业务；

（7）轮换鉴证业务项目组合伙人和高级员工。

3.下列防范措施也有助于识别或制止违反职业道德基本原则的行为：

（1）监管机构、中国注册会计师协会或会计师事务所建立有效的公开投诉系统，使会计师事务所合伙人和员工以及公众能够注意到违反职业道德基本原则的行为；

（2）法律法规、职业规范或会计师事务所政策明确规定，注册会计师有义务报告违反职业道德基本原则的行为。

注册会计师可以根据业务的性质考虑依赖客户采取的防范措施，但是仅依赖客户的防范措施，不可能将不利影响降低至可接受的水平。客户通过制定政策和程序采取的防范措施主要包括：

（1）要求由管理层以外的人员批准聘请会计师事务所；

（2）聘任具备足够经验和资历的员工，确保其能够作出恰当的管理决策；

（3）执行相关政策和程序，确保在委托非鉴证业务时作出客观选择；

（4）建立完善的公司治理结构，与会计师事务所进行必要的沟通，并对其服务进行适当的监督。

三、专业服务委托

1.接受客户关系

在接受客户关系前，注册会计师应当确定接受客户关系是否对职业道德基本原则产生不利影响。注册会计师应当考虑客户的主要股东、关键管理人员和治理层是否诚信，以及客户是否涉足非法活动（如洗钱）或存在可疑的财务报告问题等。

客户存在的问题可能对注册会计师遵循诚信原则或良好职业行为原则产生不利影响，注册会计师应当评价不利影响的严重程度，并在必要时采取防范措施消除不利影响或将其降低至可接受的水平。防范措施主要包括：

（1）对客户及其主要股东、关键管理人员、治理层和负责经营活动的人员进行了解；

（2）要求客户对完善公司治理结构或内部控制作出承诺。

如果不能将客户存在的问题产生的不利影响降低至可接受的水平，注册会计师应当拒绝接受客户关系。如果向同一客户连续提供专业服务，注册会计师应当定期评价继续保持客户关系是否适当。

2.承接业务

注册会计师应当遵循专业胜任能力和应有的关注原则，仅向客户提供能够胜任的专业服务。在承接某一客户业务前，注册会计师应当确定承接该业务是否对职业道德基本原则产生不利影响。

如果项目组不具备或不能获得执行业务所必需的胜任能力，将对专业胜任能力和应有的关注原则产生不利影响。注册会计师应当评价不利影响的严重程度，并在必要时采取防范措施消除不利影响或将其降低至可接受的水平。防范措施主要包括：

（1）了解客户的业务性质、经营的复杂程度，以及所在行业的情况；

（2）了解专业服务的具体要求和业务对象，以及注册会计师拟执行工作的目的、性质和范围；

（3）了解相关监管要求或报告要求；

（4）分派足够的具有胜任能力的员工；

（5）必要时利用专家的工作；

（6）就执行业务的时间安排与客户达成一致意见；

（7）遵守质量管理政策和程序，以合理保证仅承接能够胜任的业务。

当利用专家的工作时，注册会计师应当考虑专家的声望、专长及其可获得的资源，以及适用的执业准则和职业道德规范等因素，以确定专家的工作结果是否值得依赖。注册会计师可以通过以前与专家的交往或向他人咨询获得相关信息。

3.客户变更委托

如果应客户要求或考虑以投标方式接替前任注册会计师，注册会计师应当从专业角度或其他方面确定应否承接该业务。如果注册会计师在了解所有相关情况前就承接业务，可能对专业胜任能力和应有的关注原则产生不利影响。注册会计师应当评价不利影响的严重程度。

由于客户变更委托的表面理由可能并未完全反映事实真相，根据业务性质，注册会计师可能需要与前任注册会计师直接沟通，核实与变更委托相关的事实和情况，以确定是否适宜承接该业务。

注册会计师应当在必要时采取防范措施，消除因客户变更委托产生的不利影响或将其降低至可接受的水平。防范措施主要包括：

（1）当应邀投标时，在投标书中说明，在承接业务前需要与前任注册会计师沟通，以了解是否存在不应接受委托的理由；

（2）要求前任注册会计师提供已知悉的相关事实或情况，即前任注册会计师认为，后任注册会计师在作出承接业务的决定前，需要了解的事实或情况；

（3）从其他渠道获取必要的信息。

如果采取的防范措施不能消除不利影响或将其降低至可接受的水平，注册会计师不得承接该业务。

注册会计师可能应客户要求在前任注册会计师工作的基础上提供进一步的服务。如果缺乏完整的信息，可能对专业胜任能力和应有的关注原则产生不利影响。注册会计师应当评价不利影响的严重程度，并在必要时采取防范措施消除不利影响或将其降低至可接受的水平。

采取的防范措施主要包括将拟承担的工作告知前任注册会计师，提请其提供相关信息，以便恰当地完成该项工作。

前任注册会计师应当遵循保密原则。前任注册会计师是否可以或必须与后任注册会计师讨论客户的相关事务，取决于业务的性质、是否征得客户同意，以及法律法规或职业道德规范的有关要求。

注册会计师在与前任注册会计师沟通前，应当征得客户的同意，最好征得客户的书面同意。前任注册会计师在提供信息时，应当实事求是、清晰明了。如果不能与前任注册会计师沟通，注册会计师应当采取适当措施，通过询问第三方或调查客户的高级管理人员、治理层的背景等方式，获取有关对职业道德基本原则产生不利影响的信息。

四、利益冲突

注册会计师应当采取适当措施，识别可能产生利益冲突的情形。这些情形可能对职业道德基本原则产生不利影响。注册会计师与客户存在直接竞争关系，或与客户的主要竞争者存在合资或类似关系，可能对客观和公正原则产生不利影响。注册会计师为两个以上客户提供服务，而这些客户之间存在利益冲突或者对某一事项或交易存在争议，可能对客观和公正原则或保密原则产生不利影响。

注册会计师应当评价利益冲突产生不利影响的严重程度，并在必要时采取防范措施消除不利影响或将其降低至可接受的水平。在接受或保持客户关系和具体业务前，如果与客户或第三方存在商业利益或关系，注册会计师应当评价其所产生不利影响的严重程度。

注册会计师应当根据可能产生利益冲突的具体情形，采取下列防范措施：

（1）如果会计师事务所的商业利益或业务活动可能与客户存在利益冲突，注册会计师应当告知客户，并在征得其同意的情况下执行业务；

（2）如果为存在利益冲突的两个以上客户服务，注册会计师应当告知所有已知相关方，并在征得他们同意的情况下执行业务；

（3）如果为某一特定行业或领域中的两个以上客户提供服务，注册会计师应当告知客户，并在征得他们同意的情况下执行业务。

如果客户不同意注册会计师为存在利益冲突的其他客户提供服务，注册会计师应当终止为其中一方或多方提供服务。

除采取上述防范措施外，注册会计师还应当采取下列一种或多种防范措施：

（1）分派不同的项目组为相关客户提供服务；

（2）实施必要的保密程序，防止未经授权接触信息。例如，对不同的项目组实施严格的隔离程序，做好数据文档的安全保密工作；

（3）向项目组成员提供有关安全和保密问题的指引；

（4）要求会计师事务所的合伙人和员工签订保密协议；

（5）由未参与执行相关业务的高级员工定期复核防范措施的执行情况。

如果利益冲突对职业道德基本原则产生不利影响，并且采取防范措施无法消除不利影响或将其降低至可接受的水平，注册会计师应当拒绝承接某一特定业务，或者解除一个或多个存在冲突的业务约定。

五、应客户的要求提供第二次意见

在某客户运用会计准则对特定交易和事项进行处理，且已由前任注册会计师发表意见的情况下，如果注册会计师应客户的要求提供第二次意见，可能对职业道德基本原则产生不利影响。

如果第二次意见不是以前任注册会计师所获得的相同事实为基础，或依据的证据不充分，可能对专业胜任能力和应有的关注原则产生不利影响。不利影响存在与否及其严重程度，取决于业务的具体情况，以及为提供第二次意见所能获得的所有相关事实及证据。

如果被要求提供第二次意见，注册会计师应当评价不利影响的严重程度，并在必要时采取防范措施消除不利影响或将其降低至可接受的水平。

防范措施主要包括：

（1）征得客户同意与前任注册会计师沟通；

（2）在与客户沟通中说明注册会计师发表专业意见的局限性；

（3）向前任注册会计师提供第二次意见的副本。

如果客户不允许与前任注册会计师沟通，注册会计师应当在考虑所有情况后决定是否适宜提供第二次意见。

六、收费及其他类型的报酬

在专业服务的谈判中，注册会计师可以其认为适当的收费报价。但如果报价过低，可能导致不能按照适用的执业准则执行业务，将对专业胜任能力和应有的关注产生不利影响。不利影响存在与否及其重要程度取决于报价水平的高低和所提供的服务的多少。会计师事务所在确定收费时应当主要考虑专业服务所需的知识和技能、所需专业人员的水平和经验、各级别专业人员提供服务所需的时间和提供专业服务所需承担的责任。在专业服务得到良好的计划、监督及管理的前提下，收费通常以每一专业人员适当的小时收费标准或日收费标准为基础计算。

收费是否对职业道德基本原则产生不利影响，取决于收费报价水平和所提供的相应服务。注册会计师应当评价不利影响的严重程度，并在必要时采取防范措施消除不利影响或将其降低至可接受的水平。防范措施主要包括让客户了解业务约定条款，特别是确定收费的基础以及在收费报价内所能提供的服务；安排恰当的时间和具有胜任能力的员工执行任务。

在承接业务时，如果收费报价过低，可能导致难以按照执业准则和职业道德规范的要求执行业务，从而对注册会计师的专业胜任能力和应有的关注原则产生不利影响。如果收费报价明显低于前任注册会计师或其他会计师事务所的相应报价，会计师事务所应当确保在提供专业服务时，遵守执业准则和职业道德规范的要求，使工作质量不受损害，使客户了解专业服务的范围和收费基础。

或有收费可能对职业道德基本原则产生不利影响。不利影响存在与否及其严重程度取决于下列因素：①业务的性质；②可能的收费金额区间；③确定收费的基础；④是否由独立第三方复核交易和提供服务的结果。

或有收费是指注册会计师的收费与否或收费多少以鉴证工作结果或实现特定目的为条件。注册会计师应当评价或有收费产生不利影响的严重程度，并在必要时采取防范措施消除不利影响或将其降低至可接受的水平。防范措施主要包括：

（1）预先就收费的基础与客户达成书面协议；

（2）向预期的报告使用者披露注册会计师所执行的工作及收费的基础；

（3）实施质量管理政策和程序；

（4）由独立第三方复核注册会计师已执行的工作。

注册会计师收取与客户相关的介绍费或佣金，可能对客观和公正原则以及专业胜任能力和应有的关注原则产生非常严重的不利影响，导致没有防范措施能够消除不利影响或将其降低至可接受的水平。注册会计师不得收取与客户相关的介绍费或佣金。注册会计师为获得客户而支付业务介绍费，可能对客观和公正原则以及专业胜任能力和应有的关注原则产生非常严重的不利影响，导致没有防范措施能够消除不利影响或将其降低至可接受的水平。注册会计师不得向客户或其他方支付业务介绍费。

七、专业服务营销

注册会计师通过广告或其他营销方式招揽业务，可能对职业道德基本原则产生不利影响。在向公众传递信息时，注册会计师应当维护职业声誉，做到客观、真实、得体。注册会计师在营销专业服务时，不得有下列行为：

（1）夸大宣传提供的服务、拥有的资质或获得的经验；

（2）贬低或无根据地比较其他注册会计师的工作；

（3）暗示有能力影响有关主管部门、监管机构或类似机构；

（4）作出其他欺骗性的或可能导致误解的声明。

注册会计师不得采用强迫、欺诈、利诱或骚扰等方式招揽业务。注册会计师不得对其能力进行广告宣传以招揽业务，但可以通过媒体刊登设立、合并、分立、解散、迁址、名称变更和招聘员工等信息。

八、礼品和招待

如果客户向注册会计师（或其近亲属）赠送礼品或给予款待，将对职业道德基本原则产生不利影响。注册会计师不得向客户索取、收受委托合同约定以外的酬金或其他财物，或者利用执行业务之便，谋取其他不正当的利益。

注册会计师应当评价接受款待产生不利影响的严重程度，并在必要时采取防范措施消除不利影响或将其降低至可接受的水平。如果被审计单位的招待标准超出业务活动中的正常往来，注册会计师应当拒绝接受。

九、保管客户资产

除非法律法规允许或要求，注册会计师不得提供保管客户资金或其他资产的服务。注册会计师保管客户资金或其他资产，应当履行相应的法定义务。保管客户资金或其他资产可能对职业道德基本原则产生不利影响，尤其可能对客观和公正原则以及良好职业行为原则产生不利影响。

注册会计师如果保管客户资金或其他资产，应当符合下列要求：

(1) 将客户资金或其他资产与其个人或会计师事务所的资产分开；

(2) 仅按照预定用途使用客户资金或其他资产；

(3) 随时准备向相关人员报告资产状况及产生的收入、红利或利得；

(4) 遵守所有与保管资产和履行报告义务相关的法律法规。

如果某项业务涉及保管客户资金或其他资产，注册会计师应当根据有关接受与保持客户关系和具体业务政策的要求，适当询问资产的来源，并考虑应当履行的法定义务。如果客户资金或其他资产来源于非法活动（如洗钱），注册会计师不得提供保管资产服务，并应当向法律顾问征询进一步的意见。

十、针对所有服务的客观性要求

在提供专业服务时，注册会计师如果在客户中拥有经济利益，或者与客户董事、高级管理人员或员工存在家庭和私人关系或商业关系，应当确定是否对客观和公正原则产生不利影响。

在提供专业服务时，对客观和公正原则的不利影响及其严重程度，取决于业务的具体情形和注册会计师所执行工作的性质。注册会计师应当评价不利影响的严重程度，并在必要时采取防范措施消除不利影响或将其降低至可接受的水平。防范措施主要包括：

(1) 退出项目组；

(2) 实施督导程序；

(3) 终止产生不利影响的经济利益或商业关系；

(4) 与会计师事务所内部较高级别的管理人员讨论有关事项；

(5) 与客户治理层讨论有关事项。

如果防范措施不能消除不利影响或将其降低至可接受的水平，注册会计师应当拒绝接受业务委托或终止业务。

在提供鉴证服务时，注册会计师应当从实质上和形式上独立于鉴证客户，客观公正地提出结论，并且从外界看来没有偏见、无利益冲突、不受他人的不当影响。在执行审计和审阅业务以及其他鉴证业务时，为了达到保持独立性的要求，注册会计师应当分别遵守《中国注册会计师职业道德守则第4号——审计和审阅业务对独立性的要求》和《中国注册会计师职业道德守则第5号——其他鉴证业务对独立性的要求》的规定。

□ 复习思考题

1.注册会计师行业的职业特征有哪些？

2.《中国注册会计师职业道德守则》包括哪几个部分？分别有何作用？

3.注册会计师职业道德基本原则有哪些？

4.注册会计师职业道德概念框架有哪些？

5.如何理解注册会计师的独立性？

6.哪些因素会对遵循职业道德基本原则产生不利影响？如何防范？

7.什么是或有收费？如何防范或有收费对遵循职业道德基本原则产生的不利影响？

8.什么是直接经济利益？什么是间接经济利益？因经济利益对独立性造成不利影响的情形

包括哪些？

9.为什么说会计师事务所承担审计客户的管理层职责，将对独立性产生非常严重的不利影响？

本章要旨及测试题

第五章

注册会计师法律责任

第一节　注册会计师法律责任概述

任何一种职业的社会地位与其社会责任都直接相关。对于注册会计师而言，为社会公众认可的必要条件之一，是具备承担社会责任的能力并对因其未能满足规定要求而引发的后果负责。注册会计师的社会地位和责任犹如一枚硬币的正反两面，相辅相成，缺一不可。注册会计师社会责任最主要的表现形式即法律责任。当前，各国注册会计师的法律责任呈现日益强化的趋势。

一、变化中的法律环境

随着社会经济的发展，注册会计师的法律责任得到不断强化。20世纪80年代之后，西方发达国家的法律环境发生了较大变化，注册会计师职业团体对于行业法律责任秉持的态度也有所改变。21世纪之初，受到“安然”等事件的影响和冲击，注册会计师职业所承担的法律责任发生了显著变化，主要表现为：

1.针对注册会计师的法律诉讼大量增加

近十多年来，特别是“安然”“世通”事件爆发之后，因企业经营失败或管理层舞弊导致的破产事件激增，致使投资者和贷款人蒙受巨大损失，由此引发针对注册会计师独立性和执业能力的大量诉讼，并要求其赔偿相关损失。受到公司破产和舞弊丑闻的影响，迫于社会公众的巨大压力，西方主要国家先后出台了有关强化注册会计师法律责任的法案，法院判决时也倾向于加大注册会计师的经济赔偿责任。

2.扩展注册会计师对第三方的责任

在判例法国家，早期的司法制度并没有规定注册会计师除了客户之外，还要对与自己没有合同关系的第三方承担责任，法官们也倾向于限定注册会计师的第三方责任范围。但自20世纪后半叶之后，不少法官已放弃限制注册会计师对第三方责任范围的判例原则，转而规定注册会计师对已知的第三方使用者或财务报表的特定用途必须承担法律责任。

3.扩充注册会计师法律责任的内涵

注册会计师传统法律责任的含义仅限于财务报表符合公认会计原则的公允性，但各方面使用者和利益集团十多年来不断要求注册会计师对委托人的会计记录差错、管理层舞弊、经营破产可能性及违反有关法律行为都承担检查和报告责任，从而促使许多会计职业团体在20世纪80年代后期以来修订有关审计准则，要求注册会计师在进行财务报表审计时，必须设计和实施必要的审计程序，为发现错误与舞弊提供合理的保证，从而实质上扩充了注册会计师法律责任的内涵。

从目前来看，注册会计师法律责任加重的法律环境主要表现为：

（1）财务报表的使用人与注册会计师职业之间存在的期望差距日益增大。

（2）许多法律判例常将审计人员赔偿范围扩大到被审计单位和狭义的“已知受益人”以外。

（3）证监会对保护投资人利益的责任意识正在增强。

（4）由于企业经营规模的扩大、业务的复杂化和计算机的应用等原因，会计和审计业务更为复杂。

（5）社会日益赞同受害方应向有能力赔偿的一方提出诉讼，而不问被告方错在哪里。这就是通常所说的“深口袋”责任概念。

（6）有关民事法庭在有关大案审理中屡判会计师事务所败诉，这便怂恿了律师们在或有收费的驱使下，来提供法律服务。按照这种做法，受害人若胜诉，可获潜在利益，而在败诉时，遭受的损失却极小。

（7）有关法律允许采取“集体诉讼”方式，也使得诉讼案件层出不穷。

（8）有一些诉讼案件是由于审计人员未遵守一般公认审计准则所致。

（9）法院可能在某个时期，出现明显倾向于保护使用者利益的趋势，也可能使报表使用者以报表未达到期望值为由趁机控告审计人员。

（10）很多会计师事务所为节省法律事务费用，或避免不利于自己的问题张扬出来，宁愿私了，也不愿意通过司法程序来解决问题。

（11）被审计单位编制财务报表时可选用的会计原则很多，而审计人员在评价所选用的原则的恰当性时，缺乏明确的标准。

二、注册会计师法律责任的认定

法律责任是指行为人由于违反法律条款而必须承担的具有强制性、惩罚性的责任，这种责任将给行为人带来不利的法律后果。注册会计师在何种情形下才需承担法律责任，应看其是否达到承担法律责任的必备条件。注册会计师承担法律责任的必备条件（即法律责任构成要件）因法律责任类型而异（见表5-1）。

表5-1　法律责任构成要件

法律责任类型		法律责任构成要件
民事责任	违约责任	1.违约行为 2.过错
	侵权责任	1.违法行为 2.过错 3.损害后果 4.因果关系
行政责任		1.违法行为 2.过错 3.法定责任能力
刑事责任		1.违法行为 2.过错 3.法定责任能力

（一）违法行为

违法行为是指注册会计师违反相关法律条款的行为。其具体表现在两个方面：①违反合同约定（违约）。客户（委托人）与注册会计师之间是一种委托与被委托的民事关系，他们在平等、自愿、协商一致的基础上拟定合同条款，分别就鉴证事项、双方的权利与义务、保密、收费方式、提交报告的时间、违约责任等内容作出明确规定。如果注册会计师在执行合同过程中没有履行合约中的相关条款，应当承担违约责任。违约行为的法律主体只能是签约当事人，不包括使用审计报告的第三人。②违反法律法规。这是指注册会计师直接违反了我国《公司法》《证券法》等法律中规定的义务。例如，注册会计师在执行审计期间买卖该公司的股票，提前泄露公司的财务信息给外人以谋取利益等。

（二）过错行为

过错是指行为人对其所实施的违法行为所持有的心态，即行为人违反法律行为时所表现出来的主观状态。过错包括故意和过失两种形式。故意是指行为人明知或可以预见自己的行为会发生违反法律或者危害社会的后果，并且希望或者放任这种结果发生的主观心理状态。过失是指行为人能够预见而未预见到自己行为可能造成的损害后果，或虽然已预见却轻信能够避免的心理状态。基于行为人产生过错的主观心理状态不同，行为人因违法行为所承担的法律责任也有所差别。根据我国《注册会计师法》《公司法》《证券法》等相关法律的规定，注册会计师的过错主要有过失和欺诈两类。

1.过失

注册会计师的过失，包括疏忽和懈怠。过失乃是其背离了法律和职业道德、执行准则对其提出的恪尽职守的义务，包括高度注意义务和忠实义务。换言之，过失是指注册会计师在执业时未恪尽职守，未能尽到应有的职业谨慎。应有的职业谨慎的标准应从两方面把握：一是对“人”的标准，要求注册会计师要符合“谨慎执业者”的标准；二是对“事”的标准，要求注册会计师在提供服务时要具体情况具体分析，运用职业判断收集到充分的审计证据。“谨慎执业者”的标准有三个：一是拥有该职业所需要的一般知识并能与职业保持同步发展；二是能作出相当于社会平均水平的判断；三是在人格方面代表但不超越社会一般水平。

当注册会计师的过失行为给他人造成损害时，应承担相应的赔偿责任。注册会计师因其过失的轻重程度不同，可以划分为一般过失和重大过失。一般过失是指注册会计师没有充分遵循执业准则的要求，在审计过程中对某些非重要审计事项没有保持应用的职业谨慎。这些被忽视的非重要事项累计起来之后可能引起重大错报，从而导致注册会计师审计失败。重大过失是指注册会计师连最基本、最重要的执业准则都未遵守，给当事人或社会公众带来较大的损失和危害。例如，注册会计师在审计过程中不负责任，敷衍了事，完全没有认真遵照执业准则的规定对财务报表实施审计，出具给委托人或他人带来重大损失的不恰当审计意见。

另外，还有一种过失叫“共同过失”，即对他人过失，受害方自己未能保持合理的谨慎，因而蒙受损失。例如，被审计单位未能向注册会计师提供编制纳税申报表所必要的信息，后来又控告注册会计师未能妥当地编制纳税申报表，这种情况可能使法院判定被审计单位有共同过失。再例如，在审计中未能发现现金等资产短少时，被审计单位可以过失为由控告注册会计师，而注册会计师又可以说现金等问题是由缺乏适当的内部控制造成的，并以此为由来反击被审计单位的诉讼。

“重要性”和“内部控制”这两个概念有助于区分注册会计师的普通过失和重大过失。

首先，如果财务报表中存在重大错报事项，注册会计师运用常规审计程序通常应予以发现，但因工作疏忽而未能将重大错报事项查出来就很可能在法律诉讼中被解释为重大过失。如果财务报表有多处错报事项，每一处都不算重大，但综合起来对财务报表的影响却较大，也就是说，财务报表作为一个整体可能严重失实。在这种情况下，法院一般认为注册会计师具有普通过失，而非重大过失，因为常规审计程序发现每处较小错报事项的概率也较小。

其次，内部控制是被审计单位为了合理保证财务报告的可靠性、经营的效率和效果以及对法律法规的遵守，由治理层、管理层和其他人员设计与执行的政策和程序。内部控制的研究与评价关系到注册会计师设计和实施进一步审计程序的性质、时间与范围。注册会计师应当重点考虑被审计单位某项控制，是否能够以及如何防止或发现并纠正各类交易、账户余额、列报存在的重大错报。如果注册会计师在评估认定层次重大错报风险时，预期内部控制的运行是有效的，能够防止、发现并纠正认定层次的重大错报，但却未实施控制测试，则注册会计师具有重大过失。相反的情况是，内部控制本身非常健全，但由于领导层凌驾于控制之上，职工串通舞弊，导致财务报告出现重大错报，这并不必然表明注册会计师没有遵守审计准则。因而，应当根据注册会计师是否根据具体情况实施了审计程序，是否获取了充分、适当的审计证据，以及是否根据证据评价结果出具了恰当的审计报告等判断注册会计师是否具有过失、是否具有普通过失。

2.欺诈

欺诈是指注册会计师在执业过程中明知财务报告及其他有关材料不真实，但仍然故意作出虚假或失实的陈述，以达到欺骗他人的一种故意行为。例如，注册会计师明知被审计单位在财务报告中虚增收入，仍与被审计单位串通，出具无保留的审计意见以欺骗第三方。

与欺诈相关的另一个概念是“推定欺诈”，又称“涉嫌欺诈”，是指虽无故意欺诈或坑害他人的动机，却存在极端或异常的过失。“推定欺诈”和“重大过失”这两个概念的界限往往很难界定，在美国许多法院曾经将注册会计师的重大过失解释为推定欺诈，特别是近年来有些法院放宽了“欺诈”一词的范围，使得推定欺诈和欺诈在法律上成为等效的概念。这样，具有重大过失的注册会计师的法律责任就进一步加大了。

应当说明的是，注册会计师过失程度的大小没有特别严格的界限，在实务中也往往难以界定。前面提到了它们之间的主要区别，具体到每一个案例则由法院根据具体情况给予解释。通过参考图5-1，或许会有助于理解在什么条件下注册会计师可能会被判定为没有过失、普通过失、重大过失或欺诈。

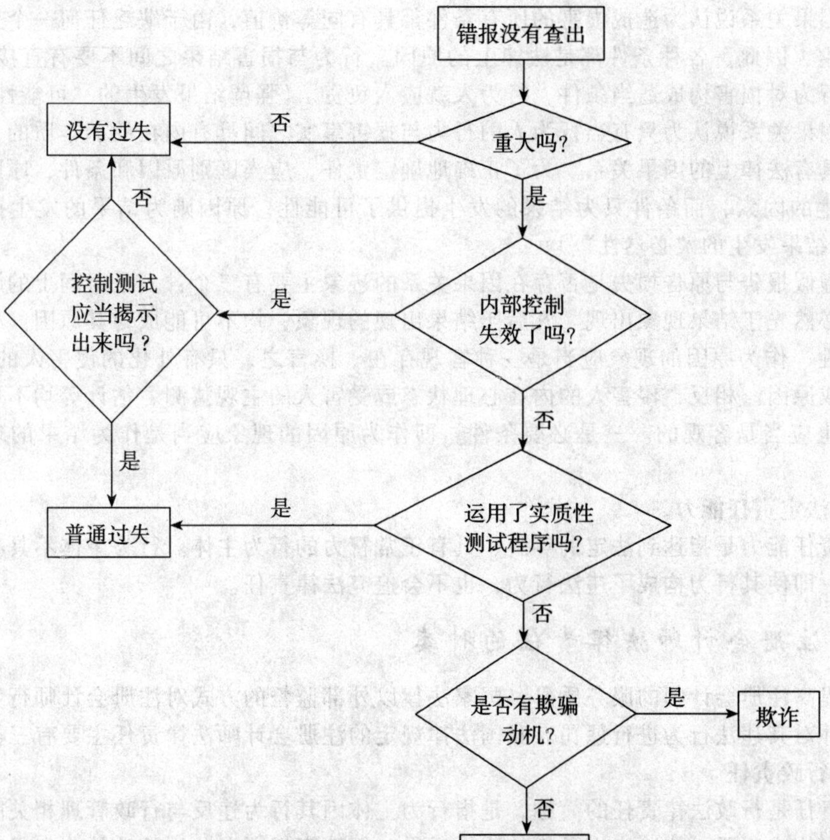

图5-1　注册会计师过失或欺诈责任界定参考图

(三) 损害后果

注册会计师出具不恰当的审计意见会误导报表使用者，改变他们的决策，给他们造成经济上的损失，从而产生损害后果。损害后果被用于评估注册会计师的侵权行为对利害关系人造成的损害程度。如果没有引起损害后果，则注册会计师不需为侵权行为承担赔偿责任。关于利害关系人，我国会计界和法律界存在认识上的分歧，分歧焦点不在于利害关系人是否包括委托人之外的第三方，而是集中于是否应不加区别地包括与委托企业发生经济纠纷的所有当事人。

美国1934年的《证券交易法》规定，注册会计师出于欺诈行为或重大过失对上市公司每年的年度财务报表出具令人误解的审计报告，除非他能证明其本身的行为出于善意，且并不知道财务报表是虚伪不实或令人误解的，否则对买卖公司证券的任何人负有责任。

（四）因果关系

因果关系是指行为人的行为与受害人遭受的损害之间的因果关系，因果关系是侵权责任确定的重要条件，因为责任自负规则要求任何人对自己的行为造成的损害后果应负责任，而他人对此后果不负责，由此必然要求确定损害结果发生的真正原因。

法律责任因果关系认定的任务有两个：一是确定责任的有无；二是确定责任的范围。由于因果关系具有复杂性和多样性，如一因多果、多果多因、多因一果等，所以不能简单认定注册会计师的不当执业或过错行为是造成损害的唯一原因，如果造成的损失事实上是由混合过错或共同过错等多种原因所致，就应当按照各自过错承担相应的赔偿责任。然而，究竟应如何确定因果关系，主要有条件说、原因说、相当因果关系说、典型说、现实说、必然因果关系说、必然偶然一体说、直接原因说、主要原因说。

相当因果关系说认为造成损害的所有条件都具有同等价值，由于缺乏任何一个条件，损害都不会发生，因此，各种条件都是法律上的原因。行为与损害结果之间不要有直接因果关系，行为人的行为对损害构成适当条件，行为人就应当负责。（强调结果发生的“可能性”）

必然因果关系说认为只有当行为人的行为与损害事实之间具有内在的、本质的、必然的联系时，才具有法律上的因果关系。为了正确地确定责任，应当区别原因和条件，原因是必然引起结果发生的因素，而条件只为结果的发生提供了可能性，原因则为结果的发生提供了现实性。（强调结果发生的“必然性”）

判断虚假报告与原告损失是否存在因果关系的迹象主要有三个：一是时间上的顺序性，凡原因现象必然先于结果现象出现。凡后于结果出现的现象，均不可能成为其原因。二是原因现象的客观性，作为原因的现象应当是一种客观存在。换言之，只有外化的侵害人的具体行为，才可能构成原因。相反，侵害人的内在心理状态或受害人的主观猜测、估计等均不可能成为原因。损害也应当是客观的。三是必要条件，即作为原因的现象应当是作为结果的现象的必要条件。

（五）法定责任能力

法定责任能力是指达到法定的年龄、具有正常智力的行为主体。行为主体不具有法定的责任能力时，即使其行为构成了违法行为，也不会追究法律责任。

三、注册会计师法律责任的种类

为了提高注册会计师的服务质量，国家法律以外部监督的方式对注册会计师行为进行规范和管理，并对其违法行为进行惩罚。我国法律规定的注册会计师法律责任主要有三类：

（一）行政责任

行政责任是行政法律责任的简称，是指行为主体因其行为违反与行政管理相关的法律、法规，但尚未构成犯罪，依法应当承担的法律后果。行政责任可以分为行政处分和行政处罚。

行政处分是对国家工作人员及由国家机关委派到企业事业单位任职的人员的行政违法行为，给予的一种制裁性处理。行政处分的种类包括警告、记过、降级、降职、撤职、开除等。

行政处罚是指国家行政机关及其他依法可以实施行政处罚权的组织，对违反行政法律、法规、规章，尚不构成犯罪的公民、法人及其他组织实施的一种制裁行为。根据行政处罚法的规定，行政处罚主要有以下几种：警告、罚款、没收违法所得、没收非法财物、责令停产停业、暂扣或者吊销许可证、暂扣或者吊销执照、行政拘留以及法律、法规规定的其他行政处罚。实施行政处罚，必须依照法定程序进行。

（二）民事责任

民事责任是指民事主体因违反合同或者不履行其他法律义务，侵害国家、集体的财产，侵害他人财产、人身权利，依法应当承担的民事法律后果。这种法律后果是由国家法律规定并以强制力保证执行的。规定民事责任的目的，就是对已经造成的权利损害和财产损失给予恢复和补救。

根据产生责任的原因，民事责任可分为违约责任和侵权责任。其具体形式主要包括以下三种：①违反合同的民事责任，即违约责任。②缔约过失责任。③侵权的民事责任。

违反法律规定应承担的民事责任主要有十种：停止侵害；排除妨碍；消除危险；返还财产；恢复原状；修理、重作、更换；赔偿损失；支付违约金；消除影响、恢复名誉；赔礼道歉。

（三）刑事责任

刑事责任是指由于违反国家的法律、法规，情节严重，构成刑事犯罪而应承担的法律后果。违反法律规定应承担的刑罚种类包括主刑和附加刑。主刑有管制、拘役、有期徒刑、无期徒刑和死刑。附加刑有罚金、剥夺政治权利和没收财产。此外，对于犯罪的外国人，法律规定可以独立适用或者附加适用驱逐出境。

四、注册会计师法律责任的归责原则

所谓归责，即行为人因其行为和物件致他人损害的事实发生以后，应以何种根据使其负责，此种根据体现了法律的价值判断，即法律应以行为人的过错还是应以发生的损害结果为价值判断标准，抑或以公平考虑等作为价值判断标准，而使行为人承担侵权责任。而所谓归责原则是确定责任归属所必须依据的法律准则，是贯穿于整个侵权行为法之中，并对各个侵权法规范起着统率作用的立法指导方针。因此，在注册会计师民事责任中归责原则也起着统率作用，它决定着责任构成要件、举证责任的承担、免责条件等。法律责任的归责原则主要有过错责任原则、无过错责任原则、过错推定原则和公平责任原则。

过错责任原则，是指在决定侵权行为人所应负的责任时，应考虑行为人的过错程度。过错责任原则的依据是“容许性危险与违法阻却”理论。这一理论认为，仅有侵害他人权益之事实，并不一定须加以处罚，在某种特殊情况下，为谋求社会进步，应允许威胁法益之人类活动的存在。容许性危险“虽属违法，但无责任”，如果在行为人履行了应尽的注意义务的情形下发生了可预见的危险，也不能将之归为违法。容许性危险的违法阻却事由有两个：一是危险的被容许性；二是行为人履行应尽之义务。也就是说，根据该理论，注册会计师可以以“已尽应有的职业关注”为由主张免责。

无过错责任原则，是指损害发生不以行为人的主观过错为责任要件的归责标准。对无过错责任原则的功能有不同的看法。但是，基本宗旨在于“对不幸损害之合理分配”。这种基本功能决定了这种制度必然与责任保险联系在一起。无过错责任原则的主要功能在于分担、补偿受害者的损失，它已经没有了过错责任的教育、惩戒功能。

按照过错推定原则，若原告能证明其所受的损害是由被告所致，而被告不能证明自己没有过错，则应推定被告有过错并应负民事责任。注册会计师只有能够证明自己已恪尽职守和合理调查才能免除承担责任。美国、日本和我国台湾地区《证券交易法》均采用过错推定的归责原则。注册会计师只对审计报告承担“合理的保证责任”，即只要严格遵循准则，即使出具了虚假的财务报告，依法也不应承担责任。注册会计师只有在未严格遵循准则的前提下，故意或过失地出具了虚假的财务报告，才对“其他利害关系人”“承担报告不实部分或虚假证明金额范围内的赔偿责任”。

公平责任原则是指在当事人对造成的损害都无过错，又不能适用无过错责任原则要求加害人承担赔偿责任，而使受害人遭受重大损害而得不到赔偿又显失公平的情况下，由人民法院根据实际情况依“公平合理负担”判由双方分担损失的原则。公平责任也是过错责任原则外的一种特殊民事责任。与无过错责任一样，公平责任不以行为人的主观过错为承担责任的条件。因而，有的把公平责任归为无过错责任。但从各国的立法情况来看，公平责任与无过错责任又有区别。过错责任是一般责任原则，无过错责任只适用于法律有特别规定的情况，公平责任适用于法律没有特别规定适用无过错责任，而根据过错责任原则处理又显失公平的案件。

一般认为，对客户（直接受益人）的侵权行为实行严格责任原则；对预见方实行推定过错责任原则；对可合理预见第三方实行过错责任原则。设立这样一种原则系列，主要是考虑了注册会计师侵权行为与原告损害事实间的因果关系的强弱。从客户到预见方到可合理预见第三方，因果关系逐渐减弱，相应注册会计师侵权责任逐渐减少，归责原则也逐步有利。我国会计师审计法律责任采取过错责任原则，在证券民事诉讼领域实行过错推定原则。

第二节 外国注册会计师的法律责任

注册会计师的法律责任主要包括行政责任、民事责任和刑事责任。这里主要以美、英、日为例，介绍外国注册会计师的法律责任。注册会计师的法律责任主要源自习惯法和成文法。所谓习惯法，是指不是通过立法而是通过法院判例引申而成的各项法律；所谓成文法，则是由联邦或州立法机构以文字所制定的法律。在运用习惯法的案件中，法院甚至可以不按以往的判例而另行创立新的法律先例；但在成文法案件中，法院只能按照有关法律的字面意思进行精确解释。

一、注册会计师对委托人的责任

对委托人的责任是指注册会计师在合同规定之内对委托人所负的责任，包括：违约的责任；疏忽的责任；违反保密要求的责任；失察舞弊的责任等。

注册会计师只要接受委托执行业务，就负有恪尽专业职守、保持认真与谨慎的义务。这一点不论是否已在与委托人签订的合同（即业务约定书）中写明，都是一定存在的。因此，在习惯法下，如果由于注册会计师的过失（即使是普通过失）给委托人造成了经济损失，注册会计师对委托人就负有法律责任。注册会计师对委托人的责任最常发生的案例，就是未能查出委托人职工盗用公款之类的舞弊事件。遭受损失的委托人往往指控注册会计师具有过失，从而向法院提出要求注册会计师赔偿的诉讼。

一旦委托人对注册会计师提起诉讼，在习惯法下，委托人（即原告）就负有举证责任，即必须向法院证明其已受到损失，以及这种损失是由于注册会计师的过失造成的。

作为被告的注册会计师在受到指控时，可用以下几种理由或几种理由之一进行抗辩：(1) 注册会计师本身并无过失，即他执业时严格遵循了专业标准的要求，保持了职业上应有的认真与谨慎；(2) 注册会计师虽有过失，但这种过失并不是委托人受到损失的直接原因；(3) 委托人涉及共同过失，共同过失的抗辩实际上也是表示注册会计师的过失并非委托人受损的直接原因的一种方式。

二、习惯法下注册会计师对第三人的责任

（一）注册会计师对受益第三人的责任

所谓“受益第三人”，是指合同（业务约定书）中所指明的人，但此人既非要约人，又非

承诺人。例如，注册会计师知道被审计单位委托他对财务报表进行审计的目的是获得某家银行的贷款，那么这家银行就是受益第三人。

委托人之所以能够取得归因于注册会计师普通过失的损害赔偿的权利，源自习惯法下有关合同的判例。受益第三人同样地具有委托人和会计师事务所所订合同中的权利，因而也享有同等的追索权。也就是说，如果注册会计师的过失（包括普通过失）给依赖审定财务报表（经注册会计师审计过的财务报表）的受益第三人造成了损失，受益第三人也可以指控注册会计师具有过失而向法院提起诉讼，追回遭受的损失。

（二）注册会计师对其他第三人的责任

委托人和受益第三人对注册会计师的过失具有损害赔偿的追索权，因为它们具有和会计师事务所所订合同中的各项权利。那么其他依赖审定财务报表却无合同中特定权利的许多第三人是否也有追索权呢？也就是说，注册会计师对其他第三人是否也有责任呢？这在习惯法和成文法下有所不同。首先看一下习惯法下注册会计师的责任。

1931年美国厄特马斯公司对杜罗斯会计师事务所一案，是关于注册会计师对第三人责任的一个划时代的案例，它确立了“厄特马斯主义”的传统做法。在这个案件中，被告杜罗斯会计师事务所对一家经营橡胶进口和销售的公司进行审计并出具了无保留意见的审计报告，但其后不久这家公司宣告破产。厄特马斯公司是这家公司的应收账款代理商（企业将应收账款直接卖给代理商以期迅速获得现金），根据注册会计师的审计意见曾给予它几次贷款。厄特马斯公司以未能查出应收账款中有70万美元系欺诈为由，指控会计师事务所具有过失。纽约上诉法庭（即纽约州最高法院）的判定意见是犯有普通过失的注册会计师不对未曾指明的第三人负责；但同时法庭认为，如果注册会计师犯有重大过失或欺诈行为，则应当对未指明的第三人负责。

可见，注册会计师对未指明的第三人是否负有责任，厄特马斯主义的关键在于要看过失程度的大小。普通过失不负责任，而重大过失和欺诈则应当负责。但是自20世纪80年代以来，许多法院扩大了厄特马斯主义的含义，判定具有普通过失的注册会计师对可以合理预期的第三人负有责任。所谓可以合理预期的第三人，是指注册会计师在正常情况下能够预见将依赖财务报表的人，例如，资产负债表日有大额未归还的银行贷款，那么银行就是可以合理预期的第三人。在美国，目前关于习惯法下注册会计师对第三人的责任仍然处于不确定状态，一些司法权威仍然承认厄特马斯主义的优先地位，认为注册会计师仅因重大过失和欺诈对第三人有责任；但同时有些州的法院坚持认为，具有普通过失的注册会计师对可以合理预期的第三人也有责任。

习惯法下注册会计师对第三人的责任案中，举证的责任也在原告，即当原告（第三人）提起诉讼时，他必须向法院证明：（1）他本身受到了损失；（2）他依赖了令人误解的已审财务报表；（3）这种依赖是他受到损失的直接原因；（4）注册会计师具有某种程度的过失。作为被告的注册会计师仍处于反驳原告所做指控的地位。

三、成文法下注册会计师对第三人的责任

在美国，涉及注册会计师责任的成文法主要有三个，即1933年的《证券法》和1934年的《证券交易法》，以及2002年的《公众公司会计改革和投资者保护法案》。当受害第三人指控注册会计师时，首先应当选择这种指控是根据习惯法还是根据成文法（如果有适用的法律）提出的。由于《联邦证券法》和1934年的《证券交易法》允许集团诉讼（即某一类人，如全体股东成为原告），并要求注册会计师应按照严格的标准行事，因此大多数指控注册会计师的公开发行公司的股东或债券持有人都根据联邦成文法提出。

（一）1933年的《证券法》

1933年的《证券法》规定：凡是公开发行证券（包括股票和债券）的公司，必须向证券交易委员会呈送登记表，其中包括由注册会计师审计过的财务报表。如果登记表中有重大的误

述或遗漏事项，那么呈送登记表的公司和它的注册会计师对证券的原始购买人负有责任，注册会计师仅对登记表中经他审核和报告的误述或遗漏负责。

1933年的《证券法》对注册会计师的要求颇为严格，表现在：其一，只要注册会计师具有普通过失，就对第三人负有责任；其二，将不少举证责任由原告转往被告，原告（证券购买人）仅需证明他遭受了损失以及登记表是令人误解的，而不需证明他依赖了登记表或注册会计师具有过失，这方面的举证责任转往被告（注册会计师），但1933年的《证券法》将有追索权的第三人限定在一组有限的投资人——证券的原始购买人。

在1933年的《证券法》中，注册会计师如欲避免承担原告损失的责任，他必须向法院正面证明：他本身并无过失或他的过失并非原告受损的直接原因。因此，1933年的《证券法》建立了注册会计师责任的最高水准，他不但应当对他的普通过失行为造成的损害负责，而且必须证明他的无辜，而非单单反驳原告的非难或指控。

（二）1934年的《证券交易法》

1934年的《证券交易法》规定：每个在证券交易委员会管辖下的公开发行公司（具有100万美元以上的总资产和500位以上的股东），均须向证券交易委员会呈送经注册会计师审计过的年度财务报表。如果这些年度财务报表令人误解，呈送公司和它的注册会计师对买卖公司证券的任何人负有责任，除非被告确能证明他本身行为出于善意，且并不知道财务报表是虚伪不实或令人误解的。

与1933年的《证券法》相比，1934年的《证券交易法》涉及的财务报表和投资者数目要多。1933年的《证券法》将注册会计师的责任限定在登记表中的财务报表和那些原始购买公司证券的投资者，但在1934年的《证券交易法》中，注册会计师要对上市公司每年的年度财务报表和买卖公司证券的任何人负责。

不过，1934年的《证券交易法》对注册会计师的责任有所减轻。由于1934年的《证券交易法》规定“除非被告确能证明他本身的行为出于善意，且并不知道财务报表是虚伪不实或令人误解的”。这就将注册会计师的责任限定在重大过失或欺诈行为，而1933年的《证券法》则涉及注册会计师的普通过失。1934年的《证券交易法》将大部分的举证责任也转往被告。但与1933年的《证券法》不同的是，原告应当向法院证明他依赖了令人误解的财务报表，也就是说，要证明这是他受损的直接原因。另外，1933年的《证券法》要求注册会计师证明他并无过失，而1934年的《证券交易法》比较宽松，只要求注册会计师证明他的行为“出于善意”（即无重大过失和欺诈）就可以了。

（三）2002年的《公众公司会计改革和投资者保护法案》

针对安然等财务欺诈事件，美国国会出台了2002年《公众公司会计改革和投资者保护法案》，该法案又被称作2002年《萨班斯-奥克斯利法案》（简称《萨班斯法案》）。《萨班斯法案》对美国1933年《证券法》、1934年《证券交易法》做了不少修订，在会计职业监管、公司治理、证券市场监管等方面作出了许多新的规定。

《萨班斯法案》规定，成立独立的公众公司会计监察委员会（PCAOB），监管执行公众公司审计职业。PCAOB有权调查、处罚和制裁违反该法案、相关证券法规以及专业准则的会计师事务所和个人。PCAOB的处罚程序要受SEC监督。PCAOB对会计师事务所和个人进行处罚和制裁的形式包括：临时或永久吊销注册；临时或永久禁止个人在会计师事务所执业；临时或永久限制事务所或个人的执业活动、职能等；对于故意、明知故犯、不计后果的行为或者屡犯的过失行为，可对自然人处以75万美元以下的罚款，对单位处以1 500万美元以下的罚款；对于过失行为，自然人罚款不超过10万美元，单位不超过200万美元；谴责；强制要求参加附加的专业培训和教育；其他处罚形式。

在英国，被审计单位和相关方对注册会计师提起刑事诉讼的法律依据主要是：①1989年的《公司法》。该法第41~44条对非法行为作出限定，并规定相关的惩罚形式。②1968年的《盗窃法》。该法第15~19条专门处理公司高级职员伪造报表，提供有重大错误、误解或欺诈的信息，通过欺骗手段获取不当财产和好处，以及由公司高级职员公布或同意公布意在诈骗股东或债权人的含有重大错误、误解和欺诈信息的书面说明或报表等刑事犯罪行为。在英国，公司委托进行法定审计的注册会计师也被看作公司的高级职员，所以上述法律条款同样适用于注册会计师。③1958年的《防止欺诈法》，则是对任何参与编制误解的、错误的和欺骗性的说明、许诺或预测，以引诱购买证券或提供资金的人员提起刑事犯罪诉讼。

在日本，称注册会计师为公认会计士，称会计师事务所为审计法人，《公认会计士法》是规范公认会计士和审计法人、会计组织的主要法律。为了进一步规范公认会计士审计业务，加强公认会计士审计的独立性，2003年3月，日本内阁议会决定并由国会正式提出了《公认会计士法修改法律案及其纲要》，提出对《公认会计士法》进行修订。修订后的《公认会计士法》在一定程度上强化了注册会计师的责任，如规定：

（1）对没有公认会计士资格的人从事审计业务，处以200万日元以下罚款或2年以内的徒刑。

（2）对采取不正当、非法手段取得公认会计士资格的人，处以100万日元以下罚款或6个月的徒刑。

（3）对公认会计士盗用或泄露在审计过程中得知的秘密的，处以2年以下的徒刑或处以100万日元以下的罚款。

（4）内阁总理大臣要求公认会计士协会提供有关报告或资料，或要求公认会计士、见习公认会计士、审计法人提供有关报告或资料时，有关当事人不让提供或提供伪造的报告或资料的，处以100万日元以下的罚款。

（5）对拒不接受内阁总理大臣检查或妨碍检查者，处以100万日元以下的罚款。

根据日本《证券交易法》的规定，上市公司的重要文书必须真实；如有虚假行为，将对有关责任人员处以300万日元以下罚款或3年以下的徒刑，还要对审计法人处以3亿日元以下的罚款。如果因审计失误，造成对投资者的误导，那么该公认会计士要负民事赔偿责任，同时会被取消公认会计士的资格。尤其要指出的是，审计法人在审计时负有连带的无限责任，所冒风险甚大。为降低风险，审计法人一般都参加了职业保险。

由以上的介绍不难看出，这些国家注册会计师审计之所以比较发达，是与对注册会计师的法律责任有具体而又明确的规定分不开的。注册会计师法律责任的具体化不仅有利于注册会计师职业的发展，而且有利于注册会计师及其事务所的发展和相关方利益的保护。

第三节　中国注册会计师的法律责任

随着社会主义市场经济体制在我国的建立和发展，注册会计师在社会经济生活中的地位越来越重要，发挥的作用越来越大。注册会计师如果工作失误或犯有欺诈行为，将会给委托人或依赖审定财务报表的第三人造成重大损失，严重的甚至导致经济秩序的紊乱。因此，强化注册会计师的责任意识，严格注册会计师的法律责任，以保证其职业道德和执业质量，意义就显得愈加重大。近年来，我国颁布的不少重要经济法律法规中，都有专门规定会计师事务所、注册会计师法律责任的条款，其中比较重要的有《中华人民共和国注册会计师法》《中华人民共和国公司法》《中华人民共和国证券法》《中华人民共和国刑法》等。

一、《中华人民共和国注册会计师法》

1993年10月31日第八届全国人民代表大会常务委员会第四次会议通过《中华人民共和国注册会计师法》（简称《注册会计师法》），并于1994年1月1日开始施行。2014年8月31日第十二届全国人民代表大会常务委员会第十次会议通过《关于修改〈中华人民共和国保险法等五部法律〉的决定》，其中包括对《中华人民共和国注册会计师法》的修改。该法律主要用于规范注册会计师、会计师事务所、注册会计师协会的行为和限定注册会计师的业务范围。《注册会计师法》第六章“法律责任”，在第三十九条中规定了会计师事务所和注册会计师应承担的行政责任和刑事责任，第四十二条规定了会计师事务所应承担的民事责任。

1.《注册会计师法》第三十九条的规定

会计师事务所违反本法第二十条、第二十一条规定的，由省级以上人民政府财政部门给予警告，没收违法所得，可以并处违法所得一倍以上五倍以下的罚款；情节严重的，并可以由省级以上人民政府财政部门暂停其经营业务或者予以撤销。

注册会计师违反本法第二十条、第二十一条规定的，由省级以上人民政府财政部门给予警告；情节严重的，可以由省级以上人民政府财政部门暂停其执行业务或者吊销注册会计师证书。

会计师事务所、注册会计师违反本法第二十条、第二十一条的规定，故意出具虚假的审计报告、验资报告，构成犯罪的，依法追究刑事责任。

2.《注册会计师法》第四十二条的规定

会计师事务所违反本法规定，给委托人、其他利害关系人造成损失的，应当依法承担赔偿责任。

二、《中华人民共和国公司法》

2018年10月26日，第十三届全国人民代表大会常务委员会第六次会议通过了《关于修改〈中华人民共和国公司法〉的决定》，自公布之日起施行。

《中华人民共和国公司法》第二百零七条规定，承担资产评估、验资或者验证的机构提供虚假材料的，由公司登记机关没收违法所得，处以违法所得一倍以上五倍以下的罚款，并可以由有关主管部门依法责令该机构停业、吊销直接责任人员的资格证书，吊销营业执照。

承担资产评估、验资或者验证的机构因过失提供有重大遗漏的报告的，由公司登记机关责令改正，情节较重的，处以所得收入一倍以上五倍以下的罚款，并可以由有关主管部门依法责令该机构停业、吊销直接责任人员的资格证书，吊销营业执照。

承担资产评估、验资或者验证的机构因出具的评估结果、验资或者验证证明不实，给公司债权人造成损失的，除能够证明自己没有过错的外，在其评估或者证明不实的金额范围内承担赔偿责任。

三、《中华人民共和国证券法》

2019年12月28日，第十三届全国人民代表大会常务委员会第十五次会议对《中华人民共和国证券法》（简称《证券法》）进行第二次修订，自2020年3月1日起施行。

《证券法》第一百六十三条规定，证券服务机构为证券的发行、上市、交易等证券业务活动制作、出具审计报告及其他鉴证报告、资产评估报告、财务顾问报告、资信评级报告或者法律意见书等文件，应当勤勉尽责，对所依据的文件资料内容的真实性、准确性、完整性进行核查和验证。其制作、出具的文件有虚假记载、误导性陈述或者重大遗漏，给他人造成损失的，应当与委托人承担连带赔偿责任，但是能够证明自己没有过错的除外。

第一百八十七条规定，法律、行政法规规定禁止参与股票交易的人员，违反本法第四十条的规定，直接或者以化名、借他人名义持有、买卖股票或者其他具有股权性质的证券的，责令依法处理非法持有的股票、其他具有股权性质的证券，没收违法所得，并处以买卖证券等值以下的罚款；属于国家工作人员的，还应当依法给予处分。

第一百九十三条规定，违反本法第五十六条第一款、第三款的规定，编造、传播虚假信息或者误导性信息，扰乱证券市场的，没收违法所得，并处以违法所得一倍以上十倍以下的罚款；没有违法所得或者违法所得不足二十万元的，处以二十万元以上二百万元以下的罚款。

违反本法第五十六条第二款的规定，在证券交易活动中作出虚假陈述或者信息误导的，责令改正，处以二十万元以上二百万元以下的罚款；属于国家工作人员的，还应当依法给予处分。

传播媒介及其从事证券市场信息报道的工作人员违反本法第五十六条第三款的规定，从事与其工作职责发生利益冲突的证券买卖的，没收违法所得，并处以买卖证券等值以下的罚款。

第一百九十七条规定，信息披露义务人未按照本法规定报送有关报告或者履行信息披露义务的，责令改正，给予警告，并处以五十万元以上五百万元以下的罚款；对直接负责的主管人员和其他直接责任人员给予警告，并处以二十万元以上二百万元以下的罚款。发行人的控股股东、实际控制人组织、指使从事上述违法行为，或者隐瞒相关事项导致发生上述情形的，处以五十万元以上五百万元以下的罚款；对直接负责的主管人员和其他直接责任人员，处以二十万元以上二百万元以下的罚款。

信息披露义务人报送的报告或者披露的信息有虚假记载、误导性陈述或者重大遗漏的，责令改正，给予警告，并处以一百万元以上一千万元以下的罚款；对直接负责的主管人员和其他直接责任人员给予警告，并处以五十万元以上五百万元以下的罚款。发行人的控股股东、实际控制人组织、指使从事上述违法行为，或者隐瞒相关事项导致发生上述情形的，处以一百万元以上一千万元以下的罚款；对直接负责的主管人员和其他直接责任人员，处以五十万元以上五百万元以下的罚款。

第二百一十四条规定，发行人、证券登记结算机构、证券公司、证券服务机构未按照规定保存有关文件和资料的，责令改正，给予警告，并处以十万元以上一百万元以下的罚款；泄露、隐匿、伪造、篡改或者毁损有关文件和资料的，给予警告，并处以二十万元以上二百万元以下的罚款；情节严重的，处以五十万元以上五百万元以下的罚款，并处暂停、撤销相关业务许可或者禁止从事相关业务。对直接负责的主管人员和其他直接责任人员给予警告，并处以十万元以上一百万元以下的罚款。

四、《中华人民共和国刑法》

该法第二百二十九条规定，承担资产评估、验资、验证、会计、审计、法律服务、保荐、安全评价、环境影响评价、环境监测等职责的中介组织的人员故意提供虚假证明文件，情节严重的，处五年以下有期徒刑或者拘役，并处罚金。

⋮

有前款行为的人员，同时索取他人财物或者非法收受他人财物构成犯罪的，依照处罚较重的规定定罪处罚。

第一款规定的人员，严重不负责任，出具的证明文件有重大失实，造成严重后果的，处三年以下有期徒刑或者拘役，并处或者单处罚金。

五、最高人民法院的规定

为更好地发挥人民法院和监管部门的协同作用，依法保护投资者合法权益，维护公开、公平、公正的资本市场秩序，促进资本市场健康发展，最高人民法院审判委员会于2021年12月30日第1860次会议通过《最高人民法院关于审理证券市场虚假陈述侵权民事赔偿案件的若干规定》。

六、相关司法解释

2007年6月1日最高人民法院发布了《关于审理涉及会计师事务所在审计业务活动中民事侵权赔偿案件的若干规定》（以下简称《司法解释》）。该解释是根据法律法规的精神，结合审判实践中出现的新情况、新问题，作出切合实际的规定。它既寻求保护投资者合法利益，又为注册会计师行业提供了健康的发展空间。《司法解释》的主要事项如下：

（一）对“利害关系人”“不实报告”的认定

《司法解释》第二条规定：因合理信赖或者使用会计师事务所出具的不实报告，与被审计单位进行交易或者从事与被审计单位的股票、债券等有关的交易活动而遭受损失的自然人、法人或者其他组织，应认定为注册会计师法规定的利害关系人。

会计师事务所违反法律法规、中国注册会计师协会依法拟定并经国务院财政部门批准后施行的执业准则和规则以及诚信公允的原则，出具的具有虚假记载、误导性陈述或者重大遗漏的审计业务报告，应认定为不实报告。

（二）关于诉讼当事人的列置

《司法解释》第三条规定：利害关系人未对被审计单位提起诉讼而直接对会计师事务所提起诉讼的，人民法院应当告知其对会计师事务所和被审计单位一并提起诉讼；利害关系人拒不起诉被审计单位的，人民法院应当通知被审计单位作为共同被告参加诉讼。

利害关系人对会计师事务所的分支机构提起诉讼的，人民法院可以将该会计师事务所列为共同被告参加诉讼。

利害关系人提出被审计单位的出资人虚假出资或者出资不实、抽逃出资，且事后未补足的，人民法院可以将该出资人列为第三人参加诉讼。

（三）归责原则和举证分配

《司法解释》第四条规定：会计师事务所因在审计业务活动中对外出具不实报告给利害关系人造成损失的，应当承担侵权赔偿责任，但其能够证明自己没有过错的除外。

会计师事务所在证明自己没有过错时，可以向人民法院提交与该案件相关的执业准则、规则以及审计工作底稿等。

（四）会计师事务所与被审计单位的连带责任

《司法解释》第五条规定：注册会计师在审计业务活动中存在下列情形之一，出具不实报告并给利害关系人造成损失的，应当认定会计师事务所与被审计单位承担连带赔偿责任：①与被审计单位恶意串通；②明知被审计单位对重要事项的财务会计处理与国家有关规定相抵触，而不予指明；③明知被审计单位的财务会计处理会直接损害利害关系人的利益，而予以隐瞒或者作不实报告；④明知被审计单位的财务会计处理会导致利害关系人产生重大误解，而不予指明；⑤明知被审计单位的财务报表的重要事项有不实的内容，而不予指明；⑥被审计单位示意其作不实报告，而不予拒绝。

（五）过失责任与过失指引

注册会计师在审计过程中未保持必要的职业谨慎，存在下列情形之一，并导致报告不实的，人民法院应当认定会计师事务所存在过失：①违反《注册会计师法》第二十条第（二）、（三）项的规定；②负责审计的注册会计师以低于行业一般成员应具备的专业水准执业；③制订的审计计划存在明显疏漏；④未依据执业准则、规则执行必要的审计程序；⑤在发现可能存在错误和舞弊的迹象时，未能追加必要的审计程序予以证实或者排除；⑥未能合理地运用执业准则和规则所要求的重要性原则；⑦未根据审计的要求采用必要的调查方法获取充分的审计证据；⑧明知对总体结论有重大影响的特定审计对象缺少判断能力，未能寻求专家意见而直接形成审计结论；⑨错误判断和评价审计证据；⑩其他违反执业准则、规则确定的工作程序的行为。

对于注册会计师侵权责任的法律构成要件，采纳“四要件说”，即存在不实报告、注册会计师存在过失、利害关系人遭受了损失、会计师事务所的过失与损害事实之间的因果关系。

第四节　避免法律诉讼的对策

注册会计师的职业特点决定了它是一个容易遭受法律诉讼的行业，那些蒙受损失的受害人总想通过起诉注册会计师尽可能使其损失得以补偿。因此，法律诉讼一直是困扰西方国家会计师职业界的一大难题，会计师行业每年不得不为此付出大量的精力、支付巨额的赔偿金、支付高昂的保险费。

注册会计师制度在我国恢复与重建已有40多年的历史，随着注册会计师地位和作用的提高，注册会计师的社会影响力越来越大。政府部门和社会公众在了解注册会计师作用的同时，对注册会计师责任的了解也在增加，因此，起诉注册会计师的案件便时有发生。近几年来，我国注册会计师行业发生了一系列震惊整个行业乃至全社会的案件。有关会计师事务所均因出具虚假报告造成严重后果而被撤销、没收财产或取消特许业务资格，有关注册会计师也被吊销资格，有的被追究刑事责任。除一些大案件之外，涉及注册会计师的中小型诉讼案更有日益上升的趋势。如何避免法律诉讼，已成为我国注册会计师非常关注的问题。

一、可能导致注册会计师法律责任的原因

注册会计师被控告的原因可能是多方面的。有的是被审计单位方面的原因，有的是注册会计师方面的责任，而有的是双方的责任，还有的是使用者误解的原因。但来自注册会计师方面的原因是最重要的。

（一）职业道德素质低下

对于职业道德因素的分析很早就已开始，人们在审计实践中常常发现“审计中所存在的一些问题并非完全是由于技术上或程序上的失误所造成的，注册会计师的日常行为和工作态度有时往往会是问题的症结所在”。因此，在探讨审计失败的原因时，除了关注审计技术及程序的发展外，人们亦开始关注起注册会计师的自身行为，这类行为通常包括：①注册会计师未能认清其在社会经济生活中所扮演的角色，一味地以赚钱为目的；②与客户存在利害关系，不能保持应有的独立性；③违反职业道德准则的某些特定要求，如以低价策略拉抢客户、承接与审计业务不相容的其他职务或服务、接受客户的佣金等。

（二）专业胜任能力不足

注册会计师应熟悉并掌握会计、审计和计算机等知识技能，随时了解相关领域的前沿知识，并将掌握的知识有效地运用于研究和分析之中。注册会计师的专业知识欠缺可能导致审计失败，主要表现为：①未能严格遵守审计准则对于审计计划、了解内部控制及证据收集的基本要求；②违反某些特定审计准则的要求，如在接受客户之前，未能与前任注册会计师取得联系，没有了解是否存在会计、审计方面的争议问题；③对会计信息处理过程缺乏基本的了解，特别是对会计电算化代替人工所做的快速及大量的会计信息处理方面缺乏了解。

（三）对被审计单位经营情况了解不够

注册会计师接受客户的委托，对其财务报表进行审计，以鉴证其对财务状况、经营成果是否进行了公允反映。如果注册会计师对客户的经营了解不够，势必会发表错误的审计意见，导致审计失败。注册会计师对客户经营情况了解不够的情形具体表现在：①对客户的经营业务欠缺充分了解，尤其是一些特殊产业，如金融、保险或高科技的电子产业。美国许多储贷银行倒闭案，有很多情况可归因于注册会计师对这些储贷银行的经营政策及程序、产业特性、放款损失评估及资产负债表表外作业控制的了解不够深入。②对客户经营所处的环境未能掌握，以至于对经济及产业情况认识不够，以及对客户所面临的风险不能提高警惕。③对于最高管理人员的思想及作风以及过去背景未能予以正视或评价。④对客户经营环境的了解不够。例如，在权威领导的组织里，经营单位的经理可能为了达成公司最高管理层所设定的目标而虚构其业绩，或故意隐藏其已达成的业绩，以减少未来业绩的压力。⑤对客户的组织结构、产品、制造过程及设备了解不够。⑥对管理人员的陈述及声明给予过分的信赖。⑦对客户其他人员、主管机关或供应商的某些报告未加以研究或重视。

（四）审计程序不妥

注册会计师发表正确审计意见的基础是必须遵循审计准则的要求，实施必要的审计程序，收集充分适当的审计证据。如果注册会计师实施的审计程序不妥，则会导致审计失败。常见的注册会计师实施审计程序不妥的情形有：①未能适当运用分析性复核程序。在审计实务中，注册会计师应运用分析性复核程序，对客户重要的比率或趋势进行分析，以了解客户的基本情况及变化原因，发现客户财务报表和其他会计资料的异常变动。②询问技巧不足。通常注册会计师对客户内部控制制度的了解或问题的澄清，都是通过询问方式进行的。而要达到询问的目的，就必须慎选被询问者及注重询问技巧、善于察言观色，找出破绽或发现疑点。③未能进行充分观察。观察是注册会计师对企业的经营场所、实物资产和有关业务活动及其内部控制制度的执行情况等所进行的实地察看。有经验的注册会计师应能通过观察企业经营业务处理过程，发现其中的缺陷，从而决定采取适当的审计程序。可惜的是，目前注册会计师很少使用观察程序。④实施不适当的审计程序。注册会计师使用错误的证据收集方法，或证据使用的方法错误。如企业账上记录一笔未经正式订货程序的销货，销货单上的单价相当高且数量少，经由海运送交国外顾客。注册会计师检查运费单据，证明货物所有权已转移和存货已经出库，所以未能发现疑点。但如果注册会计师曾经询问为什么选择以海运方式送交价高量少的货物，他就很有可能会怀疑这笔销货。⑤实施内部控制测试不当。内部控制测试的目的在于减少实质性程序的工作量，但是注册会计师大都受时间预算的限制，希望其测试结果支持原有内部控制制度良好运行的假设，纵然遇到例外情况，也不会扩大实质性程序范围，因为这样做很可能超出时间预算而增加审计成本。

（五）未能保持应有的职业谨慎

对交易事项缺乏应有的专业怀疑，未能发现关联方交易；过分信赖管理层，轻易接受企业管理层所做的解释；过度信赖内部注册会计师的工作，不切实际地减少自己的控制测试和实质性程序。

（六）所收集的证据明显不足

（七）未能将审计证据恰当地记录于工作底稿

（八）对客户舞弊的研究与重视不够

（九）审计欺诈的存在

二、注册会计师行业的应对措施

面对注册会计师法律责任的扩展和被控诉讼案件数量的急剧增加，整个注册会计师职业界都在积极研究如何避免法律诉讼。这对于提高注册会计师审计的鉴证水平，增强发现重大错误与舞弊的能力都有较大的帮助。

（一）严格审计程序

注册会计师发表恰当审计意见的前提是必须遵循审计准则的要求，实施必要的审计程序，收集充分适当的审计证据。审计实践已经证明，只有严格按照正确、合理的审计程序进行审计，才能防范审计风险，防范法律诉讼。因此，高标准的审计程序是保护注册会计师的利器，要求注册会计师执行严格的审计程序是保护行业利益的根本所在。

（二）加强行业监管

只有在维护好社会公众利益的基础上，注册会计师行业才能实现行业利益，表明自身的社会价值。注册会计师行业的监管对于维护、协调、平衡公众利益和行业利益都是至关重要的。行业监管不仅仅指的是政府部门、独立监管部门的行政监管和独立监管，还包括行业协会对行业自身的自律性监管。在经历过多次诉讼风暴和信任危机之后，当前国际社会的行业监管呈现日益强化的趋势，监管模式也呈现逐渐混合的态势。

（三）反击恶意诉讼

注册会计师经常作为“深口袋”的角色出现在法庭之上。当遭受到投资损失时，投资者出于急于弥补损失的目的，往往将注册会计师作为被告，西方国家发达的律师行业更是起到了推波助澜的作用。因此，很多针对注册会计师的恶意诉讼案件层出不穷。恶意诉讼中的“恶意”主要体现在两个方面：一是明知自己的诉讼请求缺乏事实和法律依据；二是具有侵害对方合法权益的不正当的诉讼目的。注册会计师行业应当加强与司法系统的沟通交流，在立法层面和司法程序上，对恶意诉讼作出限定，建立防范恶意诉讼的有效司法机制。在面临恶意诉讼时，应当抓住原告的“恶意”本意，聘请律师，帮助注册会计师合法保护自身的利益。

（四）弥补社会公众期望差距

如果会计职业界不采取措施来缩小审计期望差距，将面临越来越多的诉讼和批评。中国也存在对审计职能认识的“期望差距”，例如，在审计目标、审计查错防弊的责任以及注册会计师由于疏忽或审计失败而对第三方的责任等方面，审计职业界和审计受益人之间有不同的看法。从行业内来看，应当增加与公众的沟通，通过改善审计质量和提高审计独立性来提高财务报告质量，从而缩小由于不恰当的行为导致的审计期望差距，从而尽可能地满足公众需求、降低审计风险。另外，使用清楚表达审计责任的审计报告，也可以增进公众对审计工作的了解和理解。

三、会计师事务所和注册会计师的应对措施

会计师事务所和注册会计师避免法律诉讼的具体措施，可以概括为以下几点：

（一）严格遵循职业道德守则

严格遵循职业道德守则是注册会计师保护自身利益，避免法律诉讼最为基本的要求。注册会计师如要为社会公众提供高质量的、可信赖的专业服务，就必须强化职业道德意识，提高职业道德水准。少数注册会计师忽视职业道德守则的要求，在执业过程中，往往处于被动地位，甚至帮助被审计单位掩饰舞弊。当发生审计诉讼时，此类注册会计师必然会受到应有的处罚。还有少数注册会计师在执业过程中，对有关被审计单位的问题未持应有的职业谨慎，或为节省时间而缩小审计范围和简化审计程序，都会导致财务报表中的重大错报不被发现从而可能成为被告。因此，注册会计师应当树立起强烈的风险意识、责任意识和道德意识，时刻强调职业道德，防范司法诉讼。

（二）建立会计师事务所质量管理制度

会计师事务所不同于一般的公司（企业），质量管理是会计师事务所各项管理工作的核心和关键。如果一家会计师事务所质量管理不严，很有可能因某一个人或一个部门的原因导致整个会计师事务所遭受灭顶之灾。许多审计过程中的差错是由于注册会计师失察或未能对助理人员或其他人员进行切实的监督而产生的。对于业务复杂且重大的委托人来说，其审计是由多个注册会计师及许多助理人员共同配合来完成的。如果他们的分工存在重叠或间隙，又缺乏严密的执业监督，发生过失是不可避免的。因此，会计师事务所必须建立健全一套严密、科学的内部质量管理制度，并把这套制度推行到每一个人、每一个部门和每一项业务，迫使注册会计师按照专业标准的要求执业，保证整个会计师事务所的质量。

（三）谨慎选择合伙人

要避免法律诉讼，首要问题是谨慎选择合伙人，以避免可能导致审计失败的隐患。一般说来，不宜选择下列合伙人：崇尚商业利润而忘记职业道德的合伙人；无视职业规范自以为是的合伙人；认为倒霉事不会落到自己头上的合伙人；不评估客户风险的合伙人；逾越内部控制、不遵循事务所政策的合伙人；凡事都授权给经理的合伙人；重大问题不咨询或请教别人的合伙人；不了解客户需要和动机的合伙人；专业技能落伍的合伙人；过度扩张或过度忙碌的合伙人。

（四）招收合格的人员，并予以适当培训和督导

对于大多数的审计项目来说，相当多的工作是由缺乏经验的助理人员来完成的。对会计信

息公允、正确与否的识别、估测、评价等大量依靠的是注册会计师的专业判断。没有注册会计师的经验以及由经验积累而成的判断，会计师事务所就要承担审计失败的风险。因此，防止审计失败的措施之一，就是必须严格设定选拔助理人员的条件，还要对他们进行有效的业务培训和道德教育，并在审计工作过程中对他们进行适当的监督和指导。

（五）与委托人签订业务约定书

《注册会计师法》第十六条规定，注册会计师承办业务，会计师事务所应与委托人签订委托合同（即业务约定书）。业务约定书具有法律效力，它是确定注册会计师和委托人的责任的重要文件。会计师事务所不论承办何种业务，都要按照要求与委托人签订约定书，这样才能在发生法律诉讼时将一切口舌争辩减少到最低限度。

（六）审慎选择被审计单位

中外注册会计师法律案例告诉我们，注册会计师如欲避免法律诉讼，必须慎重地选择被审计单位。被审计单位如果在对待其顾客、职工、政府部门和其他方面没有表现出正直品格，则出现差错和舞弊行为的可能性就大，审计失败的可能性就比较大，即使扩大审计测试的规模，注册会计师也难以使总体审计风险的水平降低到社会可接受的程度内，出现法律纠纷的可能性就比较大。因此，注册会计师在接受委托之前，应采取与前任注册会计师联系等程序，评价管理层的品格。一般说来，不宜与下列被审计单位打交道：①曾经有不诚实的记录或在业界的声誉不佳的客户；②以前年度曾经发生过舞弊，或违反法规行为的客户；③管理层过分强调盈利预测的实现和企业股价的表现的客户；④管理层过去常与注册会计师发生争议，或曾经欺骗过注册会计师，或对注册会计师不够尊重的客户；⑤经常变更会计师事务所、倾向于购买会计原则的客户；⑥经常从事内幕交易的客户；⑦倾向于采用不稳健的会计政策和不适当的冒险做法的客户；⑧面临较大经济和财务压力、陷入财务困境的客户。

（七）严格遵守审计准则

正如前文所充分论述的，不能苛求注册会计师对财务报表中的所有错报事项都承担法律责任，注册会计师是否应承担法律责任，关键在于注册会计师是否有过失或欺诈行为。而判别注册会计师是否具有过失的关键在于注册会计师是否遵循专业标准的要求执业。因此，保持良好的职业道德，严格遵循专业标准的要求执行业务、出具报告，对于避免法律诉讼或在提起的诉讼中保护注册会计师尤其重要。

（八）提取风险基金或购买责任保险

在西方国家，购买充分的责任保险是会计师事务所一项极为重要的保护措施，尽管保险不能免除可能受到的法律诉讼，但能防止或减少诉讼失败时会计师事务所发生的财务损失。我国《注册会计师法》也规定了会计师事务所应当按规定建立职业风险基金，办理职业保险。

（九）聘请律师

会计师事务所在可能的条件下，应当聘请熟悉相关法规及注册会计师法律责任的律师。在执业过程中如遇重大法律问题，注册会计师应同本所的律师或外聘律师详细讨论所有潜在的危险情况，并仔细考虑律师的建议。一旦发生法律诉讼，也应聘请有经验的律师参与诉讼。

□ 复习思考题

1.近些年来，注册会计师的法律环境发生了哪些变化？原因何在？
2.如何认定注册会计师的法律责任？
3.注册会计师法律责任的成因有哪些？
4.注册会计师法律责任的归责原则有哪些？
5.为什么说注册会计师对第三方的责任是侵权责任？
6.成文法和习惯法下对第三方的责任有何不同？

7.欺诈与过失的区别是什么？如何区分没有过失、一般过失、重大过失、推定欺诈和欺诈？

8.哪些情形可能会引起注册会计师产生重大过失？

9.我国司法解释在关于注册会计师的法律责任方面有何具体规定？

10.如何避免法律诉讼？

本章要旨及测试题

第二篇 审计程序与审计技术

第六章 审计目标与审计过程

第一节 审计目的与注册会计师的总体目标

一、审计目的的含义与影响因素

审计的目的是提高财务报表预期使用者对财务报表的信赖程度。这一目的可以通过注册会计师对财务报表是否在所有重大方面按照适用的财务报告编制基础编制发表审计意见得以实现。就大多数通用目的财务报告编制基础而言，注册会计师针对财务报表是否在所有重大方面按照财务报告编制基础编制并实现公允反映发表审计意见。注册会计师按照审计准则和相关职业道德的要求执行审计工作，能够形成这样的意见。

审计目的是在一定历史环境下，审计主体通过审计实践活动所期望达到的境地或最终结果，它体现了审计的基本职能，是构成审计理论结构的基石，是整个审计系统运行的定向机制，是审计工作的出发点和落脚点。

影响审计目的确立与变更的因素很多，但最重要的因素有以下三个方面：

（一）社会需求的变化

社会需求是社会生产和服务的出发点。审计作为一种服务职业，其审计目的自然受社会需求的重要影响。这可以从注册会计师审计产生、发展的历史演变得以验证。

在审计萌芽的初期，生产技术比较落后，经济业务比较简单，控制手段比较原始，财产所有者对财产经管者最关心的是其诚实性。因此，审计目的是单纯地查找舞弊行为，审计方法是简单的"听账"、对账和详细查账，几乎毫无例外地要详细验证每笔经济业务。例如，在1928年，英国伦敦市曾选举和委任某些政府官员，由市政和司法高级官员组成委员会，对该市的财务管理官员的账目进行审核。通过审计活动，财产经管者更加诚实和可靠。

19世纪末20世纪初，随着资本主义生产的发展和企业规模的日益扩大，前述的详细审计活动必然跟不上客观经济形势的需要。这一时期，美国的资本市场还相当不完善，公司所需资金仍主要依赖于银行的贷款，经过长期的实践，申请贷款者发现，报送经独立的审计师鉴证过的资产负债表比较容易取得银行的贷款，因而，美国便开展了以证明企业偿债能力为主要目的的资产负债表审计，详细审计便为资产负债表审计所取代。

20世纪三四十年代以后，随着整个世界资本市场的迅猛发展，证券市场的涌现及广大投资者对投资收益情况的关心，整个社会的注意力转而集中于损益表上，使其成为审计的主要内容。同时，人们对财务报表提供信息的可靠性也更加重视，从而使审计又发展到以验证财务报表公允性为主要审计目的的财务报表审计阶段。

20世纪中叶以后，资本主义从自由竞争发展到垄断阶段，企业内部的经营管理活动日益加强。为适应企业内部经营管理和决策的需要，现代管理会计与传统财务会计相分离。同时，审计目的也从原来的仅限于验证企业财务报表的公允性扩展到内部控制、经营决策、职能分工、企业素质、工作效率、经营效益等方面。因此，经营审计、管理审计、绩效审计等便从传统审计中分离出来，评价企业工作的经济性、效率性、效果性成为注册会计师审计工作的主要目的。

从上述审计目的的演变不难看出，社会需求是影响审计目的确立的根本因素。

（二）审计能力的提高

社会对审计需求的不断扩大和对审计工作的过高期望，常常会使审计师陷入责任诉讼的漩涡之中。任何一个职业所能发挥的作用毕竟都是有限的，审计作为一个职业也不例外。当审计工作的结果不能满足社会对它的期望时，两者之间便会发生矛盾，这是双方在审计目的上的差距。事实上，审计工作自产生以来，便始终在为满足社会的需求而努力，但也始终无法完全满足社会的需求。这是因为，当旧的社会需求满足了，又会产生新的社会需求，而为了满足新的社会需求，审计师需要作出更多努力，这需要时间，更需要审计技术、方法甚至审计理论上的突破。所以，审计满足社会需求的能力是相对的，而不是绝对的。

审计能力的有限性决定了审计满足社会需求的有限性，它在审计目的的确立中起着决定性的制约作用。只有当审计具备了满足社会需求的能力时，这种社会需求才能成为审计目的。

（三）社会环境的制约

著名会计学家迈克尔·查特菲尔德（Michael Chatfield）认为，美国和英国的审计发展受到国家法律、法庭判决和会计职业团体三个方面的重要影响。审计目的的确立同样受到这三个方面的影响。

1.国家法律

国家法律对审计目的的影响可以从英国的《公司法》和美国的《证券法》《证券交易法》中窥见一斑。这些法律的颁布，使法定审计成为可能，同时明确了审计目的。例如，1900年以前的英国《公司法》，根据当时的社会需求，用法律的形式明确规定公司审计的主要目的是揭露舞弊和差错。到了1949年，根据社会经济环境的变化，新修订的《公司法》则明确规定审计师的报告已不再是为了揭露舞弊和差错，而是对财务报表的质量提出专门的意见。从此，审计的主要目的转向对每年提交给股东的财务报表的质量作出评价，而揭露舞弊和差错已成为次要的目的。1967年、1976年、1980年和1985年又相继颁发了修订后的《公司法》，对审计目的做了更具体的规定。以至于汤姆·李在《企业审计》一书中认为“现代企业审计师所从事的审计工作具有多种职能。审计师不仅要对企业的主要财务报表提出专门意见，而且要审查主要财务报表与董事会报告的一致性（对任何不一致的地方都要进行报告）；如果主要财务报表没有充分表达，则审计师要在审计报告中予以充分表达；在审计意见有保留的情况下，审计师要对红利分配的合法性提出单独报告……”

在美国，1933年的《证券法》和1934年的《证券交易法》以及1977年的《反国外贿赂法》等对审计目的的确立也有类似的影响。

国家法律根据社会需求对审计目的作出的规定带有强制性，审计师必须遵守，这在规范审计师工作行为的审计准则中也必定有所体现。

2.法庭判决

在英美等国家，法庭对诉讼案例的判决结果及判决原则被看作一种案例法，审计范围和审计责任通过法庭对一系列典型案件的判决而得到明确。例如，英国法庭在1887年的里兹地产建筑投资公司对夏巴德案的判决中明确指出，审计师的职责是检查管理部门，确定管理部门人员编制的资产负债表是否实质上正确，而不仅仅是计算上的正确性。该案的判决明确了两个问题：一是审计师应对编制的会计记录进行检查；二是只有在认为资产实存性没有问题时才能签发审计报告。这表明审计的目的最主要的是检查报表反映情况的真实性，即是否有欺诈舞弊行为。由于法律对审计目的的阐述比较抽象，许多具体细节还需要通过法庭的判决来加以明确，并且在许多情况下，法庭的判决要考虑社会需求及审计能力的变化，因而导致法庭的判决随着社会经济环境的变化而变化，审计目的和内容也随之产生相应的变化。

3.会计职业团体

会计职业团体在审计目的的确立中所发挥的作用可以说是最重要的。20世纪七八十年代，审计准则委员会（AICPA）制定发布的许多新的《审计准则说明书》就是很好的例证。例如，审计准则委员会于1977年发布的第16号《审计准则说明书》“独立的审计师揭露差错和舞弊的责任”（The Independent Auditor's Responsibilities for the Detection of Irregularities）和第17号《审计准则说明书》“客户的非法行为”（Illegal Acts by Clients）。这两个说明书的颁布表明，会计职业团体根据社会的需求，已经将揭露差错舞弊和客户的非法行为列为审计目的。1988年，审计准则委员会根据环境的变化，又分别颁布第53号《审计准则说明书》、第54号《审计准则说明书》，以分别取代前述的第16号《审计准则说明书》、第17号《审计准则说明书》，分别对审计师揭露差错、舞弊和客户的非法行为做了修订。这一系列的《审计准则说明书》的发布，对确立审计目的产生了重要的作用。

综上所述，审计目的是不同时期社会需求、审计能力及社会环境的协调统一，它们在审计目的的确立过程中分别起到了不同的作用。

二、审计目的的演变

审计目的既反映社会（审计环境）对审计的要求，也反映了审计作用于社会（审计环境）的实质内容。审计目的的确定受审计环境的影响，并随着审计环境的变化而变化。审计目的的演变大致可划分为如下三个阶段：

（1）以查错防弊为主要目的。这一阶段大致从注册会计师审计的产生直到20世纪30年代。在此阶段，企业主需要通过审计了解管理层履行其职责的情况。因此“发现舞弊”被公认为是注册会计师审计的首要目的。然而，为了保护审计师的利益，法庭将审计师发现舞弊的责任限制在合理的范围内，即要求审计师在其工作中应持有合理谨慎态度，并运用娴熟的技能。在没有疑点的情况下，不要求审计师发现所有舞弊。但是，如果存在引起怀疑的事项，审计师必须做进一步的调查。

（2）以验证财务报表的真实公允性为主要目的。这一阶段从20世纪30年代到60年代。随着社会经济环境的变化，公司股权逐步分散，企业管理者的责任范围由原来的只对股东和债权人负责扩大到包括其他诸多利益集团，外部投资者也逐渐以财务报表作为其投资决策的重要依据。由于信息不对称的存在，报表使用人无法确认财务报表所反映财务信息的真伪，需要外部审计师对财务报表进行鉴证。同时，股份公司的规模和业务量较过去大大扩展，审计师在客观上也无法对全部经济业务进行逐笔审计。此外，20世纪30年代内部控制理论产生后，审计职业界开始认为如能建立完善的内部控制，可以在很大程度上控制欺诈舞弊的发生。因此，注册会计师审计不再以查错防弊为主要目的，而是着重对财务报表的真实性与公允性发表意见，以帮助报表使用者作出相应决策。

（3）查错防弊和验证财务报表的真实公允性双重目的并重。20世纪60年代以来，涉及企业管理人员欺诈舞弊的案件大量增加，由此给社会公众造成重大损失。社会公众出于保护自身利益的考虑，纷纷要求审计师将查错防弊作为审计的主要目的。社会公众的强烈要求加之法庭的判决和政府管理机构的压力，都迫使审计职业界重新考虑将查错防弊纳入审计目的。1974

年，美国审计师协会提出科恩（Cohen）报告，认为“绝大部分利用和依靠审计工作的人都将揭露欺诈列为审计的最重要的目的”。“一项审计应予以合理计划，以对财务报表没有受到重大欺诈舞弊的影响提供合理的保证。同时对企业管理层履行企业重要资产的管理责任提供合理保证。”因而，在这一时期，审计职业界加重了审计师对揭露舞弊所承担的责任，要求审计师对引起其怀疑的事项持有合理的职业谨慎态度。如果发现舞弊事项，审计师就有义务对其做进一步调查。

20世纪80年代以来，为缩小公众对审计的期望差距，审计职业界开始对“舞弊责任”采取更加积极的态度。尽管“发现舞弊”作为审计目的尚不明显，但是各国审计界开始接受揭露管理层舞弊的责任，只是在接受的程度上有所区别。1988年，审计准则委员会发布了第53号《审计准则说明书》、第54号《审计准则说明书》，将揭露舞弊和非法行为作为审计的主要目的。例如，第53号《审计准则说明书》中指出“审计师必须评价舞弊和差错可能引起财务报表严重失实的风险，并依据这种评价设计审计程序，以合理地保证揭露对财务报表有重大影响的舞弊和差错”。第54号《审计准则说明书》则对审计师揭露客户非法行为做了阐述。可见，审计师开始承担在常规审计程序中发现、揭露可能存在的对财务报表信息有重大影响的舞弊，包括揭露管理层舞弊的责任。

应当指出的是，20世纪80年代以来，国际上著名的会计公司在不同程度上开始采用“风险导向审计”的模式，其审计目的是降低信息风险。

三、现阶段我国注册会计师的总体目标

《中国注册会计师审计准则第1101号——注册会计师的总体目标和审计工作的基本要求》第二十五条规定，在执行财务报表审计工作时，注册会计师的总体目标是：（1）对财务报表整体是否不存在由于舞弊或错误导致的重大错报获取合理保证，使得注册会计师能够对财务报表是否在所有重大方面按照适用的财务报告编制基础编制发表审计意见；（2）按照审计准则的规定，根据审计结果对财务报表出具审计报告，并与管理层和治理层沟通。

正确理解注册会计师的总体目标，需要把握以下几个概念：

1.注册会计师

注册会计师，是指取得注册会计师证书并在会计师事务所执业的人员，通常是指项目合伙人或项目组其他成员，有时也指所在的会计师事务所。当审计准则明确指出应由项目合伙人遵守的规定或承担的责任时，则使用“项目合伙人”而非“注册会计师”的称谓。

2.财务报表

财务报表，是指依据某一财务报告编制基础对被审计单位历史财务信息作出的结构性表述，包括相关附注，旨在反映某一时点的经济资源或义务或者某一时期经济资源或义务的变化。相关附注通常包括重要会计政策概要和其他解释性信息。财务报表通常是指整套财务报表，有时也指单一财务报表。整套财务报表的构成应当根据适用的财务报告编制基础的规定确定。

历史财务信息，是指以财务术语表述的某一特定实体的信息，这些信息主要来自特定实体的会计系统，其反映了过去一段时间内发生的经济事项，或过去某一时点的经济状况或情况。

3.适用的财务报告编制基础

适用的财务报告编制基础，是指法律法规要求采用的财务报告编制基础；或者管理层和治理层（如适用）在编制财务报表时，就被审计单位性质和财务报表目标而言，采用的可接受的财务报告编制基础。

财务报告编制基础分为通用目的编制基础和特殊目的编制基础。通用目的编制基础，是指旨在满足广大财务报表使用者共同的财务信息需求的财务报告编制基础，主要是指会计准则和会计制度。特殊目的编制基础，是指旨在满足财务报表特定使用者对财务信息需求的财务报告编制基础，包括计税核算基础、监管机构的报告要求和合同的约定等。

在评价财务报表是否按照适用的财务报告编制基础编制时，注册会计师应当考虑：（1）经管理层调整后的财务报表是否与审计师对被审计单位及其环境的了解一致；（2）财务报表的列报、结构和内容是否合理；（3）财务报表是否真实地反映了交易和事项的经济实质。

4.错报

错报，是指某一财务报表项目的金额、分类、列报，与按照适用的财务报告编制基础应当列示的金额、分类、列报之间存在的差异。错报可能是由错误或舞弊导致的。

当注册会计师对财务报表是否在所有重大方面按照适用的财务报告编制基础编制，并实现公允反映发表审计意见时，错报还包括根据注册会计师的判断，为使财务报表在所有重大方面实现公允反映，需要对金额、分类、列报作出的必要调整。

财务报表的错报可能由于舞弊或错误导致。舞弊和错误的区别在于，导致财务报表发生错报的行为是故意行为还是非故意行为。舞弊是一个宽泛的法律概念，但审计准则要求注册会计师关注导致财务报表发生重大错报的舞弊。与财务报表审计相关的两类故意错报，包括编制虚假财务报告导致的错报和侵占资产导致的错报。

在计划和实施审计工作，以及评价识别出的错报对审计的影响和未更正的错报（如有）对财务报表的影响时，注册会计师应当运用重要性概念。如果合理预期某一错报（包括漏报）单独或连同其他错报可能影响财务报表使用者依据财务报表作出的经济决策，则该项错报通常被认为是重大的。重要性取决于在具体环境下对错报金额或性质的判断，或同时受到两者的影响，并受到注册会计师对财务报表使用者对财务信息需求的了解的影响。注册会计师针对财务报表整体发表审计意见，因此没有责任发现对财务报表整体影响并不重大的错报。

在评价财务报表是否不存在由于舞弊或错误导致的重大错报时，注册会计师应当考虑：①选择和运用的会计政策是否符合适用的会计准则和相关会计制度，并适合于被审计单位的具体情况；②管理层作出的会计估计是否合理；③财务报表反映的信息是否具有相关性、可靠性、可比性和可理解性；④财务报表是否作出恰当披露，使财务报表使用者能够理解重大交易和事项对被审计单位财务状况、经营成果和现金流量的影响。

5.合理保证

合理保证，是指注册会计师在财务报表审计中提供的一种高度但并非绝对的保证水平。注册会计师应当按照审计准则的规定，对财务报表整体是否不存在由于舞弊或错误导致的重大错报获取合理保证，以作为发表审计意见的基础。

合理保证是一种高度保证。当注册会计师获取充分、适当的审计证据将审计风险降至可接受的低水平时，就获取了合理保证。由于审计存在固有限制，注册会计师据以得出结论和形成审计意见的大多数审计证据是说服性的而非结论性的。因此，审计只能提供合理保证，不能提供绝对保证。审计的固有限制源于：

（1）财务报告的性质。管理层在编制财务报表时，需根据适用的财务报告编制基础对被审计单位的事实和情况作出判断。除此之外，许多财务报表项目涉及主观决策或评估，或一定程度的不确定性，而且存在一系列可接受的解释或判断。因此，某些财务报表项目本身就不存在确切的金额，且不能通过追加审计程序来消除。例如，某些会计估计经常会这样。然而，审计准则要求注册会计师对管理层根据适用的会计准则和相关会计制度作出的会计估计是否合理，相关的披露是否适当、充分，以及被审计单位会计实务（会计处理）的质量（包括管理层判断可能存在偏见的迹象）给予特定的考虑。

（2）审计程序的性质。注册会计师获取审计证据的能力受到操作上（实际）和法律方面的限制。例如：①管理层或其他人员有可能有意或无意地不提供与财务报表编制相关的或注册会计师要求的完整信息。因此，即使已实施旨在确保获取所有相关信息的审计程序，注册会计师也不能确定信息的完整性。②舞弊可能涉及为掩盖真相而精心策划的方案。因此，用以收集审计证据的审计程序可能对发现故意的错报是无效的。③审计不是对涉嫌违法行为的官方调查。因此，注册会计师没有被授予对这类调查的特定法律权力，如搜查权。

（3）在合理的时间内以合理的成本完成审计的需要。难度、时间或成本等问题，不能作为注册会计师在无法实施替代性程序的情况下省略审计程序（省略不可替代的审计程序），或满意于缺乏足够说服力的审计证据的正当理由。制订适当的审计计划有助于为执行审计工作提供充分的时间和资源。尽管如此，信息的相关性及其由此而具有（产生）的价值会随着时间的推移而降低，所以须在信息的可靠性和成本之间进行权衡。因此，财务报表使用者的期望是注册会计师会在合理的时间内、以合理的成本形成财务报表的审计意见。注册会计师难以处理所有可能存在的信息，或在假定信息存在错误或舞弊的基础上（除非能证明并非如此）来竭尽可能地追查每一个事项。

（4）影响审计固有限制的其他事项。对于某些认定或对象（事项）而言，固有限制对注册会计师发现重大错报能力的潜在影响尤为重要。这些认定或对象（事项）包括：舞弊，特别是涉及高级管理人员的舞弊或串通舞弊；关联方关系和交易的存在和完整性；存在违反法律法规的行为；可能导致被审计单位无法持续经营的未来事项或情况。

6.审计准则

审计准则是指中国注册会计师审计准则。审计准则旨在规范和指导注册会计师对财务报表整体是否不存在重大错报获取合理保证，要求注册会计师在整个审计过程中运用职业判断和保持职业怀疑。需要运用职业判断并保持职业怀疑的重要审计环节主要包括：①通过了解被审计单位及其环境，识别和评估由于舞弊或错误导致的重大错报风险；②通过对评估的风险设计和实施恰当的应对措施，针对是否存在重大错报获取充分、适当的审计证据；③根据从获取的审计证据中得出的结论，对财务报表形成审计意见。

为了实现注册会计师的总体目标，在计划和实施审计工作时，注册会计师应当运用相关审计准则规定的目标。在使用规定的目标时，注册会计师应当认真考虑各项审计准则之间的相互关系，以采取下列措施：①为了实现审计准则规定的目标，确定是否有必要实施除审计准则规定以外的其他审计程序；②评价是否已获取充分、适当的审计证据。

除非存在下列情况，注册会计师应当遵守每项审计准则的各项要求：①某项审计准则的全部内容与具体审计工作不相关；②由于审计准则的某项要求存在适用条件，而该条件并不存在，导致该项要求不适用。

在极其特殊的情况下，注册会计师可能认为有必要偏离某项审计准则的相关要求。在这种情况下，注册会计师应当实施替代审计程序以实现相关要求的目的。只有当相关要求的内容是实施某项特定审计程序，而该程序无法在具体审计环境下有效地实现要求的目的时，注册会计师才能偏离该项要求。如果不能实现相关审计准则规定的目标，注册会计师应当评价这是否使其不能实现总体目标。如果不能实现总体目标，注册会计师应当按照审计准则的规定出具非标准审计报告，或者在法律法规允许的情况下解除业务约定。不能实现相关审计准则规定的目标构成重大事项的，注册会计师应当按照《中国注册会计师审计准则第1131号——审计工作底稿》的规定予以记录。

7.审计意见

注册会计师发表审计意见的形式取决于适用的财务报告编制基础以及相关法律法规的规定。

8.管理层和治理层

管理层，是指对被审计单位经营活动的执行负有管理责任的人员。在某些被审计单位，管理层包括部分或全部的治理层成员，如治理层中负有经营管理责任的人员，或参与日常经营管理的业主（以下简称业主兼经理）。

治理层，是指对被审计单位战略方向以及管理层履行经营管理责任负有监督责任的人员或组织。治理层的责任包括监督财务报告过程。在某些被审计单位，治理层可能包括管理层，如治理层中负有经营管理责任的人员，或业主兼经理。

按照审计准则和相关法律法规的规定，注册会计师还可能就审计中出现的事项，负有与管理层、治理层和其他财务报表使用者进行沟通和向其报告的责任。

四、注册会计师目标的逻辑过程

注册会计师的总体目标是审计工作的起点。为了计划审计工作，收集充分、适当的审计证据，注册会计师有必要将总体目标具体化。总体目标的具体化是一个系统的过程，从逻辑上讲，它至少要包括以下步骤（如图6-1所示）：

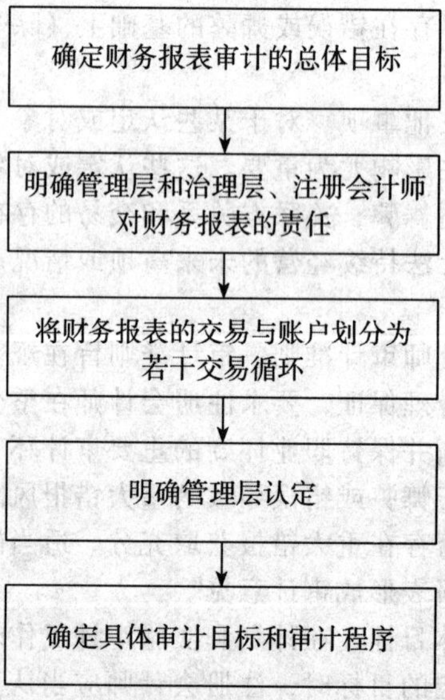

图6-1 财务报表审计目标的逻辑过程

（1）明确注册会计师在财务报表审计中的总体目标；

（2）明确被审计单位管理层及治理层和注册会计师对财务报表的责任；

（3）将财务报表所涉及的交易与账户划分为若干交易循环；

（4）明确管理层关于交易类别、账户余额和披露认定；

（5）确定交易类别、账户余额和披露的具体审计目标；

（6）确定交易类别、账户余额和披露的审计程序。

第二节 管理层、治理层和注册会计师对财务报表的责任

一、管理层和治理层的责任

现代企业的所有权与经营权分离后，管理层负责对企业进行日常经营管理，随之承担受托责任，他们通过编制财务报表反映受托责任的履行情况。按照现代公司治理结构的安排，为了实现公司内部的权力平衡，需要通过制约关系来保证财务信息的质量，这就往往要求治理层对管理层编制财务报表的过程实施有效的监督。财务报表就是由被审计单位管理层在治理层的监督下编制的。在治理层的监督下，管理层作为会计工作的行为人，对编制财务报表负有直接责任。因此，在被审计单位治理层的监督下，按照适用的财务报告框架的规定编制财务报表是被审计单位管理层的责任。

执行审计工作的前提，即与管理层和治理层（如适用）责任相关的执行审计工作的前提，是指管理层和治理层（如适用）已认可并理解其应当承担下列责任，这些责任构成注册会计师按照审计准则的规定执行审计工作的基础：

（1）按照适用的财务报告框架的规定编制财务报表，包括使其实现公允反映（如适用）。

管理层应当根据会计主体的性质和财务报表的编制目的，选择适用的会计准则和相关会计制度。就会计主体的性质而言，事业单位适合采用《事业单位会计制度》，而企业则根据规模和行业性质，分别适用《企业会计准则》《企业会计制度》《小企业会计准则》等。按照编制目的不同，财务报表可分为通用目的和特殊目的两种报表。前者是为了满足范围广泛的使用者的共同信息需要，如为公布目的而编制的财务报表；后者是为了满足特定信息使用者的信息需要。相应地，编制和列报财务报表适用的会计准则和相关会计制度也不同。

（2）设计、执行和维护必要的内部控制，使得编制的财务报表不存在由于舞弊或错误导致的重大错报。

为了履行编制财务报表的职责，管理层通常设计、实施和维护与财务报表编制相关的内部控制，以保证财务报表不存在由于舞弊和错误导致的重大错报。

管理层在治理层的监督下，高度重视对舞弊的防范和遏制是非常重要的。对舞弊的防范可以减少舞弊发生的机会；由于舞弊存在被发现和惩罚的可能性，对舞弊的遏制能够警示被审计单位人员不要实施舞弊。对舞弊的防范和遏制需要管理层营造诚实守信和合乎道德的文化，并且这一文化能够在治理层的有效监督下得到强化。治理层的监督包括考虑管理层凌驾于控制之上或对财务报告过程施加其他不当影响的可能性，例如，管理层为了影响分析师对企业业绩和盈利能力的看法而操纵利润。

控制，是指内部控制的一个或多个要素，或要素表现出的各个方面。审计准则所称的内部控制，与适用的法律法规有关内部控制的概念一致。在审计实务中，一般通过签署管理层声明书来确认管理层的责任。我国《会计法》明确规定，单位负责人对本单位的会计工作和会计资料的真实性、完整性负责。从审计角度来看，相关法律规定管理层和治理层对编制财务报表承担责任，有利于从源头上保证财务信息质量。

（3）向注册会计师提供必要的工作条件。

这些必要的工作条件包括允许注册会计师接触与编制财务报表相关的所有信息，向注册会计师提供审计所需的其他信息，允许注册会计师在获取审计证据时不受限制地接触其认为必要的内部人员和其他相关人员。

管理层（有时涉及治理层）认可并理解应当承担与财务报表相关的上述责任，是执行审计工作的前提，构成了注册会计师按照审计准则的规定执行审计工作的基础。

二、注册会计师的责任

就大多数通用目的财务报告框架而言，注册会计师的责任是，针对财务报表是否在所有重大方面按照财务报告框架编制并实现公允反映发表审计意见。

作为一种鉴证业务，审计工作旨在提高被审计单位财务报表的可信性。在审计关系中，注册会计师作为独立的第三方，由其对财务报表发表审计意见，有利于提高财务报表的可信赖程度。为履行这一职责，注册会计师应当遵守职业道德规范，按照审计准则的规定计划和实施审计工作，收集充分、适当的审计证据，并根据收集的审计证据得出合理的审计结论，发表恰当的审计意见。

为准确把握注册会计师责任的含义，有必要进一步明确注册会计师在揭露错误与舞弊以及违反法规行为方面的责任。在财务报表审计中，这两类责任都有可能会涉及。

1.对发现错误和舞弊的责任

尽管注册会计师可能怀疑被审计单位存在舞弊，甚至在极少数情况下识别出发生的舞弊，但注册会计师并不对舞弊是否已实际发生作出法律意义上的判定。

被审计单位治理层和管理层对防止或发现舞弊负有主要责任。在按照审计准则的规定执行审计工作时，注册会计师有责任对财务报表整体是否不存在由于舞弊或错误导致的重大错报获取合理保证。

在舞弊导致错报的情况下，固有限制的潜在影响尤其重大。舞弊导致的重大错报未被发现的风险，大于错误导致的重大错报未被发现的风险。其原因是舞弊可能涉及精心策划和蓄意实施以进行隐瞒，如伪造证明或故意漏记交易，或者故意向注册会计师提供虚假陈述。如果涉及串通舞弊，注册会计师可能更加难以发现蓄意隐瞒的企图。串通舞弊可能导致原本虚假的审计证据被注册会计师误认为具有说服力。注册会计师发现舞弊的能力取决于舞弊者实施舞弊的技巧、舞弊者操纵会计记录的频率和范围、串通舞弊的程度、舞弊者操纵的每笔金额的大小、舞弊者在被审计单位的职位级别等因素。即使可以识别出实施舞弊的潜在机会，但对于诸如会计估计等判断领域的错报，注册会计师也难以确定这类错报是由舞弊还是错误导致的。

管理层舞弊导致的重大错报未被发现的风险，大于员工舞弊导致的重大错报未被发现的风险。其原因是管理层往往可以利用职位之便，直接或间接操纵会计记录，提供虚假的财务信息，或凌驾于为防止其他员工实施类似舞弊而建立的控制之上。在获取合理保证时，注册会计师有责任在整个审计过程中保持职业怀疑，考虑管理层凌驾于控制之上的可能性，并认识到对发现错误有效的审计程序未必对发现舞弊有效。

由于审计的固有限制，即使注册会计师按照审计准则的规定恰当计划和执行了审计工作，也不可避免地存在财务报表中的某些重大错报未被发现的风险。因此，注册会计师不能对财务报表整体不存在重大错报获取绝对保证，只能获取合理保证。承担合理保证的责任也意味着审计工作并不能保证发现所有的重大错报（包括不能保证发现所有的错误和舞弊导致的重大错报）。

按照《中国注册会计师审计准则第1101号——注册会计师的总体目标和审计工作的基本要求》的规定，注册会计师应当在整个审计过程中保持职业怀疑，认识到存在由于舞弊导致的重大错报的可能性，而不应受到以前对管理层、治理层正直和诚信情况形成的判断的影响。如果在完成审计工作后发现舞弊导致的财务报表重大错报，特别是串通舞弊或伪造文件记录导致的重大错报，并不必然表明注册会计师没有遵循审计准则。要判断注册会计师是否按照审计准则的规定实施了审计工作，应当取决于其是否根据具体情况实施了审计程序，是否获取了充分、适当的审计证据，以及是否根据证据评价结果出具了恰当的审计报告。

2.对发现违反法律法规行为的责任

违反法律法规，是指被审计单位有意或无意违背除适用的财务报告框架以外的现行法律法规的行为。例如，被审计单位进行的或以被审计单位名义进行的违反法律法规的交易，或者治理层、管理层或员工代表被审计单位进行的违反法律法规的交易。违反法律法规不包括由治理层、管理层或员工实施的、与被审计单位经营活动无关的不当个人行为。

审计准则旨在帮助注册会计师识别由于违反法律法规导致的财务报表重大错报。然而，注册会计师没有责任防止被审计单位违反法律法规，不能期望其发现所有的违反法律法规行为。

注册会计师有责任对财务报表整体不存在违反法律法规行为导致的重大错报获取合理保证。

在执行财务报表审计时，注册会计师需要考虑适用于被审计单位的法律法规框架。由于审计的固有限制，即使注册会计师按照审计准则的规定恰当地计划和执行审计工作，也不可避免地存在财务报表中的某些重大错报未被发现的风险。

就法律法规而言，由于下列原因，审计的固有限制对注册会计师发现重大错报的能力的潜在影响会加大：①许多法律法规主要与被审计单位经营活动相关，通常不影响财务报表，且不能被与财务报告相关的信息系统所获取；②违反法律法规可能涉及故意隐瞒的行为，如共谋、伪造、故意漏记交易、管理层凌驾于控制之上或故意向注册会计师提供虚假陈述；③某行为是否构成违反法律法规，最终只能由法院认定。在通常情况下，违反法律法规与财务报表反映的交易和事项越不相关，就越难以被注册会计师关注或识别。

按其对财务报表的影响不同，违反法律法规的行为可以分为两类：第一类为通常对决定财务报表中的重大金额和披露有直接影响的法律法规（如税收和企业年金方面的法律法规）的规定。第二类是对决定财务报表中的金额和披露没有直接影响的其他法律法规，但遵守这些法律法规（如遵守经营许可条件、监管机构对偿债能力的规定或环境保护要求）对被审计单位的经营活动、持续经营能力或避免大额罚款至关重要；违反这些法律法规，可能对财务报表产生重大影响。对两种不同类型的违反法律法规的行为，注册会计师所负的检查和报告责任是不相同的。对于第一类违反法律法规的行为，注册会计师的责任是，就被审计单位遵守这些法律法规的规定获取充分、适当的审计证据。对于第二类违反法律法规的行为，注册会计师的责任仅限于实施特定的审计程序，以有助于识别可能对财务报表产生重大影响的违反这些法律法规的行为。

为了充分关注被审计单位违反法律法规行为可能对财务报表产生的重大影响，在计划和实施审计工作时，注册会计师应当保持职业怀疑态度，充分关注审计可能揭露的导致其对被审计单位遵守法律法规产生怀疑的情况或事项。

三、管理层、治理层责任和注册会计师责任的关系

被审计单位管理层、治理层的责任与注册会计师的审计责任不能相互替代、减轻或免除。

管理层和治理层作为内部人员，对企业的情况更为了解，更能作出适合企业特点的会计处理决策和判断，因此管理层和治理层理应对编制财务报表承担完全责任。尽管在审计过程中，注册会计师可能向管理层和治理层提出调整建议，甚至在不违反独立性的前提下为管理层编制财务报表提供一些协助，但管理层仍然对编制财务报表承担责任，并通过签署财务报表确认这一责任。

如果财务报表存在重大错报，而注册会计师通过审计没有发现，也不能因为财务报表已经由注册会计师审计这一事实而减轻管理层和治理层对财务报表的责任。

第三节　管理层认定与具体审计目标

一、注册会计师总体目标、具体审计目标与管理层认定的关系

具体审计目标是审计目的、注册会计师总体目标的具体化，并受到总体目标的制约。为了实现注册会计师的总体目标，在计划和实施审计工作时，注册会计师需要明确各具体审计项目的审计目标。

具体审计目标包括一般目标和项目目标。一般目标是进行所有项目审计均必须达到的目标；项目目标是按每个项目分别确定的目标。具体审计目标的确定有助于审计师收集充分、适当的证据，并根据项目实际情况确定应收集的证据。一般审计目标适用于所有项目的审计，项目审计目标则只适用于某一特定项目的审计。在通常情况下，只有了解一般审计目标，才能据以确定项目审计目标。具体审计目标总是根据被审计单位的具体情况而确定的。

具体审计目标必须根据被审计单位管理层的认定和注册会计师的总体目标来确定。为了实现注册会计师的总体目标，注册会计师首先要明确审计工作的起点。这一起点通常是被审计单位的财务报表。财务报表是由被审计单位管理层编制完成的，由管理层对财务报表上所有数字、披露等的全部声明构成，即由管理层关于各类交易、账户余额和披露的认定所构成。注册会计师通过获取充分、适当的审计证据支持管理层认定，从而形成审计意见，实现总体目标。概而言之，注册会计师审计的主要工作就是确定管理层认定是否恰当。

在通常情况下，注册会计师应以财务报表审计的总体目标为指导，以管理层的认定为基础，明确适合于各类交易、账户余额和披露的一般审计目标，然后根据被审计单位的具体情况确定各类交易、账户余额和披露的具体审计目标（如图6-2所示）。

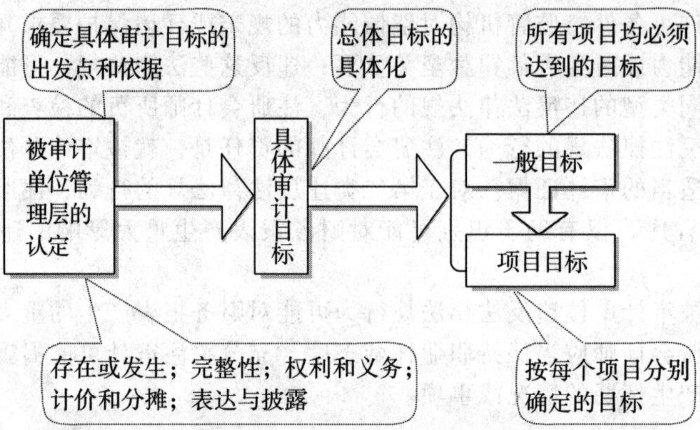

图6-2 被审计单位管理层的认定是确定审计目标的依据

二、管理层认定

（一）管理层认定的含义

认定，是指管理层在财务报表中作出的明确或隐含的表达，注册会计师将其用于考虑可能发生的不同类型的潜在错报。当管理层声明财务报表已按照适用的财务报告框架进行编制，在所有重大方面作出公允反映时，就意味着管理层对财务报表各组成要素的确认、计量、列报以及相关的披露作出了认定。管理层在财务报表上的认定有些是明确的，有些则是隐含的。例如，管理层在资产负债表中列报存货10万元，意味着作出了下列明确的认定：①记录的存货是存在的；②存货以恰当的金额包括在财务报表中，与之相关的计价或分摊调整已恰当记录。同时，管理层也作出下列隐含的认定：①所有应当记录的存货均已记录；②记录的存货都由被审计单位拥有；③与存货有关的披露是恰当的。

（二）管理层认定的两个层次

1.关于各类交易、事项及相关披露的认定

注册会计师对各类交易、事项及相关披露运用的认定通常分为下列类别：

发生：记录的交易和事项已发生且与被审计单位有关。

完整性：所有应当记录的交易和事项均已记录。

准确性：与交易和事项有关的金额及其他数据已恰当记录。

截止：交易和事项已记录于正确的会计期间。

分类：交易和事项已记录于恰当的账户。

列报：交易和事项已被恰当地汇总或分解且表述清楚，相关披露在适当的财务报告编制基础下是相关的、可理解的。

2.关于期末账户余额及相关披露的认定

账户余额主要与资产负债表有关。注册会计师将管理层的认定运用于账户余额，就可以形成账户余额的一般审计目标。账户余额及相关披露的一般审计目标通常包括：

存在：记录的资产、负债和所有者权益是存在的。

权利和义务：记录的资产由被审计单位拥有或控制，记录的负债是被审计单位应当履行的偿还义务。

完整性：所有应当记录的资产、负债和所有者权益均已记录。

准确性、计价和分摊：资产、负债和所有者权益以恰当的金额包括在财务报表中，与之相关的计价或分摊调整已恰当记录。

分类：资产、负债和所有者权益已记录于恰当的账户。

列报：资产、负债和所有者权益已被恰当地汇总或分解且表述清楚，相关披露在适当的财务报告编制基础下是相关的、可理解的。

三、项目审计目标

项目审计目标是指对财务报表具体项目审计时所要达到的目标。通常，特定财务报表项目的具体审计目标是依据管理层的认定和审计一般目标，针对被审计单位具体情况而确定的。

（一）与各类交易、事项及相关披露相关的审计目标

（1）发生：确认已记录的交易和事项是真实的。例如，如果没有发生销售交易，但在销售日记账中记录了一笔销售，则违反了该目标。

发生认定所要解决的问题是管理层是否把那些不曾发生的项目列入财务报表，它主要与财务报表组成要素的高估有关。

（2）完整性：确认已发生的交易和事项确实已经记录，所有应包括在财务报表中的相关披露均已包括。所有应当记录的交易和事项均已记录。例如，如果发生了销售交易，但没有在销售日记账和总账中记录，则违反了该目标。

发生和完整性两者强调的是相反的关注点。发生目标针对潜在的高估，而完整性目标则针对漏记交易（低估）。

（3）准确性：确认已记录的交易和事项是按正确金额反映的，相关披露已得到恰当计量和描述。例如，如果在销售交易中，发出商品的数量与账单上的数量不符，或是开账单时使用了错误的销售价格，或是账单中的乘积或加总有误，或是在销售日记账中记录了错误的金额，则违反了该目标。

值得注意的是，准确性与发生、完整性之间存在区别。例如，若已记录的销售交易是不应当记录的（如发出的商品是寄销商品），则即使发票金额是准确计算的，仍违反了发生目标。再如，若已入账的销售交易是对正确发出商品的记录，但金额计算错误，则违反了准确性目标，但没有违反发生目标。在完整性与准确性之间也存在同样的关系。

（4）截止：确认接近资产负债表日的交易和事项记录于恰当的期间。例如，如果将本期交易推到下期记录，或将下期交易提到本期记录，就违反了截止目标。

（5）分类：确认交易和事项已记录于恰当的账户。例如，如果将现销记录为赊销，将出售经营性固定资产所得的收入记录为主营业务收入，则导致交易分类的错误，违反了分类目标。

（6）列报：确认被审计单位的交易和事项已被恰当地汇总或分解且表述清楚，相关披露在适用的财务报告编制基础下是相关的、可理解的。

（二）与期末账户余额及相关披露相关的审计目标

（1）存在：确认已记录的金额确实存在。例如，如果不存在某顾客的应收账款，在应收账款试算平衡表中却列入了该顾客的应收账款，则违反了存在目标。

（2）权利和义务：确认资产归属于被审计单位，负债属于被审计单位的义务。例如，将他人寄售商品计入被审计单位的存货中，违反了权利目标；将不属于被审计单位的债务记入账内，违反了义务目标。

（3）完整性：确认已存在的金额均已记录，所有应包括在财务报表中的相关披露均已包括。例如，如果存在某顾客的应收账款，在应收账款试算平衡表中却没有列入该顾客的应收账款，则违反了完整性目标。

（4）准确性、计价和分摊：确认资产、负债和所有者权益以恰当的金额包括在财务报表中，与之相关的计价或分摊调整已恰当记录，相关披露已得到恰当计量和描述。

（5）分类：确认资产、负债和所有者权益已记录于恰当的账户。

（6）列报：确认资产、负债和所有者权益已被恰当地汇总或分解且表述清楚，相关披露在适用的财务报告编制基础下是相关的、可理解的。

根据上述介绍可知，管理层认定是确定具体审计目标的基础。注册会计师通常将管理层认定转化为能够通过审计程序予以实现的审计目标。针对财务报表每一项目所表现出的各项认定，注册会计师相应地确定一项或多项审计目标，然后通过执行一系列审计程序获取充分、适当的审计证据以实现审计目标。管理层认定、审计目标和审计程序之间的关系见表6-1。

表6-1 **管理层认定、审计目标和审计程序之间的关系举例**

管理层认定	审计目标	审计程序
存在	资产负债表日，已记录的存货均存在	实施存货监盘程序
完整性	销售收入包括了所有已发货的交易	检查发货单和销售发票的编号 检查销售收入明细账
准确性	应付账款反映的采购业务的价格、数量及其计算正确	比较价格清单与发票的价格 比较请购单与收货单的数量 重新计算发票金额
准确性、计价和分摊	存货以恰当的金额包括在财务报表中，与之相关的计价或分摊调整已恰当记录	确认计价方法 重新计算存货数量、金额，并与账面记录核对 关注存货可变现净值的确定 关注存货跌价准备的计提情况
权利和义务	公司对所有存货均拥有所有权，且存货未用作抵押	了解存货的内容、性质、存放场所，查阅以前年度监盘工作底稿 实施存货监盘程序

第四节 审计目标的实现过程

审计目标的实现过程通常包括接受业务委托、计划审计工作、实施风险评估程序、实施控制测试和实质性程序，以及完成审计工作并出具审计报告五个阶段。

一、接受业务委托

会计师事务所应当按照执业准则的规定，谨慎决策是否接受或者保持某客户关系和具体审计业务。

在接受新客户的业务之前，或者在决定是否保持现有业务或者考虑接受现有客户的新业务时，会计师事务所应当执行一些客户接受和保持的程序，获取如下信息：客户的诚信状况；会计师事务所是否具有执行业务必要的素质、专业胜任能力、时间和资源；是否能够遵守职业道德规范。这些政策和程序的目的在于尽量减少注册会计师与不诚信的客户发生关系的可能性。如果注册会计师与不诚信的客户发生关系，客户的财务报表就可能会存在重大错报并且不为注册会计师所察觉。这会导致财务报表使用者对注册会计师提起法律诉讼。

注册会计师需要作出的最重要的决策之一就是接受和保持客户。一项不当的决策不仅会增加项目组成员的额外压力，还可能会使事务所遭受声誉损失，甚至涉及潜在诉讼。一旦决定接受委托，注册会计师应该与客户就审计约定条款达成一致意见。

业务约定书的详细内容，将在本教材第八章介绍。

二、计划审计工作

计划审计工作是整个审计工作的起点。为了保证审计目标的实现，注册会计师必须在具体执行审计程序之前，制订审计计划，对审计工作进行科学、合理的计划与安排。科学、合理的审计计划可以帮助注册会计师有的放矢地去审查和取证，形成正确的审计结论；可以使审计成本保持在合理的水平上，提高审计工作的效率。计划审计工作包括在本期审计业务开始时开展的初步业务活动，针对审计业务制定总体审计策略和具体审计计划等。需要指出的是，计划审计工作并不是一个孤立的阶段，而是一个持续的、不断修正的过程，贯穿于整个审计过程的始终。

计划审计工作的详细内容，将在本教材第八章介绍。

三、实施风险评估程序

现代审计是一种风险导向的审计。注册会计师应在了解被审计单位及其环境的基础上实施风险评估程序，以识别和评估财务报表层次以及认定层次的重大错报风险。所谓风险评估程序，是指注册会计师实施的了解被审计单位及其环境并识别和评估财务报表重大错报风险的程序。风险评估程序是必要程序，特别是了解被审计单位及其环境，为注册会计师在许多关键环节作出职业判断提供了重要基础。这一过程实际上是一个连续和动态地收集、更新与分析信息的过程，贯穿于整个审计过程的始终。注册会计师应当运用职业判断确定需要了解被审计单位及其环境的程度。

在通常情况下，实施风险评估程序的主要工作包括：了解被审计单位及其环境，识别和评估财务报表层次以及各类交易、账户余额、披露认定层次的重大错报风险，包括确定需要特别考虑的重大错报风险（即特别风险）以及仅通过实质性程序无法应对的重大错报风险。

风险评估程序的详细内容，将在本教材第九章介绍。

四、实施控制测试和实质性程序

注册会计师实施风险评估程序本身还不足以为发表审计意见提供充分、适当的审计证据，注册会计师还应当实施进一步审计程序，包括实施控制测试和实质性程序。控制测试指的是测试控制运行的有效性。实质性程序是指注册会计师针对评估的重大错报风险实施的直接用以发现认定层次重大错报的审计程序。在注册会计师评估财务报表重大错报风险后，应运用职业判断，针对评估的财务报表层次重大错报风险确定总体应对措施，并针对评估的认定层次重大错报风险设计和实施进一步审计程序，以将审计风险降至可接受的低水平。

控制测试与实质性程序之间关系密切。如果注册会计师认为被审计单位内部控制的可靠程度高，则实质性程序的工作量可以相应减少；反之，实质性程序的工作量会增加。但无论何时，实质性程序都是必不可少的。

有关控制测试和实质性程序的内容，将在本教材第十章介绍。同时本教材第十三章至第十八章介绍对各业务循环的控制测试和实质性程序。第十一章审计抽样对控制测试和实质性程序的范围展开了讨论。

五、完成审计工作并出具审计报告

注册会计师完成了财务报表所有循环的进一步审计程序后，还应当按照有关审计准则的规定做好审计完成阶段的工作，并根据所获取的各种证据，合理运用专业判断，形成适当的审计意见。因此，在审计工作的完成阶段，注册会计师首先要确定对风险的评估是否适当，获取的证据是否充分。然后，注册会计师需要汇总那些已经发现但没有更正的错报以确定其是否会引起财务报表的重大错报。在这一阶段，注册会计师还需要评估或有负债发生的可能性，如法律诉讼，同时注册会计师要查找那些会对财务报表产生影响的期后事项。

终结审计阶段，注册会计师需要做的工作主要包括：审计期初余额、比较数据、期后事项和或有事项；考虑持续经营问题和获取管理层声明；编制审计差异调整表和试算平衡表；复核审计工作底稿和复核财务报表；与管理层和治理层沟通；形成审计意见，草拟审计报告；实施项目质量复核等。

这一阶段的工作将在本教材第十二章和第十九章详细介绍。

各审计过程及其具体审计工作详见表6-2。

表6-2 审计过程与审计工作的实现

审计过程	相关的审计工作
接受业务委托	了解和评价审计对象，确定可审性；决定是否接受委托；商定业务约定条款；签订审计业务约定书等
计划审计工作	初步业务活动；制定总体审计策略；制订具体审计计划
风险评估程序	了解被审计单位及其环境；识别和评估重大错报风险
进一步程序	控制测试；实质性程序
完成审计工作	审计期初余额、比较数据等；考虑持续经营问题和获取管理层声明；汇总审计差异；提请被审计单位调整财务报表；复核审计工作底稿和财务报表；与管理层和治理层沟通；评价所有审计证据，形成审计意见；编制审计报告，实施项目质量复核

□ 复习思考题

1.审计目的的演变经过了哪几个阶段？推动审计目的发展变化的主要因素有哪些？

2.注册会计师的总体目标是什么？如何理解注册会计师的总体目标？

3.为什么说财务报表审计只能提供合理保证？

4.在财务报表审计中，被审计单位管理层的责任和注册会计师的责任各自是什么？它们有什么关系？

5.注册会计师的总体审计目标、具体审计目标和管理层认定的关系如何？

6.什么是管理层认定？有哪几类管理层认定？

7.如何理解具体审计目标？

8.审计过程包括几个阶段？各个阶段的主要活动都是什么？

本章要旨及
测试题

第七章

审计证据与审计工作底稿

第一节 审计证据

一、审计证据的含义与种类

（一）审计证据的含义

审计证据，是指注册会计师为了得出审计结论和形成审计意见而使用的信息。审计证据包括构成财务报表基础的会计记录所含有的信息和从其他来源获取的信息。注册会计师应当获取充分、适当的审计证据，以得出合理的审计结论，作为形成审计意见的基础。

审计证据的内容由以下2个部分组成：

（1）构成财务报表基础的会计记录所含有的信息。

构成财务报表基础的会计记录所含有的信息一般包括对初始会计分录的记录和支持性记录。例如，支票、电子资金转账记录、发票、合同、总账、明细账、记账凭证和未在记账凭证中反映的对财务报表的其他调整，以及支持成本分配、计算、调节和披露的手工计算表和电子数据表。

依据会计记录编制财务报表是被审计单位管理层的责任，注册会计师应当测试会计记录以获取审计证据。但是会计记录所含有的信息本身并不足以提供充分的审计证据作为对财务报表发表审计意见的基础，注册会计师还应获取用作审计证据的其他信息。

（2）从其他来源获取的信息。

从其他来源获取的信息的内容比较广泛，包括有关被审计单位所在行业的信息、有关被审计单位的内外部环境的其他信息等。可以用作审计证据的其他信息包括：注册会计师从被审计单位内部或外部获取的会计记录以外的信息，如被审计单位会议记录、内部控制手册、询证函的回函、分析师的报告、与竞争者的比较数据等；注册会计师通过询问、观察和检查等审计程序获取的信息，如通过检查存货获取存货存在的证据等；注册会计师自身编制或获取的可以通过合理推断得出结论的信息，如注册会计师编制的各种计算表、分析表等。

注册会计师可能在编制用作审计证据的信息时，利用管理层专家的工作。管理层的专家，是指在会计或审计以外的某一领域具有专长的个人或组织，其工作被管理层利用以协助编制财务报表。在这种情况下，注册会计师应当考虑专家的工作对于实现注册会计师目的的重要性，在必要的范围内实施评价专家的胜任能力、专业素质和客观性，了解专家的工作。如果注册会计师将专家的工作作为相关认定的审计证据，注册会计师还要评价其适当性。

构成财务报表基础的会计记录所含有的信息和从其他来源获取的信息共同构成了审计证据，两者缺一不可。如果没有前者，审计工作将无法进行；如果没有后者，可能无法识别重大错报风险。只有将两者结合在一起，才能将审计风险降至可接受的低水平，为注册会计师发表审计意见提供合理基础。

（二）审计证据的种类

审计实务中，审计证据的种类繁多，其外在形式、取得方式、取得途径、证明力的强弱等均有所不同。对审计证据进行合理、科学的分类，有利于有效地收集、恰当地使用和评价审计证据。

根据审计证据外在的具体形态，审计证据可以分为实物证据、书面证据、口头证据和环境证据。根据获取的证据对审计结论的支持程度，审计证据可以分为直接证据和间接证据。按照证据的来源进行分类，审计证据可以分为来自审计客户内部的证据、来自审计客户外部的证据。根据证据所提供的逻辑证明，审计证据可以分为正面证据和反面证据。注册会计师决定是否需要对现有的证据进行完善，或者在综合和评价审计证据时，需要考虑证据的证明力的大小。按照证据的证明力，审计证据可以分为充分证明力、部分证明力和无证明力三种类型。

上述各类证据可用来实现各种不同的具体审计目标。针对每一个具体账户及其相关认定而言，注册会计师应当选择适当的审计证据以实现审计目标，力求做到证据收集既有效又经济。各类证据与具体审计目标的关系见表7-1。

表7-1 各类证据与具体审计目标的关系

证据种类	具体审计目标								
	总体合理性	真实性	完整性	所有权	估价	截止	机械准确性	披露	分类
1.实物证据		√	√		√	√			
2.书面证据	√	√	√	√	√	√	√	√	√
3.口头证据	√	√	√	√	√	√		√	√
4.环境证据	√								

二、审计证据的特征

审计证据的充分性和适当性是审计证据的两个基本特征。

（一）审计证据的充分性

审计证据的充分性是对审计证据数量的衡量。注册会计师需要获取的审计证据的数量受其对重大错报风险评估的影响，并受审计证据质量的影响。

错报风险越大，需要的审计证据可能越多。在可接受的审计风险水平一定的情况下，重大错报风险越大，注册会计师就应当实施越多的测试工作，以将审计风险控制在可接受的水平。当将被审计单位的重要性水平设定在10 000元而不是20 000元时，注册会计师需要更多的审计证据。重要账户余额或者交易含有一定数量的错报时，比那些错报与舞弊处于低风险和未发现错报账户需要收集更多的审计证据。

审计证据质量越高，需要的审计证据可能越少。一般而言，如果大多数审计证据都是从独立于被审计单位的第三者获取的，而且这些证据本身不易伪造，则审计证据的质量就较高，相对而言，注册会计师所需获取的审计证据的数量就可减少；反之，审计证据的数量就应增加。

应当指出的是，尽管审计证据的充分性和适当性相关，但如果审计证据的质量存在缺陷，注册会计师仅靠获取更多的审计证据可能无法弥补其质量上的缺陷。

恰当的审计意见必须建立在有足够数量的审计证据的基础之上，但是这并不是说审计证据的数量越多越好。为了使注册会计师进行有效率、有效益的审计，注册会计师通常把需要足够数量审计证据的范围降到最低限度。因此，每一审计项目对审计证据的需要量，以及取得这些证据的途径和方法，应当根据该项目的具体情况来定。

在某些情况下，由于时间、空间或成本的限制，注册会计师不能获取最为理想的审计证据时，可考虑通过其他的途径或用其他的审计证据来替代。注册会计师只有通过不同的渠道和方法取得他认为足够的审计证据时，才能据以发表审计意见。

（二）审计证据的适当性

审计证据的适当性，是对审计证据质量的衡量，即审计证据在支持审计意见所依据的结论方面具有的相关性和可靠性。相关性是指审计证据应与审计目标相关联；可靠性是指审计证据应能如实地反映客观事实。

1.审计证据的相关性

审计证据是否相关必须结合具体审计目标来考虑。例如，存货监盘结果只能证明存货是否存在，是否有毁损及短缺，而不能证明存货的计价和所有权的情况。

在确定审计证据的相关性时，注册会计师应当考虑：

（1）特定的审计程序可能只为某些认定提供相关的审计证据，而与其他认定无关。例如，检查期后应收账款收回的记录和文件可以提供有关存在和计价的审计证据，但是不一定与期末截止是否适当相关。

（2）针对同一项认定可以从不同来源获取审计证据或获取不同性质的审计证据。例如，注册会计师可以分析应收账款的账龄和应收账款的期后收款情况，以获取与坏账准备计价有关的审计证据。

（3）只与特定认定相关的审计证据并不能替代与其他认定相关的审计证据。例如，有关存货实物存在的审计证据并不能够替代与存货计价相关的审计证据。

2.审计证据的可靠性

审计证据的可靠性受其来源和性质的影响，并取决于获取审计证据的具体环境。审计证据的可靠程度通常可用下列标准来判断：

（1）从被审计单位外部独立来源获取的审计证据比从其他来源获取的审计证据更可靠。从外部独立来源获取的审计证据由完全独立于被审计单位的机构或人士编制并提供，未经被审计单位有关职员之手，从而减少了伪造、更改凭证或业务记录的可能性，因而其证明力最强。此类证据如银行询证函回函、应收账款询证函回函、保险公司等机构出具的证明等。相反，从其他来源获取的审计证据，由于证据提供者与被审计单位存在经济或行政关系等原因，其可靠性应受到质疑。此类证据如被审计单位内部的会计记录、会议记录等。

（2）相关控制有效时内部生成的审计证据比控制薄弱时内部生成的审计证据更可靠。如果被审计单位具有健全的内部控制而且在日常管理中得到一贯的执行，会计记录的可信赖程度将会增加。如果被审计单位的内部控制薄弱，甚至不存在任何内部控制，被审计单位内部凭证记录的可靠性就大为降低。

（3）直接获取的审计证据比间接获取或推论得出的审计证据更可靠。例如，注册会计师观察某项控制的运行得到的证据比询问被审计单位某项内部控制的运行得到的证据更可靠。间接获取的证据有被涂改及伪造的可能，降低了可信赖程度。推论得出的审计证据，其主观性较强，人为因素较多，可信赖程度也受到影响。

（4）以文件记录形式（无论是纸质、电子或其他介质）存在的审计证据比口头形式的审计证据更可靠。例如，会议的同步书面记录比对讨论事项事后的口头表述更可靠。口头证据本身并不足以证明事实的真相，仅仅能够提供一些重要线索，为进一步调查确认所用。如注册会计师在对应收账款进行账龄分析后，可以向应收账款负责人询问逾期应收账款收回的可能性。如果该负责人的意见与注册会计师自行估计的坏账损失基本一致，则这一口头证据就可成为证实注册会计师对有关坏账损失的判断的重要证据。但在一般情况下，口头证据往往需要得到其他相应证据的支持。

（5）从原件获取的审计证据比从复印、传真或通过拍摄、数字化或其他方式转化成电子形式的文件获取的审计证据更可靠。注册会计师可以审查原件是否有被涂改或伪造的迹象，排除伪证，提高证据的可信赖程度。传真件或复印件容易被变造或者伪造，可靠性较低。

（6）在通常情况下，注册会计师以函证方式直接从被询证者获取的审计证据，比被审计单位内部生成的审计证据更可靠。通过函证等方式从独立来源获取的相互印证的信息，可以提高注册会计师从会计记录或管理层书面声明中获取的审计证据的保证水平。

注册会计师在按照上述原则评价审计证据的可靠性时，还应当注意可能出现的重要例外情况。如果从不同来源获取的审计证据或获取的不同性质的审计证据不一致，可能表明某项审计证据不可靠，注册会计师应当追加必要的审计程序。反之，如果针对某项认定从不同来源获取的审计证据或获取的不同性质的审计证据能够相互印证，与该项认定相关的审计证据则具有更强的说服力。如果注册会计师怀疑相关信息的可靠性，注册会计师应当修改或追加审计程序。例如，审计证据虽是从独立的外部来源获得，但如果该证据是由不知情者或不具备资格者提供，审计证据也可能是不可靠的。如果注册会计师不具备评价证据的专业能力，那么即使是直接获取的证据，也可能不可靠。如果注册会计师无法区分人造玉石与天然玉石，那么他对天然玉石存货的检查就不可能提供有关天然玉石是否实际存在的可靠证据。如果在审计过程中识别出的情况使其认为文件记录可能是伪造的或文件记录中的某些条款已发生变动，注册会计师应当作出进一步调查，包括直接向第三方询证，或考虑利用专家的工作以评价文件记录的真伪。

审计工作通常不涉及鉴定文件记录的真伪，注册会计师也不是鉴定文件记录真伪的专家，但应当考虑用作审计证据的信息的可靠性，并考虑与这些信息生成与维护相关的控制的有效性。

（三）充分性和适当性之间的关系

审计证据的充分性与适当性密切相关。审计证据的适当性会影响其充分性。一般而言，审计证据的相关与可靠程度高，则所需审计证据的数量就可减少；反之，审计证据的数量就要增加。如果审计证据的质量存在缺陷，那么注册会计师仅靠获取更多的审计证据可能无法弥补其质量方面的缺陷。同样地，如果注册会计师获取的证据不可靠，那么证据数量再多也难以起到证明作用。

注册会计师判断审计证据是否充分、适当，应当主要考虑下列因素：①审计风险。错报风险越大，需要的审计证据可能就越多。②具体审计项目的重要性。越是重要的审计项目，注册会计师就越需获取充分的审计证据以支持其审计结论或意见，否则一旦出现判断错误，就会影响注册会计师对审计整体的判断，从而导致注册会计师的整体判断失误。③注册会计师及其业务助理人员的审计经验。丰富的审计经验，可使注册会计师及其助理人员从较少的审计证据中判断出被审事项是否存在错误或舞弊行为。相对来说，此时就可减少对审计证据数量的依赖程度。④审计过程中是否发现错误或舞弊。一旦审计过程中发现了被审事项存在错误或舞弊的行为，则被审计单位整体财务报表存在问题的可能性就增加，因此注册会计师需增加审计证据的数量，以确保能作出合理的审计结论，形成恰当的审计意见。⑤审计证据的质量。审计证据质量越高，需要的审计证据可能越少。

第二节 获取审计证据的审计程序

注册会计师可以采用检查记录或文件、检查有形资产、观察、询问、函证、重新计算、重新执行和分析程序等具体审计程序来获取审计证据。

在实施风险评估程序、控制测试或实质性程序时，注册会计师可根据需要单独或综合运用上述程序，以获取充分、适当的审计证据。

一、检查记录或文件

检查记录或文件是指注册会计师对被审计单位内部或外部生成的，以纸质、电子或其他介质形式存在的记录或文件进行审查。

检查记录或文件的目的是对财务报表所包含或应包含的信息进行验证。例如，被审计单位通常对每一笔销售交易都保留一份顾客订单、一张发货单和一份销售发票副本。这些凭证对于注册会计师验证被审计单位记录的销售交易的正确性是有用的证据。

检查记录或文件可提供可靠程度不同的审计证据，审计证据的可靠性取决于记录或文件的来源和性质。外部记录或文件通常被认为比内部记录或文件可靠，因为外部凭证经被审计单位的客户出具，又经被审计单位认可，表明交易双方对凭证上记录的信息和条款达成一致意见。另外，某些外部凭证编制过程非常谨慎，通常由律师或其他有资格的专家进行复核，因而具有较高的可靠性，如土地使用权证、保险单、契约和合同等文件。

二、检查有形资产

检查有形资产是指注册会计师对资产实物进行审查。检查有形资产程序大多数情况下适用于对现金和存货的审计，也适用于对有价证券、应收票据和有形固定资产的验证。

区分有形资产检查与记录或文件的检查，对具体审计目标来说非常重要。如果被检查的对象，如销售发票，其本身没有价值，则这种证据就是文件检查证据。例如，支票在签发以前是文件，签发以后变成了资产，核销以后，又变成了文件。严格来讲，只有在支票是一项资产时，才能对其进行有形资产检查。

检查有形资产可为其存在提供可靠的审计证据，但不一定能够为权利和义务或计价认定提供可靠的审计证据。检查有形资产是验证资产确实存在的直接手段，被认为是最可靠、最有用的审计证据，是认定资产数量和规格的一种客观手段。在某些情况下，它还是评价资产状况和质量的一种有用方法。但是要验证存在的资产确实为被审计单位所有，在财务报表中的列报金额估价准确，检查有形资产获取的证据本身并不充分，还需要其他的审计程序以获得充分、适当的证据。

三、观察

观察是指注册会计师察看相关人员正在从事的活动或执行的程序。例如，对客户执行的存货盘点或控制活动进行观察。

观察提供的审计证据仅限于观察发生的时点，并且可能影响对相关人员从事活动或执行程序的真实情况的了解。观察时点的情况并不能证明一贯的情况，而且被观察人员对观察的反应也对观察所得证据的客观性产生影响，因此注册会计师在使用观察程序获取证据的时候，要注意其本身固有的局限性，必要时应获取其他类型的佐证证据。

四、询问

询问是指注册会计师以书面或口头方式，向被审计单位内部或外部的知情人员获取财务信息和非财务信息，并对答复进行评价的过程。

知情人员对询问的答复可能为注册会计师提供尚未获悉的信息或佐证证据，也可能提供与已获悉信息存在重大差异的信息，注册会计师应当根据询问结果考虑修改审计程序或实施追加的审计程序。询问通常不足以发现认定层次存在的重大错报，也不足以测试内部控制运行的有效性，注册会计师还应当实施其他审计程序获取充分、适当的审计证据。

五、函证

（一）函证的含义与形式

函证（即外部函证），是指注册会计师直接从第三方（被询证者）获取书面答复作为审计证据的过程，书面答复可以采用纸质、电子或其他介质等形式。

询证函有积极式询证函和消极式询证函两种形式。积极式询证函，是指要求被询证者直接向注册会计师回复，表明是否同意询证函所列示的信息，或填列所要求的信息的一种询证函。消极式询证函，是指要求被询证者只有在不同意询证函所列示的信息时才直接向注册会计师回复的一种询证函。

（二）函证程序

注册会计师应当确定是否有必要实施函证程序以获取认定层次的相关、可靠的审计证据。在作出决策时，注册会计师应当考虑评估的认定层次重大错报风险，以及通过实施其他审计程序获取的审计证据如何将检查风险降至可接受的水平。

注册会计师应当对银行存款、借款（包括零余额账户和在本期内注销的账户）及与金融机构往来的其他重要信息实施函证程序，除非有充分证据表明这些项目对财务报表不重要且与之相关的重大错报风险很低。如果不对这些项目函证，注册会计师应当在工作底稿中说明理由。

注册会计师应当对应收账款实施函证程序，除非有充分证据表明应收账款对财务报表不重要，或函证很可能无效。如果认为函证很可能无效，注册会计师应当实施替代审计程序，获取相关、可靠的审计证据。如果不对应收账款进行函证，那么注册会计师应当在工作底稿中说明理由。

当实施函证程序时，注册会计师应当对询证函保持控制，包括：（1）确定需要确认或填列的信息；（2）选择适当的被询证者；（3）设计询证函，包括正确填列被询证者的姓名和地址，以及被询证者直接向注册会计师回函的地址；（4）发出询证函并予以跟进，必要时再次向被询证者寄发询证函。

（三）管理层不允许寄发询证函时的处理

如果管理层不允许寄发询证函，注册会计师应当：（1）询问管理层不允许寄发询证函的原因，并就其原因的正当性及合理性收集审计证据；（2）评价管理层不允许寄发询证函对评估的相关重大错报风险（包括舞弊风险），以及其他审计程序的性质、时间安排和范围的影响；（3）实施替代程序，以获取相关、可靠的审计证据。

如果认为管理层不允许寄发询证函的原因不合理，或实施替代程序无法获取相关、可靠的审计证据，注册会计师应当按照《中国注册会计师审计准则第1151号——与治理层的沟通》的规定，与治理层进行沟通。注册会计师还应当按照《中国注册会计师审计准则第1502号——在审计报告中发表非无保留意见》的规定，确定其对审计工作和审计意见的影响。

（四）实施函证程序的结果

如果存在对询证函回函的可靠性产生疑虑的因素，注册会计师应当进一步获取审计证据以消除这些疑虑。

如果认为询证函回函不可靠，注册会计师应当评价其对评估的相关重大错报风险（包括舞弊风险），以及其他审计程序的性质、时间安排和范围的影响。

在未回函的情况下，注册会计师应当实施替代程序以获取相关、可靠的审计证据。如果注册会计师认为取得积极式询证函回函是获取充分、适当的审计证据的必要程序，则替代程序不能提供注册会计师所需要的审计证据。在这种情况下，如果未获取回函，注册会计师应当确定其对审计工作和审计意见的影响。

如果回函存在不符事项，注册会计师应当调查不符事项，以确定其是否表明存在错报。

（五）消极式函证

消极式函证比积极式函证提供的审计证据的说服力低。除非同时满足下列条件，注册会计师不得将消极式函证作为唯一实质性程序，以应对评估的认定层次重大错报风险：（1）注册会计师将重大错报风险评估为低水平，并已就与认定相关的控制的运行有效性获取充分、适当的审计证据；（2）需要实施消极式函证程序的总体由大量的小额、同质的账户余额、交易或事项构成；（3）预期不符事项的发生率很低；（4）没有迹象表明接收询证函的人员或机构不认真对待函证。

六、重新计算

重新计算是指注册会计师以人工方式或使用计算机辅助审计技术，对记录或文件中的数据计算的准确性进行核对。重新计算通常包括计算销售发票和存货的总金额，加总日记账和明细账，检查折旧费用和预付费用的计算，检查应纳税额的计算等。

注册会计师在进行审计时，往往需要对被审计单位的凭证、账簿和报表中的数字进行计算，以验证其是否正确。注册会计师的计算并不一定按照被审计单位原先的计算形式和顺序进行。在计算过程中，注册会计师不仅要注意计算结果是否正确，而且要对某些其他可能的差错（如计算结果的过账和转账有误等）予以关注。

一般而言，计算不仅包括对被审计单位的凭证、账簿和报表中有关数字的验算，而且包括对会计资料中有关项目的加总或其他运算。其中，加总又分为横向加总（即横向数字的加总）和纵向加总（即纵向数字的加总）。在财务报表审计中，注册会计师往往需要大量地运用加总技术来获取必要的审计证据。

七、重新执行

重新执行是指注册会计师以人工方式或使用计算机辅助审计技术，重新独立执行作为被审计单位内部控制组成部分的程序或控制。例如，注册会计师利用被审计单位的银行存款日记账和银行对账单，重新编制银行存款余额调节表，并与被审计单位编制的银行存款余额调节表进行比较。

八、分析程序

（一）分析程序的含义

分析程序，是指注册会计师通过分析不同财务数据、非财务数据之间以及财务数据与非财务数据之间的内在关系，对财务信息作出评价。分析程序还包括在必要时对识别出的、与其他相关信息不一致或与预期值差异重大的波动或关系进行调查。例如，注册会计师可以对被审计单位的财务报表和其他会计资料中的重要比率及其变动趋势进行分析性复核，以发现异常变动项目。对于异常变动项目，注册会计师应重新考虑其所采用的审计方法是否合适；必要时，应追加适当的审计程序，以获取相应的审计证据。

（二）分析程序的运用

一般而言，在整个审计过程中，注册会计师都将运用分析程序。在设计和实施实质性分析程序时，无论单独使用或与细节测试结合使用，注册会计师都应当：(1) 考虑针对所涉及认定评估的重大错报风险和实施的细节测试（如有），确定特定实质性分析程序对于这些认定的适用性；(2) 考虑可获得信息的来源、可比性、性质和相关性以及与信息编制相关的控制，评价在对已记录的金额或比率作出预期时使用数据的可靠性；(3) 对已记录的金额或比率作出预期，并评价预期值是否足够精确以识别重大错报，即一项错报单独或连同其他错报可能导致财务报表产生重大错报；(4) 确定已记录金额与预期值之间可接受的，且无须按《中国注册会计师审计准则第1313号——分析程序》第七条的要求作进一步调查的差异额。

在临近审计结束时，注册会计师应当设计和实施分析程序，帮助其对财务报表形成总体结论，以确定财务报表是否与其对被审计单位的了解一致。

（三）分析程序的方法

注册会计师实施分析程序时可以使用不同的方法，包括从简单的比较到使用高级统计技术的复杂分析。在实务中，可使用的方法主要有趋势分析法、比率分析法、合理性测试法、回归分析法等。

注册会计师可以针对合并财务报表、组成部分的财务报表以及财务信息的要素，实施分析程序。

一般而言，分析程序所能发现的潜在问题见表7-2。

表7-2 分析程序所能发现的潜在问题

分析程序	潜在问题
1.比较当年与以前年度的存货水平	存货错报或陈旧过时
2.比较当年与以前年度应收账款周转率	销售收入错报或坏账准备不足
3.比较公司毛利率与同业平均水平	销售收入与应收账款错报或销售成本与存货错报
4.比较生产数量与销售数量	销售收入与存货错报
5.比较利息费用与债务金额	债务与利息费用错报
6.比较费用与盈利水平	费用与利润错报

（四）异常关系的调查

注册会计师实施分析程序，如果识别出与其他相关信息不一致的波动或关系，或与预期值差异重大的波动或关系，应当采取下列措施调查这些差异：（1）询问管理层，并针对管理层的答复获取适当的审计证据；（2）根据具体情况在必要时实施其他审计程序。

第三节 审计工作底稿

一、审计工作底稿的定义和编制目的

（一）审计工作底稿的定义

审计工作底稿，是指注册会计师对制订的审计计划、实施的审计程序、获取的相关审计证据，以及得出的审计结论作出的记录。审计工作底稿是审计证据的载体，是注册会计师在审计过程中形成的审计工作记录和获取的资料。它形成于审计过程，也反映整个审计过程。

（二）编制审计工作底稿的目的

审计工作底稿在计划和执行审计工作中发挥重要作用。注册会计师应当及时编制审计工作底稿以实现下列主要目的：

（1）提供证据，作为注册会计师得出实现总体目标的结论的基础；

（2）提供证据，证明注册会计师按照审计准则和相关法律法规的规定计划和执行了审计工作。

除了上述目的之外，编制审计工作底稿还可以：①有助于项目组计划和实施审计工作；②有助于负责督导的项目组成员按照《中国注册会计师审计准则第1121号——对财务报表审计实施的质量控制》的规定，履行指导、监督与复核审计工作的责任；③便于项目组说明其执行审计工作的情况；④保留对未来审计工作持续产生重大影响的事项的记录；⑤便于会计师事务所按照《会计师事务所质量管理准则第5101号——业务质量管理》的规定，实施质量管理复核与检查；⑥便于监管机构和注册会计师协会根据相关法律法规或其他相关要求，对会计师事务所实施执业质量检查。

二、审计工作底稿的编制要求

注册会计师应当及时编制审计工作底稿。注册会计师编制的审计工作底稿应当使得未曾接触该项审计工作的有经验的专业人士清楚了解：①按照审计准则和相关法律法规的规定实施的审计程序的性质、时间安排和范围；②实施审计程序的结果和获取的审计证据；③审计中遇到的重大事项和由此得出的结论，以及在得出结论时作出的重大职业判断。

有经验的专业人士，是指会计师事务所内部或外部的具有审计实务经验，并且对下列方面有合理了解的人士：①审计过程；②审计准则和相关法律法规的规定；③被审计单位所处的经营环境；④与被审计单位所处行业相关的会计和审计问题。

审计工作底稿主要涉及注册会计师实施审计程序的性质、时间和范围，在工作底稿中，注册会计师应当记录的内容包括：①测试的具体项目或事项的识别特征；②审计工作的执行人员及完成审计工作的日期；③审计工作的复核人员及复核的日期和范围。除此之外，注册会计师还应当记录管理层、治理层和其他人员对重大事项的讨论，包括所讨论的重大事项的性质以及讨论的时间、地点和参加人员。如果识别出的信息与针对某重大事项得出的最终结论不一致，注册会计师应当记录如何处理该不一致的情况。

在某些例外情况下，如果在审计报告日后实施了新的或追加的审计程序，或者得出新的结论，注册会计师应当记录：①遇到的例外情况；②实施的新的或追加的审计程序，获取的审计证据，得出的结论，以及对审计报告的影响；③对审计工作底稿作出相应变动的时间和人员，以及复核的时间和人员。

编制审计工作底稿应当使用中文。少数民族自治地区可以同时使用少数民族文字。中国境内的中外合作会计师事务所、国际会计公司成员所可以同时使用某种外国文字。会计师事务所执行涉外业务时可以同时使用某种外国文字。

三、审计工作底稿的性质

审计工作底稿具有存在形式多样、业务导向、内容重要等诸多性质。

（一）审计工作底稿的存在形式

审计工作底稿可以以纸质、电子或其他介质形式存在。随着信息技术的广泛运用，审计工作底稿的形式从传统的纸质形式扩展到电子或其他介质形式。但无论审计工作底稿存在于哪种介质，会计师事务所都应当针对审计工作底稿设计和实施适当的控制，以实现下列目的：

（1）使审计工作底稿清晰地显示其生成、修改及复核的时间和人员；

（2）在审计业务的所有阶段，尤其是在项目组成员共享信息或通过互联网将信息传递给其他人员时，保护信息的完整性；

（3）防止未经授权改动审计工作底稿；

（4）允许项目组和其他经授权的人员为适当履行职责而接触审计工作底稿。

在实务中，为便于复核，注册会计师可以将以电子或其他介质形式存在的审计工作底稿通过打印等方式，转换成纸质形式的审计工作底稿，并与其他纸质形式的审计工作底稿一并归档，同时，单独保存这些以电子或其他介质形式存在的审计工作底稿。

（二）审计工作底稿通常包括的内容

审计工作底稿通常包括总体审计策略、具体审计计划、分析表、问题备忘录、重大事项概要、询证函回函、管理层声明书、核对表、有关重大事项的往来信件（包括电子邮件），以及对被审计单位文件记录的摘要或复印件等。

此外，审计工作底稿通常还包括业务约定书、管理建议书、项目组内部或与被审计单位举行的会议的记录、与其他人士（如其他注册会计师、律师、专家等）的沟通文件及错报汇总等。

一般情况下，分析表主要是指对被审计单位财务信息执行分析程序的记录。例如，记录将被审计单位本年各月收入与上一年度的同期数据进行比较的情况，记录对差异的分析等。

问题备忘录一般是指对某一事项或问题的概要的汇总记录。在问题备忘录中，注册会计师通常记录该事项或问题的基本情况、执行的审计程序或具体审计步骤，以及得出的审计结论。例如，有关存货监盘的审计程序或审计过程中发现问题的备忘录。

核对表一般是指会计师事务所内部使用的、可以方便核对某些特定审计工作或程序的完成情况的表格。例如，特定项目（如财务报表列报）审计程序核对表、审计工作完成核对表等。它通常以列举的方式列出审计过程中注册会计师应当进行的审计工作或程序以及特别需要提醒注意的问题，并在适当情况下索引至其他审计工作底稿，便于注册会计师核对是否已按照审计准则的规定进行审计。

在实务中，会计师事务所通常采取以下方法从整体上提高工作（包括复核工作）效率及工作质量，并帮助会计师事务所进行统一质量管理：

（1）会计师事务所基于审计准则及在实务中的经验等，统一制定某些格式、索引及涵盖内容等方面相对固定的审计工作底稿模板、范例等，如核对表、审计计划及业务约定书范例等，某些重要的或不可删减的工作会在这些模板或范例中予以特别标识；

（2）在此基础上，注册会计师再根据各具体业务的特点加以必要的修改，制定适用于具体项目的审计工作底稿。

审计工作底稿通常不包括已被取代的审计工作底稿的草稿或财务报表的草稿、对不全面或初步思考的记录、存在印刷错误或其他错误而被作废的文本，以及重复的文件记录等。由于这些草稿、错误的文本或重复的文件记录不直接构成审计结论和审计意见的支持性证据，因此，注册会计师通常无须保留这些记录。

四、审计工作底稿的格式、内容和范围

（一）确定审计工作底稿的格式、内容和范围时应考虑的因素

在确定审计工作底稿的格式、内容和范围时，注册会计师应当考虑下列因素：

（1）实施审计程序的性质。通常，不同的审计程序会使注册会计师获取不同性质的审计证据，由此注册会计师可能会编制不同格式、内容和范围的审计工作底稿。例如，注册会计师编制的有关函证程序的审计工作底稿（包括询证函及回函、有关不符事项的分析等）和存货监盘程序的审计工作底稿（包括盘点表、注册会计师对存货的测试记录等）在内容、格式及范围方面是不同的。

（2）已识别的重大错报风险。识别和评估的重大错报风险水平的不同可能导致注册会计师执行的审计程序和获取的审计证据不尽相同。例如，如果注册会计师识别出应收账款余额存在较高的重大错报风险，而其他应收款的重大错报风险较低，则注册会计师可能对应收账款执行较多的审计程序并获取较多的审计证据，因而对测试应收账款的记录会比针对测试其他应收款的记录的内容多且范围广。

（3）在执行审计工作和评价审计结果时需要作出判断的范围。审计程序的选择和执行及审计结果的评价通常需要不同程度的职业判断。例如，在运用非统计抽样的方法选取样本进行应收账款函证程序时，注册会计师可能基于应收账款账龄、以前的审计经验及是否为关联方欠款等因素，考虑哪些应收账款存在较高的重大错报风险，运用职业判断在总体中选取样本，并对作出职业判断时的考虑事项进行适当的记录。因此，在作出职业判断时所考虑的因素及范围可能使注册会计师作出不同的内容和范围的记录。

（4）已获取审计证据的重要程度。注册会计师通过执行多项审计程序可能会获取不同的审计证据，有些审计证据的相关性和可靠性较高，有些质量则较差，注册会计师可能区分不同的审计证据进行有选择性的记录。因此，审计证据的重要程度也会影响审计工作底稿的格式、内容和范围。

（5）已识别的例外事项的性质和范围。有时注册会计师在执行审计程序时会发现例外事项，由此可能导致审计工作底稿在格式、内容和范围方面的不同。例如，某个函证的回函表明存在不符事项，但是注册会计师如果在实施恰当的追查后发现该例外事项并未构成错报，则注册会计师可能只在审计工作底稿中解释发生该例外事项的原因及影响。反之，如果该例外事项构成错报，则注册会计师可能需要执行额外的审计程序并获取更多的审计证据，由此编制的审计工作底稿在内容及范围方面可能有很大不同。

（6）当从已执行审计工作或获取审计证据的记录中不易确定结论或结论的基础时，记录结论或结论的基础的必要性。在某些情况下，特别是在涉及复杂的事项时，注册会计师仅将已执

行的审计工作或获取的审计证据记录下来，并不容易使其他有经验的注册会计师通过合理的分析，得出审计结论或结论的基础。此时注册会计师应当考虑是否需要进一步说明并记录得出结论的基础（即得出结论的过程）及该事项的结论。

（7）使用的审计方法和工具。使用的审计方法和工具可能影响审计工作底稿的格式、内容和范围。例如，在使用计算机辅助审计技术对应收账款的账龄进行重新计算时，通常可以针对总体进行测试，而采用人工方式重新计算时，则可能会针对样本进行测试，由此形成的审计工作底稿会在格式、内容和范围方面有所不同。

考虑以上因素有助于注册会计师确定审计工作底稿的格式、内容和范围是否恰当。注册会计师在考虑以上因素时需注意，根据不同情况确定审计工作底稿的格式、内容和范围均是为达到编制审计工作底稿的目的，特别是提供证据的目的。例如，细节测试和实质性分析程序的审计工作底稿所记录的审计程序有所不同，但两类审计工作底稿都应当充分、适当地反映注册会计师执行的审计程序。

（二）审计工作底稿的要素

审计工作底稿通常包括下列全部或部分要素：审计工作底稿的标题；审计过程记录；审计结论；审计标识及其说明；索引号及编号；编制者姓名及编制日期；复核者姓名及复核日期；其他应说明事项。其他应说明事项即注册会计师根据其专业判断，认为应在审计工作底稿中予以记录的其他相关事项。

（三）审计过程记录

1.记录测试的特定项目或事项的识别特征

注册会计师在审计过程中记录实施的审计程序的性质、时间和范围时，应当记录测试的特定项目或事项的识别特征。

识别特征是指被测试的项目或事项表现出的征象或标志。识别特征因审计程序的性质和所测试的项目或事项不同而不同。

对于某一个具体项目或事项而言，其识别特征通常具有唯一性，这种特性可以使其他人员根据识别特征在总体中识别该项目或事项并重新执行该测试。

以下列举部分审计程序中所测试的样本的识别特征：

（1）对被审计单位生成的订购单进行细节测试时，注册会计师可以将订购单的日期或编号作为识别特征。需要注意的是，注册会计师也需要同时考虑被审计单位对订购单编号的方式。例如，若被审计单位按年对订购单依次编号，则识别特征是××年的××号；若被审计单位仅以序列号进行编号，则可以直接将该号码作为识别特征。

（2）对于一项需要选取或复核既定总体内一定金额以上的所有项目的审计程序，注册会计师可能会以实施审计程序的范围作为识别特征，例如，总账中一定金额以上的所有会计分录。

（3）对于一项需要系统化抽样的审计程序，注册会计师可能会通过记录样本的来源、抽样的起点及抽样间隔来识别已选取的样本。例如，若被审计单位对发运单顺序编号，测试的发运单的识别特征可以是，对4月1日至9月30日的发运台账，从第12345号发运单开始每隔125号系统抽取发运单。

（4）对于一项需要询问被审计单位中特定人员的审计程序，注册会计师可能会以记录询问的时间、被询问人的姓名及职位作为识别特征。

（5）对于观察这一审计程序，注册会计师可能会以观察的对象或观察过程、观察的地点和时间作为识别特征。

2.记录重大事项

重大事项的记录不同于一般事项的记录，重大事项对整个审计工作、审计结论都会产生重要的影响，在编制审计工作底稿过程中要引起重视，要严格地按照有关的规范来执行。注册会计师应当根据具体情况判断某一事项是否属于重大事项。重大事项通常包括：

（1）引起特别风险的事项，比如说被审计单位所在行业出现罕见的大萧条，被审计单位实行与市场业绩挂钩的激励机制，则可以认为行业的不景气是引起特别风险的事项；

（2）实施审计程序的结果，该结果表明财务信息可能存在重大错报，或需要修正以前对重大错报的评估和针对这些风险拟采取的应对措施；

（3）导致注册会计师难以实施必要审计程序的情形，如在审计过程中无法实施函证，相应的科目又是重要的，没有满意的替代程序；

（4）导致出具非标准审计报告的情形等。

注册会计师应当考虑编制重大事项概要，将其作为审计工作底稿的组成部分，以有效地复核和检查审计工作底稿，并评价重大事项的影响。重大事项概要包括审计过程中识别的重大事项及其如何得到解决，或对其他支持性审计工作底稿的交叉索引。注册会计师应当及时记录与管理层、治理层和其他人员对重大事项的讨论，包括讨论的内容、时间、地点和参加人员。

在审计过程中，如果识别出的信息与针对重大事项得出的最终结论相矛盾或不一致，注册会计师应当记录形成最终结论时如何处理该矛盾或不一致的情况。

（四）审计结论

注册会计师恰当地记录审计结论非常重要，注册会计师需要根据所执行审计程序及获取的审计证据得出结论，并以此作为对财务报表形成审计意见的基础。在记录审计结论时需注意，在审计工作底稿中记录的审计程序和审计证据是否足以支持所得出并记录的审计结论。

（五）审计标识及其说明

审计工作底稿中可使用各种审计标识，但应说明其含义，并保持前后一致。以下是注册会计师在审计工作底稿中列明标识并说明其含义的例子，可供参考。在实务中，注册会计师也可以依据实际情况运用更多的审计标识。

Λ：纵加核对

<：横加核对

B：与上年结转数核对一致

T：与原始凭证核对一致

G：与总分类账核对一致

S：与明细账核对一致

T/B：与试算平衡表核对一致

C：已发询证函

C\：已收回询证函

（六）索引号及编号

审计工作底稿通常需要注明索引号及顺序编号，相关审计工作底稿之间需要保持清晰的钩稽关系。索引号是指注册会计师为了便于审计工作底稿的分类、归类和引用，对某一审计事项的审计工作底稿以固定的标记和编码加以表示所产生的一种特定符号，其主要作用是方便审计工作底稿的分类检索和引用，并使分散的、活页式的审计工作底稿构成有机联系的审计档案。编号是在同一索引号下不同的审计工作底稿的顺序编号。在实务中，注册会计师可以按照所记录的审计工作的内容层次进行编号。例如，固定资产汇总表的编号为C1，按类别列示的固定资产明细表的编号为C1-1，以及列示单个固定资产原值及累计折旧的明细表编号，包括房屋建筑物（编号为C1-1-1）、机器设备（编号为C1-1-2）、运输工具（编号为C1-1-3）及其他设备（编号为C1-1-4）。相互引用时，需要在审计工作底稿中交叉注明索引号。

以下是不同审计工作底稿之间相互索引的例子。

例如，固定资产的原值、累计折旧及净值的总额应分别与固定资产明细表的数字互相钩稽。表7-3、表7-4分别是从固定资产汇总表工作底稿及固定资产明细表工作底稿中节选的部分，在此作为相互索引的示范。

表7-3　　固定资产汇总表（工作底稿索引号：C1）（节选）

工作底稿索引号	固定资产	20×8年12月31日	20×7年12月31日
C1-1	原值	××× G	×××
C1-1	累计折旧	××× G	×××
	净值	××× T/B	××× B
		∧	∧

表7-4　　固定资产明细表（工作底稿索引号：C1-1）（节选）

工作底稿索引号	固定资产	期初余额	本期增加	本期减少	期末余额
	原值				
C1-1-1	1.房屋建筑物	×××		×××	××× S
C1-1-2	2.机器设备	×××	×××		××× S
C1-1-3	3.运输工具	×××			××× S
C1-1-4	4.其他设备	×××			××× S
	小计	××× B	×××	×××	×××<C1
		∧	∧	∧	∧
	累计折旧				
C1-1-1	1.房屋建筑物	×××			××× S
C1-1-2	2.机器设备	×××	×××		××× S
C1-1-3	3.运输工具	×××			××× S
C1-1-4	4.其他设备	×××			××× S
	小计	××× B	×××	×××	××× <C1
		∧	∧	∧	∧
	净值	××× B			××× C1
		∧			∧

（七）编制者姓名及编制日期和复核者姓名及复核日期

在记录实施审计程序的性质、时间和范围时，注册会计师应当记录：（1）审计工作的执行人员及完成该项审计工作的日期；（2）审计工作的复核人员及复核的日期和范围。

在需要项目质量复核的情况下，还需要注明项目质量复核人员及日期。

通常，需要在每一张审计工作底稿上注明执行审计工作的人员和复核人员、完成该项审计工作的日期以及完成复核的日期。

在实务中，如果若干页的审计工作底稿记录同一性质的具体审计程序或事项，并且编制在同一个索引号中，此时可以仅在审计工作底稿的第一页上记录审计工作的执行人员和复核人员并注明日期。例如，应收账款函证核对表的索引号为L3-1-1/21，相对应的确认函共有20份，每一份应收账款确认函索引号以L3-1-2/21、L3-1-3/21……L3-1-21/21表示，对于这种情况，就可以仅在应收账款函证核对表上记录审计工作的执行人员和复核人员并注明日期。

五、审计工作底稿的归档

（一）审计工作底稿的归档是一项事务性的工作

注册会计师应当在审计报告日后及时将审计工作底稿归整为审计档案，并完成归整最终审计档案过程中的事务性工作。审计档案，是指一个或多个文件夹或其他存储介质，以实物或电子形式存储构成某项具体业务的审计工作底稿的记录。注册会计师应当在审计报告日后及时将审计工作底稿归整为审计档案，并完成归整最终审计档案过程中的事务性工作。

在归档期间对审计工作底稿进行的事务性的变动主要包括：（1）删除或废弃被取代的审计工作底稿；（2）对审计工作底稿进行分类、整理和交叉索引；（3）对审计档案归整工作的完成核对表签字认可；（4）记录在审计报告日前获取的、与审计项目组相关成员进行讨论并取得一致意见的审计证据。

（二）审计工作底稿的归档期限

注册会计师应当按照会计师事务所质量管理政策和程序的规定，及时将审计工作底稿归整为最终审计档案。审计工作底稿的归档期限为审计报告日后60天内。如果注册会计师未能完成审计业务，审计工作底稿的归档期限为审计业务中止后的60天内。

如果针对客户的同一财务信息执行不同的委托业务，出具两个或多个不同的报告，会计师事务所应当将其视为不同的业务，根据制定的政策和程序，在规定的归档期限内分别将审计工作底稿归整为最终审计档案。

（三）审计工作底稿归档后的变动

一般情况下，在审计报告归档之后不需要对审计工作底稿进行修改或增加。在完成最终审计档案归整工作后，如果注册会计师发现有必要修改现有审计工作底稿或增加新的审计工作底稿，无论修改或增加的性质如何，注册会计师均应当记录：（1）修改或增加审计工作底稿的具体理由；（2）修改或增加审计工作底稿的时间和人员，以及复核的时间和人员。

这里所说的修改现有审计工作底稿主要是指在保持原审计工作底稿中所记录的信息，即对原记录信息不予删除（包括涂改、覆盖等方式）的前提下，采用增加新信息的方式予以修改。例如，原审计工作底稿中列明存货余额为1 000万元，现改为1 100万元，注册会计师可以采用在原工作底稿中增加新的注释的方式予以修改。

（四）审计工作底稿的保存期限

会计师事务所应当自审计报告日起，对审计工作底稿至少保存10年。如果注册会计师未能完成审计业务，会计师事务所应当自审计业务中止日起，对审计工作底稿至少保存10年。

值得注意的是，对于连续审计的情况，当期归整的永久性档案虽然包括以前年度（有可能是10年以前）获得的资料，但由于其作为本期档案的一部分，并作为支持审计结论的基础，因此，注册会计师对于这些对当期有效的档案，应视为当期取得并保存10年。如果这些资料在某一个审计期间被替换，被替换资料可以从被替换的年度起至少保存10年。

在完成最终审计档案的归整工作后，注册会计师不得在规定的保存期届满前删除或废弃审计工作底稿。

第四节　利用其他主体的工作

一、利用组成部分注册会计师的工作

（一）集团审计与集团项目合伙人

为了实现其经营战略，许多企业组建了分部、分支机构、分公司、合资公司、子公司和联营公司等。企业这些组成部分的财务信息会包括在总部、总公司或母公司的财务报表中。由于地域的阻隔、时间的限制和成本的约束，被审计单位及其组成部分的财务报表有可能是由不同会计师事务所的注册会计师来审计的。

集团审计，是指对集团财务报表进行的审计。集团，是指由所有组成部分构成的整体，并且所有组成部分的财务信息包括在集团财务报表中。集团至少拥有一个组成部分。集团财务报表，是指包括一个以上组成部分财务信息的财务报表。集团财务报表也指没有母公司但处在同一控制下的各组成部分编制的财务信息所汇总生成的财务报表。

集团项目合伙人，是指会计师事务所中负责某项集团审计业务及其执行，并代表会计师事务所在对集团财务报表出具的审计报告上签字的合伙人。

（二）组成部分和组成部分注册会计师

组成部分，是指某一实体或某项业务活动，其财务信息由集团或组成部分管理层编制并应包括在集团财务报表中。

重要组成部分，是指集团项目组识别出的具有下列特征之一的组成部分：（1）单个组成部分对集团具有财务重大性；（2）由于单个组成部分的特定性质或情况，可能存在导致集团财务报表发生重大错报的特别风险。

组成部分注册会计师，是指基于集团审计目的，按照集团项目组的要求，对组成部分财务信息执行相关工作的注册会计师。

（三）注册会计师的目标

注册会计师的目标是：（1）确定是否担任集团审计的注册会计师。（2）如果担任集团审计的注册会计师，应就组成部分注册会计师对组成部分财务信息执行工作的范围、时间安排和发现的问题，与组成部分注册会计师进行清晰的沟通；针对组成部分财务信息和合并过程，获取充分、适当的审计证据，以对集团财务报表是否在所有重大方面按照适用的财务报告编制基础编制发表审计意见。

（四）集团项目合伙人和组成部分注册会计师的责任

集团项目合伙人应当按照执业准则和适用的法律法规的规定，负责指导、监督和执行集团审计业务，并确定出具的审计报告是否适合具体情况。注册会计师对集团财务报表出具的审计报告不应提及组成部分注册会计师，除非法律法规另有规定。如果法律法规要求在审计报告中提及组成部分注册会计师，审计报告应当指明，这种提及不会减轻集团项目合伙人及其所在的会计师事务所对集团财务报表审计意见承担的责任。

（五）集团审计业务的承接与保持

在承接与保持集团审计业务时，集团项目组应当了解集团及其环境、集团组成部分及其环境，以足以识别可能的重要组成部分。如果组成部分注册会计师对重要组成部分财务信息执行相关工作，集团项目合伙人应当评价集团项目组参与组成部分注册会计师工作的程度是否足以获取充分、适当的审计证据。

（六）了解组成部分注册会计师

如果计划要求组成部分注册会计师执行组成部分财务信息的相关工作，集团项目组应当了解下列事项：（1）组成部分注册会计师是否了解并将遵守与集团审计相关的职业道德要求，特别是独立性要求；（2）组成部分注册会计师是否具备专业胜任能力；（3）集团项目组参与组成部分注册会计师工作的程度是否足以获取充分、适当的审计证据；（4）组成部分注册会计师是否处于积极的监管环境中。

如果组成部分注册会计师不符合与集团审计相关的独立性要求，或集团项目组对组成部分注册会计师的独立性、专业胜任能力等事项存有重大疑虑，集团项目组应当就组成部分财务信息获取充分、适当的审计证据，而不应要求组成部分注册会计师对组成部分财务信息执行相关工作。

（七）重要性水平的确定

如果组成部分注册会计师对组成部分财务信息实施审计或审阅，基于集团审计目的，要为这些组成部分确定组成部分重要性。为将未更正和未发现错报的合计数超过集团财务报表整体的重要性的可能性降至适当的低水平，组成部分重要性应当低于集团财务报表整体的重要性。

如果基于集团审计目的，由组成部分注册会计师对组成部分财务信息执行审计工作，集团项目组应当评价在组成部分层面确定的实际执行的重要性的适当性。

（八）重大错报风险的应对

注册会计师应当针对评估的财务报表重大错报风险设计和实施恰当的应对措施。对于组成部分财务信息，集团项目组应当确定由其亲自执行或由组成部分注册会计师代为执行的相关工作的类型。集团项目组还应当确定参与组成部分注册会计师工作的性质、时间安排和范围。

在确定对合并过程或组成部分财务信息拟执行的工作的性质、时间安排和范围时，如果预期集团层面控制运行有效，或者仅实施实质性程序不能提供认定层次的充分、适当的审计证据，集团项目组应当测试或要求组成部分注册会计师测试这些控制运行的有效性。

就集团而言，对于具有财务重大性的单个组成部分，集团项目组或代表集团项目组的组成部分注册会计师应当运用该组成部分的重要性，对组成部分财务信息实施审计。

对由于其特定性质或情况，可能包括导致集团财务报表发生重大错报的特别风险的重要组成部分，集团项目组或代表集团项目组的组成部分注册会计师应当执行下列一项或多项工作：（1）使用组成部分重要性对组成部分财务信息实施审计；（2）针对与可能导致集团财务报表发生重大错报的特别风险相关的一个或多个账户余额、一类或多类交易或披露事项实施审计；（3）针对可能导致集团财务报表发生重大错报的特别风险实施特定的审计程序。

如果集团项目组认为执行下列工作不能获取形成集团审计意见所依据的充分、适当的审计证据，应当采取下列措施：（1）对重要组成部分财务信息执行的工作；（2）对集团层面控制和合并过程执行的工作；（3）在集团层面实施的分析程序。

集团项目组应当选择某些不重要的组成部分，并对已选择的组成部分财务信息亲自执行或由代表集团项目组的组成部分注册会计师执行下列一项或多项工作：（1）使用组成部分重要性对组成部分财务信息实施审计；（2）对一个或多个账户余额、一类或多类交易或披露实施审计；（3）使用组成部分重要性对组成部分财务信息实施审阅；（4）实施特定程序。集团项目组应当在一段时间之后更换所选择的组成部分。

如果组成部分注册会计师对重要组成部分财务信息执行审计，集团项目组应当参与组成部分注册会计师的风险评估程序，以识别导致集团财务报表发生重大错报的特别风险。集团项目组参与的性质、时间安排和范围受其对组成部分注册会计师所了解情况的影响，但至少应当包括：（1）与组成部分注册会计师或组成部分管理层讨论对集团而言重要的组成部分业务活动；（2）与组成部分注册会计师讨论由于舞弊或错误导致组成部分财务信息发生重大错报的可能性；（3）复核组成部分注册会计师对识别出的导致集团财务报表发生重大错报的特别风险形成的工作底稿。工作底稿可以采用备忘录的形式，反映组成部分注册会计师针对识别出的特别风险得出的结论。

如果在由组成部分注册会计师执行相关工作的组成部分内，识别出导致集团财务报表发生重大错报的特别风险，集团项目组应当评价针对识别出的特别风险拟采取的进一步审计程序的恰当性。根据对组成部分注册会计师的了解，集团项目组应当确定是否有必要参与进一步审计程序。

（九）合并过程

集团项目组应当了解集团层面的控制和合并过程，包括集团管理层向组成部分下达的指令。如果对合并过程执行工作的性质、时间安排和范围基于预期集团层面控制有效运行，或者仅实施实质性程序不能提供认定层次的充分、适当的审计证据，集团项目组应当亲自测试或要求组成部分注册会计师代为测试集团层面控制运行的有效性。

集团项目组应当针对合并过程设计和实施进一步审计程序，以应对评估的、由合并过程导致的集团财务报表发生重大错报的风险。设计和实施的进一步审计程序应当包括评价所有组成部分是否均已包括在集团财务报表中。

如果组成部分财务信息没有按照集团财务报表采用的会计政策编制，集团项目组应当评价组成部分财务信息是否已得到适当调整，以满足编制和列报集团财务报表的要求。

（十）期后事项

如果集团项目组或组成部分注册会计师对组成部分财务信息实施审计，集团项目组或组成部分注册会计师应当实施审计程序，以识别组成部分自组成部分财务信息日至对集团财务报表出具审计报告日之间发生的、可能需要在集团财务报表中调整或披露的事项。

如果组成部分注册会计师执行组成部分财务信息审计以外的工作，集团项目组应当要求组成部分注册会计师告知其注意到的、可能需要在集团财务报表中调整或披露的期后事项。

（十一）与组成部分注册会计师的沟通

集团项目组应当及时向组成部分注册会计师通报工作要求。通报的内容应当明确组成部分注册会计师应执行的工作和集团项目组对其工作的利用，以及组成部分注册会计师与集团项目组沟通的形式和内容。通报的内容还应当包括：（1）在组成部分注册会计师知悉集团项目组将利用其工作的前提下，要求组成部分注册会计师确认其将配合集团项目组的工作。（2）与集团审计相关的职业道德要求，特别是独立性要求。（3）在对组成部分财务信息实施审计或审阅的情况下，组成部分的重要性和针对特定类别的交易、账户余额或披露采用的一个或多个重要性水平（如适用）以及临界值，超过临界值的错报不能视为对集团财务报表明显微小的错报。（4）识别出的与组成部分注册会计师工作相关的、由于舞弊或错误导致集团财务报表发生重大错报的特别风险。集团项目组应当要求组成部分注册会计师及时沟通所有识别出的、在组成部分内的其他由于舞弊或错误可能导致集团财务报表发生重大错报的特别风险，以及组成部分注册会计师针对这些特别风险采取的应对措施。（5）集团管理层编制的关联方清单和集团项目组知悉的任何其他关联方。集团项目组应当要求组成部分注册会计师及时沟通集团管理层或集团项目组以前未识别出的关联方。集团项目组应当确定是否需要将新识别的关联方告知其他组成部分注册会计师。

集团项目组应当要求组成部分注册会计师沟通与得出关于集团审计的结论相关的事项。沟通的内容应当包括：（1）组成部分注册会计师是否已遵守与集团审计相关的职业道德要求，包括对独立性和专业胜任能力的要求；（2）组成部分注册会计师是否已遵守集团项目组的要求；（3）指出作为组成部分注册会计师出具报告对象的组成部分财务信息；（4）因违反法律法规而可能导致集团财务报表发生重大错报的信息；（5）组成部分财务信息中未更正错报的清单（清单不必包括低于集团项目组通报的临界值且明显微小的错报）；（6）表明可能存在管理层偏向的迹象；（7）描述识别出的组成部分层面值得关注的内部控制缺陷；（8）组成部分注册会计师向组成部分治理层已通报或拟通报的其他重大事项，包括涉及组成部分管理层、在组成部分层面内部控制中担任重要职责的员工和舞弊行为导致组成部分财务信息出现重大错报的其他人员的舞弊或舞弊嫌疑；（9）可能与集团审计相关或者组成部分注册会计师期望集团项目组加以关注的其他事项，包括在组成部分注册会计师要求组成部分管理层提供的书面声明中指出的例外事项；（10）组成部分注册会计师的总体发现、得出的结论和形成的意见。

（十二）评价审计证据的充分性和适当性

集团项目组应当评价与组成部分注册会计师的沟通。集团项目组应当：（1）与组成部分注册会计师、组成部分管理层或集团管理层（如适用）讨论在评价过程中发现的重大事项；（2）确定是否有必要复核组成部分注册会计师审计工作底稿的相关部分。

如果认为组成部分注册会计师的工作不充分，集团项目组应当确定需要实施哪些追加的程序，以及这些程序是由组成部分注册会计师还是由集团项目组实施。

注册会计师应当获取充分、适当的审计证据，将审计风险降至可接受的低水平，从而得出合理的结论以作为形成审计意见的基础。

集团项目组应当评价，通过对合并过程实施的审计程序以及由集团项目组和组成部分注册会计师对组成部分财务信息执行的工作，是否已获取充分、适当的审计证据，作为形成集团审计意见的基础。

集团项目合伙人应当评价未更正错报（无论该错报是由集团项目组识别出的还是由组成部分注册会计师告知的）和未能获取充分、适当的审计证据的情况对集团审计意见的影响。

（十三）与集团管理层和集团治理层的沟通

集团项目组应当按照《中国注册会计师审计准则第1152号——向治理层和管理层通报内部控制缺陷》的规定，确定哪些识别出的内部控制缺陷需要向集团治理层和集团管理层通报。在确定通报的内容时，集团项目组应当考虑：（1）集团项目组识别出的集团层面内部控制缺陷；（2）集团项目组识别出的组成部分层面内部控制缺陷；（3）组成部分注册会计师提请集团项目组关注的内部控制缺陷。

如果集团项目组识别出舞弊或组成部分注册会计师提请集团项目组关注舞弊，或者有关信息表明可能存在舞弊，集团项目组应当及时向适当层级的集团管理层通报，以便管理层告知主要负责防止和发现舞弊事项的人员。

因法律法规要求或其他原因，组成部分注册会计师可能需要对组成部分财务报表发表审计意见。在这种情况下，集团项目组应当要求集团管理层告知组成部分管理层其尚未知悉的、集团项目组注意到的可能对组成部分财务报表产生重要影响的事项。如果集团管理层拒绝向组成部分管理层通报该事项，集团项目组应当与集团治理层进行讨论。如果该事项仍未得到解决，集团项目组在遵守法律法规和执业准则有关保密要求的前提下，应当考虑是否建议组成部分注册会计师在该事项得到解决之前，不对组成部分财务报表出具审计报告。

除《中国注册会计师审计准则第1151号——与治理层的沟通》和其他审计准则要求沟通的事项外，集团项目组还应当与集团治理层沟通下列事项：（1）对组成部分财务信息拟执行工作的类型的概述；（2）在组成部分注册会计师对重要组成部分财务信息拟执行的工作中，集团项目组计划参与其工作的性质的概述；（3）对组成部分注册会计师的工作作出的评价，引起集团项目组对其工作质量产生疑虑的情形；（4）集团审计受到的限制，如集团项目组接触某些信息受到的限制；（5）涉及集团管理层、组成部分管理层、在集团层面控制中担任重要职责的员工和舞弊行为导致集团财务报表出现重大错报的其他人员的舞弊或舞弊嫌疑。

二、利用专家工作

（一）专家的含义

在审计中，限于自身技能、知识和经验，注册会计师可能要利用专家的工作。专家，是指除会计、审计之外的某一特定领域中具有专门技能、知识和经验的个人或组织。专家通常可以是工程师、律师、资产评估师、精算师、环境专家、地质专家、IT专家以及税务专家，也可以是这些个人所从属的组织，如律师事务所、资产评估公司以及各种咨询公司等。

注册会计师的专家，是指在会计或审计以外的某一领域具有专长的个人或组织，并且其工作被注册会计师利用，以协助注册会计师获取充分、适当的审计证据。专家既可能是会计师事务所内部专家（如会计师事务所或其网络事务所的合伙人或员工，包括临时员工），也可能是会计师事务所外部专家。专长，是指在某一特定领域中拥有的专门技能、知识和经验。

管理层的专家，是指在会计、审计以外的某一领域具有专长的个人或组织，其工作被管理层利用以协助编制财务报表。

（二）注册会计师的目标

注册会计师的目标是：（1）确定是否利用专家的工作；（2）如果利用专家的工作，确定专家的工作是否足以实现注册会计师的目的。注册会计师对发表的审计意见独立承担责任，这种责任不因利用专家的工作而减轻。如果注册会计师按照审计准则的规定利用了专家的工作，并得出结论认为专家的工作足以实现注册会计师的目的，注册会计师可以接受专家在其专业领域的工作结果或结论，并作为适当的审计证据。

（三）确定是否利用专家工作

如果在会计或审计以外的某一领域的专长对获取充分、适当的审计证据是必要的，注册会计师应当确定是否利用专家的工作。

（四）审计程序的性质、时间安排和范围

注册会计师利用专家工作所需实施的审计程序的性质、时间安排和范围，将随着具体情况的变化而变化。注册会计师在确定审计程序的性质、时间安排和范围时，应当考虑下列事项：（1）与专家工作相关的事项的性质；（2）与专家工作相关的事项中存在的重大错报风险；（3）专家的工作在审计中的重要程度；（4）注册会计师对专家以前所做工作的了解，以及与之接触的经验；（5）专家是否需要遵守会计师事务所的质量管理政策和程序。

（五）评价专家的胜任能力、专业素质和客观性

注册会计师应当评价专家是否具有实现注册会计师的目的所必需的胜任能力、专业素质和客观性。在评价外部专家的客观性时，注册会计师应当询问可能对外部专家客观性造成不利影响的利益和关系。

（六）了解专家的专长领域

注册会计师应当充分了解专家的专长领域，使其能够：（1）为了实现注册会计师的目的，确定专家工作的性质、范围和目标；（2）评价专家的工作是否足以实现注册会计师的目的。

（七）与专家达成一致意见

注册会计师应当与专家就下列事项达成一致意见，并根据需要形成书面协议：（1）专家工作的性质、范围和目标；（2）注册会计师和专家各自的角色和责任；（3）注册会计师和专家之间沟通的性质、时间安排和范围，包括专家提供的报告的形式；（4）对专家遵守保密规定的要求。

（八）评价专家工作的恰当性

注册会计师应当评价专家的工作是否足以实现注册会计师的目的，包括：（1）专家的工作结果或结论的相关性和合理性，以及与其他审计证据的一致性；（2）如果专家的工作涉及使用重要的假设和方法，这些假设和方法在具体情况下的相关性和合理性；（3）如果专家的工作涉及使用重要的原始数据，这些原始数据的相关性、完整性和准确性。

如果注册会计师确定专家的工作不足以实现注册会计师的目的，注册会计师应当采取下列措施之一：（1）就专家拟执行的进一步工作的性质和范围，与专家达成一致意见；（2）根据具体情况，实施追加的审计程序。

（九）在审计报告中提及专家

注册会计师不应在无保留意见的审计报告中提及专家的工作，除非法律法规另有规定。如果法律法规要求提及专家的工作，注册会计师应当在审计报告中指明，这种提及不会减轻注册会计师对审计意见承担的责任。

如果注册会计师在审计报告中提及专家的工作，并且这种提及与理解审计报告中的非无保留意见相关，注册会计师应当在审计报告中指明，这种提及并不减轻注册会计师对审计意见承担的责任。

三、考虑内部审计工作

（一）内部审计的含义

内部审计职责（简称内部审计），是指由被审计单位建立的或由外部机构以服务形式提供的一种评价活动。内部审计的职能包括检查、评价和监督内部控制的恰当性和有效性等。内部审计人员，是指执行内部审计活动的人员。内部审计人员可能属于内部审计部门或履行内部审计职责的类似部门。

内部审计的目标是由管理层和治理层确定的。尽管内部审计的目标和注册会计师的目标不同，但用以实现各自目标的某些方式可能是相似的。

不论内部审计的自主程度和客观性如何，内部审计师都不能像注册会计师那样对财务报表发表审计意见时独立于被审计单位。

注册会计师对发表的审计意见独立承担责任，这种责任并不因利用内部审计人员的工作而减轻。

（二）注册会计师的目标

在被审计单位设有内部审计，且注册会计师认为可能与其审计相关的情况下，注册会计师的目标是：（1）确定是否利用以及在多大程度上利用内部审计人员的特定工作；（2）如果利用内部审计人员的特定工作，确定该项工作是否足以实现审计目的。

（三）确定是否利用内部审计人员的工作

在确定是否利用以及在多大程度上利用内部审计人员的工作时，注册会计师应当确定：（1）内部审计人员的工作是否可能足以实现注册会计师的目的；（2）如果有可能实现目的，内部审计人员的工作对注册会计师审计程序的性质、时间安排和范围产生的预期影响。

在确定内部审计人员的工作是否可能足以实现注册会计师的目的时，注册会计师应当评价：（1）内部审计的客观性；（2）内部审计人员的专业胜任能力；（3）内部审计人员在执行工作时是否可能保持应有的职业关注；（4）内部审计人员和注册会计师之间是否可能进行有效的沟通。

在确定内部审计人员的工作对注册会计师审计程序的性质、时间安排和范围产生的预期影响时，注册会计师应当考虑：（1）内部审计人员已执行或拟执行的特定工作的性质和范围；（2）针对特定类别的交易、账户余额和披露，评估的认定层次重大错报风险；（3）在评价收集的支持相关认定的审计证据时，内部审计人员的主观程度。

（四）利用内部审计人员的特定工作

如果拟利用内部审计人员的特定工作，注册会计师应当评价内部审计人员的特定工作并实施审计程序，以确定该项工作是否足以实现注册会计师的目的。

在确定内部审计人员的特定工作是否足以实现注册会计师的目的时，注册会计师应当评价：（1）内部审计工作是否由经过充分技术培训且精通业务的人员执行；（2）内部审计人员的工作是否得到适当的监督、复核和记录；（3）内部审计人员是否已经获取充分、适当的审计证据，使其能够得出合理的结论；（4）内部审计人员得出的结论是否恰当，编制的报告是否与已执行工作的结果一致；（5）内部审计人员披露的例外或异常事项是否得到恰当解决。

（五）审计工作底稿

如果利用内部审计人员的特定工作，注册会计师应当就下列事项形成审计工作底稿：

（1）针对内部审计人员工作的恰当性进行评价得出的结论；

（2）针对内部审计人员的工作实施的审计程序。

□ 复习思考题

1.什么是审计证据？审计证据的来源有哪些？

2.审计证据如何分类？基本的分类是什么？

3.如何评价审计证据的充分性？如何评价审计证据的可靠性？

4.审计证据种类与具体审计目标的关系如何？

5.审计证据的获取方法有哪些？

6.在实务中如何充分运用分析性复核方法？

7.外部函证的重要性体现在哪些方面？

8.什么是审计工作底稿？为什么要编制审计工作底稿？

9.审计工作底稿的基本要素与基本结构是什么？

10.审计工作底稿归档的性质是什么？

11.集团财务报表审计中，注册会计师如何利用组成部分注册会计师的工作？

12.注册会计师利用专家工作时应当注意哪些问题？

13.注册会计师利用内部审计人员的工作时应当注意哪些问题？

本章要旨及
测试题

第八章

计划审计工作

计划审计工作是注册会计师审计工作的第一步，也是整个审计工作的基础和依据。在这一阶段，注册会计师需要完成两个方面的工作：一是开展初步业务活动；二是制定总体审计策略和具体审计计划。

那么，注册会计师应当如何开展初步业务活动、签订审计业务约定书以及注册会计师应当如何确定审计风险和审计重要性水平，制定出适当的总体审计策略和具体审计计划，这将是本章重点关注的问题。

第一节　初步业务活动

根据《中国注册会计师审计准则第1201号——计划审计工作》，注册会计师应当在本期审计业务开始时开展初步业务活动，针对保持客户关系和具体审计业务实施相应的质量管理程序，评价遵守职业道德规范的情况（包括评价遵守独立性要求的情况），就业务约定条款与被审计单位达成一致意见。

一、客户关系和具体业务的接受与保持

会计师事务所在确定接受客户的委托、签订业务约定书前，应先对客户的基本情况进行调查和相关评估，确定是否可以接受该项委托。会计师事务所应当制定有关客户关系和具体业务接受与保持的政策和程序，只有在已考虑了客户的诚信且没有信息表明客户缺乏诚信且本事务所能够胜任该项业务并具有执行业务必要的素质、时间和资源以及能够遵守相关职业道德要求的条件下才能接受或保持客户关系和具体业务。

注册会计师应当在审计业务开始前，与被审计单位就审计业务约定条款达成一致意见，并签订审计业务约定书，以避免双方对审计业务的理解产生分歧。

会计师事务所制定的相关政策和程序有：

（1）在接受新客户的业务前，或者在决定是否保持现有业务和考虑接受现有客户的新业务时，会计师事务所需根据具体情况获取必要信息。

会计师事务所一方面要努力扩大业务范围，广泛吸收客户，另一方面要审慎地对潜在的客户进行调查研究，掌握其情况。注册会计师通过对被审计单位基本情况的了解，一方面可以确定是否接受委托人的委托，另一方面可以进一步规划审计工作。

注册会计师应了解的被审计单位的基本情况有：委托人的业务性质、经营规模和组织结构；经营状况和经营风险；以前年度接受审计的情况；财务会计机构及其工作组织；厂房、设备及办公场所；其他与签订审计业务约定书有关的事项等。

注册会计师可以通过巡视客户的经营场所、复核年度报告、与客户的管理层和员工进行讨论、利用网络获取公众信息和公共数据库信息，对新老客户的上述基本情况进行初步审查。如果是老客户，应该复核以前年度的工作底稿。如果是新客户，注册会计师在接受委托前，应当

向前任注册会计师询问被审计单位变更会计师事务所的原因，并关注前任注册会计师与被审计单位管理层在重大会计、审计等问题上可能存在的意见分歧。后任注册会计师应当提请被审计单位书面授权前任注册会计师对其询问作出充分答复。如果被审计单位不同意前任注册会计师作出答复，或限制答复的范围，后任注册会计师应当向被审计单位询问原因，并考虑是否接受委托。

（2）在接受新客户或现有客户的新业务时，如果识别出潜在的利益冲突，会计师事务所需确定接受该业务是否适当。

（3）当识别出问题而又决定接受或保持客户关系或具体业务时，会计师事务所需记录问题是如何得到解决的。

如果在接受业务后获知某项信息，而该信息若在接受业务前获知可能导致会计师事务所拒绝接受业务，会计师事务所应当针对这种情况制定保持具体业务和客户关系的政策和程序。这些政策和程序应当考虑下列方面：适用于这种情况的职业责任和法律责任，包括是否要求会计师事务所向委托人报告或在某些情况下向监管机构报告；解除业务约定或同时解除业务约定和客户关系的可能性。

二、评价遵守相关职业道德规范情况

评价遵守相关职业道德规范情况也是一项非常重要的初步业务活动。

相关职业道德规范要求项目组成员恪守独立、客观、公正的原则，保持专业胜任能力和应有的关注，并对审计过程中获知的信息保密。在整个审计过程中，项目组长应当对项目组成员违反职业道德规范的迹象保持警惕。如果发现项目组成员违反职业道德规范，项目组长应当与会计师事务所的相关人员商讨，以便采取适当的措施。项目组长应当记录识别出的违反职业道德规范的问题，以及这些问题是如何得到解决的。在适当情况下，项目组其他成员也应当记录上述内容。

会计师事务所应当制定政策和程序，以合理保证会计师事务所及其人员遵守相关职业道德要求，以及合理保证会计师事务所及其人员和其他受独立性要求约束的人员（包括网络事务所的人员），保持相关职业道德规范规定的独立性。这些政策和程序的目的在于确保：会计师事务所能够向会计师事务所人员以及其他受独立性要求约束的人员传达独立性要求；会计师事务所能够识别和评价对独立性产生不利影响的情形，并采取适当的行动消除这些不利影响，或通过采取防范措施将其降至可接受的水平，或如果认为适当，在法律法规允许的情况下解除业务约定。

这些政策和程序应当要求：

（1）项目组长向会计师事务所提供与客户委托业务相关的信息（包括服务范围），以使会计师事务所能够评价这些信息对保持独立性的总体影响；

（2）会计师事务所人员应立即向会计师事务所报告对独立性产生不利影响的情形，以便会计师事务所采取适当行动；

（3）会计师事务所收集相关信息，并向适当人员传达。

《会计师事务所质量管理准则第5101号——业务质量管理》要求会计师事务所制定政策和程序，以及项目组长实施相应措施，以保持独立性。例如，会计师事务所应当每年至少一次向所有需要按照相关职业道德规范保持独立性的人员获取其遵守独立性政策和程序的书面确认函。会计师事务所应当确保审计小组中的每位成员以及整个会计师事务所都能达到相应的独立性要求。

会计师事务所应当就合理保证能够获知违反独立性要求的情况采取如下措施：

（1）会计师事务所人员将注意到的、违反独立性要求的情况立即报告会计师事务所；

（2）会计师事务所将识别出的违反政策和程序的情况，立即传达给需要与会计师事务所共同处理这些情况的项目组长、需要采取适当行动的会计师事务所和网络内部的其他相关人员以及受独立性要求约束的人员；

（3）项目组长、会计师事务所和网络内部的其他相关人员以及受独立性要求约束的人员，在必要时立即向会计师事务所报告他们为解决有关问题而采取的行动，以使会计师事务所能够决定是否应当采取进一步的行动。

此外，注册会计师针对保持客户关系和具体审计业务而实施的相应的质量管理程序和评价遵守职业道德规范情况的考虑，贯穿于审计业务的全过程。例如，在现场审计过程中，如果注册会计师发现财务报表存在舞弊，因而对管理层、治理层的胜任能力或诚信产生了极大疑虑，则注册会计师需要针对这一新情况，考虑并在必要时重新实施相应的质量管理程序，以决定是否继续保持该项业务及客户关系。但是，虽然关于保持客户关系及具体审计业务和评价遵守职业道德规范的工作贯穿于审计业务的全过程，但是这两项活动初始需要安排在其他重要审计工作之前，以确保注册会计师已具备执行业务所需要的独立性和专业胜任能力，且不存在因管理层诚信问题而影响注册会计师保持该项业务意愿等情况。

三、就审计业务约定条款达成一致意见

在承接或保持审计业务前，注册会计师应当实施下列工作：（1）确定审计的前提条件存在；（2）确认与管理层和治理层（如适用）就审计业务约定条款达成一致意见。

审计的前提条件，是指管理层在编制财务报表时对适用的财务报告编制基础的采用，以及管理层对注册会计师执行审计工作的前提的认同。为了确定审计的前提条件是否存在，注册会计师应当确定管理层在编制财务报表时采用的财务报告编制基础是不是可接受的，以及就管理层认可并理解其责任与管理层达成一致意见。如果审计的前提条件不存在，注册会计师应当就此与管理层沟通。在下列情况中，除非法律法规另有规定，注册会计师不应承接拟议的审计业务：

（1）除特殊规定的情形外，注册会计师确定被审计单位在编制财务报表时采用的财务报告编制基础不适当；

（2）注册会计师未能与管理层达成就管理层认可并理解其责任的一致意见。

管理层应当向注册会计师提供必要的工作条件。这些必要的工作条件包括允许注册会计师接触与编制财务报表相关的所有信息（如记录、文件和其他事项），向注册会计师提供审计所需要的其他信息，允许注册会计师在获取审计证据时不受限制地接触其认为必要的内部人员和其他相关人员。如果管理层在拟议的审计业务约定条款中对审计工作的范围施加限制，以致注册会计师认为这种限制将导致其对财务报表无法发表意见，除非法律法规另有规定，注册会计师不应将该项受到限制的业务作为审计业务予以承接。

注册会计师应当在审计业务开始前，就审计目标、审计范围、相关责任划分、财务报告编制基础、拟出具的审计报告预期形式和内容等审计业务约定条款与管理层达成一致意见，并将达成一致意见的审计业务约定条款记录于审计业务约定书或其他适当形式的书面协议中。但如果法律法规足够详细地规定了审计业务约定条款，注册会计师除了记录适用的法律法规以及管理层认可并理解其责任的事实外，不必将前述事项记录于书面协议。

对于连续审计，注册会计师应当评估具体情况是否要求对审计业务约定条款作出修改，以及是否需要提醒被审计单位注意现有的条款。

四、审计业务约定书

审计业务约定书，是指会计师事务所与被审计单位签订的，用以记录和确认审计业务的委托与受托关系、财务报表审计的目标和范围、双方的责任以及拟出具审计报告的预期形式和内容等事项的书面协议。注册会计师应当在审计业务开始前，与被审计单位就审计业务约定条款达成一致意见，并签订审计业务约定书，以避免双方对审计业务的理解产生分歧。

（一）审计业务约定书的作用

签订审计业务约定书的目的是明确约定双方的责任与义务，促使双方遵守约定事项并加强合作，以保护会计师事务所与被审计单位的利益。在注册会计师的审计实践中，审计业务约定书可以起到以下几个方面的作用：

（1）审计业务约定书可以增进会计师事务所与委托人之间的了解，避免在审计目的、范围和双方责任等方面产生误解，尤其是可以使被审计单位了解他们的会计责任和注册会计师的审计责任，明确被审计单位应该提供的合作，并以此作为划分责任的依据。

（2）审计业务约定书可以作为被审计单位鉴定审计业务完成情况及会计师事务所检查被审计单位约定义务履行情况的依据，如果被审计单位对注册会计师的服务提出疑问，注册会计师可以根据约定书的有关内容作出辩解。

（3）如果出现法律诉讼，审计业务约定书是据以确定会计师事务所和委托人双方应负法律责任的重要依据。当然，对于已载明的审计责任，注册会计师不能推诿。因而可以说，审计业务约定书是保护审计机构和注册会计师的有效措施之一。

审计业务约定书在审计规划过程中之所以显得特别重要，是因为它的某些内容直接影响到审计工作的时间预算和过程安排。例如，如果委托人要求在资产负债表日之后立即提交审计报告，则大部分审计工作就必须安排在会计年度结束之前完成；如果注册会计师同时受托编制纳税申报表或管理建议书，或者被审计单位不能协助注册会计师完成特定的工作，则应采取相应的措施予以替代，这样就必须增加总的工作时间。另外，被审计单位对审计工作的限制，可能影响审计的方法，有时甚至会影响审计意见的种类。

（二）审计业务约定书的内容

审计业务约定书的具体内容可能因被审计单位的不同而存在差异，但应当包括下列主要方面：

（1）财务报表审计的目标与范围。财务报表审计的目标就是注册会计师通过执行审计工作，对财务报表是否按照适用的财务报告编制基础编制以及财务报表是否在所有重大方面公允反映被审计单位的财务状况、经营成果和现金流量发表意见。

（2）双方的责任。一般来看，管理层的责任包括：按照适用的财务报告编制基础编制财务报表；设计、执行和维护必要的内部控制，以使编制的财务报表不存在由于舞弊或错误导致的重大错报；为注册会计师提供必要的工作条件。注册会计师的责任是按照中国注册会计师审计准则的规定实施审计程序，获取充分、适当的审计证据，从而对财务报表发表审计意见。

（3）管理层编制财务报表所适用的财务报告编制基础。

（4）注册会计师拟出具的审计报告的预期形式和内容，以及在特定情况下对出具的审计报告可能不同于预期形式和内容的说明。

（5）审计工作范围，包括提及适用的法律法规、审计准则，以及注册会计师协会发布的职业道德守则和其他公告。财务报表的审计范围是指为实现财务报表审计目标，注册会计师根据审计准则和职业判断实施的恰当的审计程序的总和。注册会计师执行财务报表审计业务时遵守与财务报表审计相关的各项审计准则。

（6）对审计业务结果的其他沟通形式。

（7）说明由于审计和内部控制的固有限制，即使审计工作按照审计准则的规定得到恰当的计划和执行，仍不可避免地存在某些重大错报未被发现的风险。

（8）计划和执行审计工作的安排，包括审计项目组的构成。

（9）管理层确认将提供书面声明。

（10）管理层同意向注册会计师及时提供财务报表草稿和其他所有附带信息，以使注册会计师能够按照预定的时间表完成审计工作。

（11）管理层同意告知注册会计师在审计报告日至财务报表报出日之间注意到的可能影响财务报表的事实。

（12）收费的计算基础和收费安排。

（13）管理层确认收到审计业务约定书并同意其中的条款。

如果情况需要，注册会计师应当考虑在审计业务约定书中列明下列内容：

（1）在某些方面对利用其他注册会计师和专家工作的安排；

（2）对审计涉及的内部审计人员和被审计单位其他员工工作的安排；

（3）在首次审计的情况下，与前任注册会计师（如存在）沟通的安排；

（4）说明对注册会计师责任可能存在的限制；

（5）注册会计师与被审计单位之间需要达成进一步协议的事项；

（6）向其他机构或人员提供审计工作底稿的义务。

如果母公司的注册会计师同时是组成部分注册会计师，需考虑下列因素，决定是否向组成部分单独致送审计业务约定书：

（1）组成部分注册会计师的委托人；

（2）是否对组成部分单独出具审计报告；

（3）与审计委托相关的法律法规的规定；

（4）母公司占组成部分的所有权份额；

（5）组成部分管理层相对于母公司的独立程度。

注册会计师可以决定不在每期都致送新的审计业务约定书或其他书面协议。然而，下列因素可能导致注册会计师修改审计业务约定条款或提醒被审计单位注意现有的业务约定条款：

（1）有迹象表明被审计单位误解审计目标和范围；

（2）需要修改约定条款或增加特别条款；

（3）被审计单位的高级管理人员近期发生变动；

（4）被审计单位的所有权发生重大变动；

（5）被审计单位业务的性质或规模发生重大变化；

（6）法律法规的规定发生变化；

（7）编制财务报表采用的财务报告编制基础发生变更；

（8）其他报告要求发生变化。

（三）审计业务约定书范例

下面举例说明审计业务约定书的格式和内容：

审计业务约定书（合同式）

甲方：A股份有限公司

乙方：B会计师事务所

兹由甲方委托乙方对20×8年度财务报表进行审计，经双方协商，达成以下约定：

一、审计的目标和范围

1.乙方接受甲方委托，对甲方按照企业会计准则编制的20×8年12月31日的资产负债表，20×8年度的利润表、所有者权益（或股东权益）变动表和现金流量表以及财务报表附注（以下统称财务报表）进行审计。

2.乙方通过执行审计工作，对财务报表的下列方面发表审计意见：（1）财务报表是否在所有重大方面按照企业会计准则的规定编制；（2）财务报表是否在所有重大方面公允反映甲方20×8年12月31日的财务状况以及20×8年度的经营成果和现金流量。

二、甲方的责任

1.根据《中华人民共和国会计法》及《企业财务会计报告条例》，甲方及甲方负责人有责任保证会计资料的真实性和完整性。因此，甲方管理层有责任妥善保存和提供会计记录（包括但不限于会计凭证、会计账簿及其他会计资料），这些记录必须真实、完整地反映甲方的财务状况、经营成果和现金流量。

2.按照企业会计准则的规定编制和公允列报财务报表是甲方管理层的责任，这种责任包括：(1) 按照企业会计准则的规定编制财务报表，并使其实现公允反映；(2) 设计、执行和维护必要的内部控制，以使财务报表不存在由于舞弊或错误导致的重大错报。

3.及时为乙方的审计工作提供与审计有关的所有记录、文件和所需的其他信息（在20×9年×月×日之前提供审计所需的全部资料，如果在审计过程中需要补充资料，亦应及时提供），并保证所提供资料的真实性和完整性。

4.确保乙方不受限制地接触其认为必要的甲方内部人员和其他相关人员。

[下段适用于集团财务报表审计业务，使用时需根据客户/约定项目的特定情况修改，如果加入此段，应相应修改本约定书第一项关于业务范围的表述，并调整下面其他条款编号。]

[5.为满足乙方对甲方合并财务报表发表审计意见的需要，甲方须确保：

乙方和对组成部分财务信息执行相关工作的组成部分注册会计师之间的沟通不受任何限制。

乙方及时获悉组成部分注册会计师与组成部分治理层和管理层之间的重要沟通（包括就值得关注的内部控制缺陷进行的沟通）。

乙方及时获悉组成部分治理层和管理层与监管机构就财务信息有关的事项进行的重要沟通。

在乙方认为必要时，允许乙方接触组成部分的信息、组成部分管理层或组成部分注册会计师（包括组成部分注册会计师的工作底稿），并允许乙方对组成部分的财务信息执行相关工作。]

5.甲方管理层对其作出的与审计有关的声明予以书面确认。

6.为乙方派出的有关工作人员提供必要的工作条件和协助，乙方将于外勤工作开始前提供主要事项清单。

7.按本约定书的约定及时足额支付审计费用以及乙方人员在审计期间的交通、食宿和其他相关费用。

8.乙方的审计不能减轻甲方及甲方管理层的责任。

三、乙方的责任

1.乙方的责任是在执行审计工作的基础上对甲方财务报表发表审计意见。乙方根据中国注册会计师审计准则（以下简称审计准则）的规定执行审计工作。审计准则要求注册会计师遵守中国注册会计师职业道德守则，计划和执行审计工作以对财务报表是否不存在重大错报获取合理保证。

[下段适用于集团财务报表审计业务，使用时需根据客户/约定项目的特定情况修改，如果加入此段，应相应修改本约定书第一项关于业务范围的表述，并调整下面其他条款编号。]

[2.对不由乙方执行相关工作的组成部分财务信息，乙方不单独出具报告；有关的责任由对该组成部分执行相关工作的组成部分注册会计师及其所在的会计师事务所承担。]

2.审计工作涉及实施审计程序，以获取有关财务报表金额和披露的审计证据。选择的审计程序取决于乙方的判断，包括对由于舞弊或错误导致的财务报表重大错报风险的评估。在进行风险评估时，乙方考虑与财务报表编制和公允列报相关的内部控制，以设计恰当的审计程序，但目的并非对内部控制的有效性发表意见。审计工作还包括评价管理层选用会计政策的恰当性和作出会计估计的合理性，以及评价财务报表的总体列报。

3.由于审计和内部控制的固有限制，即使按照审计准则的规定适当地计划和执行审计工作，仍不可避免地存在财务报表的某些重大错报可能未被乙方发现的风险。

4.在审计过程中，乙方若发现甲方存在乙方认为值得关注的内部控制缺陷，应以书面形式向甲方治理层或管理层通报。但乙方通报的各种事项，并不代表已全面说明所有可能存在的缺陷或已提出所有可行的改进建议。甲方在实施乙方提出的改进建议前应全面评估其影响。未经乙方书面许可，甲方不得向任何第三方提供乙方出具的沟通文件。

5.按照约定时间完成审计工作，出具审计报告。乙方应于20×9年×月×日前出具审计报告。

6.除下列情况外，乙方应当对执行业务过程中知悉的甲方信息予以保密：(1) 法律法规允许披露，并取得甲方的授权；(2) 根据法律法规的要求，为法律诉讼、仲裁准备文件或提供证据，以及向监管机构报告发现的违法行为；(3) 在法律法规允许的情况下，在法律诉讼、仲裁中维护自己的合法权益；(4) 接受注册会计师协会或监管机构的执业质量检查，答复其询问和调查；(5) 法律法规、执业准则和职业道德规范规定的其他情形。

四、审计收费

1.本次审计服务的收费是以乙方各级别工作人员在本次工作中所耗费的时间为基础计算的。乙方预计本次审计服务的费用总额为人民币××元。

2.甲方应于本约定书签署之日起××日内支付×%的审计费用，其余款项于［审计报告草稿完成日］结清。

3.如果由于无法预见的原因，致使乙方从事本约定书所涉及的审计服务实际时间较本约定书签订时预计的时间有明显增加或减少时，甲乙双方应通过协商，相应调整本部分第1段所述的审计费用。

4.如果由于无法预见的原因，致使乙方人员抵达甲方的工作现场后，本约定书所涉及的审计服务中止，甲方不得要求退还预付的审计费用；如上述情况发生于乙方人员完成现场审计工作，并离开甲方的工作现场之后，甲方应另行向乙方支付人民币××元的补偿费，该补偿费应于甲方收到乙方的收款通知之日起××日内支付。

5.与本次审计有关的其他费用（包括交通费、食宿费等）由甲方承担。

五、审计报告和审计报告的使用

1.乙方按照中国注册会计师审计准则规定的格式和类型出具审计报告。

2.乙方向甲方致送审计报告一式×份。

3.甲方在提交或对外公布乙方出具的审计报告及其后附的已审计财务报表时，不得对其进行修改。当甲方认为有必要修改会计数据、报表附注和所作的说明时，应当事先通知乙方，乙方将考虑有关的修改对审计报告的影响，必要时，将重新出具审计报告。

六、本约定书的有效期间

本约定书自签署之日起生效，并在双方履行完毕本约定书约定的所有义务后终止。但其中第三项第6段、第四、五、七、八、九、十项并不因本约定书终止而失效。

七、约定事项的变更

如果出现不可预见的情况，影响审计工作如期完成，或需要提前出具审计报告，甲、乙双方均可要求变更约定事项，但应及时通知对方，并由双方协商解决。

八、终止条款

1.如果根据乙方的职业道德及其他有关专业职责、适用的法律法规或其他任何法定的要求，乙方认为已不适宜继续为甲方提供本约定书约定的审计服务，乙方可以采取向甲方提出合理通知的方式终止履行本约定书。

2.在本约定书终止的情况下，乙方有权就其于终止之日前对约定的审计服务项目所做的工作收取合理的费用。

九、违约责任

甲、乙双方按照《中华人民共和国民法典》的规定承担违约责任。

十、适用法律和争议解决

本约定书的所有方面均应适用中华人民共和国法律进行解释并受其约束。本约定书履行地为乙方出具审计报告所在地，因本约定书引起的或与本约定书有关的任何纠纷或争议（包括关于本约定书条款的存在、效力或终止，或无效之后果），双方协商确定采取以下第　　种方式予以解决：

（1）向有管辖权的人民法院提起诉讼；

（2）提交××仲裁委员会仲裁。

十一、双方对其他有关事项的约定

本约定书一式两份，甲、乙双方各执一份，具有同等法律效力。

A股份有限公司（盖章）　　B会计师事务所（盖章）

授权代表：（签名并盖章）　　授权代表：（签名并盖章）

二〇×九年×月×日　　二〇×九年×月×日

审计业务约定书（信函式）

A股份有限公司管理层或治理层的适当代表：

一、审计的目标和范围

贵方要求我方审计A股份有限公司（以下简称A公司）按照企业会计准则编制的20×8年12月31日的资产负债表，20×8年度的利润表、所有者权益（或股东权益）变动表和现金流量表以及财务报表附注（以下统称财务报表）。我方很高兴通过本业务约定书确认我方已承接和了解该项审计业务。

我方通过执行审计工作，对财务报表的下列方面发表审计意见：（1）财务报表是否在所有重大方面按照企业会计准则的规定编制；（2）财务报表是否在所有重大方面公允反映了A公司20×8年12月31日的财务状况以及20×8年度的经营成果和现金流量。

二、注册会计师的责任

我方的责任是在执行审计工作的基础上对贵方财务报表发表审计意见。我方根据中国注册会计师审计准则（以下简称审计准则）的规定执行审计工作。审计准则要求我方遵守中国注册会计师职业道德守则，计划和执行审计工作以对财务报表是否不存在重大错报获取合理保证。

审计工作涉及实施审计程序，以获取有关财务报表金额和披露的审计证据。选择的审计程序取决于我方的判断，包括对由舞弊或错误导致的财务报表重大错报风险的评估。审计工作还包括评价管理层选用会计政策的恰当性和作出会计估计的合理性，以及评价财务报表的总体列报。

由于审计和内部控制的固有限制，即使按照审计准则的规定适当地计划和执行审计工作，仍不可避免地存在财务报表的某些重大错报可能未被发现的风险。

在进行风险评估时，我方考虑与财务报表编制和公允列报相关的内部控制，以设计恰当的审计程序，但目的并非对内部控制的有效性发表意见。然而，我方将以书面形式向贵方通报审计过程中识别出的与财务报表审计相关的值得关注的内部控制缺陷。

除下列情况外，我方应当对执行业务过程中知悉的贵方信息予以保密：（1）法律法规允许披露，并取得甲方的授权；（2）根据法律法规的要求，为法律诉讼、仲裁准备文件或提供证据，以及向监管机构报告发现的违法行为；（3）在法律法规允许的情况下，在法律诉讼、仲裁中维护自己的合法权益；（4）接受注册会计师协会或监管机构的执业质量检查，答复其询问和调查；（5）法律法规、执业准则和职业道德规范规定的其他情形。

三、管理层的责任

我方执行审计工作的前提是贵方已认可并理解应当承担下列责任：

（一）按照企业会计准则的规定编制财务报表，并使其实现公允反映。

（二）设计、执行和维护内部控制，以使财务报表不存在由于舞弊或错误导致的重大错报。

（三）向我方提供下列必要的工作条件：

1.允许我方接触与编制财务报表相关的所有信息，如记录、文件和其他事项；

2.向我方提供审计所需的其他信息；

3.允许我方在获取审计证据时不受限制地接触我方认为必要的A公司内部人员和其他相关人员。

作为审计流程的一部分，我方将要求贵方对作出的与审计有关的声明予以书面确认。

我方期待在审计过程中与贵方员工进行通力合作。

四、其他相关信息

[插入其他信息，如收费安排、计费方法和其他特定条款（如适用）]

五、审计报告

我方按照中国注册会计师审计准则规定的格式和类型出具审计报告。

本约定书一式两份，如果贵方完全接受本业务约定书的条款，谨请在本业务约定书上签名并盖章，并将其中一份经签名并盖章的约定书交回我方。如果贵方对本业务约定书的条款尚有疑问，或者希望对某些条款进行进一步的讨论，请随时与我方联系。

A股份有限公司（盖章） B会计师事务所（盖章）

授权代表：（签名并盖章） 授权代表：（签名并盖章）

二〇×九年××月××日 二〇×九年××月××日

五、审计业务约定条款的变更

在完成审计业务前，如果被要求将审计业务变更为保证程度较低的业务，注册会计师应当确定是否存在合理理由。在缺乏合理理由的情况下，注册会计师不应同意变更审计业务约定条款。

可能导致注册会计师变更审计业务约定条款的事项包括：环境变化对审计服务的需求产生影响；对原来要求的审计业务的性质存在误解；无论是管理层施加的还是其他情况引起的审计范围受到限制。由于环境变化导致对审计服务的需求产生影响，或对原来要求的审计业务性质存在误解，可以认为是被审计单位要求变更审计业务约定条款的合理理由。相反，如果有迹象表明变更审计业务约定条款的要求与错误的、不完整的或不能令人满意的信息有关，该变更不能认为是合理的。例如，如果注册会计师不能就应收款项获取充分、适当的审计证据，而被审计单位要求将审计业务变更为审阅业务，以避免注册会计师发表保留意见或无法表示意见，则该变更是不合理的。

第二节 总体审计策略和具体审计计划

根据《中国注册会计师审计准则第1201号——计划审计工作》，注册会计师应当计划审计工作，使审计业务以有效的方式得到执行。计划审计工作包括针对审计业务制定的总体审计策略和具体审计计划。

计划审计工作对于注册会计师顺利完成审计工作和控制审计风险具有非常重要的意义。合理的计划审计工作有助于注册会计师适当关注重要的审计领域，及时发现和解决潜在的问题，恰当地组织和管理审计工作，以有效率和效果的方式执行审计业务、选择具备必要的专业素质和胜任能力的项目组成员应对预期的风险及向项目组成员分派适当的工作。同时充分的计划审计工作还可以帮助注册会计师对项目组成员进行恰当指导和监督，并复核其工作，还有助于协调组成部分注册会计师和专家的工作。

一、总体审计策略

注册会计师应当制定总体审计策略，用以确定审计工作的范围、时间安排和方向，以及指导具体审计计划的制订。

（一）总体审计策略的制定

在制定总体审计策略时，注册会计师应当：

（1）确定审计业务的特征，包括采用的会计准则、特定行业的报告要求以及被审计单位组成部分的分布等，以界定审计范围。

在确定审计范围时，注册会计师一般需要考虑下列事项：

① 编制财务报表适用的财务报告编制基础；

② 特定行业的报告要求，如某些行业的监管部门要求提交的报告；

③ 预期的审计工作涵盖范围，包括需审计的集团内组成部分的数量及所在地点；

④ 母公司和集团内其他组成部分之间存在的控制关系的性质，以确定如何编制合并财务报表；

⑤ 其他注册会计师参与组成部分审计的范围；

⑥ 需审计的业务分部性质，包括是否需要具备专门知识；

⑦ 外币业务的核算方法及外币财务报表折算和合并方法；

⑧ 除对合并财务报表审计之外，是否需要对组成部分的财务报表单独进行法定审计；

⑨ 内部审计工作的可利用性及对内部审计工作的拟依赖程度；

⑩ 被审计单位使用服务机构的情况，及注册会计师如何取得有关服务机构内部控制设计、执行和运行有效性的证据；

⑪拟利用在以前期间审计工作中获取的审计证据的程度，如获取的与风险评估程序和控制测试相关的审计证据；

⑫信息技术对审计程序的影响，包括数据的可获得性和预期使用计算机辅助审计技术的情况；

⑬根据中期财务信息审阅及在审阅中所获信息对审计的影响，相应调整审计涵盖范围和时间安排；

⑭与为被审计单位提供其他服务的会计师事务所人员讨论可能影响审计的事项；

⑮被审计单位的人员和相关数据可利用性。

（2）明确审计业务的报告目标，以计划审计的时间安排和所需沟通的性质，包括提交审计报告的时间要求，预期与管理层和治理层沟通的重要日期等。

在计划报告目标、时间安排和所需沟通时，注册会计师一般需要考虑下列事项：

① 被审计单位的财务报告时间表；

② 与管理层和治理层就审计工作的性质、范围和时间所举行的会议的组织工作；

③ 与管理层和治理层讨论预期签发报告和其他沟通文件的类型及提交时间，如审计报告、管理建议书及与治理层的沟通函；

④ 就组成部分的报告及其他沟通文件的类型及提交时间与负责组成部分审计的注册会计师沟通；

⑤ 项目组成员之间预期沟通的性质和时间安排，包括项目组会议的性质和时间安排及复核工作的时间安排；

⑥ 是否需要跟第三方沟通，包括与审计相关的法律法规规定和业务约定书约定的报告

责任；

⑦ 与管理层讨论预期在整个审计过程中通报审计工作进展及审计结果的方式。

(3) 根据职业判断，考虑用以指导项目组工作方向的重要因素，包括确定适当的重要性水平，初步识别可能存在较高的重大错报风险的领域，初步识别重要的组成部分和账户余额，评价是否需要针对内部控制的有效性获取审计证据，识别被审计单位、所处行业、财务报告要求及其他相关方面最近发生的重大变化等。

在确定审计方向时，注册会计师一般需要考虑下列事项：

① 重要性方面。主要包括：在制订审计计划时确定的重要性水平；为组成部分确定重要性且与组成部分的注册会计师沟通；在审计过程中重新考虑重要性水平；识别重要的组成部分和账户余额。

② 重大错报风险较高的审计领域。

③ 评估的财务报表层次的重大错报风险对指导、监督及复核的影响。

④ 项目组人员的选择（在必要时包括项目质量复核人员）和工作分工，包括向重大错报风险较高的审计领域分派具备适当经验的人员。

⑤ 项目预算，包括考虑为重大错报风险可能较高的审计领域分配适当的工作时间。

⑥ 向项目组成员强调在收集和评价审计证据过程中保持职业怀疑必要性的方式。

⑦ 以往审计中对内部控制运行有效性评价的结果，包括所识别的控制缺陷的性质及应对措施。

⑧ 管理层重视设计和实施健全的内部控制的相关证据，包括这些内部控制得以适当记录的证据。

⑨ 业务交易量规模，以基于审计效率的考虑确定是否依赖内部控制。

⑩ 管理层对内部控制重要性的重视程度。

⑪影响被审计单位经营的重大发展变化，包括信息技术和业务流程的变化，关键管理人员变化，以及收购、兼并和分立。

⑫重大的行业发展情况，如行业法规变化和新的报告规定。

⑬会计准则的变化。

⑭其他重大变化，如影响被审计单位的法律环境的变化。

(4) 考虑初步业务活动的结果，并考虑项目组长对被审计单位执行其他业务时获得的经验是否与审计业务相关（如适用）。

(5) 确定执行业务所需资源的性质、时间安排和范围。

（二）总体审计策略的内容

注册会计师应当在总体审计策略中清楚地说明下列内容：

(1) 向具体审计领域调配的资源，包括向高风险领域分派有适当经验的项目组成员，就复杂的问题利用专家工作等；

(2) 向具体审计领域分配资源的数量，包括安排到重要存货存放地观察存货盘点的项目组成员的数量，对其他注册会计师工作的复核范围，对高风险领域安排的审计时间预算等；

(3) 何时调配这些资源，包括是在期中审计阶段还是在关键的截止日期调配资源等；

(4) 如何管理、指导、监督这些资源的利用，包括预期何时召开项目组预备会和总结会，预期项目负责人和经理如何进行复核，是否需要实施项目质量复核等。

注册会计师应当根据实施风险评估程序的结果对上述内容予以调整。而且，总体审计策略的详略程度应当随被审计单位的规模及该项审计业务的复杂程度的不同而变化。在小型被审计单位审计中，全部审计工作可能由一个很小的审计项目组执行，项目组成员间容易沟通和协调，总体审计策略可以相对简单。

总体审计策略一经制定，注册会计师应当针对总体审计策略中所识别的不同事项，制订具体审计计划，并考虑通过有效利用审计资源来实现审计目标。

（三）总体审计策略的示例

总体审计策略

1. 审计工作范围

报告要求	
适用的财务报告准则	
适用的审计准则	
与财务报告相关的行业特别规定	[如监管机构发布的有关信息披露法规、特定行业主管部门发布的与财务报告相关的法规等]
需审计的集团内组成部分的数量及所在地点	
需要阅读的含有已审计财务报表的文件中的其他信息	[上市公司年报]
制定审计策略需考虑的其他事项	[如单独出具报告的子公司范围等]

2. 重要性

重要性	确定方法
[按照《中国注册会计师审计准则第1221号——计划和执行审计工作时的重要性》确定]	

3. 报告目标、时间安排及所需沟通

计划的报告报送及审计工作时间安排如下：

对外报告	时间
执行审计时间安排	**时间**
[期中审计，包括：	
——制定总体审计策略及具体审计计划	
——……]	
[期末审计，包括：	
——监盘	
——……]	
所需沟通	时间
[与管理层及治理层的会议]	
[项目组会议（包括预备会和总结会）]	
[与专家或有关人士的沟通]	
[与其他注册会计师的沟通]	
[与前任注册会计师的沟通]	
[……]	

4.人员安排

4.1 项目组主要成员的责任

项目组主要成员的职位、姓名及其主要职责如下：

[在分配职责时可以根据被审计单位的不同情况按会计科目划分，或按交易类别划分]

职位	姓名	主要职责

4.2 与项目质量控制复核人员的沟通（如适用）

项目质量控制复核人员复核的范围、沟通内容及相关时间如下：

复核的范围：________________

沟通内容	负责沟通的项目组成员	计划沟通时间
[风险评估、对审计计划的讨论]		
[对财务报表的复核]		
[……]		

5.对专家或有关人士工作的利用（如适用）

[如项目组计划利用专家或有关人士的工作，则需记录其工作的范围及涉及的主要会计科目等。另外，项目组还应按照相关审计准则的要求对专家或有关人士的能力、客观性及其工作等进行考虑及评估]

5.1 对内部审计工作的利用

主要会计科目	拟利用的内部审计工作	工作底稿索引号
[存货]	[内部审计部门对各仓库的存货每半年至少盘点一次。在中期审计时，项目组已经对内部审计部门盘点步骤进行观察，其结果满意，因此项目组将审阅其年底的盘点结果，并缩小存货监盘的范围]	
[……]		

5.2 对其他注册会计师工作的利用

其他注册会计师名称	利用其工作范围及程度	工作底稿索引号

5.3 对专家工作的利用

主要会计科目	专家名称	主要职责及工作范围	利用专家工作的原因	工作底稿索引号

5.4 对被审计单位使用服务机构的考虑

主要会计科目	服务机构名称	服务机构提供的相关服务及其注册会计师出具的审计报告意见及日期	工作底稿索引号

二、具体审计计划

注册会计师应当制订具体审计计划，具体审计计划比总体审计策略更加详细。

（一）具体审计计划的内容

具体审计计划应当包括下列内容：

（1）为了足够识别和评估财务报表重大错报风险，注册会计师计划实施的风险评估程序的性质、时间安排和范围。

风险评估程序，是指注册会计师为了解被审计单位及其环境，以识别和评估财务报表层次和认定层次的重大错报风险（无论该风险由于舞弊或错误导致）而实施的审计程序。

风险评估程序应当包括下列方面：

① 询问管理层以及被审计单位内部其他人员；

② 分析程序；

③ 观察和检查。

（2）针对评估的认定层次的重大错报风险，注册会计师计划实施的进一步审计程序的性质、时间安排和范围。

（3）根据中国注册会计师审计准则的规定，注册会计师针对审计业务需要实施的其他审计程序。

计划的其他审计程序可以包括上述进一步审计程序的计划中没有涵盖的、根据其他审计准则的要求注册会计师应当执行的既定程序。例如，阅读含有已审计财务报表的文件中的其他信息，寻求与被审计单位律师直接沟通等。

（二）具体审计计划的示例

具体审计计划

客户名称：	财务报表期间：	工作底稿索引号：

编制人及复核人员签字：

编制人：	日期：
复核人：	日期：
项目质量控制复核人：	日期：

目　录

1. 公司概况

1.1　历史沿革

1.2　主营业务

1.3　组织架构

1.4　合并报表范围

2. 公司经营情况及拟采取的审计策略

2.1　公司所处行业的基本情况

2.2　公司报告期生产经营及收入构成情况

2.3　公司报告期成本构成及采购情况

2.4　公司报告期银行资金流水的调取及核对

2.5　现金交易、存货监盘等特殊事项

2.6　子公司增减变化和经营情况

2.7　重要联营企业的经营情况

3.重要会计政策、会计估计及其变更情况
4.未审计财务报表总体分析
5.与本年审计相关的以前年度审计事项
6.重大错报风险及特别风险的应对措施
7.重点审计领域的审计
8.对组成部分的审计
9.其他程序（如适用）

（三）总体审计策略和具体审计计划的关系

尽管总体审计策略通常是在具体审计计划之前编制的，但两者是紧密联系在一起的，注册会计师需要根据实施风险评估程序的结果对总体审计策略的内容予以调整。

例如，A注册会计师接受B公司的委托，审计其20×8年度的财务报表，A注册会计师实施了初步业务活动，制定了总体审计策略。在了解B公司及其环境的过程中，发现B公司实现了高度自动化和信息化，主要业务的处理都是由复杂的自动化信息系统来完成的，自动化信息系统的可靠性及有效性对经营、管理、决策以及编制可靠的财务报告具有重大影响。因此，A注册会计师决定在具体审计计划中针对这种情况制定相应的审计程序，并调整总体审计策略的内容，利用信息风险管理专家的工作。

在通常情况下，注册会计师会将总体审计策略和具体审计计划的制定工作结合起来进行，并编制一份完整的审计计划，从而提高审计计划的制订和复核效率。

三、审计过程中对计划的更改

计划审计工作并非审计业务的一个孤立阶段，而是一个持续的、不断修正的过程，贯穿于整个审计业务的始终。由于未预期事项、条件的变化或在实施审计程序中获取的审计证据等原因，注册会计师应当在审计过程中对总体审计策略和具体审计计划作出必要的更新和修改。

审计过程是一个前后紧密衔接的过程，在通常情况下，前一阶段的工作结果是制订后一阶段工作计划的基础和依据，而前一阶段的工作毕竟是在当时了解到的情况下完成的，在后一阶段的工作过程中可能就会发现新的情况，这就需要对已制订的相关计划进行相应的更新和修改。这些更新和修改涉及比较重要的事项。例如，对重要性水平的修改，对某类交易、账户余额和披露的重大错报风险的评估和进一步审计程序（包括总体方案和拟实施的具体审计程序）的更新和修改等。

例如，A注册会计师接受B公司委托，审计其20×8年度的财务报表，A注册会计师在完成初步业务活动后，开始制定总体审计策略和具体审计计划。A注册会计师通过对B公司存货相关控制的设计和实施的了解和评估，认为存货相关的控制设计合理并得以执行，并将其评价为低风险领域，计划执行控制测试。但在对存货执行控制测试时，发现存货盘点结果与账面数量差别较大，存货盘点人员并没有认真盘点。因此，A注册会计师决定将存货的风险从低风险调整为高风险，并据以修改具体审计计划，采用控制测试和实质性程序相结合的方法。

四、监督、指导与复核

注册会计师应当制订计划，确定对项目组成员的指导和监督以及对其工作的复核的性质、时间安排和范围。对项目组成员工作的指导、监督与复核的性质、时间安排和范围主要取决于下列因素：

（1）被审计单位的规模和复杂程度；

（2）审计领域；

（3）重大错报风险；

（4）执行审计工作的项目组成员的素质和专业胜任能力。

注册会计师应在评估重大错报风险的基础上，计划对项目组成员工作的指导、监督与复核的性质、时间安排和范围。当评估的重大错报风险增加时，注册会计师通常会扩大指导与监督的范围，增强指导与监督的及时性，执行更详细的复核工作。在计划复核的性质、时间安排和范围时，注册会计师还应考虑单个项目组成员的素质和专业胜任能力。

五、对计划审计工作的记录

注册会计师应当根据总体审计策略、具体审计计划以及在审计工作过程中对总体审计策略或具体审计计划作出的重大修改及其理由形成审计工作底稿。

（一）记录的内容

1.对总体审计策略的记录

注册会计师对总体审计策略的记录，应当包括为恰当计划审计工作和向项目组传达重大事项而作出的关键决策。

2.对具体审计计划的记录

注册会计师对具体审计计划的记录，应当能够反映计划实施的风险评估程序的性质、时间安排和范围，以及针对评估的重大错报风险计划实施的进一步审计程序的性质、时间安排和范围。对于小型被审计单位，注册会计师可以使用标准的审计程序表或审计工作完成核对表替代具体审计计划，但应当根据具体审计业务的情况作出适当修改。

3.对审计计划重大修改的记录

注册会计师应当记录在审计过程中对总体审计策略和具体审计计划作出的重大修改及其理由，以及对导致此类更改的事项、条件或审计程序结果采取的应对措施。

由于总体审计策略和具体审计计划已经制定（包括项目合伙人的复核），在实务中，如果只是针对某一或某几方面修改审计计划，注册会计师可以保留原有的总体审计策略、具体审计计划，以及已经执行的审计程序的记录，并将对审计计划的重大修改情况记录在进一步审计程序表和重大事项概要中。如果对计划的修改涉及整个计划的各个方面，以及多个类别的交易、账户余额和披露，为使整套审计工作底稿内容、脉络更清楚，此时注册会计师可以考虑重新编制总体审计策略和具体审计计划，并保留原有的总体审计策略和具体审计计划。

（二）记录的形式和范围

注册会计师对计划审计工作记录的形式和范围，取决于被审计单位的规模和复杂程度、重要性、具体审计业务的情况以及对其他审计工作记录的范围等事项。比如，在对小型被审计单位审计时，全部审计工作可能由一个很小的审计项目组执行，项目组成员间容易沟通和协调，总体审计策略和具体审计计划可以相对简单。

六、首次接受审计委托的补充考虑

首次接受审计委托包括接受新客户而建立客户关系和承接现有客户（因对其提供了其他服务）的审计业务委托两种情况。在这两种情况下，尤其是接受新客户的情况下，注册会计师通常缺乏用以评估与客户及业务承接相关的风险的前期审计经验，因而可能需要扩展初步业务活动。在首次接受审计委托前，注册会计师应当执行下列程序：

（一）针对建立客户关系和承接具体审计业务实施相应的质量管理程序

项目组长应当确信，有关客户关系和审计业务的接受与保持的质量管理程序已得到遵守，并确定得出的有关结论是恰当的。项目组长在确定客户关系和审计业务的接受与保持是否适当时，应当考虑：

（1）被审计单位的主要股东、关键管理人员和治理层是否诚信；

（2）项目组是否具有执行审计业务的专业胜任能力以及必要的时间和资源；

（3）会计师事务所和项目组能否遵守职业道德规范。

（二）与前任注册会计师进行沟通

如果被审计单位变更了会计师事务所，按照相关审计准则和职业道德规范的规定，在接受委托前，后任注册会计师应当与前任注册会计师进行必要沟通，并对沟通结果进行评价，以确定是否接受委托。后任注册会计师向前任注册会计师询问的内容应当合理、具体，至少包括：

（1）是否发现被审计单位管理层存在正直和诚信方面的问题；

（2）前任注册会计师与管理层在重大会计、审计等问题上存在的意见分歧；

（3）前任注册会计师向被审计单位治理层通报的管理层舞弊、违反法律法规行为以及值得关注的内部控制缺陷；

（4）前任注册会计师认为导致被审计单位变更会计师事务所的原因。

对于首次接受审计委托，在制定总体审计策略和具体审计计划时，注册会计师还应当考虑下列事项：

（1）就与前任注册会计师沟通作出安排，包括查阅前任注册会计师的工作底稿等；

（2）与管理层讨论的有关首次接受审计委托的重大问题，就这些重大问题与治理层沟通的情况，以及这些重大问题是如何影响总体审计策略和具体审计计划的；

（3）针对期初余额获取充分、适当的审计证据而计划实施的审计程序；

（4）针对预见到的特别风险，分派具有相应素质和专业胜任能力的人员；

（5）根据会计师事务所关于首次接受审计委托的质量管理制度实施的其他程序。

七、与治理层的沟通

（一）治理层的含义

治理层，是指对被审计单位战略方向以及管理层履行经营管理责任负有监督责任的人员或组织，治理层的责任包括对财务报告过程的监督。在某些被审计单位，治理层可能包括管理层成员。

治理层不同于管理层。管理层，是指对被审计单位经营活动的执行负有管理责任的人员。在某些被审计单位，管理层包括部分或全部的治理层成员。

管理层负责编制财务报表，并受到治理层的监督。在财务报表审计中，注册会计师应当就财务报表审计相关事项与治理层沟通。在与治理层沟通特定事项前，注册会计师通常先与管理层讨论，除非这些事项不适合与管理层讨论。不适合与管理层讨论的事项包括管理层的胜任能力和诚信问题等。

如果被审计单位有内部审计职能，注册会计师可以在与治理层沟通特定事项前，先与内部审计人员讨论有关事项。如果管理层或内部审计人员的意见及拟采取的措施有助于治理层了解特定事项，注册会计师应当考虑将这些意见和措施包括在与治理层沟通的内容中。

（二）沟通的事项

在计划审计工作阶段，注册会计师应当与治理层沟通注册会计师与财务报表审计相关的责任，包括：

（1）注册会计师负责对管理层在治理层监督下编制的财务报表形成和发表意见；

（2）财务报表审计并不减轻管理层或治理层的责任。

注册会计师还应当与治理层沟通计划的审计范围和时间安排的总体情况，包括计划如何应对重大错报风险评估水平较高的领域；实施计划的审计程序或评价审计结果所需要的专门技巧；对于哪些事项可能需要重点关注，因而可能构成关键审计事项所作的初步判断等。

（三）沟通的记录

注册会计师应当将其就注册会计师的责任、计划的审计范围和时间安排与治理层的沟通进行记录。如果沟通的事项是以口头形式进行的，注册会计师应当将其包括在审计工作底稿中，并记录沟通的时间和对象。如果沟通的事项是以书面形式进行的，注册会计师应当保存一份沟通文件的副本，作为审计工作底稿的一部分。

第三节 审计重要性

在计划和执行审计工作时，注册会计师应当恰当地运用重要性概念并采用合理的方法确定重要性水平。

一、重要性的含义

根据《中国注册会计师审计准则第1221号——计划和执行审计工作时的重要性》，重要性取决于在具体环境下对错报金额和性质的判断。在财务报表审计中，如果合理预期错报（包括漏报）单独或汇总起来可能影响财务报表使用者依据财务报表作出的经济决策，则通常认为错报是重大的。错报，是指某一财务报表项目的金额、分类、列报或披露，与按照适用的财务报告编制基础应当列示的金额、分类、列报或披露之间存在的差异；或根据注册会计师的判断，为使财务报表在所有重大方面得到公允反映，需要对金额、分类、列报或披露作出的必要调整。错报可能是由于错误或舞弊导致的。重要性水平可视为财务报表中的错报、漏报能否影响财务报表使用者决策的"临界点"，超过该"临界点"，就会影响使用者的判断和决策，这种错报和漏报就应被看作"重要的"。

【重要性】

美国财务会计准则委员会第2号公告将重要性定义为：会计信息漏报或错报的严重程度，在特定环境下足以改变或影响任何一位理性决策者依赖这些信息所作出的判断。在国际会计师联合会的术语中，重要性被定义为：如果漏报或错报可能影响财务报表使用者的经济决策，那么信息就是重要的。重要性取决于在发生漏报或错报的特定环境下所判断的项目或错误的大小。

重要性概念是基于成本效益原则的要求而产生的。由于现代企业经济活动日趋复杂，注册会计师审计所面对的会计信息量也日益庞大，注册会计师既无必要也不可能去审查全部的会计资料，只能在对内部控制测试和风险评估的基础上采用抽查的方法来确认财务报表的合法性和公允性。因此，在审计过程中，注册会计师在确定审计程序的性质、时间安排和范围以及评价错报的影响时，应当考虑重要性。

财务报告编制基础通常从编制和列报财务报表的方面定义重要性概念。适用的财务报告编制基础对重要性概念的规定，为注册会计师在审计工作中确定重要性提供了参考依据。财务报告编制基础可能以不同的术语解释重要性，如果适用的财务报告编制基础未对重要性概念作出规定，通常而言，重要性概念可从下列方面进行理解：

1.重要性的判断与具体环境有关

不同的审计对象面临不同的环境。在不同的环境下，被审计单位的规模、性质、报表使用者对信息的需求都不尽相同，因此，注册会计师确定的重要性也不相同。从被审计单位的规模来看，某一金额的错报对一个规模较小的被审计单位的财务报表来说可能重要，而对另一个规模较大的被审计单位的财务报表来说可能就是不重要的。

2.对重要性的判断受错报的金额或性质的影响，或受两者共同作用的影响

数额的大小无疑是判断重要性的一个重要因素。同样类型的错报或漏报，金额大的错报比金额小的错报更重要。在考虑数额大小的时候，还要注意多项小额错报的累计影响，一项错报单独看起来并不重要，但如果多次出现，积少成多，就可能变得重要了。仅从数量角度考虑，重要性水平只是提供了一个门槛或临界点，在该门槛或临界点之上的错报就是重要的；反之，

该错报则不重要。在有些情况下，某些金额的错报从数量上看并不重要，但从性质上考虑，则可能是重要的。从性质上考虑错报的重要性要注意以下几点：第一，错报是属于错误还是舞弊，如果属于舞弊，则性质相对严重。第二，错报是否会引起履行合同义务，如果错报致使履行了合同义务，则相对重要。第三，错报是否会影响收益趋势，如果改变了收益的趋势，则相对重要。

3.判断重要性是从财务报表使用者整体需求的角度出发

判断一项错报重要与否，应视其对财务报表使用者依据财务报表作出经济决策的影响程度而定。如果财务报表中的某项错报足以改变或影响财务报表使用者的相关决策，则该项错报就是重要的，否则就不重要。

在财务报表的审计中，注册会计师判断某事项对财务报表使用者是否重大，是在考虑财务报表使用者整体共同的财务信息需求的基础上作出的。由于不同财务报表使用者对财务信息的需求可能差异很大，因此不考虑错报对个别财务报表使用者可能产生的影响。

注册会计师对重要性的确定属于职业判断，受注册会计师对财务报表使用者对财务信息需求的认识的影响。因此，就审计而言，注册会计师针对财务报表使用者作出下列假定是合理的：

（1）拥有经营、经济活动和会计方面的适当知识，并有意愿认真研究财务报表中的信息；

（2）理解财务报表是在运用重要性水平基础上编制、列报和审计的；

（3）认可建立在对估计和判断的应用以及对未来事项的考虑的基础上的会计计量具有固有的不确定性；

（4）依据财务报表中的信息作出合理的经济决策。

另外，对重要性的评估可能需要运用职业判断。重要性的判断是一个复杂的过程，离不开特定的环境。影响重要性的因素很多，不同的审计对象的重要性不同，同一审计对象的重要性在不同时期也可能不同。注册会计师不能机械地套用，只能根据被审计单位面临的环境，并综合考虑其他因素，充分发挥其主观能动性进行专业判断，合理确定重要性水平。不同的注册会计师在确定同一被审计单位财务报表层次和认定层次的重要性水平时，得出的结果也可能不同，这主要是因为对影响重要性的各因素的判断存在差异。

二、重要性的确定和实际执行的重要性

（一）确定计划的重要性水平应考虑的因素

注册会计师应当运用职业判断确定重要性。在计划审计工作时，注册会计师应当确定一个可接受的重要性水平，以发现在金额上重大的错报。此外，注册会计师应当考虑较小金额错报的累计结果可能对财务报表产生重大影响。

从总体上说，注册会计师在确定计划的重要性水平时，需要考虑以下主要因素：

（1）被审计单位及其环境的基本情况。被审计单位的行业状况、法律环境与监管环境等其他外部因素，以及被审计单位经营规模的大小和业务性质、对会计政策的选择和应用、被审计单位的目标和战略及相关的经营风险、被审计单位内部控制的可信赖程度等因素，都将影响注册会计师对重要性水平的判断。

（2）审计的目标，包括特定报告要求。信息使用者的要求等因素影响注册会计师对重要性水平的确定。例如，对特定报表项目进行审计的业务，其重要性水平可能需要以该项目金额，而不是以财务报表的一些汇总性财务数据为基础加以确定。

（3）财务报表各项目的性质及相互关系。财务报表项目的重要程度是存在差别的，因为财务报表使用者对不同的报表项目的关心程度不同。一般而言，财务报表使用者十分关心流动性较高的项目，注册会计师应当对此从严制定重要性水平。由于财务报表各项目之间是相互联系的，注册会计师在确定重要性水平时，需要考虑这种相互联系。

（4）财务报表项目的金额及其波动幅度。财务报表项目的金额及其波动幅度可能促使财务

报表使用者作出不同的反应。因此，注册会计师在确定重要性水平时，应当深入研究这些项目的金额及波动幅度。

因为重要性是从报表使用者决策的角度来考虑的，所以，只要影响预期财务报表使用者决策的因素，都可能对重要性水平产生影响。注册会计师应当在计划阶段充分考虑这些因素，并采用合理的方法，确定重要性水平。

（二）重要性的定量考虑和定性考虑

注册会计师应当从数量和性质两个方面考虑重要性。重要性水平是一个经验值，注册会计师只能通过职业判断确定重要性水平。

1.重要性的定量考虑

重要性的数量即重要性水平，是针对错报的金额大小而言。确定多大错报会影响到财务报表使用者所作决策，是注册会计师运用职业判断的结果。很多注册会计师根据所在会计师事务所的惯例及自己的经验，考虑重要性水平。注册会计师通常先选择一个恰当的基准，再选用适当的百分比乘以该基准，从而得出财务报表层次的重要性水平。在实务中，有许多汇总性财务数据可以用作确定财务报表层次重要性水平的基准，例如，总资产、净资产、流动资产、流动负债、销售收入、费用总额、毛利、净利润等。在选择适当的基准时，注册会计师应当考虑以下因素：

（1）财务报表的要素（例如，资产、负债、所有者权益、收入和费用等）、适用的会计准则所定义的财务报表指标（例如，财务状况、经营成果和现金流量），以及适用的会计准则提出的其他具体要求；

（2）对于某被审计单位而言，是否存在财务报表使用者特别关注的报表项目（例如，特别关注与评价经营成果相关的信息）；

（3）被审计单位的性质及所在行业；

（4）被审计单位的规模、所有权性质以及融资方式。

注册会计师通常会根据上述因素选择一个相对稳定、可预测且能够反映被审计单位正常规模的基准。由于销售收入和总资产具有相对稳定性，注册会计师经常将其用作确定计划重要性水平的基准。在确定恰当的基准后，注册会计师通常运用职业判断合理选择百分比，据以确定重要性水平。实务中通常使用的一些经验参考数值包括：

（1）对于以营利为目的的企业，来自经常性业务的税前利润的5%，或总收入的0.5%；

（2）对于非营利组织，费用总额或总收入的0.5%；

（3）对于共同基金公司，净资产的0.5%。

这些百分比只是一般的经验数值，为了更加有效地实现审计目标，注册会计师执行具体审计业务时，可以根据被审计单位的具体情况作出职业判断，调高或调低上述百分比。另外，根据不同的基准可能会计算出不同的重要性水平，此时，注册会计师应当本着有效实现审计目标的原则根据实际情况确定要采用的基准和计算方法，从而确定重要性水平。

此外，注册会计师在确定重要性时，通常要考虑以前期间的经营成果和财务状况、本期的经营成果和财务状况、本期的预算和预测结果、被审计单位情况的重大变化（如重大的企业购并）以及宏观经济环境和所在行业环境发生的相关变化。例如，注册会计师在将净利润作为确定某单位重要性水平的基准时，因情况变化使该单位本年度净利润出现意外的增加或减少，注册会计师可能认为选择近几年的平均净利润作为重要性水平的基准更加合适。

注册会计师在确定重要性水平时，不需考虑与具体项目计量相关的固有不确定性。例如，财务报表含有高度不确定性的大额估计，注册会计师并不会因此而确定一个比不含有该估计的财务报表的重要性更高或更低的重要性水平。

2.重要性的定性考虑

在计划审计工作时确定的重要性（即确定的某一金额），并不必然表明单独或汇总起来低于该金额的未更正错报一定被评价为不重大。即使某些错报金额低于重要性水平，但与这些错报相关的环境可能使注册会计师将其评价为重大。

尽管设计审计程序以发现仅因其性质而可能被评价为重大的错报并不可行，但是注册会计师在评价未更正错报对财务报表的影响时，不仅要考虑错报金额的大小，还要考虑错报的性质以及错报发生的特定环境。注册会计师在判断错报的性质是否重要时，一般应当考虑以下方面的情况：

（1）错报对遵守法律法规要求的影响程度。

（2）错报对遵守债务契约或其他合同要求的影响程度。

（3）错报掩盖收益或其他趋势变化的程度（尤其在联系宏观经济背景和行业状况进行考虑时）。

（4）错报对用于评价被审计单位财务状况、经营成果或现金流量的有关比率的影响程度。

（5）错报对财务报表中列报的分部信息的影响程度。例如，错报事项对分部或被审计单位其他经营部分的重要程度，而这些分部或经营部分对被审计单位的经营或盈利有重大影响。

（6）错报对增加管理层报酬的影响程度。例如，管理层通过错报来达到有关奖金或其他激励政策规定的要求，从而增加其报酬。

（7）错报对某些账户余额之间错误分类的影响程度，这些错误分类影响到财务报表中应单独披露的项目。例如，经营收益和非经营收益之间的错误分类，非营利单位的受到限制资源和非限制资源的错误分类。

（8）相对于注册会计师所了解的以前向报表使用者传达的信息（如盈利预测）而言，错报的重大程度。

（9）错报是否与涉及特定方的项目相关。例如，与被审计单位发生交易的外部单位是否与被审计单位管理层的成员有关联。

（10）错报对信息漏报的影响程度。在有些情况下，适用的会计准则并未对该信息作出具体要求，但是注册会计师运用职业判断，认为该信息对财务报表使用者了解被审计单位的财务状况、经营成果或现金流量很重要。

（11）错报对与已审计财务报表一同披露的其他信息的影响程度，该影响程度能被合理预期将对财务报表使用者作出经济决策产生影响。

（三）财务报表整体的重要性水平

从重要性的数量方面，注册会计师应当考虑财务报表整体的重要性。

由于财务报表审计的目标是注册会计师通过执行审计工作对财务报表发表审计意见，因此，注册会计师应当考虑财务报表层次的重要性水平。只有这样，才能得出财务报表是否公允反映的结论。在制定总体审计策略时，注册会计师应当确定财务报表整体的重要性水平。财务报表层次的重要性水平主要是采用定量的方法来确定，即选择一个基准和相应的百分比来计算财务报表层次的重要性水平。

此外，在制定总体审计策略时，注册会计师应当对那些金额本身就低于所确定的财务报表层次重要性水平的特定项目作特别的考虑。注册会计师应当根据被审计单位的具体情况，运用职业判断，考虑是否能够合理地预计这些项目的错报将影响使用者依据财务报表作出的经济决策（如有这种情况）。注册会计师在作出这一判断时，应当考虑的因素包括：

（1）会计准则、法律法规是否影响财务报表使用者对特定项目计量和披露的预期（如关联方交易、管理层及治理层的报酬）；

（2）与被审计单位所处行业及其环境相关的关键性披露（如制药业的研究与开发成本）；

（3）财务报表使用者是否特别关注财务报表中单独披露的特定业务分部（如新近购买的业务）的财务业绩。

了解治理层和管理层对上述问题的看法和预期，可能有助于注册会计师根据被审计单位的具体情况作出这一判断。

（四）实际执行的重要性

实际执行的重要性，是指注册会计师确定的低于财务报表整体的重要性水平的一个或多个金额。确定实际执行的重要性，旨在将财务报表中以及特定类别的交易、账户余额或披露中未更正与未发现错报的汇总数超过上述的重要性水平的可能性降至适当的低水平。

确定实际执行的重要性并非简单机械地计算，需要注册会计师运用职业判断，并考虑下列因素的影响：

（1）对被审计单位的了解；

（2）前期审计工作中识别出的错报的性质和范围；

（3）根据前期识别出的错报对本期错报作出的预期。

三、重要性与审计风险和审计证据之间的关系及对审计程序的影响

（一）重要性与审计风险和审计证据之间的关系

通常来说，重要性与审计风险之间存在反向关系。重要性水平越高，审计风险越低；重要性水平越低，审计风险越高。注册会计师在确定审计程序的性质、时间安排和范围时应当考虑这种反向关系。

重要性水平与审计证据的数量之间也存在反向的关系。一般而言，重要性水平越低，所需收集的审计证据越多；重要性水平越高，所需收集的审计证据越少。

（二）重要性对审计程序的影响

（1）在计划审计工作时，注册会计师需要对认为重大的错报金额作出判断。同时注册会计师根据作出的判断，确定风险评估程序的性质、时间安排和范围，识别和评估重大错报风险，以及确定进一步审计程序的性质、时间安排和范围。

（2）在审计执行阶段，注册会计师应当确定实际执行的重要性水平，以评估重大错报风险并确定进一步审计程序的性质、时间安排和范围。

实际执行的重要性，是指注册会计师确定的低于财务报表层次的重要性水平的一个或多个金额，旨在将未更正和未发现错报的汇总数超过财务报表层次的重要性水平的可能性降至适当的低水平。实际执行的重要性还指注册会计师确定的低于特定类别的交易、账户余额或披露认定层次的重要性水平的一个或多个金额（如适用）。

如果在审计过程中获知了某项信息，而该信息可能导致注册会计师确定与原来不同的金额，注册会计师应当修改财务报表层次的重要性水平和特定类别的交易、账户余额或披露的一个或多个重要性水平（如适用）。

如果认为运用低于最初确定的财务报表层次的重要性水平和特定类别的交易、账户余额或披露认定层次的一个或多个重要性水平（如适用）是适当的，注册会计师应当修改实际执行的重要性水平，重新评估重大错报风险并重新确定进一步审计程序的性质、时间安排和范围。

四、评价错报的影响

《中国注册会计师审计准则第1251号——评价审计过程中识别出的错报》规范了注册会计师评价识别出的错报对审计的影响以及未更正错报对财务报表的影响。

（一）评价识别出的错报对审计的影响

注册会计师应当累计审计过程中识别出的错报，除非错报明显微小。

注册会计师还应随着审计的推进考虑识别出的错报对审计的影响。如果出现下列情况之一，注册会计师应当确定是否需要修改总体审计策略和具体审计计划：

（1）识别出的错报的性质以及错报发生的环境表明可能存在其他错报，并且可能存在的其他错报与审计过程中累计的错报合计起来可能是重大的；

（2）审计过程中累计的错报合计数接近按照审计准则的规定确定的重要性水平。

除非法律法规禁止，注册会计师应当及时将审计过程中累计的所有错报与适当层级的管理

层进行沟通。注册会计师还应当要求管理层更正这些错报。

如果管理层应注册会计师的要求，检查了某类交易、账户余额或披露并更正了已发现的错报，注册会计师应当实施追加的审计程序，以确定错报是否仍然存在。

如果管理层拒绝更正沟通的部分或全部错报，注册会计师应当了解管理层不更正错报的理由，并在评价财务报表整体是否不存在重大错报时考虑该理由。

（二）评价未更正错报对财务报表的影响

未更正错报，是指注册会计师在审计过程中累计的且被审计单位未更正的错报。在评价未更正错报的影响之前，注册会计师应当重新评估之前按照审计准则的规定确定的重要性，以根据被审计单位的实际财务结果确认其是否仍然适当。

注册会计师应当确定未更正错报单独或汇总起来是否重大。在确定时，注册会计师应当考虑的因素包括：相对于特定类别的交易、账户余额或披露以及财务报表整体而言，错报的金额和性质以及错报发生的特定环境；与以前期间相关的未更正错报对相关类别的交易、账户余额或披露以及财务报表整体的影响。

除非法律法规禁止，注册会计师应当与治理层沟通未更正错报，以及这些错报单独或汇总起来可能对审计意见产生的影响。注册会计师在沟通时应当逐项指明未更正的重大错报，并要求被审计单位更正这些未更正错报。注册会计师还应当与治理层沟通与以前期间相关的未更正错报对相关类别的交易、账户余额或披露以及财务报表整体的影响。

如果被审计单位拒绝更正发现的未更正错报，但是注册会计师确定未更正错报单独或汇总起来是重大的而认为财务报表整体存在重大错报，注册会计师应当考虑出具非无保留意见的审计报告。

另外，注册会计师应当要求管理层和治理层（如适用）提供书面声明，说明其是否认为未更正错报单独或汇总起来对财务报表整体的影响不重大。这些错报项目的概要应当包含在书面声明中或附在其后。

五、形成审计工作底稿

（一）对重要性水平的记录

注册会计师应当在审计工作底稿中记录下列金额以及在确定这些金额时所考虑的因素：

（1）财务报表层次的重要性水平；

（2）特定类别的交易、账户余额或披露认定层次的一个或多个重要性水平（如适用）；

（3）实际执行的重要性；

（4）随着审计过程的推进，对第（1）项至第（3）项内容作出的任何修改。

（二）对错报的记录

注册会计师应当就下列事项形成审计工作底稿：

（1）设定的某一金额，低于该金额的错报视为明显微小；

（2）审计过程中累计的所有错报，以及这些错报是否已得到更正；

（3）注册会计师就未更正错报单独或汇总起来是否重大得出的结论，以及得出结论的基础。

第四节 审计风险

根据《中国注册会计师审计准则第1101号——注册会计师的总体目标和审计工作的基本要求》的规定，历史财务信息审计中要求注册会计师将审计风险降至可接受的低水平，对审计后的历史财务信息提供合理保证，在审计报告中对历史财务信息采用积极方式提出结论。合理保证意味着审计风险始终存在，注册会计师应当通过计划和实施审计工作，获取充分、适当的审计证据，将审计风险降至可接受的低水平。

一、审计风险的含义

审计风险是指当财务报表存在重大错报时，注册会计师发表不恰当审计意见的风险。审计风险并不包含下面这种情况，即财务报表不含有重大错报，而注册会计师错误地发表了财务报表含有重大错报的审计意见的风险。可见，合理保证与审计风险互为补数，即合理保证与审计风险之和等于100%。如果注册会计师将审计风险降至可接受的低水平，则对财务报表不存在重大错报获取了合理保证。

审计风险不同于企业的经营风险，但两者具有很密切的联系。

经营风险是指可能对被审计单位实现目标和实施战略的能力造成不利影响的重要情况、事项、作为或不作为而导致的风险，或由于制定不恰当的目标和战略而导致的风险。不同的企业可能面临不同的经营风险，这取决于企业经营的性质、所处行业、外部监管环境、企业的规模和复杂程度。管理层有责任识别和应对这些风险。

审计风险与经营风险之所以具有很密切的联系，是因为经营风险与财务报表发生重大错报的风险密切相关。许多经营风险最终都会有财务后果，因而影响到财务报表，进而对财务报表审计产生影响。例如，宏观经济形势不景气可能对商业银行贷款损失准备产生重大影响；化工企业面临的环境风险可能意味着需要确认预计负债；技术升级风险可能导致企业原有的生产设备和存货发生减值，甚至影响持续经营假设的适用性。更为严重的是，在经营风险引起经营失败时，可能促使被审计单位管理层通过财务报表舞弊对此加以掩盖。尽管被审计单位在实施战略以实现其目标的过程中可能面临各种经营风险，但并非所有经营风险都与财务报表相关，注册会计师应当重点关注可能影响财务报表的经营风险。

二、审计风险模型

审计风险取决于重大错报风险和检查风险。注册会计师应当实施审计程序，评估重大错报风险，并根据评估结果设计和实施进一步审计程序，以控制检查风险。

（一）重大错报风险

重大错报风险是指财务报表在审计前存在重大错报的可能性。在设计审计程序以确定财务报表整体是否存在重大错报时，注册会计师应当从财务报表层次和认定层次考虑重大错报风险。

财务报表层次重大错报风险与财务报表整体存在广泛联系，它可能影响多项认定。此类风险通常与控制环境有关，如管理层缺乏诚信、治理层形同虚设而不能对管理层进行有效监督等，但也可能与其他因素有关，如经济萧条、企业所在行业处于衰退期。此类风险难以被界定于某类交易、账户余额、披露的具体认定；相反，此类风险增大了一个或多个不同认定发生重大错报的可能性，与由舞弊引起的风险特别相关。

注册会计师应当评估认定层次的重大错报风险，并根据既定的审计风险水平和评估的认定层次重大错报风险确定可接受的检查风险水平。认定层次的重大错报风险由固有风险和控制风险两部分组成。固有风险，是指在考虑相关的内部控制之前，某类交易、账户余额或披露的某一认定易于发生错报（该错报单独或连同其他错报可能是重大的）的可能性。控制风险，是指某类交易、账户余额或披露的某一认定发生错报，该错报单独或连同其他错报可能是重大的，但没有被内部控制及时防止或发现并纠正的风险。

某些类别的交易、账户余额、披露的认定重大错报风险较高。例如，技术进步可能导致某项产品陈旧，进而导致存货易于发生高估错报（计价认定）；对高价值的、易转移的存货缺乏实物安全控制，可能导致存货的存在认定出错；会计计量过程受重大计量不确定性影响，可能导致相关项目的准确性认定出错。注册会计师应当考虑各类交易、账户余额、披露认定层次的重大错报风险，以便于针对认定层次计划和实施进一步审计程序。

（二）检查风险

检查风险，是指如果存在某一错报，该错报单独或连同其他错报可能是重大的，注册会计师为将审计风险降至可接受的低水平而实施程序后没有发现这种错报的风险。

（三）审计风险各要素之间的关系

审计风险、重大错报风险和检查风险之间的关系用模型表示为：

审计风险=重大错报风险×检查风险

在既定的审计风险水平下，可接受的检查风险水平与认定层次重大错报风险的评估结果成反向关系。一般而言，评估的重大错报风险越高，可接受的检查风险越低；评估的重大错报风险越低，可接受的检查风险越高。

同样，在既定的重大错报风险水平下，注册会计师可以接受的审计风险与可以接受的检查风险成正向关系。一般而言，注册会计师可以接受的审计风险越高，可以接受的检查风险的水平就越高；反之，注册会计师可以接受的审计风险越低，可以接受的检查风险的水平就越低。

三、审计风险与重要性和审计证据之间的关系

（一）审计风险与重要性之间的关系

一般来说，审计风险与重要性之间存在反向关系。重要性水平越高，审计风险越低；重要性水平越低，审计风险越高。

注册会计师在确定审计程序的性质、时间安排和范围时应当考虑这种反向关系。例如，在确定审计程序后，如果注册会计师决定接受更低的重要性水平，审计风险将增加。注册会计师应当选用下列方法将审计风险降至可接受的低水平：

（1）如有可能，通过扩大控制测试范围或实施追加的控制测试，降低评估的重大错报风险，并支持降低后的重大错报风险水平；

（2）通过修改计划实施的实质性程序的性质、时间安排和范围，降低检查风险。

理解审计风险与重要性之间的这种关系要注意以下几点：

（1）重要性水平是注册会计师从财务报表使用者的角度进行判断的结果。重要性与审计风险之间的这种关系也是建立在这个基础之上的。

（2）重要性与审计风险之间的这种关系是从定量的角度来说的。重要性水平的高低指的是金额的大小，没有涉及定性的考虑。

（3）重要性与审计风险之间的这种关系只有在假定同一被审计单位的情况下才成立。对于不同的被审计单位的不同重要性水平，无法据此直接判断审计风险的相对大小。

（4）重要性与审计风险之间的这种关系只有在客观、准确地确定重要性水平的前提下和假定注册会计师付出同样努力的情况下才会成立。

在上述背景下，10 000元的重要性水平要高于5 000元的重要性水平，相应地，10 000元重要性水平下的审计风险要小于5 000元重要性水平下的审计风险。因为，如果重要性水平是10 000元，则意味着低于10 000元的错报不会影响到财务报表使用者的决策，此时注册会计师需要通过执行有关审计程序合理保证能发现高于10 000元的错报；如果重要性水平是5 000元，则金额在5 000元以上的错报就会影响财务报表使用者的决策。面对同一家被审计单位，如果重要性水平是5 000元而不是10 000元，相对于重要性水平为10 000元的情况来说，就意味着注册会计师不但要通过执行有关审计程序合理保证能发现金额在10 000元以上的错报，还要通过执行有关审计程序合理保证能发现金额在5 000~10 000元的错报。很显然，如果审计师付出同样的努力，重要性水平为5 000元时审计不出这样的重大错报的可能性即审计风险，要比重要性水平为10 000元时的审计风险高。因此，重要性水平越低，则审计风险越高，就越要求注册会计师收集更多更有效的审计证据，以将审计风险降至可接受的低水平。所以，重要性水平和审计证据之间也存在反向变动关系。

由于重要性与审计风险的这种关系只有在客观、准确确定重要性的前提下才会成立，所

以，注册会计师不能通过不合理地人为调高重要性水平来降低审计风险。因为重要性是依据重要性概念中所述的判断标准客观确定的，而不是由主观期望的审计风险水平决定的。由于重要性和审计风险存在上述反向关系，而且这种关系对注册会计师将要执行的审计程序的性质、时间安排和范围有直接的影响，因此，注册会计师应当综合考虑各种因素，合理确定重要性水平。

注册会计师应当关注财务报表的重大错报，但没有责任发现对财务报表整体不产生重大影响的错报。注册会计师应当考虑已识别但未更正的单个或累计的错报是否对财务报表整体产生重大影响。

（二）审计风险与审计证据之间的关系

评估的重大错报风险与所需收集的审计证据的数量存在正向关系。一般而言，评估的重大错报风险越高，需要收集的审计证据就越多；评估的重大错报风险越低，所需收集的审计证据越少。

此外，评估的重大错报风险与注册会计师可以接受的检查风险水平不同。可以接受的检查风险水平与审计证据之间存在的是反向关系。一般而言，对于同一个审计客户，可以接受的检查风险水平越高，所需收集的审计证据越少；可以接受的检查风险水平越低，所需收集的审计证据越多。

因此，为了获取合理保证，注册会计师应当获取充分、适当的审计证据，以将检查风险降至可接受的低水平，从而能够得出合理的结论，作为形成审计意见的基础。

四、审计风险的应对

注册会计师应当通过计划和实施审计工作，获取充分、适当的审计证据，将审计风险降至可接受的低水平。这是控制审计风险的总要求。在审计风险模型中，重大错报风险是企业的风险，不受注册会计师的控制，注册会计师只能通过实施风险评估程序来正确评估重大错报风险，并根据评估的两个层次的重大错报风险分别采取应对措施。

注册会计师应当评估财务报表层次的重大错报风险，并根据评估结果确定下列总体应对措施。这些应对措施包括：

（1）向项目组强调在收集和评价审计证据过程中保持职业怀疑态度的必要性；

（2）分派更有经验或具有特殊技能的审计人员，或利用专家的工作；

（3）提供更多的督导；

（4）在选择进一步审计程序时，应当注意使某些程序不被管理层预见或事先了解；

（5）对拟实施审计程序的性质、时间安排和范围作出总体修改。

注册会计师应当获取认定层次充分、适当的审计证据，以便能够在审计工作完成时，以可接受的低审计风险对财务报表整体发表审计意见。对于各类交易、账户余额、披露认定层次的重大错报风险，注册会计师可以通过控制检查风险将审计风险降至可接受的低水平。

检查风险取决于审计程序设计的合理性和执行的有效性。注册会计师通常无法将检查风险降低为零，其原因为：一是注册会计师通常并不对所有的交易、账户余额和披露进行检查；二是注册会计师可能选择了不恰当的审计程序，或是审计程序执行不当，或是审计结论不当。对于第二方面的问题可以通过适当计划、在项目组成员之间进行恰当的职责分配、保持职业怀疑态度以及监督、指导和复核助理人员所执行的审计工作得以解决。

注册会计师应当合理设计审计程序的性质、时间安排和范围，并有效执行审计程序，以控制检查风险。针对评估的认定层次重大错报风险如何设计和执行进一步的审计程序，将在风险应对章节详细阐述。

□ 复习思考题

1.注册会计师在计划审计工作阶段，如何开展初步业务活动？

2.审计业务约定书的作用和内容有哪些？

3.注册会计师如何制定总体审计策略？
4.如何理解审计的重要性概念？
5.如何理解审计风险模型？
6.如何理解审计风险？

本章要旨及
测试题

第九章

风险评估

第一节　风险评估的含义

随着环境的变化，尤其是20世纪60年代针对注册会计师职业界的“诉讼爆炸”的发生，引发并推动了审计技术的革命，审计模式已从最初的账项导向审计发展到现在的风险导向审计。风险导向审计的基本理念，就是审计的实施要以评估风险为切入点，将对审计风险的识别、评估和应对贯穿于整个审计过程，将审计风险降低至可接受的水平，为经审计的财务报表不存在重大错报提供合理保证。可见，风险评估是现代审计的一项重要程序。《中国注册会计师审计准则第1211号——通过了解被审计单位及其环境识别和评估重大错报风险》指出，注册会计师应当了解被审计单位及其环境（包括内部控制），以充分识别和评估财务报表重大错报风险，设计和实施进一步审计程序，该准则为注册会计师如何识别和评估财务报表重大错报风险提供了规范性的指导。

一、风险评估的意义

风险评估是指通过了解被审计单位及其环境（包括内部控制），识别和评估财务报表层次和认定层次的重大错报风险（无论该风险由于舞弊还是错误导致），从而为设计和实施针对评估的重大错报风险采取的应对措施提供基础。

风险评估过程是从了解被审计单位及其环境开始的，在此过程中，注册会计师要通过一定的程序，对被审计单位及其环境进行全面细致的了解，目的是识别和评估财务报表层次和认定层次的重大错报风险。了解的内容包括被审计单位所在行业状况、法律环境和监管环境以及其他外部因素，被审计单位的性质，被审计单位对会计政策的选择和运用，被审计单位的目标、战略以及可能导致重大错报风险的相关经营风险，对被审计单位财务业绩的衡量和评价、被审计单位的内部控制等。

对被审计单位及其环境了解的程度，应以是否满足识别和评估财务报表重大错报风险为判断标准，如果获取的信息足以识别和评估重大错报风险，说明了解的程度是适宜的。要求注册会计师对被审计单位的了解程度等同于管理层未必可取，因为获取更多的信息通常会伴随着审计成本的增加。了解被审计单位及其环境是一个连续和动态地收集、更新与分析信息的过程，注册会计师应运用职业判断确定需要了解被审计单位及其环境的程度。

了解被审计单位及其环境不是可有可无的程序，而是必须实施的程序，它对于注册会计师合理运用职业判断，有效实施审计程序，实现审计目标有着重要的意义。第一，有助于重要性水平的确定，并可帮助注册会计师随着审计工作的进程评估其对重要性的判断是否适当或需要调整；第二，有助于注册会计师考虑被审计单位会计政策的选择和运用是否恰当及财务报表的列报（包括披露）是否适当；第三，有助于注册会计师识别需要特别考虑的领域，包括关联方交易、管理层运用持续经营假设的合理性、交易是否具有合理的商业目的等；第四，有助于注册会计师确定实施分析程序时所使用的预期值；第五，有助于注册会计师设计和实施进一步审计程序，将审计风险降至可接受的低水平；第六，有助于评价所获取的审计证据的充分性和适当性。总之，职业判断贯穿于审计的全过程，注册会计师只有对被审计单位及其环境有充分的了解，才可能作出恰当的职业判断。

二、风险评估程序和信息来源

注册会计师为了了解被审计单位及其环境应当实施的风险评估程序主要包括询问被审计单位管理层和内部其他相关人员、分析程序、观察和检查、其他审计程序和信息来源。

（一）询问被审计单位管理层和内部其他相关人员

询问被审计单位管理层和内部其他相关人员是注册会计师了解被审计单位及其环境的一个重要的程序和重要信息来源。一般情况下，注册会计师可以考虑向管理层和财务负责人询问下列事项：

（1）管理层所关注的主要问题。如新的竞争对手、主要客户和供应商的流失、新的税收法规的实施以及经营目标或战略的变化等。

（2）被审计单位的财务状况和最近的经营成果及现金流量。

（3）可能影响财务报告的交易和事项，或者目前发生的重大会计处理问题。如重大的购并事宜等。

（4）被审计单位发生的其他重要变化。如所有权结构、组织结构的变化，以及内部控制的变化等。

注册会计师通过询问管理层和对财务报告负有责任的人员可获取大部分信息，但为了更好地识别和评估风险，注册会计师还应当考虑询问内部审计人员、采购人员、生产人员、销售人员等其他人员，并考虑询问不同层次的员工，以便从不同的视角获取对识别重大错报风险有用的信息。

在确定所要获取的信息和选择询问对象时，注册会计师应当考虑被审计单位不同人员的层次及所掌握的信息，从有助于识别和评估重大错报风险的角度加以确定。一般而言，询问治理层，有助于注册会计师了解财务报表编制的环境；询问内部审计人员，有助于注册会计师了解被审计单位内部审计针对内部控制设计和运行的有效性所实施的工作，也可以了解管理层对内部审计发现的问题是否采取了适当的行动；询问参与生成、处理或记录复杂或异常交易的员工，有助于注册会计师评估被审计单位选择和运用某项会计政策的适当性；询问内部法律顾问，有助于注册会计师了解有关诉讼、法律法规的遵循情况、影响被审计单位的舞弊或涉嫌舞弊、产品保证和售后责任、与业务合作伙伴的关系（如合营企业），以及合同条款的含义；询问营销或销售人员，有助于注册会计师了解被审计单位的营销策略及其变化、销售趋势或与其客户的合同安排；询问采购人员和生产人员，有助于注册会计师了解被审计单位的原材料采购和产品生产等情况；询问仓库管理人员，有助于注册会计师了解原材料、产成品等存货的进出、保管和盘点等情况。

（二）分析程序

分析程序是指注册会计师通过研究不同财务数据、非财务数据之间以及财务数据与非财务数据之间的内在联系，并对发现的与其他相关信息不一致或与预期数据有严重偏离、较大波动和异常数据关系的调查和分析，对财务信息作出评价的程序。分析程序既可用做风险评估程序和实质性程序，也可用来对财务报表进行总体复核。注册会计师实施分析程序有助于识别异常的交易或事项以及对财务报表和审计产生影响的金额、比率和趋势，确定重点审计领域和事项，以较低的成本实现审计目标。

运用分析程序的一个基本前提是数据之间存在某种关系，并且有理由预计这些关系将继续存在。因此，在实施分析程序时，注册会计师应当预期各种数据之间可能存在的合理关系，并与被审计单位记录的金额、依据记录金额计算的比率或趋势相比较。分析程序也包括将公司财务报表的本期数与上期数、预算数以及同行业标准之间进行的比较。如果发现未预期到的关系或异常波动，注册会计师应当在识别重大错报风险时考虑这些发现。例如，毛利率是销售毛利与销售收入的比率，也体现了销售收入与销售成本之间的内在联系，如果本期的生产及销售情况没有重要变化，那么本期的毛利率与上期的毛利率也应大体相等；如果由于原材料价格上升导致产品成本大幅提高而毛利率却没有变化，说明销售成本的列报可能存在重大错报风险，应实施进一步程序加以核实。

如果使用了高度汇总的数据，实施分析程序的结果可能仅初步显示财务报表存在重大错报风险，注册会计师应当将分析结果连同识别重大错报风险时获取的其他信息一并考虑。也就是说，为了确定重大错报风险的真正来源，注册会计师应当针对数据汇总的每一来源实施更为详细的分析程序。

（三）观察和检查

观察和检查程序可以印证对管理层和其他相关人员的询问结果，并可提供有关被审计单位及其环境的信息。注册会计师可实施的观察和检查程序包括以下五个方面：

1.观察被审计单位的生产经营活动

例如，通过观察被审计单位人员正在从事的生产活动和内部控制活动，可以增加注册会计师对被审计单位人员如何进行生产经营活动及实施内部控制的了解。

2.检查有关书面文件和记录

这里文件和记录包括被审计单位的章程，被审计单位与其他单位签订的合同、协议，股东大会、董事会会议、高级管理层会议的会议记录或纪要，各业务流程操作指引和内部控制手册，各种会计资料、内部凭证和单据等。

3.阅读由管理层和治理层编制的报告

例如，阅读被审计单位年度和中期财务报告、管理层的讨论和分析资料、经营计划和战略、管理层和治理层对重要经营环节和外部因素的评价、内部管理报告以及其他特殊目的报告（如新投资项目的可行性分析报告）。

4.现场访问和实地察看被审计单位的生产经营场所和设备

通过现场访问和实地察看被审计单位的生产经营场所和设备，可以帮助注册会计师了解被审计单位的性质及其经营活动。

5.追踪交易在财务报告信息系统中的处理过程（穿行测试）

通过追踪某笔或某几笔交易在财务报告信息系统中如何生成、记录、处理和报告，以及相关内部控制如何执行，注册会计师可以确定被审计单位的交易流程和内部控制是否与之前通过其他程序所获得的了解一致，并确定内部控制是否得到执行。

（四）其他审计程序和信息来源

1.其他审计程序

除了采用询问、分析程序、观察和检查程序从被审计单位内部获得信息以外，如果根据职业判断认为从被审计单位外部获取的信息有助于识别重大错报风险，注册会计师应当实施其他审计程序以获取这些信息。例如，询问被审计单位聘请的外部法律顾问、专业评估师、投资顾问和财务顾问等；阅读外部的信息，如证券分析师、银行、评级机构出具的有关被审计单位及其所处行业的经济或市场环境等状况的报告，贸易与经济方面的杂志，法规或金融出版物，以及政府部门或民间组织发布的行业报告和统计数据等。

2.其他信息来源

在承接新审计业务或保持既有审计业务的时候，注册会计师都会对被审计单位及其环境有一个初步的了解，以确定是否承接或续接该业务，所以，注册会计师在实施风险评估程序时应当考虑在这个过程中获取的信息，以及向被审计单位提供其他服务所获得的经验是否有助于识别重大错报风险。当然，对于连续审计业务，如果拟利用在以前期间获取的信息，注册会计师应当确定被审计单位及其环境是否已发生变化，以及该变化是否可能影响以前期间获取的信息在本期审计中的相关性。例如，注册会计师前期已经了解了内部控制的设计和执行情况，但被审计单位及其环境可能在本期发生变化，导致内部控制也发生相应变化。在这种情况下，注册会计师需要实施询问和其他适当的审计程序（如穿行测试），以确定该变化是否可能影响此类信息在本期审计中的相关性。

注册会计师还可以考虑通过向被审计单位提供其他服务（如执行中期财务报表审阅业务）所获得的经验是否有助于识别重大错报风险。

注册会计师一般会从相关行业状况和法律环境等外部因素、被审计单位的性质等六个方面了解被审计单位及其环境，注册会计师无须在了解每个方面时都实施以上所有的风险评估程序。但在了解被审计单位及其环境的整个过程中，注册会计师通常会综合实施上述风险评估程序。

还应提及的是，为了有效地实施风险评估程序，准确识别和评估重大错报风险，审计业务项目组成员应就财务报表存在重大错报风险的可能性进行讨论。讨论的目的是互通信息，交流意见，使每个人都了解在自己负责的领域发生重大错报风险的可能性，了解各自实施的审计程序对其他人的工作的影响以及对确定进一步审计程序的影响，明确在整个审计过程中保持职业怀疑态度的重要性，对可能发生重大错报风险的迹象保持足够的警惕。讨论的内容包括被审计单位面临的经营风险、财务报表易发生错报的领域和发生错报的方式，尤其要关注由于舞弊导致重大错报风险的可能性。参与讨论的人员包括项目组的关键成员。如果项目组需要拥有信息技术或其他特殊技能的专家，这些专家也应参加讨论。讨论的方式可视具体情况而定，在整个审计过程中项目组成员要持续交换有关财务报表发生重大错报可能性的信息。

第二节 了解被审计单位及其环境

注册会计师在了解被审计单位及其环境时，先要明确应从哪些方面进行了解。按照《中国注册会计师审计准则第1211号——通过了解被审计单位及其环境识别和评估重大错报风险》的要求，注册会计师应当了解被审计单位本身及其内部和外部环境，具体说来包括以下六个方面：

（1）相关行业状况、法律环境和监管环境及其他外部因素，包括适用的财务报告编制基础。

（2）被审计单位的性质，包括经营活动、所有权和治理结构、正在实施和计划实施的投资（包括对特殊目的的实体的投资）的类型、组织结构和筹资方式。了解被审计单位的性质，可以使注册会计师了解预期在财务报表中反映的各类交易、账户余额和披露。

（3）被审计单位对会计政策的选择和运用，包括变更会计政策的原因。注册会计师应当评价被审计单位的会计政策是否适合其经营活动，并与适用的财务报告编制基础、相关行业适用的会计政策保持一致。

（4）被审计单位的目标、战略以及可能导致重大错报风险的相关经营风险。

（5）对被审计单位财务业绩的衡量和评价。

（6）被审计单位的内部控制。

一、相关行业状况、法律环境和监管环境及其他外部因素

被审计单位所处的行业状况、法律环境与监管环境及其他外部因素可能会对被审计单位的经营活动乃至财务报表产生影响，注册会计师应当对这些外部因素进行了解。

（一）了解的具体内容

1.行业状况

了解行业状况有助于注册会计师识别与被审计单位所处行业有关的重大错报风险。注册会

计师应当了解的行业状况主要包括：

（1）所处行业的市场供求与竞争；

（2）生产经营的季节性和周期性；

（3）产品生产技术的变化；

（4）能源供应与成本；

（5）行业的关键指标和统计数据。

2.法律环境和监管环境

由于相关法律或监管要求可能对被审计单位经营活动有重大影响，如不遵守可能导致停业等严重后果，某些法律或监管要求或规定了被审计单位的责任和义务，或决定了被审计单位需要遵循的行业惯例和核算要求。所以，注册会计师应当了解被审计单位所处的法律环境及监管环境。了解的主要内容包括：

（1）适用的会计准则、会计制度和行业特定惯例；

（2）对经营活动产生重大影响的法律法规及监管活动；

（3）对开展业务产生重大影响的政府政策，包括货币、财政、税收和贸易等政策；

（4）与被审计单位所处行业和所从事经营活动相关的环保要求。

3.其他外部因素

除了被审计单位的行业状况、法律环境和监管环境外，其他外部因素也可能对被审计单位的财务报告产生影响。注册会计师还应当了解影响被审计单位经营活动的其他外部因素，这些因素主要包括：

（1）宏观经济的景气度；

（2）利率和资金供求状况；

（3）通货膨胀水平及币值变动；

（4）国际经济环境和汇率变动。

4.了解的重点和程度

注册会计师应当考虑被审计单位所处行业的业务性质或监管程度是否可能导致特定的重大错报风险，考虑项目组是否配备了具有相关知识和经验的成员。

（二）实施的风险评估程序

针对被审计单位的行业状况、法律环境和监管环境及其他外部因素，注册会计师可以考虑运用以下风险评估程序获得了解。

1.查阅以前年度的审计工作底稿

对于连续审计业务，以前年度的工作底稿，包括审计计划备忘录、审计总结备忘录等，有助于注册会计师了解与特定经营活动和行业相关的一些因素。注册会计师应根据本年度发生的变化，在适当时对其予以更新并用于本年度的审计工作中。

2.询问被审计单位管理层和员工

通过询问被审计单位管理层其权责范围内涉及的重要外部因素及其对被审计单位产生的影响，注册会计师可以对管理层作出的重大决策及采取的行动有进一步的了解。通过询问负责市场和销售的人员所处行业的市场供求和竞争情况，可以增强或更新注册会计师对被审计单位所处环境的了解。

对于连续审计业务，注册会计师询问的重点通常是以前年度了解到的情况是否在本期发生了变化。注册会计师对最新动态的关注应当贯穿于整个审计过程中。

3.查阅内部与外部的信息资料

内部信息资料主要包括中期财务报告（包括管理层的讨论和分析）、管理报告、其他特殊目的报告，以及股东大会、董事会会议、高级管理层会议的会议记录或纪要。外部信息资料包括外部顾问、代理机构、证券分析师等编制的关于被审计单位及其所处行业的报告，政府部门或民间行业组织发布的行业报告、宏观经济统计数据、行业统计数据，以及贸易和商业杂志等信息资料。

4.与项目组成员或熟悉被审计单位所处行业的其他人员讨论

与项目组成员特别是经验较多的人员进行讨论，有助于注册会计师获知和利用他人积累的有关被审计单位经营活动以及行业状况的经验与知识。与会计师事务所内熟悉被审计单位所处行业的其他人员讨论，也有助于注册会计师深入、快捷地了解当前行业面临的外部因素与重大事项及其对被审计单位的影响。

5.分析程序

分析程序是注册会计师在了解被审计单位及其环境时运用的重要程序之一。在许多情况下，运用分析程序可以帮助注册会计师评价被审计单位在行业中的经营状况和竞争环境。例如：（1）将被审计单位的关键业绩指标与同行业平均数据或同行业中规模相近的其他单位的数据相比较，可以了解被审计单位在市场中的相对表现，并识别存在重大错报风险的迹象；（2）利用从外部获取的市场份额变化趋势信息，可以识别被审计单位竞争能力的重大变化；（3）按业务分部或地区分部分类计算的销售和毛利变动趋势，可以揭示经营业绩随时间推移而发生的变化，将这一业绩与以前年度比较，可以获得对经营业绩趋势的了解。

二、被审计单位的性质

了解被审计单位的性质有助于注册会计师了解预期在财务报表中反映的各类交易、账户余额和披露。注册会计师应当主要从下列方面了解被审计单位的性质：（1）所有权结构；（2）治理结构；（3）组织结构；（4）经营活动；（5）投资类型；（6）筹资方式。

（一）了解的具体内容

1.所有权结构

注册会计师应当了解被审计单位的所有权结构以及所有者与其他人员或单位之间的关系，考虑关联方关系是否已经得到识别，以及关联方交易是否得到恰当核算。

2.治理结构

良好的治理结构可以对被审计单位的经营和财务运作实施有效的监督，从而降低财务报表发生重大错报的风险。注册会计师应当了解被审计单位的治理结构，考虑治理层是否能够在独立于管理层的情况下对被审计单位事务（包括财务报告）作出客观判断。

3.组织结构

注册会计师应当了解被审计单位的组织结构，考虑复杂组织结构可能导致的重大错报风险，包括财务报表合并、商誉减值测试、长期股权投资核算以及特殊目的实体核算等问题。

4.经营活动

了解被审计单位经营活动有助于注册会计师了解预期将在财务报表中反映的主要交易类别、账户余额和披露。注册会计师应当从以下方面了解被审计单位的经营活动：

（1）主营业务的性质；

（2）与生产产品或提供劳务相关的市场信息；

（3）业务的开展情况；

（4）联营、合营与外包情况；

（5）从事电子商务的情况；

（6）地区与行业分布；

（7）生产设施、仓库的地理位置及办公地点；

（8）关键客户；

（9）重要供应商；

（10）劳动用工情况；

（11）研究与开发活动及其支出；

（12）关联方交易。

5.投资类型

了解被审计单位投资类型有助于注册会计师关注被审计单位在经营策略和方向上的重大变化。注册会计师应当了解的被审计单位的投资类型主要包括：

（1）近期拟实施或已实施的并购活动与资产处置情况；

（2）证券投资、委托贷款的发生与处置；

（3）资本性投资活动，包括固定资产和无形资产投资，近期发生或计划发生的变动，以及重大的资本承诺等；

（4）不纳入合并范围的投资。

6.筹资方式

了解被审计单位筹资方式有助于注册会计师评估被审计单位在融资方面的压力，并进一步考虑被审计单位在可预见的未来的持续经营能力。注册会计师应当了解的被审计单位的筹资方式主要包括：

（1）债务结构和相关条款，包括担保情况及表外融资；

（2）固定资产的融资租赁；

（3）关联方融资；

（4）实际受益股东；

（5）衍生金融工具的运用。

（二）实施的风险评估程序

在了解被审计单位的性质时，除查阅以前年度的审计工作底稿、与项目组成员或其他有经验的人员和行业专家讨论、利用业务承接和续约过程中获取的信息外，注册会计师运用的风险评估程序还包括下列方面。

1.询问被审计单位管理层和内部其他相关人员

注册会计师可以就被审计单位性质询问管理层、治理层及被审计单位担任不同职责的人员，以全面了解被审计单位的情况。

2.查阅文件和报告

注册会计师可以查阅被审计单位的组织结构图，关联方清单，公司章程，对外签订的主要销售、采购、投资、债务合同等，以及被审计单位内部的管理报告、财务报告、生产经营情况分析、会议记录或纪要等，了解被审计单位的性质。

3.实地察看被审计单位的主要生产经营场所

实地察看被审计单位的主要生产经营场所能增强注册会计师对被审计单位性质的了解。实地察看主要经营场所对于了解新承接的审计项目、收购了新业务的被审计单位和跨地区经营的被审计单位尤其重要。通过实地察看被审计单位的厂房和办公场所，可以使注册会计师对被审计单位的布局、生产流程以及固定资产和存货的状况获得一定的了解。

4.分析程序

注册会计师可以通过分析程序对财务数据、非财务数据之间以及财务数据与非财务数据之间的内在关系进行研究和评价。例如，将被审计单位的财务信息与以前期间的可比数据、被审计单位的预算或注册会计师的预期数据进行比较，对重要财务比率进行分析，以了解被审计单位在经营活动、投资活动、筹资活动等各方面的情况及其重大变化。

三、被审计单位对会计政策的选择和运用

注册会计师应当了解被审计单位对会计政策的选择和运用，是否符合适用的会计准则和相关会计制度，是否符合被审计单位的具体情况。

（一）了解的具体内容

在了解被审计单位对会计政策的选择和运用是否适当时，注册会计师应当关注下列事项：

（1）重要项目的会计政策和行业惯例；

（2）重大和异常交易的会计处理方法；

（3）在新领域和缺乏权威性标准或共识的领域，重要会计政策的采用产生的影响；

（4）会计政策的变更；

（5）被审计单位何时采用以及如何采用新颁布的会计准则和相关会计制度。

如果被审计单位变更了重要的会计政策，注册会计师应当考虑会计政策变更的原因及其适当性，确定：（1）会计政策的变更是否符合法律、行政法规或者适用的会计准则和相关会计制度的规定；（2）会计政策的变更能否提供更可靠、更相关的会计信息；（3）会计政策的变更是否得到了恰当的披露。

此外，注册会计师应当考虑，被审计单位的会计政策是否适合其经营活动，并与适用的财务报告编制基础、相关行业适用的会计政策保持一致。

（二）实施的风险评估程序

在了解被审计单位对会计政策的选择和运用时，注册会计师实施的风险评估程序包括：查阅以前年度的审计工作底稿、询问被审计单位管理层和员工、查阅被审计单位的财务资料和内部报告（如会计手册和操作指引）等。注册会计师还可结合对被审计单位及其环境其他方面的了解，考虑被审计单位选用的会计政策是否符合其具体情况。

注册会计师应当重点关注被审计单位本期会计政策的选择和运用与前期相比发生的重大变化，包括对本期新发生的交易或事项选用的会计政策，对前期不重大而本期重大的交易或事项选用的会计政策，重要会计政策的变更以及新企业会计准则发布施行的影响等。

四、被审计单位的目标、战略以及可能导致重大错报风险的相关经营风险

注册会计师应当了解被审计单位的目标和战略，以及可能导致财务报表重大错报的相关经营风险。

（一）了解的具体内容

1. 目标、战略与经营风险

目标是企业经营活动的指针。企业管理层或治理层一般会根据企业经营面临的外部环境和内部各种因素，制定合理可行的经营目标。战略是企业管理层为实现经营目标采用的总体层面的策略和方法。为了实现某一既定的经营目标，企业可能有多个可行战略。随着外部环境的变化，企业会对目标和战略作出相应的调整。经营风险源于对被审计单位实现目标和战略产生不利影响的重大情况、事项、环境和行动，或源于不恰当的目标和战略。不同的企业可能面临不同的经营风险，这取决于企业经营的性质、所处行业、外部监管环境、企业的规模和复杂程度。

注册会计师应当了解被审计单位是否存在与下列方面有关的目标和战略，并考虑相应的经营风险：

（1）行业发展，及其可能导致的被审计单位不具备足以应对行业变化的人力资源和业务专长等风险；

（2）开发新产品或提供新服务，及其可能导致的被审计单位产品责任增加等风险；

（3）业务扩张，及其可能导致的被审计单位对市场需求的估计不准确等风险；

（4）新颁布的会计法规，及其可能导致的被审计单位执行法规不当或不完整，或会计处理成本增加等风险；

（5）监管要求，及其可能导致的被审计单位法律责任增加等风险；

（6）本期及未来的融资条件，及其可能导致的被审计单位由于无法满足融资条件而失去融资机会等风险；

（7）信息技术的运用，及其可能导致的被审计单位信息系统与业务流程难以融合等风险。

多数经营风险最终都会产生财务后果，从而影响财务报表。注册会计师应当根据被审计单位的具体情况，考虑经营风险是否可能导致财务报表发生重大错报。

2.被审计单位的风险评估过程

管理层通常会制定识别和应对经营风险的策略，注册会计师应当了解被审计单位的风险评估过程，这类风险评估过程是被审计单位内部控制的组成部分。

此外，小型被审计单位通常没有正式的计划和程序来确定其目标、战略并管理经营风险。注册会计师应当询问管理层或观察小型被审计单位如何应对这些事项，以获取了解，并评估重大错报风险。

（二）实施的风险评估程序

注册会计师可通过与管理层沟通，以及查阅其经营规划和其他文件，获取对被审计单位目标和战略的了解。注册会计师还可以考虑通过询问不同的管理层成员，进一步了解被审计单位目标和战略、政策和程序，以及管理层的需求、期望和关注的事项。注册会计师还可利用对被审计单位所处外部环境、行业状况以及被审计单位性质的了解，考虑被审计单位的战略是否与目标相适应，即考虑战略是否可以实现该目标以及它们之间的差距或不一致之处。注册会计师还应当考虑被审计单位的目标和战略是否与其各项内部和外部因素相适应。

五、对被审计单位财务业绩的衡量和评价

内部或外部对被审计单位财务业绩的衡量和评价可能对被审计单位管理层产生压力，促使其采取行动改善财务业绩或歪曲财务报表。因此，注册会计师应当了解对被审计单位财务业绩的衡量和评价情况，考虑这种压力是否可能导致管理层采取行动，以至于增加财务报表发生重大错报的风险。

（一）了解的具体内容

在了解对被审计单位财务业绩衡量和评价情况时，注册会计师应当关注下列信息：

（1）关键业绩指标；

（2）业绩趋势；

（3）预测、预算和差异分析；

（4）管理层和员工业绩考核与激励性报酬政策；

（5）分部信息与不同层次部门的业绩报告；

（6）与竞争对手的业绩比较；

（7）外部机构提出的报告。

在了解的这些信息中，注册会计师应当关注被审计单位内部财务业绩衡量所显示的未预期到的结果或趋势、管理层的调查结果和纠正措施，以及相关信息是否显示财务报表可能存在重大错报。如果拟利用被审计单位内部信息系统生成的财务业绩衡量指标，注册会计师应当考虑相关信息是否可靠，以及利用这些信息是否足以实现审计目标。

对于小型被审计单位来说，由于通常没有正式的财务业绩衡量和评价程序，管理层往往将某些关键业绩指标作为评价财务业绩和采取适当行动的基础，注册会计师应当了解管理层使用的关键业绩指标。

（二）实施的风险评估程序

注册会计师通常通过询问被审计单位管理层，查阅被审计单位的内部报告和外部报告，以及实施分析程序，获得对被审计单位财务业绩的衡量和评价的了解。注册会计师还可以从管理层那里了解哪些业绩指标是其他关键利益方关注的重点，以及管理层的内部业绩衡量标准如何受这些外部因素的影响。注册会计师应当考虑管理层的业绩指标是否与关键利益方的预期相一致，并考虑不一致的情况或管理层应对外部压力的结果，及其对重大错报风险的影响。

第三节　了解被审计单位的内部控制

注册会计师应当了解与审计相关的内部控制以识别潜在错报的类型，考虑导致重大错报风

险的因素，以及设计和实施进一步审计程序的性质、时间安排和范围。

一、内部控制的基本理论

（一）内部控制的内涵及要素

1.内部控制的内涵

内部控制是被审计单位为了合理保证财务报告的可靠性、经营的效率和效果以及对法律法规的遵守，由治理层、管理层和其他人员设计和执行的政策和程序。从目标和内容来看，内部控制是风险管理的组成部分。从责任主体来看，设计和实施内部控制的责任主体是治理层、管理层和其他人员，也就是说，组织中的每一个人都对内部控制负有责任。从保证的程度来看，由于固有的局限性，内部控制为三类目标提供的是合理保证，而不是绝对保证。从内部控制目标的实现来看，实现内部控制目标的手段是设计和执行控制政策和程序。

2.内部控制的要素

内部控制主要包括控制环境、风险评估过程、信息系统与沟通、控制活动、对控制的监督五个要素。

（1）控制环境。

控制环境是指对建立、加强或削弱特定政策、程序及其效率产生影响的各种因素，包括治理职能和管理职能，以及治理层和管理层对内部控制及其重要性的态度、认识和所采取的措施。控制环境设定了被审计单位的内部控制基调，影响员工对内部控制的认识和态度。良好的控制环境是实施有效内部控制的基础。控制环境主要包括以下要素：

①对诚信和道德价值观念的沟通与落实。诚信和道德价值观念是控制环境的重要组成部分，影响到重要业务流程的设计和运行。内部控制的有效性直接依赖于负责创建、管理和监控内部控制的人员的诚信和道德价值观念。被审计单位是否存在道德行为准则，以及这些准则如何在被审计单位内部沟通和得到落实，决定了是否能产生诚信和道德的行为。对诚信和道德价值观念的沟通与落实既包括管理层如何处理不诚实、非法或不道德行为，也包括在被审计单位内部，通过行为规范以及高层管理人员的身体力行，对诚信和道德价值观念的营造和保持。

②对胜任能力的重视。胜任能力是指具备完成某一职位的工作所应有的知识和能力。管理层对胜任能力的重视包括对于特定工作所需的胜任能力水平的设定，以及对达到该水平所必需的知识和能力的要求。注册会计师应当考虑主要管理人员和其他相关人员是否能够胜任承担的工作和职责，例如，财会人员是否对编报财务报表所适用的会计准则和相关会计制度有足够的了解并能正确运用。

③治理层的参与程度。被审计单位的控制环境在很大程度上受治理层的影响。治理层的职责应在被审计单位的章程和政策中予以规定。董事会、审计委员会或类似机构应关注被审计单位的财务报告，并监督被审计单位的会计政策以及内部、外部的审计工作和结果。治理层的职责还包括监督用于复核内部控制有效性的政策和程序设计是否合理，执行是否有效。

治理层对控制环境影响的要素有：治理层相对于管理层的独立性、成员的经验和品德、对被审计单位业务活动的参与程度、治理层行为的适当性、治理层所获得的信息、管理层对治理层所提出问题的追踪程度，以及治理层与内部审计人员和注册会计师的联系程度。例如，如果注册会计师与审计委员会有定期的联系，则管理层会更愿意定期向审计委员会和董事会汇报情况，这样，审计委员会和董事会可以知道更多被审计单位的重大情况。

④管理层的理念和经营风格。管理层负责企业运作的管理以及经营策略和程序的制定、执行与监督。控制环境的每个方面在很大程度上都受管理层采取的措施和作出决策的影响，或在某些情况下受管理层不采取某些措施或不作出某种决策的影响。在有效的控制环境中，管理层的理念和经营风格可以创造一个积极的氛围，促进业务流程和内部控制的有效运行，同时创造一个减少错报发生可能性的环境。在管理层以一个或少数几个人为主时，管理层的理念和经营风格对内部控制的影响尤为突出。管理层的理念包括管理层对内部控制的理念。管理层对内部

控制的理念是指管理层对内部控制以及对具体控制实施环境的重视程度。管理层对内部控制的重视，将有助于控制的有效执行，并减少特定控制被忽视或规避的可能性。控制理念反映在管理层制定的政策、程序及所采取的措施中，而不是反映在形式上。因此，要使控制理念成为控制环境的一个重要特质，管理层必须告知员工内部控制的重要性。同时，只有建立适当的管理层控制机制，控制理念才能产生预期的效果。衡量管理层对内部控制重视程度的重要标准，是管理层收到有关内部控制弱点及违规事件的报告时作出何种反应。管理层及时地下达纠弊措施，表明他们对内部控制的重视，也有利于加强企业内部的控制意识。

⑤组织结构。被审计单位的组织结构为计划、运作、控制及监督经营活动提供了一个整体框架，它明确规定一个组织内部各部门和工作人员的权限和责任。建立合理的组织结构，有助于建立良好的内部控制环境。通过集权或分权决策，可在不同部门间进行适当的职责划分、建立适当层次的报告体系。企业的组织结构包括：确定组织单位的性质和形式，包括确认相关的管理职能和报告关系；为每个组织单位制定内部划分责任权限的办法。被审计单位组织结构的合理性在一定程度上取决于被审计单位的规模和经营活动的性质。

⑥责任授权和划分的方法。责任授权和划分的方法影响到责任如何被传达、如何被理解以及员工在执行业务时责任感的强弱。它包括指派进行经营活动的权利与责任以及建立沟通渠道和设立授权的方式等。它关系到个人和团队遇到问题时解决问题的主动性，也关系到各个员工行使权利的上限、企业的某些政策和关键员工需要具备的知识和经验，以及企业应配置给员工的资源等。如果管理层明确地建立了授权和分配责任方法并使其深入人心，就可大大增强整个组织的控制意识。例如，企业应当就业务操作、各种利益矛盾、有关人员的行为规范等方面下发书面的文件，在书面文件里应明确特定的责任、报告关系和有关限制。

⑦人力资源政策与实务。人力资源政策与实务涉及招聘、培训、考核、晋升和薪酬等方面。政策与程序（包括内部控制）的有效性，通常取决于执行人。因此，被审计单位员工的能力与诚信是控制环境中不可缺少的因素。反过来，被审计单位是否有能力招聘并保留一定数量既有能力又有责任心的员工在很大程度上也取决于其人事政策与实务。例如，如果招聘录用标准要求录用最合适的员工，同时强调员工的学历、经验、诚信和道德，这表明被审计单位希望录用有能力并值得信赖的人员。有关培训方面的政策显示员工应达到的工作表现和业绩水准。通过定期考核的晋升政策表明被审计单位希望具备相应资格的人员承担更多的职责。

（2）风险评估过程。

风险评估是企业确认和分析与其目标实现相关的风险的过程，它形成了如何管理风险的基础。风险评估要对与按照会计准则编制的财务报表有关的风险进行确认、分析和管理，要考虑可能发生的外部和内部事件及对管理层在财务报表中的认定有影响的记录、处理、汇总、报告的因素。导致风险发生和变化的因素一般包括招收新的员工、高速增长、新技术、新产品或新作业、信息系统的变化和公司重组。企业也必须设立可辨认、分析和管理相关风险的机制，以了解自身所面临的风险，并适时加以处理。现代社会是一个充满激烈竞争的社会，每一家企业都面临着成功的挑战和失败的风险，对风险的管理成为现代企业管理的主要内容之一。风险影响着每家企业的生存和发展，也影响其在行业中的竞争力以及在市场上的声誉和形象。管理人必须密切注意各层次的风险，并采取必要的管理措施。对财务报表审计来说，主要关注的风险评估过程包括识别与财务报告相关的经营风险以及针对这些风险所采取的应对措施。

（3）信息系统与沟通。

一个良好的信息和沟通系统可以使企业及时掌握营运状况和组织中发生的各种情况，可以及时地为企业的员工提供履行职责所需的各种信息，从而使企业的经营和管理流畅地进行下去。企业在一定的时间内要以一定的形式确定、收集和交换信息，从而使员工能够担任责任。一个组织的信息系统是指为了确认、汇总、分析、分类、记录以及报告公司交易和相关事件与情况，并保持对相关资产和负债的受托责任而建立的方法和记录。信息与沟通系统围绕在控制活动的周围，这些系统使企业内部的员工能取得他们在执行、管理和控制企业经营过程中所需的信息，并交换这些信息。

一个良好的信息系统应能生成包括经营情况、财务和法规遵循情况的信息，这些信息对企业的经营与管理是十分有帮助的。这些信息不仅仅是内部信息，也包括外部事件、活动，同时这些信息还必须在企业内部进行由上至下、由下至上的广泛的传递。首先，所有员工必须从高层主管那里获得清楚的信息，使他们清楚自己在内部控制体系中扮演的角色，同时清楚自己与其他员工之间的关系。其次，员工必须将他们在实践工作中获得的信息汇报给高层主管，这样也就形成了一个自下而上的信息传递流程。由于高层主管不直接参加一线工作，所以他们乐于获取员工关于工作实践的信息，他们将这些信息综合起来，及时加以解决。企业当中自上而下、自下而上的信息传递系统能够使企业及时发现内部控制系统中的薄弱环节，并及时进行改进。

（4）控制活动。

控制活动是指为了保证管理指令得到实施而制定并执行的控制政策和程序。企业必须制定控制的政策和程序，并予以执行，以帮助管理层保证其控制目标的实现。控制活动存在于整个公司内，并出现于各管理层及功能组织中。控制活动包括与授权、业绩评价、信息处理、实物控制和职责分离等相关的活动。

①授权。注册会计师应当了解与授权有关的控制活动，包括一般授权和特别授权。授权的目的在于保证交易在管理层授权范围内进行。一般授权是指管理层制定的要求组织内部遵守的普遍适用于某类交易或活动的政策。特别授权是指管理层针对特定类别的交易或活动逐一设置的授权，如重大资本支出和股票发行等。特别授权也可能用于超过一般授权限制的常规交易，例如，同意因某些特别原因，对某个不符合一般信用条件的客户赊销商品。

②业绩评价。注册会计师应当了解与业绩评价有关的控制活动，主要包括被审计单位分析评价实际业绩与预算（或预测、前期业绩）的差异，综合分析财务数据与经营数据的内在关系，将内部数据与外部信息相比较，评价职能部门、分支机构或项目活动的业绩（如银行客户信贷经理复核各分行、地区与各种贷款类型的审批和收回），以及对发现的异常差异或关系采取必要的调查与纠正措施。

通过调查非预期的结果和非正常的趋势，管理层可以识别可能影响经营目标实现的情形。管理层对业绩信息的使用（如将这些信息用于经营决策，还是同时用于对财务报告系统报告的非预期结果进行追踪），决定了业绩指标的分析是只用于经营目的，还是同时用于财务报告目的。

③信息处理。注册会计师应当了解与信息处理有关的控制活动，包括信息技术的一般控制和应用控制。

被审计单位通常执行各种措施，检查各种类型信息处理环境下的交易的准确性、完整性和授权。信息处理控制可以是人工的、自动化的，或是基于自动流程的人工控制。信息处理控制分为两类，即信息技术的一般控制和应用控制。

信息技术一般控制是指与多个应用系统有关的政策和程序，有助于保证信息系统持续恰当地运行（包括信息的完整性和数据的安全性），支持应用控制作用的有效发挥，通常包括数据中心和网络运行控制，系统软件的购置、修改及维护控制，接触或访问权限控制，应用系统的购置、开发及维护控制。例如，程序改变的控制、限制接触程序和数据的控制、对新版应用软件包实施有关的控制等都属于信息技术一般控制。

信息技术应用控制是指主要在业务流程层次运行的人工或自动化程序，与用于生成、记录、处理、报告交易或其他财务数据的程序相关，通常包括检查数据计算的准确性，审核账户和试算平衡表，设置对输入数据和数字序号的自动检查，以及对例外报告进行人工干预。

④实物控制。注册会计师应当了解实物控制，主要包括对资产和记录采取适当的安全保护措施，对访问计算机程序和数据文件设置授权，以及定期盘点并将盘点记录与会计记录相核对。例如，现金、有价证券和存货的定期盘点控制。实物控制的效果影响资产的安全，从而对

财务报表的可靠性及审计产生影响。

⑤职责分离。注册会计师应当了解职责分离，主要包括了解被审计单位如何将交易授权、交易记录以及资产保管等职责分配给不同员工，以防范同一员工在履行多项职责时可能发生的舞弊或错误。当信息技术在信息系统中运用时，职责分离可以通过设置安全控制来实现。

（5）对控制的监督。

对控制的监督是指被审计单位评价内部控制在一段时间内运行有效性的过程，该过程包括及时评价控制的设计和运行，以及根据情况的变化采取必要的纠正措施。例如，管理层对是否定期编制银行存款余额调节表进行复核，内部审计人员评价销售人员是否遵守公司关于销售合同条款的政策，法律部门定期监控公司的道德规范和商务行为准则是否得以遵循等。监督对控制的持续有效运行十分重要。假如没有对银行存款余额调节表是否得到及时和准确的编制进行监督，该项控制可能无法得到持续的执行。

对控制的监督主要包括两个方面：

① 管理控制方法。管理层通常运用预算和其他财务报告来监督工作的进行，由于管理层对工作比较熟悉，所以这种管理控制方法是内部控制的一个重要因素。管理层可以在预算、标准成本、历史情况的基础上定期将记录的交易和余额同预期的结果相比较来提高控制水平。

② 内部审计。内部审计是企业自我独立评价的一种活动，是管理层用来监督会计系统和相关控制程序的手段，内部审计可通过协助管理层监管其他控制政策和程序的有效性，来促成好的控制环境的建立。内部审计人员可以对管理层的指令进行专门的询问或经常复核经营业务以促进效率的提高。此外，内部审计还能为改进内部控制提供建设性的意见。内部审计的有效性与其权限、人员的资格以及可使用的资源密切相关。内部审计人员必须独立于被审计部门，并且必须直接向董事会或审计委员会报告。

在了解和评价内部控制时，采用的具体分析框架及控制要素的分类可能并不唯一，重要的是控制能否实现控制目标。注册会计师可以使用不同的框架和术语描述内部控制的不同方面，但必须涵盖上述内部控制五个要素所涉及的方面。无论对内部控制要素如何进行分类，注册会计师都应当重点考虑被审计单位某项控制，是否能够以及如何防止或发现并纠正各类交易、账户余额、披露存在的重大错报。小型被审计单位通常采用非正式和简单的内部控制实现其目标，参与日常经营管理的业主可能承担多项职能，内部控制要素没有得到清晰区分，注册会计师应当综合考虑小型被审计单位内部控制要素能否实现其目标。

（二）与审计相关的控制

内部控制的目标既包括财务报告的可靠性，也包括经营的效率和效果以及对法律法规的遵守，但注册会计师审计的目标是对财务报表是否存在重大错报发表审计意见，所以，注册会计师考虑的并不是被审计单位整体的内部控制，而只是与财务报表审计相关的内部控制，即与审计相关的控制。与审计相关的控制，包括被审计单位为实现财务报告可靠性目标设计和实施的控制。注册会计师应当运用职业判断，考虑一项控制单独或连同其他控制是否与评估重大错报风险以及针对评估的风险设计和实施进一步审计程序有关。在运用职业判断时，注册会计师应当考虑下列因素：

（1）注册会计师确定的重要性水平；

（2）被审计单位的性质；

（3）被审计单位的规模；

（4）被审计单位经营的多样性和复杂性；

（5）法律法规和监管要求；

（6）作为内部控制组成部分的系统的性质和复杂性。

此外，如果在设计和实施进一步审计程序时拟利用被审计单位内部生成的信息，注册会计师应当考虑用以保证该信息完整性和准确性的控制可能与审计相关。

如果用以保证经营效率、效果的控制以及对法律法规遵守的控制与实施审计程序时评价或使用的数据相关，注册会计师应当考虑这些控制可能与审计相关。

用以保护资产的内部控制可能包括与实现财务报告可靠性和经营效率、效果目标相关的控制。注册会计师在了解保护资产的内部控制各项要素时，可仅考虑其中与财务报告可靠性目标相关的控制。

（三）对内部控制了解的深度

对内部控制了解的深度，是指在了解被审计单位及其环境时对内部控制了解的程度，包括评价控制的设计，并确定其是否得到执行。

1.评价控制的设计

注册会计师在了解内部控制时，应当评价控制的设计，并确定其是否得到执行。评价控制的设计是指考虑一项控制单独或连同其他控制是否能够有效防止或发现并纠正重大错报。控制得到执行是指某项控制存在且被审计单位正在使用。设计不当的控制可能表明内部控制存在重大缺陷，注册会计师在确定是否考虑控制得到执行时，应当首先考虑控制的设计。

2.评价控制设计的风险评估程序

注册会计师通常实施下列风险评估程序，以获取有关控制的设计和控制得到执行的审计证据：

（1）询问被审计单位的人员；

（2）观察特定控制的运用；

（3）检查文件和报告；

（4）追踪交易在财务报告信息系统中的处理过程（穿行测试）。

需要注意的是，询问本身并不足以评价控制的设计以及确定其是否得到执行，注册会计师应当将询问与其他风险评估程序结合使用。

对于自动化控制来说，除非存在某些可以使控制得到一贯运行的自动化控制，注册会计师对控制的了解并不能够代替对控制运行有效性的测试。

（四）内部控制的人工和自动化成分

大多数被审计单位出于编制财务报告和实现经营目的使用信息技术。然而，即使信息技术得到广泛使用，人工因素仍然会存在于这些系统之中。内部控制可能既包括人工成分又包括自动化成分，在风险评估以及设计和实施进一步审计程序时，注册会计师应当考虑内部控制的人工和自动化特征及其影响。

1.内部控制的自动化成分的优势和风险因素

信息技术通常在下列方面提高被审计单位内部控制的效率和效果：

（1）在处理大量的交易或数据时，一贯运用事先确定的业务规则，并进行复杂运算；

（2）提高信息的及时性、可获得性及准确性；

（3）有助于对信息的深入分析；

（4）加强对被审计单位政策和程序执行情况的监督；

（5）降低控制被规避的风险；

（6）通过对操作系统、应用程序系统和数据库系统实施安全控制，提高不相容职务分离的有效性。

但是，信息技术也可能对内部控制产生特定风险，注册会计师应当从下列方面了解信息技术对内部控制产生的特定风险：

（1）系统或程序未能正确处理数据，或处理了不正确的数据，或两种情况并存；

（2）在未得到授权情况下访问数据，可能导致数据的毁损或对数据不恰当的修改，包括记录未经授权或不存在的交易，或不正确地记录了交易；

（3）信息技术人员可能获得超越其履行职责以外的数据访问权限，破坏了系统应有的职责分工；

（4）未经授权改变主文档的数据；

（5）未经授权改变系统或程序；

（6）未能对系统或程序作出必要的修改；

（7）不恰当的人为干预；

（8）数据丢失的风险或不能访问所需要的数据。

2.内部控制的人工成分的优势和风险因素

尽管信息自动化内部控制有一定的优势，但内部控制的人工成分在处理下列需要主观判断或酌情处理的情形时可能更为适当：

（1）存在大额、异常或偶发的交易；

（2）存在难以定义、防范或预见的错误；

（3）为应对情况的变化，需要对现有的自动化控制进行调整；

（4）监督自动化控制的有效性。

由于人工控制由人执行，受人为因素的影响较大，所以，也产生了特定风险。注册会计师应当从下列方面了解人工控制产生的特定风险：

（1）人工控制可能更容易被规避、忽视或凌驾；

（2）人工控制可能不具有一贯性；

（3）人工控制可能更容易产生简单错误或失误。

相对于自动化控制，人工控制的可靠性较差，注册会计师应当考虑人工控制在下列情形中可能是不适当的：

（1）存在大量或重复发生的交易；

（2）事先可预见的错误能够通过自动化控制得以防范或发现；

（3）控制活动可得到适当设计和自动化处理。

内部控制风险的程度和性质受被审计单位信息系统的性质和特征的影响。因此，在了解内部控制时，注册会计师应当考虑被审计单位是否通过建立有效的控制，以恰当应对由于使用信息技术系统或人工系统而产生的风险。

（五）内部控制的局限性

内部控制存在固有局限性，无论如何设计和执行，只能对财务报告的可靠性提供合理的保证。内部控制存在的固有局限性主要包括：

1.在决策时人为判断可能出现错误和由于人为失误而导致内部控制失效

例如，被审计单位信息技术工作人员没有完全理解系统如何处理销售交易，为使系统能够处理新型产品的销售，可能错误地对系统进行更改；或者对系统的更改是正确的，但是程序员没能把更改转化为正确的程序代码。

2.可能由于两个或更多的人员进行串通或管理层凌驾于内部控制之上而被规避

例如，管理层可能与客户签订背后协议，对标准的销售合同作出变动，从而导致确认收入发生错误。再如，软件中的编辑控制旨在发现和报告超过赊销信用额度的交易，但这一控制可能被逾越或规避。

此外，小型被审计单位拥有的员工通常较少，限制了其职责分离的程度。业主凌驾于内部控制之上的可能性较大，注册会计师应当考虑一些关键领域是否存在有效的内部控制，包括考虑小型被审计单位总体的控制环境，特别是业主对于内部控制及其重要性的态度、认识和措施。

二、了解控制环境

注册会计师应当了解控制环境。控制环境包括治理职能和管理职能，以及治理层和管理层对内部控制及其重要性的态度、认识和措施。在评价控制环境的设计和实施情况时，注册会计师应当了解管理层在治理层的监督下，是否营造并保持了诚实守信和合乎道德的文化，以及是否建立了防止或发现并纠正舞弊和错误的恰当控制。

（一）了解的具体内容

在评价控制环境的设计时，注册会计师应当考虑构成控制环境的以下各要素，以及这些要素如何被纳入被审计单位的业务流程。

1.对诚信和道德价值观念的沟通与落实

注册会计师在了解和评估被审计单位诚信和道德价值观念的沟通与落实时，考虑的主要因素一般包括：

（1）被审计单位是否有书面的行为规范并向所有员工传达；

（2）被审计单位的企业文化是否强调诚信和道德价值观念的重要性，如果违反，是否会受到惩罚；

（3）管理层是否身体力行，高级管理人员是否起表率作用；

（4）对违反有关政策和行为规范的情况，管理层是否采取适当的行动。

2.对胜任能力的重视

注册会计师在就被审计单位对胜任能力的重视情况进行了解和评估时，考虑的主要因素一般包括：

（1）财会人员以及信息管理人员是否具备与被审计单位业务性质和复杂程度相称的足够的胜任能力，是否参加过相关培训，在发生错误时，是否通过调整人员或系统来加以处理；

（2）管理层是否配备足够的财会人员以适应业务发展和有关方面的需要；

（3）财会人员是否具备理解和运用会计准则所需的技能。

3.治理层的参与程度

注册会计师在对被审计单位治理层的参与程度进行了解和评估时，考虑的主要因素一般包括：

（1）董事会是否建立了审计委员会或类似机构；

（2）董事会、审计委员会或类似机构是否与内部审计人员以及注册会计师有联系和沟通，联系和沟通的性质以及频率是否与被审计单位的规模和业务复杂程度相匹配；

（3）董事会、审计委员会或类似机构的成员是否具备适当的经验和资历；

（4）董事会、审计委员会或类似机构是否独立于管理层；

（5）审计委员会或类似机构会议的数量和时间是否与被审计单位的规模和业务复杂程度相匹配；

（6）董事会、审计委员会或类似机构是否充分地参与了财务报告的过程；

（7）董事会、审计委员会或类似机构是否对经营风险的监控有足够的关注，进而影响被审计单位和管理层的风险评估进程（包括舞弊风险）；

（8）董事会成员是否有很高的流动性。

4.管理层的理念和经营风格

注册会计师在了解和评估被审计单位管理层的理念和经营风格时，考虑的主要因素通常包括：

（1）管理层是否对内部控制，包括信息技术的控制，给予了适当的关注；

（2）管理层是否由一个或几个人所控制，而董事会、审计委员会或类似机构对其是否实施有效监督；

（3）管理层在承担和监控经营风险方面是风险偏好者还是风险规避者；

（4）管理层在选择会计政策和作出会计估计时是倾向于激进还是保守；

（5）管理层对于信息流程以及会计职能部门和人员是否给予了适当关注；

（6）对于重大的内部控制和会计事项，管理层是否征询注册会计师的意见，或者经常在这些方面与注册会计师存在不同意见。

5.组织结构和职权与责任的分配

注册会计师在对被审计单位组织结构和职权与责任的分配进行了解和评估时，考虑的主要因素一般包括：

（1）在被审计单位内部是否有明确的职责划分，是否将业务授权、业务记录、资产保管和维护，以及业务执行的责任尽可能地分离；

（2）是否有适当的结构来划分数据的所有权；

（3）是否已针对授权交易建立适当的政策和程序。

6.人力资源政策与实务

注册会计师在对被审计单位人力资源政策与实务进行了解和评估时，考虑的主要因素一般包括：

（1）被审计单位是否在招聘、培训、考核、晋升、薪酬、调动和辞退员工方面都有适当的政策和程序（特别是在会计、财务和信息系统方面）；

（2）是否有书面的员工岗位职责手册，或者在没有书面文件的情况下，对于工作职责和期望是否做了适当的沟通和交流；

（3）人力资源政策与程序是否清晰，并且定期发布和更新；

（4）是否设定适当的程序，对分散在各地区和海外的经营人员建立和沟通人力资源政策与程序。

（二）控制环境的评估

在评价控制环境各个要素时，注册会计师应当考虑控制环境各个要素是否得到执行。被审计单位可能建立了合理的内部控制，但却未有效执行。在确定构成控制环境的要素是否得到执行时，注册会计师应当考虑将询问与观察和检查等风险评估程序结合运用以获取审计证据。通过询问管理层和员工，注册会计师可能了解管理层如何就业务规程和道德价值观念与员工进行沟通；通过观察和检查，可以了解管理层是否建立了正式的行为守则，在日常工作中行为守则是否得到遵守，以及管理层如何处理违反行为守则的情况。

控制环境对重大错报风险的评估具有广泛影响，注册会计师应当考虑控制环境的总体优势是否为内部控制的其他要素提供了适当的基础，并且未被控制环境中存在的缺陷所削弱。因为控制环境本身并不能防止或发现并纠正各类交易、账户余额、披露认定层次的重大错报，所以注册会计师在评估重大错报风险时应当将控制环境连同其他内部控制要素产生的影响一并考虑。

此外，在小型被审计单位，可能无法获取以文件形式存在的有关控制环境要素的审计证据，注册会计师应当重点了解管理层对内部控制设计的态度、认识和措施。

三、了解风险评估过程

风险评估过程的作用是识别、评估和管理影响其经营目标实现能力的各种风险。被审计单位的风险评估过程包括识别与财务报告相关的经营风险、估计风险的重要性、评估风险发生的可能性，以及针对这些风险采取的措施。注册会计师应当了解被审计单位的风险评估过程。如果管理层对风险进行了有效的评估和应对，那么，注册会计师就可以因为控制风险较低而减少审计证据的收集数量。

（一）风险的来源

公司的风险可能来自内部因素，也可能来自外部因素。从外部而言，技术发展会影响研究与开发的性质及时间，或导致采购方式的改变。顾客需求的变化会影响产品的开发、价格、保证及服务。新的法律法规会强迫经营者改变政策及战略。经济环境的改变会影响到财务、资本支出及扩张的决策。内部的风险因素包括：信息处理程序的崩溃、员工的素质及培训、管理层职责的改变、由于公司活动的性质及员工对资产接触而产生的不当机会或无效的审计委员会。

此外，某些情况会增加风险，这些情况包括：监管及经营环境的变化、新员工的加入、采用新信息系统或对原系统进行升级、业务快速发展、新技术、新生产型号、产品和业务活动、企业重组、发展海外经营、新的会计准则等。

（二）识别经营风险

识别常规经营风险的方法有很多。该过程的重点是识别高风险的活动，并对其进行排序。比如采取以下步骤：（1）识别企业必需的资源，并确定哪种风险最大；（2）识别可能引起的负债；（3）考虑以前有过的风险；（4）考虑由于新的目标或新的外部因素引起的额外风险；（5）在持续经营的基础上考虑挑战和机会，从而预测变化。

（三）评价风险评估过程的设计与执行

在评价被审计单位风险评估过程的设计和执行时，注册会计师应当确定管理层如何识别与财务报告相关的经营风险，如何评估该风险的重要性，如何评估风险发生的可能性，以及如何采取措施管理这些风险。

注册会计师在对被审计单位整体层面的风险评估过程进行了解和评估时，考虑的主要因素可能包括：

（1）被审计单位是否已建立并沟通其整体目标，并辅以具体策略和业务流程层面的计划；

（2）被审计单位是否已建立风险评估过程，包括识别风险、估计风险的重要性、评估风险发生的可能性以及决定应对这些风险的措施；

（3）被审计单位是否已建立某种机制，识别和应对可能对被审计单位产生重大影响且影响广泛的变化，例如，在金融机构中建立资产负债管理委员会，在制造型企业中建立期货交易风险管理组；

（4）会计部门是否建立了某种流程，以识别会计准则的重大变化；

（5）当被审计单位业务操作发生变化并影响交易记录的流程时，是否存在沟通渠道以通知会计部门；

（6）风险管理部门是否建立了某种流程，以识别经营环境（包括监管环境）发生的重大变化。

如果被审计单位已建立风险评估过程，注册会计师应当了解风险评估过程及其结果。如果识别出管理层未能识别出的重大错报风险，注册会计师应当评价是否存在潜在风险，即注册会计师预期被审计单位风险评估过程应当识别出的风险。如果存在这种潜在风险，注册会计师应当了解风险评估过程未能识别出的原因，并评价风险评估过程是否适合具体情况，或者确定与风险评估过程相关的内部控制是否存在值得关注的内部控制缺陷。

如果被审计单位未建立风险评估过程，或具有非正式的风险评估过程，注册会计师应当与管理层讨论其是否识别出与财务报告目标相关的经营风险以及如何应对这些风险。注册会计师应当评价缺少记录的风险评估过程是否适合具体情况，或确定是否表明存在值得关注的内部控制缺陷。

此外，在小型被审计单位，管理层可能没有正式的风险评估过程，注册会计师应当与管理层讨论其如何识别经营风险以及如何应对这些风险。

四、了解信息系统与沟通

信息系统与沟通是收集与交换被审计单位执行、管理和控制业务活动所需信息的过程，包括收集和提供信息（特别是为履行内部控制岗位职责所需的信息）给适当人员，使之能够履行职责。信息系统与沟通的质量直接影响到管理层对经营活动作出正确决策和编制可靠的财务报告的能力。注册会计师应当了解信息系统与沟通。

（一）了解与财务报告相关的信息系统

1.与财务报告相关的信息系统及其职能

与财务报告相关的信息系统，包括用以生成、记录、处理和报告交易、事项和情况，对相关资产、负债和所有者权益履行经营管理责任的程序和记录。交易可能通过人工或自动化程序生成。记录包括识别和收集与交易、事项有关的信息。处理包括编辑、核对、计量、估价、汇总和调节活动，可能由人工或自动化程序来执行。报告是指用电子或书面形式编制财务报告和其他信息，供被审计单位和其他信息使用者用于衡量和考核财务及其他方面的业绩。

与财务报告相关的信息系统应当与业务流程相适应。业务流程是指被审计单位开发、采购、生产、销售、发送产品和提供服务、保证遵守法律法规、记录信息等一系列活动。

与财务报告相关的信息系统所生成信息的质量，对管理层能否作出恰当的经营管理决策以及编制可靠的财务报告具有重大影响。与财务报告相关的信息系统通常包括下列职能：

（1）识别与记录所有的有效交易；

（2）及时、详细地描述交易，以便在财务报告中对交易作出恰当分类；

（3）恰当计量交易，以便在财务报告中对交易的金额作出准确记录；

（4）恰当确定交易生成的会计期间；

（5）在财务报表中恰当列报交易。

2.了解与财务报告相关的信息系统

注册会计师应当从下列方面了解与财务报告相关的信息系统（包括相关业务流程）：

（1）在被审计单位经营过程中，对财务报表具有重大影响的各类交易；

（2）在信息技术和人工系统中，对被审计单位的交易生成、记录、处理、必要的更正、结转至总账以及在财务报表中报告的程序；

（3）用以生成、记录、处理和报告（包括纠正不正确的信息以及信息如何结转至总账）被审计单位交易的会计记录、支持性信息和财务报表中的特定账户；

（4）被审计单位的信息系统如何获取除交易以外的对财务报表有重大影响的事项和情况；

（5）编制被审计单位财务报表（包括作出的重大会计估计和披露）的过程；

（6）与会计分录相关的控制，这些分录包括用以记录非经常性的、异常的交易或调整的非标准会计分录。

注册会计师在对与财务报告相关的信息系统进行了解和评估时，考虑的主要问题通常包括：

（1）信息系统是否能够向管理层提供有关被审计单位业绩的报告，包括相关的外部和内部信息；

（2）向适当人员提供的信息是否充分、具体和及时，使之能够有效地履行职责；

（3）信息系统的开发及变更在多大程度上与被审计单位的战略计划相适应以及如何与被审计单位整体层面和业务流程层面的目标相适应；

（4）管理层是否提供适当的人力和财力以开发必需的信息系统；

（5）管理层是如何监督程序开发、变更和测试工作的；

（6）对于主要的数据中心，是否建立了重大灾难数据恢复计划。

在了解与财务报告相关的信息系统时，注册会计师应当特别关注由于管理层凌驾于账户记录控制之上，或规避控制行为而产生的重大错报风险，并考虑被审计单位如何纠正不正确的交易处理。自动化程序和控制可能降低了发生无意错误的风险，但是并没有消除个人凌驾于控制之上的风险。

（二）与财务报告相关的沟通

与财务报告相关的沟通包括使员工了解各自在与财务报告有关的内部控制方面的角色和职责、员工之间的工作联系，以及向适当级别的管理层报告例外事项的方式。

从了解的内容来看，注册会计师应当了解被审计单位内部如何对财务报告的岗位职责，以及与财务报告相关的重大事项进行沟通。注册会计师还应当了解管理层与治理层（特别是审计委员会）之间的沟通，以及被审计单位与外部（包括与监管部门）的沟通。

注册会计师在对沟通进行了解和评估时，考虑的主要问题一般包括：

（1）管理层对员工的职责和控制责任是否进行了有效沟通；

（2）对于可疑的不恰当事项和行为是否建立了沟通渠道；

（3）组织内部沟通的充分性是否能够使人员有效地履行职责；

(4) 对于与客户、供应商、监管者和其他外部人士的沟通，管理层是否及时采取适当的进一步行动；

(5) 被审计单位是否受到某些监管机构发布的监管要求的约束；

(6) 外部人士，如客户和供应商在多大程度上了解被审计单位的行为守则。

(三) 对小型被审计单位的考虑

在小型被审计单位，与财务报告相关的信息系统和沟通可能不如大型被审计单位正式和复杂。管理层可能会更多地参与日常经营管理活动和财务报告活动，不需要很多书面的政策和程序指引，也没有复杂的信息系统和会计流程。由于小型被审计单位的规模较小、报告层次较少，因此，小型被审计单位可能比大型被审计单位更容易实现有效的沟通。注册会计师应当考虑这种特征对评估重大错报风险的影响。

五、了解控制活动

控制活动是指有助于确保管理层的指令得以执行的政策和程序，包括与授权、业绩评价、信息处理、实物控制和职责分离等相关的活动。注册会计师应当了解控制活动，以足以评估认定层次的重大错报风险，并针对评估的风险设计进一步审计程序。

在了解控制活动时，注册会计师应当重点考虑某项控制活动单独或连同其他控制活动是否能够，以及如何防止或发现并纠正各类交易、账户余额、披露存在的重大错报。注册会计师的工作主要是识别和了解针对重大错报可能发生领域的控制活动，并非了解与每类重大交易、账户余额和披露及其认定相关的所有控制活动。所以，如果多项控制活动能够实现同一目标，注册会计师不必了解与该目标相关的每项控制活动。注册会计师应当考虑在了解其他内部控制要素时获取的控制活动是否存在的信息，以确定是否有必要进一步了解这些控制活动。

信息技术的使用影响控制活动的执行方式，注册会计师应当考虑被审计单位是否通过建立有效的信息技术一般控制和应用控制以应对信息技术产生的风险。

小型被审计单位通常难以实施适当的职责分离，注册会计师应当考虑小型被审计单位采取的控制活动能否有效实现控制目标。

在了解和评估控制活动时考虑的主要问题一般包括：

(1) 对主要经营活动是否都有必要的控制政策和程序；

(2) 管理层对预算、利润与其他财务和经营业绩方面是否都有清晰的目标，被审计单位内部是否对这些目标加以清晰的记录和沟通，并且积极地对其进行监控；

(3) 是否存在计划和报告系统以识别与计划业绩的差异，并向适当层次的管理层报告产生的差异；

(4) 是否由适当层次的管理层对差异进行调查，并及时采取适当的纠正措施；

(5) 不同人员的职责应在何种程度上相分离，以降低舞弊和不当行为产生的风险；

(6) 会计系统中的数据是否与实物资产定期核对；

(7) 是否建立了适当的保护措施，以防止未经授权接触文件、记录和资产；

(8) 是否控制对数据和程序的接触；

(9) 是否存在信息安全职能部门负责建立和实施监控信息安全的政策和程序。

六、了解对控制的监督

对控制的监督是指被审计单位评价内部控制在一段时间内运行有效性的过程，该过程包括及时评价控制的设计和运行，以及根据情况的变化采取必要的纠正措施。注册会计师应当了解被审计单位对与财务报告相关的内部控制的监督活动，并了解其如何采取纠正措施。

(一) 了解对控制的持续监督和专门评价活动

注册会计师应当了解被审计单位对控制的持续监督活动和专门的评价活动。通常情况下，被审计单位会通过持续的监督活动和专门的评价活动或两者相结合，来实现对控制的监督。

持续的监督活动通常贯穿于被审计单位的日常经营活动与常规管理工作中。被审计单位可能使用内部审计人员或具有类似职能的人员对内部控制的设计和执行进行专门的评价，以找出内部控制的优点和不足，并提出改进建议。被审计单位也可能利用与外部有关各方沟通或交流所获取的信息监督相关的控制活动。

（二）了解对控制的持续监督和专门评价活动应考虑的主要问题

注册会计师在对被审计单位控制的持续监督和专门评价活动进行了解和评估时，主要考虑的问题一般包括：

（1）被审计单位是否定期评价内部控制；

（2）被审计单位人员在履行正常职责时，能够在多大程度上获得内部控制是否有效运行的证据；

（3）与外部的沟通能够在多大程度上证实内部产生的信息或者指出存在的问题；

（4）管理层是否会采纳内部审计人员和注册会计师有关内部控制的建议；

（5）管理层及时纠正控制运行偏差情况的方法；

（6）管理层处理监管机构的报告及建议的方法；

（7）是否存在协助管理层监督内部控制的职能部门。

如果被审计单位有内部审计，注册会计师应当了解下列事项，以确定内部审计是否可能与审计相关：

（1）内部审计责任的性质以及内部审计如何适合被审计单位的组织结构；

（2）内部审计已实施或拟实施的活动。

（三）了解与监督活动相关的信息来源

用于监督活动的很多信息都由被审计单位的信息系统产生，这些信息可能会存在错报，从而导致管理层从监督活动中得出错误的结论。所以，注册会计师应当了解与被审计单位监督活动相关的信息来源，以及管理层认为信息具有可靠性的依据。如果拟利用被审计单位监督活动使用的信息（包括内部审计报告），注册会计师应当考虑该信息是否具有可靠的基础，是否足以实现审计目标。

此外，小型被审计单位通常没有正式的持续监督活动，也难以明确区分持续的监督活动和日常管理工作，业主往往通过其对经营活动的密切参与来识别财务数据中的重大差异和错报，并对控制活动采取纠正措施，注册会计师应当考虑业主对经营活动的密切参与能否有效实现其对控制的监督目标。

第四节 识别和评估重大错报风险

一、识别和评估财务报表层次和认定层次的重大错报风险

了解被审计单位及其环境的目的就是评估重大错报风险。注册会计师应当识别和评估财务报表层次以及各类交易、账户余额、披露认定层次的重大错报风险。

（一）识别和评估重大错报风险的审计程序

在识别和评估重大错报风险时，注册会计师应当实施下列审计程序：

（1）在了解被审计单位及其环境（包括与风险相关的控制）的整个过程中，结合对财务报表中各类交易、账户余额和披露的考虑，识别风险。注册会计师应当在了解被审计单位及其环境（包括与风险相关的控制）的整个过程中识别风险，并将识别的风险与各类交易、账户余额和披露联系起来。例如，被审计单位因相关环境法规的实施需要更新设备，将导致对原有设备提取减值准备；宏观经济的低迷可能预示应收账款的回收存在问题；竞争者开发的新产品上市，可能导致被审计单位的主要产品在短期内过时，预示将出现存货跌价和长期资产（如固定

资产等）的减值。

（2）评估识别出的风险，并评价其是否更广泛地与财务报表整体相关，进而潜在地影响多项认定。注册会计师应当将识别的风险与认定层次可能发生错报的领域联系起来。例如，销售困难使产品的市场价格下降，可能导致年末存货成本高于其可变现净值而需要计提存货跌价准备，这表明存货的计价认定可能发生错报。

（3）结合对拟测试的相关控制的考虑，将识别出的风险与认定层次可能发生错报的领域相联系。在评估重大错报发生的可能性时，除了考虑可能的风险外，还要考虑控制对风险的抵消和遏制作用。有效的控制会减少错报发生的可能性，而控制不当或缺乏控制，错报就会由潜在变成现实。控制可能与某一认定直接相关，也可能与某一认定间接相关，关系越间接，控制对防止或发现并纠正认定错报的效果越小。

（4）考虑发生错报的可能性（包括发生多项错报的可能性），以及潜在错报的重大程度是否足以导致重大错报。注册会计师还需要考虑上述识别的风险是否会导致财务报表发生重大错报。例如，考虑存货的账面余额是否巨大，是否已适当计提了存货跌价准备等。在某些情况下，尽管识别的风险重大，但仍不至于导致财务报表发生重大错报风险。如期末财务报表中存货的余额较低，尽管识别的风险重大，但不至于导致存货的计价认定发生重大错报风险。又如，被审计单位对存货跌价准备的计提实施了比较有效的内部控制，管理层已根据存货的可变现净值，计提了相应的跌价准备。在这种情况下，财务报表发生重大错报的可能性将相应降低。

注册会计师应当利用实施风险评估程序获取的信息，包括在评价控制设计和确定其是否得到执行时获取的审计证据，作为支持风险评估结果的审计证据。

注册会计师应当根据风险评估结果，确定实施进一步审计程序的性质、时间安排和范围。

（二）可能表明被审计单位存在重大错报风险的事项和情况

注册会计师应当关注下列可能表明被审计单位存在重大错报风险的事项和情况：

（1）在经济不稳定的国家或地区开展业务；
（2）在高度波动的市场开展业务；
（3）在严厉、复杂的监管环境中开展业务；
（4）持续经营和资产流动性出现问题，包括重要客户流失；
（5）融资能力受到限制；
（6）行业环境发生变化；
（7）供应链发生变化；
（8）开发新产品或提供新服务，或进入新的业务领域；
（9）开辟新的经营场所；
（10）发生重大收购、重组或其他非经常性事项；
（11）拟出售分支机构或业务分部；
（12）复杂的联营或合资；
（13）运用表外融资、特殊目的实体以及其他复杂的融资协议；
（14）重大的关联方交易；
（15）缺乏具备胜任能力的会计人员；
（16）关键人员变动；
（17）内部控制薄弱；
（18）信息技术战略与经营战略不协调；
（19）信息技术环境发生变化；
（20）安装新的与财务报告有关的重大信息技术系统；
（21）经营活动或财务报告受到监管机构的调查；
（22）以往存在重大错报或本期期末出现重大会计调整；

(23) 发生重大的非常规交易；
(24) 按照管理层特定意图记录的交易；
(25) 应用新颁布的会计准则或相关会计制度；
(26) 会计计量过程复杂；
(27) 事项或交易在计量时存在重大不确定性；
(28) 存在未决诉讼和或有负债。

注册会计师应当充分关注可能表明被审计单位存在重大错报风险的上述事项和情况，并考虑由于上述事项和情况导致的风险是否重大，以及该风险导致财务报表发生重大错报的可能性。

(三) 重大错报风险的层次

在对重大错报风险进行识别和评估后，注册会计师应当确定，识别的重大错报风险是与特定的某类交易、账户余额、披露的认定相关，还是与财务报表整体广泛相关，进而影响多项认定。

某些重大错报风险可能与特定的各类交易、账户余额、披露的认定相关。例如，被审计单位存在复杂的联营或合资，这一事项表明长期股权投资账户的认定可能存在重大错报风险。又如，被审计单位存在重大的关联方交易，该事项表明关联方及关联方交易的披露认定可能存在重大错报风险。

某些重大错报风险可能与财务报表整体广泛相关，进而影响多项认定。例如，在经济不稳定的国家和地区开展业务、资产的流动性出现问题、重要客户流失、融资能力受到限制等，可能导致注册会计师对被审计单位的持续经营能力产生重大疑虑。又如，管理层缺乏诚信或承受异常的压力可能引发舞弊风险，这些风险与财务报表整体相关。

财务报表层次的重大错报风险很可能源于薄弱的控制环境。薄弱的控制环境带来的风险可能对财务报表产生广泛影响，而不仅限于某类交易、账户余额、披露，注册会计师应当采取总体应对措施。

在评估重大错报风险时，注册会计师应当将所了解的控制与特定认定联系起来，因为控制有助于防止或发现并纠正认定层次的重大错报。

注册会计师可能识别出有助于防止或发现并纠正特定认定发生重大错报的控制。在确定这些控制是否能够实现上述目标时，注册会计师应当将控制活动和其他要素综合考虑。如将销售和收款的控制置于其所在的流程和系统中考虑，以确定其能否实现控制目标。

注册会计师应当采取适当方式对识别的各类交易、账户余额和披露认定层次的重大错报风险予以汇总和评估，这样更便于确定进一步审计程序的性质、时间安排和范围。使用识别和评估认定层次的重大错报风险汇总表即可达到这个目的（见表9-1）。

表9-1　识别和评估认定层次的重大错报风险汇总表

重大账户	认　定	识别的重大错报风险	风险评估结果
列示重大账户。例如，应收账款	列示相关的认定。例如，存在、完整性、计价和分摊等	结合对拟测试的相关控制的考虑，将识别出的风险与认定层次可能发生错报的领域相联系	考虑发生错报的可能性（包括发生多项错报的可能性），以及潜在错报的重大程度是否足以导致重大错报

注：注册会计师也可以在该表中记录针对评估的认定层次重大错报风险制订的相应审计方案。

（四）内部控制对财务报表可审计性的影响

如果通过对内部控制的了解发现下列情况，并对财务报表局部或整体的可审计性产生疑问，注册会计师应当考虑出具保留意见或无法表示意见的审计报告：

（1）被审计单位会计记录的状况和可靠性存在重大问题，不能获取充分、适当的审计证据以发表无保留意见。

（2）对管理层的诚信存在严重疑虑。必要时，注册会计师应当考虑解除业务约定。

二、需要特别考虑的重大错报风险

作为风险评估的一部分，注册会计师应当运用职业判断，确定识别的风险哪些是需要特别考虑的重大错报风险（简称特别风险）。

（一）特别风险的判定

在确定哪些风险是特别风险时，注册会计师应当在考虑识别出的控制对相关风险的抵消效果前，根据风险的性质、潜在错报的重要程度（该风险是否可能导致多项错报）和发生的可能性，判断风险是否属于特别风险。在确定风险的性质时，注册会计师应当考虑下列事项：

（1）风险是否属于舞弊风险；

（2）风险是否与近期经济环境、会计处理方法和其他方面的重大变化相关，因而需要特别关注；

（3）交易的复杂程度；

（4）风险是否涉及重大的关联方交易；

（5）财务信息计量的主观程度，特别是计量结果涉及广泛的计量不确定性；

（6）风险是否涉及异常或超出正常经营过程的重大交易。

特别风险通常与重大的非常规交易和判断事项有关，而日常的、简单的、常规处理的交易不大可能产生特别风险。非常规交易是指由于金额或性质异常而不经常发生的交易。判断事项通常是指作出的会计估计。

与重大非常规交易相关的特别风险可能导致更高的重大错报风险，这是因为在非常规交易中，管理层会更多地介入会计处理，数据收集和处理将涉及更多的人工成分，业务处理将涉及复杂的计算或会计处理方法，而且非常规交易的性质可能使被审计单位难以对由此产生的特别风险实施有效控制。

同样，对重大判断事项来说，一方面，对涉及会计估计、收入确认等方面的会计原则存在不同的理解；另一方面，所要求的判断可能是主观和复杂的，或需要对未来事项作出假设，所以，与重大判断事项相关的特别风险也可能导致更高的重大错报风险。

（二）特别风险的处理

了解与特别风险相关的控制（包括控制活动），有助于注册会计师制订有效的审计方案予以应对。由于与重大非常规交易或判断事项相关的风险很少受到日常控制的约束，所以，被审计单位应当针对特别风险设计和实施控制。注册会计师应当了解和评价被审计单位针对特别风险的控制的设计情况，并确定其是否已经得到执行。

如果管理层没有实施控制以恰当应对特别风险，注册会计师应当认为内部控制存在重大缺陷，并考虑其对风险评估的影响。在此情况下，注册会计师应当考虑就此类事项与治理层沟通。

三、仅通过实质性程序无法应对的重大错报风险

作为风险评估的一部分，如果认为仅通过实质性程序获取的审计证据无法将认定层次的重大错报风险降至可接受的低水平，注册会计师应当评价被审计单位针对这些风险设计的控制，并确定其执行情况。

在被审计单位对日常交易采用高度自动化处理的情况下，审计证据可能仅以电子形式存

在，其充分性和适当性通常取决于自动化信息系统相关控制的有效性，注册会计师应当考虑仅通过实施实质性程序不能获取充分、适当审计证据的可能性。例如，某企业通过高度自动化的系统确定采购品种和数量，生成采购订单，并通过系统中设定的收货确认和付款条件进行付款。除了系统中的相关信息以外，该企业没有其他有关订单和收货的记录。在这种情况下，如果认为仅通过实质性程序不能获取充分、适当的审计证据，注册会计师应当考虑依赖的相关控制的有效性，并对其进行了解、评估和测试。

注册会计师可以编制表格来汇总识别的重大错报风险，判定它们的性质。识别的重大错报风险汇总表见表9-2。

表9-2　识别的重大错报风险汇总表

识别的重大错报风险	对财务报表的影响	相关的交易类别、账户余额和披露认定	是否与财务报表整体广泛相关	是否属于特别风险	是否属于仅通过实质性程序无法应对的重大错报风险
记录识别的重大错报风险	描述对财务报表的影响和导致财务报表发生重大错报的可能性	列示相关的各类交易、账户余额、披露及其认定	考虑是否属于财务报表层次的重大错报风险	考虑是否属于特别风险	考虑是否属于仅通过实质性程序无法应对的重大错报风险

四、对风险评估的修正

注册会计师对认定层次重大错报风险的评估应以获取的审计证据为基础，并可能随着不断获取审计证据而作出相应的变化。例如，注册会计师对重大错报风险的评估可能基于预期控制运行有效这一判断，即相关控制可以防止或发现并纠正认定层次的重大错报，但在测试控制运行的有效性时，注册会计师获取的证据可能表明相关控制在被审计期间并未有效运行；同样，在实施实质性程序后，注册会计师可能发现错报的金额和频率比在风险评估时预计的金额和频率要高。

如果通过实施进一步审计程序获取的审计证据与初始评估重大错报风险时获取的审计证据相矛盾，注册会计师应当修正风险评估结果，并相应修改原计划实施的进一步审计程序。因此，评估重大错报风险与了解被审计单位及其环境一样，也是一个连续和动态地收集、更新与分析信息的过程，贯穿于整个审计过程的始终。

第五节　与管理层和治理层的沟通

注册会计师应当及时将注意到的内部控制设计或执行方面的重大缺陷告知适当层次的管理层或治理层。内部控制的重大缺陷是指内部控制设计或执行存在的严重不足，使被审计单位管理层或员工无法在正常行使职能的过程中，及时发现和纠正由错误或舞弊引起的财务报表重大错报。被审计单位管理层有责任在治理层的监督下，建立、执行和维护有效的内部控制，以合理保证企业经营目标的实现。注册会计师在了解和测试内部控制的过程中可能会注意到内部控制存在的重大缺陷，将其告知适当层次的管理层或治理层，有助于管理层和治理层履行其在内部控制方面的职责。

在了解和测试内部控制的过程中发现的偏差是否构成重大缺陷，取决于偏差的性质、频率和后果。在作出内部控制缺陷是否重大的职业判断时，注册会计师通常应考虑以下问题：

（1）偏差的性质和原因是什么？

（2）偏差数量和控制执行频率的比例是多少？

（3）涉及的账户、披露和认定的性质是怎样的？

（4）缺陷可能影响到哪些财务报表项目的金额或交易事项？

（5）相关资产或负债是否容易遭受损失或产生舞弊？

（6）控制的目的是什么？

（7）该控制对数据可靠性的影响程度如何？

（8）控制的影响是否具有广泛性（例如，该控制属于内部控制五个要素中的哪一项，影响力如何）？

（9）所测试的信息处理目标的重要程度如何？

（10）控制是预防性的还是检查性的？

（11）控制设计或控制运行的文件记录是否足够？

（12）是否存在行业性或法规所要求的控制实施标准？

（13）是否存在针对同一风险或认定的补偿性的控制或程序？

（14）谁来完成控制程序？

（15）偏差是否导致财务报表的重大错报？

（16）如果存在因错误或舞弊导致的重大错报，是否可能尚未得到更正？

下列情况通常表明内部控制存在重大缺陷：

（1）注册会计师在审计工作中发现了重大错报，而被审计单位的内部控制没有发现这些重大错报；

（2）控制环境薄弱；

（3）存在高层管理人员舞弊迹象（无论涉及金额大小）。

如果识别出被审计单位未加控制或控制不当的重大错报风险，或认为被审计单位的风险评估过程存在重大缺陷，注册会计师应当就此类内部控制缺陷与治理层沟通。

第六节 审计工作记录

一、记录的内容

注册会计师应当就下列内容形成审计工作记录：

（1）项目组对由于舞弊或错误导致财务报表发生重大错报的可能性进行的讨论，以及得出的重要结论；

（2）注册会计师对被审计单位及其环境各个方面的了解要点（包括对内部控制各项要素的了解要点）、信息来源以及实施的风险评估程序；

（3）注册会计师在财务报表层次和认定层次识别、评估出的重大错报风险；

（4）注册会计师识别出的特别风险和仅通过实质性程序无法应对的重大错报风险，以及对相关控制的评估。

二、记录的方式

注册会计师需要运用职业判断，确定对上述事项进行记录的方式。常见的记录方式包括文字叙述、问卷、核对表和流程图等。记录的形式和范围取决于被审计单位的性质、规模、复杂程度、内部控制、被审计单位信息的可获得性以及审计过程中使用的具体审计方法和技术。例如，被审计单位通过复杂的信息系统生成、记录、处理和报告大量交易，注册会计师在了解该信息系统之后，可能采用的记录方式包括流程图、问卷或决策表。对于很少或不使用信息技术的信息系统，或者只处理少量交易（如长期借款）的信息系统，注册会计师仅以备忘录的形式对其进行记录就已足够。一般说来，被审计单位经营活动越复杂，注册会计师实施审计程序的范围越广，审计工作记录也就越复杂。

□ 复习思考题

1.什么是风险评估？它有哪几个程序？

2.注册会计师应从哪几方面了解被审计单位及其环境？

3.注册会计师应如何对被审计单位的内部控制进行风险评估？

4.如果被审计单位变更了重要的会计政策，注册会计师应当考虑哪些问题？

5.识别和评估重大错报风险时，注册会计师应实施哪些审计程序？

6.需要注册会计师特别考虑的重大错报风险有哪些？

本章要旨及测试题

第十章

风险应对

第一节　针对财务报表层次重大错报风险的总体应对措施

在风险导向审计的理念下，实施审计的过程就是识别、评估和应对财务报表重大错报风险的过程。注册会计师在采用风险评估程序了解了被审计单位及其环境，充分识别和评估了财务报表的重大错报风险之后，便要考虑如何应对评估的重大错报风险问题，包括确定针对评估的财务报表层次重大错报风险的总体应对措施，以及针对评估的认定层次重大错报风险设计和实施的进一步审计程序，以将审计风险降至可接受的低水平。《中国注册会计师审计准则第1231号——针对评估的重大错报风险采取的应对措施》为注册会计师针对已评估的财务报表层次重大错报风险确定的总体应对措施和针对已评估的认定层次重大错报风险设计和实施的进一步审计程序提供了规范性的指导。

所谓财务报表层次重大错报风险，是指识别的与财务报表整体相关、涉及多项认定从而具有广泛影响性的重大错报风险。在评估重大错报风险时，注册会计师应当确定，识别的重大错报风险是与特定的某类交易、账户余额、披露的认定相关，还是与财务报表整体相关，进而影响多项认定。如果重大错报风险与财务报表整体相关，则属于财务报表层次的重大错报风险。

一、财务报表层次重大错报风险的总体应对措施

在确定针对财务报表层次重大错报风险的总体应对措施时，注册会计师要运用职业判断。一般说来，针对评估的财务报表层次重大错报风险的总体应对措施可能包括以下几个方面：

（1）向项目组强调保持职业怀疑态度的必要性。

（2）指派更有经验或具有特殊技能的审计人员，或利用专家的工作。

来自不同行业的审计客户，在经营业务、经营风险、财务报告、法规和监管要求等方面可能各具特点，审计人员的选派必须针对客户的特殊性，项目组成员中应有一定比例的人员曾经参与过被审计单位以前年度的审计，或具有被审计单位所处行业的相关审计经验，必要时，还应考虑利用专家的工作。

（3）提供更多的督导。

对财务报表层次重大错报风险较高的被审计单位，项目组的高级注册会计师应强化对一般注册会计师的督导，严格复核一般注册会计师的工作。

（4）在选择拟实施进一步审计程序时，应融入更多的不可预见的因素。

这种考虑可以避免被审计单位管理层采取规避手段掩盖重大错报。例如，对某些未测试过的、低于设定的重要性水平或风险水平的账户余额和认定实施实质性程序，调整实施审计程序的时间，采取与前期审计不同的审计抽样方法以改变测试样本，不预先告知或选取不同的审计程序实施地点等，都可以降低审计程序被管理层预见的可能性。

(5) 对拟实施的审计程序的性质、时间安排或范围作出总体修改。

在期末而非期中实施实质性程序，或修改审计程序的性质以获取更具说服力的审计证据。

二、对源于控制环境的财务报表层次重大错报风险的考虑

财务报表层次的重大错报风险很可能源于薄弱的控制环境。薄弱的控制环境带来的风险可能对财务报表产生广泛影响，而不仅限于某类交易、账户余额和披露。注册会计师对控制环境的了解影响其对财务报表层次重大错报风险的评估，从而影响所采取的总体应对措施。有效的控制环境可以增强注册会计师对内部控制的信心和对被审计单位内部生成的审计证据的信赖程度。如果控制环境存在缺陷，则产生相反的影响。为应对无效的控制环境，注册会计师可以采取的措施举例如下：

1.在期末而非期中实施更多的审计程序

控制环境的缺陷通常会削弱期中获得的审计证据的可信赖程度。

2.通过实施实质性程序获取更广泛的审计证据

良好的控制环境是其他控制要素发挥作用的基础。控制环境存在缺陷通常会削弱其他控制要素的作用，导致注册会计师可能无法信赖内部控制，而主要依赖实施实质性程序获取审计证据。

3.增加拟纳入审计范围的经营地点的数量

如扩大样本规模，或采用更详细的数据实施分析程序等。

三、财务报表层次重大错报风险及其总体应对措施对总体方案的影响

财务报表层次重大错报风险难以限于某类交易、账户余额、披露的特点，意味着此类风险可能对财务报表的多项认定产生广泛影响，并相应增加注册会计师对认定层次重大错报风险的评估难度。因此，注册会计师评估的财务报表层次重大错报风险以及采取的总体应对措施，对拟实施的进一步审计程序的总体审计方案具有重大影响。进一步审计程序包括控制测试和实质性程序，而实质性程序又包括细节测试和实质性分析程序。

注册会计师针对认定层次重大错报风险拟实施的进一步审计程序的总体审计方案包括实质性方案和综合性方案。实质性方案是指注册会计师实施的进一步审计程序以实质性程序为主；综合性方案是指注册会计师在实施进一步审计程序时，将控制测试与实质性程序结合使用。当评估的财务报表层次重大错报风险属于高风险水平（并相应采取更强调审计程序不可预见性，重视调整审计程序的性质、时间和范围等的总体应对措施）时，拟实施的进一步审计程序的总体审计方案往往更倾向于实质性方案。反之，则采用综合性方案。

第二节　针对认定层次重大错报风险的进一步审计程序

注册会计师应当针对评估的认定层次重大错报风险设计和实施进一步审计程序，包括审计程序的性质、时间安排和范围。

一、进一步审计程序的内涵和要求

（一）进一步审计程序的内涵

进一步审计程序是相对于风险评估程序而言的，是指注册会计师针对评估的各类交易、账户余额、披露认定层次重大错报风险实施的审计程序，包括控制测试和实质性程序。实质性程序包括对各类交易、账户余额、披露的细节测试和实质性分析程序。进一步审计程序是获取审计证据的重要手段，注册会计师应当考虑进一步审计程序的性质、时间和范围，有效地获取充分、适当的审计证据。

（二）进一步审计程序的设计

注册会计师设计和实施的进一步审计程序的性质、时间和范围，应当与评估的认定层次重大错报风险具有明确的对应关系，使审计程序更具有目的性和针对性，有的放矢地配置审计资源，提高审计的效率和效果。在设计和实施进一步审计程序的性质、时间和范围时，保证审计程序的性质对风险具有高度针对性是最重要的，这是因为，一般来说，评估的重大错报风险越高，实施的进一步审计程序的范围也越大，但只有首先确保进一步审计程序的性质与特定风险相关时，扩大审计程序的范围才是有效的。

在设计进一步审计程序时，注册会计师应当考虑下列因素：

1.风险的重要性

风险的重要性是指风险可能造成后果的严重程度。风险的后果越严重，就越需要注册会计师关注和重视，越需要精心设计有针对性的进一步审计程序。

2.重大错报发生的可能性

重大错报发生的可能性越大，同样越需要注册会计师精心设计进一步审计程序。

3.涉及的各类交易、账户余额和披露的特征

不同的交易、账户余额和披露，产生的认定层次的重大错报风险也会存在差异，适用的审计程序也有差别，需要注册会计师区别对待，并设计有针对性的进一步审计程序予以应对。

4.被审计单位采用的特定控制的性质

不同性质的控制（如是人工控制还是自动化控制）对注册会计师设计的进一步审计程序具有重要影响。

5.注册会计师是否拟获取审计证据，以确定内部控制在防止或发现并纠正重大错报方面的有效性

如果注册会计师拟在风险评估时预期内部控制运行有效，随后拟实施的进一步审计程序必须包括控制测试，且实质性程序自然会受到之前控制测试结果的影响。

（三）进一步审计程序总体方案的选择

注册会计师对认定层次重大错报风险的评估为确定进一步审计程序的总体方案奠定了基础。注册会计师应当根据对认定层次重大错报风险的评估结果，恰当地选用实质性方案或综合性方案。通常情况下，注册会计师出于成本效益的考虑可以采用综合性方案设计进一步审计程序，即将控制测试与实质性程序结合使用。但在某些情况下，如仅通过实质性程序无法应对重大错报风险，则注册会计师必须通过实施控制测试，才可能有效应对评估的某一认定的重大错报风险；在另一些情况下，注册会计师可能认为仅实施实质性程序是适当的，例如，注册会计师的风险评估程序未能识别出与认定相关的任何控制，或注册会计师认为控制测试很可能不符合成本效益原则。

无论选择何种方案，注册会计师都应当对所有重大的各类交易、账户余额、披露设计和实施实质性程序。

此外，小型被审计单位可能不存在能够被注册会计师识别的控制活动，注册会计师实施的进一步审计程序可能主要是实质性程序。在缺乏控制的情况下，注册会计师应当考虑仅通过实施实质性程序是否能够获取充分、适当的审计证据。

二、进一步审计程序的性质

（一）进一步审计程序的性质的含义

进一步审计程序的性质是指进一步审计程序的目的和类型。进一步审计程序的目的包括通过实施控制测试以确定内部控制运行的有效性，通过实施实质性程序以发现认定层次的重大错报。进一步审计程序的类型包括检查、观察、询问、函证、重新计算、重新执行和分析程序。

不同的审计程序应对特定认定错报风险的效力不同。例如，对于与收入完整性认定相关的重大错报风险，控制测试通常更能有效应对；对于与收入发生认定相关的重大错报风险，实质性程

序通常更能有效应对。所以，在应对评估的风险时，合理确定审计程序的性质是非常重要的。

（二）进一步审计程序的性质的选择

注册会计师应当根据认定层次重大错报风险的评估结果选择审计程序。

评估的认定层次重大错报风险越高，对通过实质性程序获取的审计证据的相关性和可靠性的要求越高，从而可能影响进一步审计程序的类型及其综合运用。例如，当注册会计师判断某类交易协议的完整性存在更高的重大错报风险时，除了检查文件以外，注册会计师还可能决定向第三方询问或函证协议条款的完整性。

在确定拟实施的审计程序时，注册会计师应当考虑评估的认定层次重大错报风险产生的原因，包括考虑各类交易、账户余额、披露的具体特征以及内部控制。例如，注册会计师可能判断某特定类别的交易即使在不存在相关控制的情况下发生重大错报的风险仍较低，此时注册会计师可能认为仅实施实质性程序就可以获取充分、适当的审计证据。

如果在实施进一步审计程序时拟利用被审计单位信息系统生成的信息，注册会计师应当就信息的准确性和完整性获取审计证据。例如，注册会计师在执行实质性分析程序时，使用了被审计单位生成的非财务信息或预算数据，注册会计师应当获取关于这些信息的准确性和完整性的审计证据。

三、进一步审计程序的时间

（一）进一步审计程序的时间的含义

进一步审计程序的时间是指注册会计师何时实施进一步审计程序，或审计证据适用的期间或时点。进一步审计程序的时间，在某些情况下指的是审计程序的实施时间，在另一些情况下是指需要获取的审计证据适用的期间或时点。

（二）进一步审计程序的时间的选择

从理论上讲，注册会计师可以选择在期中或期末实施控制测试或实质性程序。当重大错报风险较高时，注册会计师应当考虑在期末或接近期末实施实质性程序；或者采用不通知的方式或在管理层不能预见的时间实施审计程序。

虽然在期末实施审计程序在很多情况下非常必要，但注册会计师在期中实施审计程序也可以发挥积极的作用。在期中实施进一步审计程序，可能有助于注册会计师在审计工作初期识别重大事项，并在管理层的协助下及时解决这些事项；或针对这些事项制订有效的实质性方案或综合性方案。但是，注册会计师在期中实施进一步审计程序，往往难以获取有关期中以前的充分、适当的审计证据，而且，即使注册会计师在期中实施的进一步审计程序能够获取有关期中以前的充分、适当的审计证据，但从期中到期末这段剩余时间往往还会发生对所审计期间的财务报表认定产生重大影响的交易或事项。此外，被审计单位管理层也完全有可能在注册会计师于期中实施了进一步审计程序之后对期中以前的相关会计记录加以调整甚至篡改，这些都会导致注册会计师在期中实施进一步审计程序所获取的审计证据已经发生变化。因此，如果在期中实施了进一步审计程序，注册会计师还应当针对剩余期间获取审计证据。

在确定何时实施审计程序时，注册会计师应当考虑下列因素：

1.控制环境

良好的控制环境可以抵消在期中实施进一步审计程序的局限性，使注册会计师在确定实施进一步审计程序的时间时有更大的灵活度。

2.何时能得到相关信息

例如，某些控制活动可能仅在期中（或期中以前）发生，而之后可能难以再被观察到。注册会计师如果希望获取相关信息，则需要考虑能够获取相关信息的时间。

3.错报风险的性质

例如，被审计单位可能为了保证盈利目标的实现而在会计期末以后伪造销售合同以虚增收入，此时注册会计师需要考虑在期末（即资产负债表日）这个特定时点获取被审计单位截至期末所能提供的所有销售合同及相关资料，以防范被审计单位在资产负债表日后伪造销售合同虚增收入的风险。

4.审计证据适用的期间或时点

注册会计师应当根据需要获取的特定审计证据，确定何时实施进一步审计程序。

虽然注册会计师在很多情况下可以根据具体情况选择实施进一步审计程序的时间，但也存在一些限制选择的情况。某些审计程序只能在期末或期末以后实施，包括将财务报表与会计记录相核对，检查财务报表编制过程中所作的会计调整等。另外，如果被审计单位在期末或接近期末发生了重大交易，或重大交易在期末尚未完成，注册会计师应当考虑交易的发生或截止等认定可能存在的重大错报风险，并在期末或期末以后检查此类交易。

四、进一步审计程序的范围

（一）进一步审计程序的范围的含义

进一步审计程序的范围是指实施进一步审计程序的数量，包括抽取的样本量，对某项控制活动的观察次数等。

（二）进一步审计程序的范围的确定

在确定审计程序的范围时，注册会计师应当考虑下列因素：

1.确定的重要性水平

确定的重要性水平越低，注册会计师实施进一步审计程序的范围越广。

2.评估的重大错报风险

评估的重大错报风险越高，对拟获取审计证据的相关性、可靠性的要求越高，因此注册会计师实施的进一步审计程序的范围也越广。

3.计划获取的保证程度

计划获取的保证程度越高，对测试结果的可靠性要求越高。计划获取的保证程度越高，注册会计师实施的进一步审计程序的范围越广。

如前所述，随着重大错报风险的增加，注册会计师应当考虑扩大审计程序的范围。但是，只有当审计程序本身与特定风险相关时，扩大审计程序的范围才是有效的。

在考虑确定进一步审计程序的范围时，为了提高进一步审计程序的效率，注册会计师可以使用计算机辅助审计技术对电子化的交易和账户文档进行更广泛的测试，包括从主要电子文档中选取交易样本，或按照某一特征对交易进行分类，或对总体而非样本进行测试。

通常情况下，注册会计师使用恰当的抽样方法可以得出有效结论，但如果存在下列情形，注册会计师依据样本得出的结论可能与对总体实施同样的审计程序得出的结论不同，出现不可接受的风险：（1）从总体中选择的样本量过小；（2）选择的抽样方法对实现特定目标不适当；（3）未对发现的例外事项进行恰当的追查。因此，注册会计师需要慎重考虑抽样过程对审计程序范围的影响是否能够有效实现审计目标。

此外，注册会计师在综合运用不同审计程序时，除了面临各类审计程序的性质选择问题，还面临如何权衡各类程序的范围问题。因此，注册会计师在综合运用不同审计程序时，不仅应当考虑各类审计程序的性质，还应当考虑测试的范围是否适当。

第三节 控制测试

一、控制测试的内涵和要求

（一）控制测试的内涵

控制测试是指用于评价内部控制在防止或发现并纠正认定层次重大错报方面的运行有效性

的审计程序。测试控制运行的有效性与确定控制是否得到执行所需获取的审计证据是不同的。在实施风险评估程序以获取控制是否得到执行的审计证据时，注册会计师应当确定某项控制是否存在，被审计单位是否正在使用。在测试控制运行的有效性时，注册会计师应当从下列方面获取关于控制是否有效运行的审计证据：（1）控制在所审计期间的相关时点是如何运行的；（2）控制是否得到一贯执行；（3）控制由谁或以何种方式运行。如果被审计单位在所审计期间内的不同时期使用了不同的控制，注册会计师应当考虑不同时期控制运行的有效性。

控制运行的有效性强调的是控制能够在各个不同时点按照既定设计得以一贯执行。因此，在了解控制是否得以执行时，注册会计师只需抽取少量的交易进行检查或观察某几个时点。但在测试控制运行的有效性时，注册会计师需要抽取足够数量的交易进行检查或对多个不同时点进行观察。

测试控制运行的有效性与控制设计和确定控制是否得到执行所需获取的审计证据虽然存在差异，但两者也有联系。为评价控制设计和确定控制是否得到执行而实施的某些风险评估程序尽管并非专为控制测试而设计，但可能提供有关控制运行有效性的审计证据，注册会计师可以考虑在评价控制设计和获取其得到执行的审计证据的同时测试控制运行的有效性，以提高审计效率；同时注册会计师应当考虑这些审计证据是否足以实现控制测试的目的。

（二）控制测试的要求

控制测试并非在任何情况下都需要实施。当存在下列情形之一时，注册会计师应当实施控制测试：

1.在评估认定层次重大错报风险时，预期控制的运行是有效的

如果在评估认定层次重大错报风险时预期控制的运行是有效的，注册会计师应当实施控制测试，就控制在相关期间或时点的运行有效性获取充分、适当的审计证据。注册会计师通过实施风险评估程序，可能发现某项控制的设计是合理的，同时得到了执行。在这种情况下，出于成本效益的考虑，注册会计师可能预期，如果相关控制在不同时点都得到了一贯执行，与该项控制有关的财务报表认定发生重大错报的可能性就不会很大，也就可以考虑通过实施控制测试而减少实施实质性程序。为此，注册会计师可能会认为值得对相关控制在不同时点是否得到了一贯执行进行测试，即实施控制测试。这种测试主要是出于成本效益的考虑，其前提是注册会计师在了解内部控制以后认为某项控制存在被信赖和利用的可能。也就是说，只有认为控制设计合理、能够防止或发现和纠正认定层次的重大错报时，注册会计师才有必要对控制运行的有效性实施测试。

2.仅实施实质性程序不足以提供认定层次充分、适当的审计证据

如果认为仅实施实质性程序获取的审计证据无法将认定层次重大错报风险降至可接受的低水平，注册会计师应当实施相关的控制测试，以获取控制运行有效性的审计证据。

二、控制测试的性质

（一）控制测试的性质的含义

控制测试的性质是指控制测试所使用的审计程序的类型及其组合。注册会计师应当选择适当类型的审计程序以获取有关控制运行有效性的保证。计划从控制测试中获取的保证水平是决定控制测试性质的主要因素之一。计划的保证水平越高，对有关控制运行有效性的审计证据的可靠性要求越高。当拟实施的进一步审计程序主要以控制测试为主，尤其是仅实施实质性程序获取的审计证据无法将认定层次重大错报风险降至可接受的低水平时，注册会计师应当获取有关控制运行有效性的更高水平的保证。

虽然控制测试与了解内部控制的目的不同，但两者采用审计程序的类型通常相同，包括询问、观察、检查和穿行测试。此外，控制测试的程序还包括重新执行。

询问本身并不足以测试控制运行的有效性，注册会计师应当将询问与其他审计程序结合使用，以获取有关控制运行有效性的审计证据。观察程序提供的证据仅限于证明观察发生时点的

情况，本身也不足以测试控制运行的有效性；将询问与检查或重新执行结合使用，通常能够比仅实施询问和观察程序获取更高的保证。例如，被审计单位针对处理收到的邮政汇款单设计和执行了相关的内部控制，注册会计师通过询问和观察程序往往不足以测试此类控制的运行有效性，还需要检查能够证明此类控制在所审计期间的其他时段有效运行的文件和凭证，以获取充分、适当的审计证据。

（二）控制测试性质的选择

注册会计师选择控制测试的性质通常会考虑以下因素：

1.特定控制的性质

注册会计师应当根据特定控制的性质选择所需实施审计程序的类型。某些控制可能存在反映控制运行有效性的文件记录，在这种情况下，注册会计师应当考虑检查这些文件记录以获取控制运行有效性的审计证据；某些控制可能不存在文件记录，或文件记录与证实控制运行有效性不相关，在这种情况下，注册会计师应当考虑实施检查以外的其他审计程序，以获取有关控制运行有效性的审计证据。

2.与认定直接相关和间接相关的控制

在设计控制测试时，注册会计师不仅应当考虑与认定直接相关的控制，还应当考虑这些控制所依赖的与认定间接相关的控制，以获取支持控制运行有效性的审计证据。例如，被审计单位可能针对超出信用额度的例外赊销交易设置报告和审核制度（与认定直接相关的控制），在测试该项制度的运行有效性时，注册会计师不仅应当考虑审核的有效性，还应当考虑与例外赊销报告中信息准确性有关的控制（与认定间接相关的控制）是否有效运行。

3.应用控制的自动化

对于一项自动化的应用控制，由于信息技术处理过程的内在一贯性，注册会计师可以利用该项控制得以执行的审计证据和信息技术一般控制（特别是对系统变动的控制）运行有效性的审计证据，作为支持该项控制在相关期间运行有效性的重要审计证据。

4.控制测试的目的

控制测试的目的是评价控制是否有效运行；细节测试的目的是发现认定层次的重大错报。尽管两者目的不同，但注册会计师可以考虑针对同一交易同时实施控制测试和细节测试，以实现双重目的。例如，注册会计师通过检查某笔交易的发票可以确定其是否经过适当的授权，也可以获取关于该交易的金额、发生时间等细节证据。如果拟实施双重目的的测试，注册会计师应当仔细设计和评价测试程序。

5.实施实质性程序的结果对控制测试结果的影响

注册会计师应当考虑实施实质性程序发现的错报对评价相关控制运行有效性的影响，如降低对相关控制的信赖程度、调整实质性程序的性质、扩大实质性程序的范围等。如果实施实质性程序发现被审计单位没有识别出的重大错报，通常表明内部控制存在重大缺陷，注册会计师应当就这些缺陷与管理层和治理层进行沟通。

三、控制测试的时间

（一）控制测试的时间的含义

控制测试的时间直接关系到通过控制测试获取的审计证据的时间问题。通过控制测试获取的审计证据的时间涉及两个问题：一个问题是，证据什么时候获得和它可能被运用到审计期间的哪一部分；另一个问题是，在本审计期间对以前期间控制设计和运行有效证据的依赖程度。所以，注册会计师应当根据控制测试的目的确定控制测试的时间，并确定拟信赖的相关控制的时点或期间。如果仅需要测试控制在特定时点的运行有效性，注册会计师只需要获取该时点的审计证据。如果需要获取控制在某一期间有效运行的审计证据，仅获取与时点相关的审计证据是不充分的，注册会计师应当辅以其他控制测试，包括测试被审计单位对控制的监督 。

（二）对期中审计证据的考虑

注册会计师可能在期中实施进一步审计程序。对于控制测试，注册会计师在期中实施此类程序具有更积极的作用。但即使注册会计师已获取了有关控制在期中运行有效性的审计证据，仍然需要考虑如何能够将控制在期中运行有效性的审计证据合理延伸至期末。因此，如果已获取有关控制在期中运行有效性的审计证据，并拟利用该证据，注册会计师应当实施下列审计程序：

1.获取这些控制在剩余期间发生重大变化的审计证据

针对期中已获取过审计证据的控制，考察这些控制在剩余期间的变化情况：如果这些控制在剩余期间没有发生重大变化，注册会计师可能决定信赖期中获取的审计证据；如果这些控制在剩余期间发生了重大变化，注册会计师需要了解并测试控制的变化对期中审计证据的影响。

2.确定针对剩余期间还需获取的补充审计证据

针对期中证据以外的、剩余期间的补充证据，注册会计师应当考虑下列因素：

（1）评估的认定层次重大错报风险的重大程度。评估的重大错报风险对财务报表的影响越大，注册会计师需要获取的剩余期间的补充证据越多。

（2）在期中测试的特定控制。例如，对自动化运行的控制，注册会计师更可能测试信息系统一般控制的运行有效性，以获取控制在剩余期间运行有效性的审计证据。

（3）在期中对有关控制运行有效性获取的审计证据的程度。如果注册会计师在期中对有关控制运行有效性获取的审计证据比较充分，可以考虑适当减少需要获取的剩余期间的补充证据。

（4）剩余期间的长度。剩余期间越长，注册会计师需要获取的剩余期间的补充证据越多。

（5）在信赖控制的基础上拟减少实施进一步实质性程序的范围。注册会计师对相关控制的信赖程度越高，通常在信赖控制的基础上拟减少进一步实质性程序的范围就越广。在这种情况下，注册会计师需要获取的剩余期间的补充证据就越多。

（6）控制环境。在注册会计师总体上拟信赖控制的前提下，控制环境越薄弱或把握程度越低，注册会计师需要获取的剩余期间的补充证据越多。

被审计单位对控制的监督起到的是一种检验相关控制在所有相关时点是否都有效运行的作用，因此，除了上述的测试剩余期间控制的运行有效性，通过测试被审计单位对控制的监督，注册会计师还可以获取补充审计证据，以便更有把握地将控制在期中运行有效性的审计证据延伸至期末。

（三）对以前审计获取的审计证据的考虑

被审计单位内部控制中的一些要素往往是相对稳定的（相对于具体的交易、账户余额和披露），注册会计师在本期审计时可以适当考虑利用以前审计获取的有关控制运行有效性的审计证据。但是，如果拟利用以前审计获取的有关控制运行有效性的审计证据，注册会计师应当通过获取这些控制在以前审计后是否发生重大变化的审计证据，确定以前审计获取的审计证据是否与本期审计持续相关。

注册会计师应当通过实施询问并结合观察或检查程序，获取这些控制是否发生重大变化的审计证据，以确认对这些控制的了解，并根据下列情况作出不同处理：

（1）如果已发生变化，并且这些变化对以前审计获取的审计证据的持续相关性产生影响，注册会计师应当在本期审计中测试这些控制运行的有效性。

（2）如果未发生这些变化，注册会计师应当每三年至少对内部控制测试一次，并且在每年审计中测试部分控制，以避免将所有拟信赖控制的测试集中于某一年，而在之后的两年中不进行任何测试。

在确定利用以前审计获取的有关控制运行有效性的审计证据是否适当以及再次测试控制的时间间隔时，注册会计师应当考虑的因素或情况包括：

（1）内部控制其他要素的有效性，包括控制环境、对控制的监督以及被审计单位的风险评估过程。

（2）控制特征（如是人工控制还是自动化控制）产生的风险。

（3）信息技术一般控制的有效性。

（4）控制设计及其运行的有效性，包括在以前审计中发现的控制运行偏差的性质和程度，以及是否发生对控制运行产生重大影响的人员变动。

（5）是否存在由于环境发生变化而特定控制缺乏相应变化导致的风险。

（6）重大错报风险和对控制的信赖程度。

当出现下列情况时，注册会计师应当缩短再次测试控制的时间间隔或完全不信赖以前审计获取的审计证据：

（1）控制环境薄弱。如果被审计单位控制环境薄弱或对控制的监督薄弱，注册会计师应当缩短再次测试控制的时间间隔或完全不信赖以前审计获取的审计证据。

（2）对控制的监督薄弱。

（3）相关控制中人工控制的成分较大。如果相关控制中人工控制的成分较大，考虑到人工控制一般稳定性较差，注册会计师可能决定在本期审计中继续测试该控制的运行有效性。

（4）信息技术一般控制薄弱。如果信息技术一般控制薄弱，注册会计师可能更少地依赖以前审计获取的审计证据。

（5）对控制运行产生重大影响的人事变动。如果所审计期间发生了对控制运行产生重大影响的人事变动，注册会计师可能决定在本期审计中不依赖以前审计获取的审计证据。

（6）环境的变化表明需要对控制作出相应的变动。如果环境的变化表明需要对控制作出相应的变动，但被审计单位却没有作出相应变动，注册会计师应当充分意识到控制不再有效、从而导致本期财务报表发生重大错报的可能性，此时不应再依赖以前审计获取的有关控制运行有效性的审计证据。

（7）重大错报风险较大或对控制的拟信赖程度较高。如果重大错报风险较大或对控制的拟信赖程度较高，注册会计师应当缩短再次测试控制的时间间隔或完全不信赖以前审计获取的审计证据。

如果确定评估的认定层次重大错报风险是特别风险，并拟信赖针对该风险实施的控制，注册会计师应当在本期审计中测试这些控制运行的有效性。也就是说，如果注册会计师拟信赖针对特别风险的控制，那么所有关于该控制运行有效性的审计证据都必须来自当年的控制测试，注册会计师应当在每次审计中都测试这类控制。

注册会计师是否需要在本期测试某项控制的决策过程如图10-1所示。

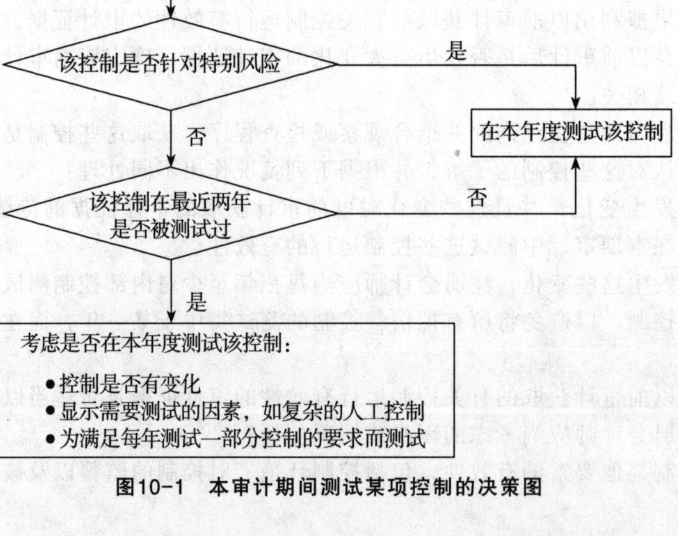

图10-1 本审计期间测试某项控制的决策图

四、控制测试的范围

控制测试的范围主要是指某项控制活动的测试次数。注册会计师应当设计控制测试，以获取控制在整个拟信赖的期间有效运行的充分、适当的审计证据。

在确定某项控制的测试范围时，注册会计师通常考虑下列因素：

1.执行控制的频率

在整个拟信赖的期间，被审计单位执行控制的频率越高，控制测试的范围越大。

2.在所审计期间，注册会计师拟信赖控制运行有效性的时间长度

拟信赖控制运行有效性的时间长度不同，在该时间长度内发生的控制活动次数也不同。注册会计师需要根据拟信赖控制的时间长度确定控制测试的范围。拟信赖期间越长，控制测试的范围越广。

3.证据的相关性和可靠性

为证实控制能够防止或发现并纠正认定层次重大错报，对所需获取审计证据的相关性和可靠性要求越高，控制测试的范围越广。

4.通过测试与认定相关的其他控制获取的审计证据的范围

针对同一认定，可能存在不同的控制。当针对其他控制获取审计证据的充分性和适当性较高时，测试该控制的范围可适当缩小。

5.在风险评估时拟信赖控制运行有效性的程度

注册会计师在风险评估时对控制运行有效性的拟信赖程度越高，需要实施控制测试的范围越广。

6.控制的预期偏差

预期偏差可以用控制未得到执行的预期次数占控制应当得到执行次数的比率加以衡量。考虑该因素，是因为在考虑测试结果是否可以得出控制运行有效性的结论时，不可能只要出现任何控制执行偏差就认定控制运行无效，所以需要确定一个合理水平的预期偏差率。控制的预期偏差率越高，需要实施控制测试的范围越广。如果控制的预期偏差率过高，注册会计师应当考虑控制可能不足以将认定层次的重大错报风险降至可接受的低水平，从而针对某一认定实施的控制测试可能是无效的。

此外，对于自动化控制来说，信息技术处理具有内在一贯性，除非系统发生变动，注册会计师通常不需要扩大自动化控制的测试范围。对于一项自动化应用控制，一旦确定被审计单位正在执行该控制，注册会计师通常无须扩大控制测试的范围，但需要考虑测试与该应用控制有关的一般控制的运行有效性；还需要确定系统是否发生更改，如果发生更改，是否存在适当的系统更改控制；还需要确定对交易的处理是否使用授权批准的软件版本，以确定该项控制是否持续有效运行。

第四节　实质性程序

一、实质性程序的含义和总体要求

（一）实质性程序的含义

实质性程序是指注册会计师针对评估的重大错报风险实施的直接用以发现认定层次重大错报的审计程序。实质性程序包括对各类交易、账户余额、披露的细节测试以及实质性分析程序。注册会计师应当针对评估的重大错报风险设计和实施实质性程序，以发现认定层次的重大错报。

由于注册会计师对重大错报风险的评估是一种判断，可能无法充分识别所有的重大错报风

险，加之内部控制存在固有局限性，所以无论评估的重大错报风险结果如何，注册会计师都应当针对所有重大的各类交易、账户余额、披露实施实质性程序。

（二）实施实质性程序的总体要求

注册会计师实施的实质性程序应当包括下列与财务报表编制完成阶段相关的审计程序：

（1）将财务报表与其所依据的会计记录进行核对或调节。

（2）检查财务报表编制过程中作出的重大会计分录和其他会计调整。注册会计师对重大会计分录和其他会计调整检查的性质和范围，取决于被审计单位财务报告过程的性质和复杂程度以及由此产生的重大错报风险。

如果认为评估的认定层次重大错报风险是特别风险，注册会计师应当专门针对该风险实施实质性程序。例如，如果认为管理层面临实现盈利指标的压力而可能提前确认收入，注册会计师在设计询证函时不仅应当考虑函证应收账款的账户余额，而且应当考虑函证销售协议的细节条款（如交货、结算及退货条款）；注册会计师还可考虑在实施函证的基础上针对销售协议及其变动情况询问被审计单位的非财务人员。

如果针对特别风险仅实施实质性程序，注册会计师应当使用细节测试，或将细节测试和实质性分析程序结合使用，以获取充分、适当的审计证据。

二、实质性程序的性质

（一）实质性程序的性质的含义

实质性程序的性质，是指实质性程序的类型及其组合。实质性程序的两种基本类型包括细节测试和实质性分析程序。细节测试是对各类交易、账户余额、披露的具体细节进行测试，目的在于直接识别财务报表认定是否存在错报。实质性分析程序从技术特征上看仍然是分析程序，只是将该技术方法用作实质性程序主要是通过研究数据间关系评价信息，用以识别各类交易、账户余额、披露及相关认定是否存在错报。

（二）实质性程序的设计

注册会计师应当根据各类交易、账户余额、披露的性质选择实质性程序的类型。细节测试和实质性分析程序的目的和技术手段存在一定差异，细节测试适用于对各类交易、账户余额、披露认定的测试，尤其是对存在或发生、计价认定的测试；对在一段时间内存在可预期关系的大量交易，注册会计师可以考虑实施实质性分析程序。

注册会计师应当针对评估的风险设计细节测试，获取充分、适当的审计证据，以达到认定层次所计划的保证水平。注册会计师需要根据不同的认定层次的重大错报风险设计有针对性的细节测试。在针对存在或发生认定设计细节测试时，注册会计师应当选择包含在财务报表金额中的项目，并获取相关的审计证据。在针对完整性认定设计细节测试时，注册会计师应当选择有证据表明应包含在财务报表金额中的项目，并调查这些项目是否确实包括在内。

在设计实质性分析程序时，注册会计师应当考虑下列因素：

（1）对特定认定使用实质性分析程序的适当性；

（2）对已记录的金额或比率作出预期时，所依据的内部或外部数据的可靠性；

（3）作出预期的准确程度是否足以在计划的保证水平上识别重大错报；

（4）已记录金额与预期值之间可接受的差异额。

此外，当实施实质性分析程序时，如果使用被审计单位编制的信息，注册会计师应当考虑测试与信息编制相关的控制，以及这些信息是否在本期或前期经过审计。

三、实质性程序的时间

（一）对期中实施实质性程序的考虑

如果在期中实施了实质性程序，注册会计师应当针对剩余期间实施进一步的实质性程序，或将实质性程序和控制测试结合使用，以将期中测试得出的结论合理延伸至期末。所以，在期中实施实质性程序，一方面消耗了审计资源，另一方面期中实施实质性程序获取的审计证据又不能直接作为期末财务报表认定的审计证据，注册会计师仍然需要消耗更多的审计资源使期中审计证据能够合理延伸至期末。因此，注册会计师需要权衡这两部分所需消耗的审计资源的总和是否能够显著小于完全在期末实施实质性程序所需消耗的审计资源。

在审计资源既定的情况下，注册会计师在期中实施实质性程序，可能减少期末实施实质性程序的数量，因而可能增加期末存在错报而未被发现的风险，并且该风险将随着剩余期间的延长而增加。所以，在考虑是否在期中实施实质性程序时，注册会计师应当考虑下列因素：

1.控制环境和其他相关的控制

控制环境和其他相关的控制越薄弱，注册会计师越不宜依赖期中实施的实质性程序。

2.实施审计程序所需信息在期中之后的可获得性

如果实施实质性程序所需信息在期中之后可能难以获取，注册会计师应考虑在期中实施实质性程序；但如果实施实质性程序所需信息在期中之后的可获得性并不存在明显困难，该因素不应成为注册会计师在期中实施实质性程序的重要影响因素。

3.实质性程序的目标

如果针对某项认定实施实质性程序的目标就包括获取该认定的期中审计证据，注册会计师应在期中实施实质性程序。

4.评估的重大错报风险

注册会计师评估的某项认定的重大错报风险越高，对针对该认定所需获取的审计证据的相关性和可靠性要求也就越高，注册会计师越应当考虑将实质性程序集中于期末（或接近期末）实施。

5.各类交易或账户余额以及相关认定的性质

例如，某些交易或账户余额以及相关认定的特殊性质（如收入截止认定、未决诉讼）决定了注册会计师必须在期末（或接近期末）实施实质性程序。

6.针对剩余期间，能否通过实施实质性程序或将实质性程序与控制测试相结合，降低期末存在错报而未被发现的风险

如果针对剩余期间注册会计师可以通过实施实质性程序或将实质性程序与控制测试相结合，较有把握地降低期末存在错报而未被发现的风险，注册会计师可以考虑在期中实施实质性程序；但如果针对剩余期间注册会计师认为还需要消耗大量审计资源才有可能降低期末存在错报而未被发现的风险，甚至没有把握通过适当的进一步审计程序降低期末存在错报而未被发现的风险，注册会计师就不宜在期中实施实质性程序。

（二）对期中审计证据的考虑

如果拟将期中测试得出的结论延伸至期末，注册会计师应当考虑针对剩余期间仅实施实质性程序是否足够。如果认为实施实质性程序本身不充分，注册会计师还应测试剩余期间相关控制运行的有效性或针对期末实施实质性程序。

对于舞弊导致的重大错报风险（作为一类重要的特别风险），被审计单位存在故意错报或操纵的可能性，那么注册会计师更应慎重考虑能否将期中测试得出的结论延伸至期末。因此，如果已识别出由于舞弊导致的重大错报风险，为将期中得出的结论延伸至期末而实施的审计程序通常是无效的，注册会计师应当考虑在期末或者接近期末实施实质性程序。

如果已在期中实施了实质性程序，或将控制测试与实质性程序相结合，并拟信赖期中测试得出的结论，注册会计师应当将期末信息和期中的可比信息进行比较、调节，识别和调查出现的异常金额，并针对剩余期间实施实质性分析程序或细节测试。

在确定针对剩余期间拟实施的实质性程序时，注册会计师应当考虑是否已在期中实施控制测试，并考虑与财务报告相关的信息系统能否充分提供与期末账户余额及剩余期间交易有关的信息。

在针对剩余期间实施实质性程序时，注册会计师应当重点关注并调查重大的异常交易或分

录、重大波动以及各类交易或账户余额在构成上的重大或异常变动。

如果拟针对剩余期间实施实质性分析程序，注册会计师应当考虑某类交易的期末累计发生额或账户期末余额在金额、相对重要性及构成方面能否被合理预期。

如果在期中检查出某类交易或账户余额存在错报，注册会计师应当考虑修改与该类交易或账户余额相关的风险评估以及针对剩余期间拟实施实质性程序的性质、时间和范围，或考虑在期末扩大实质性程序的范围或重新实施实质性程序。

（三）对以前审计获取的审计证据的考虑

在以前审计中实施实质性程序获取的审计证据，通常对本期只有很弱的证据效力或没有证据效力，不足以应对本期的重大错报风险。只有当以前获取的审计证据及其相关事项未发生重大变动时（如以前审计通过实质性程序测试过的某项诉讼在本期没有任何实质性进展），以前获取的审计证据才可能用作本期的有效审计证据。但是，如果拟利用以前审计中实施实质性程序获取的审计证据，注册会计师应当在本期实施审计程序，以确定这些审计证据是否具有持续相关性。

四、实质性程序的范围

在确定实质性程序的范围时，注册会计师应当考虑评估的认定层次重大错报风险和实施控制测试的结果。注册会计师评估的认定层次重大错报风险越高，需要实施实质性程序的范围越广。如果对控制测试结果不满意，注册会计师应当考虑扩大实质性程序的范围。

在设计细节测试时，注册会计师除了需从样本量的角度考虑测试范围外，还要考虑选样方法的有效性等因素，例如，从总体中选取大额或异常项目，而不是进行代表性抽样或分层抽样。

在设计实质性分析程序时，注册会计师应当确定已记录金额与预期值之间可接受的差异额。在确定该差异额时，注册会计师应当主要考虑各类交易、账户余额、披露及相关认定的重要性和计划的保证水平。实施分析程序可能发现偏差，但并非所有的偏差都值得展开进一步调查。可容忍或可接受的偏差（即预期偏差）越大，作为实质性分析程序一部分的进一步调查的范围就越小。

第五节 评价审计证据的充分性和适当性

一、完成审计工作前对进一步审计程序所获取审计证据的评价

在完成审计工作前对进一步审计程序所获取审计证据的评价，主要是根据发现的错报或控制执行偏差考虑修正重大错报风险的评估结果。

通过实施进一步审计程序，注册会计师首先需要考虑其证据是否支持此前对认定层次的重大错报风险的评估结果。因此，注册会计师应当根据实施的审计程序和获取的审计证据，评价对认定层次重大错报风险的评估是否仍然适当。

财务报表审计是一个累计和不断修正的过程。随着计划的审计程序的实施，如果获取的信息与风险评估时依据的信息有重大差异，注册会计师应当考虑修正风险评估结果，并据以修改原计划的其他审计程序的性质、时间和范围。

注册会计师应当考虑控制测试中发现的控制执行偏差对审计工作的影响。在实施控制测试时，如果发现被审计单位控制运行出现偏差，注册会计师应当了解这些偏差及其潜在后果，并确定已实施的控制测试是否为信赖控制提供了充分、适当的审计证据，是否需要实施进一步的控制测试或实质性程序以应对潜在的错报风险。

注册会计师不应将审计中发现的舞弊或错误视为孤立发生的事项，而应当考虑其对评估的

重大错报风险的影响。

在完成审计工作前，注册会计师应当评价是否已将审计风险降至可接受的低水平，是否需要重新考虑已实施审计程序的性质、时间和范围。

二、形成审计意见时对审计证据的综合评价

在形成审计意见时，注册会计师应当从总体上评价是否已经获取充分、适当的审计证据，以将审计风险降至可接受的低水平。注册会计师应当考虑所有相关的审计证据，无论该证据与财务报表认定相互印证还是相互矛盾。

在评价审计证据的充分性和适当性时，注册会计师应当运用职业判断，考虑下列因素的影响：

（1）认定发生潜在错报的重要程度，以及潜在错报单独或连同其他潜在错报对财务报表产生重大影响的可能性；

（2）管理层应对和控制风险的有效性；

（3）在以前审计中获取的关于类似潜在错报的经验；

（4）实施审计程序的结果，包括审计程序是否识别出舞弊或错误的具体情形；

（5）可获得信息的来源和可靠性；

（6）审计证据的说服力；

（7）对被审计单位及其环境的了解。

如果对重大的财务报表认定没有获取充分、适当的审计证据，注册会计师应当尽可能获取进一步的审计证据。如果不能获取充分、适当的审计证据，注册会计师应当对财务报表发表保留意见或无法表示意见。

三、审计工作记录

注册会计师应当就下列事项形成审计工作记录：

（1）针对评估的财务报表层次重大错报风险采取的总体应对措施，以及实施的进一步审计程序的性质、时间和范围；

（2）实施的进一步审计程序与评估的认定层次重大错报风险之间的联系；

（3）实施进一步审计程序的结果，包括在结果不明显时得出的结论。

如果拟利用在以前审计中获取的有关控制运行有效性的审计证据，注册会计师应当记录信赖这些控制的理由和结论。

□ 复习思考题

1.财务报表层次重大错报风险的总体应对措施有哪些？

2.注册会计师对评估的认定层次重大错报风险实施进一步审计程序时，审计程序的性质、时间、范围如何？

3.什么是控制测试？实施控制测试时有哪些要求？

4.什么是实质性程序？实施实质性程序时有哪些总体要求？

5.什么是实质性程序的性质、时间、范围？

6.评价审计证据的充分性和适当性时应考虑哪些因素的影响？

本章要旨及
测试题

第十一章

审计抽样

现代审计与传统审计的重要区别之一就是抽样技术的广泛应用，在审计测试中运用抽样技术是审计理论和实践的重大突破，是审计技术发展史上的一次飞跃，是审计职业界追求审计效率与审计效果统一的结果。《中国注册会计师审计准则第1314号——审计抽样》规范了注册会计师在设计和选择审计样本以实施控制测试和细节测试，以及评价样本结果时对统计抽样和非统计抽样的使用。

第一节　审计抽样概述

一、审计抽样的含义

（一）审计抽样的概念

审计抽样（即抽样），是指注册会计师对具有审计相关性的总体中低于百分之百的项目实施审计程序，使所有抽样单元都有被选取的机会，为注册会计师针对整个总体得出结论提供合理基础。审计抽样可使注册会计师获取和评价与被选取项目的某些特征有关的审计证据，以形成或帮助形成对从中抽取样本的总体结论。在这里，总体是指注册会计师从中选取样本并期望据此得出结论的整个数据集合，抽样单元是指构成总体的个体项目。总体可分为多个层次或子总体。

审计抽样具有三个特征：

（1）对具有审计相关性的总体中低于百分之百的项目实施审计程序。

（2）所有抽样单元都有被选取的机会。

（3）在使用审计抽样时，注册会计师的目标是为得出有关抽样总体的结论提供合理的基础。

我们不能简单地把审计抽样等同于一般意义的抽查。一般的抽查作为一种技术，可以用来了解情况，确定审计重点，取得审计证据，在使用中并无严格要求。审计抽样作为一种方法，需要运用抽查技术，但更重要的是要根据审计目的及具体环境的要求作出科学的抽样决策。审计抽样工作要严格按照规定的程序和方法去完成。审计抽样的基本目标是在有限审计资源条件限制下，收集充分、适当的审计证据，以形成和支持审计结论。在对需要测试的账户余额或交易事项缺乏一定的了解，或总体中包含的项目数量太大而无法逐一审查，或虽可对总体所有项目逐一审查但成本太高的情况下，注册会计师可以考虑使用审计抽样。

（二）审计抽样的种类

审计抽样的种类很多，通常按抽样决策的依据不同，可以划分为统计抽样和非统计抽样；按审计抽样所了解的总体特征不同可以划分为属性抽样和变量抽样。

1.统计抽样和非统计抽样

所谓统计抽样，是指同时具备以下两个特征的抽样方法：①随机选取样本项目；②运用概率论评价样本结果，包括计量抽样风险。统计抽样的优点在于能够客观地选取样本，科学地计量抽样风险，并通过调整样本规模有效地控制抽样风险，定量地评价样本结果。

不同时具备上述两个特征的抽样方法属于非统计抽样。非统计抽样又有任意抽样和判断抽样之分。在任意抽样法下，从总体中抽取多少样本、抽取哪些样本都是主观随意的，没有客观的依据和标准。显然，任意抽样的样本往往代表性较差，很难保证它能够反映总体的真实情况，根据对这种样本的审查结果来推断总体，审计结论的可靠性难以保证。判断抽样是基于注册会计师对审计对象的了解和个人的职业判断，有目的、有重点地选取一定量的样本进行审查。判断抽样是在任意抽样的基础上融入个人的经验和判断，所以其结果在很大程度上取决于注册会计师的经验水平和判断能力的高低，但它们都不能科学地确定样本规模，不能用数学评估的方法测定和控制抽样风险。

注册会计师应当根据具体情况并运用职业判断，确定使用统计抽样或非统计抽样，以最有效率地获取审计证据。两种技术只要运用得当，都可以提供审计所要求的充分、适当的证据，并且都存在某种程度的抽样风险和非抽样风险。非统计抽样离不开职业判断，统计抽样也不排除职业判断，事实上，在运用统计抽样的全过程中都需要使用职业判断。例如，确定审计对象总体，定义总体特征，决定所采用的选样方法，对抽样结果进行质量和数量上的评价等，都需要职业判断。注册会计师在统计抽样和非统计抽样之间进行选择时，成本效益是要考虑的一个主要问题。一般情况下，非统计抽样可能比统计抽样的成本低，但统计抽样的效果则可能比非统计抽样更可靠。在某些情况下，使用统计抽样需要较高的成本，比如，为了使注册会计师掌握使用统计抽样所需要的特殊的专业技能，可能需要增加培训费用。非统计抽样只要设计得当，也能够获得与统计抽样相同的结果。在实际工作中，通常把统计抽样和非统计抽样结合起来使用，这样能够收到较好的审计效果。

统计抽样和非统计抽样的比较如图 11-1 所示。

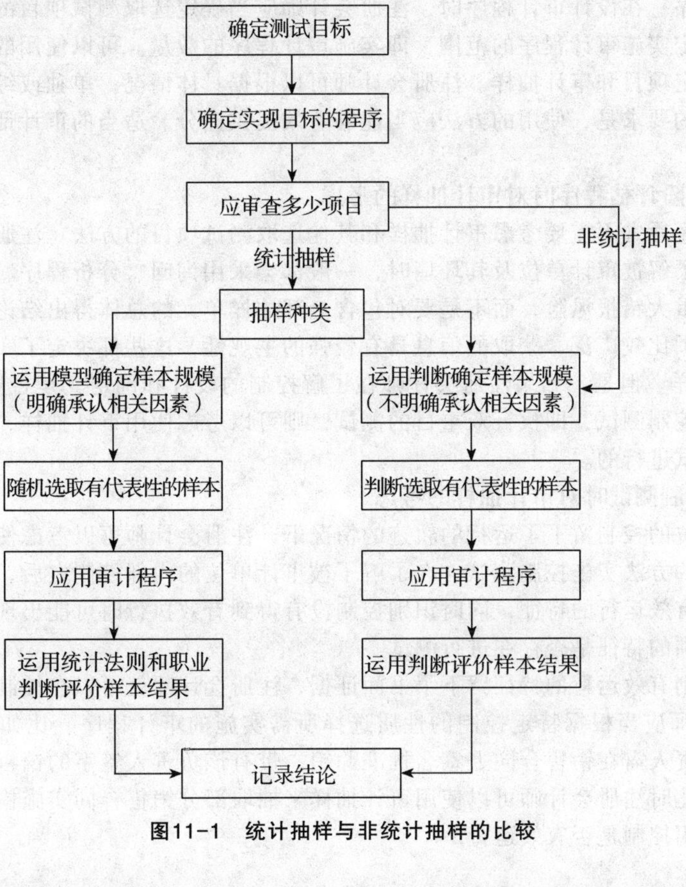

图11-1　统计抽样与非统计抽样的比较

2.属性抽样与变量抽样

在审计抽样中，根据对样本的审查结果对总体进行推断可以从两个不同的方面来进行：一是根据样本的差错率推断总体的差错率；二是根据样本的差错额推断总体的差错额。前者就是属性抽样，后者就是变量抽样。我们也可以这样说，属性抽样是指在精确度界限和可靠程度一定的条件下，旨在测定总体特征的发生频率所采用的一种方法；变量抽样是用来估计总体错误金额而采用的一种方法。根据控制测试的目的和特点所采用的审计抽样通常是属性抽样；根据细节测试的目的和特点所采用的审计抽样通常为变量抽样。在审计实务中，经常存在同时进行控制测试和细节测试的情况，这个时候所采用的审计抽样称为双重目的抽样。属性抽样和变量抽样的主要区别如图11-2所示。

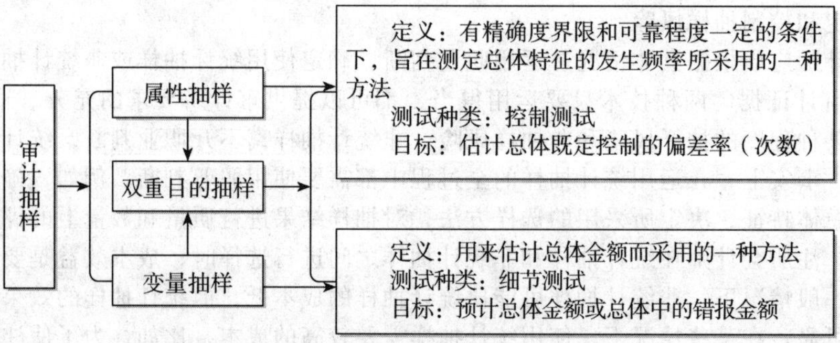

图11-2 属性抽样和变量抽样的主要区别

二、获取审计证据时对审计抽样和其他选取测试项目方法的考虑

注册会计师在获取审计证据时，通常需要实施风险评估程序、控制测试（必要或决定测试时）和实质性程序。在设计审计程序时，注册会计师应当确定选取测试项目的适当方法。选取测试项目旨在确定实施审计程序的范围，即实施审计程序的数量。可以使用的方法包括选取全部项目、选取特定项目和审计抽样。注册会计师可以根据具体情况，单独或综合使用选取测试项目的方法。总的要求是，使用的方法应当能够有效提供充分、适当的审计证据，以实现审计程序的目标。

（一）实施风险评估程序时对审计抽样的考虑

风险评估程序通常不需要考虑审计抽样和其他选取测试项目的方法。注册会计师在实施风险评估程序以便了解被审计单位及其环境时，一般都会采用询问、分析程序、检查和观察，目的是识别和评估重大错报风险，而不是要对包含全部抽样单元的总体得出结论。另外，风险评估程序实施的范围比较广泛，获取的信息具有较强的主观性，这些都决定了实施风险评估程序不宜使用审计抽样。但是，如果注册会计师在了解控制的设计和确定其是否得到执行的同时，一并计划和实施控制测试，即执行双重目的测试，则可以考虑使用审计抽样，但此时的审计抽样是针对控制测试进行的。

（二）实施控制测试时对审计抽样的考虑

在被审计单位的控制留下了运行的轨迹的情况下，注册会计师可以考虑使用审计抽样和其他选取测试项目的方法实施控制测试。在了解了被审计单位的内部控制之后，注册会计师应当识别可表明控制有效运行的特征，同时识别控制没有得到有效执行时可能出现的异常情况，然后就可以对所识别的特征是否存在进行测试。

如果表明控制有效运行的特征留下了书面证据，注册会计师就可以在控制测试中使用审计抽样。注册会计师应当根据特定控制的性质选择所需实施的审计程序。比如，被审计单位规定，信用部门负责人需在销售合同上签名批准赊销，带有该负责人签字的销售合同即为该项控制的书面轨迹，此时注册会计师可以使用审计抽样来抽取部分销售合同实施检查，以确定被审计单位的该项信用控制是否有效运行。

某些控制的运行可能没有书面记录，或文件记录与证实控制运行有效性不相关，即属于没有留下运行轨迹，对这类控制实施测试不涉及审计抽样，注册会计师通常应考虑实施询问、观察等程序来获取相关控制运行有效性的审计证据。例如，在对被审计单位的存货盘点过程实施控制测试时，注册会计师只能通过对存货移动控制、盘点程序、被审计单位用以控制存货盘点的其他活动的观察来进行，实施观察程序不需要审计抽样。

（三）实施实质性程序时对审计抽样的考虑

实质性程序包括对各类交易、账户余额、披露的细节测试和实质性分析程序。注册会计师只是在实施细节测试程序时，才需要考虑审计抽样和其他选取测试项目的方法问题。在实施细节测试时，注册会计师可以使用审计抽样和其他选取测试项目的方法获取审计证据，以验证有关财务报表金额的一项或多项认定，或对某些金额作出独立的估计。在实施实质性分析程序时不需要使用审计抽样和其他选取测试项目的方法。

（四）对其他选取测试项目方法的考虑

1.选取全部项目

在确定适当的选取测试项目方法时，注册会计师应当考虑与所测试认定有关的重大错报风险和审计效率。在存在下列情形之一时，注册会计师可以考虑选取全部项目进行测试：

（1）总体由少量的大额项目构成。

如果某类交易或账户余额中的所有项目的金额都较大，注册会计师可以考虑选取全部项目进行测试。

（2）存在特别风险且其他方法未提供充分、适当的审计证据。

某类交易或账户余额中的所有项目的单个金额可能不大，但却存在特别风险，注册会计师也可能需要测试全部项目。

存在特别风险的项目主要包括：

① 管理层高度参与的，或错报可能性较大的交易事项或账户余额；

② 非常规的交易事项或账户余额，特别是与关联方有关的交易或余额；

③ 长期不变的账户余额，如滞销的存货余额或账龄较长的应收账款余额；

④ 可疑的非正常项目，或明显的不规范项目；

⑤ 以前发生过错误的项目；

⑥ 期末人为调整的项目；

⑦ 其他存在特别风险的项目。

（3）符合成本效益原则。

由于信息系统自动执行的计算或其他程序具有重复性，对全部项目进行检查符合成本效益原则，注册会计师可以运用计算机辅助审计技术对全部项目进行测试。

对全部项目进行审查，通常更适用于细节测试。例如，在截止测试中，注册会计师通常对截止日前后一段时间发生的全部交易进行测试。

2.选取特定项目

根据对被审计单位的了解、评估的重大错报风险以及所测试总体的特征等，注册会计师可以确定从总体中选取特定项目进行测试。选取的特定项目可能包括：

（1）大额或关键项目。

关键项目本身就具有重要性。选择大额项目进行测试，可以保证较少的测试项目的金额在总体金额中占有较高的比例，以便对总体的推断有较高的可靠性。

（2）超过某一金额的全部项目。

抽取超过某一设定金额的全部项目进行测试，可以保证某类交易或账户的大部分金额得到验证。

（3）被用于获取某些信息的项目。

如果注册会计师选择某些项目进行测试的目的，是获取与被审计单位的性质、交易的性质以及内部控制等事项有关的信息，那么对这些项目的测试实际上属于风险评估程序。

(4) 被用于测试控制活动的项目。

同样，如果对某些项目进行测试的目的是确定某项控制是否得到有效执行，该种测试亦属于风险评估程序。

此外，可疑的项目、异常的项目、以前发生过错误的项目，均属于具有高风险特征的项目，也应作为特定项目进行测试。

从上述描述中我们可以看出，注册会计师在使用选取特定项目进行测试的方法时必然融入个人的主观判断成分，所以易产生非抽样风险，对此应采取一定的应对措施。

需要特别注意的是，虽然选取特定项目进行测试，也是对某类交易或账户余额中低于百分之百的项目实施审计程序，但不属于审计抽样，因为在这种方法下总体中所有抽样单元并非都有机会被选中，因此，不能根据所测试项目的结果推断总体偏差或错报。事实上，如果总体中剩余部分（即未测试项目）较大，注册会计师应当考虑是否需要针对剩余部分实施必要的程序，获取充分、适当的审计证据。注册会计师需要运用职业判断确定剩余部分是否重要。

三、对抽样风险和非抽样风险的考虑

审计风险由重大错报风险和检查风险构成，抽样风险和非抽样风险可能影响注册会计师对重大错报风险的评估和检查风险的确定。

（一）抽样风险的概念

抽样风险，是指注册会计师根据样本得出的结论，可能不同于如果对整个总体实施与样本相同的审计程序所得出的结论的风险。

抽样风险可分为两种类型：

1.影响审计效果的抽样风险

影响审计效果的抽样风险即在实施控制测试时，注册会计师推断的控制有效性高于其实际有效性的风险，也就是抽样结果使注册会计师对内部控制信赖过度的可能性；或在实施细节测试时，注册会计师推断某一重大错报不存在而实际上存在的风险，也就是误受风险。注册会计师主要关注这类错误结论，其影响审计效果，非常有可能导致发表不恰当的审计意见。这是因为，如果注册会计师对内部控制过度信赖，就会导致他们对重大错报风险的评估偏低，注册会计师可能不适当地减少审计程序和审计证据，最终导致不恰当的审计意见的形成。同样，如果账面金额存在重大错报而注册会计师认为其不存在，他就会停止对账面金额的测试，并根据样本测试结果得出不存在重大错报的错误结论。所以，对于注册会计师而言，这种风险更值得关注。

2.影响审计效率的抽样风险

影响审计效率的抽样风险即在实施控制测试时，注册会计师推断的控制有效性低于其实际有效性的风险，也就是抽样结果使注册会计师对内部控制信赖不足的可能性；或在实施细节测试时，注册会计师推断某一重大错报存在而实际上不存在的风险，也就是误拒风险。这类错误结论影响审计效率，其通常导致注册会计师实施额外的工作，以证实初始结论是错误的，但一般不会导致注册会计师发表不恰当的审计意见。这是因为，对内部控制信赖不足将引起对重大错报风险的评估偏高，注册会计师可能因此增加不必要的审计程序，从而降低审计效率。同样，如果注册会计师推断某一重大错报存在而实际上不存在，他很可能扩大细节测试的范围，或取得其他审计证据，得出的审计结论可能是恰当的，但审计效率无疑会降低。

抽样风险对审计工作的影响见表11-1。

（二）非抽样风险的概念

非抽样风险是指注册会计师由于任何与抽样风险无关的原因而得出错误结论的风险。非抽样风险包括审计风险中不是由抽样导致的所有风险。注册会计师即使对某类交易或账户余额的

表11-1　**抽样风险对审计工作的影响**

审计测试	抽样风险种类	对审计工作的影响
控制测试	①信赖过度风险	效　果
	②信赖不足风险	效　率
细节测试	①误受风险	效　果
	②误拒风险	效　率

全部项目实施了必要的审计程序，仍有可能未发现重大错报或控制无效。产生非抽样风险的主要原因是使用了不适当的审计程序，或误解了审计证据而没有发现偏差。具体来说包括以下情况：

（1）选择的总体不适合测试目标。

（2）控制偏差或错报的定义不恰当。

不恰当地定义控制偏差或错报，可能使注册会计师未发现样本中存在的控制偏差或错报。

（3）审计程序选择不当。

注册会计师选择的审计程序如果不适合某个审计目标的实现，也可能导致错误的结论，例如，注册会计师使用函证程序来揭示未入账的应收账款是不适当的。

（4）对审计发现的评价不当。

比如，注册会计师对发现的偏差或错报的重要性作出了不当的判断，从而忽略性质本来重要的偏差或错报，导致得出不恰当的结论。对审计证据的错误解读也可能导致未发现偏差或错报。

无论是控制测试还是细节测试，非抽样风险对审计工作的效率和效果都有一定的影响。非抽样风险无法量化，但是，注册会计师应当通过适当地计划、指导和监督审计工作，坚持质量管理标准，有效地降低审计风险。

（三）抽样风险与非抽样风险的控制

为了将审计风险降低至可接受的低水平，必须对抽样风险和非抽样风险进行控制。抽样风险是客观存在的，但无论是执行控制测试还是细节测试，注册会计师都可以通过扩大样本规模降低抽样风险。抽样风险与样本规模成反方向变动，样本规模越小，抽样风险越大；样本规模越大，抽样风险越小。在使用统计抽样时，注册会计师可以准确地计量和控制抽样风险。

非抽样风险是由人为因素造成的，虽然不能量化，但通过采取适当的质量管理政策和程序，加强对业务的指导、监督和复核，提高审计人员素质，也可以防范、降低甚至消除非抽样风险。

四、样本设计

样本设计是指注册会计师对审计样本进行计划。在计划样本时，注册会计师应当对审计程序的目标、抽样总体的属性、抽样单元、偏差的构成条件等进行综合考虑。

（一）审计程序目标

注册会计师在设计样本时，首先应当考虑审计程序将要达到的测试目标。概括起来，控制测试的目标是评价控制是否有效运行，以支持评估的重大错报风险水平。例如，在对企业的购货过程进行控制测试时，要达到的一个目的就是确定发票是否经过有关人员的审核和授权人员的批准。细节测试是对各类交易或账户余额的各项认定进行测试，以确定相关认定是否存在重大错报。例如，通过在账户余额中选取项目进行测试，可以确定其中是否存在虚构的项目、分类错误的项目或计价错误的项目。

（二）审计对象总体和分层

在实施抽样之前，注册会计师需要准确定义总体属性，确定抽样总体的范围。注册会计师所定义的总体需具备两个特征，即适当性和完整性。适当性是指确定总体必须与审计目标相关，审计目标不同，总体也就不同。例如，如果审计目标在于审查应收账款是否被多计，测试总体应为应收账款明细账；如果审计目标在于审查应付账款是否被少计，则测试总体不仅应包括应付账款明细账，还应包括期后付款、未付发票及能够提供应付账款少计证据的其他项目。完整性是指测试总体必须包括被审计经济业务或资料的全部项目。例如，如果注册会计师要对某一控制活动在财务报告期间是否有效运行作出结论，测试总体应包括来自整个报告期间的所有相关项目。

在实务中，注册会计师通常是从代表总体的实物中选取样本项目，例如，如果注册会计师将总体定义为特定日期的应收账款余额，代表总体的实物就是该日期的客户应收账款余额明细表；如果总体是某一期间的销售收入，代表总体的实物就可能是销售日记账或销售发票。

在定义总体时，如果总体项目存在重大的变异性，注册会计师应当考虑分层。分层是指将总体划分为多个子总体的过程，每个子总体由一组具有相同特征（通常为货币金额）的抽样单元组成。分层可以降低每一层中项目的变异性，从而在抽样风险没有成比例提高的前提下减小样本的规模。分层时必须仔细界定子总体，使每一抽样单元只能属于一个层。分层可以按照不同的特征来进行，可以是业务的类型、账户余额的大小、项目的重要程度以及内部控制的强弱等。可见，分层除了能提高抽样效率外，也可使注册会计师按项目的重要性、变化频率或其他特征选取不同的样本数，且对不同层次使用不同的审计程序。通常，注册会计师应对包含最重要项目的层次实施全部审查。例如，为函证应收账款，可以将应收账款账户按金额的重要性分为三层，即账户金额在10 000元以上的，在5 000~10 000元的和在5 000元以下的。对应收账款金额在10 000元以上的账户可进行全部函证。

在对总体进行分层的情况下要注意，对某一层中的样本实施审计程序的结果，只能用于推断该子总体，要想推断总体，注册会计师应当考虑与构成总体其他层有关的重大错报风险。

（三）抽样单元

抽样单元是指构成总体的个体项目。注册会计师在定义总体时通常都指明了抽样单元。定义的抽样单元应与测试目标相适应。在控制测试中，抽样单元通常是能够提供控制运行证据的一份文件资料或一个记录等，注册会计师应根据被测试的控制定义抽样单元。例如，如果控制测试目标是确定付款是否得到授权，且设定的控制要求付款之前授权人在付款单据上签字，抽样单元可以被定义为每一张付款单据。在细节测试中，注册会计师是根据审计目标和拟实施的审计程序的性质定义抽样单元的，抽样单元可能是一个账户余额、一笔交易或交易中的一项记录，甚至是每一个货币单位。特别是在测试高估时，将构成某类交易或账户余额的每一个货币单位作为抽样单元一般效率会很高，注册会计师可以从总体中选取特定货币单位，然后检查包含这些货币单位的特定项目，使大额项目被选取的机会更大，这种方法被称为金额加权选样。

（四）偏差或错报构成条件

确定偏差或错报构成条件，是为了在测试中识别偏差或错报。偏差或错报的定义也要符合审计目标。

在控制测试中，注册会计师应根据对内部控制的理解，确定哪些特征能够显示被测试控制的运行情况，据此定义偏差构成条件。例如，设定的控制要求每笔付款都要附有发票、收据、验收报告和订货单等书面证据，并加盖“已付”戳记，注册会计师认为加盖了“已付”戳记的发票和验收报告足以证明控制的适当运行，偏差就可以被定义为没有“已付”戳记的发票和验收报告等证明文件的付款。

在细节测试中，注册会计师要确定什么构成错报。例如，在对应收账款存在认定的细节测试中（如函证），客户在函证日之前支付、被审计单位在函证日之后不久收到的款项不构成错报。

（五）可容忍误差

可容忍误差是注册会计师认为抽样结果可以达到审计目的而愿意接受的审计对象总体的最大误差。注册会计师应当在审计的计划阶段，根据审计重要性原则，合理确定可容忍误差的界限。可容忍误差越小，需选取的样本规模就越大。

对于控制测试来说，可容忍误差就是可容忍偏差率，指注册会计师设定的偏离规定的内部控制程序的比率，注册会计师试图对总体中的实际偏差率不超过该比率获取适当水平的保证。在进行细节测试时，可容忍误差就是可容忍错报，指注册会计师设定的货币金额，注册会计师试图对总体中的实际错报不超过该货币金额获取适当水平的保证。可容忍误差的数量界限主要取决于被测试的内部控制的重要程度、错报的性质和错报金额的大小。

（六）预计总体误差

注册会计师应根据前期审计所发现的偏差或错报、被审计单位的经济业务和经营环境的变化、对内部控制的评价以及分析程序的结果，或根据从总体中抽取少量项目进行检查的结果等，来确定审计对象总体的预计偏差或错报。在实施控制测试时，要评估预计总体偏差率，对于细节测试，要评估预计总体错报。预计总体偏差率或错报有助于设计审计样本和确定样本规模，如果存在预计总体偏差率或错报，则应当选取较大的样本规模。

注册会计师可以使用统计学公式或运用职业判断确定样本规模，确定的样本规模要保证将抽样风险降至可接受的低水平。

五、样本选取

选取样本要遵循的基本原则是保证总体中的所有抽样单元均有被选取的机会，以使样本能够代表总体。只有如此，才能保证根据抽样结果推断得到的总体特征具有合理性和可靠性。如果注册会计师有意识地选择总体中某些具有特殊特征的项目而放弃其他项目，就无法保证所选样本的代表性。

注册会计师可以采用统计抽样或非统计抽样的方法选取样本，只要运用得当，均可以取得充分、适当的审计证据。

选取样本的方法有多种，注册会计师可根据审计目标的要求、被审计单位的实际情况、审计资源条件的限制等因素来加以选择，以达到预期的审计质量与效率。常用的样本选取方法有使用随机数表或计算机辅助审计技术选样、系统选样和随意选样等。

（一）使用随机数表或计算机辅助审计技术选样

使用随机数表或计算机辅助审计技术选样也称随机数选样，是指对审计对象总体或子总体的所有项目，按随机规则选取样本。使用随机数选样的前提是总体中的每一项目都有不同的编号。注册会计师可以使用计算机生成的随机数，如电子表格程序、随机数码生成程序、通用审计软件程序等计算机程序生成的随机数，也可以使用随机数表获得所需的随机数。使用随机数表的实例见表11-2。

表11-2　随机数表（部分列示）

序号	（1）	（2）	（3）	（4）	（5）
1	10 480	15 011	01 536	02 011	81 647
2	22 368	46 573	25 595	85 313	30 995
3	24 130	48 360	22 527	97 265	76 393
4	42 167	93 093	06 243	61 680	07 856
5	37 570	39 975	81 837	16 656	06 121
6	77 921	06 907	11 008	42 751	27 756

续表

序号	(1)	(2)	(3)	(4)	(5)
7	99 562	72 905	56 420	69 994	98 872
8	96 301	91 977	05 463	07 972	18 876
9	89 579	14 342	63 661	10 281	17 453
10	85 475	36 857	53 342	53 988	53 060
11	28 018	69 578	88 231	33 276	70 997
12	63 553	40 961	48 235	03 427	49 626
13	09 429	93 069	52 636	92 737	88 974
14	10 365	61 129	87 529	85 689	48 237
15	07 119	97 336	71 048	08 178	77 233

表11-2中的每一个数都是运用随机方法选出的5位随机数，但此表并非全部的5位随机数。

使用随机数表时，首先应建立表中数字与总体中项目的一一对应关系。如果总体中的项目为连续编号，这种一一对应关系很容易确定，但有时也需要重新编号才能做到一一对应。例如，若经济业务事项编号为A—001，B—001……时，注册会计师可指定用1代替A，用2代替B等。然后，应选择一个起点和一个选号路线。起点和选号路线可任意选择，但一经选定，则应从起点开始，按照选号路线依次选样。

现举例说明如何使用随机数表。假定注册会计师对某公司连续编号为500~5000的现金支票进行随机选样，希望选取一组样本规模为20的样本。首先，注册会计师确定只用随机数表所列数字的前4位数来与现金支票号码一一对应。其次，确定第5列第1行为起点，选号路线为第5列，第4列，第3列，第2列，第1列，依次进行。最后，按照规定的一一对应关系和起点及选号路线，选出20个数：3 099，785，612，2 775，1 887，1 745，4 962，4 823，1 665，4 275，797，1 028，3 327，817，2 559，2 252，624，1 100，546，4 823。凡前4位数在500以下或5 000以上的，因为支票号码没有一一对应关系，均不入选。选出20个数码后，按此数码选取编号与其对应的20张支票作为选定样本进行审查。

（二）系统选样

系统选样也称等距选样，是指首先计算选样间距，确定选样起点，然后，根据选样间距，顺序选取样本的一种选样方法。

选样间距=总体规模÷样本规模

例如，注册会计师希望采用系统选样法从2 000张凭证中选出100张作为样本。首先计算出选样间距为20（2 000÷100）。然后假定注册会计师确定随机起点为542，则每隔20张凭证选取一张，共选取100张凭证作为样本即可，即542为第1张，则往下的顺序为522，502……往上的顺序为562，582……

系统选样方法使用简便，并可用于无限总体。但使用系统选样方法要求总体必须是随机排列的，否则容易发生较大的偏差。所以，在使用这种方法时，必须先确定总体是否为随机排列，若不是随机排列，则不宜使用。

系统选样可以在非统计抽样中使用，在总体随机分布时也可用于统计抽样。

（三）随意选样

随意选样就是不考虑金额大小、资料取得的难易程度及个人偏好，以随意的方式选出样本。随意选样的缺点在于很难完全无偏见地选取样本项目。随意选样属于非随机基础选样方法，只能在非统计抽样中使用。

六、样本结果评价

注册会计师在对样本实施必要的审计程序后，需要评价样本结果，确定使用审计抽样是否已为注册会计师针对所测试的总体得出的结论提供合理基础。其具体程序和内容是：分析样本偏差或错报、推断总体偏差或错报、重估抽样风险、形成审计结论（如图11-3所示）。

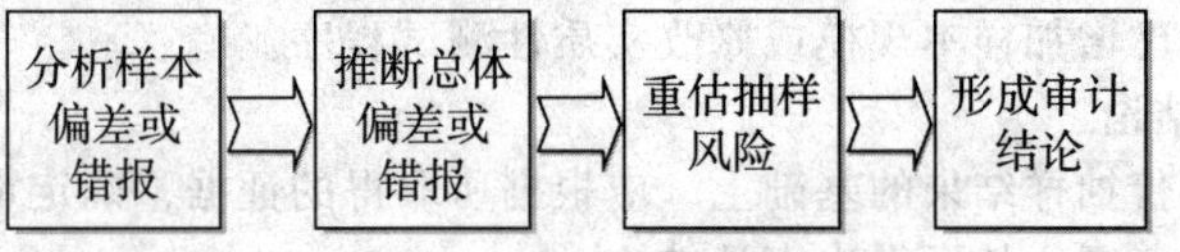

图11-3　抽样结果的评价程序

（一）分析样本偏差或错报

注册会计师在分析样本偏差或错报时，一般应从以下方面着手：

（1）根据预先确定的构成偏差或错报的条件，确定有疑问的项目是否确为一项偏差或错报。例如，在审查应收账款余额时，注册会计师发现被审计单位将某客户应收账款错记在另一客户应收账款明细账中，但这种差错并不影响应收账款的余额，因此，在评价抽样结果时，不能认为这是一项偏差。

（2）当注册会计师按照既定的审计程序，无法就样本取得审计证据时，应当实施替代审计程序，以获取相应的审计证据。例如，在发出的应收账款肯定式询证函没有收到回函时，注册会计师必须审查后期收款情况，以证实应收账款的余额。如果未能对某个选取的项目实施设计的审计程序或适当的替代程序，注册会计师应当将该项目视为控制测试中对规定的控制的一项偏差，或细节测试中的一项错报。

（3）如果某些样本偏差项目具有共同的特征，如相同的经济业务类型、场所和时间，则应将这些具有共同特征的项目作为一个整体，实施相应的审计程序，并根据审计结果，进行单独的评价。

（4）在对抽样中所发现的偏差或错报进行分析时，还应考虑偏差或错报的质的因素，包括偏差或错报的性质、原因及其对其他相关审计工作的影响。例如，在控制测试中，对样本偏差或错报可作如下的定性分析：

① 偏差或错报是否超过审计范畴？是关键的还是非关键的？

② 分析每一个关键偏差的性质和原因，是故意还是非故意造成的？是系统的还是偶然发生的？是频繁出现的还是偶尔出现的？如何影响到货币金额？

③ 确定这些偏差或错报对其他控制测试以及细节测试的影响。

此外，注册会计师还应判断是否存在异常误差。异常误差，是指对总体中的错报或偏差明显不具有代表性的错报或偏差。注册会计师应当调查识别出的所有偏差或错报的性质和原因，并评价其对审计程序的目的和审计的其他方面可能产生的影响。

在极其特殊的情况下，如果认为样本中发现的某项偏差或错报是异常误差，注册会计师应当对该项偏差或错报对总体不具有代表性获取高度肯定。在获取这种高度肯定时，注册会计师应当实施追加的审计程序，获取充分、适当的审计证据，以确定该项偏差或错报不影响总体的其余部分。

（二）推断总体偏差或错报

在对样本偏差或错报进行分析后，注册会计师应根据抽样中发现的偏差或错报，采用适当的方法，推断审计对象的总体偏差或错报。当总体划分为几个层次时，应先对每一层次作个别的推断，然后将推断结果加以汇总。由于存在多种抽样方法，注册会计师根据样本偏差或错报推断总体偏差或错报的方法应与所选用的抽样方法一致。

（三）重估抽样风险

注册会计师在推断总体偏差或错报后，应将总体偏差或错报与可容忍偏差或错报进行比较，将抽样结果与从其他有关审计程序中所获得的证据相比较。如果推断的总体偏差或错报超过了可容忍偏差或错报，经重估后的抽样风险不能被接受，则应增加样本规模或执行替代审计程序。如果推断的总体偏差或错报接近可容忍偏差或错报，应考虑是否增加样本规模或执行替代审计程序。

在进行控制测试时，如果注册会计师认为抽样结果无法达到其对所测试的内部控制制度的预期信赖程度，应考虑增加样本规模或修改实质性测试程序。

（四）形成审计结论

注册会计师在评价抽样结果的基础上，应根据所取得的证据，确定审计证据是否足以证实某一审计对象的总体特征，从而得出审计结论。

第二节 控制测试中抽样技术的应用

对拟信赖的内部控制进行控制测试时，一般采用属性抽样审计方法。属性抽样审计就是在一定的精确度和可信赖水平的条件下，通过计算样本差错率来对总体的某种“差错”（属性）的发生频率进行推断的统计抽样审计方法。所谓属性，是指审计对象总体的质量特征，即被审计单位的业务活动或被审计单位的内部控制是否遵循了既定的标准以及存在的偏差水平。属性抽样审计是对总体某种属性的“是”或“否”的回答，抽样结果只有两种：“对”与“错”或“是”与“否”。总体的特征通常为反映遵循制度规定或要求的相应水平。

一、属性抽样的基本概念

（一）偏差

一般说来，在属性抽样中，偏差是指注册会计师认为使控制程序失去效能的所有的控制无效事件。注册会计师应根据实际情况，恰当地定义偏差。例如，可将“偏差”定义为会计记录中的虚假账户、经济业务的记录未进行复核、审批手续不全等各类差错。

（二）审计对象总体

运用属性抽样时，注册会计师应保证总体中所有项目被选取的概率是相同的，也就是说，总体所有项目的特征应是相同的。例如，某公司有国内和国外两个分公司，其国内、国外的销售业务是以两种不同的方式进行的。注册会计师在评价两家公司的会计控制时，则必须把它们分为两个不同的总体，即国内和国外两个总体。

（三）风险与可信赖程度

可信赖程度是指样本特征能够代表总体特征的可靠性程度。风险，或称风险度，与可信赖程度是互补的，换句话说，1减去可信赖程度就是风险。例如，注册会计师选择95%的可信赖程度，那么，他就有5%的风险去接受抽样结果表示的内部控制是有效的结论，而实际上内部控制制度是无效的。属性抽样中的风险矩阵见表11-3。

表11-3 **属性抽样风险矩阵**

抽样结果 / 内部控制实际状况	实际运行状况达到预期信赖程度	实际运行状况未达到预期信赖程度
肯定	正确的决定	信赖过度风险
否定	信赖不足风险	正确的决定

在控制测试中，一般将最小可信赖程度定为90%，如果其属性对于其他项目是重要的，则

采用95%的可信赖程度。

（四）可容忍偏差率

在进行控制测试时，可容忍偏差率的建立应能确保当总体偏差率超过可容忍偏差率时注册会计师将降低对内部控制的可信赖程度。可容忍偏差率的确定见表11-4。

表11-4　**可容忍偏差率的确定**

可容忍偏差率	内部控制的可信赖程度
20%（或小于）	可信赖程度差，在信赖内部控制方面的细节测试工作不可有大幅度或中等地减少（考虑忽略抽样测试，进行详细测试）
10%（或小于）	中等可信赖程度，基于审计结论，在信赖内部控制方面细节测试工作将减少
5%（或小于）	内部控制实际可靠，基于审计结论，在信赖内部控制方面细节测试工作量将减少到2/3

二、属性抽样的方法

属性抽样的方法主要有固定样本规模抽样、停-走抽样和发现抽样三种。

（一）固定样本规模抽样

固定样本规模抽样是一种使用最为广泛的属性抽样，常用于估计审计对象总体中某种偏差发生的比例。

一般情况下，固定样本规模抽样的基本步骤如下：

（1）确定审计目的。审计的目的决定了“属性”的含义，审查某一个内部控制程序的执行情况与审查某个账户余额的准确性的“属性”含义是不同的。

（2）定义“属性”和“可容忍偏差率”。以购货付款业务为例，正常的内部控制应当包括核对验收报告与购货发票，然后核准支付货款，因此，对于每张发票和验收报告，凡属下列情况之一的，均可以定义为偏差的属性：

① 未附验收单的发票；

② 与验收单所记载的内容不符的发票；

③ 计算有误的发票；

④ 要素不全的发票；

⑤ 涂改、伪造的发票。

如前所述，“可容忍偏差率”是注册会计师认为抽样结果可以达到审计目的所愿意接受的审计对象总体的最大偏差率。在运用属性抽样审计进行控制测试时，可容忍偏差率是指注册会计师不改变对内部控制的可信赖程度而愿意接受的最大偏差发生率。其界限主要取决于被测试的内部控制的重要程度、差错的性质、金额和对差错属性的定义。

（3）定义审计对象总体。审计对象总体就是作为抽样对象的全部被审计事项的范围。在确定审计对象总体时，首先要明确审计目标，审计目标不同，被抽查的总体就不同。其次要明确审计对象总体的时间界限，通常以月度、季度、年度或经济业务活动的周期作为总体的时间范围。

（4）确定抽样方法。抽样方法应能保证样本的代表性，保证抽样审计结果的可靠性。抽样方法包括纯随机抽样、等距抽样、分层抽样、金额单位抽样、重复抽样和不重复抽样等。

（5）确定样本规模。属性抽样审计的样本规模取决于抽样推断的精确度、可信赖程度和总体差错率。精确度的确定要考虑差错属性的性质，对重要的差错属性的发生率的推断应要求较高的精确度，在推断次要的差错属性的发生率时，可适当地降低精确度。

可信赖程度的确定主要取决于注册会计师对内部控制的评价，对不好的内部控制下的抽样审计结论应要求较高的可信赖程度，以便减小抽样风险；对有效的内部控制制度，可适当地降低可信赖程度要求。经常采用的可信赖程度是90%和95%。

总体偏差率与样本规模成正比例关系。因为事先不知道总体偏差率，只能使用预计的总体偏差率。

在实际工作中，通常是利用样本规模确定表（见表11-5）直接查得样本规模。

（6）选取样本并进行审计。按照定义的偏差属性对选取的样本进行审查。

（7）评价抽样结果。在对样本进行审计后，应将查出的偏差加以汇总，并评价抽样结果。在评价抽样结果时，不仅要考虑偏差的次数，而且要考虑差错的性质。

（8）书面说明抽样程序。注册会计师应在其审计工作底稿上，书面说明前述7个步骤，作为审计抽样的整体结论的基础。

（二）停-走抽样

停-走抽样是固定样本规模抽样的一种特殊形式，它是从预计总体偏差次数为零开始，边抽样边评价来完成抽样工作的方法。在这种方法下，抽样工作要经过几个步骤，每一步骤完成后，注册会计师都需要决定是停止抽样还是继续下一个步骤。由于这种方法的样本规模是不固定的，抽查到哪一步结束，应根据注册会计师对审查结果是否满意而定，故此被称为停-走抽样。

表11-5　　**控制测试统计抽样样本规模确定表——信赖过度风险5%**

（括号内是可接受的偏差数）

预计总体偏差率	可容忍偏差率										
	2%	3%	4%	5%	6%	7%	8%	9%	10%	15%	20%
0	149(0)	99(0)	74(0)	59(0)	49(0)	42(0)	36(0)	32(0)	29(0)	19(0)	14(0)
0.25%	236(1)	157(1)	117(1)	93(1)	78(1)	66(1)	58(1)	51(1)	46(1)	30(1)	22(1)
0.50%	*	157(1)	117(1)	93(1)	78(1)	66(1)	58(1)	51(1)	46(1)	30(1)	22(1)
0.75%	*	208(1)	117(1)	93(1)	78(1)	66(1)	58(1)	51(1)	46(1)	30(1)	22(1)
1.00%	*	*	156(1)	93(1)	78(1)	66(1)	58(1)	51(1)	46(1)	30(1)	22(1)
1.25%	*	*	156(1)	124(2)	78(1)	66(1)	58(1)	51(1)	46(1)	30(1)	22(1)
1.50%	*	*	192(3)	124(2)	103(2)	88(2)	77(2)	51(1)	46(1)	30(1)	22(1)
1.75%	*	*	227(4)	153(3)	103(2)	88(2)	77(2)	51(1)	46(1)	30(1)	22(1)
2.00%	*	*	*	181(4)	127(3)	88(2)	77(2)	68(2)	46(1)	30(1)	22(1)
2.25%	*	*	*	208(5)	127(3)	88(2)	77(2)	68(2)	61(2)	30(1)	22(1)
2.50%	*	*	*	*	150(4)	109(3)	77(2)	68(2)	61(2)	30(1)	22(1)
2.75%	*	*	*	*	173(5)	109(3)	95(3)	68(2)	61(2)	30(1)	22(1)
3.00%	*	*	*	*	195(6)	129(4)	95(3)	84(3)	61(2)	30(1)	22(1)
3.25%	*	*	*	*	*	148(5)	112(4)	84(3)	61(2)	30(1)	22(1)
3.50%	*	*	*	*	*	167(6)	112(4)	84(3)	76(3)	30(1)	22(1)
3.75%	*	*	*	*	*	185(7)	129(5)	100(4)	76(3)	40(2)	22(1)
4.00%	*	*	*	*	*	*	146(6)	100(4)	89(4)	40(2)	22(1)
5.00%	*	*	*	*	*	*	*	158(8)	116(6)	40(2)	30(2)
6.00%	*	*	*	*	*	*	*	*	179(11)	50(3)	30(2)
7.00%	*	*	*	*	*	*	*	*	*	68(5)	37(3)

*样本规模太大，因而在多数情况下不符合成本效益原则。

注：本表假设总体为大总体。

资料来源：AICPA.Audit and Accounting Guide：Audit Sampling.2005.

停-走抽样法的基本步骤如下：

(1) 确定可容忍偏差和风险水平。

(2) 确定初始样本规模。通常根据所确定的可容忍偏差和风险水平查表（见表11-6）获得。

(3) 进行停-走抽样决策。通常是利用停-走抽样决策表进行决策。

例如，假定注册会计师确定的可容忍偏差率为5%，可接受的信赖过度风险为5%，查停-走抽样初始样本规模表（见表11-6）可得样本规模应为60。

表11-6 **停-走抽样初始样本规模表**

（预计总体偏差率为零）

可容忍偏差率 \ 样本规模 \ 信赖过度风险	10%	5%	2.5%
10%	24	30	37
9%	27	34	42
8%	30	38	47
7%	35	43	53
6%	40	50	62
5%	48	60	74
4%	60	75	93
3%	80	100	124
2%	120	150	185
1%	240	300	370

如果注册会计师在60个项目中找出1项偏差，则总体偏差在5%的信赖过度风险下为8%（风险系数4.8（见表11-7）除以样本规模60），这个结果大于可容忍偏差率5%，因此，注册会计师需增加样本36个，将样本规模扩大到96个（风险系数4.8除以可容忍偏差率0.05）。如果对增加的36个样本审计后没有发现偏差，则注册会计师可有95%的把握确信总体偏差率不超过5%。

如果首次对60个样本进行审计后发现了2项偏差，则总体偏差率为10.5%（6.3÷60×100%），大大超过可容忍偏差率，因此，注册会计师应增加66个（6.3÷0.05-60）样本。如对增加的66个样本审计后没有找到偏差，注册会计师同样可以有95%的把握说总体偏差率不超过5%。如果又发现了1项偏差，则总体偏差率为6.2%（7.8÷126×100%），这时，需要决定是再扩大样本规模到156个（7.8÷0.05），还是将上述过程得出的结果作为选用固定样本规模的预计总体偏差率而改变抽样方式。一般来讲，样本规模不宜扩大到初始样本规模的3倍以上。

应用停-走抽样，注册会计师可以构造一个如表11-8所示的停-走抽样决策表。

表11-7 停-走抽样样本规模扩展及总体偏差率评估表

发现差错数 \ 风险系数 \ 信赖过度风险	10%	5%	2.5%
0	2.4	3.0	3.7
1	3.9	4.8	5.6
2	5.4	6.3	7.3
3	6.7	7.8	8.8
4	8.0	9.2	10.3
5	9.3	10.6	11.7
6	10.6	11.9	13.1
7	11.8	13.2	14.5
8	13.0	14.5	15.8
9	14.3	16.0	17.1
10	15.5	17.0	18.4
11	16.7	18.3	19.7
12	18.0	19.5	21.0
13	19.0	21.0	22.3
14	20.2	22.0	23.5
15	21.4	23.4	24.7
16	22.6	24.3	26.0
17	23.8	26.0	27.3
18	25.0	27.0	28.5
19	26.0	28.0	29.6
20	27.1	29.0	31.0

表11-8 停-走抽样决策表

步骤	累计样本规模	如果累计偏差是以下数字就停止	如果累计偏差是以下数字（或其之一）增加样本规模	如果累计偏差是以下数字则转到第5步
1	60	0	1，2，3，4	4
2	96	1	2，3，4	4
3	126	2	3，4	4
4	156	3	4	4
5	以样本偏差率作为总体偏差率，采用固定样本规模抽样			

（三）发现抽样

发现抽样又称显示抽样，它是在既定的可信赖程度下，在假定偏差以既定的偏差率存在于总体之中的情况下，至少查出一项偏差的抽样方法。发现抽样也是属性抽样的一种特殊形式，主要用于查找重大舞弊事项。它的理论依据是：假如总体中存在着一定发生率的舞弊事项，那么，在相当容量的样本中，至少可以发现一个舞弊事项。若对样本的审查结果没有发现舞弊事项，则可以得出结论说，在某一可信赖程度下，总体中舞弊事项的发生率，不超过原先假定的发生率。我们知道，若总体中存在着发生率很低（如0.1%）的舞弊事项，那么采用抽样审计方法不能确保我们一定能发现这种行为。但发现抽样却能以较高的可信赖程度，保证我们发现总体中存在着的发生率较低的（如1%）的舞弊事项。所以，当怀疑总体中存在某种舞弊事项时，宜于采用发现抽样方法。

发现抽样的步骤与固定样本规模抽样方法基本相同，只需要说明以下几点：

第一，样本规模的确定仍需利用属性抽样时使用的样本规模确定表（见表11-5），但应当把总体预计偏差率确定为零，这是由发现抽样的特点决定的。如注册会计师对某企业现金收支凭证进行审查，在可信赖程度为95%，预计总体偏差为零，可容忍偏差率为2%时，查表11-5可知样本规模为149。

第二，在审查样本的过程中，如果发现了1张假凭证，则注册会计师就达到了发现抽样审计的目的，这时就可以停止抽样程序，对总体进行彻底的检查。如果在全部149张凭证中没有发现假凭证，那么注册会计师就可以95%的可信赖程度，保证总体中的舞弊事项在2%以下。换言之，这时注册会计师有95%的把握确信总体中存在假凭证或假凭证的发生率在2%以下。

第三节　细节测试中抽样技术的应用

属性抽样虽然对控制测试极为有用，但它并不提供被审计项目货币价值量的资料，因此，不适用于变量总体。由于在审计工作中存在大量的变量总体，使变量抽样在实践中得以广泛运用。

变量抽样是对审计对象总体的货币金额进行细节测试时所采用的抽样方法。变量抽样法可用于确定账户金额是多少，是否存在重大错报等。变量抽样法通常运用于审查应收账款的金额、存货的数量和金额、工资费用、交易活动的有效性等。

在进行细节测试时，一般可采用单位平均估计抽样、比率抽样、差额估计抽样和PPS抽样等变量抽样方法，这些方法均可通过分层来实现。一般情况下，变量抽样的步骤与固定样本规模抽样的步骤基本相同：确定审计目的；定义审计对象总体；选定抽样方法；确定样本规模；确定样本选取方法；选取样本并进行审计；评价抽样结果；书面说明抽样程序。

一、传统变量抽样方法

传统的变量抽样方法主要有单位平均估计抽样、比率抽样和差额估计抽样等。

（一）单位平均估计抽样

单位平均估计抽样是通过抽样审查确定样本平均值，根据样本平均值推断总体的平均值和总值。这种方法的适用范围十分广泛，无论被审计单位提供的数据是否完整可靠，甚至在被审计单位缺乏基本的经济业务账面记录的情况下，均可以使用该方法。

使用这种方法时，样本规模可以通过以下公式计算得出：

$$n'=\left(\frac{U_r \times S \times N}{P_a}\right)^2$$

$$n=\frac{n'}{1+\frac{n'}{N}}$$

式中：U_r——可信赖程度系数；

S——预计的总体标准离差；

N——总体项目个数；

P_a——计划的抽样偏差；

n'——放回抽样的样本规模；

n——不放回抽样的样本规模（一般说来，审计抽样为不放回抽样）。

抽样时，注册会计师通常需要预先选取一个较小的初始样本规模（约30个），经检查分析后按估计的总体标准离差（$\sqrt{\frac{\sum(X_i-\overline{X})^2}{n_0}}$）计算S，式中$X_i$为各初始样本项目数值，$\overline{X}$为初始样本平均值，$n_0$为初始样本规模。计划的抽样错报可根据可容忍错报与预计总体错报之间的差额进行确定。

运用这种方法进行抽样结果评价时，应该计算实际抽样错报，其计算公式为：

$$P_1=U_r\times\frac{S_1}{\sqrt{n_1}}\times N\times\sqrt{1-\frac{n_1}{N}}$$

式中：P_1——实际抽样偏差；

S_1——实际样本的标准离差；

n_1——实际样本规模。

在评价样本时，若实际抽样偏差大于计划抽样偏差，应考虑增加样本规模以降低实际抽样偏差。

下面举例说明单位平均估计抽样的具体步骤：

假定某公司20×8年12月31日的应收账款有2 000个账户，注册会计师要通过抽样函证来审查应收账款的账面价值。

（1）确定审计目的：确定期末应收账款的账面价值。

（2）定义审计对象总体：公司的2 000个应收账款账户。

（3）选定抽样方法：选定单位平均估计抽样方法。

（4）确定样本规模：根据货币金额的重要性，确定计划抽样偏差为±60 000元；根据内部控制及抽样风险的可接受水平，注册会计师确定可信赖程度为95%，则可信赖程度系数为1.96。根据被审计单位应收账款明细账，注册会计师估计总体的标准离差为150元。

样本规模的计算如下：

$$n'=\left(\frac{1.96\times 150\times 2\,000}{60\,000}\right)^2\approx 96\text{（取整数）}$$

$$n=\frac{96}{1+\frac{96}{2\,000}}\approx 92\text{（取整数）}$$

（5）确定样本选取方法：采用随机选样法，从应收账款明细账中选取92个账户做样本。

（6）选取样本并进行审计：注册会计师对选出的92个账户发函询证，函证结果表明，样本平均值为4 032.36元，样本的标准离差为136元，实际抽样错报为：

$$P_1=1.96\times\frac{136}{\sqrt{92}}\times 2\,000\times\sqrt{1-\frac{92}{2\,000}}=54\,288\text{（元）}$$

实际抽样错报小于计划抽样错报，则注册会计师估计的总体金额为8 064 720元（4 032.36×2 000）。于是，注册会计师可以得出这样的结论：有95%的把握保证2 000个应收账款账户的真实总体金额落在（8 064 720±54 288）元，即在8 010 432~8 119 008元。

（7）评价抽样结果：根据以上抽样结果，如被审计单位应收账款的账面价值为8 020 000元，处于8 010 432~8 119 008元，则其应收账款金额并无重大错报。这时，注册会计师应将估计的总体金额8 064 720元和8 020 000元之间的差额视为审计差异，在对财务报表发表意见时予以考虑，同时，建议被审计单位予以调整。

如抽样结果表明被审计单位应收账款的账面价值没有落入8 010 432~8 119 008元，则注册会计师应要求被审计单位详细检查其应收账款，并加以调整。

（8）书面说明抽样程序。

（二）比率抽样和差额估计抽样

比率抽样是以样本实际价值与账面价值之间的比率关系来估计总体实际价值与账面价值之间的比率关系，然后以这个比率乘以总体的账面价值，从而求出总体实际价值的估计金额的一种抽样方法。比率抽样法的计算公式如下：

$$比率=\frac{样本实际价值之和}{样本账面价值之和}$$

估计的总体价值=总体账面价值×比率

当错报与账面价值成比例关系时，通常可以运用比率抽样。

差额估计抽样是以样本实际价值与样本账面价值的平均差额来估计总体实际价值与账面价值的平均差额，然后，以这个平均差额乘以总体项目个数，从而求出总体的实际价值与账面价值差额的一种抽样方法。差额估计抽样的计算公式如下：

$$平均差额=\frac{样本实际价值与账面价值的差额}{样本量}$$

估计的总体差额=平均差额×总体项目个数

当错报与账面价值不成比例时，通常可以运用差额估计抽样。

下面举例说明比率抽样和差额估计抽样。

假设被审计单位的应付账款账面总值为5 000 000元，共计4 000个账户，注册会计师希望对应付账款总额进行估计，现选出200个账户，账面价值为240 000元，审计后认定的价值为247 500元。

使用比率抽样时，注册会计师确定的实际价值与账面价值的比率为1.03125（247 500÷240 000），因此，估计的总体价值为5 156 250元（5 000 000×1.03125）。

使用差额估计抽样时，平均差额为37.5元（（247 500−240 000）÷200），估计的总体差额为150 000元（37.5×4 000），因此，估计的总体价值为5 150 000元（5 000 000+150 000）。

注册会计师在使用上述三种方法时，用来确定样本规模的方法与单位平均估计抽样基本相同。

二、PPS抽样

PPS抽样（Probability-Proportional-to-Size Sampling），即概率比例规模抽样，是以货币单位作为抽样单元进行选样的一种方法。在该方法下总体中的每个货币单位被选中的机会相同，所以总体中某一项目被选中的概率等于该项目的金额与总体金额的比率。项目金额越大，被选中的概率就越大。但实际上注册会计师并不是对总体中的货币单位实施检查，而是对包含被选取货币单位的余额或交易实施检查。注册会计师检查的余额或交易被称为逻辑单元。

PPS抽样有助于注册会计师将审计重点放在较大的余额或交易中。此抽样方法之所以得名，是因为总体中每一余额或交易被选取的概率与其账面金额（规模）成正比。当预计总体错报金额增加时，PPS抽样所需的样本规模也会增加。在这些情况下，PPS抽样的样本规模可能大于传统变量抽样的相应规模。

（一）PPS 抽样的优缺点

1.PPS 抽样的优点

（1）PPS 抽样一般比传统变量抽样更易于使用。由于 PPS 抽样以属性抽样原理为基础，注册会计师可以很方便地计算样本规模，并手工或使用量表评价样本结果。样本的选取可以在计算机程序或计算器的协助下进行。

（2）PPS 抽样的样本规模不需考虑所审计金额的预计变异性。而计算传统变量抽样的样本规模需要在估计总体项目共有特征的变异性或标准差的基础上计算。

（3）PPS 抽样中项目被选取的概率与其货币金额大小成正比，因而生成的样本自动分层。如果使用传统变量抽样，注册会计师通常需要对总体进行分层，以减小样本规模。

（4）PPS 抽样中如果项目金额超过选样间距，PPS 抽样系统选样自动识别所有单个重大项目。

（5）如果注册会计师预计没有错报，PPS 抽样的样本规模通常比传统变量抽样方法更小。

（6）PPS 抽样的样本更容易设计，且可在能够获得完整的总体之前开始选取样本。

2.PPS 抽样的缺点

（1）使用 PPS 抽样时通常假设抽样单元的审定金额大于账面金额或不小于零。如果注册会计师预计存在低估或审定金额小于零的情况，在设计 PPS 抽样方法时就需要特别考虑。

（2）如果注册会计师在 PPS 抽样的样本中发现低估，在评价样本时需要特别考虑。

（3）对零余额或负余额的项目选取需要在设计时特别考虑。例如，如果准备对应收账款进行抽样，注册会计师可能需要将贷方余额分离出去，作为一个单独的总体。如果检查零余额的项目对审计目标非常重要，注册会计师需要单独对其进行测试，因为零余额在 PPS 抽样中不会被选取。

（4）当发现错报时，如果风险水平一定，PPS 抽样在评价样本时可能高估抽样风险的影响，从而导致注册会计师更可能拒绝一个可接受的总体账面金额。

（5）在 PPS 抽样中注册会计师通常需要逐个累计总体金额。但这不需要额外增加大量的审计成本，因为相关的会计数据一般会以电子形式储存。

当预计总体错报金额增加时，PPS 抽样所需的样本规模也会增加。在这些情况下，PPS 抽样的样本规模可能大于传统变量抽样的相应规模。

（二）PPS抽样样本的选取

PPS抽样可以使用随机数法、系统选样法等选取样本。这里仅介绍 PPS 抽样中的系统选样法。这种方法在从手工或电子记录中选取样本时非常方便。系统选样首先要将总体分为若干个由同样的货币单位构成的组，并从每一组中选择一个逻辑单元（即实际单位）。每组的货币单位数量就是选样间距。

在使用系统选样法时，注册会计师在 1 和选样间距（包含该选样间距）之间选择一个随机数，这个数字就是随机起点。然后注册会计师计算总体中逻辑单元的累计账面金额。选取的第一个逻辑单元就是包含与随机起点相对应的货币单位的那个项目。然后注册会计师每隔 n（n 代表选样间距）个货币单位依次选取所需的抽样单元（即货币单位），并选择包含这些抽样单元的所有逻辑单元（即实际单位）。

由于每个货币单位被选取的机会相等，逻辑单元所含的货币单位越多（即账面金额越大），被选中的机会越大。相反，较小的逻辑单元被选中的机会也较小。在 PPS抽样系统选样法下，金额等于或高于选样间距的所有逻辑单元肯定会被选中。而规模只有选样间距的一半的逻辑单元被选中的概率为 50%。

如果某逻辑单元的账面金额超过选样间距，它可能不止一次地被选中。如果出现这种情况，注册会计师忽略重复的选择，而且在评价样本结果时只考虑一次该逻辑单元。由于账面金额超过选样间距的逻辑单元可能被选中不止一次，实际检查的逻辑单元数量可能小于计算的样本规模。评价样本结果时对此要加以考虑。

对总体中余额为负的项目需要进行特别考虑，方法之一是抽样时将其排除在外并单独进行测试。

（三）PPS抽样样本规模的确定

如前所述，注册会计师使用PPS抽样时，将总体分成统一的货币单位组，即选样间距，并从每一选样间距中选取一个逻辑单元。因此，选样的数量等于总体账面金额除以选样间距。

样本规模=总体账面金额÷选样间距

由于总体的账面金额是固定的，PPS抽样的样本规模就取决于注册会计师确定的选样间距。

1.预计没有错报时

选样间距的大小与注册会计师确定的误受风险和可容忍错报有关。有些注册会计师用可容忍错报除以一个反映误受风险的系数来计算适当的选样间距。在控制测试中该系数被称为风险系数。高估错报中的风险系数表（见表11-9）提供了一些常用的误受风险所对应的风险系数。这里所应使用的行，应为高估错报数量为0的那一行。

表11-9　**高估错报中的风险系数表**

高估错报数量	误受风险								
	1%	5%	10%	15%	20%	25%	30%	37%	50%
0	4.61	3.00	2.31	1.90	1.61	1.39	1.21	1.00	0.70
1	6.64	4.75	3.89	3.38	3.00	2.70	2.44	2.14	1.68
2	8.41	6.30	5.33	4.72	4.28	3.93	3.62	3.25	2.68
3	10.05	7.76	6.69	6.02	5.52	5.11	4.77	4.34	3.68
4	11.61	9.16	8.00	7.27	6.73	6.28	5.90	5.43	4.68
5	13.11	10.52	9.28	8.50	7.91	7.43	7.01	6.49	5.68
6	14.57	11.85	10.54	9.71	9.08	8.56	8.12	7.56	6.67
7	16.00	13.15	11.78	10.90	10.24	9.69	9.21	8.63	7.67
8	17.41	14.44	13.00	12.08	11.38	10.81	10.31	9.68	8.67
9	18.79	15.71	14.21	13.25	12.52	11.92	11.39	10.74	9.67
10	20.15	16.97	15.41	14.42	13.66	13.02	12.47	11.79	10.67
11	21.49	18.21	16.60	15.57	14.78	14.13	13.55	12.84	11.67
12	22.83	19.45	17.79	16.72	15.90	15.22	14.63	13.89	12.67
13	24.14	20.67	18.96	17.86	17.02	16.32	15.70	14.93	13.67
14	25.45	21.89	20.13	19.00	18.13	17.40	16.77	15.97	14.67
15	26.75	23.10	21.30	20.13	19.24	18.49	17.84	17.02	15.67
16	28.03	24.31	22.46	21.26	20.34	19.58	18.90	18.06	16.67
17	29.31	25.50	23.61	22.39	21.44	20.66	19.97	19.10	17.67
18	30.59	26.70	24.76	23.51	22.54	21.74	21.03	20.14	18.67
19	31.85	27.88	25.91	24.68	23.64	22.81	22.09	21.18	19.67
20	33.11	29.07	27.05	25.74	24.73	23.89	23.15	22.22	20.67

【例11-1】如果注册会计师确定的可容忍错报为15 000元，误受风险是5%，计算的选样间距就是5 000元（15 000÷3）。如果总体账面金额为500 000元，抽样规模则是100（500 000÷5 000）。这种计算样本规模的方法与控制测试中使用统计抽样时利用统计公式计算样本规模的方法相同。

样本规模=总体账面金额÷选样间距

=总体账面金额÷（可容忍错报÷风险系数）

=风险系数÷可容忍错报率

2.预计存在错报时

如果注册会计师预计存在错报，就要改变使用风险系数的方法。

方法一：注册会计师可以从可容忍错报中减去预计错报的影响，并使用预计没有错报时确定样本规模的方法计算选样间距。

方法二：注册会计师可以将可容忍错报和预计错报额转化为总体账面金额的百分比，使用根据属性抽样原理计算的样本规模表中相应比例所对应的样本规模。

【例11-2】注册会计师使用PPS抽样时，确定可容忍错报为15 000元，期望的误受风险为5%。而且注册会计师预计总体中大约存在3 000元错报。错报的预计影响应从15 000元的可容忍错报中减去。注册会计师用预计错报3 000元，乘以一个适当的扩张系数，计算错报的预计影响。预计错报的扩张系数表（见表11-10）提供了一些常用的误受风险所对应的扩张系数。

表11-10 **预计错报的扩张系数表**

误受风险（%）	系数
1	1.9
5	1.6
10	1.5
15	1.4
20	1.3
25	1.25
30	1.2
37	1.15
50	1.1

利用方法一，根据表11-10可知，5%的误受风险对应的扩张系数是1.6，因此影响是4 800元（3 000×1.6）。注册会计师从15 000元可容忍错报中减去4 800元影响，并用得出的10 200元（15 000-4 800）除以预计没有错报时使用的风险系数（本例中是3），由此得到选样间距为3 400元（10 200÷3）。因此，当使用前例中的总体账面金额500 000元时，样本规模将增加到147个（500 000÷3 400）。

【例11-3】注册会计师为一个账面金额为500 000元的总体设计PPS抽样，且评估的可容忍错报为15 000元，预计总体中的错报为2 500元。利用方法二，则注册会计师计算出可容忍错报占账面金额的比例为3%（15 000÷500 000×100%），预计错报占账面金额的比例为0.5%（2 500÷500 000）。当可容忍偏差率为3%，预计偏差率为0.5%时，5%的信赖过度风险对应的样本规模为157个（参见表11-5）。

然后，注册会计师确定选样间距为3 185元（500 000÷157）。如果注册会计师计算的预计错报比例和可容忍错报比例在表中没有出现，通常用插入法推算所需的样本规模。然后，注册会计师用账面金额除以样本规模计算选样间距。

（四）PPS抽样样本结果的评价

在使用PPS抽样时，注册会计师应根据样本结果推断总体错报，并计算抽样风险允许限度。如果样本中没有发现错报，推断的错报就是零，抽样风险允许限度小于或等于样本设计时使用的可容忍错报。在这种情况下，注册会计师通常不需进行额外的计算就可得出结论，在既定的误受风险下，总体账面金额高估不超过可容忍错报。

如果样本中发现了错报，注册会计师需要计算推断的错报和抽样风险允许限度。这里所述的是用PPS抽样计算推断错报和抽样风险允许限度的方法。该方法的使用只限于高估，因为PPS抽样法主要为高估而设计。如果存在重大低估，注册会计师要确定是否需要为发现低估错报而设计单独的测试。

注册会计师计算推断错报和抽样风险允许限度的方法取决于错报等于还是小于逻辑单元的账面金额。

1.错报比例为100%时的样本评价

（1）推断总体错报。

逻辑单元中的错报比例代表一个选样间距中的错报比例。例如，如果选样间距是5 000元，选取的一个账面金额为100元的应收账款账户经审计后的金额为0（100元错报占账面金额的100%），该选样间距的推断错报就是5 000元（100%×5 000）。如果逻辑单元大于或等于选样间距，推断的错报就是该逻辑单元的实际错报金额。注册会计师将所有选样间距的推断错报加总，即可计算总体的推断错报总额。

（2）错报上限。

在评价PPS抽样样本时，注册会计师计算的错报上限等于推断的总体错报加上抽样风险允许限度。注册会计师可利用计算机程序或风险系数表，计算错报上限。误受风险为5%时的风险系数及系数增量表（见表11-11）的前两列来自高估错报的风险系数表（见表11-9）。第三列是每一行高估数对应的风险系数与上一行的风险系数之间的差额。

表11-11　**误受风险为5%时的风险系数及系数增量表**

高估数	风险系数	系数增量
0	3	—
1	4.75	1.75
2	6.3	1.55
3	7.76	1.46
4	9.16	1.4
5	10.52	1.36

如果样本中未发现错报，错报上限等于在一定的误受风险条件下没有错报时的风险系数乘以选样间距。

错报上限=风险系数×选样间距

这个错报上限的数值等于基本抽样风险允许限度，代表样本中内含的抽样风险的最低允许限度。例如，如果注册会计师确定的误受风险为5%，使用的选样间距为5 000元，且没有发现错报，错报上限等于15 000元（3×5 000）。由于没有发现错报，推断的错报为零，抽样风险允许限度就等于错报上限。

如果样本中发现了2个错报（如账面金额分别为10元和20元的应收账款账户经审计后的金额均为零），注册会计师在计算错报上限时，则用在一定的误受风险条件下实际发现的错报数对应的风险系数乘以选样间距。上限就是31 500元（6.3×5 000）。31 500元中含有推断的错报10 000元（2×5 000），因此，抽样风险允许限度为21 500元（31 500–10 000）。

如果发生100%错报的逻辑单元大于或等于选样间距（如前例中的账面金额不是10元和20元，而分别是15 000元和20 000元，且经审计后的金额均为零），大于或等于选样间距的逻辑单元中已发现的错报，加上抽样风险允许限度，即为错报上限。在本例中，上限为35 000元（15 000+20 000）加上15 000元（3×5 000），等于50 000元。注册会计师还要将这个结果与百分之百检查的其他项目中发现的错报汇总。

2.错报比例小于100%时的样本评价

（1）推断总体错报。

为了推断总体错报，注册会计师要确定逻辑单元中错报的比例，并用这个比例乘以选样间距。例如，如果一个账面金额为100元的应收账款账户的审定金额为50元，注册会计师就计算出一个50%（50÷100×100%）的错报比例。除了账面金额大于或等于选样间距的逻辑单元以外，所有的逻辑单元都要计算错报比例。注册会计师用错报比例乘以选样间距，计算出推断错报。将所有推断错报之和加上大于或等于选样间距的逻辑单元中发现的实际错报，注册会计师就计算出推断错报总额。

【例11-4】样本中发现了6个错报，分别为75元、50元、250元、50元、1元、1 000元。推断错报总额的计算表（见表11-12）列示了注册会计师如何计算推断错报总额。

表11-12 **推断错报总额的计算表**

A 账面金额（元）	B 经审计金额（元）	C 错报（元）（A–B）	D 错报比例（C÷A）	E 选样间距（元）	F 推断错报（元）（D×E）
100	25	75	75%	5 000	3 750
1 000	950	50	5%	5 000	250
500	250	250	50%	5 000	2 500
50	0	50	100%	5 000	5 000
10	9	1	10%	5 000	500
10 000	9 000	1 000	不适用*	不适用*	1 000
推断错报总额					13 000

（2）错报上限。

当发生了错报时，注册会计师计算的抽样风险（即抽样风险允许限度）包括两部分：基本抽样风险允许限度（即错报为零时的抽样风险允许限度）和附加抽样风险允许限度。在计算附加抽样风险允许限度时，注册会计师将错报分为两组：第一组是小于选样间距的逻辑单元中发生的错报，第二组是大于或等于选样间距的逻辑单元中发生的错报。在上例中，前面5个错报属于第一组，最后1个错报属于第二组。

对于大于或等于选样间距的逻辑单元中发生的错报，注册会计师不需要计算抽样风险允许限度，因为这类逻辑单元全部已接受检查。只有进行抽样时才会有抽样风险。

计算抽样风险允许限度的一种方法是，按照错报比例从大到小将推断的错报排序，并针对每一错报计算附加抽样风险允许限度。计算附加抽样风险允许限度时，注册会计师首先用小于选样间距的逻辑单元中发生的每一错报的推断错报乘以风险系数增量，然后减去相关的推断错报。在本例中，注册会计师将估计错报排序见表11-13。其中，19 253元代表12 000元的推断错报与7 253元的附加抽样风险允许限度之和。

表11-13　**抽样风险允许限度计算表**

推断错报（元）	风险系数增量	推断错报加上附加抽样风险允许限度（元）
5 000	1.75	8 750
3 750	1.55	5 813
2 500	1.46	3 650
500	1.4	700
250	1.36	340
12 000	—	19 253

为了计算错报上限，注册会计师要在19 253元的基础上加上两个部分：其一是基本抽样风险允许限度，其二是大于或等于选样间距的逻辑单元中发生的错报（如果有）。在本例中，基本抽样风险允许限度计算为15 000元（3×5 000），大于或等于选样间距的逻辑单元中发生的错报为1 000元。错报上限则为35 253元（19 253+15 000+1 000）。

样本结果可以总结如下：

① 样本包含的实际错报为1 426元。

② 推断错报总额为13 000元。

③ 抽样风险允许限度总数为22 253元。

④ 因此，账面余额高估超过35 253元（错报上限）的风险是5%，而有95%的把握保证应收账款账面金额的错报不超过35 253元。如果错报上限35 253元小于注册会计师确定的可容忍错报，应收账款账面金额就可以接受，即认为其不存在重大错报。

3.金额和性质方面的考虑

通常情况下，如果错报上限小于可容忍错报，则总体可以接受，即样本结果支持在既定的误受风险下，总体错报不超过可容忍错报的结论。如果错报上限大于或等于可容忍错报，则总体不可接受。在这种情况下，注册会计师可以使用下列方法之一。

方法一：扩大细节测试的样本规模，即从总体中选取额外的代表性样本实施检查。根据PPS抽样法的原理，注册会计师可以选取与初始样本数量相等的额外抽样单元。

方法二：实施针对同一审计目标的其他实质性程序。对其他测试的依赖使注册会计师在抽样中能够接受更高的误受风险。

除了评价错报的频率和金额之外，注册会计师还要对错报进行定性分析。

□ 复习思考题

1.为什么审计抽样逐渐被广泛使用？

2.审计抽样方法适用于哪些审计程序？不适用于哪些审计程序？

3.抽样风险和非抽样风险是如何影响审计工作的？

4.哪些因素能够影响样本规模？

5.如何理解可信赖程度与抽样风险？两者的关系如何？

6.如何将审计抽样与职业判断很好地结合起来？

7.讨论随机选样、系统选样和随意选样的优缺点以及各自的适用范围。

8.讨论属性抽样方法的适用条件。

9.讨论传统变量抽样方法的适用条件。

10.讨论PPS抽样方法的适用条件。

本章要旨及
测试题

第十二章

审计报告

第一节　审计报告的含义与种类

一、审计报告的含义

审计报告，是指注册会计师根据审计准则的规定，在执行审计工作的基础上，对财务报表发表审计意见的书面文件。审计报告是审计工作的最终结果，是对审计工作的全面总结，是向审计服务需求者传达所需信息的重要手段，也是表明注册会计师完成了审计任务并愿意承担审计责任的证明文件。

二、审计报告的种类

（一）审计报告按其格式和措辞的规范性，可分为规范性审计报告和特殊性审计报告

规范性审计报告是指格式和措辞基本统一的审计报告。审计职业界认为，为了避免混乱，有必要统一审计报告的格式和措辞，便于使用者准确理解其含义。规范性审计报告一般适用于对外公布。

特殊性审计报告是指格式和措辞不统一，可以根据具体审计项目的情况来决定的审计报告。特殊性审计报告一般不对外公布。

应当注意的是，注册会计师出具的年度财务报表审计报告有规范的格式和措辞，属于规范性审计报告。

（二）审计报告按其发表审计意见的类型，可分为无保留意见审计报告和非无保留意见审计报告

无保留意见是指当注册会计师认为财务报表在所有重大方面按照适用的财务报告编制基础编制并实现公允反映时发表的审计意见；其审计报告为无保留意见审计报告。非无保留意见审计报告，是指对财务报表发表保留意见、否定意见或无法表示意见的审计报告。

（三）审计报告按其使用的目的，可分为公布目的审计报告和非公布目的审计报告

公布目的的审计报告，一般用于对企业股东、投资者、债权人等非特定利害关系者公布财务报表时所附送的审计报告。

非公布目的的审计报告，一般用于经营管理、合并或业务转让、融通资金等特定目的而实施审计的审计报告。这类审计报告是分发给特定使用者的，如经营者、合并或业务转让的关系人、提供信用的金融机构等。

（四）审计报告按其详略程度，可分为简式审计报告和详式审计报告

简式审计报告，又称短式审计报告，一般用于注册会计师对应公布财务报表所出具的简明扼要的审计报告，其反映的内容是非特定多数的利害关系人共同认为的必要审计事项，且为法令或审计准则所规定的，具有标准格式。它一般适用于公布目的。

详式审计报告，又称长式审计报告，一般是指对审计对象所有重要经济业务和情况都要作详细说明和分析的审计报告。它主要用于指出企业经营管理存在的问题和帮助企业改善经营管理，其内容丰富、详细，一般适用于非公布目的。

第二节 审计报告的基本内容

《中国注册会计师审计准则第1501号——对财务报表形成审计意见和出具审计报告》规范了注册会计师对财务报表形成审计意见，以及作为财务报表审计结果出具的审计报告的格式和内容。《中国注册会计师审计准则第1504号——在审计报告中沟通关键审计事项》对注册会计师在审计报告中沟通关键审计事项的责任作出规范。《中国注册会计师审计准则第1502号——在审计报告中发表非无保留意见》和《中国注册会计师审计准则第1503号——在审计报告中增加强调事项段和其他事项段》规定了注册会计师在审计报告中发表非无保留意见、增加强调事项段或其他事项段时，审计报告的格式和内容如何进行相应调整。《中国注册会计师审计准则第1521号——注册会计师对其他信息的责任》和《中国注册会计师审计准则第1324号——持续经营》也包含出具审计报告时适用的报告要求。财务报表审计意见的基本类型有四种：无保留意见、保留意见、否定意见和无法表示意见的审计报告。

一、标题

标题应当统一规范为“审计报告”，以突出业务性质，并与其他业务报告相区别。

二、收件人

收件人即注册会计师按照业务约定书的要求致送审计报告的对象，一般是指审计业务的委托人。审计报告应当载明收件人的全称。对于股份有限公司，审计报告收件人一般可用“××股份有限公司全体股东”；对于有限责任公司，收件人一般可用“××有限责任公司董事会”；对于合伙企业，收件人一般可用“××合伙企业全体合伙人”；对于独资企业，收件人一般可直接用“××公司（企业）（该独资企业的名称）”。

三、审计意见

审计意见部分应当说明：财务报表是否在所有重大方面按照适用的财务报告编制基础编制，是否公允反映了被审计单位的财务状况、经营成果和现金流量。

审计意见部分还应当包括下列方面：（1）指出被审计单位的名称。（2）说明财务报表已经审计。（3）指出构成整套财务报表的每一财务报表的名称。（4）提及财务报表附注。（5）指明构成整套财务报表的每一财务报表的日期或涵盖的期间。根据企业会计准则规定，整套财务报表的每张财务报表的名称分别为资产负债表、利润表、所有者（股东）权益变动表和现金流量表。此外，由于附注是财务报表不可或缺的重要组成部分，因此，也应提及财务报表附注。财务报表有反映时点的，有反映期间的，注册会计师应在审计意见部分指明构成整套财务报表的每一财务报表的日期或涵盖的期间。

四、形成审计意见的基础

该部分应当紧接在审计意见部分之后，并包括下列方面：（1）说明注册会计师按照审计准则的规定执行了审计工作。（2）提及审计报告中用于描述审计准则规定的注册会计师责任的部分。（3）声明注册会计师按照与审计相关的职业道德要求独立于被审计单位，并按照这些要求履行了职业道德方面的其他责任。声明中应当指明适用的职业道德要求，如遵守中国注册会计师职业道德守则。（4）说明注册会计师是否相信获取的审计证据是充分、适当的，为发表审计意见提供了基础。

五、管理层和治理层对财务报表的责任

管理层对财务报表的责任部分应当说明管理层负责下列方面：(1) 按照适用的财务报告编制基础编制财务报表，使其实现公允反映，并设计、执行和维护必要的内部控制，以使财务报表不存在由于舞弊或错误导致的重大错报；(2) 评估被审计单位的持续经营能力和使用持续经营假设是否适当，并披露与持续经营相关的事项（如适用）。对管理层评估责任的说明应当包括描述在何种情况下使用持续经营假设是适当的。

当对财务报告过程负有监督责任的人员与履行上述责任的人员不同时，管理层对财务报表的责任部分还应当提及对财务报告过程负有监督责任的人员。这种情况下，该部分的标题还应当提及“治理层”或者特定国家或地区法律框架中的恰当术语。

六、注册会计师对财务报表审计的责任

注册会计师对财务报表审计的责任部分应当包括下列内容：(1) 说明注册会计师的目标是对财务报表整体是否不存在由于舞弊或错误导致的重大错报获取合理保证，并出具包含审计意见的审计报告；(2) 说明合理保证是高水平的保证，但并不能保证按照审计准则执行审计在某一重大错报存在时总能发现；(3) 说明错报可能由于舞弊或错误导致。

在说明错报可能由于舞弊或错误导致时，注册会计师应当从下列两种做法中选取一种：(1) 描述如果合理预期错报单独或汇总起来可能影响财务报表使用者依据财务报表作出的经济决策，则错报是重大的；(2) 根据适用的财务报告编制基础，提供关于重要性的定义或描述。

注册会计师对财务报表审计的责任部分还应当包括下列内容：(1) 说明在按照审计准则执行审计工作的过程中，注册会计师运用职业判断，并保持职业怀疑；(2) 通过说明注册会计师的责任，对审计工作进行描述。

这些责任包括：(1) 识别和评估由于舞弊或错误导致的财务报表重大错报风险，对这些风险有针对性地设计和实施审计程序，获取充分、适当的审计证据，作为发表审计意见的基础。由于舞弊可能涉及串通、伪造、故意遗漏、虚假陈述或凌驾于内部控制之上，未能发现由于舞弊导致的重大错报的风险高于未能发现由于错误导致的重大错报的风险。(2) 了解与审计相关的内部控制，以设计恰当的审计程序，但目的并非对内部控制的有效性发表意见。当注册会计师有责任在财务报表审计的同时对内部控制的有效性发表意见时，应当略去上述“目的并非对内部控制的有效性发表意见”的表述。(3) 评价管理层选用会计政策的恰当性和作出会计估计及相关披露的合理性。(4) 对管理层使用持续经营假设的恰当性得出结论。同时，基于所获取的审计证据，对是否存在与特定事项或情况相关的重大不确定性，从而可能导致对被审计单位的持续经营能力产生重大疑虑得出结论。如果注册会计师得出结论认为存在重大不确定性，审计准则要求注册会计师在审计报告中提请报表使用者注意财务报表中的相关披露；如果披露不充分，注册会计师应当发表非无保留意见。注册会计师的结论基于审计报告日可获得的信息。然而，未来的事项或情况可能导致被审计单位不能持续经营。(5) 评价财务报表的总体列报（包括披露）、结构和内容，并评价财务报表是否公允反映相关交易和事项。

注册会计师对财务报表审计的责任部分还应当包括下列内容：(1) 说明注册会计师与治理层就计划的审计范围、时间安排和重大审计发现等进行沟通，包括沟通注册会计师在审计中识别的值得关注的内部控制缺陷。(2) 对于上市实体财务报表审计，指出注册会计师就遵守关于独立性的相关职业道德要求向治理层提供声明，并与治理层沟通可能被合理认为影响注册会计师独立性的所有关系和其他事项，以及相关的防范措施（如适用）。(3) 对于上市实体财务报表审计，以及决定按照《中国注册会计师审计准则第 1504 号——在审计报告中沟通关键审计事项》的规定沟通关键审计事项的其他情况，说明注册会计师从与治理层沟通的事项中确定哪些事项对当期财务报表审计最为重要，因而构成关键审计事项。注册会计师在审计报告中描述

这些事项，除非法律法规不允许公开披露这些事项，或在极其罕见的情形下，注册会计师合理预期在审计报告中沟通某事项造成的负面后果超过产生的公众利益方面的益处，因而确定不应在审计报告中沟通该事项。

七、按照相关要求，履行其他报告责任（如适用）

除审计准则规定的注册会计师责任外，如果注册会计师在对财务报表出具的审计报告中履行其他报告责任，应当在审计报告中将其单独作为一部分，并以“对其他法律和监管要求的报告”为标题，或使用适合于该部分内容的其他标题，除非其他报告责任与审计准则所要求的报告责任涉及相同的主题。如果涉及相同的主题，其他报告责任可以在审计准则所要求的同一报告要素部分列示。

如果将其他报告责任在审计准则要求的同一报告要素部分列示，审计报告应当清楚区分其他报告责任和审计准则要求的报告责任。

如果审计报告为其他报告责任单设一部分，应当置于“对财务报表审计的报告”标题下；“对其他法律和监管要求的报告”部分应当置于“对财务报表审计的报告”部分之后。

八、注册会计师的签名和盖章

审计报告应当由项目合伙人和另一名负责该项目的注册会计师签名和盖章。注册会计师应当在对上市实体整套通用目的财务报表出具的审计报告中注明项目合伙人。审计报告应当载明会计师事务所的名称和地址，并加盖会计师事务所公章。

九、会计师事务所的名称、地址和公章

审计报告应当载明会计师事务所的名称和地址（一般只写明其注册地城市名），并加盖会计师事务所公章。

十、报告日期

审计报告标注的日期为注册会计师完成审计工作的日期。审计报告的日期不应早于注册会计师获取充分、适当的审计证据，并在此基础上对财务报表形成审计意见的日期。

在确定审计报告日期时，注册会计师应当确信已获取下列两方面的审计证据：（1）构成整套财务报表的所有报表（包括披露）已编制完成；（2）被审计单位的董事会、管理层或类似机构已经认可其对财务报表负责。

在实务中，注册会计师在正式签署审计报告前，通常把审计报告草稿和已审计财务报表草稿一同提交给治理层。如果治理层批准并签署已审计财务报表，注册会计师即可签署审计报告。注册会计师签署审计报告的日期通常与治理层签署已审计财务报表的日期为同一天，或晚于治理层签署已审计财务报表的日期。

对于上市公司，还要求在“形成审计意见的基础”之后，增加“关键审计事项”段和“其他信息”段。关键审计事项，是指注册会计师根据职业判断认为对当期财务报表审计最为重要的事项。关键审计事项选自与治理层沟通的事项（详见第三节）。其他信息，是指在上市实体年度报告中包含的除财务报表和审计报告以外的财务信息和非财务信息。当其他信息与财务报表或者与注册会计师在审计中了解到的情况存在重大不一致时，可能表明财务报表或其他信息存在重大错报（详见第四节）。

第三节　在审计报告中沟通关键审计事项

根据《中国注册会计师审计准则第 1504 号——在审计报告中沟通关键审计事项》，注册会

计师在对上市实体整套通用目的财务报表进行审计时，需要在审计报告中沟通关键审计事项，此外，还存在其他情形导致注册会计师决定在审计报告中沟通关键审计事项。不过，注册会计师在对财务报表发表无法表示意见时，不得沟通关键审计事项，除非法律法规要求沟通。

一、关键审计事项的定义

关键审计事项，是指注册会计师根据职业判断认为对当期财务报表审计最为重要的事项。关键审计事项选自与治理层沟通的事项。

沟通关键审计事项，旨在通过提高已执行审计工作的透明度来增加审计报告的沟通价值。沟通关键审计事项能够为财务报表预期使用者提供额外的信息，以帮助其了解注册会计师根据职业判断认为对本期财务报表审计最为重要的事项。沟通关键审计事项还能够帮助财务报表预期使用者了解被审计单位，以及已审计财务报表中涉及重大管理层判断的领域。此外，在审计报告中沟通关键审计事项，还能够为财务报表预期使用者就与被审计单位、已审计财务报表或已执行审计工作相关的事项进一步与管理层和治理层沟通提供基础。

在审计报告中沟通关键审计事项以注册会计师已就财务报表整体形成审计意见为背景。在审计报告中沟通关键审计事项并不能代替下列事项：(1) 适用的财务报告编制基础要求管理层在财务报表中作出的披露，或为使财务报表实现公允反映而作出的披露（如适用）；(2) 注册会计师按照《中国注册会计师审计准则第 1502 号——在审计报告中发表非无保留意见》的规定，根据审计业务的具体情况发表非无保留意见；(3) 当可能导致对被审计单位持续经营能力产生重大疑虑的事项或情况存在重大不确定性时，注册会计师按照《中国注册会计师审计准则第 1324 号——持续经营》的规定进行报告；(4) 就单一事项单独发表的意见。

二、关键审计事项的确定

注册会计师应当从与治理层沟通的事项中确定在执行审计工作时重点关注过的事项。在确定时，注册会计师应当考虑下列方面：(1) 按照《中国注册会计师审计准则第 1211 号——通过了解被审计单位及其环境识别和评估重大错报风险》的规定，评估的重大错报风险较高的领域或识别出的特别风险；(2) 与财务报表中涉及重大管理层判断（包括被认为具有高度不确定性的会计估计）的领域相关的重大审计判断；(3) 当期重大交易或事项对审计的影响。

注册会计师应当从根据上述考虑确定的、在执行审计工作时重点关注过的事项中，确定哪些事项对当期财务报表审计最为重要，从而构成关键审计事项。

三、关键审计事项的沟通

注册会计师应当在审计报告中单设一部分，以“关键审计事项”为标题，并在该部分使用恰当的子标题逐项描述关键审计事项。关键审计事项部分的引言应当同时说明下列事项：(1) 关键审计事项是注册会计师根据职业判断，认为对当期财务报表审计最为重要的事项；(2) 关键审计事项的处理是以对财务报表整体进行审计为背景的，注册会计师对财务报表整体形成审计意见，而不对关键审计事项单独发表意见。

如果某些事项导致注册会计师发表非无保留意见，注册会计师不得在审计报告的关键审计事项部分沟通该事项。

在审计报告的关键审计事项部分逐项描述关键审计事项时，注册会计师应当分别索引至财务报表的相关披露（如有），并同时说明下列内容：(1) 该事项被认定为审计中最为重要的事项之一，因而被确定为关键审计事项的原因；(2) 该事项在审计中是如何被应对的。

除非存在下列情形之一，注册会计师应当在审计报告中逐项描述关键审计事项：(1) 法律法规禁止公开披露某事项；(2) 在极其罕见的情形下，如果合理预期在审计报告中沟通某事项造成的负面后果超过产生的公众利益方面的益处，注册会计师确定不应在审计报告中沟通该事项。如果被审计单位已公开披露与该事项有关的信息，则本项规定不适用。

导致非无保留意见的事项，或者导致对被审计单位持续经营能力产生重大疑虑的事项或情况存在重大不确定性，就其性质而言都属于关键审计事项。然而，这些事项不得在审计报告的关键审计事项部分进行描述。注册会计师应当按照适用的审计准则的规定报告这些事项，并在关键审计事项部分提及形成保留（否定）意见的基础部分或与持续经营有关的重大不确定性部分。

如果存在下列情况之一，注册会计师应当在审计报告的“关键审计事项”部分进行说明：（1）如果注册会计师根据被审计单位和审计业务的具体情况，确定不存在需要沟通的关键审计事项；（2）仅有的需要沟通的关键审计事项是导致非无保留意见的事项，或者导致对被审计单位持续经营能力产生重大疑虑的事项或情况存在重大不确定性。

注册会计师应当就下列事项与治理层沟通：（1）注册会计师确定的关键审计事项；（2）根据被审计单位和审计业务的具体情况，注册会计师确定不存在需要在审计报告中沟通的关键审计事项（如适用）。

四、关键审计事项的举例

下面列举的关键审计事项披露在XYZ会计师事务所对上市企业ABC公司20×8年度财务报表出具的审计报告中。XYZ会计师事务所在与ABC公司治理层沟通过的事项中，选出在执行审计工作时重点关注过的事项，又从这些重点关注过的事项中选出下述事项作为关键审计事项，并在审计报告中披露。

实例1：商誉

公司合并财务报表中的商誉余额为146 200.83万元，商誉减值准备为70 248.07万元。公司管理层对商誉至少每年进行减值测试。管理层通过比较被分摊商誉的相关资产组的可收回金额与该资产组及商誉的账面价值，对商誉进行减值测试。预测可收回金额涉及对资产组未来现金流量现值的预测，管理层在预测中需要作出重大判断和假设。由于减值测试过程较为复杂，同时涉及重大判断，我们将商誉减值识别为关键审计事项。

我们就商誉减值实施的审计程序包括：（1）评估并测试商誉减值的内部控制设计和执行的有效性。（2）评价管理层聘请的外部估值专家的胜任能力、专业素质及客观性。（3）与外部专家进行沟通，判断对商誉减值测试所依据的评估和预测采用的相关假设及参数是否合理，评估方法是否恰当。（4）评价商誉减值的相关测试和披露是否符合相关会计准则的规定。（5）与管理层和治理层就计提商誉减值准备的依据和结果进行讨论。（6）独立聘请相关评估专家对管理层的商誉减值测试过程及结果进行再复核。

实例2：金融工具的计量

集团关于结构化金融工具的披露包含在附注5中。

在集团投资的金融工具中，结构化金融工具占总额的X%。由于集团对金融工具的估价不是依据活跃市场中的价格作出的，所以在估价过程中度量方面存在重大不确定性。因而，这些工具的估价对我们的审计十分重要。集团认为，这些工具因其特有的结构和条款需要利用自建模型进行估价。我们质疑管理层使用这一模型的基本原理，并与治理层进行了沟通。最后，我们的结论是，集团使用这一模型是适当的。为此，我们的审计程序还包括了测试管理层针对该模型开发与校正的控制，并且确认管理层认为无须对模型的结果作出任何调整以反映该模型所依据的假设。这一假设也是市场参与者将在相似情况下使用的假设。

第四节 其他信息

根据《中国注册会计师审计准则第1521号——注册会计师对其他信息的责任》的规定，其他信息，是指在实体年度报告中包含的除财务报表和审计报告以外的财务信息和非财务信息。其他信息的错报，是指对其他信息作出不正确陈述或误导，包括遗漏或掩饰对恰当理解其他信息披露的事项必要的信息。

其他信息可能包括下列方面：（1）某些金额或其他项目，这些金额或其他项目旨在与财务报表中的金额或其他项目相一致、或对其进行概括、或为其提供更详细的信息；（2）注册会计师在审计中了解到的金额或其他项目；（3）其他事项。

一、注册会计师对其他信息的责任

注册会计师应当阅读和考虑其他信息，是由于当其他信息与财务报表或者与注册会计师在审计中了解到的情况存在重大不一致时，可能表明财务报表或其他信息存在重大错报，两者均会损害财务报表和审计报告的可信性。这类重大错报也可能不恰当地影响审计报告使用者的经济决策。同时，这也可能有助于注册会计师遵循相关的职业道德要求，即要求注册会计师不应当在明知的情况下与以下信息发生关联：（1）含有严重虚假或误导性的陈述；（2）含有缺少充分依据的陈述或信息；（3）存在遗漏或含糊其词的信息，且这种遗漏或含糊其词会产生误导。

无论注册会计师获取其他信息是在审计报告日之前还是之后，均适用注册会计师对其他信息的责任（除适用的报告责任外）。但对于财务信息初步公告和证券发行文件，包括招股说明书，均不适用注册会计师对其他信息的责任。

二、其他信息的审计程序

（一）其他信息的获取与阅读

注册会计师应当：（1）通过与管理层讨论，确定哪些文件组成年度报告，以及被审计单位计划公布这些文件的方式和时间安排。（2）就及时获取组成年度报告的文件与管理层作出适当安排。如果可能，在审计报告日之前获取组成年度报告文件的最终版本。（3）如果部分或全部上述文件在审计报告日后才能取得，要求管理层提供书面声明，声明上述文件的最终版本将在可获取时并且在被审计单位公告前提供给注册会计师，以使注册会计师可以完成本准则要求的程序。

注册会计师应当阅读其他信息。在阅读时，注册会计师应当：（1）考虑其他信息和财务报表之间是否存在重大不一致。作为考虑的基础，注册会计师应将其他信息中选定的金额和其他项目（这些金额或其他项目旨在与财务报表中的金额或其他项目相一致，或对其进行概括，或为其提供更详细的信息）与财务报表中的相应金额和其他项目进行比较，以评价其一致性。（2）在已获取审计证据和已得出审计结论的背景下，考虑其他信息与注册会计师在审计中了解到的情况是否存在重大不一致。当阅读其他信息时，注册会计师应当对与财务报表或注册会计师在审计过程中了解到的情况不相关的其他信息中似乎存在重大错报的迹象保持警觉。

（二）其他信息的判断与结论

如果注册会计师识别出似乎存在重大不一致，或者知悉其他信息似乎存在重大错报，注册会计师应当与管理层讨论该事项，必要时，执行其他程序以确定：（1）其他信息是否存在重大错报；（2）财务报表是否存在重大错报；（3）注册会计师对被审计单位及其环境的了解是否需要更新。

如果注册会计师得出结论认为其他信息存在重大错报，应当要求管理层更正其他信息。如果管理层：（1）同意作出更正，注册会计师应当确定更正已经完成；（2）拒绝作出更正，注册会计师应当就该事项与治理层进行沟通，并要求作出更正。

如果注册会计师得出结论认为审计报告日前获取的其他信息存在重大错报，且在与治理层沟通后其他信息仍未得到更正，注册会计师应当采取恰当措施，包括：（1）考虑对审计报告的影响，并与治理层沟通，注册会计师计划在审计报告中如何处理重大错报；（2）解除业务约定。

如果注册会计师得出结论认为审计报告日后获取的其他信息存在重大错报，注册会计师应当：(1) 如果其他信息得以更正，执行具体情形下的必要程序；(2) 如果与治理层沟通后其他信息未得到更正，考虑注册会计师在法律上的权利和义务后采取恰当的措施，提醒审计报告使用者恰当关注未更正的重大错报。

如果注册会计师得出结论认为财务报表存在重大错报，或者注册会计师对被审计单位及其环境的了解需要更新，注册会计师应当根据其他审计准则作出恰当应对。

三、其他信息的报告

当审计报告日存在下列两种情况之一时，审计报告应当包括一个单独部分，以“其他信息”为标题：(1) 对于上市实体财务报表的审计，注册会计师已获取或预期将获取其他信息；(2) 对于上市实体以外其他被审计单位的财务报表审计，注册会计师已获取部分或全部其他信息。

当审计报告包括其他信息部分时，该部分应当包括：

1.管理层对其他信息负责的说明。

2.指明：(1) 审计报告日前注册会计师已获取的其他信息（如有）；(2) 对于上市实体财务报表审计，审计报告日后预期将获取的其他信息（如有）。

3.说明注册会计师的意见未涵盖其他信息，因此，注册会计师对其他信息不发表（或将不发表）审计意见，或形成任何形式的鉴证结论。

4.描述注册会计师根据本准则的要求，对其他信息进行阅读、考虑、报告的责任。

5.如果审计报告日前已经获取其他信息，则：(1) 说明注册会计师无任何事项需要报告；(2) 如果注册会计师得出结论认为，其他信息存在未更正的重大错报，说明其他信息中的未更正重大错报。

如果发表保留或者否定意见，注册会计师应当考虑引起非无保留意见的事项对说明其他信息的影响。

第五节 无保留意见审计报告

一、无保留意见审计报告的签发条件

无保留意见，是指当注册会计师认为财务报表在所有重大方面按照适用的财务报告编制基础编制并实现公允反映时发表的审计意见。注册会计师经过审计后，认为被审计单位财务报表符合下列所有条件，注册会计师应当出具无保留意见的审计报告：

(1) 财务报表已经在所有重大方面按照适用的财务报告编制基础编制，公允反映了被审计单位的财务状况、经营成果和现金流量。

(2) 注册会计师已经按照中国注册会计师审计准则的规定计划和实施审计工作，在审计过程中未受到限制。

综合起来，注册会计师出具无保留意见审计报告的条件：一是财务报表按照财务报告编制基础编制；二是注册会计师的审计范围没有受到重大限制。

二、评价财务报表应考虑的内容

注册会计师应当就财务报表是否在所有重大方面按照适用的财务报告编制基础编制并实现公允反映形成审计意见。针对财务报表整体是否不存在由于舞弊或错误导致的重大错报，注册会计师应当得出结论，确定是否已就此获取合理保证。在得出结论时，注册会计师应当考虑下列方面：(1) 是否已获取充分、适当的审计证据；(2) 未更正错报单独或汇总起来是否构成重大错报；(3) 财务报表是否在所有重大方面按照适用的财务报告编制基础编制并实现公允反映。

在评价财务报表是否在所有重大方面按照适用的财务报告编制基础编制时，注册会计师应当特别评价下列内容：

①财务报表是否恰当披露了所选择和运用的重要会计政策。作出这一评价时，注册会计师应当考虑会计政策与被审计单位的相关性，以及会计政策是否以可理解的方式予以表述。

②所选择和运用的会计政策是否符合适用的财务报告编制基础，并适合被审计单位的具体情况。

③管理层作出的会计估计是否合理。

④财务报表列报的信息是否具有相关性、可靠性、可比性和可理解性。作出这一评价时，注册会计师应当考虑：

a.应当包括的信息是否均已包括，这些信息的分类、汇总或分解以及描述是否适当；

b.财务报表的总体列报（包括披露）是否由于包括不相关的信息或有碍正确理解所披露事项的信息而受到不利影响。

⑤财务报表是否作出恰当披露，使预期使用者能够理解重大交易和事项对财务报表所传递的信息的影响。

⑥财务报表使用的术语（包括每一财务报表的标题）是否适当。

在评价时，注册会计师应当考虑被审计单位会计实务的质量，包括表明管理层的判断可能出现偏向的迹象。

在评价财务报表是否实现公允反映时，注册会计师应当考虑下列方面：

① 财务报表的总体列报（包括披露）、结构和内容是否合理；

② 财务报表是否公允地反映了相关交易和事项。

三、无保留意见审计报告的关键措辞

无保留意见审计报告应当以“我们认为”作为意见段的开头，并使用“在所有重大方面”“公允反映了”等专业术语。

对按照适用的财务报告编制基础（如企业会计准则）编制的财务报表出具的无保留意见审计报告范例如下：

审计报告

ABC股份有限公司全体股东：

一、审计意见

我们审计了ABC股份有限公司（以下简称公司）财务报表，包括20×8年12月31日的资产负债表，20×8年度的利润表、现金流量表、所有者权益（或股东权益）变动表以及财务报表附注。

我们认为，后附的财务报表在所有重大方面按照企业会计准则的规定编制，公允反映了公司20×8年12月31日的财务状况以及20×8年度的经营成果和现金流量。

二、形成审计意见的基础

我们按照中国注册会计师审计准则的规定执行了审计工作。审计报告的“注册会计师对财务报表审计的责任”部分进一步阐述了我们在这些准则下的责任。按照中国注册会计师职业道德守则，我们独立于公司，并履行了职业道德方面的其他责任。我们相信，我们获取的审计证据是充分、适当的，为发表审计意见提供了基础。

三、关键审计事项

关键审计事项是我们根据职业判断，认为对本期财务报表审计最为重要的事项。这些事项是在对财务报表整体进行审计并形成意见的背景下进行处理的，我们不对这些事项提供单独的意见。

（一）商誉

公司合并财务报表中的商誉余额为146 200.83万元，商誉减值准备为70 248.07万元。公司管理层对商誉至少每年进行减值测试。管理层通过比较被分摊商誉的相关资产组的可收回金额与该资产组及商誉的账面价值，对商誉进行减值测试。预测可收回金额涉及对资产组未来现金流量现值的预测，管理层在预测中需要作出重大判断和假设。由于减值测试过程较为复杂，同时涉及重大判断，我们将商誉减值识别为关键审计事项。

我们就商誉减值实施的审计程序包括：(1) 评估并测试商誉减值的内部控制设计和执行的有效性。(2) 评价管理层聘请的外部估值专家的胜任能力、专业素质及客观性。(3) 与外部专家进行沟通，判断对商誉减值测试所依据的评估和预测采用的相关假设及参数是否合理，评估方法是否恰当。(4) 评价商誉减值的相关测试和披露是否符合相关会计准则的规定。(5) 与管理层和治理层就计提商誉减值准备的依据和结果进行讨论。(6) 独立聘请相关评估专家对管理层的商誉减值测试过程及结果进行再复核。

（二）金融工具的计量

集团关于结构化金融工具的披露包含在附注5中。

在集团投资的金融工具中，结构化金融工具占总额的X%。由于集团对金融工具的估价不是依据活跃市场中的价格作出的，所以在估价过程中度量方面存在重大不确定性。因而，这些工具的估价对我们的审计十分重要。集团认为，这些工具因其特有的结构和条款需要利用自建模型进行估价。我们质疑管理层使用这一模型的基本原理，并与治理层进行了沟通。最后，我们的结论是，集团使用这一模型是适当的。为此，我们的审计程序还包括了测试管理层针对该模型开发与校正的控制，并且确认管理层认为无须对模型的结果作出任何调整以反映该模型所依据的假设。这一假设也是市场参与者将在相似情况下使用的假设。

四、其他信息

ABC公司管理层（以下简称管理层）对其他信息负责。其他信息包括年度报告中涵盖的信息，但不包括财务报表和我们的审计报告。

我们对财务报表发表的审计意见不涵盖其他信息，我们也不对其他信息发表任何形式的鉴证结论。

结合我们对财务报表的审计，我们的责任是阅读其他信息，在此过程中，考虑其他信息是否与财务报表或我们在审计过程中了解到的情况存在重大不一致或者似乎存在重大错报。

基于我们已执行的工作，如果我们确定其他信息存在重大错报，我们应当报告该事实。在这方面，我们无任何事项需要报告。

五、管理层和治理层对财务报表的责任

管理层负责按照企业会计准则的规定编制财务报表，使其实现公允反映，并设计、执行和维护必要的内部控制，以使财务报表不存在由于舞弊或错误导致的重大错报。

在编制财务报表时，管理层负责评估公司的持续经营能力，披露与持续经营相关的事项（如适用），并运用持续经营假设，除非管理层计划清算公司、停止营运或别无其他现实的选择。

治理层负责监督公司的财务报告过程。

六、注册会计师对财务报表审计的责任

我们的目标是对财务报表整体是否不存在由于舞弊或错误导致的重大错报获取合理保证，并出具包含审计意见的审计报告。合理保证是高水平的保证，但并不能保证按照审计准则执行的审计在某一重大错报存在时总能发现。错报可能由舞弊或错误所导致，如果合理预期错报单独或汇总起来可能影响财务报表使用者依据财务报表作出的经济决策，则错报是重大的。

从与治理层沟通的事项中，我们确定哪些事项对当期财务报表审计最为重要，因而构成关键审计事项。我们在审计报告中描述这些事项，除非法律法规不允许公开披露这些事项，或在极其罕见的情形下，如果合理预期在审计报告中沟通某事项造成的负面后果超过产生的公众利益方面的益处，我们确定不应在审计报告中沟通该事项。

××会计师事务所 中国注册会计师：×××（项目合伙人）
（盖章） （签名并盖章）
中国注册会计师：×××
中国××市 （签名并盖章）
二〇×九年××月××日

第六节 非无保留意见审计报告

非无保留意见审计报告，包括保留意见、否定意见和无法表示意见的审计报告。

一、保留意见审计报告

（一）签发保留意见审计报告的条件

当存在下列情形之一时，注册会计师应当发表保留意见审计报告：

（1）在获取充分、适当的审计证据后，注册会计师认为错报单独或汇总起来对财务报表影响重大，但不具有广泛性；

（2）注册会计师无法获取充分、适当的审计证据以作为形成审计意见的基础，但认为未发现的错报（如存在）对财务报表可能产生的影响重大，但不具有广泛性。

（二）保留意见审计报告的基本内容与专业术语

保留意见审计报告的基本内容除了包括标准无保留意见审计报告的基本内容外，还应当将“形成审计意见的基础”这一标题修改为“形成保留意见的基础”，在该部分包含对导致发表保留意见的事项的描述。

如果财务报表中存在与具体金额（包括财务报表附注中的定量披露）相关的重大错报，注册会计师应当在形成审计意见的基础部分说明并量化该错报的财务影响。如果无法量化财务影响，注册会计师应当在该部分说明这一情况。如果财务报表中存在与定性披露相关的重大错报，注册会计师应当在形成审计意见的基础部分解释该错报错在何处。如果财务报表中存在与应披露而未披露信息相关的重大错报，注册会计师应当：（1）与治理层讨论未披露信息的情况；（2）在形成审计意见的基础部分描述未披露信息的性质；（3）如果可行并且已针对未披露信息获取了充分、适当的审计证据，那么在形成审计意见的基础部分包含对未披露信息的披露，除非法律法规禁止。

如果因无法获取充分、适当的审计证据而导致发表保留意见，注册会计师应当在形成审计意见的基础部分说明无法获取审计证据的原因。

当由于财务报表存在重大错报而发表保留意见时，注册会计师应当根据适用的财务报告编制基础在审计意见部分说明：注册会计师认为，除形成保留意见的基础部分所述事项产生的影响外，财务报表在所有重大方面按照适用的财务报告编制基础编制，并实现公允反映。

当由于无法获取充分、适当的审计证据而导致发表保留意见时，注册会计师应当在审计意见部分使用“除……可能产生的影响外”等措辞。

下面是由于注册会计师无法获取充分、适当的审计证据而发表保留意见的审计报告实例：

审计报告

ABC股份有限公司全体股东：

一、保留意见

我们审计了ABC股份有限公司及其子公司（以下简称集团）合并财务报表，包括20×8年12月31日的合并资产负债表，20×8年度的合并利润表、合并现金流量表、合并所有者权益（或股东权益）变动表以及合并财务报表附注。

我们认为，除“形成保留意见的基础”部分所述事项可能产生的影响外，后附的集团合并财务报表在所有重大方面按照企业会计准则的规定编制，公允反映了集团20×8年12月31日的合并财务状况以及20×8年度的合并经营成果和合并现金流量。

二、形成保留意见的基础

如财务报表附注×所述，集团于20×8年取得了境外XYZ公司30%的股权，因能够对XYZ公司施加重大影响，故采用权益法核算该项股权投资，于20×8年度确认对XYZ公司的投资收益×元，截至20×8年12月31日合并资产负债表上反映的该项股权投资为×元。由于我们未被允许接触XYZ公司的财务信息、管理层和执行XYZ公司审计的注册会计师，我们无法就该项股权投资的账面价值以及集团确认的20×8年度对XYZ公司的投资收益获取充分、适当的审计证据，也无法确定是否有必要对这些金额进行调整。

我们按照中国注册会计师审计准则的规定执行了审计工作。审计报告的“注册会计师对合并财务报表审计的责任”部分进一步阐述了我们在这些准则下的责任。按照中国注册会计师职业道德守则，我们独立于集团，并履行了职业道德方面的其他责任。我们相信，我们获取的审计证据是充分、适当的，为发表保留意见提供了基础。

三、其他信息

集团管理层（以下简称管理层）对其他信息负责。其他信息包括年度报告中涵盖的信息，但不包括合并财务报表和我们的审计报告。

我们对合并财务报表发表的审计意见不涵盖其他信息，我们也不对其他信息发表任何形式的鉴证结论。

结合我们对合并财务报表的审计，我们的责任是阅读其他信息，在此过程中，考虑其他信息是否与合并财务报表或我们在审计过程中了解到的情况存在重大不一致或者似乎存在重大错报。

基于我们已执行的工作，如果我们确定其他信息存在重大错报，我们应当报告该事实。如上述“形成保留意见的基础”部分所述，我们无法就20×8年12月31日集团对XYZ公司投资的账面价值以及集团按持股比例计算的XYZ公司当年度净收益份额获取充分、适当的审计证据。因此，我们无法确定与该事项相关的其他信息是否存在重大错报。

四、关键审计事项

关键审计事项是根据我们的职业判断，认为对本期财务报表审计最为重要的事项。这些事项是在对财务报表整体进行审计并形成意见的背景下进行处理的，我们不对这些事项提供单独的意见。除“形成保留意见的基础”部分所述事项外，我们确定下列事项是需要在审计报告中沟通的关键审计事项。

[按照《中国注册会计师审计准则第1504号——在审计报告中沟通关键审计事项》的规定描述每一关键审计事项。]

五、管理层和治理层对财务报表的责任

管理层负责按照企业会计准则的规定编制财务报表，使其实现公允反映，并设计、执行和维护必要的内部控制，以使财务报表不存在由于舞弊或错误导致的重大错报。

在编制财务报表时，管理层负责评估集团的持续经营能力，披露与持续经营相关的事项（如适用），并运用持续经营假设，除非管理层计划清算集团、停止营运或别无其他现实的选择。

治理层负责监督集团的财务报告过程。

六、注册会计师对财务报表审计的责任

我们的目标是对财务报表整体是否不存在由于舞弊或错误导致的重大错报获取合理保证，并出具包含审计意见的审计报告。合理保证是高水平的保证，但并不能保证按照审计准则执行的审计在某一重大错报存在时总能发现。错报可能由舞弊或错误所导致，如果合理预期错报单独或汇总起来可能影响财务报表使用者依据财务报表作出的经济决策，则错报是重大的。

在按照审计准则执行审计的过程中，我们运用了职业判断，保持了职业怀疑。我们同时：

（1）识别和评估由于舞弊或错误导致的财务报表重大错报风险；对这些风险有针对性地设计和实施审计程序；获取充分、适当的审计证据，作为发表审计意见的基础。由于舞弊可能涉及串通、伪造、故意遗漏、虚假陈述或凌驾于内部控制之上，未能发现由于舞弊导致的重大错报的风险高于未能发现由于错误导致的重大错报的风险。

（2）了解与审计相关的内部控制，以设计恰当的审计程序，但目的并非对内部控制的有效性发表意见。

（3）评价管理层选用会计政策的恰当性和作出会计估计及相关披露的合理性。

（4）对管理层使用持续经营假设的恰当性得出结论。同时，基于所获取的审计证据，对是否存在与事项或情况相关的重大不确定性，从而可能导致对集团的持续经营能力产生重大疑虑得出结论。如果我们得出结论认为存在重大不确定性，审计准则要求我们在审计报告中提请报告使用者注意财务报表中的相关披露；如果披露不充分，我们应当发表非无保留意见。我们的结论基于审计报告日可获得的信息。然而，未来的事项或情况可能导致集团不能持续经营。

（5）评价财务报表的总体列报（包括披露）、结构和内容，并评价财务报表是否公允反映交易和事项。

除其他事项外，我们与治理层就计划的审计范围、时间安排和重大审计发现（包括我们在审计中识别的值得关注的内部控制缺陷）进行沟通。

我们还就遵守关于独立性的相关职业道德要求向治理层提供声明，并就可能被合理认为影响我们独立性的所有关系和其他事项，以及相关的防范措施（如适用）与治理层进行沟通。

从与治理层沟通的事项中，我们确定哪些事项对当期财务报表审计最为重要，因而构成关键审计事项。我们在审计报告中描述这些事项，除非法律法规不允许公开披露这些事项，或在极其罕见的情形下，如果合理预期在审计报告中沟通某事项造成的负面后果超过产生的公众利益方面的益处，我们确定不应在审计报告中沟通该事项。

××会计师事务所　　　　中国注册会计师：×××（项目合伙人）
（盖章）　　　　　　　（签名并盖章）
　　　　　　　　　　　中国注册会计师：×××
中国××市　　　　　　　（签名并盖章）
　　　　　　　　　　　二〇×九年××月××日

二、否定意见审计报告

（一）签发否定意见审计报告的条件

否定意见是指注册会计师认为财务报表没有在所有重大方面按照适用的财务报告编制基础编制，未能实现公允反映被审计单位的财务状况、经营成果和现金流量而发表的审计意见。否定意见说明被审计单位的财务报表不能信赖，因此，无论是注册会计师，还是被审计单位都不希望发表此类意见。因而在审计实务中发表否定意见的情况极其罕见。

在获取充分、适当的审计证据后，如果认为错报单独或汇总起来对财务报表的影响重大且具有广泛性，注册会计师应当发表否定意见。

（二）否定意见审计报告的基本内容与关键措辞

否定意见审计报告的基本内容除了包括标准无保留意见审计报告的基本内容外，还应当将“形成审计意见的基础”这一标题修改为“形成否定意见的基础”，在该部分包含对导致发表否定意见的事项的描述，说明注意到的、将导致发表否定意见的所有其他事项及其影响。

在发表否定意见时，注册会计师应当对审计意见部分使用恰当的标题“否定意见”。

当发表否定意见时，注册会计师应当根据适用的财务报告编制基础在审计意见部分说明：注册会计师认为，由于形成否定意见的基础部分所述事项的重要性，财务报表没有在所有重大方面按照适用的财务报告编制基础编制，未能实现公允反映。

当发表否定意见时，注册会计师应当在形成否定意见的基础部分说明：注册会计师获取了充分、适当的审计证据以作为形成否定审计意见的基础。

下面是由于合并财务报表存在重大错报而发表否定意见的审计报告实例：

审计报告

ABC股份有限公司全体股东：

一、否定意见

我们审计了ABC股份有限公司及其子公司（以下简称集团）的合并财务报表，包括20×8年12月31日的合并资产负债表，20×8年度的合并利润表、合并现金流量表、合并所有者权益（或股东权益）变动表以及合并财务报表附注。

我们认为，由于“形成否定意见的基础”部分所述事项的重要性，后附的集团合并财务报表没有在所有重大方面按照企业会计准则的规定编制，未能公允反映集团20×8年12月31日的合并财务状况以及20×8年度的合并经营成果和合并现金流量。

二、形成否定意见的基础

如财务报表附注×所述，20×8年集团通过非同一控制下的企业合并获得对XYZ公司的控制权，因未能取得购买日XYZ公司某些重要资产和负债的公允价值，故未将XYZ公司纳入合并财务报表的范围。按照企业会计准则的规定，该集团应将这一子公司纳入合并范围，并以暂估金额为基础核算该项收购。如果将XYZ公司纳入合并财务报表的范围，后附的集团合并财务报表的多个报表项目将受到重大影响。但我们无法确定未将XYZ公司纳入合并范围对合并财务报表产生的影响。

我们按照中国注册会计师审计准则的规定执行了审计工作。审计报告的“注册会计师对合并财务报表审计的责任”部分进一步阐述了我们在这些准则下的责任。按照中国注册会计师职业道德守则，我们独立于集团，并履行了职业道德方面的其他责任。我们相信，我们获取的审计证据是充分、适当的，为发表否定意见提供了基础。

三、其他信息

ABC集团管理层（以下简称管理层）对其他信息负责。其他信息包括年度报告中涵盖的信息，但不包括合并财务报表和我们的审计报告。

我们对合并财务报表发表的审计意见不涵盖其他信息，我们也不对其他信息发表任何形式的鉴证结论。

结合我们对合并财务报表的审计，我们的责任是阅读其他信息，在此过程中，考虑其他信息是否与合并财务报表或我们在审计过程中了解到的情况存在重大不一致或者似乎存在重大错报。

基于我们已执行的工作，如果我们确定其他信息存在重大错报，我们应当报告该事实。如上述“形成否定意见的基础”部分所述，集团应当将XYZ公司纳入合并范围，并以暂估金额为基础核算该项收购。我们认为，由于年度报告中的相关金额或其他项目受到未合并XYZ公司的影响，其他信息存在重大错报。

续表

四、关键审计事项 除“形成否定意见的基础”部分所述事项外，我们认为，没有其他需要在我们的报告中沟通的关键审计事项。 五、管理层和治理层对财务报表的责任 管理层负责按照企业会计准则的规定编制财务报表，使其实现公允反映，并设计、执行和维护必要的内部控制，以使财务报表不存在由于舞弊或错误导致的重大错报。 在编制财务报表时，管理层负责评估集团的持续经营能力，披露与持续经营相关的事项（如适用），并运用持续经营假设，除非管理层计划清算集团、停止营运或别无其他现实的选择。 治理层负责监督集团的财务报告过程。 六、注册会计师对财务报表审计的责任 我们的目标是对财务报表整体是否不存在由于舞弊或错误导致的重大错报获取合理保证，并出具包含审计意见的审计报告。合理保证是高水平的保证，但并不能保证按照审计准则执行的审计在某一重大错报存在时总能发现。错报可能由舞弊或错误所导致，如果合理预期错报单独或汇总起来可能影响财务报表使用者依据财务报表作出的经济决策，则错报是重大的。 在按照审计准则执行审计的过程中，我们运用了职业判断，保持了职业怀疑。我们同时： （1）识别和评估由于舞弊或错误导致的财务报表重大错报风险；对这些风险有针对性地设计和实施审计程序；获取充分、适当的审计证据，作为发表审计意见的基础。由于舞弊可能涉及串通、伪造、故意遗漏、虚假陈述或凌驾于内部控制之上，未能发现由于舞弊导致的重大错报的风险高于未能发现由于错误导致的重大错报的风险。 （2）了解与审计相关的内部控制，以设计恰当的审计程序，但目的并非对内部控制的有效性发表意见。 （3）评价管理层选用会计政策的恰当性和作出会计估计及相关披露的合理性。 （4）对管理层使用持续经营假设的恰当性得出结论。同时，基于所获取的审计证据，对是否存在与事项或情况相关的重大不确定性，从而可能导致对集团的持续经营能力产生重大疑虑得出结论。如果我们得出结论认为存在重大不确定性，审计准则要求我们在审计报告中提请报告使用者注意财务报表中的相关披露；如果披露不充分，我们应当发表非无保留意见。我们的结论基于审计报告日可获得的信息。然而，未来的事项或情况可能导致集团不能持续经营。 （5）评价财务报表的总体列报（包括披露）、结构和内容，并评价财务报表是否公允反映交易和事项。 除其他事项外，我们与治理层就计划的审计范围、时间安排和重大审计发现（包括我们在审计中识别的值得关注的内部控制缺陷）进行了沟通。 我们还就遵守关于独立性的相关职业道德要求向治理层提供声明，并就可能被合理认为影响我们独立性的所有关系和其他事项，以及相关的防范措施（如适用）与治理层进行了沟通。 从与治理层沟通的事项中，我们确定哪些事项对当期财务报表审计最为重要，因而构成关键审计事项。我们在审计报告中描述这些事项，除非法律法规不允许公开披露这些事项，或在极其罕见的情形下，如果合理预期在审计报告中沟通某事项造成的负面后果超过产生的公众利益方面的益处，我们确定不应在审计报告中沟通该事项。 ××会计师事务所　　　　中国注册会计师：×××（项目合伙人） （盖章）　　　　　　　　（签名并盖章） 　　　　　　　　　　　　中国注册会计师：××× 中国××市　　　　　　　（签名并盖章） 　　　　　　　　　　　　二〇×九年××月××日

三、无法表示意见审计报告

（一）签发无法表示意见审计报告的条件

无法表示意见是指注册会计师不能就被审计单位财务报表整体是否在所有重大方面按照适用的财务报告编制基础编制，以及是否公允反映其财务状况、经营成果和现金流量发表审计意见，也即对被审计单位的财务报表既不发表无保留意见或保留意见，也不发表否定意见。

注册会计师发表无法表示意见，不同于注册会计师拒绝接受委托，它是在注册会计师实施了必要审计程序后所形成的结论。注册会计师发表无法表示意见，不是注册会计师不愿意发表无保留、保留或否定意见，而是由于一些重大限制使得注册会计师无法实施必要的审计程序，未能对一些重大事项获得充分、适当的审计证据，从而不能对财务报表整体发表意见。

如果无法获取充分、适当的审计证据以作为形成审计意见的基础，但认为未发现的错报（如存在）对财务报表可能产生的影响重大且具有广泛性，注册会计师应当发表无法表示意见。

在极其罕见的情况下，可能存在多个不确定事项。尽管注册会计师对每个单独的不确定事项获取了充分、适当的审计证据，但由于不确定事项之间可能存在相互影响，以及可能对财务报表产生累计影响，注册会计师不可能对财务报表形成审计意见。在这种情况下，注册会计师应当发表无法表示意见。

典型的审计范围受到限制的情况有：（1）未能对存货进行监盘；（2）未能对应收账款进行函证；（3）未能取得被投资企业的财务报表；（4）内部控制极度混乱，会计记录缺乏系统性与完整性等。

在承接审计业务后，如果注意到管理层对审计范围施加了限制，且认为这些限制可能导致对财务报表发表保留意见或无法表示意见，注册会计师应当要求管理层消除这些限制。如果管理层拒绝消除这些限制，除非治理层全部成员参与管理被审计单位，注册会计师应当就此事项与治理层沟通，并确定能否实施替代程序以获取充分、适当的审计证据。

如果无法获取充分、适当的审计证据，注册会计师应当通过下列方式确定其影响：（1）如果未发现的错报（如存在）可能对财务报表产生的影响重大，但不具有广泛性，注册会计师应当发表保留意见。（2）如果未发现的错报（如存在）可能对财务报表产生的影响重大且具有广泛性，以至于发表保留意见不足以反映情况的严重性，注册会计师应当在可行时解除业务约定（除非法律法规禁止）；如果在出具审计报告之前解除业务约定被禁止或不可行，应当发表无法表示意见。如果解除业务约定，注册会计师应当在解除业务约定前，与治理层沟通在审计过程中发现的、将会导致发表非无保留意见的所有错报事项。

（二）无法表示意见审计报告的基本内容与关键措辞

无法表示意见审计报告的基本内容，在标准无保留审计报告基本内容的基础上进行多方面的修正。

在发表无法表示意见时，注册会计师应当对审计意见部分使用“无法表示意见”作为标题。

在审计意见部分，只强调“我们接受委托”，而非“我们审计了……”。

将“形成审计意见的基础”这一标题修改为“形成无法表示意见的基础”，在该部分包含对导致发表无法表示意见的事项的描述，说明注册会计师无法获取审计证据的原因，以及注意到的、将导致发表无法表示意见的所有其他事项及其影响。

当由于无法获取充分、适当的审计证据而发表无法表示意见时，注册会计师应当：（1）说明注册会计师不对后附的财务报表发表审计意见；（2）说明由于形成无法表示意见的基础部分所述事项的重要性，注册会计师无法获取充分、适当的审计证据以作为对财务报表发表审计意见的基础；（3）修改财务报表已经审计的说明，改为注册会计师接受委托审计财务报表。

当注册会计师对财务报表发表无法表示意见时，审计报告中不应当包含标准无保留意见审计报告中的下列要素：（1）提及审计报告中用于描述注册会计师责任的部分；（2）说明注册会计师是否已获取充分、适当的审计证据以作为形成审计意见的基础。

当由于无法获取充分、适当的审计证据而发表无法表示意见时，注册会计师应当修改标准无保留意见审计报告中对注册会计师责任的表述，并仅能包含如下内容：(1) 说明注册会计师的责任是按照中国注册会计师审计准则的规定，对被审计单位财务报表执行审计工作，以出具审计报告；(2) 但由于形成无法表示意见的基础部分所述的事项，注册会计师无法获取充分、适当的审计证据以作为发表审计意见的基础；(3) 说明注册会计师在独立性和职业道德其他要求方面的责任。

当对财务报表发表无法表示意见时，注册会计师不得在审计报告中包含关键审计事项部分，除非法律法规另有规定。

下面是由于注册会计师无法针对财务报表多个要素获取充分、适当的审计证据而发表无法表示意见的审计报告实例：

审计报告

ABC股份有限公司全体股东：

一、无法表示意见

我们接受委托，审计ABC股份有限公司（以下简称公司）财务报表，包括20×8年12月31日的资产负债表，20×8年度的利润表、现金流量表、所有者权益（或股东权益）变动表以及财务报表附注。

我们不对后附的公司财务报表发表审计意见。由于“形成无法表示意见的基础”部分所述事项的重要性，我们无法获取充分、适当的审计证据以作为发表审计意见的基础。

二、形成无法表示意见的基础

我们于20×9年1月接受公司的审计委托，因而未能对公司20×8年年初金额为×元的存货和年末金额为×元的存货实施监盘程序。此外，我们也无法实施替代审计程序获取充分、适当的审计证据。并且，公司于20×8年9月采用新的应收账款电算化系统，由于存在系统缺陷导致应收账款出现大量错误。截至报告日，管理层仍在纠正系统缺陷并更正错误，我们也无法实施替代审计程序，以对截至20×8年12月31日的应收账款总额×元获取充分、适当的审计证据。因此，我们无法确定是否有必要对存货、应收账款以及财务报表其他项目作出调整，也无法确定应调整的金额。

三、管理层和治理层对财务报表的责任

管理层负责按照企业会计准则的规定编制财务报表，使其实现公允反映，并设计、执行和维护必要的内部控制，以使财务报表不存在由于舞弊或错误导致的重大错报。

在编制财务报表时，管理层负责评估公司的持续经营能力，披露与持续经营相关的事项（如适用），并运用持续经营假设，除非管理层计划清算公司、停止营运或别无其他现实的选择。

治理层负责监督公司的财务报告过程。

四、注册会计师对财务报表审计的责任

我们的责任是按照中国注册会计师审计准则的规定，对被审计单位财务报表执行审计工作，以出具审计报告。但由于“形成无法表示意见的基础”部分所述的事项，我们无法获取充分、适当的审计证据以作为发表审计意见的基础。

按照中国注册会计师职业道德守则，我们独立于公司，并履行了职业道德方面的其他责任。

××会计师事务所	中国注册会计师：×××（项目合伙人）
（盖章）	（签名并盖章）
	中国注册会计师：×××
中国××市	（签名并盖章）
	二〇×九年××月××日

第七节 在审计报告中增加强调事项段和其他事项段

一、带强调事项段的审计报告

强调事项段，是指审计报告中含有的一个段落，该段落提及已在财务报表中恰当列报的事项，根据注册会计师的职业判断，该事项对财务报表使用者理解财务报表至关重要。

如果认为有必要提醒财务报表使用者关注已在财务报表中列报，且根据职业判断认为对财务报表使用者理解财务报表至关重要的事项，在同时满足下列条件时，注册会计师应当在审计报告中增加强调事项段：（1）该事项不会导致注册会计师按照《中国注册会计师审计准则第1502号——在审计报告中发表非无保留意见》的规定发表非无保留意见；（2）当《中国注册会计师审计准则第1504号——在审计报告中沟通关键审计事项》适用时，该事项未被确定为将要在审计报告中沟通的关键审计事项。

如果在审计报告中包含强调事项段，注册会计师应当采取下列措施：（1）将强调事项段作为单独的一部分置于审计报告中，并使用包含“强调事项”这一术语的适当标题；（2）明确提及被强调事项以及相关披露的位置，以便能够在财务报表中找到对该事项的详细描述，强调事项段应当仅提及已在财务报表中列报的信息；（3）指出审计意见没有因该强调事项而改变。

审计准则中要求增加强调事项段的具体情况有：

《中国注册会计师审计准则第1111号——就审计业务约定条款达成一致意见》规定，如果相关部门要求采用的财务报告编制基础不适用于被审计单位的具体情况，管理层需要在财务报表中对此作出额外披露，以避免财务报表产生误导；在审计报告中增加强调事项段，以提醒使用者关注额外披露。

《中国注册会计师审计准则第1332号——期后事项》规定了两种情况：

第一种情况是，在审计报告日后至财务报表报出日前，如果知悉了某事实，且若在审计报告日知悉该事实可能导致修改审计报告。在这种情况下，注册会计师应当：（1）与管理层和治理层（如适用）讨论该事项；（2）确定财务报表是否需要修改；（3）如果需要修改，询问管理层将如何在财务报表中处理该事项。如果管理层修改财务报表，注册会计师应当：（1）根据具体情况对有关修改实施必要的审计程序；（2）将规定的审计程序延伸至新的审计报告日，并针对修改后的财务报表出具新的审计报告。新的审计报告日不应早于修改后的财务报表被批准的日期。如果管理层对财务报表的修改仅限于反映导致修改的期后事项的影响，被审计单位的董事会、管理层或类似机构也仅对有关修改进行批准，注册会计师可以仅针对有关修改将规定的审计程序延伸至新的审计报告日。根据这种情况，注册会计师应当选用下列处理方式之一：（1）出具新的或经修改的审计报告，在强调事项段或其他事项段中说明注册会计师对期后事项实施的审计程序仅限于财务报表相关附注所述的修改；（2）修改审计报告，针对财务报表修改部分增加补充报告日期，从而表明注册会计师对期后事项实施的审计程序仅限于财务报表相关附注所述的修改。

第二种情况是，在财务报表报出后，如果知悉了某事实，且若在审计报告日知悉该事实可能导致修改审计报告。在这种情况下，注册会计师应当：（1）与管理层和治理层（如适用）讨论该事项；（2）确定财务报表是否需要修改；（3）如果需要修改，询问管理层将如何在财务报表中处理该事项。如果管理层修改了财务报表，注册会计师应当：（1）根据具体情况对有关修改实施必要的审计程序；（2）复核管理层采取的措施能否确保所有收到原财务报表和审计报告的人士了解这一情况；（3）将规定的审计程序延伸至新的审计报告日，并针对修改后的财务报表修改或出具新的审计报告，新的审计报告日不应早于修改后的财务报表被批准的日期。注册会计师应当在新的或经修改的审计报告中增加强调事项段或其他事项段，提醒财务报表使用者关注财务报表附注中有关修改原财务报表的详细原因和注册会计师提供的原审计报告。如果管理层修改了财务报表，注册会计师应当在新的或经修改的审计报告中增加强调事项段或其他事项段，提醒财务报表使用者关注财务报表附注中有关修改原财务报表的详细原因和注册会计师提供的原审计报告。

《中国注册会计师审计准则第1601号——审计特殊目的财务报表的特殊考虑》规定，注册会计师对特殊目的财务报表出具的审计报告应当增加强调事项段，以提醒使用者关注财务报表按照特殊目的框架编制，因此，财务报表可能不适用于其他目的。

二、带其他事项段的审计报告

其他事项段，是指审计报告中含有的一个段落，该段落提及未在财务报表中列报的事项，根据注册会计师的职业判断，该事项与财务报表使用者理解审计工作、注册会计师的责任或审计报告相关。

如果认为有必要沟通虽然未在财务报表中列报，但根据职业判断认为与财务报表使用者理解审计工作、注册会计师的责任或审计报告相关的事项，在同时满足下列条件时，注册会计师应当在审计报告中增加其他事项段：（1）未被法律法规禁止；（2）当《中国注册会计师审计准则第1504号——在审计报告中沟通关键审计事项》适用时，该事项未被确定为将要在审计报告中沟通的关键审计事项。

如果在审计报告中包含其他事项段，注册会计师应当将该段落作为单独的一部分，并使用“其他事项”或其他适当标题。其他事项段应置于关键审计事项部分之后。如果其他事项段的内容与其他报告责任部分相关，这一段落也可以置于审计报告的其他位置。

审计准则中要求增加其他事项段的具体情况有：

《中国注册会计师审计准则第1332号——期后事项》规定的具体要求与强调事项段相同。

《中国注册会计师审计准则第1511号——比较信息：对应数据和比较财务报表》规定，如果上期财务报表已由前任注册会计师审计，并且法律法规不禁止注册会计师提及前任注册会计师对对应数据出具的审计报告，当注册会计师决定提及时，应当在审计报告的其他事项段中说明：（1）上期财务报表已由前任注册会计师审计；（2）前任注册会计师发表的意见的类型（如果是非无保留意见，还应当说明发表非无保留意见的理由）；（3）前任注册会计师出具的审计报告的日期。

如果上期财务报表未经审计，注册会计师应当在审计报告的其他事项段中说明对应数据未经审计。但这种说明并不减轻注册会计师获取充分、适当的审计证据，以确定期初余额不含有严重影响本期财务报表的错报的责任。

当结合本期审计对上期财务报表出具审计报告时，如果对上期财务报表发表的意见与以前发表的意见不同，注册会计师应当在其他事项段中披露导致不同意见的实质性原因。

如果上期财务报表已由前任注册会计师审计，除非前任注册会计师对上期财务报表重新出具审计报告，否则，注册会计师除对本期财务报表发表意见外，还应当在其他事项段中说明：（1）上期财务报表已由前任注册会计师审计；（2）前任注册会计师发表的意见类型（如果发表非无保留意见，还应当说明理由）；（3）前任注册会计师出具审计报告的日期。

三、带强调事项段和其他事项段的审计报告举例

下面是带强调事项段和其他事项段的无保留意见审计报告的实例：

审计报告

ABC股份有限公司全体股东：

一、审计意见

我们审计了ABC股份有限公司（以下简称公司）财务报表，包括20×8年12月31日的资产负债表，20×8年度的利润表、现金流量表、所有者权益（或股东权益）变动表以及财务报表附注。

我们认为，后附的财务报表在所有重大方面按照企业会计准则的规定编制，公允反映了公司20×8年12月31日的财务状况以及20×8年度的经营成果和现金流量。

二、形成审计意见的基础

我们按照中国注册会计师审计准则的规定执行了审计工作。审计报告的“注册会计师对财务报表审计的责任”部分进一步阐述了我们在这些准则下的责任。按照中国注册会计师职业道德守则，我们独立于公司，并履行了职业道德方面的其他责任。我们相信，我们获取的审计证据是充分、适当的，为发表审计意见提供了基础。

三、强调事项

我们提醒财务报表使用者注意财务报表附注×，该附注描述了火灾对公司的生产设备造成的影响。本段内容不影响已发表的审计意见。

四、关键审计事项

关键审计事项是根据我们的职业判断，认为对本期财务报表审计最为重要的事项。这些事项是在对财务报表整体进行审计并形成意见的背景下进行处理的，我们不对这些事项提供单独的意见。

[按照《中国注册会计师审计准则第1504号——在审计报告中沟通关键审计事项》的规定描述每一关键审计事项]

五、其他信息

ABC公司管理层（以下简称管理层）对其他信息负责。其他信息包括年度报告中涵盖的信息，但不包括财务报表和我们的审计报告。

我们对财务报表发表的审计意见不涵盖其他信息，我们也不对其他信息发表任何形式的鉴证结论。

结合我们对财务报表的审计，我们的责任是阅读其他信息，在此过程中，考虑其他信息是否与财务报表或我们在审计过程中了解到的情况存在重大不一致或者似乎存在重大错报。

基于我们已执行的工作，如果我们确定其他信息存在重大错报，我们应当报告该事实。在这方面，我们无任何事项需要报告。

六、其他事项

20×7年12月31日的资产负债表，20×7年度的利润表、现金流量表、所有者权益变动表以及财务报表附注由其他会计师事务所审计，并于20×8年3月31日发表了无保留意见。

七、管理层和治理层对财务报表的责任

管理层负责按照企业会计准则的规定编制财务报表，使其实现公允反映，并设计、执行和维护必要的内部控制，以使财务报表不存在由于舞弊或错误导致的重大错报。

在编制财务报表时，管理层负责评估公司的持续经营能力，披露与持续经营相关的事项（如适用），并运用持续经营假设，除非管理层计划清算公司、停止营运或别无其他现实的选择。

治理层负责监督公司的财务报告过程。

八、注册会计师对财务报表审计的责任

我们的目标是对财务报表整体是否不存在由于舞弊或错误导致的重大错报获取合理保证，并出具包含审计意见的审计报告。合理保证是高水平的保证，但并不能保证按照审计准则执行的审计在某一重大错报存在时总能发现。错报可能由舞弊或错误所导致，如果合理预期错报单独或汇总起来可能影响财务报表使用者依据财务报表作出的经济决策，则错报是重大的。

在按照审计准则执行审计的过程中，我们运用了职业判断，保持了职业怀疑。我们同时：

（1）识别和评估由于舞弊或错误导致的财务报表重大错报风险；对这些风险有针对性地设计和实施审计程序；获取充分、适当的审计证据，作为发表审计意见的基础。由于舞弊可能涉及串通、伪造、故意遗漏、虚假陈述或凌驾于内部控制之上，未能发现由于舞弊导致的重大错报的风险高于未能发现由于错误导致的重大错报的风险。

（2）了解与审计相关的内部控制，以设计恰当的审计程序，但目的并非对内部控制的有效性发表意见。

（3）评价管理层选用会计政策的恰当性和作出会计估计及相关披露的合理性。

（4）对管理层使用持续经营假设的恰当性得出结论。同时，基于所获取的审计证据，对是否存在与事项或情况相关的重大不确定性，从而可能导致对公司的持续经营能力产生重大疑虑得出结论。如果我们得出结论认为存在重大不确定性，审计准则要求我们在审计报告中提请报告使用者注意财务报表中的相关披露；如果披露不充分，我们应当发表非无保留意见。我们的结论基于审计报告日可获得的信息。然而，未来的事项或情况可能导致公司不能持续经营。

（5）评价财务报表的总体列报（包括披露）、结构和内容，并评价财务报表是否公允反映交易和事项。

除其他事项外，我们与治理层就计划的审计范围、时间安排和重大审计发现（包括我们在审计中识别的值得关注的内部控制缺陷）进行了沟通。

我们还就遵守关于独立性的相关职业道德要求向治理层提供声明，并就可能被合理认为影响我们独立性的所有关系和其他事项，以及相关的防范措施（如适用）与治理层进行了沟通。

从与治理层沟通的事项中，我们确定哪些事项对当期财务报表审计最为重要，因而构成关键审计事项。我们在审计报告中描述这些事项，除非法律法规不允许公开披露这些事项，或在极其罕见的情形下，如果合理预期在审计报告中沟通某事项造成的负面后果超过产生的公众利益方面的益处，我们确定不应在审计报告中沟通该事项。

××会计师事务所	中国注册会计师：×××（项目合伙人）
（盖章）	（签名并盖章）
	中国注册会计师：×××
中国××市	（签名并盖章）
	二〇×九年××月××日

第八节　公司持续经营能力对审计报告的影响

根据《中国注册会计师审计准则第 1324 号——持续经营》，在持续经营假设下，财务报表是基于被审计单位持续经营并在可预见的将来继续经营下去的假设编制的。

通用目的财务报表是运用持续经营假设编制的，除非管理层计划清算被审计单位、停止营运或别无其他现实的选择。特殊目的财务报表可以根据需要按照（或不按照）与持续经营假设相关的财务报告编制基础编制（例如，在特定国家或地区，持续经营假设与某些按照计税核算基础编制的财务报表无关）。

一、对审计报告的影响

注册会计师经审计，如果公司财务报表已按照持续经营假设编制，但根据判断认为管理层在财务报表中运用持续经营假设是不适当的，注册会计师应当发表否定意见。

如果运用持续经营假设是适当的，但存在重大不确定性，且财务报表对重大不确定性已作出恰当披露，注册会计师应当发表无保留意见，并在审计报告中增加以“与持续经营相关的重大不确定性”为标题的单独部分，以：（1）提醒财务报表使用者关注财务报表附注中所述与持续经营相关的重大不确定性事项的披露；（2）说明这些事项或情况表明存在可能导致对被审计单位持续经营能力产生重大疑虑的重大不确定性，并说明该事项并不影响发表的审计意见。

如果运用持续经营假设是适当的，但存在重大不确定性，且财务报表对重大不确定性未作出恰当披露，注册会计师应当发表保留意见或否定意见。注册会计师应当在审计报告形成保留（否定）意见的基础部分说明，存在可能导致对被审计单位持续经营能力产生重大疑虑的重大不确定性，但财务报表未恰当披露该事项。

如果运用持续经营假设是适当的，但存在重大不确定性，且管理层不愿按照注册会计师的要求作出评估或延长评估期间，注册会计师应当考虑这一情况对审计报告的影响。

二、审计报告示例

（一）在无保留意见审计报告中披露与持续经营相关的重大不确定性

下面是当注册会计师确定持续经营存在重大不确定性，且财务报表已作出恰当披露时，出具无保留意见的审计报告的实例：

审计报告

ABC股份有限公司全体股东：

一、审计意见

我们审计了ABC股份有限公司（以下简称公司）财务报表，包括20×8年12月31日的资产负债表，20×8年度的利润表、现金流量表、所有者权益（或股东权益）变动表以及财务报表附注。

我们认为，后附的财务报表在所有重大方面按照企业会计准则的规定编制，公允反映了公司20×8年12月31日的财务状况以及20×8年度的经营成果和现金流量。

二、形成审计意见的基础

我们按照中国注册会计师审计准则的规定执行了审计工作。审计报告的“注册会计师对财务报表审计的责任”部分进一步阐述了我们在这些准则下的责任。按照中国注册会计师职业道德守则，我们独立于公司，并履行了职业道德方面的其他责任。我们相信，我们获取的审计证据是充分、适当的，为发表审计意见提供了基础。

三、与持续经营相关的重大不确定性

我们提醒财务报表使用者关注财务报表附注×，该附注表明在截至20×8年12月31日的会计年度，公司发生净亏损×元，且在20×8年12月31日，公司流动负债高于资产总额×元。如财务报表附注×所述，这些事项或情况，连同附注×所述的其他事项，表明存在可能导致对公司持续经营能力产生重大疑虑的重大不确定性。该事项不影响已发表的审计意见。

四、关键审计事项

关键审计事项是根据我们的职业判断，认为对本期财务报表审计最为重要的事项。这些事项是在对财务报表整体进行审计并形成意见的背景下进行处理的，我们不对这些事项提供单独的意见。

[按照《中国注册会计师审计准则第1504号——在审计报告中沟通关键审计事项》的规定描述每一关键审计事项。]

五、其他信息

ABC公司管理层（以下简称管理层）对其他信息负责。其他信息包括年度报告中涵盖的信息，但不包括财务报表和我们的审计报告。

我们对财务报表发表的审计意见不涵盖其他信息，我们也不对其他信息发表任何形式的鉴证结论。

结合我们对财务报表的审计，我们的责任是阅读其他信息，在此过程中，考虑其他信息是否与财务报表或我们在审计过程中了解到的情况存在重大不一致或者似乎存在重大错报。

基于我们已执行的工作，如果我们确定其他信息存在重大错报，我们应当报告该事实。在这方面，我们无任何事项需要报告。

六、管理层和治理层对财务报表的责任

管理层负责按照企业会计准则的规定编制财务报表，使其实现公允反映，并设计、执行和维护必要的内部控制，以使财务报表不存在由于舞弊或错误导致的重大错报。

在编制财务报表时，管理层负责评估公司的持续经营能力，披露与持续经营相关的事项（如适用），并运用持续经营假设，除非管理层计划清算公司、停止营运或别无其他现实的选择。

治理层负责监督公司的财务报告过程。

七、注册会计师对财务报表审计的责任

我们的目标是对财务报表整体是否不存在由于舞弊或错误导致的重大错报获取合理保证，并出具包含审计意见的审计报告。合理保证是高水平的保证，但并不能保证按照审计准则执行的审计在某一重大错报存在时总能发现。错报可能由舞弊或错误所导致，如果合理预期错报单独或汇总起来可能影响财务报表使用者依据财务报表作出的经济决策，则错报是重大的。

在按照审计准则执行审计的过程中，我们运用了职业判断，保持了职业怀疑。我们同时：

(1) 识别和评估由于舞弊或错误导致的财务报表重大错报风险；对这些风险有针对性地设计和实施审计程序；获取充分、适当的审计证据，作为发表审计意见的基础。由于舞弊可能涉及串通、伪造、故意遗漏、虚假陈述或凌驾于内部控制之上，未能发现由于舞弊导致的重大错报的风险高于未能发现由于错误导致的重大错报的风险。

(2) 了解与审计相关的内部控制，以设计恰当的审计程序，但目的并非对内部控制的有效性发表意见。

(3) 评价管理层选用会计政策的恰当性和作出会计估计及相关披露的合理性。

(4) 对管理层使用持续经营假设的恰当性得出结论。同时，基于所获取的审计证据，对是否存在与事项或情况相关的重大不确定性，从而可能导致对公司的持续经营能力产生重大疑虑得出结论。如果我们得出结论认为存在重大不确定性，审计准则要求我们在审计报告中提请报告使用者注意财务报表中的相关披露；如果披露不充分，我们应当发表非无保留意见。我们的结论基于审计报告日可获得的信息。然而，未来的事项或情况可能导致公司不能持续经营。

(5) 评价财务报表的总体列报（包括披露）、结构和内容，并评价财务报表是否公允反映交易和事项。

除其他事项外，我们与治理层就计划的审计范围、时间安排和重大审计发现（包括我们在审计中识别的值得关注的内部控制缺陷）进行了沟通。

我们还就遵守关于独立性的相关职业道德要求向治理层提供声明，并就可能被合理认为影响我们独立性的所有关系和其他事项，以及相关的防范措施（如适用）与治理层进行了沟通。

从与治理层沟通的事项中，我们确定哪些事项对当期财务报表审计最为重要，因而构成关键审计事项。我们在审计报告中描述这些事项，除非法律法规不允许公开披露这些事项，或在极其罕见的情形下，如果合理预期在审计报告中沟通某事项造成的负面后果超过产生的公众利益方面的益处，我们确定不应在审计报告中沟通该事项。

××会计师事务所	中国注册会计师：×××（项目合伙人）
（盖章）	（签名并盖章）
	中国注册会计师：×××
中国××市	（签名并盖章）
	二〇×九年××月××日

（二）在保留意见审计报告中披露与持续经营相关的重大不确定性

下面是当注册会计师确定存在与持续经营相关的重大不确定性，且财务报表由于未作出恰当披露而存在重大错报时，出具保留意见审计报告的实例：

审计报告

ABC股份有限公司全体股东：

一、保留意见

我们审计了ABC股份有限公司（以下简称公司）财务报表，包括20×8年12月31日的资产负债表，20×8年度的利润表、现金流量表、所有者权益（或股东权益）变动表以及财务报表附注。

我们认为，除“形成保留意见的基础”部分所述的对相关信息披露不完整的事项外，后附的财务报表在所有重大方面按照企业会计准则的规定编制，公允反映了公司20×8年12月31日的财务状况以及20×8年度的经营成果和现金流量。

二、形成保留意见的基础

如财务报表附注×所述，公司融资协议期满，且未偿付余额将于20×9年3月19日到期。公司未能重新商定协议或获取替代性融资。这种情况表明存在可能导致对公司持续经营能力产生重大疑虑的重大不确定性。财务报表对这一事项并未作出恰当披露。

我们按照中国注册会计师审计准则的规定执行了审计工作。审计报告的“注册会计师对财务报表审计的责任”部分进一步阐述了我们在这些准则下的责任。按照中国注册会计师职业道德守则，我们独立于公司，并履行了其他道德方面的责任。我们相信，我们获取的审计证据是充分、适当的，为发表保留意见提供了基础。

三、关键审计事项

关键审计事项是根据我们的职业判断，认为对本期财务报表审计最为重要的事项。这些事项是在对财务报表整体进行审计并形成意见的背景下进行处理的，我们不对这些事项提供单独的意见。除“形成保留意见的基础”部分所述事项外，我们确定下列事项是需要在审计报告中沟通的关键审计事项。

[按照《中国注册会计师审计准则第1504号——在审计报告中沟通关键审计事项》的规定描述每一关键审计事项。]

四、其他信息

ABC公司管理层（以下简称管理层）对其他信息负责。其他信息包括年度报告中涵盖的信息，但不包括财务报表和我们的审计报告。

我们对财务报表发表的审计意见不涵盖其他信息，我们也不对其他信息发表任何形式的鉴证结论。

结合我们对财务报表的审计，我们的责任是阅读其他信息，在此过程中，考虑其他信息是否与财务报表或我们在审计过程中了解到的情况存在重大不一致或者似乎存在重大错报。

基于我们已执行的工作，如果我们确定其他信息存在重大错报，我们应当报告该事实。如上述“形成保留意见的基础”部分所述，公司应当披露其将于20×9年3月19日到期的融资协议未能重新商定协议或获取替代性融资。我们认为，由于年度报告中的相关金额或其他项目受到未披露与持续经营相关的重大不确定性的影响，其他信息存在重大错报。

五、管理层和治理层对财务报表的责任

管理层负责按照企业会计准则的规定编制财务报表，使其实现公允反映，并设计、执行和维护必要的内部控制，以使财务报表不存在由于舞弊或错误导致的重大错报。

在编制财务报表时，管理层负责评估公司的持续经营能力，披露与持续经营相关的事项（如适用），并运用持续经营假设，除非管理层计划清算公司、停止营运或别无其他现实的选择。

治理层负责监督公司的财务报告过程。

六、注册会计师对财务报表审计的责任

我们的目标是对财务报表整体是否不存在由于舞弊或错误导致的重大错报获取合理保证，并出具包含审计意见的审计报告。合理保证是高水平的保证，但并不能保证按照审计准则执行的审计在某一重大错报存在时总能发现。错报可能由舞弊或错误所导致，如果合理预期错报单独或汇总起来可能影响财务报表使用者依据财务报表作出的经济决策，则错报是重大的。

在按照审计准则执行审计的过程中，我们运用了职业判断，保持了职业怀疑。我们同时：

(1) 识别和评估由于舞弊或错误导致的财务报表重大错报风险；对这些风险有针对性地设计和实施审计程序；获取充分、适当的审计证据，作为发表审计意见的基础。由于舞弊可能涉及串通、伪造、故意遗漏、虚假陈述或凌驾于内部控制之上，未能发现由于舞弊导致的重大错报的风险高于未能发现由于错误导致的重大错报的风险。

(2) 了解与审计相关的内部控制，以设计恰当的审计程序，但目的并非对内部控制的有效性发表意见。

(3) 评价管理层选用会计政策的恰当性和作出会计估计及相关披露的合理性。

(4) 对管理层使用持续经营假设的恰当性得出结论。同时，基于所获取的审计证据，对是否存在与事项或情况相关的重大不确定性，从而可能导致对公司的持续经营能力产生重大疑虑得出结论。如果我们得出结论认为存在重大不确定性，审计准则要求我们在审计报告中提请报告使用者注意财务报表中的相关披露；如果披露不充分，我们应当发表非无保留意见。我们的结论基于审计报告日可获得的信息。然而，未来的事项或情况可能导致公司不能持续经营。

(5) 评价财务报表的总体列报（包括披露）、结构和内容，并评价财务报表是否公允反映交易和事项。

除其他事项外，我们与治理层就计划的审计范围、时间安排和重大审计发现（包括我们在审计中识别的值得关注的内部控制缺陷）进行了沟通。

我们还就遵守关于独立性的相关职业道德要求向治理层提供声明，并就可能被合理认为影响我们独立性的所有关系和其他事项，以及相关的防范措施（如适用）与治理层进行了沟通。

从与治理层沟通的事项中，我们确定哪些事项对当期财务报表审计最为重要，因而构成关键审计事项。我们在审计报告中描述这些事项，除非法律法规不允许公开披露这些事项，或在极其罕见的情形下，如果合理预期在审计报告中沟通某事项造成的负面后果超过产生的公众利益方面的益处，我们确定不应在审计报告中沟通该事项。

××会计师事务所 中国注册会计师：×××（项目合伙人）
（盖章） （签名并盖章）
中国注册会计师：×××
中国××市 （签名并盖章）
二〇×九年××月××日

第九节 对按照特殊目的编制基础编制的财务报表审计并出具审计报告

《中国注册会计师审计准则第 1601 号——审计特殊目的的财务报表的特殊考虑》是针对按照特殊目的编制基础编制的整套财务报表审计制定的。《中国注册会计师审计准则第 1603 号——审计单一财务报表和财务报表特定要素的特殊考虑》规范注册会计师对单一财务报表，财务报表的特定要素、账户或项目审计相关的特殊考虑。

特殊目的编制基础，是指用以满足财务报表特定使用者财务信息需求的财务报告编制基础。特殊目的编制基础包括公允列报框架和遵循性框架。特殊目的财务报表审计包括但不限于对财务报表组成部分的审计、对合同遵守情况的审计和对简要财务报表的审计。

需要指出的是，特殊目的审计业务除了适用上述审计准则外，同时要遵守《中国注册会计师审计准则第1501号——对财务报表形成审计意见和出具审计报告》的规定。

一、审计中的特殊考虑

注册会计师运用审计准则执行特殊目的财务报表审计时，应恰当处理与下列方面相关的特殊考虑：一是业务承接；二是业务计划和执行；三是对财务报表形成审计意见并出具报告。

（一）承接业务时的考虑

在特殊目的财务报表审计中，为确定管理层编制财务报表时采用的财务报告编制基础的可接受性，注册会计师应当了解下列方面：

（1）财务报表的编制目的；

（2）财务报表预期使用者；

（3）管理层为确定财务报告编制基础在具体情况下的可接受性所采取的措施。

特殊目的的审计业务一般有特定的用途，是为了满足特定使用者的特定需要。例如，按计税基础编制的财务报表，是为了满足向税务机关申报纳税的需要，其特定使用者为被审计单位管理层和税务机关。注册会计师在计划审计工作时，应通过与委托人沟通，详细了解所审计信息的用途和可能的使用者。

（二）计划和执行审计工作时的考虑

在计划和执行特殊目的财务报表审计工作，注册会计师应当确定在运用与审计相关的所有审计准则时是否需要根据业务的具体情况作出特殊考虑，包括了解被审计单位会计政策选择及应用的情况。

在财务报表是按照合同条款编制的情况下，注册会计师应当了解被审计单位管理层在编制的财务报表中，对合同作出的所有重要解释。如果采用其他的解释将导致财务报表中列报的信息产生重大差异，则管理层对合同作出的解释就是重要的。

（三）形成审计意见和出具审计报告时的考虑

注册会计师应当按照《中国注册会计师审计准则第1501号——对财务报表形成审计意见和出具审计报告》的规定，评价财务报表是否恰当提及或说明适用的财务报告编制基础。在财务报表按照合同条款编制的情况下，注册会计师应当评价财务报表是否恰当说明对财务报表编制所依据的合同作出的所有重要解释。

对于特殊目的财务报表审计，审计报告的内容还应当包括：

（1）说明财务报表的编制目的，并在必要时说明财务报表预期使用者，或者提及含有这些信息的特殊目的财务报表附注。

（2）如果管理层在编制特殊目的财务报表时可以选择财务报告编制基础，在说明管理层对财务报表的责任时，提及管理层负责确定适用的财务报告编制基础在具体情况下的可接受性。

（3）强调事项段，目的是提醒审计报告使用者关注财务报表按照特殊目的编制基础编制，因此，财务报表可能不适用于其他目的。注册会计师应当将强调事项段置于适当的标题下。

二、对财务报表组成部分出具的审计报告

（一）财务报表组成部分的含义

注册会计师可能应委托人的要求，对财务报表的一个或多个组成部分发表审计意见。所谓财务报表组成部分是相对于整套财务报表而言的，其表现形式包括以下四种：

（1）单个财务报表，如资产负债表、利润表、现金流量表、所有者权益（或股东权益）变动表、资产减值表等。

（2）财务报表特定项目，如资产负债表中的应收账款、存货、长期股权投资、无形资产，

利润表中的主营业务收入等。

(3) 特定账户，如库存商品、库存现金、银行存款等。

(4) 特定账户的特定内容，如对某一特定客户的应收账款、主营业务收入中的某种产品的销售收入等。

对于这种类型的业务，注册会计师可以作为一项独立的业务予以承接，也可以连同财务报表审计一起承接。

(二) 确定审计范围应考虑的因素

在确定财务报表组成部分的审计范围时，注册会计师应当考虑与所审计的财务报表组成部分相互关联，且可能对其有重大影响的其他业务报表项目。

由于财务报表项目是相互关联的，如销售与应收款项（包括应收账款和应收票据）、存货与应付账款（包括应付账款和应付票据）。因此，在对财务报表的组成部分出具报告时，注册会计师不仅要考虑所审计的财务报表组成部分，也要考虑与其相关的其他财务信息。例如，对营业收入进行审计，注册会计师就应当考虑现销时的现金收入和赊销时的应收账款和应收票据等；对物资采购业务进行审计，注册会计师就应当同时考虑现购时的现金支出和赊购时的应付账款和应付票据等。

(三) 对重要性概念的应用

对财务报表组成部分出具审计报告也应当考虑重要性概念。注册会计师应当从对财务报表组成部分出具审计报告的角度考虑重要性概念。

由于仅对财务报表组成部分出具审计报告，因此，与对整套财务报表进行审计相比，在确定其重要性水平时运用的判断基础不同，所确定的重要性水平相对较低。这意味着，与对整套财务报表出具报告时对该组成部分的审计相比，注册会计师通常要实施更广泛的审计程序，收集更多的审计证据。并且，注册会计师主要应从财务报表组成部分使用者依据组成部分财务信息进行经济决策的角度来考虑如何确定重要性水平。

(四) 出具审计报告的特殊考虑

1.审计报告不应后附整套财务报表

审计报告后附的信息通常被认为与审计报告相关。在对财务报表组成部分出具审计报告时，注册会计师可能并没有对整套财务报表实施审计。如果将整套财务报表附于审计报告后，就极有可能使信息使用者误认为整套财务报表已经注册会计师审计。为避免信息使用者误认为对财务报表组成部分出具的审计报告与整套财务报表相关，注册会计师应当提请委托人不应将整套财务报表附于审计报告后。

2.对审计意见部分的特殊考虑

审计意见部分应当说明财务报表组成部分是否按照规定的编制基础编制，指明财务报表组成部分的编制基础，或提及规定编制基础的协议。

3.已对财务报表整体出具审计报告的特殊考虑

如果已对整套财务报表出具否定意见或无法表示意见的审计报告，注册会计师不应在同一审计报告中对组成部分发表无保留意见；除非满足相关条件，注册会计师才可以单独对组成部分出具无保留意见审计报告。

三、对合同的遵守情况出具的审计报告

委托人可能委托注册会计师对合同的遵守情况出具审计报告。常见的合同遵守情况包括：(1) 贷款合同的遵守情况；(2) 专利建设转让协议遵守情况。在这类合同或协议中，双方往往会约定，客户不仅要提供经注册会计师审计的财务报表，还应聘请注册会计师对其遵守合同中约定的有关财务与会计事项的情况进行审计，并根据审计意见评价客户遵守合同的情况。

(一) 一般要求

并非所有的关于合同遵守情况的业务注册会计师都可以接受，只有当合同遵守情况的总体

方面与会计和财务事项相关，而且在注册会计师的专业胜任能力范围之内时，注册会计师才可以承接该项审计业务。如果该项业务的某些方面超出了注册会计师的专业胜任能力，注册会计师就应当考虑利用专家的工作。

（二）出具审计报告的特殊考虑

在对合同的遵守情况出具的审计报告中，注册会计师应当在审计意见部分指明已经对合同所涉及的会计与财务事项的遵守情况进行了审计，说明被审计单位是否遵守了合同的特定条款。为了防止审计报告被不适当地使用，注册会计师还应当在报告中增加对审计报告使用规定的强调事项段，指明审计报告仅供被审计单位与签订合同的另一方使用，不可做其他用途。

四、对简要财务报表出具的审计报告

（一）一般要求

为了满足某些财务报表使用者对被审计单位财务状况和经营成果主要情况的了解，被审计单位有时会依据年度已审计财务报表编制一份简要财务报表。并非在所有情况下注册会计师都可以对这样的简要财务报表出具审计报告，只有在注册会计师已经对简要财务报表所依据的财务报表发表了审计意见的前提下，才可对简要财务报表出具审计报告。

（二）简要财务报表的审计程序

为了对简要财务报表发表审计意见，注册会计师应当实施下列程序：

（1）评价简要财务报表是否恰当披露了其简化性质，并指出其所依据的财务报表。

（2）在简要财务报表不是附于其所依据的财务报表之后时，注册会计师要评价简要财务报表是否清楚地说明了可以从哪些途径获取其所依据的财务报表。

（3）比较简要财务报表和其所依据的财务报表中的相关信息，确定简要财务报表是否与其所依据的财务报表中的相关信息一致，或者能够从所依据的财务报表中的相关信息重新计算得到。

（4）评价简要财务报表中是否包含了必要的信息，这些必要的信息使简要财务报表在特定环境下不会产生误导作用。

上述审计程序可以使注册会计师获取必要的证据，对简要财务报表是否与其所依据的已审计财务报表一致发表意见。

（三）出具审计报告的考虑

1.标题

简要财务报表应冠以适当的标题，指明其所依据的已审计财务报表，如“根据以20×8年12月31日为会计期间截止日的已审计财务报表编制的简要财务报表”。

2.措辞

由于简要财务报表并不包含年度已审计财务报表中的所有信息，可以说大大少于已审计的年度财务报表的内容，所以注册会计师在对简要财务报表发表审计意见时，不应使用“在所有重大方面”“公允反映”等术语，以免使报告读者误认为简要财务报表包含了企业会计准则和相关会计制度所要求的所有披露。

（四）审计报告的要素

鉴于该种业务的特殊性，对简要财务报表出具的审计报告应当包括下列要素：

（1）标题。要明确指明其所依据的已审计财务报表。

（2）收件人。其为按照业务约定书要求的致送审计报告的对象，即审计委托人，通常与所依据的已审计财务报表的审计报告的收件人一致。

（3）指出简要财务报表所依据的已审计财务报表。

（4）审计意见。审计意见部分应说明，简要财务报表中的信息是否与其所依据的已审计财务报表一致。如果对已审计财务报表发表的是非无保留意见，注册会计师即使对简要财务报表的编制感到满意，也应在报告中指出，注册会计师对简要财务报表所依据的已审计财务报表出具了非无保留意见的审计报告。提及对已审计财务报表出具的审计意见的日期和意见类型。如对简要财务报表所依据的财务报表发表了非无保留意见，还应说明发表该意见的理由及影响。

（5）强调事项段。强调事项段应指出，为了更好地理解被审计单位的财务状况、经营成果和注册会计师实施审计工作的范围，简要财务报表应当与已审计财务报表及其审计报告一并阅读，或提醒财务报表使用者注意财务信息附注中对上述事项的说明。

（6）注册会计师签字和盖章。

（7）会计师事务所的名称、地址和盖章。

（8）报告日期。报告日期不应早于注册会计师获取充分、适当的审计证据（包括管理层完成了简要财务报表编制的证据、管理层对简要财务报表承担责任的证据），并在此基础上形成审计意见的日期。简要财务报表审计报告的日期不应早于其所依据的已审计财务报表的审计日期。

□ 复习思考题

1.在什么情况下注册会计师应发表无保留意见审计报告？

2.哪些报告属于非无保留意见审计报告？

3.如何在审计报告中表述关键审计事项？

4.在什么情况下注册会计师应发表保留意见审计报告？

5.在什么情况下注册会计师应发表否定意见审计报告？

6.在什么情况下注册会计师应发表无法表示意见审计报告？

7.在什么情况下注册会计师应出具带强调事项段的审计报告？

8.在什么情况下注册会计师应出具带其他事项段的审计报告？

9.注册会计师对其他信息承担哪些责任？

10.对特殊目的框架财务报表审计业务出具审计报告有哪些方面的特殊考虑？

本章要旨及测试题

第三篇　交易循环审计

第十三章

销售与收款循环审计

第一节　销售与收款循环概述

公司销售产品或提供劳务以获取收入是公司赖以生存和发展的根本。公司销售与收款循环主要指公司接受销售订单，向顾客销售商品或提供劳务并取得货款或者劳务收入的过程。这一过程对公司而言，其重要性是不言而喻的：由于该循环涉及收入和资产项目，所以既影响利润表项目，又影响资产负债表项目。因此，销售与收款循环审计也是财务报表审计中十分重要的内容。

研究表明，财务报告的欺诈大部分涉及的是不恰当地确认收入。在这些欺诈当中，包括为了满足财务分析师的预期而作的盈余管理、在经营和利润目标的压力下高估收入、缺乏管理权威、管理层凌驾于内部控制之上以及公司薄弱的内部控制等。基于上述情况，销售与收款循环审计显得更加重要。

一、销售与收款循环中涉及的主要财务报表账户

销售与收款循环中涉及的主要财务报表账户见表13-1。

表13-1　销售与收款循环中涉及的主要财务报表账户

资产负债表账户	利润表账户
合同资产	主营业务收入
应收账款	税金及附加
坏账准备	销售费用
应收票据	其他业务收入
应交税费	其他业务成本
合同负债	

二、主要业务活动及其涉及的凭证和账户

（一）销售与收款循环中的主要业务活动

1.销售业务中的主要活动

（1）接受订单。订货单是客户购买商品或接受劳务的一种书面文件。公司接受客户的订货要求是销售与收款循环的起点。

（2）赊销信用批准。为了扩大销售，公司往往会对商品或劳务进行赊销。赊销信用批准是公司信用管理部门根据公司管理层的赊销政策在客户的信用额度内进行的。

（3）供货与发运。公司管理层往往要求公司仓库只有在收到经过批准的销售单时才能供货。发运部门应当确定从仓库提取的商品附有经批准的销售单才能装运货物。

（4）开具账单。开具账单是指开具并向客户寄送事先连续编号的销售发票。

（5）记录销售。按照发票编制收款凭证或者转账凭证并据以登记明细账和总账。

2.收款业务中的主要活动

（1）收到现金，包括现销交易中收到的现金和赊销交易中应收账款的收回。

（2）将现金送存银行。

（3）记录收款。

3.销售调整业务中的主要活动

（1）办理和记录销货退回、折扣与折让。发生此类事项，必须经过审核批准。

（2）提取坏账准备。按照会计准则的规定和公司的会计政策计提坏账准备。

（3）注销坏账。对于无法收回的应收账款，经过适当审批后进行会计调整。

（二）销售与收款循环中主要业务凭证和账户

1.原始凭证类

（1）顾客订单。客户提出订货的书面要求，公司可以采用多种方式发送订货单来接受顾客订货。

（2）销售单。销售单是指列示客户所订商品的名称、规格、数量以及其他有关信息的凭证。该凭证是公司内部处理客户订单的凭据。

（3）发运凭证。发运凭证是指公司在发运货物时编制的、用以反映发出商品的规格、数量和其他有关内容的凭证。

（4）销售发票。销售发票是在会计账簿中登记销售交易的基本凭证。

（5）汇款通知书。汇款通知书是一种与销售发票一起寄给客户，由客户在付款时再寄回销售单位的书面凭据。该凭据注明了顾客的名称、销售发票号码、销售单位开户银行账号以及金额等内容。

（6）贷项通知单。贷项通知单是一种用来表示由于销售退回或折让而引起的应收账款减少的凭据。

（7）坏账审批表。公司内部使用的用来批准核销个别应收账款的书面凭据。

（8）应收账款账龄分析表。公司按月编制的反映月末尚未收回的应收账款数额和账龄。

（9）月末对账单。公司按月定期寄送给客户的用于购销双方定期核对账目的凭据。

（10）商品价目表。商品价目表是列示已经公司相关部门批准的可供销售的各种商品的价格清单。

2.记账凭证类

公司记账凭证类凭证和账户包括收款凭证和转账凭证。

3.序时账和明细账类

公司的序时账和明细账类凭证和账户包括：（1）库存现金日记账；（2）银行存款日记账；（3）应收账款明细账；（4）主营业务收入明细账；（5）销售折扣与折让明细账。

4.总账类

总账类凭证和账户包括：（1）库存现金和银行存款；（2）应收账款；（3）应收票据；（4）坏账准备；（5）合同负债；（6）应交税费；（7）主营业务收入；（8）税金及附加；（9）销售费用；（10）其他业务收入；（11）其他业务成本。

第二节 销售与收款循环内部控制及其测试

一、内部控制要点

（一）处理订单

顾客订货单只有在符合管理层的授权标准时，才能被接受。管理层一般都列出了已批准销售的顾客名单。在决定是否接受某顾客的订货单时，销售单管理部门应追查该顾客是否被列入已经批准销售的顾客名单。如果该顾客未被列入顾客名单，则通常需要由销售单管理部门的主管来决定批准销售与否。销售单是证明管理层对有关销售交易的“发生”的凭据。

（二）信用批准

赊销批准是由信用管理部门负责进行的。信用管理部门在收到销售管理部门的销售单后，将销售单与购货方已被授权的赊销额度以及欠款余额加以比较，以决定是否继续给予赊销。在执行人工赊销信用检查时，应当合理划分工作责任，以切实避免销售人员为增加销售而使企业承受不适当的信用风险。

企业应对每个新顾客进行信用调查，包括获取信用评审机构对顾客信用等级的评定报告。无论是否批准赊销，信用管理部门都要在销售单上签署意见，然后将签署意见后的销售单送回销售管理部门。

设计信用批准控制的目的是降低坏账风险，因此，这些控制与应收账款净额的“计价和分摊”认定有关。

（三）供货与发运

企业管理层通常要求仓库只有在收到经过批准的销售单时才能供货，以防止仓库在未经授权的情况下擅自发货。

装运部门的职员在装运之前，必须独立检查从仓库提取的商品是否都附有经批准的销售单以及商品内容是否与销售单一致。仓库在装运商品的同时还要编制一式多联、连续编号的提货单，按序归档的发运凭证通常由装运部门保管。发运凭证提供了商品确实已被装运的证据，因此，它是证实销售交易“发生”认定的另一种形式的凭据。而定期对每一张发运凭证后是否附有相应的销售发票进行检查，则有助于保证销售交易“完整性”认定的正确性。

（四）开具账单

开具账单包括编制和向顾客寄送事先连续编号的销售发票。这一环节所针对的主要问题以及相关认定见表13-2。

表13-2 **开具账单环节所针对的主要问题以及相关认定**

开具账单环节所针对的主要问题	相关认定
（1）是否对所有装运的货物都开了账单	（1）完整性
（2）是否只对实际装运的货物才开账单，有无重复开单或虚构交易	（2）发生
（3）是否按已授权的价格计价	（3）准确性

为了降低开单过程中出现遗漏、重复、错误计价或其他种类错报的风险，应设计以下控制程序：

（1）开单部门人员在编制每张销售发票之前，应独立检查发运凭证是否存在相应的经批准的销售单。

（2）应根据已授权批准的价格编制销售发票。

（3）独立检查销售发票计价和计算的正确性。

（4）将发运凭证上的商品总数与对应的销售发票上的商品总数进行比较。

上述控制程序有助于确保用于记录销货情况的销售发票的正确性。因此，这些控制与销货交易的"发生"、"完整性"以及"准确性"的认定有关。

（五）记录销售

为了确保正确记录销售发票，将销货交易归属于适当的会计期间，企业需设计并执行下列记录销售的控制程序：

（1）依据附有有效装运凭证和销售单的销售发票记录销售。这些发运凭证和销售单应能证明销售交易已真实发生。

（2）控制所有事先连续编号的销售发票。

（3）独立检查已处理销售发票上的金额同会计记录金额的一致性。

（4）记录销售的职责应与前面所说明的处理销售交易的其他功能相分离。

（5）对记录过程中所涉及的有关记录的接触予以限制，以减少未经授权批准的记录发生。

（6）定期独立检查应收账款明细账与其总账的一致性。

（7）定期向顾客寄送对账单，并要求顾客将任何例外情况直接向所指定的未涉及执行或记录销售交易循环的会计主管报告。

以上这些控制与"发生"、"完整性"以及"准确性"认定有关。

销售与收款循环中主要业务活动、对应的凭证及账户、相关部门、相关认定、重要控制点的关系见表13-3。

表13-3　**销售与收款循环中的各种关系**

主要业务活动	相关凭证、账户	相关部门	相关认定	重要控制点
1.接受顾客订单	顾客订货单、销售单	销售单管理部门	销售交易的发生	顾客名单已被授权批准
2.批准赊销信用	销售单	信用管理部门	应收账款净额的计价和分摊	信用管理部门签署意见
3.按销售单供货	销售单	仓库		收到经过批准的销售单才供货
4.按销售单装运货物	销售单、发运凭证	装运部门	销售交易的发生、完整性	供货和运货职能相分离
5.向顾客开具账单	销售单、发运凭证、商品价目表、销售发票	开具账单部门	销售交易的发生、完整性、计价和分摊	销售发票连续编号
6.记录销售	销售发票及附件、转账凭证、收款凭证、销售明细账、应收账款明细账、库存现金和银行存款日记账	会计部门	发生、完整性、计价和分摊	销售发票连续编号、记录销售与处理销售职能分离、定期独立检查并向顾客寄送对账单
7.办理和登记库存现金及银行存款日记账	汇款通知书、收款凭证、库存现金和银行存款日记账	会计部门	发生、完整性、计价和分摊	利用汇款通知书加强货币资金控制
8.办理和记录销货退回以及销售折扣与折让	贷项通知单	会计部门、仓库	发生、完整性、计价和分摊	必须经授权处理，分别控制实物流和会计处理
9.提取坏账准备		会计部门	计价和分摊	
10.注销坏账	坏账审批表	赊销部门、会计部门	计价和分摊	审批后及时作会计调整

二、控制测试

（一）记录对内部控制的了解

注册会计师通过询问、观察和检查凭证，可以取得对被审计单位销售与收款循环的控制政策和程序的了解。如果审计的是老客户，则上期的审计工作底稿是一项重要的信息来源。

注册会计师应将所了解到的情况作出书面记录，记录的方式可根据需要灵活选择，如问卷调查表、流程图或者是文字说明性备忘录。表13-4列举了在销售与收款循环中可能包括的问题。

表13-4 **销售交易内部控制调查表**

20×9年1月14日

主要业务活动	提出问题	是	否	不适用	备注
1.接受客户订单	（1）是否将顾客订货单与批准顾客清单核对 （2）新顾客是否由主管批准 （3）对每张已接受的顾客订货单，是否都编制销售单				
2.批准信用	（1）是否对所有新顾客都执行信用检查 （2）是否在每次销售前都检查顾客的信用额度				
3.按销售单供货与装货	（1）供货前是否要求有已批准的销售单 （2）是否独立检查从仓库收到的商品同已批准销售单的一致性 （3）每次装运货物是否都编制了发运凭证				
4.开账单给顾客	（1）每次开单是否都有相应的发运凭证和已批准的销售单 （2）每张发运凭证是否都有相应的销售发票 （3）独立检查销售发票计价和计算的正确性				
5.记录销售	（1）计算销售发票合计数，该合计数是否与销售账和应收账款记录的金额一致 （2）是否每月都给顾客寄出对账单				

注册会计师签字： 被审计单位复核人员签字：

（二）测试控制制度与评价控制风险

注册会计师在对某项认定的控制风险进行测试、评价时，必须遵循的步骤为：

（1）确认可能发生哪些错报。

（2）确认防止、发现或纠正这些错报需要设计哪些关键控制点。

（3）通过控制测试，获取这些关键控制点有效性的证据。

（4）评价所获取的证据。

（5）评价该项认定的控制风险。

现将上述步骤的前三个环节在表13-5中予以说明。

表13-5 **测试、评价销售与收款循环控制风险的考虑**

主要业务活动	关键控制点	防范的错报	可能的控制测试
1.接受顾客订单	（1）确定顾客在已批准的顾客清单上 （2）每次销售都有已批准的销售单	可能将商品销售给了未经授权的顾客	审查已批准的顾客清单和销售单

续表

主要业务活动	关键控制点	防范的错报	可能的控制测试
2.批准信用	(1) 信用管理部门须对所有新顾客作信用调查 (2) 在销售前，检查顾客的信用额度 (3) 要求被授权的信用管理部门人员在销售单上签署意见	承担了不适当的信用风险	(1) 询问对新顾客作信用调查的程序 (2) 核对信用额度与销售情况 (3) 审查赊销信用是否经适当的授权批准
3.按销售单发货、装运货	(1) 发货、装运货都需有已批准的销售单 (2) 按销售单发货和装运货的职责相分离 (3) 每次装运货都编制发运凭证	(1) 所发出、装运的货物可能和被订购的货物不符 (2) 可能有未经授权的发出、装运的货物	(1) 观察发货、装运货的职责分工情况 (2) 审查发运凭证及独立稽核的证据
4.开账单给顾客	(1) 每张发票都须有与之对应的发运凭证和已批准的销售单 (2) 每张发运凭证都须有与之相配合的销售发票 (3) 由独立人员对销售发票的编制作内部核查	(1) 可能对虚构的交易开单或重复开单 (2) 有些发运凭证可能没有开单 (3) 销售发票可能计价错误	(1) 将发票核对至发运凭证和已批准的销售单 (2) 追查发运凭证至销售发票 (3) 检查和计算发票的计价
5.记录销售	(1) 销售发票与销售账和顾客账户的金额一致 (2) 每月定期给顾客寄送对账单	(1) 发票可能未入销售账和顾客账户 (2) 发票可能过到错误的顾客账户	(1) 复核独立检查证据 (2) 观察月末对账单情况
6.办理和记录库存现金、银行存款收入	(1) 采用汇款通知单 (2) 独立检查入账、过账的金额与每日现金汇总表的一致性 (3) 定期编制银行存款余额调节表	(1) 货币资金失窃 (2) 收款记录错误	(1) 核对发运凭证与相关的销售发票和主营业务收入明细账及应收账款中的分录 (2) 审查银行存款余额调节表

表13-4中可能的错报和关键控制点，是注册会计师依据对销售与收款交易处理业务的了解，以及会计师事务所提供的适合该被审计单位的问题调查表等相关内容而得出来的。注册会计师可以根据对被审计单位内部控制制度的了解，得知其是否已设计并执行了必要的控制。

注册会计师将执行控制测试所获取的证据，用来评价与销售与收款交易有关的每项重要认定的控制风险，并将评价过程的结论和相关依据记录在审计工作底稿中。

如果被审计单位销售与收款循环的内部控制不存在，或尽管存在但未得到执行，或者控制测试的工作不能达到减少实质性程序的工作量的目的，则注册会计师不应再继续实施控制测试，而应直接进行实质性程序。

第三节　销售与收款循环的交易类别测试

一、销售交易的实质性分析程序

在审计实务中，注册会计师在实施审计项目的细节测试前，一般都实施实质性分析程序，以提高审计效率。实质性分析程序是指用作实质性程序的分析程序。在某些审计领域，如果数据之间具有稳定的预期关系，注册会计师可以单独使用实质性分析程序获取充分、适当的审计证据。

实质性分析程序的应用一般包括以下几个步骤：

（1）识别需要运用分析程序的交易或者账户余额；

（2）确定期望值；

（3）确定可接受的差异额；

（4）识别和调查异常数据；

（5）评估分析程序结果。

下面我们用实例来说明实质性分析程序的具体应用。

（一）背景

A公司生产某种工业用清洗剂产品，其产品主要通过公司的销售部及分销商进行销售。A公司非常关注其产品质量，并主要根据其产品质量确定销售价格。由于其生产的产品的特点，A公司的产品价格通常比较稳定。由于市场竞争的原因，2012—2014年，A公司的销售情况一直增长缓慢。

2015年11月，A公司从它的竞争对手B公司那里雇用了一个新的销售总监Z，Z将其原来在B公司的客户带到了A公司，使得A公司2015年12月份的销售量增加了25%。并且A公司在2016年全年一直保持着向这些客户的销售。由于客户的增加，A公司2016年度的销售额比2015年增长了近30%。

在风险评估程序中，通过对A公司2年趋势的分析，注册会计师发现，A公司的材料成本与销售收入同比例增加，但是人工成本与制造费用占销售收入的比例下降。

2015年度和2016年度A公司的部分财务数据见表13-6。

表13-6 **销售收入及毛利对比表**

年度 项目	2015年度		2016年度	
	金额（千元）	占销售收入比例（%）	金额（千元）	占销售收入比例（%）
销售收入	34 240	100.00	44 060	100.00
销售成本：				
材料成本	13 600	39.72	17 340	39.36
人工成本	7 000	20.44	7 560	17.16
制造费用	2 200	6.43	2 340	5.31
销售成本小计	22 800	66.59	27 240	61.83
毛利	11 440	33.41	16 820	38.17

（二）对收入实施实质性分析程序

注册会计师设定的财务报表重要性水平为300 000元。

在2015年A公司销售收入已经审计的基础上，A公司2016年的销售收入能够被合理预期，注册会计师决定使用实质性分析程序对2016年度的销售收入的发生、完整性和准确性认定获取一定的保证水平。

1.建立期望值

与2015年度相比，2016年度A公司的销售发生了下述变化：

（1）由于客户的增加，2016年度1—11月份的销售额与2015年度相同期间相比，增加了

25%。注册会计师已经在对应收账款进行审计的过程中，通过向公司客户函证的方式证实了这一增加。

（2）自2016年4月起，A公司的平均销售价格增加了5%。注册会计师通过检查A公司的标准价格表核实了这一事项。

基于上述情况，注册会计师决定将A公司2016年度的销售收入按月份进行拆分，以建立期望值。拆分结果见表13-7。

表13-7 销售收入拆分表 单位：千元

月份	2015年度	销售额增加25%	销售价格增加5%	2016年度期望值	2016年度实际发生额	差异
1	2 740	685		3 425	3 380	-45
2	2 760	690		3 450	3 460	10
3	2 680	670		3 350	3 400	50
4	2 820	705	176	3 701	3 180	-521*
5	2 780	695	174	3 649	4 000	351*
6	2 760	690	173	3 623	3 660	37
7	2 860	715	179	3 754	3 760	6
8	2 940	735	184	3 859	3 880	21
9	2 900	725	181	3 806	3 820	14
10	2 860	715	179	3 754	3 800	46
11	2 780	695	174	3 649	3 900	251*
12	3 360		168	3 528	3 820	292*
合计	34 240	7 720	1 588	43 548	44 060	

2.确定可接受的差异额

注册会计师计划从实质性分析程序中获取的保证水平较高，将可接受的差异额确定为150 000元。

根据表13-7的计算结果，可以看到有4个月份的差异额超过了注册会计师设定的可接受差异额（在表13-7中以*标识）。它们分别是4月份、5月份、11月份及12月份。

3.分析和调查差异

（1）4月份和5月份的差异。4月份的实际值比期望值低521 000元，而5月份的实际值比期望值高351 000元。就此，注册会计师首先询问了被审计单位管理层。管理层回答由于未曾对4月份和5月份的收入进行调查，不能解释上述差异。注册会计师接着与财务主管人员讨论上述差异。财务主管回忆说4月份有一名销售人员N在结账以后才提交其4月份的销售单据，为方便起见，财务部门将这些4月份的销售记录在5月份的账簿中。

针对这一解释，注册会计师检查了A公司5月份销售账簿中与N有关的销售记录，并抽取了其中一部分追查到原始凭证。通过这些程序，注册会计师确定，记录在5月份中的属于4月份的销售共计420 000元，考虑这一因素的影响，4月份和5月份的差异额将低于注册会计师设定的可接受差异额。

（2）11月份和12月份的差异。11月份和12月份实际销售额分别比期望值高251 000元及292 000元。注册会计师对此予以进一步调查。注册会计师首先询问了被审计单位的管理层。管理层解释，在2016年10月初公司与一个大型分销商签订了代理合同；此外，销售总监Z也在10月份争取了两个新的大客户，因此2016年第4季度的销售额比以往年度有所增加是正常的情形。

针对管理层的解释，注册会计师检查了销售部门的月度总结报告，发现销售部门确实在10月份采取了行动并获得了管理层所说的客户。随后注册会计师对新增客户于2016年度的销售记录进行了检查，并同时检查了这些销售的收款情况，并未发现异常。经检查，新增客户在2016年11月份和12月份分别使A公司的销售额增加了160 000元和200 000元，考虑这一因素的影响，A公司11月份和12月份的差异额将低于注册会计师设定的可接受差异额。

4.评估分析程序结果

通过上述分析和调查A公司超过可接受差异额的月份结果，第一项是由于销售未及时入账引起的差异，并没有构成实质上的重大错报，因此，注册会计师决定不再执行进一步调查工作，其差异额可以接受；第二项差异经过进一步审计，确认主要是由于新增客户使得公司销售额增加，注册会计师决定不再执行进一步调查工作。

二、销售交易的细节测试

销售交易的细节测试主要涉及以下内容：

（一）测试登记入账的销售业务是否真实

这一测试所要达到的一般审计目标是——真实性（与“发生”认定有关）。

在审计测试中，审计师一般关心三类错误的可能性：

（1）未曾发货却已将销售业务登记入账；

（2）销售业务重复入账；

（3）向虚构的顾客发货，并作为销售业务登记入账。

前两类错误可能是有意的，也有可能是无意的，而第三类错误却是有意的。显然，将不真实的销售登记入账的情况虽然极少，但其后果却相当严重，因为这会导致虚增资产和收入。

如何以恰当的实质性程序来发现不真实的销售，取决于注册会计师的专业判断。注册会计师通常认为只有当内部控制存在薄弱环节时，才可能出现与“发生”认定有关的重大错报，才有必要进行实质性程序，因此，与“发生”认定有关的实质性程序的限制取决于潜在的控制弱点的性质。

1.对于未曾发货却已将销售业务登记入账错误的审计

注册会计师可以从主营业务收入明细账中抽取几笔业务，追查有无发运凭证及其他佐证凭证。如果注册会计师对发运凭证等的真实性表示怀疑，就有必要再进一步追查存货的永续盘存记录，测试存货余额有无减少。

2.对于销售业务重复入账错误的审计

注册会计师可以通过复核企业为防止重复编号而设置的有序号的销售交易记录清单加以确定。

3.向虚构的顾客发货并作为销售业务登记入账错误的审计

这类错误一般只有在登记销货的人员兼有批准发货职能时才会发生。当内部控制存在上述缺陷时，注册会计师很难察觉这种虚构的发货。注册会计师可以从主营业务收入明细账中抽取若干笔业务，审查其相应的销售单，确认销售单是否经过赊销批准手续和发货审批手续，这是测试被审计单位是否向虚构的顾客发货的方法之一。

查找上述三类多报销货错误的另一个有效的方法，是追查应收账款明细账中贷方发生额的记录。如果是收回货款或者收到退货，则原来记录入账的销售业务通常是真实的；如果贷方发生额是注销坏账，或者直到审计时所欠货款仍未收回，则有虚构销售的可能性，就必须详细追查相应的发运凭证和顾客订货单等，因为这些迹象都表明可能存在虚构的销售业务。

当然，常规审计的主要目的并不是纠错防弊，除非这些舞弊对财务报表有重大影响。只有在注册会计师认为由于缺乏足够的内部控制而可能出现舞弊时，才有必要进行上述实质性程序。

（二）测试已发生的销售业务是否均已登记入账

这一测试所要达到的一般审计目标是——完整性（与“完整性”认定有关）。

销售业务的审计通常偏重检查资产和收入的虚增的问题，因此，一般无须对完整性目标进行交易实质性程序。但是，如果被审计单位内部控制不健全，例如，没有由发运凭证追查至主营业务收入明细账的独立内部检查程序，就有必要进行交易的实质性程序。

对销售交易完整性目标的审计通常是从发货部门的档案中选取部分发运凭证，并追查至有关的销售发票副本和主营业务收入明细账，以测试货已发出票未开的情况。但注册会计师必须检查凭证的编号是否连续以确认全部发运凭证均已归档，这一点通过检查凭证的编号顺序来查明。

从上述内容可以看出，真实性目标的审计和完整性目标的审计，其审计程序的顺序是截然相反的。这一点与审计程序适当与否至关重要。真实性目标的审计程序是从明细账追查至原始凭证，即起点是明细账，从主营业务收入明细账中抽取样本，追查至销售发票副本、发运凭证以及顾客订货单。

完整性目标的审计程序是从原始凭证追查至明细账，即起点是发运凭证，从发运凭证中选取样本，追查至销售发票副本和主营业务收入明细账。

但在测试其他审计目标时，审查方向一般无关紧要。例如，测试交易业务的估价时，可以由销售发票追查至发运凭证，也可以反向追查。

（三）测试登记已入账的销售业务估价是否准确

这一测试所要达到的一般审计目标是——估价（与“计价和分摊”认定有关）。

销售业务的准确估价包括：（1）按发货数量准确地开单；（2）及时将账单上的数额准确地记入会计账簿。对于这两个方面，在每次审计中，一般都要进行实质性程序，以确保其准确无误。

典型的实质性程序包括重新计算会计记录中数据。通常的做法是：以主营业务收入明细账中的会计分录为起点，选取若干笔业务，将其合计数与应收账款明细账和销售发票副本进行比较核对。销售发票存根上所列的单价，通常还要与经过批准的商品价目表核对，其金额小计和合计数也要重新计算。发票中所列商品的规格、数量和顾客名称（或代号）等，则应与发运凭证进行比较核对。另外，还要审核顾客订货单和销售单中的同类数据。

（四）测试登记入账的销售业务的分类是否正确

这一测试所要达到的一般审计目标是——分类（与“分类”认定有关）。

首先要区分销售是现销还是赊销，注意两者的会计处理是不同的。另外要注意区分不同种类的销售业务，如主营业务与其他业务相区别。销售分类正确的测试一般可与估价测试一并进行。注册会计师可以通过审核原始凭证来确定具体交易业务的类别是否正确，并以此与账簿的实际记录相比较。

（五）测试销售业务的记录是否及时

发货后应尽快开具销售发票并登记入账，以防止无意漏记销售业务，确保把它们计入正确的会计期间。在执行估价实质性程序的同时，一般要将选取的发运凭证的日期与相应的销售发票存根、主营业务收入明细账和应收账款明细账上的日期进行比较。如有重大差异，就可能存在销售跨期入账的错误。

（六）测试销售业务是否已正确地记入明细账并准确地汇总

应收账款明细账和主营业务收入明细账必须予以准确地加总并过入总账。在多数审计中，通常采用加总主营业务收入明细账数，并将加总数和一些具体内容分别追查至主营业务收入总账和应收账款明细账或库存现金、银行存款日记账等的测试方法。这一测试程序的样本量要受内部控制质量的影响。从主营业务收入明细账追查至应收账款明细账，一般与为实现其他审计目标所作的测试一并进行；而将主营业务收入明细账加总，并追查、核对加总数至其总账，则应作为单独的一项测试程序来执行。

下面将过账、汇总目标的测试与其他目标的测试加以比较。二者的区别是：过账、汇总目标的测试包括加总主营业务收入明细账、应收账款明细账和过入总账三项，并从其中之一追查核对至其他二者，仅此而已。其他目标如估价目标等，其测试除包括上述程序外，还要包括凭证之间的相互核对和凭证与相关明细账的核对，如由销售发票存根追查核对至主营业务收入明细账或应收账款明细账。

三、收款的交易类别测试

收款的交易类别测试同销售的交易类别测试一样，控制测试的性质取决于内部控制的性质。实质性程序测试的范围在一定程度上取决于关键控制是否存在以及控制测试的结果。由于销售与收款业务同属于一个循环，在经济活动中密切相关，因此，收款业务的一部分测试可与销售业务的测试一并进行，但收款业务的特殊性又决定了其另一部分测试仍须单独进行。

第四节 主营业务收入审计

一、主营业务收入的审计目标

主营业务收入的审计目标一般包括：

（1）确定本期已入账的主营业务收入是否确实发生；

（2）确定已实现的主营业务收入是否全部入账；

（3）确定主营业务收入的截止是否适当；

（4）确定主营业务收入的金额是否正确；

（5）确定主营业务收入在财务报表上的披露是否恰当。

二、主营业务收入的实质性程序

（一）获取或编制主营业务收入项目明细表

获取或编制主营业务收入项目明细表，复核加计是否正确，并与报表数、总账数和明细账合计数核对是否相符。

（二）审查主营业务收入的确认原则和计量是否正确

注册会计师应当审查被审计单位是否遵守了企业会计准则有关收入确认时间与计量的规定。对于“已经执行新收入准则”的公司，应审查收入的确认原则和计量是否正确：

收入是在日常活动中形成的、会导致所有者权益增加且与所有者投入资本无关的经济利益的总流入。在履行了合同中的履约义务，即在客户取得相关商品或服务的控制权时，确认收入。合同中包含两项或多项履约义务的，在合同开始日，按照各单项履约义务所承诺商品或服务的单独售价的相对比例，将交易价格分摊至各单项履约义务，按照分摊至各单项履约义务的交易价格计量收入。交易价格是因向客户转让商品或服务而预期有权收取的对价金额，不包括代第三方收取的款项，确认的交易价格不超过在相关不确定性消除时累计已确认收入极可能不会发生重大转回的金额。预期将退还给客户的款项作为退货负债，不计入交易价格。合同中存在重大融资成分的，按照假定客户在取得商品或服务控制权时即以现金支付的应付金额确定交易价格。该交易价格与合同对价之间的差额，在合同期间内采用实际利率法摊销。合同开始日，预计客户取得商品或服务控制权与客户支付价款间隔不超过一年的，不考虑合同中存在的重大融资成分。满足下列条件之一时，属于在某一时段内履行的履约义务，否则，属于在某一时点履行的履约义务：客户在公司履约的同时即取得并消耗公司履约所带来的经济利益；客户能够控制公司履约过程中在建的商品；公司履约过程中所产出的商品具有不可替代用途，且公司在整个合同期间内有权就累计至今已完成的履约部分收取款项。对于在某一时段内履行的履约义务，在该段时间内按照履约进度确认收入。履约进度不能合理确定时，已经发生的成本预计能够得到补偿的，按照已经发生的成本金额确认收入，直到履约进度能够合理确定为止。对于在某一时点履行的履约义务，在客户取得相关商品或服务控制权时点确认收入。在判断客户是否已取得商品或服务控制权时，会考虑下列迹象：就该商品或服务享有现时收款权利；已将该商品的实物转移给客户；已将该商品的法定所有权或所有权上的主要风险和报酬转移给客户；客户已接受该商品或服务等。已向客户转让商品或服务而有权收取对价的权利（且该权利取决于时间流逝之外的其他因素）作为合同资产列示，合同资产以预期信用损失为基础计提减值。拥有的、无条件（仅取决于时间流逝）向客户收取对价的权利作为应收款项列示。已收或应收客户对价而应向客户转让商品或服务的义务作为合同负债列示。

企业主营业务收入的确认时间，取决于合同履约义务的完成与否，即在客户取得相关商品或服务的控制权时，确认收入。因此，对主营业务收入确认时间的审计，应根据新收入准则的要求进行。

（1）物业销售：一般情况下，考虑到合约条款、业务惯例以及中国的法律及监管环境，物业销售合约不符合在一段时间内确认收入的要求，因此物业销售收入将继续在某个时点予以确认。根据新收入准则中的控制权转移原则，物业销售收入通常于客户取得物业控制权时进行确认，即客户有能力直接使用物业并获得该物业的绝大部分剩余利益时确认收入。

（2）货物销售：当货物按照客户指定的地点及时运到，客户接收并能控制货物时确认货物销售收入。货物销售收入不包括增值税或其他销售税费，且已扣除任何贸易折扣。

（3）销售主题公园门票：销售主题公园门票收入于服务已提供且门票款项已收到时确认。销售主题公园门票收入不包括与销售有关的税项，且已扣除任何贸易折扣。

（4）建造合同：新收入准则不再区分销售商品、提供劳务和建造合同等具体交易形式，而是按照统一的收入确认模型来确认收入。建造合同一般按照工程履约进度确认收入。建造合同的会计核算也发生了变化，企业须设置“合同资产”“合同负债”“合同履约成本”等科目进行会计核算。

对上述主营业务收入确认的审查，主要采用抽查法、核对法和验算法。通常实施的步骤见表13-8。

表13-8　**主营业务收入确认的审核内容及目的**

审核内容	审核目的
①抽查部分主营业务收入的原始凭证（发票、运单等）与主营业务收入明细账核对 ②将各种收入明细账与相关的记账凭证和原始凭证核对 ③抽取部分发票与产成品明细账、分期收款发出商品明细账以及主营业务收入明细账核对 ④将已确认并已记录入账的收入与日记账、应收账款明细账及产成品明细账核对 ⑤检查销售发票是否完整无缺、连续编号	①核实已实现的收入，并检查是否已经如数入账 ②证实所记录的收入是否均已实现并确属本期 ③检查发出数量与销售数量是否一致 ④确定销售数量、金额和时间是否相符 ⑤核实有无涂改或“大头小尾”现象

（三）实施实质性分析程序

（1）将本期与上期的主营业务收入进行比较，寻找差异并分析其产生的原因，从而作出产品销售的结构和价格的变动是否正常的判断。

（2）比较本期各月各种主营业务收入的情况，分析判断其变动趋势是否正常，是否符合被审计单位季节性、周期性的经营规律，并查明异常现象和重大波动的原因。

(3) 计算本期重要产品的毛利率，分析比较本期与上期同类产品毛利率的变化情况，注意收入与成本是否配比，并查明重大波动和异常情况的原因。

(4) 计算重要客户的销售额及其产品的毛利率，分析比较本期与上期有无异常变化。

(5) 将本年与以前年度的销售退回及折扣折让占销售收入的比例比较，判断有无高估或低估销售退回及折扣折让的可能。

主营业务收入的实质性分析程序可以参见本章第三节中的实质性分析程序举例。

(四) 实施函证

对被审计单位收入的函证，一般结合应收账款的函证一并进行。询证函应当采用积极式函证的方式。函证的对象为大客户的金额或者性质特殊的收入。收入业务询证函的格式如下：

收入业务询证函

编号：

××（公司）：

本公司聘请的____会计师事务所（特殊普通合伙）正在对本公司____年度的财务报表进行审计，按照中国注册会计师审计准则的要求，应当询证本公司与贵公司收入业务等相关的信息。下列第1~6项信息出自本公司的记录：

(1) 如与贵公司记录相符，请在本函“结论”部分签字、签章；

(2) 如有不符，请在本函“结论”部分列明不符项目及具体内容，并签字和签章。

本公司谨授权贵公司将回函直接寄至　会计师事务所（特殊普通合伙）______项目组，地址及联系方式如下：

回函地址：　　　　邮编：

联系人：　　　　传真：

电话：　　　　电子邮箱：

根据贵公司与我公司于____年度签署的《销售合同》[提示：或____年度，贵公司代理我公司甲产品（包括：××型号或规格）]的情况如下：

1.结算金额情况。

截至　年12月31日尚未结算金额	年度应结算金额	年度实际结算金额	___年12月31日预收货款金额
⋮			

其中：以票据结算情况如下：

票　号	出票单位	金　额	到期日
⋮			

2.____年度贵公司向我公司采购明细情况。

产品名称	规　格	单　价	数　量	金　额
⋮				

截至____年末，上述产品贵公司已对外销售（数量）____。

3.上述2中所列示的产品均已运至贵公司并由贵公司验收完毕？（是/否）

否	请注明原因：

4.上述产品的运费均由贵公司承担？（是/否）

否	请注明运费承担方式：

5.____年度贵公司向我公司退货情况。

产品名称	规格	数量	金额	退货原因
⋮				

6.截至____年__月__日，贵公司预付给我公司货款余额为____元。

××公司

（被审计单位盖章）

年　　月　　日

以下由被询证公司填列

结论：

经本公司核对，所函证项目与本公司记载信息相符。特此函复。

年　月　日　　经办人：　　职务：　　电话：

复核人：　　职务：　　电话：

（贵公司盖章）

经本公司核对，存在以下不符之处。

年　月　日　　经办人：　　职务：　　电话：

复核人：　　职务：　　电话：

（贵公司盖章）

（五）相关凭证的审查

（1）根据增值税专用发票或普通发票申报表，推算全年收入并与收入的实际入账金额核对，检查是否存在虚开发票或已销售但未开发票的情况。

（2）从销售发票中选取样本，将其单价与经批准的产品价目表比较，并分析价格的合理性，判断有无低价或高价结算以转移收入的现象。

（3）审查销货发票的开票日期、记账日期、发货日期是否相符；品名、数量、单价、金额是否与发运凭证、销售合同等一致，编制测试表。

（六）实施销售的截止测试

截止测试是实质性程序中常用的一种审计技术，被广泛运用于货币资金、往来款项、存货、主营业务收入和期间费用等诸多财务报表项目的审计中，尤以在主营业务收入项目中的运用最为典型。对主营业务收入项目实施截止测试，其目的主要在于确定被审计单位主营业务收入的会计记录归属期是否正确，应计入本期或下期的主营业务收入有无被推迟至下期或提前至本期。

根据收入确认的基本原则，注册会计师在审计中应该注意把握三个与主营业务收入确认有着密切关系的日期：

① 发票开具日期（开票日期）或者收款日期；

② 记账日期；

③ 发货日期（服务行业则是指提供劳务的日期）。

这里的发票开具日期，是指开具增值税专用发票或普通发票的日期；记账日期，是指被审计单位确认主营业务收入实现，并将该笔经济业务记入主营业务收入账户的日期；发货日期，是指仓库开具出库单并发出库存商品的日期。检查三者是否归属于同一适当会计期间是主营业务收入截止测试的关键所在。

围绕上述三个重要日期，在审计实务中，注册会计师可以考虑选择三条审计路线实施主营业务收入的截止测试，具体内容可见表13-9。

表13-9 **主营业务收入截止测试的三条审计路线对比**

起点	路线	目的	优点	缺点
账簿记录	从报表日前后若干天的账簿记录查至记账凭证，检查发票存根与发货凭证	证实已入账收入是否在同一期间开具发票发货，有无多记收入，防止高估主营业务收入	比较直观，容易追查至相关凭证记录	缺乏全面性和连贯性，只能查多记，无法查漏记
销售发票	从报表日前后若干天的发票存根查至发货凭证与账簿记录	确认已开具发票的货物是否已发货并于同一会计期间确认收入，防止低估收入	较全面、连贯，容易发现漏记收入	较费时费力，尤其是难以查找相应的发货及账簿记录，不易发现多记收入
发运凭证	从报表日前后若干天的发运凭证查至发票开具情况与账簿记录	确认收入是否已计入适当的会计期间，防止低估收入	较全面、连贯，容易发现漏记收入	较费时费力，尤其是难以查找相应的发货及账簿记录，不易发现多记收入

在现实生活中，由于被审计单位所处的环境不同，导致管理层的意图也不尽相同，所以他们对待主营业务收入计算的态度就会有所差异，例如有的为了逃避税收而低估主营业务收入；有的为了掩盖企业财务困境或骗取银行信贷等，可能会高估主营业务收入。因此，为了提高审计效率，注册会计师应当根据经验和所掌握的信息，作出正确的专业判断，结合实际情况选择一条或两条审计路线实施有效的主营业务收入截止测试。

（七）销售折扣、销货退回与折让业务测试

企业在销售过程中，经常会因为产品质量、品种不符合要求以及结算方面的原因发生销售折扣、销货退回与折让业务。尽管引起销售折扣、销货退回与折让的原因不尽相同，其表现形式也不尽一致，但最终结果都是对收入的抵减，直接影响主营业务收入的确认和计量。因此，注册会计师在对销售折扣、销货退回与折让业务测试时，应注意以下内容：

（1）检查销售折扣、销货退回与折让的原因和条件是否真实、合规，有无借销售折扣、销货退回与折让之名，转移收入或贪污货款的情况；

（2）检查销售折扣、销货退回与折让的审批手续是否完备和规范，有无擅自折让和折扣而转利于关联方企业的情况；

（3）检查销售折扣、销货退回与折让的数额计算是否正确，会计处理是否恰当；

（4）检查销售退回的产品是否已验收入库并登记入账，有无形成账外“小仓库”的情况；

（5）销售折扣与折让是否及时足额提交对方，有无私设“小金库”的情况。

对于销售折扣、销货退回与折让业务的测试，主要是根据销售合同的相关规定，审阅有关收入明细账和存货明细账，抽查相关会计凭证，验算并核对账证是否相符，如有不符，应进一步分析原因，核实取证。

（八）确认主营业务收入在利润表上的披露是否恰当

按照企业会计准则的规定，企业应在年度财务报表附注中说明：

（1）收入确认所采用的会计政策，主要包括：

① 在各项重大的交易中，企业确认收入采用的确认原则；

② 是否有采用分期收款确认收入的情况；

③ 确定劳务的完成程度所采用的方法。

（2）当期确认每一重大的收入项目的金额，包括商品销售收入、劳务收入、利息收入、使用费收入。

第五节　应收账款审计

应收账款是企业在销售业务中产生的债权，即企业因销售商品、产品或提供劳务等原因，应向购货单位或接受劳务单位收取的款项或代垫的运杂费等。应收账款的审计应结合销售业务进行。

一、应收账款的审计目标

应收账款的审计目标一般包括：

（1）确定应收账款是否存在；

（2）确定应收账款是否归被审计单位所有；

（3）确定应收账款增减变动的记录是否完整；

（4）确定应收账款的期末余额是否正确；

（5）确定应收账款在财务报表上的披露是否恰当。

二、应收账款的实质性程序

（一）取得或编制应收账款明细表

应收账款明细表如果是注册会计师从被审计单位取得的，则应对该表进行独立审查。将表中列示的应收账款合计数与有关的总账余额和明细账合计数进行核对，看其是否相符，如果出现不符情况，注册会计师应予调查并作适当的调整。

（二）分析应收账款账龄

应收账款的账龄，是指资产负债表中的应收账款从销售实现、产生应收账款之日起，至资产负债表日止所经历的时间。注册会计师可以通过编制或索取应收账款账龄分析表来分析应收账款的账龄，其主要目的是了解应收账款的可收回性。

编制应收账款账龄分析表时，可以选择重要的顾客及其余额列示，不重要的或余额较小的，可以汇总列示。应收账款账龄分析表的合计数减去已计提的相应坏账准备后的净额，应该等于资产负债表中的应收账款数额。应收账款账龄分析表见表13-10。

表13-10 应收账款账龄分析表

20×8 年 12 月 31 日 单位：万元

序号	顾客名称	期末余额	账龄			
			1年以内	1~2年	2~3年	3年以上
合计						

（三）函证应收账款

应收账款函证，是指注册会计师为了获取影响财务报表或相关披露认定的信息，通过直接来自第三方对有关信息和现存状况的声明，获取和评价审计证据的过程。

函证的目的是证实应收账款账户余额的真实性、正确性，防止或发现被审计单位及其有关人员在销售业务中发生的差错或弄虚作假、营私舞弊行为。通过函证，可以有力地证明债务人的存在和被审计单位记录的可靠性。注册会计师应当对应收账款实施函证，除非有充分证据表明应收账款对财务报表不重要，或函证很可能无效。如果不对应收账款函证，注册会计师应当在工作底稿中说明理由。

注册会计师应当考虑被审计单位的经营环境、内部控制的有效性、账户或交易的性质、被询证者处理询证函的习惯做法及回函的可能性等，以确定函证的内容、范围、时间和方式。

询证函由注册会计师利用被审计单位提供的应收账款明细账户名称及地址编制，询证函的寄发一定要由注册会计师亲自进行。

1.函证的方式

注册会计师函证的方式有积极和消极两种。按照审计准则的规定，注册会计师对应收账款一般应当采用积极的函证方式。

（1）积极的函证方式。注册会计师要求被询证者在所有情况下必须回函，确认询证函所列示信息是否正确，或填列询证函要求的信息。积极的函证方式的参考格式如下：

询证函

编号：211

深圳ABC（公司）：

本公司聘请的________会计师事务所正在对本公司财务报表进行审计，按照中国注册会计师审计准则的要求，应当询证本公司与贵公司的往来账项。下列数据出自本公司账簿记录，如与贵公司记录相符，请在本函下端“信息证明无误”处签章证明；如有不符，请在“信息不符”处列明不符金额。回函请直接寄至________会计师事务所。

通信地址： 邮编： 电话： 传真：

1.本公司与贵公司的往来账项列示如下：

截止日期	贵公司欠	欠贵公司	备注
20×8年12月31日	260 000元		

2.其他事项

本函仅为复核账目之用，并非催款结算。若款项在上述日期之后已经付清，仍请及时函复为盼。

（本公司签章） 20×9年1月4日

结论： 1.信息证明无误。 （贵公司签章）　年　月　日 经办人： 2.信息不符，请列明不符金额及具体内容。 （贵公司签章）　年　月　日 经办人：

（2）消极的函证方式。注册会计师只要求被询证者仅在不同意询证函列示信息的情况下才予以回函。

由于采用消极式函证方式获取的审计证据说服力较弱，除非满足下述所有条件，否则不准将消极式函证作为唯一的实质性程序：

① 注册会计师将重大错报风险评估为低水平，并已就与认定相关的控制的运行有效性获取充分、适当的审计证据；

② 需要实施消极式函证程序的总体由大量的小额、同质的账户余额、交易或事项构成；

③ 预期不符事项的发生率很低；

④ 没有迹象表明接收询证函的人员或机构不认真对待函证。

2.函证范围和对象的确定

（1）函证范围的确定。

注册会计师一般应在全部应收账款中选取适当样本进行函证。影响注册会计师确定应收账款函证样本量的因素主要有以下几个方面：

① 应收账款的重要性。如果应收账款在资产总额中所占比重较大，则应选择较多样本。

② 应收账款明细账户的数量。明细账户越多，应选取的样本也就越多。

③ 内部控制系统的强弱。内部控制较弱的，应选取较多的样本。

④ 以前年度函证的结果。以前年度函证时出现较大差异或未曾回函的账户，应选为本年重点函证的样本。

⑤ 检查风险对函证样本量的影响。如检查风险较小，则应选取较多的样本进行函证。

⑥ 所采用函证的类型。采用消极式函证所需的样本量通常比采用积极式函证时要多。

（2）函证对象的确定。

① 金额较大的项目；

② 账龄较长的项目；

③ 交易频繁但期末余额较小的项目；

④ 重大关联方交易；

⑤ 重大或异常的交易；

⑥ 可能存在争议以及产生重大舞弊或错误的交易。

3.对函证的控制

当实施函证时，注册会计师应当对选择的被询证者设计询证函，以及对发出和收回询证函进行控制。

为了充分发挥函证的作用，注册会计师应在充分考虑对方回函时间的前提下，选择好函证发送的时间。最佳时间应是与资产负债表日接近的时间，以确保在审计工作结束前取得函证的全部资料。

注册会计师应当采取下列措施对函证实施过程进行控制：

（1）将被询证者的名称、地址与被审计单位有关记录核对。

（2）将询证函中列示的账户余额或其他信息与被审计单位有关资料核对。

（3）在询证函中指明直接向接受审计业务委托的会计师事务所回函。

（4）询证函经被审计单位盖章后，由注册会计师直接发出。

（5）将发出询证函的情况形成审计工作记录。

（6）将收到的回函形成审计工作记录，并汇总统计函证结果。

函证结果汇总表见表13-11。

表13-11 **函证结果汇总表**

函证编号	债务人名称	债务人地址	函证方式	函证日期		账面余额	函证结果	差异金额及说明	审定金额
				第一次	第二次				

如果被询证者以传真、电子邮件等方式回函，注册会计师应当直接接收，并要求被询证者寄回询证函原件。

如果采用积极的函证方式实施函证而未能收到回函，注册会计师应当考虑与被询证者联系，查明是由于被函证者地址迁移、差错而致信函无法投递，还是这笔应收账款本来就是一笔假账。一般来说应发送第二次询证函，如果仍得不到答复，注册会计师则应考虑采用必要的替代审计程序。替代审计程序应当能够提供实施函证所能够提供的同样效果的审计证据。例如检查与销售有关的文件，包括销售合同、销售订单、销售发票副本及发运凭证等，以获取具有同等证明效力的审计证据。

如果实施函证和替代审计程序都不能提供财务报表有关认定的充分、适当的审计证据，注册会计师应当实施追加的审计程序。

在评价实施函证和替代审计程序获取的审计证据是否充分、适当时，注册会计师应当考虑：

（1）函证和替代审计程序的可靠性。

（2）不符事项的原因、频率、性质和金额。

（3）实施其他审计程序获取的审计证据。

在评价函证的可靠性时，注册会计师应当考虑：

（1）对询证函的设计、发出及收回的控制情况。

（2）被询证者的胜任能力、独立性、授权回函情况、对函证项目的了解及其客观性。

（3）被审计单位施加的限制或回函中的限制。

如果有迹象表明收回的询证函不可靠，注册会计师应当实施适当的审计程序予以证实或消除疑虑，并应当考虑不符事项是否构成错报及其对财务报表可能产生的影响，并将结果形成审计工作记录。

如果不符事项构成错报，注册会计师应当重新考虑所实施审计程序的性质、时间和范围。

4.对函证结果的分析

注册会计师从被询证者处收回询证函后，应对函证结果进行分析与评价。一般情况下函证结果有三种：

（1）注册会计师认为函证结果是可靠的，并且得到了对方的确认。

（2）有迹象表明收回的询证函不可靠，此时注册会计师要采取适当的审计程序予以证实或消除疑虑。

（3）询证函中的有关内容并没有得到对方的确认。

上述情况中的后两种应引起注册会计师的高度重视，对所怀疑的不符事项进行进一步的分析，看其是否构成错报及其对财务报表可能产生的影响，并将结果记录于审计工作底稿。如果不符事项构成错误，注册会计师应重新考虑实质性程序的性质、时间安排和范围。

应当指出的是，由于双方记录业务的时间不同也可能产生不符事项，主要表现为：

① 询证函发出时，债务人已经付款，而被审计单位尚未收到货款；

② 询证函发出时，被审计单位的货物已经发出并已作销售记录，但货物仍在途中，债务人尚未收到货物；

③ 债务人由于某种原因将货物退回，而被审计单位尚未收到；

④ 债务人对收到的货物的数量、质量及价格等有争议而全部或部分拒付等。

5. 对函证结果的评价

注册会计师应将函证的过程和情况记录在工作底稿中，并据以总结和评价应收账款情况。注册会计师对函证结果可进行如下评价：

(1) 注册会计师应重新考虑过去对内部控制的评价是否适当；控制测试的结果是否适当；分析程序的结果是否适当；相关的风险评价是否适当等。

(2) 如果函证结果表明没有审计差异，则注册会计师可以合理地推论，全部应收账款总体是正确的。

(3) 如果函证结果表明存在审计差异，则注册会计师应当估算应收账款总额中可能出现的累计差错是多少，估算未被选中进行函证的应收账款的累计差错是多少。为取得对应收账款累计差错更加准确的估计，也可以扩大函证范围。

需要指出的是，应收账款尽管得到了债务人的确认，但这并不意味着债务人就一定会付款。另外，函证也不可能发现所有存在的问题。尽管如此，应收账款的函证仍不失为一种必要、有效的审计方法。

6. 管理层不允许寄发询证函

如果管理层不允许寄发询证函，注册会计师应当：

(1) 询问管理层不允许寄发询证函的原因，并就其原因的正当性及合理性收集审计证据；

(2) 评价管理层不允许寄发询证函对评估的相关重大错报风险（包括舞弊风险），以及其他审计程序的性质、时间安排和范围的影响；

(3) 实施替代程序，以获取相关、可靠的审计证据。

如果认为管理层不允许寄发询证函的原因不合理，或实施替代程序无法获取相关、可靠的审计证据，注册会计师应当按照《中国注册会计师审计准则第1151号——与治理层的沟通》的规定，与治理层进行沟通。注册会计师还应当按照《中国注册会计师审计准则第1502号——在审计报告中发表非无保留意见》的规定，确定其对审计工作和审计意见的影响。

7. 与函证相关的认定

函证应收账款是证明"存在"认定的主要证据来源。由于被审计单位的顾客回函承认债务，实质上也证实被审计单位对顾客拥有债权，所以，这项测试也提供"权利和义务"认定的证据。由于函证应收账款并不要求付款，因此，它无法作为到期余额可收回性的证据。但是，回函所揭示的以前已还款项目或争议项目，直接影响到期金额的恰当估价。从这一点上看，函证应收账款又与应收账款总额的"计价和分摊"认定有关。

在顾客回函与应收账款账面余额相符时，便为余额的"完整性"认定提供了证据。但是由于未入账的应收账款无法函证和顾客相对于低估而言，更喜欢在财务报表中高估应收账款余额，因此这种有关"完整性"认定的证据具有一定的局限性。

（四）审查未函证的应收账款

由于注册会计师不可能对所有应收账款进行函证，因此，对未函证的应收账款，注册会计师应抽查有关原始凭证，如销售合同、销售订单、销售发票副本及发运凭证等，以验证这些应收账款的真实性。

（五）审查坏账的确认和处理

(1) 检查确认的坏账是否有确凿的证据表明确实无法收回或收回的可能性不大，如债务单位已撤销、破产、资不抵债、现金流严重不足、发生严重的自然灾害等导致停产而在短时间内无法偿付债务等，以及应收款项逾期3年以上。

（2）检查被审计单位坏账的处理是否经授权批准，有关会计处理是否正确。

（六）分析应收账款明细账余额

应收账款明细账余额一般在借方，注册会计师如果发现应收账款出现贷方余额，应查明原因，必要时建议作重分类调整。

（七）审查外币应收账款的折算

对于用非记账本位币（通常为外币）结算的应收账款，注册会计师应审查被审计单位外币应收账款的增减变动是否按业务发生时的市场汇率或期初市场汇率折算为记账本位币金额，所选折算汇率是否前后期一致；期末外币应收账款余额是否按期末市场汇率折算为记账本位币金额；折算差额的会计处理是否正确。

（八）抽查有无不属于结算业务的债权

对于不属于结算业务的债权，不应在应收账款中进行核算。因此，注册会计师应抽查应收账款明细账，并追查有关原始凭证，查证被审计单位有无不属于结算业务的债权。如有，应作记录或建议被审计单位作适当调整。

（九）确定应收账款在资产负债表上是否已恰当披露

如果被审计单位为上市公司，则其财务报表附注通常应分类（按单项计提坏账准备的应收账款；按组合计提坏账准备的应收账款）披露期初、期末余额及其账龄分析；按照无风险组合及账龄矩阵风险组合计提的坏账准备明细；期末欠款金额（前五名）较大的债务人欠款等情况。

第六节　坏账准备审计

一、坏账准备的审计目标

坏账准备的审计目标一般包括：

（1）确定计提坏账准备的方法和比例是否恰当；

（2）确定坏账准备的计提是否充分；

（3）确定坏账准备增减变动的记录是否完整；

（4）确定坏账准备期末余额是否正确；

（5）确定坏账准备的披露是否恰当。

二、坏账准备的实质性程序

（一）复核坏账准备数额

核对坏账准备的总账余额、明细账余额合计数是否相符。如不相符，应查明原因，作审计记录并提出必要的审计调整建议。

（二）审查坏账准备的计提

审计中主要应查明的内容有：

① 坏账准备的计提方法和比例是否符合会计准则的规定；

② 计提的数额是否恰当；

③ 会计处理是否正确；

④ 前后期是否一致。

我国企业会计准则对坏账准备的计提作出如下规定：

（1）企业应当定期或者至少于每年年度终了，对应收款项（应收账款、其他应收款等）进行全面检查，以“预期信用损失”为基础，预计各项应收款项可能发生的坏账，对于没有把握能够收回的应收款项，应当计提坏账准备。

（2）企业应当采用预期信用损失模型对应收账款的减值进行评估，在应用预期信用损失模型需要作出重大判断和估计时，需考虑所有合理且有依据的信息，包括前瞻性信息。一般来说，企业可以将应收款项分类为按单项计提坏账准备的应收账款和按组合计提坏账准备的应收账款，组合可以分为无风险组合和账龄矩阵风险组合等。企业应当列出目录，具体注明计提坏账准备的范围、提取方法、账龄的划分和提取比例，按照管理权限，经股东大会或董事会会议或类似机构批准，并且按照法律、行政法规的规定报有关各方备案，并备置于公司所在地，以供投资者审阅。坏账准备提取方法一经确定，不得随意变更。如需变更，仍然按上述程序，经批准后报送有关各方备案，并在财务报表附注中予以说明。

（3）企业在确定坏账准备的计提比例时，应当按照预期信用损失模型，通过比较金融工具在初始确认时所确定的预计存续期内的违约概率与该工具在资产负债表日所确定的预计存续期内的违约概率，来判定金融工具信用风险是否显著增加。考虑的信息包括：①债务人未能按合同到期日支付本金和利息的情况；②已发生的或预期的金融工具的外部或内部信用评级（如有）的严重恶化；③已发生的或预期的债务人经营成果的严重恶化；④现存的或预期的技术、市场、经济或法律环境变化，并将对债务人对企业的还款能力产生重大不利影响。坏账准备计提比例的确定还应当根据企业以往的经验、债务单位的实际财务状况和现金流量的情况，以及其他相关信息合理地估计。除有确凿证据表明该项应收款项不能收回，或收回的可能性不大（如债务单位撤销、破产、资不抵债、现金流严重不足、发生严重的自然灾害等导致停产而在短时间内无法偿付债务等，以及应收款项逾期3年以上）外，下列各种情况一般不能全额计提坏账准备：

① 当年发生的应收款项；

② 计划对应收款项进行重组；

③ 与关联方发生的应收款项。

（4）企业持有的未到期应收票据，如有确凿证据证明不能够收回或收回的可能性不大时，应将其账面余额转入应收账款，并计提相应的坏账准备。

（5）企业的预付账款如有确凿证据表明其不符合预付账款性质，或者因供货单位破产、撤销等原因已无望再收到所购货物的，应将原计入预付账款的金额转入其他应收款，并计提相应的坏账准备。

（三）审查坏账损失

对于被审计单位在被审计期间发生的坏账损失，注册会计师应查明原因，有无授权批准，是否符合规定，有无已作坏账处理后又重新收回的应收款项，相应的会计处理是否正确。

企业会计准则规定，企业对于不能收回的应收款项应当查明原因，追究责任。对有确凿证据表明确实无法收回的应收款项，如债务单位撤销、破产、资不抵债、现金流严重不足等，根据企业的管理权限，经股东大会或董事会会议或类似机构批准作为坏账损失，冲销提取的坏账准备。

（四）实施分析程序

分析程序的内容与可能存在的信息见表13-12。

表13-12　**分析程序的内容与可能存在的信息**

比较的内容	可能存在信息
将本年超过一定限额的顾客欠款余额合计与以前年度比较	应收账款方面出现差错
将本年发生的坏账损失占销售收入的百分比同以前年度比较	对难以收回的应收账款未提坏账准备
将本年末应收账款天数同上年比较	高估或低估坏账准备
将本年各类账龄账款占应收账款的百分比同以前年度比较	高估或低估坏账准备
将本年计提的坏账准备占应收账款的百分比同以前年度比较	高估或低估坏账准备

（五）检查函证结果

对债务人回函中反映的例外事项及存在争执的余额，注册会计师应查明原因并作记录，必要时，应建议被审计单位作相应的调整。

（六）审查长期挂账的应收款项

注册会计师应审查应收款项（包括应收账款和其他应收款等）明细账及相关原始凭证，查找有无资产负债表日后仍未收回的长期挂账应收款项，如有，应提请被审计单位作适当处理。

（七）确定坏账准备是否已恰当披露

企业会计准则规定，企业应在年度财务报表附注中说明坏账的确认标准，以及坏账准备的计提方法和计提比例，并重点说明如下事项：

（1）本年度全额计提坏账准备，或计提坏账准备的比例较大的（计提比例一般超过40%及以上的，下同），应单独说明计提的比例及其理由；

（2）以前年度已全额计提坏账准备，或计提坏账准备的比例较大的，但在本年度又全额或部分收回的，或通过重组等其他方式收回的，应说明原因，原估计计提比例的理由，以及原估计计提比例的合理性；

（3）对某些金额较大的应收款项不计提坏账准备，或计提坏账准备比例较低（一般为低于5%）的理由；

（4）本年度实际冲销的应收款项及其理由，其中，实际冲销的关联方交易产生的应收款项应单独披露。

第七节　其他相关账户审计

在销售与收款循环中，除了以上介绍的会计账户外，还有应收票据、合同负债、应交税费、税金及附加、销售费用等相关账户。对这些账户审计的主要目标和实质性程序见表13-13。

表13-13 **相关账户审计的主要目标和实质性程序**

账户名称	审计目标	实质性程序
应收票据	1.确定应收票据是否存在 2.确定应收票据是否归被审计单位所有 3.确定应收票据增减变动的记录是否完整 4.确定应收票据是否有效、能否收回 5.确定应收票据期末余额是否正确 6.确定应收票据在财务报表上的披露是否恰当	1.获取或编制应收票据明细表，复核其加计数是否正确，并核对其期末合计数与报表数、总账数和明细账合计数是否相符 2.监盘库存票据 3.函证应收票据，证实其存在性和可收回性 4.检查应收票据的利息收入是否正确入账，注意逾期应收票据是否已按规定停止计提利息 5.对于已贴现应收票据，应审查其贴现额、贴现息的计算是否正确，会计处理方法是否恰当 6.审查已贴现应收票据的贴现额与利息额的计算是否正确，会计处理方法是否恰当，复核、统计已贴现以及已转让但尚未到期的应收票据的金额 7.对以非记账本位币结算的应收票据，应检查其采用的折算汇率和汇兑损益处理的正确性 8.确定应收票据是否已在资产负债表上恰当披露
合同负债	1.确定合同负债的发生及偿还记录是否完整 2.确定合同负债的期末余额是否正确 3.确定合同负债在财务报表上的披露是否恰当	1.获取或编制合同负债明细表，复核其加计数是否正确，并核对其期末合计数与报表数、总账数和明细账合计数是否相符 2.抽查相关销售合同、仓库发运凭证、收款凭证，检查已实现销售的商品是否及时转销合同负债，以确保合同负债期末余额的正确性 3.选择合同负债的重大项目函证 4.检查合同负债长期挂账的原因，必要时提请被审计单位予以调整 5.检查合同负债是否已在资产负债表上作恰当披露

续表

账户名称	审计目标	实质性程序
应交税费	1.确定应计和已缴税费的记录是否完整 2.确定应交税费的期末余额是否正确 3.确定应交税费在财务报表上的披露是否恰当	1.获取或编制应交税费明细表，复核其加计数是否正确，并核对其期末合计数与报表数、总账数和明细账合计数是否相符 2.查阅相关文件，确认其在被审计期间的应纳税内容 3.核对期初未交税费与税务机关认定数是否一致，如有差异应查明原因作出记录，必要时建议作适当的调整 4.检查应交增值税、应交消费税、应交资源税、应交土地增值税的计算是否正确，是否按规定进行会计处理 5.确定应交税费是否已在资产负债表上作恰当披露
税金及附加	1.确定税金及附加的记录是否完整 2.确定税金及附加的计算和会计处理是否正确 3.确定税金及附加在财务报表上的披露是否恰当	1.获取或编制税金及附加明细表，复核加计数是否正确，并核对其与报表数、总账数和明细账合计数是否相符 2.确定被审计单位的纳税范围与税种是否符合国家规定 3.检查税金及附加的计算及对应关系是否正确 4.确定被审计单位减免税的项目是否真实，理由是否充分，手续是否完备 5.确定税金及附加是否已在利润表上作恰当披露
销售费用	1.确定销售费用的内容是否完整 2.确定销售费用的分类、归属和会计处理是否正确 3.确定销售费用在财务报表上的披露是否恰当	1.获取或编制销售费用明细表，复核加计数是否正确，核对其报表数、总账数和明细账合计数是否相符，并检查其明细项目的设置是否符合规定的核算内容与范围，是否划清了销售费用和其他费用的界限 2.检查销售费用各项目开支标准和内容是否符合有关规定，计算是否正确 3.实施分析程序，将本期销售费用与上期进行比较，将本期各月销售费用进行比较，确认有无重大波动和异常情况，如有，应查明原因并作适当处理 4.检查其原始凭证是否合法，会计处理是否正确，必要时可进行截止测试 5.核对相关的钩稽关系，检查销售费用的结转是否正确、合规 6.检查销售费用是否已在利润表上恰当披露

□ 复习思考题

1.在销售与收款循环的交易测试中，不同的审计目标下，其测试程序有何不同？

2.如何实施销售业务的截止测试？

3.什么是收入的实质性分析程序？一般如何实施收入的实质性分析程序？

4.注册会计师对被审计单位的收入“发生”认定审计，一般关注哪三种错误？如何进行细节测试？

5.应收账款函证的方式、函证范围和函证对象有哪些？

6.注册会计师应当采取何种措施对函证实施控制？

本章要旨及
测试题

第十四章

购货与付款循环审计

第一节　购货与付款循环概述

购货与付款循环审计的内容是被审计单位的采购业务，其主要业务流程如图14-1所示。

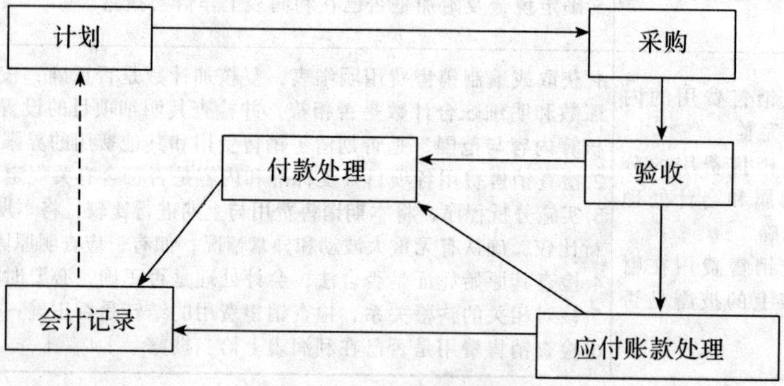

图14-1　购货与付款循环图

一、购货与付款循环中涉及的主要财务报表账户

购货与付款循环中涉及的业务主要影响资产负债表项目，涉及的主要财务报表账户见表14-1。

表14-1　购货与付款循环中所涉及的主要财务报表账户

资产负债表账户	利润表账户
应付账款 固定资产 累计折旧 预付账款 固定资产减值准备 工程物资 在建工程 固定资产清理 应付票据	

二、主要业务活动及其对应的凭证和账户

（一）购货与付款循环中主要业务活动

1.采购业务中的主要活动

企业的采购业务通常包括两部分：一是原材料和商品的采购，二是固定资产的采购。就原

材料和商品的采购而言，其主要业务活动包括：（1）请购商品或劳务；（2）编制订购单；（3）验收商品；（4）储存已验收的商品存货；（5）编制付款凭单；（6）确认与记录负债。

2.付款业务中的主要活动

付款业务中的主要活动包括：（1）实际支付以及确认负债；（2）记录货币资金支出。

（二）购货与付款循环中主要业务凭证和账户

1.原始凭证类

原始凭证类凭证和账户包括：（1）请购单；（2）订购单；（3）验收单；（4）供应商发票；（5）付款凭单。

2.记账凭证类

记账凭证类凭证和账户包括：（1）付款凭证；（2）转账凭证。

3.序时账和明细账类

序时账和明细账类凭证和账户包括：（1）应付账款明细账；（2）相关存货类明细账；（3）库存现金、银行存款日记账。

4.总账类

总账类凭证和账户包括：（1）库存商品总账；（2）原材料总账；（3）其他存货总账；（4）库存现金、银行存款总账；（5）固定资产总账；（6）应付账款总账。

第二节　购货与付款循环内部控制及其测试

一、购货业务内部控制要点及控制测试

（一）购货业务内部控制要点

1.请购商品或劳务

仓库负责对需要购买的已列入存货清单的项目填写请购单，其他部门也可以对所需要购买的未列入存货清单的项目编制请购单。大多数企业对正常经营所需的物资的购买均作一般授权，比如，仓库在现有库存达到再订购点时就可直接提出采购申请，其他部门也可为正常的维修工作和类似工作直接申请采购有关物品。但对资本支出和租赁合同，企业政策则通常要求作特别授权，只允许指定人员提出请购。请购单可由手工或计算机编制，由于企业内不少部门都可以填写请购单，不便于事先编号，为加强控制，每张请购单必须经过对这类支出负预算责任的主管人员签字批准。

2.编制订购单

采购部门在收到请购单后，只能对经过批准的请购单发出订购单。对每张订购单，采购部门应确定最佳的供应来源。对一些大额、重要的采购项目，应采取竞价方式来确定供应商，以保证供货的质量、及时性和成本的低廉。

订购单应正确填写所需要的商品名称、数量、价格、厂商名称和地址等，预先予以编号并经过被授权的采购人员签名。其正联应送交供应商，副联则送至企业内部的验收部门、应付凭单部门和编制请购单的部门。随后，应独立检查订购单的处理，以确定是否确实收到商品并正确入账。这项检查与采购交易的“完整性”认定有关。

3.验收商品

有效的订购单代表企业已授权验收部门接受供应商发运来的商品。验收部门首先应比较收到的商品与订购单上的要求是否相符，如商品的名称、说明、数量、到货时间等是否相符，然后盘点商品并检查商品有无损坏。

验收后，验收部门应对已收货的每张订购单编制一式多联、预先编号的验收单，作为验收和检验商品的依据。验收人员将商品送交仓库或其他请购部门时，应取得经过签字的收据，或

要求其在验收单的副联上签收，以确定他们对所采购的商品应负的保管责任。验收人员还应将其中的一联验收单送交应付凭单部门。

验收单是支持资产或费用以及与采购有关的负债的“存在”认定的重要凭证。随后执行的定期独立检查验收单的编号以确定每笔采购交易都已编制凭单，这与采购交易的“完整性”认定有关。

4.储存已验收的商品存货

将已验收商品的保管与采购的其他职务相分离，可减少未经授权的采购和盗用商品的风险。存放商品的仓储区应相对独立，限制无关人员接近。这些控制与商品的“存在”认定有关。

5.编制付款凭单

在记录采购交易之前，应付凭单部门应编制付款凭单。这项功能的控制包括：

（1）收集订购单、验收单和供应商发票等与采购业务相关的凭证；

（2）复核供应商发票的内容与相关的验收单、订购单是否一致，供应商发票计算是否正确；

（3）编制有预先编号的付款凭单，并附上相应原始凭证，如订购单、验收单和供应商发票等，在付款凭单上填入应借记的资产或费用账户名称；

（4）独立检查付款凭单计算的正确性；

（5）由被授权人员在凭单上签字，以示批准照此凭单要求付款。

需要指出的是，为采购交易编制付款凭单，要求其附加的原始凭证的种类，随交易对象的不同而不同。例如，在为某些种类的劳务或租赁资产编制凭单时，还需要其他种类的原始凭证，如合同副本等。而在其他情况下，例如每月支付的水电费，只要有账单和供应商发票就可以编制付款凭单，而不需要每月的订购单和验收单。

所有未付凭单的副联应保存在未付凭单部门的未付凭单档案中，以待日后付款。经适当批准和有预先编号的凭单为记录采购交易提供了依据，因此，这些控制与“存在”、“完整性”和“计价和分摊”认定有关。

6.确认与记录负债

在手工系统下，应将已批准的未付款凭单送达会计部门，据以编制有关记账凭证和登记有关账簿。会计主管应独立检查会计人员记录的凭单总数与应付凭单部门送来的每日凭单汇总表是否一致。

会计处理在手工完成的情况下，企业会计主管应做好以下三项工作：

（1）监督为采购交易编制的记账凭证中账户分类的适当性。

（2）通过定期核对编制对账凭证的日期和凭单副联的日期，以监督入账的及时性。

（3）定期独立检查应付账款总账余额与应付凭单部门未付款凭单档案中的总和是否一致。

购货与付款循环中主要业务活动、对应的凭证及账户、相关部门、相关认定、重要控制点的关系见表14-2。

表14-2 **购货与付款循环中主要业务活动、对应的凭证及账户、相关部门、相关认定、重要控制点的关系**

主要业务活动	对应的凭证及账户	相关部门	相关认定	重要控制点
1.请购商品或劳务	请购单	仓库、其他部门		签字批准
2.编制订购单	订购单	采购部门	完整性	订购单预先编号并经被授权的采购人员签名
3.验收商品	订购单、验收单	验收部门	存在、完整性	验收单预先编号，一式多联
4.储存已验收的商品存货	验收单	仓库部门	存在	保管与采购职责分离
5.编制付款凭单	付款凭单、验收单、订购单、供应商发票	应付凭单部门	存在、完整性、计价和分摊	预先编号，并经过适当批准

续表

主要业务活动	对应的凭证及账户	相关部门	相关认定	重要控制点
6.确认与记录负债	应付账款明细账、供应商发票、验收单、转账凭证、订购单	会计部门	存在、完整性、计价和分摊	记录库存现金收支人员不得经手库存现金、有价证券和其他资产
7.支付并记录负债	付款凭单	应付凭单部门、会计部门	存在、完整性、计价和分摊	支票预先编号，相关凭证注销
8.记录库存现金、银行存款支出	库存现金和银行存款日记账、付款凭证	会计部门	存在、完整性、计价和分摊	账账核对，账证核对，独立编制银行存款余额调节表

（二）控制测试

1.记录对内部控制的了解

注册会计师主要凭借以往与客户交往的经验，并通过运用询问、观察和检查凭证等审计程序来取得对被审计单位采购交易控制程序的了解。例如，注册会计师可以询问批准订购单所遵循的程序，观察验收程序，检查应付凭单部门的凭单和相关原始凭证等。

同审计其他交易种类一样，使用问卷调查有助于注册会计师了解和记录处理采购交易的有关控制要点，采购交易内部控制问卷调查表的格式见表14-3。

表14-3　**采购交易内部控制问卷调查表**

20×9 年 1 月 14 日

业　务	提出问题	是	否	不适用	备注
1.请购商品或劳务	（1）是否已建立请购的一般和特殊授权程序 （2）是否对所有请购的商品或劳务编制请购单				
2.编制订购单	（1）每一张订购单是否都要求有一张请购单 （2）是否使用预先编号的订购单并加以控制				
3.验收商品	（1）送交验收部门的订购单副联是否已涂改采购数量 （2）验收时是否盘点和检查商品并与有关订购单核对 （3）所编制的验收单是否预先编号 （4）验收部门将商品送交仓库或其他请购部门，是否取得对方签章的收据 （5）凭单是否经过被授权的人员批准				
4.储存已验收的商品存货	（1）商品是否存放在加锁的地方，并限制接近 （2）是否设有保安人员守卫仓库存货				
5.编制付款凭单	（1）编制凭单时，是否将凭单同订购单、验收单和供应商发票相配合 （2）是否独立检查供应商发票和凭单计算的正确性 （3）凭单是否经过被授权的人员批准				
6.确认与记录负债	（1）是否编制每日凭单汇总表，并将其与有关记账凭证上记录的金额比较 （2）是否对有关记账凭证的会计分录进行独立检查，以确定账户分类的恰当性和入账的及时性 （3）是否定期独立检查未付凭单档案内凭单总和与应付账款总账的一致性				

注册会计师签字：　　　　　　被审计单位复核人员签字：

此外，如果被审计单位没有系统流程图可供注册会计师审查并复制作为工作底稿，那么注册会计师也可自行编制系统流程图。

2.测试控制制度与评价控制风险

对采购交易内部控制的测试和评价控制风险的过程，与第十三章销售与收款循环的测试和评估过程相似。表14-4列示了对可能错报的必要控制和可能执行的控制测试的代表项目。

表14-4 测试、评价购货与付款循环控制风险的考虑

主要业务活动	关键控制点	防范的错报	可能的控制测试
1.请购商品或劳务	(1) 由经授权的专门机构或人员填制请购单 (2) 每张请购单都应经过对这类支出负预算责任的主管人员签字批准	可能请购过多的商品	检查授权和批准的情况
2.编制订购单	订购单一式多联，并预先连续编号、经被授权的采购人员签名	可能有未经授权的采购	抽查订购单，检查是否连续编号
3.验收商品	收到货物时，应由独立于采购、仓储、运输职能的验收部门或人员点收，根据订购单验收商品，并编制一式多联的验收报告单	(1) 可能收到未订购的商品 (2) 收到商品的名称、数量、质量可能不符合要求	(1) 检查验收报告单后附的请购单、订购单 (2) 检查验收人员实际验收过程
4.存储已验收的商品存货	(1) 将保管与采购的其他职责相分离 (2) 只有经过授权的人员才能接近保管的资产	商品可能被盗走	(1) 检查入库单 (2) 观察接近资产的情况
5.编制付款凭单	每张凭单应与订购单、验收单和供应商发票相配合	可能对未订购的商品或未收到的商品编制凭单	检查与每张凭单相配合的订购单、验收单和供应商发票
6.确认与记录负债	独立检查每日的凭单汇总表和有关记账凭证上的金额的一致性	凭单可能未入账	审查执行独立检查的证据，重新执行独立检查
7.支付负债	(1) 支票签署人应复核支付性凭单的完整性和批准情况 (2) 支票签发后应立即盖章注销已付款凭单和支持性凭证 (3) 独立检查支票金额与凭单的一致性 (4) 支票签署人应控制邮寄支票	(1) 可能对未授权的采购签发支票 (2) 可能对一张凭证重复付款 (3) 支票金额可能开错 (4) 支票可能在签署后被篡改	(1) 观察支票签署人对支付性凭证进行的独立检查 (2) 检查已付款凭单上的"付讫"印章 (3) 重新执行独立检查 (4) 询问邮寄程序，观察邮寄过程
8.记录现金支出	(1) 使用和控制预先编号的支票 (2) 定期独立编制银行存款余额调节表 (3) 独立检查支票的日期和记账的日期	(1) 支票可能未入账 (2) 记录支票时可能出错 (3) 支票可能未及时入账	(1) 检查使用和控制预先编号支票的证据 (2) 审查银行存款余额调节表 (3) 重新执行独立检查

注册会计师对某项认定控制风险的影响因素考虑的范围，取决于他对这项认定采用的是哪一种审计策略。控制测试的范围与注册会计师在风险评估时对控制运行有效性的拟信赖程度有关：拟信赖程度越高，需要实施控制测试的范围越广。

二、固定资产的内部控制和控制测试

商品存货与固定资产同属于一个交易循环，在内部控制和控制测试问题上固然有许多共性的地方，但固定资产还存在不少特殊性，有必要对其单独说明。

就许多从事制造业的被审计单位而言，固定资产在其资产总额中占很大的比重，大额固定资产的购建会影响其现金流量，而固定资产的折旧、维修等费用则是影响其损益大小的重要因素。固定资产管理一旦失控，所造成的损失将远远超过一般的商品存货等流动资产。所以，为了确保固定资产的真实、完整、安全和有效利用，被审计单位应当建立和健全固定资产的内部控制制度。下面结合企业常用的固定资产内部控制制度，讨论注册会计师实施控制测试程序时应予以关注的地方。

（一）固定资产的内部控制

1.建立固定资产的预算制度

预算制度是固定资产内部控制中最重要的部分。通常，大企业应编制旨在预测控制固定资产增减和合理运用资金的年度预算。小企业即使没有正规的预算，对固定资产的购建也要事先计划。注册会计师应注意检查固定资产的取得和处置是否均依据预算，对实际支出与预算之间的差异以及未列入预算的特殊事项，应检查其是否履行特别的审批手续。如果固定资产增减均能处于良好的经批准的预算控制之下，注册会计师即可适当减少对固定资产增加及减少审计的实质性程序的样本量。

2.完善的授权批准制度

完善的授权批准制度包括：企业的资本性支出预算只有经过董事会等高层管理机构批准方可生效；所有固定资产的取得和处置均需经企业管理层的书面认可。注册会计师不仅要检查被审计单位固定资产授权批准制度本身是否完善，还要关注授权批准制度是否得到切实执行。

3.严格的凭证与记录制度

除固定资产总账外，被审计单位还须设置固定资产明细分类账和固定资产登记卡，按固定资产类别、使用部门和每项固定资产进行明细分类核算。固定资产的增减变化均应有充分的原始凭证。一套设置完善的固定资产明细分类账和登记卡，将为注册会计师分析固定资产的取得和处置、复核折旧费用和修理支出的列支带来帮助。

4.明确的职责分工制度

对固定资产的取得、记录、保管、使用、维修、处置等，均应明确划分责任，由专门部门和专人负责。明确的职责分工制度，有利于防止舞弊，降低注册会计师的审计风险。

5.划清资本性支出和收益性支出的界限

企业应制定区分资本性支出和收益性支出的书面标准。通常须明确资本性支出的范围和最低金额，凡不属于资本性支出的范围、金额低于下限的任何支出，均应列作费用并抵减当期收益。

6.固定资产的维护保养制度

固定资产应有严密的维护保养制度，以防止其因各种自然和人为的因素而遭受损失，并应建立日常维护和定期检修制度，以延长其使用寿命。

7.固定资产的处置制度

固定资产的处置包括投资转出、报废、出售等，均要有一定的申请报批程序。

8.固定资产的定期盘点制度

对固定资产的定期盘点，是验证账面各项资产是否真实存在和了解资产放置地点和使用状况，以及发现是否存在未入账固定资产的必要手段。注册会计师应了解和评价企业固定资产盘点制度，并应注意查询盘盈、盘亏固定资产的处理情况。

（二）固定资产控制测试

1.了解固定资产的内部控制制度

书面说明、流程图和调查问卷均为了解被审计单位内部控制的有效方式，故注册会计师应向被审计单位索取或自己编制这些书面资料，主要包括固定资产计划、预算和管理手册，以及固定资产内部控制调查表（见表14-5）。

表14-5 **固定资产内部控制调查表**

被审计单位名称： 检查人员： 执行日期：

检查内容：固定资产内部控制制度 复核人员： 复核日期：

调查问题	是	否		不适用	备注
		轻	重		
1.固定资产的购入是否有适当授权，并经董事会批准，或由董事会指定人员批准					
2.是否编制固定资产年度预算计划					
3.固定资产购买或评估审批时是否考虑： （1）可能的成本 （2）资产的种类、性能 （3）会计科目					
4.自制固定资产的成本是否按工作单累计					
5.资本性支出与收益性支出的标准是否易于区别					
6.固定资产总分类账户是否均有明细记录					
7.固定资产是否定期盘存，是否与明细记录核对					
8.固定资产计价是否按： （1）成本 （2）评估价值 （3）其他					
9.固定资产出售、毁损、报废、清理等是否经过技术鉴定和审批					
10.固定资产的折旧方法和折旧率是否符合规定，前后期是否一致					
11.固定资产是否全部投保					
12.已提完折旧的资产超期使用时，是否仍包括在资产账户内					
13.小型工具是否妥善保管					

通过查阅这些资料和进行询问、实地观察，从而尽可能详细地了解被审计单位固定资产及折旧的内部控制制度及可能存在的问题，并记录于审计工作底稿。

2.进行控制测试

在充分了解被审计单位的内部控制制度后，还需要进一步确定固定资产及折旧的内部控制制度是否充分、有效，其可靠程度如何，是否得到遵循。这主要通过控制测试抽查部分固定资产业务（包括固定资产的取得、报废、出售、转移、以旧换新等）来实现。注册会计师进行抽查时，可以运用统计和非统计等审计抽样方法抽取样本，并重点审查：

（1）固定资产预算与资产取得、报废情况是否相符，确定是否存在未经适当授权的固定资产业务。注册会计师可以通过查阅固定资产账户的本期增减变动记录，追查相应的固定资产请购单或报废、出售等工作通知单，确定是否经适当授权，是否受固定资产预算控制。

（2）资本性支出与收益性支出的划分标准是否得到遵守。注册会计师可以通过审查固定资产维修和保养账户的记录、工作通知单，检查其金额。如被审计单位规定以某项金额作为区分修理支出和改良支出的依据，超过该金额的修理支出作为固定资产改良支出，予以资本化，则注册会计师也应抽查部分新增固定资产明细账，审查有无将收益性支出资本化。

（3）固定资产的记录是否完善，注册会计师可以通过抽查应付账款、现金收支、营业外收支等账户和相关凭证，审查有无固定资产增加、报废、出售等业务未记入固定资产账户。抽查固定资产明细账或登记卡，审查其记录是否完善，包含的信息是否充分。此外，企业还应当保存租入或租出固定资产的详细记录。

（4）现存固定资产的控制状况。注册会计师应深入实地观察有关固定资产的使用、保养情况，查清有无将固定资产用于未经授权的用途，账实是否相符，获取包括实物检查报告在内的有关证据。检查时应注意租入固定资产的控制情况，有无毁损、报废或被盗等情形而未记录。此外，注册会计师还可对固定资产的验收、安装等进行控制测试。在进行控制测试时，注册会计师可以通过流程图或内部控制调查表来对控制测试的结果进行综合评价。

3.评价内部控制

注册会计师在对固定资产内部控制制度做了充分调查和控制测试之后，即可对其加以评价，并将评价的结果记录在审计工作底稿中。评价的重点在于：

（1）固定资产内部控制执行情况能在多大程度上确保被审计单位会计记录的可靠性和正确性；

（2）内部控制制度的有效执行，能在多大程度上保护固定资产的完整性。

注册会计师应根据被审计单位固定资产内部控制的较强和薄弱环节，确定其实质性程序的性质、时间和范围。必要时，可采用适当方式，针对薄弱环节向被审计单位管理层提出相应的改进建议。

第三节 购货与付款循环的交易类别测试

购货与付款循环内部控制是否健全、有效，以及注册会计师对该循环控制风险的评价结果，影响其交易类别测试的性质、时间和范围。注册会计师应当根据被审计单位的具体情况，灵活运用专业判断予以确定。

一、购货的交易类别测试

购货的交易类别测试主要涉及以下内容：

（一）测试登记入账的购货业务是否真实

这一测试所要达到的一般审计目标是真实性（与“存在”认定有关）。为了实现这一目标，注册会计师可实施的交易类别实质性程序包括：

（1）对采购明细账、总账及应付账款明细账进行复核，注意是否有大额或不正常的金额。

（2）审查请购单、订货单、验收单和供货方发票的合理性和真实性。

（3）追查存货的采购至存货永续盘存记录。

（4）检查取得的固定资产。

如果注册会计师对被审计单位内部控制有效性感到满意，为查找不正确、不真实存在的交易而执行的测试程序就可以大为减少。恰当的控制可以防止那些主要使企业管理层和职员而非企业本身受益的交易，作为企业的营业支出或资产记入账中。在有些情况下，不正确的交易是显而易见的。例如，职员未经授权批准擅自购置个人用品，或通过在付款凭单登记簿上虚记一笔采购而侵吞公款。但在另外一些情况下，交易的正确与否却很难评判。例如，支付企业管理人员在某俱乐部的会费、支付管理人员及其家属的度假费用、手机话费充值卡等。如果发觉企业对这些不正当的、经不住推敲的交易控制不充分，注册会计师在审计中就应该对与这些交易有关的单据进行广泛的检查。

（二）测试已发生的购货业务是否均已登记入账

这一测试所要达到的一般审计目标是完整性（与“完整性”认定有关）。

根据上述审计目标，注册会计师通常采用下列程序测试已发生的采购业务是否均已登记入账：

（1）从验收单追查至采购明细账。

（2）从供应商发票追查至采购明细账。

应付账款是因在正常的商业过程中接受商品或劳务而产生的未予付款的负债。已验收的商品或劳务若未予以入账，将直接影响应付账款余额，从而少记企业的负债。如果注册会计师确信被审计单位所有的购货业务均已准确、及时地登记入账，就可以从了解和测试其内部控制开始进行审计，从而大大减少固定资产和应付账款等财务报表项目的实质性程序工作量，最终使审计成本大幅降低。

（三）测试已登记入账的购货业务估价是否准确

这一测试所要达到的一般审计目标是估价（与“计价和分摊”认定有关）。

根据上述审计目标，注册会计师通常采用将采购明细账记录的业务与其相关原始凭证进行比较，复核供应商发票计算的准确性，来测试已发生的采购业务估价是否准确。

由于许多资产、负债和费用项目的估价有赖于交易在采购明细账上的正确记录，因此，这些报表项目实质性程序的范围，在很大程度上就取决于注册会计师对被审计单位购货交易内部控制执行效果的评价。如果注册会计师认为其购货交易内部控制执行良好，则注册会计师对这些报表项目计价准确性实施的实质性程序数量，显然要比购货交易内部控制制度不健全或形同虚设的企业少得多。

当被审计单位对存货采用永续盘存制核算时，如果注册会计师确信其永续盘存记录是准确、及时的，则存货项目的实质性程序就可以简化。被审计单位对永续盘存手续中的购入环节的内部控制，一般应作为审计中对购入业务进行控制测试的对象之一，在审计中起着关键作用。如果这些控制能有效地运行，并且永续盘存记录中又能反映出存货的数量和单位成本，则可以因此减少存货监盘和存货单位成本测试的工作量。

（四）测试登记入账的购货业务的分类是否正确

这一测试所要达到的一般审计目标是分类（与“分类”认定有关）。

购货业务分类是否正确的测试，通常情况下可以同估价测试一并进行。注册会计师可以通过审核供应商发票等原始凭证和会计科目表来确定具体业务分类是否正确，并以此与账簿的实际记录作比较。

（五）测试购货业务的记录是否及时

注册会计师通常采用将验收单和供应商发票上的日期进行比较，以确定采购业务的记录是否及时。

（六）测试购货业务是否已正确地记入明细账并准确地汇总

注册会计师通过加计采购明细账，追查过入采购总账和应付账款、存货明细账的金额，并与采购明细账进行核对，以确定购货业务是否已正确地记入明细账并准确地汇总。

二、付款的交易类别测试

付款的交易类别测试同购货的交易类别测试一样，控制测试的性质取决于内部控制的性质。实质性程序测试的范围在一定程度上取决于关键控制是否存在以及控制测试的结果。由于购货与付款业务同属于一个循环，在经济活动中密切相关，因此，付款业务的一部分测试可与购货业务的测试一并进行，但付款业务的特殊性又决定了其另一部分测试仍须单独进行。

第四节　应付账款审计

应付账款是企业在正常经营过程中，因赊购商品或劳务等引起的短期债务，如采取赊购方式购买商品、原料、固定资产及其他办公用品等形成的短期债务。可见，应付账款业务是随着企业赊购交易的发生而发生的。因此，注册会计师应结合购货业务进行应付账款的审计。

从审计角度来看，上述负债具有以下几个显著的特点：

第一，审查负债的重点在于揭示和纠正负债的低估或漏列。众所周知，企业管理部门几乎一直受着报告盈余增加的压力，而夸大盈余通常总伴随着高估资产或低估负债。因此，在通常情况下，注册会计师审查资产账户，主要是为了防止资产的高估。因为只有高估资产才能人为地“改善”企业的财务状况。但就负债而言，则只有通过低估其债务，才能达到人为地“美化”企业财务状况的目的，从而人为地改善流动比率等财务指标，以取得信贷上的好处。更进一步讲，由于低估负债经常伴随着低估费用和高估净收益，从而对企业的经营成果也有很大影响。例如，企业管理层将某些经营费用延迟到次年付款时才入账，就可虚增年终的净收益。因此，注册会计师审查负债项目，主要是为了防止企业债务的低估。

第二，企业的债务即为其他企业的债权，债权企业必定具有完整的会计记录。如果债务企业不按期清偿，将会受到债权企业的直接催讨。这在某种意义上来说可以保证负债记录的正确性。所以，对负债项目的内部控制制度和账务处理审计，相对资产而言，就较为简单了。因为，它有外部债权人的牵制。

第三，注册会计师对于资产和负债审计的另一个不同之处在于，负债通常不会引起计价问题。负债的未来清偿价值一般在负债成立之时就立即确定，并不受外界环境因素的影响。而对资产即存在适当计价问题，许多耗费于资产上的审计时间，大都是研讨委托人所采用的计价方法是否适当。而由于负债不存在不同计价基础方法的选择问题，对其审核验证的工作量就可以适当减少。

一、应付账款的审计目标

应付账款的审计目标包括：

（1）确定应付账款是否存在；

（2）确定应付账款的发生和偿还记录是否完整；

（3）确定应付账款确实是被审计单位应负的偿还义务；

（4）确定应付账款的期末余额是否正确；

（5）确定应付账款在财务报表上的披露是否恰当。

二、实质性程序

（一）索取或编制应付账款明细表

注册会计师应向被审计单位索取或自行编制结算日全部应付账款明细账户余额明细表。其中应列明债权人姓名、交易日期、购货数量、价格和应付账款金额。这主要是为了确定被审计单位资产负债表上应付账款的数额与其明细记录是否相符；其次是作为应付账款实质性程序的起点，注册会计师将从凭单或应付账款清单中选择一定数量的样本，并作详细审核。

具有众多应付账款的大公司，通常可提供电脑编制的明细表，账户数量较少的可提供人工编制的应付账款清单。无论何种情况，对于被审计单位提供的应付账款明细表，注册会计师都应验证明细表中加总和个别金额的正确性。

如果个别项目的明细表总额与总账不相符，则须检查差异的原因。大多数情况下，注册会计师将安排由被审计单位的职员寻找这类错误并作出必要的调整。总账与应付账款明细表相符，并不能绝对地证明总债务额的完全正确。因为，接近结算日期所收到的发票可能既不列入总账，又不记入明细账，同时，或许会有使各账户仍然平衡的其他类似的错误。

（二）核对应付账款账簿与相关凭证

确定被审计单位所编制的应付账款明细试算表是否有效的证实方法是选择某些债权人账户的余额，然后核对有关凭单、供应商发票、订货单和验收报告等单据。

很多企业采用付款凭单制度，在这种情况下，抽查并审查样本的原始凭证，最好在结算日进行，因为那时它们全在未付凭单卷宗内。未付凭单的内容逐日变动，凭单付讫，应立即从卷宗中取出而归入按名称排列的供应商卷宗内。

若注册会计师不能在结算日到达现场，应要求被审计单位编制决算日应付凭单明细表，列出每份凭单的充分资料，使数周后仍能调卷查阅。年终应付凭单明细表应揭示供应单位名称、凭单号码、日期和金额。

（三）实施分析程序

根据被审计单位的实际情况，注册会计师可以选择以下指标进行分析：

（1）对本期期末应付账款余额与上期期末余额进行比较分析，分析其波动原因。

（2）分析长期挂账的应付账款，要求被审计单位作出解释，判断被审计单位是否缺乏偿债能力或利用应付账款隐瞒利润。

（3）计算应付账款对存货的比率、应付账款对流动负债的比率，并与以前期间对比分析，评价应付账款整体的合理性。

（4）根据存货、主营业务收入和主营业务成本的增减变动幅度，判断应付账款增减变动的合理性。

（四）函证应付账款

一般情况下，应付账款不需要函证，这是因为函证不能保证查出未记录的应付账款，况且注册会计师能够取得购货发票等外部凭证来证实应付账款的余额。但如果控制风险较高，某应付账款账户金额较大或被审计单位处于经济困难阶段，则应进行应付账款的函证。

进行函证时，注册会计师应注意以下事项：

1.函证对象

注册会计师所选取的函证项目应包括：较大金额的债权人；在资产负债表日金额很小、甚至为零，但是对企业重要的供货商；上一年度有业务往来而本年度没有业务往来的主要供货商；没有按时寄送对账单和存在关联方交易的债权人。

2.函证方式

函证最好采用积极方式，并说明具体应付金额。

3.函证的控制与评价

同应收账款的函证一样，注册会计师必须对函证的过程进行控制，要求债权人直接回函，并根据回函情况编制与分析函证结果汇总表，对未回函的，应考虑是否再次函证。

如果存在未回函的重大项目，注册会计师应采用替代审计程序。例如，可以检查决算日后应付账款明细账及库存现金和银行存款日记账，核实其是否已支付，同时检查该笔债务的相关凭证资料，核实交易事项的真实性。

（五）查找未入账的应付账款

为了防止企业低估负债，确认应付账款的完整性，注册会计师应检查被审计单位有无故意漏记应付账款行为。

（1）结合存货监盘，检查被审计单位在资产负债表日是否存在有材料入库凭证但未收到购货发票的经济业务。

（2）检查资产负债表日后收到的购货发票，关注购货发票的日期，确认其入账时间是否正确。

（3）检查资产负债表日后应付账款明细账贷方发生额的相应凭证，确认其入账时间是否正确。

（4）检查时，注册会计师还可以通过询问被审计单位的会计和采购人员，查阅资本预算、工作通知单和基建合同来进行。

如果注册会计师通过这些审计程序发现某些未入账的应付账款，应将有关情况详细记入审计工作底稿，然后根据其重要性确定是否需建议被审计单位进行相应的调整。

（六）审查债权人对账单

在良好的控制情况下，被审计单位应每月从债权人处取得对账单，并按时对应付账款各明细账户进行调节。如果注册会计师对这项控制的控制测试已获得满意的结果，可以直接依赖和利用。但如果被审计单位职员未调节或没有完全调节，则注册会计师必须进行这方面的审查。在应付账款内部控制不甚健全时，注册会计师应控制寄来的函件，以便可以立即掌握卖方寄交被审计单位的对账单。调节卖方对账单时，常发现的差异为：卖方已入账的交运货品而被审计单位既未收到，也未记账。而正常的会计程序则是等收到商品、发票才记作负债。因此，在途商品应分行列表，并根据其重要性确定是否应予记入账册。

注册会计师执行这一程序的另一个目的是确保应付账款截止期的正确性。应付账款的截止期与年终存货购买截止期密切相关。因此，审计存货验收单的号码，据以确定结账日最后一张供应商发票及其应付账款分录，从而核实它们是否已被正确地包括在应付账款之内或被正确地排除在外。

例如，假定在进行实物盘点时，最后一张验收单号码为999，注册会计师应记下这个号码，然后追查该号码以及它前面的几个号码的卖方发票至应付账款清单和应付账款明细账，确定它们是否包括在内。同样，验收单上所记录的采购应付账款，如果其号码为999号之后就应排除于应付账款之外。

如果被审计单位的存货盘点发生在年终最后一天之前，则仍需按上述方法执行应付账款的截止测试。但除此之外，注册会计师还必须检查是否将所有发生在实物清点日和会计年末之间的购入都已经加入实物存货和应付账款中了。例如，被审计单位在12月26日进行实物盘点，会计年末为12月31日，截止期限资料在12月26日取得。在年末现场工作中，注册会计师必须首先进行测试，确定截止期限是否为12月26日，然后，注册会计师还必须测试，是否所有实物清点日（12月26日）之后，年末（12月31日）之前收到的存货均已由被审计单位加到应付账款和存货账中了。

（七）其他测试程序

（1）检查应付账款是否存在借方余额。如有，应查明原因，必要时建议被审计单位作重分类调整。

（2）结合预付账款的明细账余额，查明是否存在应付账款和预付账款同时挂账的项目；结合其他应付款的明细账余额，查明有无不属于应付账款的其他应付款。如有，应作出记录，必要时，建议被审计单位作重分类调整或会计误差调整。

（3）检查应付账款长期挂账的原因，作出记录，注意其是否可能无须支付。对确实无法支付的应付账款看其是否按规定转入了营业外收入，相关依据和有关手续是否完备。

（4）检查带有现金折扣的应付账款是否按发票上记载的全部应付金额入账，待实际获得现金折扣时再冲减财务费用项目。

（5）被审计单位与债权人进行债务重组的，应结合债务重组事项的专项审计，检查有关的会计处理是否正确。

（6）关注是否存在应付关联方账款。如有，应通过了解关联方交易事项的内容、价格和条件，检查采购合同等方法确认该应付账款的合法性和合理性；通过向关联方或其他注册会计师查询及函证等方法，以确认交易的真实性。

（7）对于用非记账本位币结算的应付账款，检查其采用的折算汇率是否正确。

（八）验明应付账款在资产负债表上的披露是否恰当

一般来说，注册会计师应将被审计单位资产负债表对应付账款的反映同会计准则相比较，以发现不当之处。“应付账款”项目应根据“应付账款”和“预付账款”科目所属明细科目的期末贷方余额的合计数填列。

如果被审计单位为上市公司，则在其财务报表附注中通常还应说明有无欠持有5%（含5%）以上表决权股份的股东单位账款；说明账龄超过3年的大额应付账款未偿还的原因，并在期后事项中反映资产负债表日后是否偿还。

第五节　固定资产和累计折旧审计

固定资产是指同时具有以下特征的有形资产：（1）为生产商品、提供劳务、出租或经营管理而持有的；（2）使用寿命超过一个会计年度。折旧，是指在固定资产的使用寿命内，按照确定的方法对应计折旧额进行系统分摊。由于固定资产在企业资产总额中一般都占有较大的比例，固定资产的安全、完整对企业的生产经营影响极大，注册会计师应对固定资产的审计予以高度重视。

固定资产是企业实物资产的主要组成部分，它具有以下特点：

（1）其在一个会计期间内交易次数较少；

（2）其单位价值较高；

（3）其能够多次参加生产经营过程，使用期限超过1年（或超过1年的一个营业周期），并且在使用过程中基本保持原来的物质形态不变；

（4）其使用寿命是有限的；

（5）其损耗价值是以折旧方式计入制造费用或管理费用中的，随着产品价值的实现而转化为货币资金；

（6）企业持有它的目的是用于生产经营活动，而不是转卖。

就审计而言，固定资产的审查较存货、应收账款等流动资产要简单。审计时主要是审核会计期间内固定资产的增减变动及折旧费用的适当性，在整个审计计划中通常安排的时间较少。

一、固定资产的审计

（一）固定资产审计目标

固定资产审计目标一般包括：

（1）确定固定资产是否存在；

（2）确定固定资产是否归被审计单位所有；

（3）确定固定资产增减变动的记录是否完整；

（4）确定固定资产的计价是否恰当；

（5）确定固定资产期末余额是否正确；

（6）确定固定资产在财务报表上的披露是否恰当。

（二）实质性程序

1.编制固定资产分析表

固定资产分析表又称固定资产及累计折旧汇总表，其内容包括固定资产的增减变动情况，固定资产折旧的计提情况等。注册会计师索取或编制固定资产分析表主要是为了分析固定资产账户余额的变动，并为固定资产的取得、处置和出售等提供进一步的证据。固定资产分析表的一般格式见表14-6。

表14-6 **固定资产分析表** 金额单位：元

被审计单位名称：宏大有限责任公司 编制人：吴亮 执行日期：20×9 年 1 月 15 日

结账日期：20×8 年 12 月 31 日 复核人：郑强 复核日期：20×9 年 1 月 16 日

账户编号	摘要	固定资产				累计折旧					
		期初余额	本期增加	本期减少	期末余额	折旧方法	年折旧率（%）	期初余额	本期增加	本期减少	期末余额
143	房屋	258 000			258 000√	直线	4.75	24 510	12 255		36 765√
144	机器	97 600	34 000*		131 600√	直线	9.5	18 548	10 887		29 435√
145	运设	86 000	12 000*	8 000#	90 000√	直线	19	32 680	17 480	3 800#	46 360√
146	办设	2 000	2 000*		4 000√	直线	19	950	570		1 520√
合计		443 600 T	48 000 T	8 000 T	483 600 T			76 688 T	41 192 T	3 800 T	114 080 T

注：“*”=经核对与采购合同、所有权证书及发票相符。

“#”=经核对与固定资产报废通知单相符。

“√”=已核对全部明细账或登记卡，余额合计无误。

“T”=已复核加总。

（表中新增固定资产假设从20×8年7月份起计提折旧，报废固定资产假设发生在20×8年12月份）

本年新增2 000元的办公设备，没有计提折旧，建议编制调整分录为：

借：管理费用——折旧费 190

贷：累计折旧——办公设备 190

表14-6中固定资产的期初余额，可分三种情况分析核实：（1）在初次审计的情况下，注册会计师应对期初余额进行全面的审计；（2）被审计单位变更委托的会计师事务所时，后任注册会计师可借阅前任注册会计师有关工作底稿，并进行一般性的复核；（3）在连续审计情况下，可与上年审计工作底稿核对相符。

注册会计师只有在认为期初余额正确时，才能通过检查本年度固定资产变动情况，来确定其期末余额是否正确。在这个过程中，注册会计师通常要进行两项核对工作，一是期末余额与总分类账试算表核对，并与固定资产明细卡余额合计数核对；二是明细分类账和总分类账的余额核对，如果不相符，则应查明从何时起不相符，并将明细分类账与有关原始凭证进行核对，查明发生的错误，并予以改正。

2.实施分析程序

根据被审计单位的实际情况，注册会计师可以选择表14-7所列指标进行分析。

表14-7 **分析程序的内容与可能存在的信息**

比较的内容	可能存在的信息（即CPA的合理疑问）
将本期折旧额与固定资产总成本的比率同上年比较	本期折旧计算方面的错误
将本期折旧额与制造费用的比率同上年比较	本期折旧计算方面的错误
将累计折旧占制造费用的比率同上年比较	累计折旧记录中的错误
将累计折旧与固定资产总成本的比率同上年比较	累计折旧核算中的错误
将每月或全年的低值易耗品摊销、维修费同上年比较	将应当资本化的项目计人本期费用
将制造费用与产量的比率同上年比较	闲置或已减少的设备未作账务处理
将本期与以前各期的固定资产增加和减少比较	判断差异产生的原因的合理性
将固定资产原值与本期产品产量的比率同以前年度比较	固定资产闲置或已减少的设备未作账务处理
将固定资产的构成及增减变动与相关信息交叉核对	固定资产相关金额的合理性和准确性

3.验证固定资产所有权

对各类固定资产，注册会计师应查阅相关原始凭证，以确定所审查的固定资产是否确实为被审计单位的合法财产。具体验证时应注意：

（1）对于外购的机器设备等固定资产，通常需要验证经审核的采购发票、购货合同等即可确定；

（2）对于房地产类固定资产，可查阅有关的合同、产权证明、财产税单、抵押贷款的还款凭据、保险单等书面文件；

（3）对于融资租入的固定资产，应验证有关融资租赁合同，证实其并非经营租赁；

（4）对于汽车等运输设备，应验证有关运营执照等证件。

4.审计固定资产的增加

审计固定资产的增加，是固定资产实质性程序中的重要内容。固定资产的增加有购入、自制自建、投资者投入、更新改造增加、债务人抵债增加等多种渠道。被审计单位如果未正确核算固定资产的增加，将对资产负债表和利润表产生长期的影响，因此，审计中应注意以下几点。

（1）对于外购的固定资产审查内容如下：

① 审查购买固定资产的批准文件，以查明其是否经合法的授权批准；

② 核对购货合同、发票、保险单、发运凭证等文件；

③ 审查固定资产验收报告；

④ 审查购进土地、房屋等的契约和结算单，以确定其所有权的归属；

⑤ 确定被审计单位估计的固定资产使用年限和残值是否合理；

⑥ 测试固定资产计价是否正确，会计处理是否正确；

⑦ 对于以一笔款项购入多项没有单独标价的固定资产，还应检查是否按各项固定资产公允价值的比例对总成本进行分配，是否已分别确定各项固定资产的入账价值。

（2）对于在建工程转入的固定资产审查内容如下：

① 审查建设项目的批准文件，以查明其是否经合法的授权批准；

② 审查建设成本的构成内容是否符合规定，计算是否正确；

③ 审查竣工决算、验收和移交报告是否正确，与在建工程相关的记录是否核对相符，资本化利息金额是否恰当；

④ 对已经在用但尚未办理竣工决算的固定资产，检查其是否已经暂估入账，并按规定计提折旧，竣工决算完成后，是否及时调整；

⑤ 确定被审计单位估计的固定资产使用年限和残值是否合理。

（3）对于投资者投入的固定资产，应检查其入账价值与投资合同中关于固定资产作价的规定是否一致；须经评估确认的固定资产是否有评估报告；固定资产交接手续是否齐全。

（4）对于更新改造增加的固定资产，应查明增加的固定资产原值是否真实，是否符合资本化条件，增计金额是否超过了该固定资产的可收回金额；重新确定的剩余折旧年限是否恰当。

（5）对于因债务人抵债而获得的固定资产，应检查产权过户手续是否齐备，固定资产计价及确认的损益是否符合会计准则的规定。

（6）对于以非货币性资产交换取得的固定资产，注册会计师应审阅相关的资产交换协议，关注资产交换各方是否存在关联方关系，判断该项交换是否具有商业实质。如果该项交换具有商业实质，并且换入和换出的资产的公允价值能够可靠地计量，应检查是否按换出资产的公允价值和应支付的相关税费加上支付的补价（或减去收到的补价）作为入账价值；若该项交换不具有商业实质，应检查是否按换出资产的账面价值和应支付的相关税费加上支付的补价（或减去收到的补价）作为入账价值。

（7）对于盘盈的固定资产，如果同类或类似固定资产存在活跃市场，应检查是否按同类或类似固定资产的市场价格，减去按该项固定资产新旧程度估计的价值损耗后的余额，作为入账价值；如果同类或类似固定资产不存在活跃市场，应检查是否以该项固定资产的预计未来现金流量现值作为入账价值。

（8）对于因其他原因增加的固定资产，应检查相关的原始凭证，核对其计价及会计处理是否正确，法律手续是否齐全。

5.审查固定资产的减少

固定资产的减少主要包括出售、报废、毁损、向其他单位投资转出、盘亏等。

有的被审计单位在全面清查固定资产时，常常会出现固定资产账存实无的现象，这可能是由于设备管理或使用部门不了解报废固定资产与会计核算两者间的关系，擅自报废固定资产而未在会计账户上做相应的核算，这样势必造成财务报表表达失真。审查固定资产减少的主要目的就在于查明已减少的固定资产是否已作相应的会计处理。其审计要点如下：

（1）审查减少固定资产授权批准文件。

（2）审查减少固定资产的会计记录是否符合有关规定，验证其数额计算的准确性。

（3）审查出售或报废处置固定资产的净损益，验证其真实性与准确性，并与银行存款、营业外收支等有关账户核对。

（4）审查是否存在未作会计记录的固定资产减少业务，具体内容如下：

① 复核是否有本年新增的固定资产替换了原有固定资产；

② 分析“营业外收入”“营业外支出”等账户，查明有无处置固定资产所带来的收支；

③ 若某种产品因故停产，追查其专门生产设备等的处理情况；

④ 向被审计单位的固定资产管理部门查询本年有无未作会计记录的固定资产减少业务。

6.实地观察固定资产盘点

实施实地观察审计程序时，注册会计师可以以固定资产明细分类账为起点，进行实地追查，以证明会计记录中所列固定资产确实存在，并了解其目前的使用状况，也可以以实地为起点，追查至固定资产明细分类账，以获取实际存在的固定资产是否均已入账的证据。

当然，注册会计师实地观察的重点是本期新增加的重要固定资产，有时观察范围也会扩展到以前期间增加的固定资产。观察范围的确定需要依据被审计单位内部控制的强弱、固定资产的重要性和注册会计师的经验来判断。如为初次审计，则应适当扩大观察范围。

7.审查固定资产的租赁

租赁一般分为经营租赁和融资租赁两种。

在经营租赁中，租入固定资产的企业按合同规定的时间，交付一定的租金，享有固定资产的使用权，而固定资产的所有权仍属于出租单位。因此，租入固定资产的企业，其固定资产价值并未因此而增加，企业对临时租入的固定资产不在固定资产账户内核算，只是另设备查簿进行登记。而租出固定资产的企业仍继续提取折旧，同时，取得租金收入。审查经营租赁时，应查明的内容如下：

（1）固定资产的租赁是否签订了合同、租约，手续是否完备，合同内容是否符合国家规定，是否经相关管理部门审批。

（2）租入的固定资产是否确属企业必需，或出租的固定资产是否确属企业多余、闲置不用，双方是否认真履行合同，其中是否存在不正当交易。

（3）租金收取是否签有合同，有无多收、少收现象。

（4）租入的固定资产有无久占不用、浪费损坏的现象；租出的固定资产有无长期不收租金、无人过问，是否有变相馈赠、转让等情况。

（5）租入的固定资产是否已登入备查簿；对于租赁固定资产的改良工作，租赁合同中双方是否有约定等。

在融资租赁中，租入单位向租赁公司借款购买固定资产，分期归还本息，全部付清本息后，就取得了固定资产的所有权。因此，融资租赁支付的租金，包括了固定资产的价值和利息，并且这种租赁的结果是固定资产所有权归租入单位，故租入企业在租赁期间内，对融资租入的固定资产应按企业的自有固定资产一样管理，并计提折旧，进行维修。在审查融资租赁时，除可以参照经营租赁固定资产审查的要点以外，还要注意融资偿付的利息，检查其利率是否与市场利率相当，同时要确定融资租入固定资产的计价是否正确，是否进行了正确的会计处理。

8.分析保养和维修费用

审查固定资产时，还应进一步分析企业对固定资产的保养和维修费用，注册会计师应取得或编制按前后两年以逐月比较为基础的保养和维修费用分析表。固定资产的日常保养和维修支出通常属于收益性支出，由于它们的金额一般较小，适当地选择若干明细项目予以审查就可以了，当被审计单位的内部控制很有效时更是如此。审查的目的在于发现是否存在应予资本化的支出项目。

注册会计师在全面初步审查保养与维修费用的基础上，选择那些金额较大或异常的项目进行严格审查，并且注意年与年之间或月与月之间的重大变化，查明差异原因。通过审查被审计单位的收益性支出与资本性支出的划分标准是否符合会计准则，然后对照这一标准将应予资本化的项目予以剔除。同时，应注意有些企业在盈利较少的年度或为了成功地融资而需要高盈利数据来帮助的年度，往往会将一些应计入收益性支出的项目资本化以提高盈利额。相反，在一些出于纳税考虑等因素而需要降低盈利额的年度，企业则可能将一些应予资本化的支出项目计入了当期损益。此外，注册会计师还要审查费用明细账或库存现金支出日记账上的大额保养与维修支出是否均有适当的核准，并核对购货发票、领料单、工作指令单或直接人工记录等原始凭证以确定金额是否相符。

9.检查固定资产是否已在资产负债表上恰当披露

财务报表附注中通常应披露以下内容：

（1）固定资产的标准、分类、计价方法和折旧方法；

（2）各类固定资产的使用寿命、预计净残值和折旧率；

（3）固定资产增减变动情况，包括期初和期末各类固定资产账面总额及累计折旧总额，以及各类扩建、处置及其他调节项目的金额；

（4）当期确认的固定资产减值损失；

（5）在建工程的期初、期末数额及增减变动情况；

（6）对固定资产所有权的限制及其金额（这一披露要求是指，企业因贷款或其他原因而以固定资产进行抵押、质押或担保的类别、金额、时间等情况）；

（7）已承诺将为购买固定资产支付的金额；

（8）暂时闲置的固定资产账面价值（这一披露要求是指，企业应披露暂时闲置的固定资产账面价值，导致固定资产暂时闲置的原因，如开工不足、自然灾害或其他情况等）；

（9）已提足折旧仍继续使用的固定资产账面价值；

（10）已报废和准备处置的固定资产账面价值。

如果被审计单位是上市公司，还应在财务报表附注中披露以下内容：

（1）按类别分项列示固定资产期初余额、本期增加额、本期减少额及期末余额；

（2）说明固定资产中存在的在建工程转入、出售、置换、抵押或担保等情况；

（3）披露通过融资租赁租入的固定资产每类租入资产的账面原值、累计折旧、账面净值；

（4）披露通过经营租赁租出的固定资产每类租出资产的账面原值。

二、累计折旧审计

固定资产可以长期参加生产经营而仍保持其原有实物形态，但其价值将随着固定资产的使用而逐渐转移到生产的产品中，构成经营成本或费用。这部分随着固定资产的磨损而逐渐转移的价值即称为固定资产的折旧，它是固定资产价值的扣减额。

由于累计折旧通常是按估计的使用寿命及磨损程度分摊固定资产成本的，因此，带有一定的主观性，而且折旧的计算方法又呈多样化，各种方法可能导致不同的结果，并影响期间的净收益和所得税申报。所以，注册会计师要认真审核被审计单位在会计年度内折旧计提方法选择的适当性。

（一）累计折旧的审计目标

固定资产折旧的以上特性决定了累计折旧审计的主要审计目标在于：

（1）确定折旧方法是否符合相关规定，是否一贯遵循；

（2）核实累计折旧增减变动的记录是否完整；

（3）审查折旧金额的计算是否正确；

（4）确定累计折旧的期末余额是否正确；

（5）确定累计折旧的披露是否恰当。

（二）实质性程序

1.确定被审计单位折旧政策的恰当性

注册会计师应查阅被审计单位的经营手册或其他管理文件，确定其折旧方法的选择是否得当，前后期是否一致，或能否在固定资产使用年限内合理分摊成本。

《企业会计准则第4号——固定资产》中明确规定：

（1）已达到预定可使用状态的固定资产，无论是否交付使用，尚未办理竣工决算的，应当按照估计价值确认为固定资产，并计提折旧；待办理了竣工决算手续后，再按实际成本调整原来的估计价值，但不需要调整原已计提的折旧额。

（2）符合确认条件的固定资产装修费用，应当在两次装修期间与固定资产剩余使用寿命两者中较短的期间内计提折旧。

（3）融资租赁方式租入的固定资产发生的装修费用，符合本准则第四条规定的确认条件的，应当在两次装修期间、剩余租赁期与固定资产剩余使用寿命三者中较短的期间内计提折旧。

（4）处于修理、更新改造过程中，停止使用的固定资产，符合规定的确认条件的，应当转入在建工程，停止计提折旧；不符合规定的确认条件的，不应转入在建工程，照提折旧。

（5）固定资产提足折旧后，不管能否继续使用，均不再计提折旧；提前报废的固定资产，也不再补提折旧。所谓提足折旧，是指已经提足该项固定资产的应计折旧额。

2.获取或编制累计折旧分类汇总表

根据固定资产总分类账户，编制会计年度内各类固定资产累计折旧分类汇总表时，注册会计师应做好以下工作：

（1）核对上年度审计工作底稿，确定期初余额，如果是初次审计，则要追查至开账日进行详细分析；

（2）比较固定资产明细账或分类账的累计折旧合计是否等于总分类账户累计折旧的期末余额。

3.实施分析程序

注册会计师应根据情况，选择以下方法对累计折旧实施分析程序：

（1）对折旧计提的总体合理性进行复核，是测试折旧正确与否的一个有效办法。计算、复核的方法是用应计提折旧的固定资产账面价值乘以本期的折旧率。计算之前，注册会计师当然应对本期增加和减少的固定资产、使用年限长短不一的固定资产和折旧方法不同的固定资产作适当调整。如果总的计算结果和被审计单位的折旧总额相近，且固定资产及累计折旧的内部控制较健全，就可以适当减少累计折旧和折旧费用的其他实质性程序的工作量。

（2）计算本期计提折旧额占固定资产原值的比率，并与上期比较，分析本期折旧计提额的合理性和准确性。

（3）计算累计折旧占固定资产原值的比率，评估固定资产的老化率，并估计因闲置、报废等原因可能发生的固定资产损失，结合固定资产减值准备，分析其是否合理。

4.查验本期折旧费用的计提和分配是否正确

（1）复核本期与上期所使用的折旧率是否一致，如有差异应查明原因。

（2）检查固定资产预计使用年限和预计净残值是否符合有关规定，在当时情况下是否合理。

（3）注意固定资产增减变动时，有关折旧的会计处理是否符合规定，查明通过更新改造、接受捐赠或融资租入而增加的固定资产的折旧费用计算是否正确。

（4）检查折旧费用的分配是否合理，与上期分配方法是否一致。

（5）检查有无已提足折旧的固定资产继续超提折旧的情况和应计提折旧的固定资产不提或少提折旧的情况。

（6）将“累计折旧”账户贷方的本期计提折旧额与相应的成本费用中的折旧费用明细账户的借方相比较，以查明所计提折旧金额是否已全部摊入本期产品成本或费用。一旦发现差异，应及时追查原因，并考虑是否应建议作适当调整。

按照《企业会计准则第4号——固定资产》的规定，注册会计师还应注意审查以下特殊内容：

（1）已计提减值准备的固定资产，企业是否按照该固定资产的账面价值以及尚可使用寿命重新计算确定折旧率和折旧额；

（2）因固定资产减值准备而调整固定资产折旧额时，企业是否按规定对此前已计提的累计折旧不作调整。

5.检查累计折旧的披露是否恰当

如果被审计单位是上市公司，应在其财务报表附注中按固定资产类别分项列示累计折旧期初余额、本期计提额、本期减少额及期末余额。

第六节 其他相关账户审计

在购货与付款循环中，除了以上介绍的会计账户外，还有预付账款、固定资产减值准备、工程物资、在建工程、固定资产清理和应付票据等账户。对这些账户审计的目标和实质性程序见表14-8。

表14-8 其他相关账户的审计目标和实质性程序

账户名称	审计目标	实质性程序
预付账款	1.确定预付账款是否存在 2.确定预付账款是否归被审计单位所有 3.确定预付账款增减变动的记录是否完整 4.确定预付账款期末余额是否正确 5.确定预付账款在财务报表上的披露是否恰当	1.获取或编制预付账款明细表，复核其加计数是否正确，并核对其期末合计数与报表数、总账数和明细账合计数是否相符 2.实施分析程序 3.分析预付账款账龄及余额构成，正确确定函证对象，函证其余额是否正确 4.检查预付账款长期挂账的原因 5.关注是否存在预付关联方账款 6.分析预付账款明细账余额方向，如出现贷方余额的项目，应查明原因，必要时建议作重分类调整 7.检查预付账款是否已在资产负债表上恰当披露

续表

账户名称	审计目标	实质性程序
固定资产减值准备	1.确定固定资产减值准备的计提方法是否恰当，计提是否充分 2.确定固定资产减值准备增减变动的记录是否完整 3.确定固定资产减值准备期末余额是否正确 4.确定固定资产减值准备的披露是否恰当	1.获取或编制固定资产减值准备明细表，复核其加计数是否正确，并核对其期末合计数与报表数、总账数和明细账合计数是否相符 2.检查固定资产减值准备的计提方法是否符合会计制度的规定，前后各期是否一致，计提的依据是否充分，计提的数额是否恰当，相关会计处理是否正确 3.实施分析程序，计算本期期末固定资产减值准备数额占期末固定资产原值的比率，并与期初比率比较。如有异常波动，查明原因，判断波动的合理性 4.检查实际发生固定资产损失时，相应固定资产减值准备的转销是否符合有关规定，会计处理是否正确 5.检查固定资产减值准备的披露是否恰当
工程物资	1.确定工程物资是否存在 2.确定工程物资是否归被审计单位所有 3.确定工程物资增减变动的记录是否完整 4.确定工程物资期末余额是否正确 5.确定工程物资在财务报表上的披露是否恰当	1.获取或编制工程物资明细表，复核其加计数是否正确，并核对其期末合计数与报表数、总账数和明细账合计数是否相符 2.盘点工程物资，确定其是否存在 3.抽查相关原始凭证，检查其是否经过授权批准，会计处理是否正确 4.检查有无与关联方的工程物资相关的购销业务，如有，应查明是否经过授权，是否按正常交易价格结算 5.检查工程物资在资产负债表上是否与在建工程合并披露
在建工程	1.确定在建工程是否存在 2.确定在建工程是否归被审计单位所有 3.确定在建工程增减变动的记录是否完整 4.确定计提在建工程减值准备的方法和比例是否恰当，在建工程减值准备的计提是否充分 5.确定在建工程期末余额是否正确 6.确定在建工程在财务报表上的披露是否恰当	1.获取或编制在建工程明细表，复核其加计数是否正确，并核对其期末合计数与报表数、总账数和明细账合计数是否相符 2.检查本期在建工程的增减变动情况，相关会计处理是否正确 3.检查在建工程项目期末余额的构成内容，并实地观察工程现场，确定在建工程是否存在，查明是否存在实际已使用但未办理竣工决算手续、未及时进行会计处理的项目 4.检查在建工程减值准备的计提 5.检查在建工程合同，以确定是否存在与资本性支出有关的财务承诺 6.检查在建工程在资产负债表上的披露是否恰当
固定资产清理	1.确定固定资产清理的记录是否完整 2.确定固定资产清理反映的内容是否正确 3.确定固定资产清理的期末余额是否正确 4.确定固定资产清理在财务报表上的披露是否恰当	1.获取或编制固定资产清理明细表，复核其加计数是否正确，并核对其期末合计数与报表数、总账数和明细账合计数是否相符 2.检查固定资产清理的发生是否有正当理由，是否经有关技术部门鉴定，其发生和转销是否经授权批准，相关会计处理是否正确 3.检查固定资产清理是否有长期挂账现象，如有，应作出记录，必要时建议作适当的调整 4.检查固定资产清理是否在资产负债表上与固定资产合并披露
应付票据	1.确定应付票据的发生和偿还记录是否完整 2.确定应付票据期末余额是否正确 3.确定应付票据在财务报表上的披露是否恰当	1.获取或编制应付票据明细表，复核其加计数是否正确，并核对其期末合计数与报表数、总账数和明细账合计数是否相符 2.函证应付票据 3.实施分析程序，以证实应付票据的完整性和合理性，及时发现需要特别关注的方面 4.检查应付票据备查簿，抽查若干重要原始凭证，确定其是否真实，会计处理是否正确 5.复核带息应付票据利息是否足额计提，其会计处理是否正确 6.查明逾期未兑付应付票据的原因，是否已转入应付账款项目，其中带息应付票据是否已停止计息；确定是否存在抵押票据的情形，必要时，提请被审计单位予以披露 7.关注是否存在应付关联方的票据 8.审查外币应付票据的折算 9.检查应付票据是否已在资产负债表上恰当披露

□ 复习思考题

1. 审计人员如何查找未入账的应付账款？
2. 直接向供货方函证应付账款的审计程序是否和函证应收账款一样重要？试说明理由。
3. 如何对在建工程实施实质性程序？
4. 固定资产及累计折旧的实质性程序主要有哪些？

本章要旨及
测试题

第十五章

生产与薪酬循环审计

第一节 生产与薪酬循环概述

一、生产循环概述

(一) 生产循环中涉及的主要财务报表账户

生产循环是指从请购原材料开始直到形成完工产品为止的过程。该循环涉及的内容主要是存货的管理及生产成本的计算等。该循环交易，又称制造交易，是指从生产领料开始到加工出产成品时结束。生产循环涉及的主要财务报表账户见表15-1。

表15-1 生产循环涉及的主要财务报表账户

资产负债表账户	利润表账户
存货 存货跌价准备 应付职工薪酬 制造费用	主营业务成本

(二) 生产循环涉及的主要业务活动

生产循环涉及的主要业务活动包括：

(1) 计划和安排生产；

(2) 发出原材料；

(3) 生产产品；

(4) 核算产品成本；

(5) 储存产成品；

(6) 发出产成品等。

涉及的部门包括：生产计划部门、仓库部门、生产部门、人事部门、销售部门、会计部门等。

(三) 生产循环涉及的主要会计凭证和会计记录

生产循环涉及的会计凭证和会计记录主要包括：

1.生产指令（生产任务通知单）

生产指令，是企业下达制造产品等生产任务的书面文件，用以通知生产车间组织产品制造、供应部门组织材料发放、会计部门组织成本计算的原始单据。

2.领发料凭证

领发料凭证是企业为了控制材料发出所采用的各种凭证，如材料发出汇总表、领料单、限额领料单、领料登记表、领料登记簿、退料单等。

3.产量和工时记录

产量和工时记录是登记工人或生产班组在出勤日内完成的产品数量、质量和生产这些产品所耗工时数量的原始记录。常见的产量和工时记录主要有工作通知单、工序进程单、工作班组产量报告、产量通知单、产量明细表、废品通知单等。

4.薪酬汇总表及人工费用分配表

薪酬汇总表是为了反映企业薪酬的结算情况，并据以进行薪酬结算总分类核算和汇总整个企业薪酬费用而编制的，它是企业进行薪酬费用分配的依据。人工费用分配表反映了各生产车间各产品应负担的生产工人薪酬及福利费。

5.材料费用分配表

材料费用分配表是用来汇总反映各生产车间各产品所耗费的材料费用的原始记录。

6.制造费用分配汇总表

制造费用分配汇总表是用来汇总反映各生产车间各产品所应负担的制造费用的原始记录。

7.成本计算单

成本计算单是用来归集某一成本计算对象所应承担的生产费用，计算该成本计算对象的总成本和单位成本的记录。

8.存货明细账

存货明细账是用来反映各种存货增减变动情况、期末库存数量及相关成本信息的会计记录。

生产循环涉及的主要业务活动、对应的凭证和会计记录及相关部门见表15-2。

表15-2 生产循环涉及的主要业务活动、对应的凭证和会计记录及相关部门

主要业务活动	相关凭证、记录	相关部门
1.计划和安排生产	生产任务通知单	生产计划部门
2.发出原材料	一式三联的领料单	仓库部门
3.生产产品	生产任务通知单、产量和工时记录	生产部门
4.核算产品成本	生产任务通知单、领料单、记工单、入库单、薪酬汇总表及人工费用分配表、材料费用分配表、制造费用分配汇总表、成本计算单、存货明细账	会计部门
5.储存产成品	入库单	仓库部门
6.发出产成品	发运通知单、出库单	发运部门

二、薪酬循环概述

（一）薪酬循环涉及的主要财务报表账户

薪酬循环是由与主管和雇员报酬有关的事项和活动组成的。报酬包括：（1）薪金；（2）计时和计件薪酬；（3）奖金；（4）津贴；（5）薪酬、福利费等。这一循环的主要交易类型是薪酬交易。受这类交易影响的主要财务报表账户见表15-3。

表15-3 薪酬循环涉及的主要财务报表账户

资产负债表账户	利润表账户
库存现金 银行存款 应付职工薪酬 其他应付款——个人所得税 其他应收款——代扣款	生产成本——直接人工（与“主营业务成本”有关） 制造费用——间接人工（与“主营业务成本”有关） 管理费用——人工费用 销售费用——人工费用 其他业务成本——人工费用

（二）薪酬循环涉及的主要业务活动

薪酬循环涉及的主要业务活动包括：

（1）雇用员工；

（2）授权变动薪酬；

（3）编制出勤和计时资料；

（4）编制薪酬计算表；

（5）记录薪酬；

（6）支付薪酬和保管未领薪酬；

（7）填写个人所得税纳税申报表。

（三）薪酬循环涉及的主要凭证和会计记录

1.人事授权表

它是人事部门为薪酬目的而签发的书面通知，以指出雇用每位新员工以及员工每次职位变动的情况。

2.计时卡

它是用以记录每位员工在一个薪酬支付期内每日工作小时数的表格，一般使用打卡钟在卡片上记录时间。

3.记工单

它是用以记录每位员工完成某项特定工作的小时数。

4.薪酬计算表

它是列示每一个薪酬支付期间内每位员工的姓名、薪酬总额、代扣薪酬以及支付净额等资料的表格，是支付员工薪酬和记录薪酬的依据。

5.人工成本分配汇总表

它是列示每一个薪酬支付期间薪酬支付总额的会计分类报告。

6.个人所得税纳税申报表

它是列示每一位员工个人所得税纳税申报与缴纳情况的报告。

7.员工人事档案

它是记录每一位员工有关任用资料和签发的所有人事授权通知，以及奖励情况。

第二节 生产与薪酬循环内部控制及其测试

一、生产循环内部控制及其控制测试

（一）内部控制要点

1.计划和安排生产

生产计划部门的职责是根据顾客订货单或者对销售预测和存货需求的分析来决定生产授权，如决定授权生产，即签发预先编号的生产任务通知单。该部门通常应将发出的所有生产任务通知单编号并加以记录控制。此外，还需要编制一份材料报告，列示所需要的材料和零件及其库存。

2.发出原材料

仓库部门的责任是根据从生产部门收到的领料单发出原材料。领料单上必须列示所需材料数量和种类，以及领料部门的名称。领料单可以一单一料，也可以一单多料，通常需要一式三联，分别由领料部门、仓库部门和会计部门保管使用。

3.生产产品

生产部门在收到生产任务通知单及在领取原材料后，便将生产任务分解到每一个生产工人，并将所领取的原材料交给生产工人，据以执行生产任务。生产工人在完成生产任务后，将完成的产品交予生产部门查点，然后转交检验员验收并办理入库手续，或是将所完成的产品移交下一个部门，以进一步加工。

4.转移已完工产品到产成品库

生产部门在全部完成生产任务通知单上的工作，且其产品通过了最后检验时，应编制一份“已完工生产报告”，然后将这些产品送往产成品库。产成品库应在最后一张转移单上签字，以确定对这些产成品的保管责任。

5.储存产成品

产成品入库，须由仓库部门先行点验和检查，然后签收。签收后，将实际入库数量通知会计部门。仓库部门应根据产成品的品质特征分类存放，并填制标签。

6.确定和记录制造成本

这一程序包括的主要内容有：

（1）将直接材料和直接人工计入生产成本；

（2）归集制造费用并分配到生产成本；

（3）在分步成本系统下，结转各生产部门之间的成本；

（4）转出完工产品成本。

与记录制造成本有关的控制包括以下两项：

（1）将编制分配制造费用到生产成本的分录所使用的资料，与“每日生产活动报告”里的资料和人工耗用资料相调节。

（2）将编制结转已完工产成品成本到产成品的分录所使用的资料，与“已完工生产报告”中的资料相调节。

（二）控制测试

1.记录对内部控制的了解

记录生产循环内部控制的程序，与其他类别的交易相同。表15-4列举了生产循环内部控制调查表的有关内容。

表15-4 生产循环内部控制调查表

20×9年1月12日

主要业务活动	提出问题	是	否	不适用	备注
1.计划和安排生产	（1）生产任务通知单是否经过生产计划部门批准 （2）是否使用和控制预先编号的生产任务通知单 （3）每日生产活动报告和已完成生产报告是否经过生产计划和控制部门复核				
2.发出原材料	（1）仓库发出材料是否要求有已签字的发料单 （2）材料耗用汇总表是否包括在每日生产活动报告里				
3.生产产品	（1）是否使用记工单来记录生产产品所耗用的人工小时 （2）人工耗用汇总表是否包括在生产活动报告里				
4.转移已完工产品到产成品库	最后的转移单是否由产成品仓库人员在收到已完工产品时签字				
5.储存产成品	（1）是否限制只有经过授权的人员才能接近原材料和产成品存货 （2）是否使用签字的转移单控制在产品在生产过程中的实物移动				
6.确定和记录制造成本	（1）制造费用分配率和标准成本是否经管理层批准 （2）差异是否及时向有关生产管理人员报告，以便调查和跟踪控制 （3）编制分配制造费用到生产成本的分录所使用的资料是否与“每日生产活动报告”里的资料相调节 （4）结转已完工产成品成本到产成品的分录所使用的资料是否与“已完工生产报告”中的资料相调节				

注册会计师签字： 被审计单位复核人员签字：

2.测试控制制度与评价控制风险

对生产交易内部控制的测试和评价控制风险的过程，与第十四章购货与付款循环的测试和评估过程相似，表15-5列示了对可能错报的必要控制和可能执行的控制测试的代表项目。

表15-5　测试、评价生产循环控制风险的考虑

主要业务活动	关键控制点	可能的错报	可能的控制测试
1.计划和控制生产	由生产计划部门批准生产任务通知单	生产可能没有计划	询问有关批准生产任务通知单的过程
2.发出原材料	按已批准的生产任务通知单和签字的发料单发出原材料	未经授权领用原材料	审查发料单，并将其与生产任务通知单比较
3.生产产品	使用记工单记录完成生产任务通知单耗用的直接人工小时	直接人工小时可能未计入生产任务通知单	观察记工单的使用和计时程序
4.转移已完工产品到产成品库	产成品仓库人员收到产品时，在最后一张转移单上签字	仓库人员可能声称未从生产部门收到产成品	审查最后一张转移单上的授权签名
5.储存产成品	(1) 仓库加锁并限制只有经过授权的人才能接近 (2) 使用签字的转移单控制生产部门之间产品的转移	(1) 存货可能从仓库中被盗 (2) 在产品可能在生产过程中被盗	(1) 观察保安程序 (2) 观察控制程序，审查转移单
6.确定和记录制造成本	(1) 管理层批准制造费用分配率和标准成本；及时报告调整差异 (2) 将编制分录所使用的资料，与每日生产活动报告资料相调节 (3) 将编制分录所使用的资料，与已完工生产报告中的资料相调节	(1) 可能使用不适当的制造费用分配率和标准成本 (2) 可能未记录制造成本分配给在产品 (3) 可能未结转已完工产品的成本到产成品	(1) 询问有关确定和批准分配率与标准成本，以及报告和调整差异的程序 (2) 审查调节的情况

二、薪酬循环内部控制及其控制测试

(一) 内部控制要点

1.雇用员工

公司人事部门应负责雇用员工，并应用人事授权表来记录所有雇用员工的情况。在该表里，应列示员工的工种、起点薪酬和授权扣减的项目。人事授权表一份存于人事部门的员工人事档案里，另一份则送交薪酬部门。

这项控制可减少虚列员工支付薪酬的风险，因此，与薪酬交易的“存在”认定有关。

2.授权变动薪酬

在公司中，可由员工的主管提出更换工种或提高小时薪酬标准的申请。但是所有薪酬变动都应有人事部门授权。这项控制有助于保证薪酬的正确性，因此，与“计价和分摊”的认定有关。

人事部门还应负责对结束员工雇用签发离职通知单。离职通知单应尽快送达薪酬部门，以防止对已离职员工继续支付薪酬。因此，这项控制与“存在”认定有关。

3.编制出勤和计时资料

许多公司专门设置了计时部门，来负责这项功能，并经常使用打卡钟来记录员工的工作时间。为了防止某人代他人“打卡”，公司保安人员应负责监督员工打卡的过程。对工厂员工而言，计时卡上的工作时数必须有记工单佐证。记工单列示了所执行工作的种类（直接或间接人工）和完成这项工作花费的直接人工工时数。记工单上所有的工时数都应由主管人员书面批准。计时部门在调节已批准的记工单和计时卡后，应将其送达薪酬部门，薪酬部门据此编制薪酬单。由于以上计时功能控制确保了工作时间资料累计的正确性，因此，这项控制与薪酬交易

的“存在”“完整性”“计价和分摊”认定有关。

4.编制薪酬计算表

薪酬部门在收到计时卡和记工单后，结合人事授权表资料，即可计算每位员工的薪酬总额，编制一式两份的薪酬计算单和人工成本分配汇总表。其中一份连同计时卡和记工单留在薪酬部门，另一份薪酬计算表和填写的薪酬提现支票则送达财务主管办公室，另一份人工成本分配汇总表送往会计部门。薪酬部门应特别注意有效员工编号的检查和工时数的合理性检查。这类控制与薪酬交易的“存在”“完整性”“计价和分摊”认定有关。

5.记录薪酬

会计部门根据薪酬部门送来的“人工成本分配汇总表”登记有关账簿。

6.支付薪酬和保管未领薪酬

这一职能一般包括以下控制：①应由财务主管办公室的人员，独立检查薪酬提现支票的金额与薪酬计算表的一致性；②薪酬提现支票应由财务主管办公室未参加计算和记录薪酬的人员签发；③签名机与签字板只限于经授权的人员才能接近；④薪酬应只发放给经适当确认的员工；⑤未领薪酬应保存在财务主管办公室的保险柜里。

（二）控制测试

1.记录对内部控制的了解

对薪酬循环内部控制的记录同其他主要交易种类相同，表15-6是典型的薪酬循环内部控制调查表。

表15-6 **薪酬循环内部控制调查表**

20×9 年 1 月 12 日

主要业务活动	提出问题	是	否	不适用	备注
1.雇用员工	雇用人员是否经适当核准				
2.授权变动薪酬	（1）职员离职是否立即通知薪酬部门 （2）薪酬的增减是否均经适当核准				
3.编制出勤和计时资料	（1）原始记录的编制是否恰当，有无适当管制 （2）是否使用计时机 （3）计件记录是否与实际产量比较				
4.编制薪酬计算表	（1）薪酬计算表的编制是否合适 （2）薪酬记录是否经常与人事部门的资料核对				
5.记录薪酬	（1）发薪以前，薪酬计算表是否经复核 （2）记入的账户及其金额是否正确				
6.支付薪酬和保管未领薪酬	（1）职员薪酬是否均以支票支付 （2）如果薪酬以支票支付 ①支票是否事先连续编号 ②误写支票是否立即予以作废 ③作废支票是否立即收回保管 ④未用薪酬支票是否严格管制 （3）编制薪酬表和签发薪酬支票的人是否分开 （4）签发薪酬支票的人是否处理会计工作 （5）如果薪酬以现金支付 ①是否从职员处取得凭证 ②凭证是否由不管薪酬业务的人负责与薪酬表核对 ③发放薪酬时，是否由独立人员监督 ④薪酬主管人员是否处理库存现金记录 ⑤编制薪酬表时，薪酬主管是否超然独立 ⑥薪酬主管是否经常轮调 （6）支付薪酬是否有专设银行账户 （7）银行薪酬专户是否每月调节 （8）未领薪酬的管制是否良好 （9）未领现金薪酬是否存入银行专户并设置负债账户 （10）我们是否： ①观察薪酬发放 ②参加薪酬发放 ③立刻控制未领薪酬				

注册会计师签字： 被审计单位复核人员签字：

2.测试控制制度与评价控制风险

对薪酬交易内部控制的测试和评价控制风险的过程，与第十三章销售与收款循环的测试和评估过程相似，表15-7列示了对可能错报的必要控制和可能执行的控制测试的代表项目。

表15-7　测试、评价薪酬循环控制风险的考虑

主要业务活动	主要的控制点	防范的错报	可能的控制测试
1.雇用员工	雇用任何一位新员工均由人事部门授权	可能有虚构员工列入薪酬计算表	审查新雇用员工的授权表
2.授权变动薪酬	每次变动薪酬均由人事部门授权	薪酬额增加可能未经授权	询问有关授权变动薪酬率的程序
	人事部门通知薪酬部门所有离职情况	可能对已离职员工继续支付薪酬	审查薪酬部门的离职通知
3.编制出勤和计时资料	使用打卡机程序，并监督记工单的批准	员工可能领取了超过工作时数的薪酬	观察打卡程序；审查记工单主管批准情况
4.编制薪酬计算表	薪酬部门派专人负责独立检查计算的正确性	员工薪酬可能计算错误	检查凭证的编制与观察独立检查证据；重新执行部分独立检查
5.记录薪酬	薪酬部门应独立检查员工编号和工作时数的有效性	员工编号可能无效，工作时数可能不合理	观察独立检查的证据，并重新执行部分独立检查
	会计部门应指派专人复核分类和计算的正确性	人工成本分配汇总表的分类和计算可能产生的错误	询问复核程序并审查汇总表
	会计部门应定期复核入账的正确性	入账可能产生错误	询问复核程序，并重新执行独立检查
6.支付薪酬和保管未领薪酬	在发放薪酬时确认员工身份，制定未领薪酬保管制度	薪酬可能发错了人头，未领薪酬发生错误	观察薪酬发放 观察未领薪酬的保管
7.填写个人所得税纳税申报表	指派专人负责按时填写申报表	申报表可能未及时填写	询问有关程序并审查申报表

第三节　存货成本审计

公司存货在企业中十分重要。存货的错报不仅影响公司的资产负债表，还影响公司的利润表。实践中，公司的存货数量巨大，很容易发生存货的短缺和毁损。因此，存货审计在整个财务报表审计中占有十分重要的地位。对存货进行审计，需要达到的审计目标是：

（1）确定存货是否存在；

（2）确定存货是否归被审计单位所有；

（3）确定存货增减变动的记录是否完整；

（4）确定存货的计价方法是否恰当；

（5）确定存货期末余额是否正确；

（6）确定存货在财务报表上的披露是否恰当。

存货成本包括生产成本（直接材料成本、直接人工成本、制造费用）和主营业务成本等内

容。存货成本审计通常包括三部分内容，即生产成本审计、主营业务成本审计和存货成本相关项目的分析程序。

一、生产成本审计

（一）直接材料成本的审计

直接材料成本的审计一般应从审阅材料和生产成本明细账入手，抽查有关的费用凭证，验证企业产品直接耗用材料的数量、计价和材料费用分配是否真实、合理。其主要内容包括：

（1）抽查产品成本计算单，检查直接材料成本的计算是否正确，材料费用的分配标准与计算方法是否合理和适当，是否与材料费用分配汇总表中该产品分摊的直接材料费用相符。

（2）审查直接材料耗用数量的真实性，检查有无将非生产用材料计入直接材料费用。

（3）分析比较同一产品前后各年度的直接材料成本，如有重大波动应查明原因。

（4）抽查材料发出及领用的原始凭证，检查领料单的签发是否经过授权，材料发出汇总表是否经过适当的人员复核，单位成本计价是否适当，是否及时、正确入账。

（5）对采用定额成本或标准成本核算的企业，应检查直接材料成本差异的计算、分配与会计处理是否正确，并查明直接材料的定额成本、标准成本在本年度内有无重大变动。

（二）直接人工成本的审计

直接人工成本审计的内容包括：

（1）抽查产品成本计算单，检查直接人工成本的计算是否正确，人工费用的分配标准与计算方法是否合理和适当，是否与人工费用分配汇总表中该产品分摊的直接人工费用相符。

（2）将本年度直接人工成本与前期进行比较，查明其异常波动的原因。

（3）分析比较本年度各个月份的人工费用发生额，如有异常波动，应查明原因。

（4）结合应付职工薪酬的审查，抽查人工费用会计记录及会计处理是否正确。

（5）对采用标准成本法核算的企业，应抽查直接人工成本差异的计算、分配与会计处理是否正确，并查明直接人工的标准成本在本年度内有无重大变动。

（三）制造费用的审计

制造费用是企业为生产产品或提供劳务而发生的间接费用，即生产单位为组织和管理生产而发生的费用，包括分厂和车间管理人员的薪酬、职工福利费、折旧费、修理费、办公费、水电费、取暖费、租赁费、机物料费、低值易耗品摊销、劳动保护费、保险费、设计制图费、试验检验费、季节性和修理期间的停工损失以及其他制造费用。

制造费用审计的内容包括：

（1）获取或编制制造费用汇总表，并与制造费用明细账、总账核对是否相符，抽查制造费用中的重大数额项目及例外项目是否合理。

（2）审阅制造费用明细账，检查其核算内容及范围是否正确，并应注意是否存在异常会计事项，如有，则应追查至记账凭证及原始凭证，重点查明企业有无将不应列入成本费用的支出（如投资支出、被没收的财产、支付的罚款、违约金、技术改造支出等）计入制造费用。

（3）必要时，对制造费用实施截止测试，即检查资产负债表日前后的制造费用明细账及其凭证，确定有无跨期入账的情况。

（4）审查制造费用的分配是否合理。重点查明制造费用的分配方法是否符合企业自身的生产技术条件，是否体现受益原则，分配方法一经确定，是否在相当长的时期内保持稳定，有无随意变更的情况；分配率和分配额的计算是否正确，有无以人为估计数代替分配数的情况。对按预定分配率分配费用的企业，还应查明计划与实际差异是否及时调整。

（5）对于采用标准成本法核算的企业，应抽查标准制造费用的确定是否合理，计入成本计算单的数额是否正确，并查明标准制造费用在本年度内有无重大变动。

二、主营业务成本审计

主营业务成本是指企业对外销售商品、产品，对外提供劳务等发生的实际成本。其计算公式如下：

主营业务成本=期初库存产成品成本+本期入库产成品成本－期末库存产成品成本

对主营业务成本的审计，其基本要点如下：

（1）获取或编制主营业务成本明细表，与明细账和总账核对是否相符。

（2）编制生产成本及销售成本倒轧表，与总账核对是否相符。

（3）分析比较本年度与上年度主营业务成本总额，以及本年度各月份的主营业务成本金额，如有重大波动和异常情况，应查明原因。

（4）结合生产成本的审计，抽查销售成本结转数额的正确性，并检查其是否与销售收入配比。

（5）检查主营业务成本账户中重大调整事项（如销售退回等）是否有其充分理由。

（6）确定主营业务成本在利润表中是否已恰当披露。

三、存货成本相关项目的分析程序

分析程序，是指注册会计师分析被审计单位重要的比率或趋势，包括调查这些比率或趋势的异常变动及其与预期数据和相关信息的差异。通常运用的分析程序方法主要有简单比较法和比率分析法两种。

（一）简单比较法

在存货成本相关项目的分析程序中，注册会计师通常进行的简单比较包括：

（1）比较前后各期及本年度各个月份存货余额及其构成，以评价期末存货余额及其构成的总体合理性。

（2）比较前后各期待摊预提类费用及待处理流动资产损失，以评价其总体合理性。

（3）对每月存货成本差异率进行比较，以确定是否存在调节成本的现象。

（4）比较前后各期及本年度内各个月份生产成本总额及单位生产成本，以评价本期生产成本的总体合理性。

（5）比较前后各期及本年度内各个月份制造费用总额及其构成，以评价制造费用及其构成的总体合理性。

（6）比较前后各期及本年度内各个月份薪酬费用的发生额，以评价薪酬费用的合理性。

（7）比较前后各期及本年度内各个月份主营业务成本总额及单位销售成本，以评价主营业务成本的总体合理性。

（8）比较前后各期及本年度内各个月份直接材料成本，以评价直接材料成本的总体合理性。

（9）将存货余额与现有的订单、资产负债表日后各期的销售额和下一年度的预测销售额进行比较，以评价存货滞销和跌价的可能性。

（10）将存货跌价准备与本年度存货处理损失的金额相比较，判断被审计单位是否计提足额的跌价准备。

（11）将与关联企业发生存货交易的频率、规模、价格和账款结算条件，与非关联企业对比，判断被审计单位是否利用与关联企业的存货交易虚构业务交易、调节利润。

表15-8列示的是对某一企业本年度与上年度制造费用各构成项目的对比分析。从表15-8中可以看出，除工资和上年度保持一致外，其余项目（除修理费和水电费外）均有一定幅度增长。经分析，其原因主要是本年度业务增长，各项费用相应提高，特别是新增一条流水线，固定资产折旧费用大幅提高。基于此，注册会计师可以对该企业的制造费用予以确认。

表15-8 制造费用各项目分析 金额单位：元

项目	本年度	所占比例	上年度	增减比例
工资	20 000.00	30.68%	20 000.00	0
房租费	3 000.00	4.60%	2 900.00	3.45%
折旧费	26 906.00	41.27%	10 574.00	154.45%
修理费	4 813.33	7.38%	12 904.00	-62.70%
水电费	10 479.71	16.07%	11 749.60	-10.80%
合计	65 199.04	100%	58 127.60	12.17%

（二）比率分析法

在生产与薪酬循环的分析程序中，注册会计师通常运用的比率主要是存货周转率和毛利率。

1.存货周转率

存货周转率是用以衡量销售能力和存货是否积压的指标。其计算公式为：

存货周转率=主营业务成本÷平均存货成本×100%

利用存货周转率进行纵向比较或与其他同行企业进行横向比较时，要求存货计价持续保持一致。存货周转率的波动可能意味着被审计单位存在以下情况：

（1）有意或无意地减少存货准备；

（2）存货管理或控制程序发生变动；

（3）存货成本项目发生变动；

（4）存货核算方法发生变动；

（5）存货跌价准备计提基础或冲销政策发生变动；

（6）销售额发生大幅度变动。

2.毛利率

毛利率是反映盈利能力的主要指标，用以衡量成本控制及销售价格的变化。其计算公式为：

毛利率=（销售收入-销售成本）÷销售收入×100%

毛利率的波动可能意味着被审计单位存在以下情况：

（1）销售价格发生变动。

（2）销售产品总体结构发生变动。

（3）单位产品成本发生变动。

（4）固定制造费用比重较大时，生产和销售数量发生变动。

（5）欺诈。对于注册会计师而言，这一条对审计获取的审计证据的评价非常重要。

第四节　存货监盘

存货监盘，是指注册会计师现场观察被审计单位存货的盘点，并对已盘点的存货进行适当检查。定期盘点存货、合理确定存货的数量和状况是被审计单位管理层的责任。实施存货监盘，获取有关期末存货数量和状况的充分、适当的审计证据是注册会计师的责任。

一、存货监盘计划

注册会计师在进行监盘之前应当根据被审计单位存货的特点、盘存制度和存货内部控制的有效性等情况，在评价被审计单位存货盘点计划的基础上，编制存货监盘计划，对存货监盘作出合理安排。

（一）在编制存货监盘计划时，注册会计师应当做的工作

在编制存货监盘计划时，注册会计师应当做以下工作：

（1）了解存货的内容、性质、各存货项目的重要性及存放场所；

（2）了解存货会计系统及其他相关的内部控制；

（3）评估与存货相关的重大错报风险和检查风险及重要性；

（4）查阅以前年度的存货监盘工作底稿；

（5）实地察看金额较大或性质特殊的存货的存放场所；

（6）考虑是否需要利用专家的工作或其他注册会计师的工作；

（7）复核或与管理层讨论其存货盘点计划。

（二）评价存货盘点计划能否合理地确定存货的数量和状况，注册会计师应考虑的因素

在复核或与管理层讨论其存货盘点计划时，注册会计师应当考虑以下主要因素，以评价其能否合理地确定存货的数量和状况：

（1）盘点的时间安排；

（2）存货盘点范围和场所的确定；

（3）盘点人员的分工及胜任能力；

（4）盘点前的会议及任务布置；

（5）存货的整理和排列，毁损、陈旧、过时、残次及所有权不属于被审计单位的存货的区分；

（6）特殊存货的计量方法；

（7）在产品完工程度的确定方法；

（8）存放在外单位的存货的盘点安排；

（9）存货收发截止的控制；

（10）盘点期间存货移动的控制；

（11）盘点表单的设计、使用与控制；

（12）盘点结果的汇总和盈亏的分析、调查及处理方法。

注册会计师应当根据被审计单位的存货盘存制度及相关内部控制的有效性，评价其盘点时间是否合理。如果认为被审计单位的存货盘点计划存在缺陷，注册会计师应当提请被审计单位调整。

（三）存货监盘计划应当包括的主要内容

考虑到以上因素之后，制订存货监盘计划，存货监盘计划应当包括以下主要内容：

（1）存货监盘的目标、范围及时间安排；

（2）存货监盘的要点及关注事项；

（3）参加存货监盘人员的分工；

（4）抽查的范围。

二、存货监盘程序

（一）盘点问卷调查

注册会计师在实施监盘前，应对企业的盘点组织及其参与人员的准备工作情况进行调查，以确定企业是否按照盘点计划的要求进行盘点准备工作。若认为企业的盘点准备工作达不到事前规划的要求，注册会计师可以拒绝实施监盘，并要求企业另定时间、重新准备。盘点问卷的主要内容包括：

（1）所有参与盘点的人员，是否都熟悉盘点计划与指令，是否熟悉盘点的一般程序和基本要求。

（2）所有存货是否都分类有序，存货是否停止流动。

（3）盘点标签或盘点清单是否编制妥当；是否有遗漏的存货或者有外单位寄存的存货；对于外单位寄存的存货，是否将其分开摆放并排除在盘点范围之外；废品与毁损物品是否分开摆放并且分开列示。

（4）各种计数、计量器具是否符合国家标准，并准备齐全。

（二）实地观察

在被审计单位进行存货盘点前，注册会计师应当观察盘点现场，观察的目的是确定应纳入盘点范围的存货是否已经适当整理和排列，并附有盘点标识，防止遗漏或重复盘点。对未纳入盘点范围的存货，注册会计师应当查明原因。在盘点人员操作过程中，注册会计师应该密切观察的主要内容有：

（1）盘点现场的存货是否摆放整齐并且停止流动；

（2）盘点人员的盘点程序是否符合盘点计划和指令的基本要求；

（3）计量盘点数量是否准确，有无重记或漏记；

（4）盘点标签或盘点清单是否按要求填制。

注册会计师应当特别关注存货的状况，观察被审计单位是否已经恰当地区分所有毁损、陈旧、过时及残次的存货，同时要注意存货的移动情况，防止遗漏或重复盘点。如果在观察的过程中发现问题，注册会计师应当及时指出，并督促企业纠正；如果认为盘点程序和过程有问题，导致盘点结果严重失实，应要求企业组织人员重新盘点。

（三）抽查

企业盘点人员盘点之后，注册会计师应根据观察的情况，在盘点标签尚未取下之前，进行复盘抽查。在抽查时，注册会计师应当从存货盘点记录中选取项目追查至存货实物，以测试存货盘点记录的准确性；注册会计师还应当从存货实物中选取项目追查至存货盘点记录，以测试存货盘点记录的完整性。在比较抽查结果与盘点单上的记录时，不仅要核对数量，还应关注对其完工程度的估计是否恰当；抽查如发现差异，除应督促企业更改外，还应扩大抽查范围；如发现差错过大，则应要求企业重新盘点。

在盘点和抽查过程中，注册会计师还应查询有无外单位存货放于本企业库房内，并通过审阅合同与信函、向对方函证等方式，对这部分存货所有权予以证实。这些存货应该单独记录，分开存放并予盘点。

（四）在被审计单位存货盘点结束前，注册会计师应当再次观察盘点现场

注册会计师应当再次观察盘点现场，其目的有二：一是确定所有应纳入盘点范围的存货是否均已盘点；二是取得并检查已填用、作废及未使用盘点表单的号码记录，确定其是否连续编号，查明已发放的表单是否均已收回，并与存货盘点的汇总记录进行核对。

如果出现以下情况，注册会计师应该酌情处理：

（1）存货盘点日不是资产负债表日，注册会计师应当实施适当的审计程序，确定盘点日和资产负债表日之间存货的变动是否已作正确的记录；

（2）在永续盘存制下，如果永续盘存记录与存货盘点结果之间出现重大差异，注册会计师应当追加审计程序，查明原因，并检查永续盘存记录是否已作适当的调整；

（3）若认为被审计单位的盘点方式及其结果无效，注册会计师应当提请被审计单位重新盘点。

表15-9列示了审计实务中注册会计师在对存货进行监盘后所作的“存货监盘报告”。

表15-9 **存货监盘报告**

被审计单位：S公司	索引号：610-8-6
项目：存货监盘报告	财务报表截止日：20×8年12月31日
编制：王亮	复核：张平
日期：20×9年1月4日	日期：20×9年1月8日

续表

一、盘点日期：20×8年12月31日

二、盘点仓库名称：甲仓库、乙仓库

仓库负责人：孙某

仓库记账员：陆某　仓库保管员：林某、张某

仓库概况：

S公司拥有甲、乙、丙三个仓库。根据公司账簿记录，丙仓库存货数量较少；公司大部分存货都集中在甲、乙两个仓库；并且在11月份对丙仓库已经进行了观察。本次监盘主要对甲、乙两个仓库的存货数量和质量状况进行监盘。

三、监盘参加人员

监盘人员（ABC会计师事务所）注册会计师：张平、许辉

监盘人员（ABC会计师事务所）注册会计师：宋刚、王亮

监盘人员（S公司财务处）：张某、孙某

S公司盘点负责人：孙某

S公司盘点人员：林某、张某、陆某、齐某

上述人员在监盘过程中，自始至终未离开现场。

四、监盘开始前的工作

项目	是或否	工作底稿编号
1.索取“期末存货盘点计划”	是	
2.索取该仓库“存货收发存月报表”	是	
3.索取存货的“盘点清单”	是	
4.索取盘点前该仓库收料、发料的最后一张单证	是	
5.存货是否已停止流动	是	
6.废品、毁损物品是否已分开堆放	N/A	
7.货到单未到的存货是否已暂估入账	是	
8.发票未开，客户已提走的存货是否已单独记录	N/A	
9.发票已开，客户未提走的存货是否已单独记录（或单独堆放）	N/A	
10.存货是否已按存货的型号、规格排放整齐	是	
11.外单位寄存的货物是否已分开堆放	N/A	
12.代外单位保管的货物是否已分开堆放	N/A	
13.外单位代销的货物是否已分开堆放	N/A	
14.其他非本公司的货物是否已分开堆放	N/A	
15.委托外单位加工的存货、存放外单位的存货，是否收到外单位的书面确认书	N/A	
16.最近一次盘点存货的日期	11.30	
17.最近一次对计量用具（地秤、称量器和其他计量器）的校对	11.30	
18.是否有存货的记录位置或存放图	是	

续表

五、监盘进行中的工作

1.监盘从 17 点开始，共分 2 个监盘小组，每个小组 2 人。

（1）一人点数并报出型号、规格；

（2）一人记录"盘点清单"。

2.核对仓库报表结存数量与仓库存货账结存数量是否相符；仓库存货账结存数量与仓库存货卡数量是否相符；填制"存货表、账、卡核对记录表"。

3.盘点结束，索取"盘点清单"及"存货盘盈、盘亏汇总表"。

六、复盘

1.盘点结束后，选择数额较大、收发频繁的存货项目进行复盘。

2.复盘人员为：张平、宋刚。

3.复盘记录详见"存货监盘结果汇总表"。

4.复盘统计：

品种、型号共 12 种，复盘 6 种，占 50 %；

金额共43 908万元，复盘达16 392万元，占37.33%。

5.计算复盘正确率：

复盘共 6 种，其中复盘正确的有 6 种，占 100 %；

复盘金额共16 392万元，其中复盘正确的有16 392万元，占100%。

6.盘点的存货中不存在残次、毁损、滞销积压的情况。

七、盘点结束后的工作

1.再次观察现场并检查盘点表单；

2.复核盘点结果汇总记录；

3.关注盘点日与资产负债表日之间存货的变动情况；

4.关注存货盘点结果与永续盘存记录之间出现重大差异的处理；

5.关注被审计单位盘点方式及其结果无效时的处理，如果认为被审计单位的盘点方式及其结果无效，注册会计师应当提请被审计单位重新盘点；

6.请参加复盘人员在"存货监盘结果汇总表"上签字；

7.索取由仓库人员填写的"复盘差异说明"。

八、对盘点及复盘的评价

1.仓库管理人员对存货很熟悉；

2.盘点工作及复盘工作很认真；

3.积极配合注册会计师的工作。

监盘结果总体评价：S公司存货盘点计划执行较好。存货实地盘点数量与账面一致，存货不存在残次、毁损、滞销等情况。

监盘人员签名：张平、宋刚、许辉、王亮、张某、孙某

三、特殊情况的处理

如果由于被审计单位存货的性质或位置等原因导致无法实施存货监盘，注册会计师应当考虑能否实施替代审计程序，获取有关期末存货数量和状况的充分、适当的审计证据。

注册会计师应实施的替代审计程序主要包括：

（1）检查进货交易凭证或生产记录以及其他相关资料；

（2）检查资产负债表日后发生的销货交易凭证；

（3）向顾客或供应商函证。

如果因不可预见的因素导致无法在预定日期实施存货监盘或接受委托时被审计单位的期末存货盘点已经完成，注册会计师应当评估相应的审计风险，提请被审计单位另择日期重新盘点，并实施存货监盘，同时测试在该期间发生的存货交易，以获取有关期末存货数量和状况的充分、适当的审计证据。

对由被审计单位委托其他单位保管的或已作质押的存货，注册会计师应当向保管人或债权

人函证。如果此类存货的金额占流动资产或总资产的比例较大，注册会计师还应当考虑实施存货监盘或利用其他注册会计师的工作。

当注册会计师首次接受委托未能对上期期末存货实施监盘，且该存货对本期财务报表存在重大影响时，如果已获取有关本期期末存货余额的充分、适当的审计证据，注册会计师应当实施以下一项或多项审计程序，以获取有关本期期初存货余额的充分、适当的审计证据：

（1）查阅前任注册会计师工作底稿；

（2）审阅上期存货盘点记录及文件；

（3）抽查上期存货交易记录；

（4）运用毛利百分比法等进行分析、比较。

四、存货监盘结果对审计报告的影响

注册会计师应当根据已获取的审计证据，形成有关期末存货数量和状况的审计结论，并确定对审计报告的影响。

（1）如果无法实施存货监盘，也无法实施替代审计程序以获取有关期末存货数量和状况的充分、适当的审计证据，注册会计师应当根据其重要程度，发表保留意见或无法表示意见；

（2）如果通过实施存货监盘发现被审计单位财务报表存在重大错报，且被审计单位拒绝调整，注册会计师应当根据其重要程度，发表保留意见或否定意见；

（3）如果注册会计师首次接受委托，未能获取有关本期期初存货余额的充分、适当的审计证据，注册会计师应当根据其重要程度，发表保留意见或无法表示意见。

五、存货质量审计

在存货监盘过程中，注册会计师必须对存货的质量或其性能进行适当的审查，以确定存货的质量情况是否符合销售和使用的要求，其质量等级是否与会计账簿上记载的价值相匹配，是否存在陈旧、滞销或毁损现象。因为许多存货可能保管不善造成废损，许多存货可能因长时期堆放而失效、过时。此外，对于存货明细账上极少变动的项目，应注意查明是否属于退废项目。对于属于精密技术产品的存货，如黄金等级、珠宝价值等，注册会计师还应聘请有关专家协助鉴定。

根据以上审查结果，注册会计师应作出适当的记录，必要时还应对被审计单位的存货价值进行调整，以便合理地反映存货的价值。

第五节　存货计价审计和截止测试

一、存货计价审计

为了验证财务报表上存货项目余额的真实性，还必须对年末存货的计价进行测试。存货计价测试的主要程序包括：

（一）选择测试样本

用于计价测试的样本，应从已经过盘点的存货数量、单价和总金额已计入存货汇总表的结存存货中选择。选择时，应着重选择结存余额较大，且价格变化较频繁的项目，同时考虑所选样本的代表性。

（二）计价方法的确认

存货计价方法多种多样，企业可以结合国家法规要求选择适合自身特点的方法。注册会计师除应了解掌握企业的存货计价方法外，还应对这种计价方法的合理性与一贯性予以关注，没有足够理由，计价方法在同一会计年度内不得变动。对于已变动的计价方法，注册会计师应审查其变动是否在财务报表附注中予以充分披露。

（三）计价测试

（1）对存货价格的组成内容予以检查；

（2）按照所了解的计价方法对所选择的存货样本进行计价测试。

测试时，注册会计师应排除企业已有计算方法和结果的影响，独立地进行测试。测试结果出来后，应与企业账面价值对比，编制对比分析表，分析形成差异的原因。如果差异过大，应扩大范围继续测试，并根据测试结果作出审计调整。

在存货计价测试中，由于企业对期末存货采用成本与可变现净值孰低的方法计价，所以注册会计师应充分关注企业对存货可变现净值的确定及存货跌价准备的计提。可变现净值是指企业在正常经营过程中，以估计售价减去估计完工成本及销售所必需的估计费后的价值。存货跌价准备应按单个存货项目的成本与可变现净值计量，如果某些存货具有类似用途，并与在同一地区生产和销售的产品系列相关，且实际上难以将其与该产品系列的其他项目区别开来进行估价的存货，可以合并计量成本与可变现净值；对于数量繁多、单价较低的存货，可以按存货类别计量成本与可变现净值。当存在以下一项或若干项情况时，应当将存货账面价值全部转入当期损益：

（1）已霉烂变质的存货；

（2）已过期（如食品）且无转让价值的存货；

（3）生产中已不再需要，并且已无使用价值和转让价值的存货；

（4）其他足以证明已无使用价值和转让价值的存货。

当存在下列情况之一时，应当计提存货跌价准备：

（1）市价持续下跌，并且在可预见的未来无回升的希望；

（2）企业使用该项原材料生产的产品的成本大于产品的销售价格；

（3）企业因产品更新换代，原有库存原材料已不适应新产品的需要，而该原材料的市场价格又低于其账面成本；

（4）因企业所提供的商品或劳务过时或消费者偏好改变而使市场的需求发生变化，导致市场价格逐渐下跌；

（5）其他足以证明该项存货实质上已经发生减值的情形。

必须指出，存货的计价测试与存货质量测试的审计密切相关，注册会计师在实施审计过程中应尽可能将两者结合起来，以节约审计时间和审计成本。

二、存货截止测试

（一）存货截止测试的含义

所谓存货截止审计，就是要检查已经记录为企业所有，并包括在12月31日存货盘点范围内的存货中，是否含有截至该日尚未购入或已经售出的部分。存货正确截止的关键在于存货实物纳入盘点范围的时间与存货引起的借贷双方会计科目的入账时间都处于同一会计期间。

正确确定存货购入与售出的截止日期，是正确、完整地记录企业年末存货的前提。而在存货截止测试中，如果当年12月31日购入货物，并已包括在当年12月31日的实物盘点范围内，而当年12月份账上并无进货和对应的负债记录，这就少记了账面存货和应付账款。这时若将盘盈的存货冲减有关的费用或增加有关收入，就虚增了本年利润；相反，如果在当年12月31日收到一张购货发票，并记入当年12月份账内，而这张发票所对应的存货实物却在次年1月2日才收到，未包括在当年度的盘点范围内，如果此时根据盘亏结果增加费用或损失，就会虚减本年的存货和利润。

（二）存货截止测试的方法

1.检查存货盘点日前后的购货（销售）发票与验收报告、入库单（或出库单）

在一般情况下，档案中的每张发票均附有验收报告与入库单（或出库单），因此，测试购销业务年末截止情况的主要方法是检查存货盘点日前后的购货发票、验收报告及入库单（或销售发票、出库单，下同）。如果12月底入账的发票附有12月31日或之前日期的验收报告与入库单，则货物肯定已经入库，并包括在本年的实地盘点存货范围内；如果验收报告日期为1月份，则货物不会列入年底实地盘点的存货中；如果仅有验收报告与入库单而并无购货发票，则应认真审核每一验收报告单上面是否加盖暂估入库印章，并以暂估价计入当年存货账内，待次年年初以红字冲销。

2.查阅验收部门的业务记录

存货截止测试的另一个审计方法是查阅验收部门的业务记录。凡是接近年底（包括次年年初）购入或销售的货物，均必须查明其相应的购货或销售发票是否在同期入账。对于未收到购货发票的入库存货，应查明是否将入库单分开存放并暂估入账，对已填制出库单而未发出的商品，应查明是否将其单独保管。

对于测试完成后发现的截止期处理不当的情况，注册会计师应提请被审计单位进行必要的会计账务调整。

第六节　应付职工薪酬审计

一、应付职工薪酬的审计目标

薪酬是企业支付给员工的劳动报酬，其主要形式有计时和计件两种。薪酬一般采用现金的形式支付，因而相对于其他业务更容易发生错误或舞弊行为，如虚报、冒领、重复支付和贪污等，同时，薪酬也是企业成本费用的重要构成项目，所以在审计中显得十分重要。

随着经营管理水平的提高和技术手段的发展，薪酬业务中进行舞弊及其掩饰的可能性已有所降低，因为有效的薪酬内部控制，可以及时地揭露错误和舞弊；使用计算机编制薪酬表和使用薪酬卡，提高了薪酬计算的准确性；通过有关机构，如税务部门、社会保障机构的复核，可相应防止薪酬计算的错误。然而，在一般的企业中，薪酬费用在成本费用中所占比重较大，如果计算错误，就会影响到成本费用和利润的正确性。所以，注册会计师仍应重视对薪酬业务的审计。薪酬业务的审计，涉及应付职工薪酬及相关成本费用账户。应付职工薪酬的审计目标主要包括：

（1）确定公司的职工薪酬是否发生；

（2）确定应付职工薪酬计提和支出的记录是否完整；

（3）确定应付职工薪酬期末余额是否正确；

（4）确定应付职工薪酬的披露是否恰当。

二、实质性程序

（1）获取或编制应付职工薪酬明细表，复核加计是否正确，并与报表数、总账数和明细账合计数核对是否相符。

（2）对本期薪酬费用的发生情况执行分析程序如下：

①一般地说，除非产量、价格、职员数目等因素出现较大变动，一个会计年度内的各期薪酬总额应当是比较稳定的，注册会计师应取得或编制薪酬汇总表，列示各期薪酬总额及其构成，进行比较，对各类薪金的异常波动都要进一步追查。用于薪酬分析的薪酬汇总表的格式见表15-10。

表15-10 **薪酬汇总表**

被审计单位名称： 资产负债表日： 单位：元

月份	直接人工费用		间接人工费用		管理费用		销售费用		合计	
1月	56 174		17 246		24 000		13 640		111 060	
2月	58 528		17 930		24 000		13 420		113 878	
3月	58 036		17 082		27 000		13 900		116 018	∧
4月	54 484	V	17 752		27 000		14 500		113 736	
5月	53 112		15 842	V	28 000		14 080		111 034	
6月	50 956		15 724		29 000		13 840	V	109 520	
7月	52 232		15 682		29 200		11 400		108 514	
8月	51 638		15 794		29 320		11 300		108 052	
9月	53 224		14 528		30 258		14 480		112 490	
10月	57 596		16 178		36 400		16 160		126 334	∧
11月	60 912	V	18 332	V	36 400	V	17 660	V	133 304	
12月	67 210	△	22 510	△	39 000	△	19 420		148 140	∧
合计	674 102		204 600		359 578		173 800	∧	1 412 080	∧

注释：V=追查直接人工和间接人工工勤卡。

∧=薪酬总账加总查讫。

△=已核对增薪通知单。

复核人员签名及日期： 注册会计师签名及日期：

②将本期薪酬费用总额与上期进行比较，要求被审计单位解释其增减变动的原因，或取得公司管理层关于员工薪酬水平的决议。

（3）检查薪酬的计提是否正确，分配方法是否与上期一致，并将应付职工薪酬计提数与相关的成本、费用项目核对一致。

（4）如果被审计单位实行工效挂钩，应取得有关主管部门确认的效益薪酬发放额的认定证明，并复核有关合同文件和实际完成的指标，检查其计提额是否正确。

（5）验明应付职工薪酬的披露是否恰当。

第七节 与存货相关的其他账户的审计

在生产与薪酬循环中，与存货项目相关的账户，除了以上介绍的账户外，还有材料采购、原材料、包装物、低值易耗品、材料成本差异、库存商品、委托加工物资以及存货跌价准备等账户。对这些账户实施实质性程序见表15-11。

表15-11 **相关账户实质性程序表**

账户名称	实质性程序
材料采购	（1）获取或编制材料采购明细表，复核其加计数是否正确，并核对其期末合计数与报表数、总账数和明细账合计数是否相符 （2）检查期末材料采购，核对有关凭证，对大额材料采购，追查至相关的购货合同及购货发票，复核采购成本的正确性，并抽查期后的入库情况 （3）检查有无跨期现象，如有应作出记录，必要时进行调整 （4）如采用计划成本核算，注意检查相关的材料成本差异发生额的计算是否正确 （5）审核有无长期挂账事项，如有应查明原因，必要时进行调整

续表

账户名称	实质性程序
原材料	(1) 获取或编制原材料明细表，复核其加计数是否正确，并核对其期末合计数与报表数、总账数和明细账合计数是否相符 (2) 抽查核对原材料明细账是否与仓库台账、卡片记录相符 (3) 实施分析程序，对期末原材料余额与上期期末余额进行比较，如有异常波动，查明原因，判断波动的合理性 (4) 现场观察和抽查原材料的盘点，获取账实是否相符的证据 (5) 检查原材料收发的计价基础和计价方法是否正确，会计处理是否符合规定 (6) 检查有无跨期现象，如有应作出记录，必要时进行调整 (7) 审核有无长期挂账事项，如有应查明原因，必要时进行调整
包装物	(1) 获取或编制包装物明细表，复核其加计数是否正确，并核对其期末合计数与报表数、总账数和明细账合计数是否相符 (2) 盘点包装物，确定其是否存在 (3) 检查包装物收发的计价基础和计价方法是否正确，会计处理是否符合规定 (4) 检查有无跨期现象，如有应作出记录，必要时进行调整 (5) 结合包装物的盘点，检查期末有无料到单未到的情况，如有应查明是否已暂估入账，其暂估价值是否合理 (6) 检查出租、出借包装物的会计处理是否正确
低值易耗品	(1) 获取或编制低值易耗品明细表，复核其加计数是否正确，并核对其期末合计数与报表数、总账数和明细账合计数是否相符 (2) 检查低值易耗品与固定资产的划分是否符合规定 (3) 检查低值易耗品的入库和出库的手续是否齐全，会计处理是否正确 (4) 检查低值易耗品摊销方法是否正确，前后期是否一致 (5) 审核有无长期挂账的低值易耗品，如有应查明原因，必要时进行调整
材料成本差异	(1) 获取或编制材料成本差异明细表，复核其加计数是否正确，并核对其期末合计数与报表数、总账数和明细账合计数是否相符 (2) 对每月材料成本差异率实施分析程序，注意异常波动情况，检查有无人为调节成本的现象 (3) 抽查若干月份发出材料汇总表，检查材料成本差异的分配是否正确，分配方法是否前后期一致
库存商品	(1) 获取或编制库存商品明细表，复核其加计数是否正确，并核对其期末合计数与报表数、总账数和明细账合计数是否相符 (2) 抽查核对库存商品明细账是否与仓库台账、卡片记录相符 (3) 现场观察和抽点库存商品的盘点，获取账实是否相符的证据 (4) 检查库存商品的计价方法，看其是否前后期一致 (5) 抽查库存商品入库单，核对库存商品的品种、数量与入账记录是否一致，并检查库存商品的实际成本是否与“生产成本”账户的结转额相符 (6) 抽查库存商品的发出凭证，核对转出库存商品的品种、数量和实际成本是否与“主营业务成本”账户结转额相符
委托加工物资	(1) 获取或编制委托加工物资明细表，复核其加计数是否正确，并核对其期末合计数与报表数、总账数和明细账合计数是否相符 (2) 检查若干份委托加工业务合同，抽查有关发料凭证、加工费、运费结算凭证，核对其计费、计价是否正确，会计处理是否正确及时 (3) 抽查加工完成物资的验收入库手续是否齐全，会计处理是否正确 (4) 现场查看或函证，以核实委托加工物资期末余额 (5) 审核有无长期挂账的委托加工物资，如有应查明原因，必要时进行调整
存货跌价准备	(1) 获取或编制存货跌价准备明细表，复核其加计数是否正确，并核对其期末合计数与报表数、总账数和明细账合计数是否相符 (2) 获取被审计单位本期计提跌价准备的存货的相关技术鉴定资料、市场价格与账面价值的比较资料以及被审计单位有关计提跌价准备的经权力机构会议确认的相关文件等，看是否符合《企业会计准则》规定的条件，核实存货跌价准备计提的合法性 (3) 审计存货跌价准备的期末余额与本期计提计算资料的一致性 (4) 如发现被审计单位计提存货跌价准备有不符合计提条件或计提数额有误的事项，注册会计师应提请被审计单位进行调整 (5) 验明存货跌价准备的披露是否恰当

复习思考题

1. 如何进行生产成本和主营业务成本的审计？

2. 存货监盘程序包括哪些环节？请具体说明。

3. 如何确定存货监盘结果对审计报告的影响？

4. 如果无法实施存货监盘程序，注册会计师如何获取有关期末存货数量和状况的审计证据？

5. 存货正确截止的关键是什么？如何进行存货的截止测试？

6. 如何实施职工薪酬的审计？

本章要旨及
测试题

第十六章

筹资与投资循环审计

第一节　筹资与投资循环概述

筹资活动是指企业为满足生存和发展的需要，通过改变企业资本及债务规模和构成而筹集资金的活动。筹资活动主要由负债交易和所有者（股东）权益交易组成。投资活动是指企业为通过分配来增加财富，或为谋求其他利益，将资产让渡给其他单位而获得另一项资产的活动。投资活动主要由权益性投资交易和债权性投资交易组成。

一、筹资与投资所涉及的主要业务活动

（一）筹资与投资业务活动的特点

筹资与投资是现代企业资金运动中的两个方面。企业投资必须充分考虑企业筹资的能力，而企业筹资必须以投资的需要为依据。在资金流动中，资金从资金盈余的企业流向资金短缺的企业，对于资金流入的企业来说是筹资行为，对于资金流出的企业则是投资行为。筹资与投资业务活动的特点如下：

1.交易风险大，授权级别高

筹资、投资活动不同于一般的生产或购销业务，虽然发生的次数少，但对公司财务状况的影响很大。每笔交易的发生都会使企业面临着很大的风险，所以此类业务的授权级别较高，一般需要企业的最高权力机构或高级管理层进行审批和管理。

2.交易金额大，发生频率低

筹资与投资活动相对于购货与生产活动而言，一般在审计年度内发生的交易次数较少，但是每笔交易的金额都较大，例如发行股票和债券进行的筹资活动。

3.要求会计处理准确度高

由于投资和筹资涉及的金额较大，所以漏记或不恰当地对一笔业务进行会计处理，将会导致重大错报，从而对财务报表的公允反映产生较大的影响。

4.交易程序复杂，约束条件多

筹资和投资交易必须遵守国家法律、法规和相关契约的规定。筹资与投资活动应严格根据有关法律、法规的要求履行审批手续，向有关机构递交相关文件，并保证文件的真实和有效。同时，公司应按照有关法律、法规规定的义务进行公告和披露相关信息。

（二）筹资所涉及的主要业务活动

筹集企业所需的资金是影响企业生存与发展的重要业务活动。企业拥有的大部分资产源于债权人和股东提供的资金，随着资本市场的发展，企业的筹资渠道日益增多，诸如发行债券、借款、发行股票等都是企业筹集资金的活动。企业的筹资业务由与取得和偿还资金有关的交易组成，分为两个主要交易种类：一类是负债筹资交易，包括通过贷款（借款、应付票据）、应付债券取得借款，以及有关本金和利息的偿还等；另一类是所有者权益交易，包括向所有者筹

资（向发起人筹资或向股东筹资）、企业减资以及股利支付等。

具体来说，筹资活动的业务主要有以下环节：

1.审批授权

企业通过借款筹集资金需经管理层的审批，其中债券的发行每次均要由董事会授权；企业发行股票必须依据国家有关法规或企业章程的规定，报经企业最高权力机构（如股东大会）及国家有关管理部门批准。

2.签订合同或协议

向银行或其他金融机构融资须签订借款合同，发行债券须签订债券契约和债券承销或包销合同，向社会公众募集股本还要与证券经营机构签订承销或包销协议。

3.取得资金

签订合同或协议后，企业获得银行或金融机构划入的款项或债券、股票的融入资金，用于企业的生产和经营。

4.计算利息或股利

资金的取得需要付出一定的回报，企业应按有关合同或协议的规定，履行义务及时计算利息或股利。

5.偿还本息或发放股利

银行借款或发行债券应按有关合同或协议的规定偿还本息，企业通常在支付利息日指定专人在利息支付备忘录上予以记载，委托独立机构代为发放，并定期核对。股利一般根据股东大会的决定发放，选择自行办理支付或委托代理机构支付。

（三）投资所涉及的主要业务活动

企业在经营过程中为了保持资产的流动性和盈利性，将资产投放于证券或其他企业，即形成投资业务。投资活动的业务主要有以下环节：

1.审批授权

一般情况下，企业根据投资的性质和金额建立授权审批制度。投资业务应由企业的高层管理机构进行审批。审批的内容主要包括：投资的理由是否恰当；投资行为与企业的战略目标是否一致；投资收益的估算是否合理；影响投资的其他因素是否被充分考虑等。所有投资决策都应当经审批确认后，方可正式执行。

2.取得证券或其他投资

企业可以通过委托理财或直接购买的方式进行股票或债券的投资，也可以单独投资或与其他单位进行合资、联营，形成投资。

3.取得投资收益

企业可以取得股权投资的股利收入、债券投资的利息收入和其他投资收益等。

4.转让证券或收回其他投资

如果以购买证券的形式投资，企业可以通过转让证券实现投资的收回。如果是单独投资或与其他单位联合经营形成的投资，只有在转让股权、合资或联营期满，或由于特殊原因提前解散时，才能收回投资。

二、筹资与投资业务中涉及的主要凭证与会计记录

筹资与投资业务中涉及的主要凭证与会计记录可简要概括为表16-1。

1.债券或股票

债券是公司依据法定程序发行，约定在一定期限内还本付息的有价证券。股票是公司签发的证明股东所持股份的凭证。

2.债券契约

债券契约是明确债券持有人与发行企业双方所拥有的权利与义务的法律性文件，其内容一般包括：债券发行的标准；债券的明确表述；利息或利息率；受托管理人证书；登记和背书；

表16-1　筹资与投资活动涉及的凭证与会计记录

筹资活动	投资活动
1.债券或股票	1.债券或股票
2.债券契约	2.债券契约
3.股东名册	3.经纪人通知书
4.公司债券存根簿	4.企业合同及章程
5.承销或包销协议	5.投资协议
6.借款合同或协议	6.有关记账凭证
7.有关记账凭证	7.有关会计科目的明细账和总账
8.有关会计科目的明细账和总账	

如系抵押债券，其所担保的财产；债券发生拖欠情况如何处理；建立偿债基金的承诺；以及利息支付和本金返还的方式和处理。

3.股东名册

发行记名股票的公司其股东名册应记载的内容一般包括：股东的姓名或者名称及住所；各股东所持股票数量；各股东所持股票的编号；各股东取得其股份的日期。发行无记名股票的，公司应当记载其股票数量、编号及发行日期。

4.公司债券存根簿

发行记名债券的公司应记载的内容一般包括：债券持有人的姓名或者名称及住所；债券持有人取得债券的日期及债券的编号；债券总额、债券的票面金额、债券的利率、债券还本付息的期限和方式；债券的发行日期。发行无记名债券的公司应当在债券存根簿上记载债券总额、利率、偿还期限和方式、发行日期和债券编号。

5.合同或协议

筹资与投资活动相关的合同或协议主要包括承销或包销协议、借款合同或协议、企业的章程及有关协议、投资协议等。借款合同或协议是向银行和其他金融机构借入款项时与其签订的合同或协议。公司向社会公开发行股票或债券时，应当由依法设立的证券经营机构承销或包销，公司应与其签订承销或包销协议。

6.其他文件和凭证

这主要包括董事会决议和股东大会决议等重要会议文件，相关会计科目的记账凭证、明细账和总账等。

第二节　筹资与投资循环内部控制及其测试

一、筹资业务的内部控制和内部控制测试

（一）筹资业务的内部控制

为有效开展筹资业务的经济活动，企业建立内部控制的要点如下：

1.授权审批控制

筹资业务的授权控制，解决的是办理业务的权限。重大的筹资活动，如大额银行贷款、发行债券、发行股票等，应由董事会作出决议并经股东大会批准后，由财务人员执行；小规模的筹资活动，如短期借款等，则可由财务部门负责人根据授权作出决定。适当的授权控制可明显地提高筹资活动效率，降低筹资风险，防止由于缺乏授权、审批而出现的重大损失或者发生低效率现象。

2.职责分离控制

职责分离、明确责任是筹资业务内部控制的重要手段。筹资业务的职责分离主要包括：

（1）筹资计划编制人与审批人适当分离，以利于审批人从独立的立场来评判计划的优劣。

（2）经办人员不能接触会计记录，通常由独立的机构代理发行债券和股票。

（3）会计记录人员同负责收、付款的人员相分离，有条件的应聘请独立的机构负责支付业务。

（4）证券经办人员同会计记录人员分离。例如，办理一项举债业务，应由财务部门根据对资金的需求情况向董事会或管理层提出借款申请，经董事会或管理层审批后，财务部门办理贷款的人员与金融机构商讨借款细节和签订借款合同；取得借款后，由财务部门有关会计人员负责登账记录和监督借款按用途使用；财务部门接到银行转来的结息单后，有关会计人员要核对借款合同并复核利息的计算，再交由出纳员支付款项；出纳员支付利息款后，将凭证交予有关会计人员记账；负责该项借款记账的会计人员定期与金融机构就借款的使用和余额进行核对，保证双方账目相符。再如，发行长期债券的职责分离除了申请、批准（包括得到证券管理部门的批准）、签约分工与借款业务相似外，特别强调记录应付债券业务的会计人员不得参与债券发行；未发行的债券不得由记录债权的会计人员保管；“债券发行备查簿”应由专人管理并定期与债权人核算；债券的收回要经管理层批准，分别由记录应付债券的会计人员销账，由其他专人销毁收回的债券；负责债券利息支付的人员不得兼做记录。

3.收入和支出款项控制

如果公司筹资金额巨大，最好委托独立的代理机构代为发行。因为代理机构本身所负有的法律责任以及客观的立场，既从外部协助了企业内部控制的有效执行，也从客观、公正的角度证实了公司会计记录的可信性，防止以筹资业务为名进行不正当活动或者以伪造会计记录为手段来掩盖不正当活动的发生。

无论是何种筹资形式，都面临支付款项的问题，其形式主要是利息的支付或股利的发放。对于支付利息，企业应安排专门人员负责利息的计算工作。应付利息应当在有关人员签字确认后，才能对外偿付。企业可委托有关代理机构代发偿付利息，从而减少支票签发次数，降低舞弊可能。除此之外，应定期核对利息支付清单和开出支票总额。股利发放，要以董事会有关发放股利的决议文件（经股东大会批准后）为依据，股利的支付可以由企业自行完成或委托代理机构完成。对于无法支付利息或股利的支票要及时注销或加盖“作废”标记。

4.筹资登记簿控制

债券和股票都应设立相应的筹资登记簿，详细登记核准已发行的债券和股票有关事项，如签发日期、到期日期、支付方式、支付利率、当时市场利率、金额等。登记的同时应对不同的筹资项目进行编号，对于增资配股更要详细登记，必要时可以备注形式充分说明。现阶段，由于公司发行债券和股票都是无纸化的形式，一般不存在债券、股票的实物保管问题。

5.会计记录控制

对筹资业务的会计控制，除了要通过会计系统提供及时、可靠的负债、所有者权益方面的信息外，还要依靠严密的账簿和凭证组织，实施对筹资活动的记录控制。如前所述，筹资业务的会计处理较复杂，会计记录的控制就十分重要。公司必须保证及时地按正确的金额、合理的方法，在适当的账户和合理的会计期间予以正确记录。对于债券，公司应当选用适当的溢价、折价的摊销方法。对发行在外的股票，公司要定期核对持有本公司的前十大股东的名单及其持股数量；公司利息、股利的支付必须计算正确后记入相应账户。对未领利息、股利也必须全面反映，单独列示。

（二）筹资业务的控制测试程序

1.了解筹资业务内部控制

针对重要的内部控制要点，注册会计师通过询问相关人员、观察相关人员的活动、审阅和检查筹资业务内部控制的文件和记录等方法对筹资业务的内部控制加以了解。注册会计师可以结合企业的实际情况采用调查表、文字表述或流程图形式及时、适当地记录了解到的筹资业务的内部控制情况。上述程序是风险评估程序的一个组成部分。

2.测试筹资业务内部控制

注册会计师在了解筹资业务的内部控制之后，如果准备信赖相关的内部控制，就要对筹资业务的内部控制的执行是否有效进行测试。当然，如果企业筹资业务较少，注册会计师可根据成本效益原则决定是否直接进行交易的实质性程序。在进行筹资业务的内部控制的测试过程中，应针对不同的内部控制要点采用不同的测试方法。

对于授权审批控制可以直接向管理层询问，并检查相关记录和文件；对于职务分离控制可以采取观察和重新执行的方法；对于收入和支出控制可以结合货币资金业务的内部控制测试进行；对于证券发行备查簿的控制可以采取检查的方法；对于会计记录控制，因其控制过程都在账簿资料和有关文件中体现，所以应侧重检查交易和事项的凭证、文件和记录，通过交易轨迹判断相关控制是否有效执行。

具体来说，对筹资业务内部控制的测试应确定以下事项：

（1）筹资活动是否经过授权批准。

（2）筹资活动的授权、执行、记录等是否严格分工。

（3）筹资活动是否建立了严密的账簿体系和记录制度，并定期检查。

3.评价筹资业务内部控制

注册会计师了解筹资业务的内部控制要点后，测试其执行是否有效，从而对筹资业务的内部控制进行最终的分析、评价。在评价环节应考虑相关的内部控制是否完善，能否达到控制的目的，在哪些环节存在缺陷以及可能带来的影响。做了这样的评价之后，找出被审计单位的筹资业务的薄弱环节，以确定其对实质性程序工作的影响，从而确定下一步的审计重点。

二、投资业务的内部控制和内部控制测试

（一）投资业务的内部控制

1.授权审批控制

企业进行对外投资，首先要有投资计划。投资计划中详细说明投资的对象、投资目的、影响投资收益的风险。投资计划在执行前必须经过严格的审批授权。企业应当建立严格的对外投资业务授权批准制度，明确审批人的授权批准方式、权限、程序、责任等相关控制措施，规定经办人的职责范围和工作要求。审批人应当根据对外投资授权批准制度的规定，在授权范围内进行审批，不得超越审批权限。经办人应当在职责范围内，按照审批人的意见办理对外投资业务。公司大规模的投资活动，要由董事会研究并经股东大会决定，然后授权给经理人员执行；公司小规模的投资活动，如利用闲置资金购入短期有价证券或出让有价证券，也应由董事会授权，交由财务人员办理。对外投资的授权控制，一是为了保证投资效益，降低投资风险；二是为了避免个人擅自挪用资金，防止财产流失。企业应当在有关的工作人员职责权限或资金管理办法中，规定动用资金对外投资和投资资产处置的审批手续和业务流程。

2.职责分离控制

公司合法的投资业务，应在业务的授权、执行、记录与资产的保管等方面有明确合理的分工，不得由一人同时负责上述任何两项工作。例如，投资业务在企业决策机构核准后，可由高层负责人员授权签批，由财务经理办理具体的股票或债券的买卖业务，由会计部门负责进行会计记录和财务处理，并定期同其开户的证券公司核对证券交易业务。只有明确了职责分工，才能形成相互牵制机制，从而避免或减少投资业务中发生错误或舞弊的可能性。

3.投资资产安全保护控制

对于企业所拥有的投资资产（股票、债券及国库券等），应建立完善的定期核对制度。由于企业拥有的投资资产没有具体的实物形态，不能够进行实物盘点。基于此，公司同其开户的证券公司定期核对证券交易业务就成为保障投资资产安全的必然手段。另外，由公司内部审计人员或不参与投资业务的其他人员进行突击检查也是确保公司投资资产安全的重要手段。

4.会计控制

企业的投资资产无论是自行投资操作还是委托他人操盘，都要进行完整的会计记录，并对其增减变动及投资收益进行相关会计核算。具体而言，应对每一种股票或债券分别设立明细分类账，并详细记录其名称、数量、取得日期、经纪人（证券商）名称、购入成本、收取的股息或利息、卖出情况等；对于联营投资类的其他投资，也应设置明细分类账，核算其他投资的投出及其投资收益和投资收回等业务，并对投资的形式（如流动资产、固定资产、无形资产等）、投向（即接受投资单位）、投资的计价以及投资收益等作详细的记录。

另外，企业应建立严格的记名登记制度。企业在购入股票或债券时应在购入的当日将其登记于企业名下，切忌登记于经办人员名下，以防止冒名转移并借其他名义牟取私利的舞弊行为发生。

（二）投资业务的内部控制测试

1.了解投资业务的内部控制

注册会计师应通过询问被审计单位有关人员和查阅有关的内部控制文件，了解被审计单位内部控制的情况，也可以采用问卷形式，了解企业是否存在投资内部控制，弄清其内容。对了解到的情况，应及时记录，并用恰当的方法描述出投资业务的内部控制全貌。一般而言，应了解的内容包括：

（1）投资项目是否经授权批准，投资金额是否及时入账。

（2）是否与被投资单位签订投资合同、协议，是否获得被投资单位出具的投资证明。

（3）投资的核算方法是否符合有关财务会计制度的规定，相关的投资收益会计处理是否正确，手续是否齐全。

（4）有价证券的买卖是否经恰当授权，是否定期核对交易业务。

上述程序是风险评估程序的一个组成部分。

2.测试投资业务的内部控制

对投资业务的内部控制测试，应结合各内部控制要点采取不同的方法。对于投资计划的审批授权控制，主要通过查阅有关计划资料、文件或直接向管理层询问来进行审查；对于职责分离控制，可以采取实地观察、重新执行的方法；对于投资资产的安全保护控制，可以采取检查有形资产和查阅相关记录、文件的方法。例如，注册会计师应审阅内部审计师或其他授权人员对投资资产进行定期核对的报告；应审阅其核对方法是否恰当，核对结果与会计记录情况以及核对出现差异的处理是否合规。如果各期核对报告的结果未发现账证之间存在差异，说明投资资产的内部控制得到了有效执行。对于会计记录控制，可以采取重新执行相关内部控制程序的方法，也可以简易抽查投资业务的会计记录。例如，可从各类投资业务的明细账中抽取部分会计分录，按原始凭证到明细账、总账的顺序核对有关数据和情况，判断其会计处理过程是否合规、完整，并据以核实上述了解到的有关内部控制是否得到了有效执行。

3.评价投资业务的内部控制

注册会计师完成上述各步骤后，取得了有关内部控制是否健全、有效的证据，并在工作底稿中标明了内部控制的有效环节和薄弱环节，即可对内部控制进行评价，确认对投资内部控制的可信赖程度，进而确定实质性程序的重点和范围。

第三节 筹资与投资循环的交易类别测试

一、筹资的交易类别测试

（一）测试登记入账的筹资业务是否真实

这一测试所要达到的一般审计目标是真实性（与“存在”认定有关）。为了实现这一目标，注册会计师可实施的交易类别实质性程序包括：

(1) 核证短期借款、长期借款、应付债券、股本等账户至与借款或证券发行有关的原始凭证，索取相应的授权文件、借款合同或协议、证券契约、承销或包销协议等。

(2) 核证短期借款、长期借款、应付债券、股本等账户至收入现金的收据、汇款通知书、送款登记簿及相关的银行对账单、验资报告，以确定筹资业务是否实际发生。

(3) 核证短期借款、长期借款、应付债券、股本等账户至偿还本金支票，以确定负债偿还业务是否实际发生。

(4) 审查应付利息和应付股利账户，并追查至用以偿还债券利息和现金股利的支票存根、董事会和股东大会有关股利分配的决议，以确定所支付利息和股利是否真实、正确。

(二) 测试已发生的筹资业务是否均已登记入账

这一测试所要达到的一般审计目标是完整性（与“完整性”认定有关）。

根据上述审计目标，注册会计师通常采用从收入现金的收据、汇款通知书、送款登记簿及相关的银行对账单、验资报告等凭证追查至应付债券明细账、股东明细账和有关总账的方法，来测试已发生的筹资业务是否均已登记入账，并应特别注意是否存在低估负债的情况。

(三) 测试已登记入账的筹资业务估价是否准确

这一测试所要达到的一般审计目标是估价（与“计价和分摊”认定有关）。为了实现这一审计目标，注册会计师通常采取下列程序：

(1) 将已入账的筹资额与筹资合同、协议、验资报告中确定的金额、收款凭证中的金额进行核对。

(2) 根据借款合同复核借款利息的计算。

(3) 复核债券溢（或折）价的摊销和利息费用的计算。

(4) 复核应付股利或利息的计算。

(四) 测试登记入账的筹资业务的分类是否正确

这一测试所要达到的一般审计目标是分类（与“分类”认定有关）。

注册会计师通常情况下可以同真实性测试、完整性测试和估价测试时通过审查原始凭证、合同等资料和所记录账户来测试登记入账的筹资业务的分类是否正确。审查借款合同并与记录该业务的账户相核对，以确定被审计单位是否根据借款期限不同而记入“短期借款”或“长期借款”账户，并应特别注意被审计单位是否对负债筹资和所有者权益筹资等进行了正确的分类核算。

(五) 测试筹资业务的记录是否及时

在执行估价实质性程序的同时，将支票存根、银行对账单中的收付款日期与借款明细账、股东明细账中的日期进行比较，以确定筹资业务的记录是否及时。如有重大差异，就可能存在截止期限上的错误，需进行截止审计。

(六) 测试筹资业务是否已正确地记入明细账并准确地汇总

为测试过账和汇总的准确性，常用的测试程序有：

(1) 加计短期借款明细账、长期借款明细账。

(2) 追查过入短期借款、长期借款等总账的数额，并与对应的明细账核对相符。

二、投资的交易类别测试

(一) 测试登记入账的投资业务是否真实

这一测试所要达到的一般审计目标是真实性（与“存在”认定有关）。为了实现这一目标，注册会计师可实施的交易类别实质性程序包括：

(1) 核证相关投资账户、有关的原始凭证，索取相应的授权文件、投资合同以及被投资单位的出资证明等。

(2) 核证相关投资账户、被投资单位开具的收据、汇款通知书、送款登记簿及相关的银行对账单、验资报告等，以确定对外投资是否真实。

(3) 核证投资收益账户、收款通知书、银行进账单及相关的银行对账单、被投资单位的股利分配公告等，以确定投资收益（或投资损失）是由投资期间实际发生的投资交易引起的。

(二) 测试已发生的投资业务是否均已登记入账

这一测试所要达到的一般审计目标是完整性（与“完整性”认定有关）。

根据上述审计目标，注册会计师通常通过检查年度内投资增减变动的原始凭证、投资合同或协议等，并与相应的明细账和总账相核对，以测试已发生的投资业务是否均已登记入账。

(三) 测试已登记入账的投资业务估价是否准确

这一测试所要达到的一般审计目标是计价（与“计价和分摊”认定有关）。为了实现这一审计目标，注册会计师通常采取下列程序：

(1) 将已入账的投资额与投资合同、出资证明、付款凭证中的金额进行核对。

(2) 核算投资减值准备的计提是否合理、正确。

(3) 复核债券投资溢（折）价的摊销和利息收入的计算。

(4) 根据投资合同、出资证明等复核长期股权投资的核算方法是否合理，投资收益的计算是否合理、正确。

(四) 测试登记入账的投资业务的分类是否正确

这一测试所要达到的一般审计目标是分类（与“分类”认定有关）。

注册会计师通常情况下可以在真实性测试、完整性测试和估价测试时通过审查原始凭证、合同等资料和所记录账户来测试登记入账的投资业务的分类是否正确。通过审查投资合同并与记录该业务的账户核对，以确定被审计单位是否根据投资目的和性质而分别记入“交易性金融资产”、“其他权益工具投资”、“债权投资”、“其他债权投资”或“长期股权投资”等账户。

(五) 测试投资业务的记录是否及时

在执行估价实质性程序的同时，将记录投资业务增减原始凭证中的日期与相关投资账户进行比较，以确定投资业务的记录是否及时。如有重大差异，就可能存在截止期限上的错误，需进行截止审计。

(六) 测试投资业务是否已正确地记入明细账并准确地汇总

为测试过账和汇总的准确性，常用的测试程序有：

(1) 加计各相关投资明细账。

(2) 追查过入各相关投资总账的数额，并与对应的明细账核对相符。

第四节 借款审计

一、银行借款审计目标

银行借款是指企业为了满足不同的需要向银行借入不同期限的各种借款。由于还款期限不同，银行借款可分为短期借款和长期借款两种。一般情况下，被审计单位并不会高估银行借款，因为这对自身不利，且难以与银行债权人的会计记录相互印证。一般来讲，除企业为了隐瞒利润等少数情况外，企业负债金额基本都不会被高估。为了正确评估企业的财务状况和经营成果，必须将负债完整、正确地列示于资产负债表上。因此，注册会计师对银行借款的审计，主要是防止企业低估负债，从而低估成本达到高估利润的目的。

银行借款的审计目标主要包括：

(1) 确认被审计单位所记录的银行借款在特定期间是否存在。

(2) 确认被审计单位银行借款是否为被审计单位所承担。

(3) 确定被审计单位在特定期间内发生的银行借款业务是否均已记录，有无遗漏。

(4) 确认被审计单位银行借款相关账户余额是否正确。

(5) 确认被审计单位银行借款是否在资产负债表上恰当地披露。

二、短期借款的实质性程序

短期借款是指企业向银行或其他金融机构借入的偿还期限在1年以内（含1年）的各种借款。一般而言，短期借款的实质性程序主要包括：

（一）索取或编制短期借款明细表

注册会计师应首先取得短期借款明细表，并将其与短期借款总账及其所属的各明细科目核对相符，查明有无虚构债务等情况，在期末余额较大或注册会计师认为必要时，可向债权人函证。

（二）审查短期借款的合理性

注册会计师应依据借款合同、短期借款的法律文件及各原始凭证的内容，结合市场行情分析审查借款的必要性、合理性，提出改进建议，即审查短期借款是否符合筹资规模和筹资结构的要求，企业是否严格控制有关短期借款的财务风险，降低有关短期借款的资金成本，有无将短期借款用于长期款项支出等不合理的筹措资金使用情况。

（三）函证短期借款

注册会计师应在期末短期借款余额基础上，向银行或其他债权人函证短期借款。

（四）审查短期借款的增加

对年度内增加的短期借款，注册会计师应审查借款合同和授权批准，了解借款数额、借款条件、借款日期、还款期限、借款利率，并与相关会计记录相核对。

（五）审查短期借款的偿还情况

对年度内减少的短期借款，注册会计师应审查相关记录和原始凭证，核实还款数额。验证短期借款账户借方发生额同有关支票存根是否相符，相关的会计记录是否正确；计算企业资产的流动比率和速动比率，验证短期借款的偿还能力。是否有尚未偿还的到期短期借款，如有，应查明企业的持续经营能力。

（六）复核借款利息费用

注册会计师应根据各项借款的日期、利率、还款期限，复核被审计单位短期借款的利息计算是否正确，有无多算或少算利息的情况。如存在上述情况，应作出记录，必要时进行调整。

（七）审查外币借款的折算

注册会计师应审查外币短期借款的增减变动部分是否按业务发生时的市场汇率或期初市场汇率折算为记账本位币；期末是否按市场汇率将外币短期借款余额折算为记账本位币；折算方法前后期是否一致；折算差额是否按规定进行会计处理。

（八）审查短期借款在资产负债表上的反映是否恰当

短期借款通常在资产负债表的流动负债项下单独列示，对于因抵押而取得的短期借款，应在资产负债表附注中披露。

三、长期借款的实质性程序

长期借款是指企业由于扩大生产经营规模的需要，而向银行或其他金融机构借入的、偿还期为1年（不含1年）以上的借款。在股票、债券等金融市场融资受到限制的情况下，长期借款仍是我国多数企业为扩大生产经营规模筹集所需资金的一个重要的手段。长期借款的审计方法同短期借款的审计方法较为相似。长期借款的实质性程序主要包括：

（一）索取或编制长期借款明细表

注册会计师应首先获取长期借款明细表，并与总账、明细账及报表核对，审查账账、账表是否相符。

（二）审查长期借款的合法性、合理性

注册会计师应当仔细审核长期借款明细账中借、贷事项及其有关原始凭证记录，以判断长期借款的筹措是否有必要，筹资规模、筹资结构是否合理，手续是否齐全，是否具备借款的基本条件，有无还款的物质保证；长期借款的使用是否合法、合规，有无效益；长期借款是否按期偿还，对于其没有归还的借款，要查明原因，督促企业还款，以维护企业资信。

（三）向银行或其他债权人函证长期借款

向银行或其他债权人函证。长期借款的函证可以结合银行存款的函证进行。

（四）审查借款期限

审查1年内到期的长期借款是否已转列为流动负债；年末有无到期未偿还的借款；逾期借款是否办理了展期手续。

（五）审查借款的利息支出

计算短期借款、长期借款在各个月份的平均余额，选取适用的利率匡算利息支出总额，并与财务费用的相关记录核对，判断被审计单位是否高估或低估利息支出，必要时进行适当调整。

（六）审查抵押长期借款

企业的长期借款如是抵押长期借款，应审查该抵押的资产所有权是否归属企业，其价值和现实状况是否与抵押契约中的规定一致；如果企业的长期借款以某项资产或收入作担保，该充作担保的财产是否归属企业，其价值是否属实，作担保的收入来源是否可靠等；如果企业或其他机构进行担保，其担保来源条件是否具备等。

（七）审查长期借款费用的会计处理

企业所发生的借款费用，是指因借入资金而付出的代价。它包括借款利息、折价或溢价的摊销和辅助费用，以及因外币借款而发生的汇兑损益等，因专门借款而发生的辅助费用包括手续费等。专门借款是指为购建固定资产而专门借入的款项。《企业会计准则》对借款费用资本化的有关规定如下：

（1）除为购建固定资产的专门借款所发生的借款费用外，其他借款费用均应于发生当期确认为费用，直接计入当期的财务费用。

（2）企业为购建某项固定资产而借入的专门借款所发生的利息，在同时满足以下三个条件时应当予以资本化，计入所购建的固定资产的成本：

① 资产支出（只包括为购建固定资产而以支付现金、转移非现金资产或者承担带息债务形式发生的支出）已经发生。

② 长期借款费用已经发生。

③ 为使资产达到预定可使用状态所必要的购建活动已经开始。

（3）对用于购建固定资产的长期借款手续费，金额较大的，直接计入固定资产成本。因安排专门长期借款而发生的除银行借款手续费以外的辅助费用，如果金额较大的，属于在所购建固定资产达到预定可使用状态前发生的，应当在发生时计入所购建固定资产的成本；在所购建固定资产达到预定可使用状态后发生的，直接计入当期财务费用。

注册会计师特别要注意的是，专门借款的利息费用（扣除尚未动用的借款资金存入银行取得的利息收入或者进行暂时性投资取得的投资收益）及其辅助费用在所购建或者生产的符合资本化条件的资产达到预定可使用或者可销售状态前，应予以资本化。

如果被审计单位在资本化期间占用了公司的一般借款，则根据累计资产支出超过专门借款部分的资产支出加权平均数乘以所占用一般借款的资本化率，计算确定一般借款应予资本化的利息金额。资本化率根据一般借款加权平均利率计算确定（一般借款加权平均利率＝所占用一般借款当期实际发生的利息之和÷所占用一般借款本金加权平均数）。

因此，注册会计师在审计时，应审查企业是否根据会计准则的要求，划清资本性支出和收益性支出，有无混淆资本性支出和收益性支出的界限，或为了调节当期损益，未正确地将借款利息和有关借款费用在购建固定资产的价值和当期损益之间正确地分配等情况。

（八）审查外币长期借款

注册会计师应审查外币长期借款的增减变动部分是否按业务发生时的市场汇率或期初市场汇率折算为记账本位币；期末是否按市场汇率将外币长期借款余额折算为记账本位币；还应注意审查其记账汇率、账面汇率计算方法是否合规，前后期是否一致，汇兑损益的计算是否正确；为购建固定资产产生的外币长期借款汇兑损益是否正确地在购建固定资产的价值和当期损益间分配等。

企业为购建固定资产而借入的外币专门借款，其借款费用同其他长期借款的借款费用的处理相同，但其每一会计期间所产生的汇兑差额（指当期外币专门借款本金及利息所发生的汇兑差额），在所购建固定资产达到预定可使用状态前，应予以资本化，计入所购建的固定资产的成本；在该项固定资产达到预定可使用状态后，应计入当期财务费用。

（九）审查长期借款在资产负债表上的披露是否恰当

长期借款的期末余额应扣除将于一年内（含一年）到期的长期借款，在资产负债表的非流动负债项下单独列示，该项扣除数则在流动负债项下的“一年内到期的非流动负债”中反映。注册会计师应根据审计结果，审查长期借款在资产负债表上是否充分反映，并注意长期借款的抵押和担保是否已在财务报表附注中做了充分的说明。

四、应付债券的实质性程序

一般来讲，受国家相关法律法规的制约，公司的应付债券业务极少发生。但是，如果发生了发行债券业务，其数额将是巨大的。因此，注册会计师对应付债券进行审计，一般以实质性程序为主。应付债券的实质性程序包括：

（一）取得或编制应付债券明细表

注册会计师应当获取或编制应付债券明细表，同有关明细账和总账、报表数额核对是否相符。应付债券明细表通常包括债券名称、承销机构、发行日、到期日、债券总额、实收金额、折价或溢价及其摊销、应付利息、担保等内容。

（二）审查债券文件和记录

公司发行债券必须经过股东大会的批准。注册会计师可以从董事会会议记录中获取相关证据。注册会计师审查发行债券的入账原始凭证，并同相关账簿的会计记录核对一致。

（三）函证债券

为了确定应付债券的真实性，注册会计师可以直接向债券的承销机构或债权人函证。注册会计师应对函证结果与账面记录进行比较，如有差异，应进一步调查其原因。

（四）审查应计利息及债券摊销会计处理

注册会计师可以索取或编制债券利息、债券溢价、折价及其摊销的账户分析表，复核应计利息及债券摊销会计处理是否正确。

（五）审查到期债券的偿还

注册会计师对到期债券的偿还，可以审查相关会计记录，看其会计处理是否正确。如果是可转换债券，公司债券持有人行使了转换权利，将其持有的债券转换为股票，则应审查其转换股票的会计处理是否正确。

（六）审查应付债券在报表上是否恰当披露

应付债券在资产负债表上列示于非流动负债项下。该项目应根据“应付债券”账户的期末余额，扣除将于一年内到期的应付债券后的数额填列。该扣除数应当在流动负债项下的“一年内到期的非流动负债”项目中单独反映。注册会计师应根据审计结果，确定被审计单位应付债券在财务报表及其附注上的反映是否充分。

五、财务费用的实质性程序

财务费用是公司使用资金的代价。对公司借款费用的审计和对公司财务费用的审计总是紧密结合在一起的。财务费用的审计目标是：确定财务费用是否确实已经发生；确定财务费用的记录是否完整；确定财务费用的计算是否正确；确定财务费用的披露是否恰当。

财务费用的实质性程序包括：

（一）获取或编制财务费用明细表

注册会计师应当获取或编制财务费用明细表，与报表数、总账数及明细账合计数核对是否相符。

（二）实施分析程序

注册会计师可以将本期、上期财务费用各明细项目作比较分析，必要时比较本期各月份财务费用，如有重大变动和异常情况，应查明原因，扩大审计范围或进一步追查。

（三）实施财务费用的截止测试

注册会计师可以对财务费用实施截止测试：审阅下期期初的财务费用明细账，检查财务费用各项目有无跨期入账的现象。对于重大跨期项目，应作必要调整。

（四）审查重要的财务费用项目

审查利息支出明细项目，确认利息支出的真实性和准确性。审查汇兑损益的计算方法是否正确。检查大额金融机构手续费的真实性和准确性。

（五）审核财务费用的披露是否恰当

注册会计师应注意审核财务费用的明细项目在报表上的披露是否恰当。

第五节　所有者权益审计

公司所有者权益发生的业务频率较低，但金额较大，性质也很重要。根据会计恒等式——资产=负债+所有者权益，如果注册会计师将被审计单位的资产和负债全部审计完结并得出了相应的审计结论，可以从侧面证实所有者权益的正确性。但是，由于现代审计是抽样审计，资产、负债正确的审计结论并不能全面证实所有者权益的正确性。另外，由于所有者权益发生的次数较少，直接测试所有者权益，可能审计效率更高。

一、所有者权益的审计目标

所有者权益的审计目标主要包括以下四个方面：

（1）确定所有者权益是否存在。

（2）确定是否都已将所有者权益的经济业务记录入账，并已在会计账簿上恰当地记录。

（3）确定被审计期间发生的所有者权益项目的增减变动是否符合有关法律、法规的规定。

（4）确定所有者权益在财务报表上是否恰当地披露。

二、股本的实质性程序

股本是股份有限公司按照公司章程、合同的规定向全体股东筹集的资本。股本代表了股东对公司按其投资比例享有对公司净资产的所有权。股本是在核定的注册资本及核定的股份总额的范围内，通过向股东发行股票而筹集的。在通常情况下，股本不发生变化，只有在股份有限公司设立、增资扩股和减资并经有关部门批准后才发生变化。

对股本审计的实质性程序，注册会计师应当通过“股本”账户进行。其实质性程序主要包括：

（一）审阅公司章程、实施细则和股东大会、董事会记录

注册会计师应对公司章程、实施细则、股东大会及董事会的决议进行核查，以明确企业股本发行及融资用途。前已述及，在正常情况下，股本增减等业务均须经股东大会或董事会授权或批准，因此，公司的相关文件和记录是注册会计师进行审计工作所必需的重要资料。此外，国家关于公司证券交易的条件、股票发行的方式以及已发行股份实收价值的反映及其处理等规定，对股本审计都是十分重要的。

因此，注册会计师应重点审计股票发行或股本变动的有关资料，如公司章程中所载明的股本额、发行股票总数、每股面值、发行价格等，以确定股本交易业务是否符合法律规定，是否与账簿记录核对相符，进而判断股本在资产负债表上是否已做了恰当反映。

（二）检查股东是否按照公司章程、合同规定的出资方式、出资比例出资

注册会计师进行股本审计时，应当了解公司章程、合同中的出资方式、出资比例，确定其内容的合法性。然后具体分析企业实际募股时，是否与公司章程、合同的规定存在差异，了解形成差异的原因，将有关的问题与公司有关人员协商。对审计过程及有关问题的处理，以适当的方式记录于审计工作底稿中。

（三）编制股本账户分析表

注册会计师应取得或自己编制股本账户分析表，以分析各种股本账户。该股本账户分析表应包括日期、金额、股数等内容，并应预留余地以供下次核查时增添之用。股本账户分析表不仅可以充分展示被审计期间股本余额的正确程度，还可以借以分析、证实有关股本的增减、股票出售所得或损失等，据以计算期末余额，并可与股票登记簿所示总发行股数、金额及有关总账、明细账核对是否相符。

分析股本时应包括对各种变动性质的分析，并就每次变动的内容与相关原始凭证及账户进行核对。所有序时分录均应已复核，以确定其是否经过适当批准，借贷分录账户是否正确。

如对股本账户作初次审计，注册会计师需对股本自股票发行之日起至被审计之日止的所有股本业务进行慎重的详细分析，以便全盘了解被审计单位股本的整体演变过程。初次审计后，一般应将股本账户分析表永久保存，以便下次审计时使用。这样，注册会计师下次审计时，只需将当期股本的增减记录计入，并根据该增减变动交易审查原始凭证即可。股本账户分析表的格式见表16-2。

表16-2　**股本账户分析表（S公司）**

审计日期	股票种类	摘要	核定股数（万股）	每股面值（元）	核定金额（万元）	发行日期	取得资产	发行在外股数（万股）	发行价（万元）	股本溢价（万元）	股本账面价值（万元）
2017年1月13日	普通股	2015年度发行	8 000	1	8 000	2015年6月1日	现金	8 000	320 000△	312 000△	8 000△

注：注册会计师已根据公司章程、董事会会议记录对股票发行情况及其发行价进行了核实。

△：与总分类账、明细分类账和股票登记簿核对无误。

（四）审查股票的变动

股票的发行、收回等交易活动都会引起股本数额的变动。注册会计师应通过审查与股票发行、收回有关的原始凭证和会计记录，验证股本变动的真实性、合法性。应审查的原始凭证包括已发行股票的登记簿，向外界收回的股票、募股清单、银行对账单等。会计记录主要包括银行存款日记账与总账、股本明细账与总账等。

（五）函证发行在外的股票

注册会计师应检查已发行的股票数量是否真实，股东是否均已收到股款或资产。注册会计师在审查已发行的股票数量是否真实时，还可向承销或包销的证券公司函证。按照规定，我国目前股票的发行由企业委托证券公司进行。这些机构一般既了解公司发行股票的总数，又掌握公司股东的个人记录以及股票转让情况，故在审计时可采取向证券公司函证或查阅的方法来验证发行股票的数量，并与股本账面数额相核对，确定是否相符。

（六）审查股票发行费用的会计处理

股份有限公司发行股票支付的手续费、佣金等发行费用，股票溢价发行的，从发行股票的溢价中抵扣；股票发行没有溢价或溢价金额不足以支付发行费用的部分，应将不足支付的发行费用冲减盈余公积和未分配利润。注册会计师应审查相关的原始凭证和会计记录，以确定被审计单位对股票发行费用的会计处理的正确性。

（七）确定股本在资产负债表上是否恰当地披露

股本在资产负债表上应单项列示，并且在财务报表附注中应披露与股本有关的重要事项，如股本的种类、各类股本金额、股票发行的数额、每股股票的面值、本会计期间发行的股票等。注册会计师应审查股本在资产负债表上披露的恰当性、充分性。

三、实收资本的实质性程序

（一）索取被审计单位合同、章程、营业执照及有关董事会会议记录

注册会计师应向被审计单位索取合同、章程、营业执照及有关董事会会议记录，并认真审阅其中的有关规定。企业合同、章程对投资各方的出资方式、出资期限及其他要求做了详细规定，一经国家审批部门批准，就具有法律效力，投资各方不得随意更改，应严格履行合同章程所规定的出资义务。国家授权有关部门的批准证书是批准企业成立的法律性文件，投资各方应遵照执行。营业执照是由国家市场监督管理机关批准发给企业的合法经营许可证，它规定企业成立和终止日期。

（二）索取或编制实收资本明细表

注册会计师应向被审计单位索取或自行编制实收资本明细表，作为永久性档案，以供本年度和以后年度审查实收资本时使用。实收资本明细账应当详细记载实收资本的变动。编制实收资本明细表时需将每次变动情况逐一记载并与有关的原始凭证和会计记录进行核对。

（三）审查出资期限和出资方式、出资额

注册会计师应检查投资者是否已按合同、章程约定的时间缴付出资额，其出资额是否经中国注册会计师验证，已验资者，应查阅验资报告。

（四）审查投入资本的真实性

注册会计师应通过对原始凭证、会计记录的审阅和核对，向投资者函证实缴资本额，对有关财产和实物的价值进行鉴定，确定投入资本的真实存在。审查时，注册会计师应注意审查投入现金是否已确实存入企业的开户银行，是否收到银行的收款通知单；投入的实物资产是否已办理了验收手续，并列具登记清单。对房地产类固定资产应审查其所有权或使用权证明文件；对设备类固定资产应审查采购发票；对融资租入的固定资产应审查其租赁合同；对投入的无形资产应审查是否已办理了其法律手续，是否接受了有关技术资料。

（五）审查实收资本的增减变动

一般而言，公司不得随意增减企业的实收资本，如有必要增减，首先应具备一定的条件。例如，企业减资需要满足以下三个条件：

（1）应首先公告所有的债权人，债权人无异议。

（2）经股东大会决议同意，并修改公司章程。

（3）减资后的注册资本不得低于法定资本的最低限额。

对于实收资本的增减变动，注册会计师应查明原因，查阅其是否与董事会纪要、补充合同以及有关法律文件的规定一致。

（六）审查外币出资时实收资本的核算

以外币出资的，根据有关制度的规定，企业对实际收到的外币出资，可以采用合同约定的市场汇率折算为记账本位币记账；合同没有约定的，按下列原则处理：

（1）登记注册的货币与记账本位币一致时，按收到时的市场汇率折算。

（2）登记注册的货币与记账本位币不一致时，按企业第一次收到出资额时的市场汇率折算（投资人分期出资，各期出资均应按第一期第一次收到出资额时的市场汇率折算）。

由于有关资产账户与实收资本账户所采用的折算汇率不同而产生的记账本位币差额，作为资本公积处理。注册会计师应审查企业所采用的汇率以及会计处理的正确性。

（七）确定实收资本是否已在资产负债表上恰当披露

企业的实收资本应在资产负债表上单独列示，同时应在财务报表附注中说明实收资本期初至期末间的重要变化，如所有者的变更、注册资本的增加或者减少、各所有者出资额的变动等。注册会计师应在实施上述审计程序的基础上，确定被审计单位资产负债表上的实收资本的反映是否正确，并确定有关投入资本是否在财务报表附注中予以分类揭示。

四、资本公积及其他综合收益的实质性程序

资本公积是非经营因素形成的，不能计入实收资本或股本的所有者权益，主要包括投资者实际交付的出资额超过其资本份额的差额（如股本溢价、资本溢价）和其他资本公积等。其他综合收益是指按照会计准则的规定，未在损益中确认的各项利得和损失扣除所得税影响后的净额。资本公积及其他综合收益的审计是指对资本公积及其他综合收益的形成、使用的真实性、合法性所作的审计。

（一）检查资本公积形成的合法性

注册会计师应首先检查资本公积形成的内容及其依据，并查阅相关的会计记录和原始凭证，确认资本公积形成的合法性和正确性。对资本公积形成的审计包括审查资本溢价或股本溢价、审查其他资本公积等。

1.审查资本溢价或股本溢价

对资本溢价应检查是否在企业吸收新投资时形成，资本溢价的确定是否按实际出资额扣除按其投资比例所占的资本额计算，其投资是否经企业董事会决定，并已报原审批机关批准；对股本溢价应检查发行是否合法，是否经有关部门批准，股票发行价格与其面值的差额是否全部计入资本公积，发行股票支付的手续费或佣金等余额是否已从溢价中扣除。

2.审查接受股东的现金和非现金资产捐赠

按照会计准则的规定，公司接受的捐赠，符合确认条件的，通常应当确认为当期收益，在“营业外收入”中核算。但是，如果接受控股股东（或者非控股股东）及其控制的子公司直接或间接的捐赠，从经济实质上判断属于股东对企业的资本性投入，应作为权益性交易，相关利得计入所有者权益（资本公积）。对接受非现金资产捐赠应审查接受捐赠资产是否按规定办理了移交手续，是否经过验收，资产定价是否取得有关报价单或按同类资产的市场价格确认，接受捐赠的固定资产是否应计提折旧，是否存在对捐赠资产不入账等情况。对于接受现金捐赠，注册会计师应注意审查其银行对账单、银行存款日记账和“资本公积”明细账是否相符，接受人是否确实收到有关捐赠款项。

（二）检查其他综合收益形成的合法性

1.审查股权投资价值变动

股权投资价值变动是投资单位对被投资单位的长期股权投资采用权益法核算时，在持股比例不变的情况下，被投资单位除净损益以外所有者权益的其他变动，投资单位按其持股比例计算应享有的份额。企业采用权益法核算长期股权投资时，长期投资的账面价值将随着被投资单位所有者权益的增减而增加或减少，以使长期股权投资的账面价值与应享有被投资单位所有者权益的份额保持一致。被投资单位净资产的变动除了实际的净损益会影响净资产外，还有其他原因增加的资本利得，企业应按其持股比例计算应享有的份额，借记“长期股权投资——其他综合收益”科目，贷记“其他综合收益”科目。

在审查股权投资价值变动时，注册会计师应结合长期股权投资账户的审计进行。注册会计师在审查时应注意重点审查以下问题：被投资企业有关资本利得增减变动数额是否真实、准确；投资企业的投资比例和依此享有的有关资本利得增减变动数额是否真实、准确。为了审查这两个问题，注册会计师应尽量取得被投资企业经审计的年度财务报表。如果被投资企业是上市公司，其年度财务报表可以从公开渠道获得。否则，注册会计师应与承担被投资企业审计工作的注册会计师或被投资企业联系，函证获得所需的数据。

2.审查其他综合收益

在金融工具确认和计量准则下，允许企业将非交易性权益工具投资（原有的可供出售金融资产）指定为以公允价值计量且其变动计入其他综合收益的金融资产进行处理，但该指定不可撤销，且在处置时不得将原计入其他综合收益的累计公允价值变动额结转计入当期损益，而应计入留存收益。另外，“其他债权投资”科目，反映资产负债表日企业分类为以公允价值计量且其变动计入其他综合收益的长期债权投资的期末账面价值。该项目的发生同样计入其他综合收益。在资产负债表日，以公允价值计量且其变动计入其他综合收益的金融资产的公允价值高于或低于其账面余额的差额，在“其他综合收益”科目核算。例如，对于以公允价值计量且其变动计入其他综合收益的金融资产的公允价值高于其账面余额的差额，贷记“其他综合收益”科目；公允价值低于其账面余额的差额，做相反的会计分录。按照会计准则的规定，自用房地产或存货转换为采用公允价值模式计量的投资性房地产时，其公允价值大于账面价值的差额，应当在“其他综合收益”科目核算；注册会计师在审计时，要注意被审计单位是否按照会计准则的规定进行了账务处理。

3.审查外币报表折算差额

注册会计师在审计时，应注意审查外币报表折算差额是否按照规定计入其他综合收益。

（三）审查资本公积运用的合法性

注册会计师应审查资本公积有无挪作他用；对于资本公积转增资本，注册会计师应审查转增资本是否经董事会决定并报经市场监督管理机关批准，依法办理增资手续；获得批准后，对资本公积进行的账务处理是否及时、准确。

（四）确定资本公积、其他综合收益是否在资产负债表上恰当反映

注册会计师应审查资本公积、其他综合收益是否在资产负债表上单独列示，同时应将资本公积明细账、其他综合收益明细账同“所有者权益变动表”中列示的资本公积、其他综合收益的期末余额及期初余额核对是否相符。

五、盈余公积的实质性程序

盈余公积是指企业按规定从税后利润中提取的积累资金，是具有特定用途的留存收益。盈余公积的审计主要是指对盈余公积的提取、使用以及在资产负债表上列示的盈余公积数额的合法性和真实性所进行的审计。

（一）盈余公积的内容及使用

1.盈余公积的内容

（1）法定盈余公积

法定盈余公积是指企业按照规定的比例从净利润中提取的盈余公积。它一般按照税后利润的10%提取，当法定盈余公积累计金额达到企业注册资本的50%以上时，可以不再提取。

（2）任意盈余公积

任意盈余公积是指企业经股东大会或类似机构批准按照规定的比例提取的盈余公积。任意盈余公积必须在法定盈余公积和应付优先股股利（如有）提取之后才可提取。

2.法定盈余公积、任意盈余公积的使用

法定盈余公积、任意盈余公积主要是用于弥补亏损和转增资本，但需履行一定的审批手续，而且盈余公积转增资本后留存的部分不得少于公司注册资本的25%。

（二）盈余公积的实质性审查程序

1.审查盈余公积提取的合法性

该程序主要应审查盈余公积提取是否符合法律规定，并经过批准，提取手续是否完备，提取的依据是否正确，有无多提或少提的现象。

2.审查盈余公积使用的合法性

该程序主要应审查盈余公积的使用是否符合规定并经过批准，使用是否合理，有无挪作他用的情况。

3.审查盈余公积的提取、使用及其账面价值的真实性

该程序主要应根据盈余公积提取、使用的原始凭证、批准数额，逐步审查凭证和账簿记录，看其是否账证相符、账表相符。

4.确定盈余公积在资产负债表上是否恰当披露

企业的法定盈余公积、任意盈余公积应合并为盈余公积在资产负债表上反映。同时应在财务报表附注中说明各项盈余公积的期末余额及期初至期末间的重要变化。注册会计师对此应重点检查。

六、未分配利润的实质性程序

未分配利润是指公司未作分配的利润。公司年末未分配利润是企业当年税后利润在弥补以前年度亏损、提取盈余公积以后，加上上年年末未分配利润，再扣除向所有者分配的利润后的结余金额。它有两层含义：一是该部分净利润没有分配给投资者；二是该部分净利润未指定用途。对未分配利润的审计实际上包括对实现利润和分配利润的全部有关业务与数据的审计。因此，对未分配利润的审计应与对利润、利润分配的审计结合起来进行。

对未分配利润的实质性程序主要包括：

（一）审查未分配利润的真实性

审查期初未分配利润账户余额是否与上期资产负债表上所列数额一致。如果是未弥补亏损，注册会计师应查明是税前补亏，还是税后补亏，应纳企业所得税的调整数是否正确。将利润分配的总账与明细账相核对，审查本年度未分配利润结转的真实性。

（二）审查未分配利润的合法性

审查利润分配方案、分配方式，查明分配决定有无董事会提出的方案和股东会议的决议记录，利润分配方案有无与法律及公司章程规定相抵触之处。

（三）审查结账日后发生的损益调整项目的账务处理是否合法、准确

由于年终结账日后发生的损益调整项目直接调整有关资产、负债项目和“利润分配——未分配利润”账户，注册会计师应着重审查利润分配的增加额，防止企业虚增未分配利润。

（四）审查未分配利润余额在资产负债表上的披露是否恰当

注册会计师应根据审计结果调整本年损益数，直接增加或减少未分配利润，从而确定调整后的未分配利润在资产负债表上的披露是否恰当。

第六节　投资审计

一、投资的审计目标

投资的审计目标可概括如下：

（1）确定投资是否存在。

（2）确定投资是否归被审计单位所拥有。

（3）确定投资的增减变动及其收益（或损失）的记录是否完整。

（4）确定投资的计价方法（成本法或权益法）是否正确。

（5）确定投资的期末余额是否正确。

（6）确定投资在财务报表及其附注上的披露是否恰当。

二、投资的实质性程序

注册会计师应在对投资内部控制测试和评价的基础上，对投资实施实质性程序。投资的实质性程序主要包括：

（一）取得或编制投资明细表

投资明细表应当按照投资的目的进行分类，其主要包括债权性投资和权益性投资。按照相关会计准则的规定，有些投资根据会计准则中的金融工具准则规范，作为金融资产核算，例如以企业持有金融资产的“业务模式”和“金融资产合同现金流量特征”作为金融资产分类的判断依据，将金融资产分类为以摊余成本计量的金融资产、以公允价值计量且其变动计入其他综合收益的金融资产以及以公允价值计量且其变动计入当期损益的金融资产三类。企业能够控制、共同控制被投资单位以及对被投资单位施加重大影响的投资，作为长期股权投资等。对没有控制、共同控制和重大影响的权益工具投资按照公允价值计量且其变动计入当期损益，列示为交易性金融资产。部分非交易性权益工具投资指定为以公允价值计量且其变动计入其他综合收益的金融资产，列示为其他权益工具投资。该类金融资产的相关股利收入计入当期损益。当其终止确认时，之前计入其他综合收益的累计利得或损失从其他综合收益中转出，计入留存收益。

将企业全部投资项目的有关情况完整、系统地予以列示，注册会计师据此可了解企业投资的全貌。投资明细表的主要内容包括：投资种类及说明、年初余额、本年增加及减少额、年末余额、投资收益等。

（1）对于投资种类，注册会计师应着重审查其完整性，即是否所有的投资项目均已入账。审查方法是，将询证或检查的证券与被审计单位的投资明细账相核对，看是否相符，是否有未入账的投资项目。例如，未经许可向其他企业或关联企业进行资金信贷。

（2）对各投资项目的年初余额，审查时要注意与上年度审计工作底稿中的年末余额核对相符。如有不符，应要求被审计单位予以说明或进一步调查原因。

（3）对于本年度增加的投资项目，应审核其账面金额是否与有关的原始凭证相符，是否按购入时的实际成本入账。当股票的购入价中包含已宣告而未发放的股利时，应审查其实际成本是否为购入价与股利的差额。

（4）对于投资减少的项目，注册会计师应将由于减少证券而取得的收入与库存现金或银行存款日记账和投资收益明细账相核对。必要时，还应逆查至来自经纪人的通知单等原始凭证，以确认账面记录的真实性和正确性。

（5）对于年末余额，注册会计师只需根据年初余额和本年增减变动数复核即可。

（二）实施分析程序

对投资执行分析程序，主要包括三项内容：

（1）计算长期股权投资中高风险投资所占的比重，分析投资的安全性，要求被审计单位估计潜在的投资损失。

（2）计算投资收益占利润总额的比重。分析被审计单位在多大程度上依赖于投资收益，判断被审计单位盈利的稳定性；将当期确认的投资收益与从被投资单位实际获得的现金流量进行比较分析；将重大投资项目与以前年度进行比较，分析是否存在异常变动。

（3）对比各投资账户的本年余额与上年度余额以及本年投资交易预算数，并且分别比较各投资项目的收益报酬（如利息和股利等）占其投资账户余额比重在本年度与上年度的变化。通过比较，可以确定是否存在重大的波动差异以及潜在的差错或舞弊。如果长期股权投资账户余额显著增加，可能说明有虚构、高估的投资资产，或者存在无授权的超预算交易，以及有高估

（或低估）的投资收益。注册会计师可以据此确定审计重点及应采取的审计程序。

（三）询证投资的证券

虽然公司投资的证券没有实物形态，但被审计单位可能将投资的证券委托给独立机构（如证券公司等）代为操盘或者在证券公司开户以便证券的买卖。注册会计师应当以被审计单位的名义向这些机构寄出询证函，要求这些机构将客户在结账日所拥有的投资证券的种类、数量、面值等资料直接回复给注册会计师，据此证实投资证券的真实性。

一般来说，证券机构根据被审计单位的要求，打印被审计单位在其营业部开户并进行买卖的"资金对账单"。该对账单详细记录了被审计单位的资金情况，如客户名称、资产账户、资金余额、可用余额、资产市值以及总资产等。"资金对账单"详细记载了被审计单位买卖证券的情况。"当日持仓清单"详细记载了持仓证券的名称、股份余额、参考成本、参考市值以及参考盈亏等内容。该对账单是注册会计师获取的证明被审计单位投资证券真实性的可靠证据。

（四）审查交易性金融资产

1.审查交易性金融资产的初始计量及确认是否正确

审计人员在审查交易性金融资产初始计量及确认时，应特别关注其是否按照取得时的公允价值作为初始确认金额，相关的交易费用在发生时是否计入当期损益。有无将实际支付的价款中包含已宣告但尚未发放的现金股利或已到付款期但尚未领取的债券利息，计入交易性金融资产初始确认金额。

2.审查交易性金融资产的期末计量是否正确

交易性金融资产的期末计量，是指采用一定的价值标准，对交易性金融资产的期末价值进行后续计量，并以此列示于资产负债表中。交易性金融资产在最初取得时，是按公允价值入账的，反映了企业取得交易性金融资产的实际成本，但交易性金融资产的公允价值是不断变动的，会计期末的公允价值则代表了交易性金融资产的现实可变现价值。根据企业会计准则的规定，交易性金融资产的价值应按资产负债表日的公允价值反映，公允价值的变动计入当期损益。根据上述规定，审计人员应特别关注资产负债表日，交易性金融资产的公允价值高于其账面余额时，企业是否按两者之间的差额，调增交易性金融资产的账面余额，同时确认公允价值上升的收益；如果交易性金融资产的公允价值低于其账面余额，审计人员应检查企业是否按两者之间的差额，调减交易性金融资产的账面余额，同时确认公允价值下跌的损失。

3.审查交易性金融资产的处置

企业处置交易性金融资产的主要会计问题，是正确确认处置损益。交易性金融资产的处置损益，是指处置交易性金融资产实际收到的价款，减去所处置交易性金融资产账面余额后的差额。其中，交易性金融资产的账面余额，是指交易性金融资产的初始计量金额加上或减去资产负债表日公允价值变动后的金额。如果在处置交易性金融资产时，已计入应收项目的现金股利或债券利息尚未收回，审计人员应注意检查企业是否先从处置价款中扣除该部分现金股利或债券利息之后，确认交易性金融资产的处置损益。

（五）审查其他债权投资

1.审查其他债权投资的初始计量及确认是否正确

审计人员在审查上述投资初始计量及确认时，应特别关注其是否按照取得时的公允价值和相关交易费用之和作为初始确认金额。如果支付的价款中包含已到期但尚未领取的利息，应注意检查其是否单独列入应收项目。对于上述金融资产在持有期间内实现的利息收入，检查其是否按照实际利率和摊余成本计入投资收益。

2.审查其他债权投资的后续计量及终止确认

审计其他债权投资的后续计量时，应注意审查被审计单位是否将采用实际利率法计算的利息、减值损失或利得及汇兑损益计入当期损益，其他利得或损失计入其他综合收益；审查其终止确认时，注意之前计入其他综合收益的累计利得或损失是否从其他综合收益中转出，计入当期损益。

（六）审查其他权益工具投资

1.审查其他权益工具投资的初始计量及确认是否正确

审计人员在审查其他权益工具投资初始计量及确认时，应特别关注其是否按照取得时的公允价值和相关交易费用之和作为初始确认金额。如果支付的价款中包含已宣告但尚未发放的现金股利，应注意检查其是否单独列入应收项目。对其他权益工具投资在持有期间取得的现金股利，应检查其是否计入投资收益。

2.审查其他权益工具投资的期末计量

资产负债表日，其他权益工具投资应当以公允价值计量，且公允价值变动计入其他综合收益。对于其他权益工具投资的期末计量的审查，审计人员应特别注意资产负债表日，其他权益工具投资的公允价值高于或低于其账面余额的账务处理是否正确。

3.审查其他权益工具投资的处置

在审查处置其他权益工具投资时，应注意被审计单位是否将取得的价款与该金融资产账面余额之间的差额计入留存收益；是否将原直接计入所有者权益的公允价值变动累计额（其他综合收益）对应处置部分的金额转出，计入留存收益。

（七）审查长期股权投资

1.审查长期股权投资的初始计量及确认是否正确

（1）企业合并形成的长期股权投资的审计

① 同一控制下企业合并形成的长期股权投资，审查时应注意其在合并日是否按取得被合并方所有者权益账面价值的份额，借记“长期股权投资（投资成本）”，按支付合并对价账面价值，贷记或借记有关资产、负债科目，按其差额，贷记“资本公积”科目；如为借方差额，借记“资本公积——资本溢价（或股本溢价）”科目，“资本公积——资本溢价（或股本溢价）”不足冲减的，应依次借记“盈余公积”“利润分配——未分配利润”科目。

② 非同一控制下合并形成的长期股权投资，审查时应注意其在购买日是否根据企业合并准则确定的合并成本，借记“长期股权投资”科目，按支付合并对价的账面价值，贷记或借记有关资产、负债科目，按发生的直接相关费用，贷记“银行存款”等科目，按其差额，贷记“营业外收入”科目。

（2）以其他方式取得的长期股权投资的审计

除企业合并形成的长期股权投资外，企业还可以通过支付现金、发行权益性证券、投资者投入、非货币性资产交换、债务重组等其他方式取得长期股权投资，审查时应注意企业是否根据不同的取得方式，作为入账的依据，分别确定长期股权投资的初始投资成本。

2.审查长期股权投资的核算方法的选用是否恰当

长期股权投资，是指对被投资企业能够实施控制、共同控制或重大影响的长期股权投资。长期股权投资通常可以采用成本法或权益法进行核算。审计人员应首先审查企业有哪些投资项目适合用权益法核算，并通过询问管理层或函证被投资企业等方式，确认企业是否确实对接受投资企业拥有共同控制或重大影响，检查企业是否对这些项目采用了权益法。投资企业能够对被投资企业实施控制的长期股权投资应采用成本法核算。审计人员应获得该投资企业能够控制被投资企业的证据，确定被审计单位采用成本法的合理性。

3.审查长期股权投资的核算方法

（1）采用成本法核算的长期股权投资会计处理的审查

对于被审计单位的长期股权投资采用成本法核算的，应按被投资单位宣告发放的现金股利或利润中属于本企业的部分，借记“应收股利”科目，贷记“投资收益”科目；属于被投资单位在取得投资前实现净利润的分配额，应作为投资成本的收回，贷记“长期股权投资”科目。

（2）采用权益法核算的长期股权投资会计处理的审查

对于被审计单位的长期股权投资采用权益法核算的，审计人员应当分别下列情况进行审查：

①长期股权投资的初始投资成本大于投资时应享有被投资单位可辨认净资产公允价值份额的，被审计单位是否不调整已确认的初始投资成本；长期股权投资的初始投资成本小于投资时应享有被投资单位可辨认净资产公允价值份额的，是否按其差额，借记“长期股权投资（投资成本）”科目，贷记“营业外收入”科目。

②资产负债表日，被审计单位是否根据被投资单位实现的净利润或经调整的净利润计算应享有的份额，借记“长期股权投资（损益调整）”科目，贷记“投资收益”科目；被投资单位发生亏损、分担亏损份额超过长期股权投资而冲减长期权益账面价值的，是否借记“投资收益”科目，贷记“长期股权投资（损益调整）”科目。

被投资单位以后宣告发放现金股利或利润时，企业计算应分得的部分，是否借记“应收股利”科目，贷记“长期股权投资（损益调整）”科目；收到被投资单位发放的股票股利，是否不进行账务处理，但在备查簿中进行登记。

③发生亏损的被投资单位以后实现净利润的，企业计算应享有的份额，如有未确认投资损失的，是否首先弥补未确认的投资损失；弥补损失后仍有余额的，是否借记“长期股权投资（损益调整）”科目，贷记“投资收益”科目。

④在持股比例不变的情况下，被投资单位除净损益以外所有者权益的其他变动，企业是否按持股比例计算应享有的份额，借记“长期股权投资（其他综合收益）”科目，贷记“其他综合收益”科目。

（3）长期股权投资核算方法转换会计处理的审查

被审计单位如果根据长期股权投资准则将长期股权投资自成本法转按权益法核算时，应审查其是否按转换时该项长期股权投资的账面价值作为权益法核算的初始投资成本。初始投资成本小于占被投资单位可辨认净资产公允价值份额的差额，是否借记“长期股权投资（投资成本）”科目，贷记“营业外收入”科目。

长期股权投资自权益法转按成本核算的，除构成企业合并的以外，应审查其是否按中止采用权益法时投资的账面价值作为成本法核算的初始投资成本。

4.审查长期股权投资的投资收益

投资收益主要指企业投资后，从被投资单位取得的股利或利息。不同的投资，对投资收益的会计处理各不相同。对长期股权投资收益的审查应分别根据成本法和权益法进行。采用成本法核算时，检查投资企业是否按被投资单位宣告发放的现金股利或利润中属于本企业的部分，借记“应收股利”科目，贷记“投资收益”科目；属于被投资单位在取得本企业投资前实现净利润的分配额，应作为投资成本的收回。采用权益法核算长期股权投资时，应主要审查企业投资收益增减额的正确性，即是否按其在被投资企业投资比例来分享投资收益，还应当审查企业实际收到接受投资企业分配来的股利和利润时，是否重复记入“投资收益”科目。

（八）审查投资业务的授权审批情况

审查投资证券应侧重于以下几个问题：首先，审计人员应检查投资证券的购入和售出是否经过管理层的授权和批准。对此，审计人员应当查阅客户董事会或管理层有关证券交易的会议记录或决议加以证实。其次，核对投资支出和收回的金额是否正确无误。审计人员应该核实经纪人通知单、有关投资协议、合同、章程等资料是否与核准文件、现金收支（非现金资产的增减）相符，并与投资总分类账和明细分类账的余额核对，看是否正确、相符。

（九）审查本期发生的重大股权变动

对于当期（尤其是会计年度结束前）发生的重大股权转让，应当审阅股权转让合同、协议、董事会和股东大会决议，分析其是否存在不等价交换，判断被审计单位是否通过不等价股权转让调节利润，粉饰财务情况；对于年内通过并股和参股取得股权的，应分析被审计单位根据被投资单位的净损益确认投资收益时，是否以取得股权后发生的净损益为基础，应特别注意股权转让协议是否存在倒签日期的现象，股权转让涉及的款项是否已经支付或收取。

（十）确定对外投资在资产负债表上是否恰当披露

在财务报表中，审计人员应对以下事项进行审查：

（1）各类投资的年末账面余额和年初账面余额。

（2）被投资单位由于所在国家或地区及其他方面的影响，向投资企业转移资金的能力受到限制，其应披露该受限制的情况、原因和期限等。

（3）当期及累计未确认的投资损失金额。

第七节 其他相关账户审计

一、应收、应付项目的审计

（一）其他应收款审计

其他应收款的审计目标为：

（1）确定其他应收款是否存在。

（2）确定其他应收款是否归被审计单位所有。

（3）确定其他应收款增减变动的记录是否完整。

（4）确定其他应收款期末余额是否正确。

（5）确定其他应收款在财务报表上的披露是否恰当。

其他应收款的实质性程序包括：

1.获取或编制其他应收款明细表。

（1）复核加计正确与否，并与总账数和明细账合计数核对是否相符，结合“坏账准备”科目与报表数核对是否相符；

（2）了解重大明细项目的其他应收款内容及性质，进行类别分析，重点关注是否存在资金被关联企业（或实际控制人）大量占用、变相拆借资金、隐形投资、误用会计科目、或有损失等现象。

（3）结合应收账款、其他应付款等明细余额，检查是否有同时挂账的项目，核算内容是否重复，必要时作出适当调整。

（4）检查非记账本位币其他应收款的折算汇率及折算是否正确。

（5）分析有贷方余额的项目，查明原因，必要时，作重分类调整。

（6）标识重要明细账户。

2.对其他应收款进行函证。

（1）编制“其他应收款函证结果汇总表”，对函证结果进行评价。

（2）对于未回函的其他应收款，应执行替代审计程序。针对重要的其他应收款，编制重要明细账户增减变动表，特别是关联企业（或实际控制人）的增减变动表。必要时，收集该单位资料，并分析其变动的合理性。

（3）如果实施函证和替代审计程序都不能取得充分、适当的审计证据，应当考虑实际情况，实施追加的审计程序。

3.获取或编制其他应收款账龄分析表。

（1）测试账龄划分的适当性。要求被审计单位根据资产负债表日后收款情况对账龄分析表进行更新。如果未收款余额不重大，则无须针对每一账户的账龄进行测试，或测试的范围无须太大。

（2）关注审计时已收回的其他应收款金额，对已收回金额较大的款项进行审查，如核对收款凭证等，并注意凭证发生日期的合理性，分析收款时间是否与合同相关要素一致。

4.审查坏账准备。

（1）取得或编制坏账准备计算表，复核加计正确与否，与坏账准备总账、明细账合计数核对是否相符。将其他应收款坏账准备本期计提数与资产减值损失相应明细项目的发生额相核对，明确是否相符。

（2）评价计提坏账准备所依据的资料、假设及计提方法。复核其他应收款坏账准备是否按经股东大会或董事会批准的既定方法和比例提取，其计算和会计处理是否正确。

（3）审查其他应收账款坏账准备计提和核销的批准程序，取得相关审计证据。

（4）审查其他应收款中是否存在债务人破产或者死亡，以及破产财产或者遗产清偿后仍无法收回，或者债务人长期未履行偿债义务的情况，如果存在，应提请被审计单位处理。

（5）审查其他应收款转作坏账损失的项目是否符合规定，会计处理是否正确，是否已办妥税务部门审批手续。

（6）若转作坏账损失的项目未经税务部门批准，须调整应纳税所得额。

（7）若实际核销的款项涉及关联方，审查被审计单位是否作出恰当披露。

（8）审查已经确认并转销的坏账重新收回的，其会计处理是否正确。

5.标明应收关联方，包括持股5%以上（含5%）股东的款项，执行关联方及其交易审计程序，并注明合并报表时应予抵消的金额；对关联企业、有密切关系的客户的交易事项作专门核查。

（1）了解交易事项的目的及所应收款项的原因，检查合同等相关文件资料。

（2）向关联方、有密切关系的客户函证，以确认交易的真实性、合理性。

6.审查其他应收款是否已按照企业会计准则的规定在财务报表中作出恰当列报，关注其他应收款是否已按照账龄及单位类别进行披露。

（二）应付股利审计

应付股利的审计目标为：

（1）确定资产负债表中记录的应付股利是存在的。

（2）确定所有应当记录的应付股利均已记录。

（3）确定记录的应付股利是被审计单位应当履行的现时义务。

（4）确定应付股利的金额正确，与之相关的计价调整已恰当记录。

（5）确定应付股利在财务报表中已作出恰当列报。

应付股利的实质性程序如下：

（1）获取或编制应付股利明细表，复核加计是否正确，并与报表数、总账数及明细账合计数核对是否相符。

（2）审阅公司章程、股东大会和董事会会议纪要中有关股利的规定，了解股利分配标准和发放方式是否符合有关规定并经法定程序批准。

（3）审查应付股利的计提是否根据董事会或股东大会决定的利润分配方案，从税后可供分配利润中计算确定，并复核应付股利计算和会计处理的正确性。

（4）审查股利支付的原始凭证的内容、金额和会计处理是否正确。审查现金股利是否按公告规定的时间、金额予以发放。

（5）向主要股东函证，以确定应付股利的真实性和完整性。

（6）审查董事会或类似机构通过的利润分配方案中拟分配的现金股利或利润，是否按规定作账务处理，并已在附注中披露。

（7）审查应付股利的列报是否恰当，是否按主要投资者列示欠付的应付股利金额并说明原因。

（三）预计负债审计

预计负债，是指支出时间和金额不定，但符合负债确认条件的现时义务。预计负债的审计目标为：确定预计负债是否存在；确定预计负债是否完整；确定预计负债的计量是否符合规定；确定预计负债的会计处理是否正确；确定预计负债的披露是否恰当。

预计负债的实质性程序如下：

（1）获取或编制预计负债明细表，复核加计数是否正确，并与报表数、总账数和明细账合计数核对是否相符。

（2）向相关银行函证担保事项。

（3）对已涉诉并已判决的对外担保，取得并审阅相关法院判决书。

（4）对已涉诉但尚未判决的对外担保，取得被审计单位律师或法律顾问的法律意见书。

（5）检查预计负债的估计是否正确，会计处理是否准确。

（6）检查预计负债在财务报表附注中的披露是否充分。

二、无形资产与长期待摊费用审计

（一）无形资产审计

无形资产是指企业拥有或控制的没有实物形态的非货币性资产。无形资产分为可辨认无形资产和不可辨认无形资产。可辨认无形资产包括专利权、非专利技术、商标权、著作权、土地使用权等；不可辨认无形资产是指商誉。无形资产的审计目标为：

（1）确定无形资产是否存在。

（2）确定无形资产是否归被审计单位所有。

（3）确定无形资产增减变动及其摊销的记录是否完整。

（4）确定无形资产减值准备的计提是否正确。

（5）确定无形资产的年末余额是否正确。

（6）确定无形资产在财务报表上的披露是否恰当。

无形资产的实质性程序为：

（1）索取或编制无形资产明细表，复核加计合计数是否正确，并与报表数、总账数和明细账合计数核对是否相符。

（2）获取无形资产的有关协议和董事会纪要等文件资料，检查无形资产的性质、构成内容、计价依据，其所有权是否归被审计单位所有；检查无形资产各项目的摊销政策是否符合有关规定，是否与上期一致。被审计单位若改变摊销政策，检查其依据是否充分。

（3）检查无形资产的增加。对股东投入的无形资产，检查是否符合有关规定，并经过适当的审查批准。无形资产的价值是否分别与验资报告及资产评估结果确认书或合同协议等证明文件一致，会计处理是否正确。对自行取得或购入的无形资产，检查其原始凭证，确认计价是否正确，法律程序是否完备，会计处理是否正确。

（4）检查无形资产转让的会计处理是否正确。特别要检查转让的是所有权还是使用权。

（5）检查本期摊销额是否正确，会计处理是否正确。

（6）检查无形资产减值准备的计提是否正确。

（7）检查无形资产在财务报表及附注中的披露是否充分。

（二）长期待摊费用审计

长期待摊费用是指企业已经支出，但其影响不限于支付当期，因而应由支付当期和以后各受益期共同分摊的费用支出，如租入固定资产的改良支出以及摊销期限在1年以上的其他待摊费用。长期待摊费用的审计目标为：

（1）确定长期待摊费用是否确实存在。

（2）确定长期待摊费用入账和摊销的记录是否完整。

（3）确定长期待摊费用期末余额是否正确。

（4）确定长期待摊费用的摊销政策是否恰当。

（5）确定长期待摊费用减值准备的计提是否正确。

（6）确定长期待摊费用在财务报表上的披露是否恰当。

长期待摊费用的审计程序如下：

（1）获取或编制长期待摊费用明细表，复核其加计数是否正确，并核对其期末合计数与报表数、总账数和明细账合计数是否相符。

(2) 抽查重要的原始凭证，检查长期待摊费用增加的合法性和真实性，查阅有关合同、协议等资料和支出凭证，检查其是否经过授权批准，会计处理是否正确，是否存在应计入期间费用的支出。

(3) 检查摊销政策是否符合会计准则的规定，复核并计算摊销额及相关的会计处理是否正确，前后期是否保持一致，是否存在随意调节利润的情况。

(4) 检查长期待摊费用在资产负债表上的披露是否恰当。

三、管理费用等利润表相关账户的审计

(一) 管理费用审计

管理费用是指公司为组织和管理企业生产经营所发生的费用，主要包括公司经费、工会经费、中介机构费用、董事会经费、咨询费、诉讼费、业务招待费、技术转让费、研发费用（在利润表中单独列示）等。

管理费用的审计目标是：确定管理费用确实已经发生；确定管理费用的记录是否完整；确定管理费用的金额是否正确；确定管理费用在利润表上的披露是否恰当。

管理费用的实质性程序为：

(1) 获取或编制管理费用明细表，复核其加计数是否正确，并与报表数、总账数和明细账合计数核对是否相符。

(2) 检查其明细项目的设置是否符合会计准则规定的核算内容与范围。

(3) 将本期、上期管理费用各明细项目作比较分析，必要时比较本期各月份的管理费用，对有重大波动和异常情况的项目，应查明原因，必要时作适当的调整。

(4) 选择管理费用中数额较大，以及本期与上期相比变化异常的项目追查至原始凭证。

(5) 检查管理费用有无跨期入账的现象，对于重大跨期项目，应作必要的调整。

(6) 检查管理费用在利润表上的披露是否恰当。按照财务报表列报的规定，研发费用需要在利润表中单独列报。

(二) 营业外收入审计

营业外收入，是指企业取得的与生产经营活动没有直接关系的各种收入，主要包括罚没收入、与企业日常活动无关的政府补助、捐赠利得及无法支付的应付款项等。

营业外收入的审计目标是：确定营业外收入是否发生；确定营业外收入的记录是否完整；确定营业外收入的计算是否正确；确定营业外收入在利润表的披露是否恰当。

营业外收入的实质性程序如下：

(1) 获取或编制营业外收入明细表，复核其加计数是否正确，并与报表数、总账数和明细账合计数核对是否相符。

(2) 检查营业外收入明细项目的设置是否符合规定的核算内容与范围，是否划清营业外收入与其他收入的界限。

(3) 结合递延收益审计，检查政府补助的批准文件，复核收入的性质、金额、入账时间是否正确，是否有记入“其他收益”科目的政府补助仍然记入了本科目。

(4) 结合相关资产的盘点及监盘资料，检查盘盈金额计算是否正确，是否获得必要的审批程序，抽查相关原始凭证，审核其内容的真实性和依据的充分性，检查会计处理是否符合相关规定。审计时注意，是否有固定资产或存货盘盈错误记入本科目——固定资产盘盈应当按照重置成本记入“以前年度损益调整”科目；存货盘盈应当冲减“管理费用”科目。

(5) 检查与捐赠利得相关的原始凭证，确定相应的税金是否提取，金额计算及账务处理是否正确。

(6) 结合相关科目审计，检查其他与营业外收入相关的入账金额及会计处理是否正确。

(7) 抽取资产负债表日前后____天的____张凭证，实施截止测试，若存在异常迹象，应考

虑是否有必要追加审计程序，对于重大跨期项目，应作必要调整。

（8）检查营业外收入是否已按照企业会计准则的规定在财务报表中作出恰当列报。

（三）营业外支出审计

营业外支出，是指企业发生的与生产经营活动没有直接关系的各种支出，主要包括罚款支出、公益性捐赠支出、非常损失、非流动资产毁损报废损失以及其他应记入本科目的支出等。

营业外支出的审计目标是：确定营业外支出是否发生；确定营业外支出的记录是否完整；确定营业外支出的计算是否正确；确定营业外支出的披露是否恰当。

营业外支出的实质性程序如下：

（1）获取或编制营业外支出明细表，复核其加计数是否正确，并与报表数、总账数和明细账合计数核对是否相符。

（2）检查营业外支出明细项目的设置是否符合规定的核算内容与范围，是否划清营业外支出与其他费用的界限。

（3）检查公益性捐赠支出的会计处理是否正确，注意公益性捐赠资产已计提的减值准备是否结转。检查公益性捐赠是否按税法的规定进行企业所得税纳税调整。

（4）对非常损失应详细检查被审计单位实际损失和保险理赔情况及审批文件。检查会计处理是否正确。

（5）对于因固定资产盘亏、非流动资产毁损发生的净损失，检查是否按管理权限报经批准后处理，会计处理是否正确。

（6）检查公益性捐赠支出、税收滞纳金、罚金、罚款支出、各种赞助费支出是否进行应纳税所得额调整。

（7）抽取资产负债表日前后____天的____张凭证，实施截止测试，若存在异常迹象，应考虑是否有必要追加审计程序，对于重大跨期项目，应作必要调整。

（8）检查营业外支出是否已按照企业会计准则的规定在财务报表中作出恰当列报。

（四）所得税费用审计

所得税费用，是指根据企业会计准则的要求确认的应从当期利润总额中扣除的所得税费用，包括当期所得税费用和递延所得税费用（或收益）。

所得税费用的审计目标是：确定利润表中记录的所得税费用是否已发生，且与被审计单位是否有关；确定所有应当记录的所得税费用是否均已记录；确定与所得税费用有关的金额及其他数据是否准确；确定所得税费用是否记录于正确的会计期间；确定被审计单位记录的所得税费用是否记录于恰当的账户；确定所得税费用是否已按照企业会计准则的规定在利润表中作出恰当列报。

所得税费用的实质性程序主要包括：

（1）获取或编制所得税费用明细表，复核加计是否正确，并与报表数、总账数和明细账合计数核对是否相符。

（2）检查被审计单位所得税费用核算所采用的会计政策是否为资产负债表债务法。

（3）根据审计结果和税法的规定，核实当期的纳税调整事项，确定应纳税所得额，结合对应交税费——应交所得税的审计，计算当期所得税费用，检查会计处理是否正确；应纳税所得额为负数的，应检查形成负数的年份与金额，必要时，取得经税务机关审核的前5年应纳税所得额，以确定可以以当期利润弥补的亏损额。

（4）根据资产及负债的账面价值与其计税基础之间的差异，以及未作为资产和负债确认的项目的账面价值与按照税法的规定确定的计税基础的差异，结合递延所得税资产和递延所得税负债的审计，计算递延所得税资产、递延所得税负债期末余额，并根据递延所得税资产、递延所得税负债的期初余额，倒轧出递延所得税费用（收益）本期发生额，并检查会计处理是否正确。

（5）检查被审计单位当期所得税和递延所得税作为所得税费用或收益计入当期损益中，是否包括下列不应计入当期损益的所得税，如有，应提请被审计单位调整：

① 企业合并。

② 直接在所有者权益中确认的交易或者事项。

(6) 将当期所得税费用与递延所得税费用之和与利润表上的“所得税费用”项目金额核对。

(7) 检查所得税费用是否已按照企业会计准则的规定在财务报表中作出恰当列报：

① 所得税费用（收益）的主要组成部分。

② 所得税费用（收益）与会计利润关系的说明。

□ 复习思考题

1. 短期借款和长期借款的实质性程序有哪些？

2. 财务费用的实质性程序有哪些？

3. 如何实施股本或实收资本的实质性程序？

4. 资本公积、盈余公积、未分配利润的实质性程序有哪些？

5. 如何实施投资的实质性程序？

6. 如何实施所得税费用的实质性程序？

本章要旨及
测试题

第十七章

货币资金审计

第一节　货币资金与业务循环概述

一、货币资金的特点

货币资金是企业流动性最强的资产，是企业进行生产经营必不可少的物质条件。企业的生产经营过程，实质上就是货币资金的垫支、支付过程和货币资金的收回、分配过程的结合。因此，企业的全部经营活动都可以通过货币资金表现出来，同时货币资金也是不法分子盗窃、贪污、挪用的重要对象。

货币资金项目审计是企业资产负债表审计的一个重要组成部分，主要包括库存现金、银行存款和其他货币资金的审计。由于货币资金较容易产生舞弊，因此，货币资金的审计风险较高，需要花费的时间较长，涉及面也较广。

二、货币资金涉及的凭证和会计记录

货币资金涉及的凭证和会计记录主要包括：

（1）库存现金盘点表。

（2）银行对账单。

（3）银行存款余额调节表。

（4）有关科目的记账凭证（如库存现金收付款凭证、银行收付款凭证）。

（5）有关会计账簿（如库存现金日记账、银行存款日记账）。

三、货币资金审计同各交易循环测试之间的关系

货币资金的余额同各交易循环中的业务活动存在着密切的关系。一些最终影响货币资金的错误只有通过销售、采购、投资和筹资的交易循环的审计测试才会发现。例如，未给顾客开发票、未按销售额开发票、两次支付卖方发票或支付未经验收的货物或劳务等，在现金余额测试中都不会发现。但是限制货币资金付款和货币资金收款的错误可在货币资金的业务控制测试中发现，或通过对其余额测试程序发现。例如，对已记录的现金支出通过缺省支票达到贪污的目的，或现金的截止期错误，这些均可通过检查现金业务发现。货币资金审计同各交易循环测试之间的关系如图17-1所示。

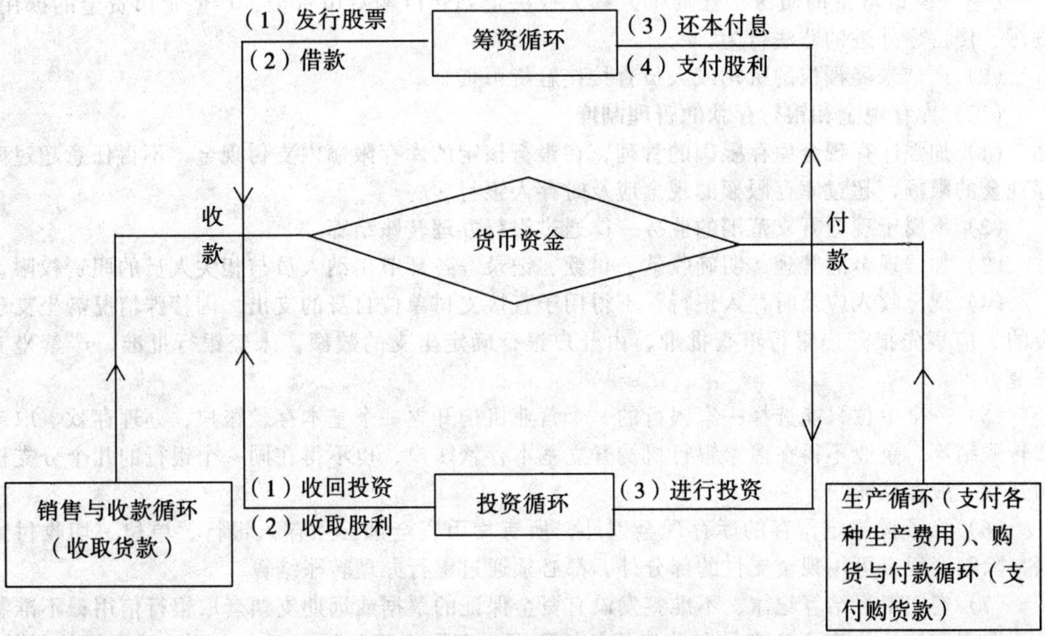

图17-1　货币资金审计同各交易循环测试之间的关系

第二节　货币资金内部控制及其测试

一、内部控制要点

为了确保货币资金的安全与完整，保证货币资金的收付符合国家的有关规定，保证货币资金的会计记录正确、可靠，被审计单位应当根据国家有关法律、法规的规定，结合本部门或系统有关货币资金内部控制的规定，建立适合本单位业务特点和管理要求的货币资金内部控制，并组织实施。一般而言，货币资金内部控制包括：

（一）岗位分工及授权批准制度

（1）建立货币资金业务的岗位责任制，明确相关部门和岗位的职责、期限，确保办理货币资金业务的不相容岗位相互分离、制约和监督；出纳人员不得兼管稽核，会计档案保管和收入、支出、费用、债权、债务账目的登记工作；不得由一人负责货币资金业务的全过程。

（2）配备合格的人员办理货币资金业务，并定期进行岗位轮换。

（3）对货币资金业务建立严格的授权批准制度，明确审批人对货币资金业务的授权方式、权限、程序、责任和相关控制措施，规定经办人员办理货币资金业务的职责范围和工作要求。

（4）审批人应当根据货币资金授权批准制度的规定，在授权范围内进行审批，不得超越审批权限。经办人应当在职责范围内，按照审批人的批准意见办理货币资金业务。未经授权的部门和人员一律不得办理货币资金业务。

（5）货币资金收入必须及时入账，不得私设“小金库”，不得账外设账，严格禁止收款不入账的违法行为。经办销售业务的人员不得同时经办收款业务。

（6）按照规定的程序（如支付申请、支付审批、支付复核、办理支付）办理货币资金支付业务。

（7）对于主要货币资金支付业务，应当实行集体决策和审批制度，停止对货币资金支付

“一支笔”决策审批的做法。任何个人都无权决定划转巨额货币资金，严防货币资金的挪用、贪污、侵占、外逃的非法行为。

（8）严禁未经授权的机构或人员直接接触货币资金。

（二）库存现金和银行存款的管理制度

（1）加强库存现金库存限额的管理，在银行核定的库存限额内支付现金，不得任意超过库存现金的限额，超过库存限额的现金应及时存入银行。

（2）不属于现金开支范围的业务一律通过银行办理转账结算。

（3）加强现金的管理，明确收款、付款、记录等各环节出纳人员与相关人员的职责权限。

（4）现金收入应及时存入银行，不得用于直接支付单位自身的支出，因特殊情况需坐支现金的，应事先报开户银行审查批准，由开户银行确定坐支的数额，未经银行批准，严禁坐支现金。

（5）一个单位只能选择一家银行的一个营业机构开立一个基本存款账户，办理存款、取款和转账结算。企业不得在多家银行机构开立基本存款账户，也不得在同一个银行的几个分支机构开立一般存款账户。

（6）除了按规定留存的库存现金以外，所有货币资金都必须存入银行，单位一切收付款项，除制度规定可用现金支付的部分外，都必须通过银行办理转账结算。

（7）遵守银行结算纪律，不准签发没有资金保证的票据或远期支票套取银行信用；不准签发、取得和转让没有真实交易和债权债务的票据，套取银行和他人现金；不准无理拒绝付款，任意占用他人资金；不准违反规定开立和使用银行账户。

（8）及时核对银行账户，确保银行存款账面余额与银行对账单相符。对银行账户核对过程中发现的未达账项，应查明原因，及时处理。

（9）定期和不定期地进行现金盘点，确保现金账面余额与实际库存相符。不得以白条抵库和挪用现金。

（三）票据及有关印章的保管制度

（1）单位应加强货币资金票据（银行汇票、银行本票等）的管理，明确各种票据的购买、保管、领用、注销等环节的职责权限和程序，并专设登记簿进行记录，防止空白票据的遗失和盗用。

（2）单位应加强银行预留印鉴的管理。财务专用章应由专人管理，个人名章必须由本人或其授权人员保管。严禁一人保管支付款项所需的全部印章。

（四）监督检查制度

单位应当建立对货币资金业务的监督检查制度，明确监督检查机构或人员的职责权限，定期或不定期地对货币资金的安全进行检查。

二、控制测试

（一）了解货币资金的内部控制

注册会计师在进行货币资金的控制测试时，首先要通过查阅被审计单位的有关规章制度等重要文件，现场观察被审计单位的有关业务活动，询问被审计单位有关人员等方法获取被审计单位内部控制的资料（如为再度审计，还可查阅以前年度有关的审计工作底稿），以掌握被审计单位有关内部控制的情况，并对所掌握的情况进行适当的记录（或称描述）。通常，被审计单位若是大中型企业，由于其货币收支的业务量较多，人员分工较细，故可采用编制货币资金的内部控制流程图的方法来记录被审计单位货币资金内部控制的情况；对于小型企业，由于其业务处理流程较为简单，则可以用文字叙述的方法对其内部控制情况予以记载。

表17-1列示了货币资金内部控制调查表的格式。

表17-1　**货币资金内部控制调查表**

20×9 年 1 月 12 日

提出问题	是	否	不适用	备注
1.每日收入是否及时存入银行				
2.现销是否核对发票、销货单				
3.银行加盖印章的送款单回单联是否退还给非编制送款单人员				
4.是否核对送款单回单联与现金记录				
5.是否由独立人员复核收入明细账和会计记录				
6.出纳人员是否参与：				
(1) 编制销售发票				
(2) 核准折让和销售退回				
(3) 签发应收票据				
(4) 签发支票				
7.是否所有支票均事先按顺序编号				
8.是否将作废支票加盖“作废”印章以防止重复使用				
9.未使用支票是否恰当控制				
10.签发支票是否经过授权				
11.签发支票时是否依据核准的发票或其他必需文件				
12.签发支票人员是否参与：				
(1) 核准现金支出				
(2) 记录现金收入				
(3) 管理备用金				
13.支票签发后是否将所附发票或其他文件加盖“付讫”印章				
14.填制支票与核准发票是否由两名不同人员执行				
15.是否每月调节银行对账单				
16.编制调节表人员是否：				
(1) 核验所有支票号码				
(2) 审查签章现金支票				
17.银行间资金转账是否被适当、及时地记录				

注册会计师签字：　　　　　　　　　　　　被审计单位复核人员签字：

（二）初步评价内部控制的风险

注册会计师在重点了解是否存在货币资金业务不相容岗位混岗的现象、是否存在审批手续不健全、是否存在越权审批等内部控制不完善的现象，并对其重大错报风险进行评估之后，应对货币资金账户和交易（如记录是否完整，金额或金额的计价是否正确，披露是否充分）所涉及的控制风险作出初步评估。在对控制风险作出初步评估的时候，注册会计师应当遵循稳健性的原则，宁可高估风险不可低估风险。如果控制风险不可接受，注册会计师应该不实施控制测试，直接进行实质性程序。

（三）测试货币资金的内部控制

货币资金的内部控制一般包括如下内容：

1.检查一定期间的库存现金、银行存款日记账及其相关账户的记录

在检查某一特定时期的库存现金、银行存款日记账时，注册会计师应根据日期和凭证号栏的记载，查明是否以记账凭证为依据逐笔序时登记并结出余额，有无前后日期和凭证号前后顺序颠倒的情况；根据摘要栏、金额栏和对方科目栏的记载，判断经济业务的会计处理、会计科目的使用是否恰当；根据结存余额栏的记录，查明是否有异常红字，原因是什么。在检查日记账的过程中，还应注意库存现金和银行存款日记账提供的线索，审查总账的库存现金、银行存款、应收账款、应付账款等有关账户的记录。库存现金与银行存款日记账审查的范围和广度，视内部控制流程图和其他各方面的情况综合考虑而定；如果在检查中发现严重问题，注册会计

师应视情况扩大工作范围或改变实质性程序。

2.抽取并审查收款凭证

在检查库存现金与银行存款日记账的基础上，还必须按货币资金收款凭证的类别，选取适当的样本量，进行如下检查：

（1）将收款凭证与销售发票等相关的原始凭证核对。

（2）将收款凭证与库存现金、银行存款日记账的收入金额、日期核对。

（3）将收款凭证与银行存款簿、银行对账单核对。

（4）将收款凭证与应收账款等相关明细账的有关记录核对。

3.抽取并审查付款凭证

为测试货币资金付款的内部控制，注册会计师还必须按货币资金付款凭证的类别，选取适当的样本量，进行如下检查：

（1）检查付款的授权批准手续是否符合规定。

（2）将付款凭证与购货发票、报销单据等相关的原始凭证核对。

（3）将付款凭证与库存现金、银行存款日记账的支出金额、日期核对。

（4）将付款凭证与银行对账单核对。

（5）将付款凭证与应付账款等相关明细账的有关记录核对。

4.抽取一定期间的银行存款余额调节表，查验其是否按月正确编制并经复核

为证实银行存款记录的正确性，注册会计师必须抽取一定期间的银行存款余额调节表，将其同银行对账单、银行存款日记账及总账进行核对，确定被审计单位是否按月编制并复核银行存款余额调节表。

5.检查外币资金的折算方法是否符合有关规定，是否与上年度一致

对于有外币货币资金的被审计单位，注册会计师应检查其外币库存现金日记账、外币银行存款日记账及“财务费用”“在建工程”等账户的记录，确定企业有关库存现金、银行存款的增减变动部分是否按业务发生时的市场汇率或业务发生当期期初的市场汇率折算为记账本位币，选取方法是否前后期保持一致；检查企业的外币库存现金、银行存款账户的余额是否按期末市场汇率折算为记账本位币金额，有关汇兑损益的计算和记录是否正确。

（四）评价货币资金的内部控制

注册会计师在完成上述控制测试程序后，即可对被审计单位货币资金的内部控制及其实施情况进行评价。在评价过程中，既要分析其内部控制过程中的薄弱环节和缺点，又要确定其内部控制过程中的较强环节和优点，并据此对原定的审计程序加以修改和变动，最后确定实质性程序的具体审计程序和重点。

第三节 现金审计

一、现金审计目标

现金是指企业的库存现金，包括人民币现金和外币现金。现金是企业流动性最强的资产，尽管现金在企业资产总额中所占的比重不大，但企业发生的许多舞弊事件大都与现金有关，因此，对现金的审计通常是注册会计师不可忽视的环节。

现金审计的目标包括：

（1）确定被审计单位现金在财务报表日是否存在，是否为被审计单位所拥有。

（2）确定被审计单位在特定期间内发生的现金收支业务是否均已记录，有无遗漏。

（3）确定现金余额是否正确。

（4）确定现金在财务报表上的披露是否恰当。

二、现金的实质性程序

现金的实质性程序一般包括如下：

（一）核对库存现金日记账余额与总账余额是否相符

注册会计师在审查库存现金余额时，首先应做的是核对库存现金日记账余额与总账余额两者是否相符。如果不相符，注册会计师应查明原因，将其作为继续审查库存现金余额的基础。

（二）分析程序

注册会计师应比较现金余额的本期实际数与预算数以及上年度账户余额的差异变动，还要比较有关项目的一些比率（如流动比率、速动比率、现金比率等）的变动情况。对本期数字与上期实际数或本期预算数的异常差异或显著波动必须进一步追查原因，确定审计重点。

（三）监督盘点库存现金

监督盘点库存现金是证实资产负债表所列库存现金是否存在的一项重要程序。注册会计师通常采用突击检查的方式会同被审计单位会计主管人员和出纳员盘点库存现金，并编制“库存现金监盘表”（见表17-2）。

表17-2　　**库存现金监盘表**

被审计单位：S公司	索引号：6101-1-1
项目：库存现金监盘表	财务报表截止日：2018年12月31日
编制：吴军	复核：孙仁
日期：2019年1月12日	日期：2019年1月13日

检查盘点记录				实有库存现金盘点记录				
					人民币		美元	
项目	项次	人民币元	美元	面额	张	金额	张	金额
上一日账面库存余额	①	8 394.00		100	80	8 000.00		
盘点日未记账传票收入金额	②			50	6	300.00		
盘点日未记账传票支出金额	③			10	6	60.00		
盘点日账面应有金额	④=①+②-③	8 394.00		5	2	10.00		
盘点实有库存现金数额	⑤	8 394.00		2				
盘点日应有与实有差异	⑥=④-⑤	0		1	24	24.00		
差异原因分析：白条抵库（张）				0.5				
				0.2				
				0.1				
				合计		8 394.00		
追溯调整：报表日至审计日库存现金付出总额		631 974.00						
报表日至审计日库存现金收入总额		640 000.00						
报表日库存现金应有余额		368.00						
报表日账面汇率								
报表日余额折算本位币金额		368.00						
本位币合计		8 394.00						

出纳员：略　　会计主管人员：略　　监盘人：吴军　　检查日期：2019年1月12日

审计结论：

针对库存现金，我们采取了突击监盘的方式。

经检查没有发现：账外资金、充抵库存现金的借条、未提现支票、未作报销的凭证。

截至2018年12月31日库存现金账实相符

"库存现金监盘表"须分币种、面值列示库存现金的数量及金额，并将盘点余额同库存现金日记账核对，如有差异，应查明原因，并作出记录或适当调整。对于盘点中发现的充抵库存现金的借条、未提现支票、未作报销的收据和发票，要在"库存现金盘点表"中加以说明或作出必要的调整。一般而言，现金盘点日在结账日（资产负债表日）之后，故注册会计师还需根据结账日至盘点日所有现金收支倒推计算出结账日金额。

注册会计师在监盘库存现金时，应该注意如下问题：

（1）监盘包括现场监督被审计单位现金保管人员的盘点和注册会计师的必要复盘。

（2）注册会计师或其助理人员在复盘时，必须让现金保管人员始终在场，盘点表应有盘点完毕交回库存现金保管人的说明。

（3）不同地点的库存现金应同时监盘。

在盘点之前，所有的库存现金、可流通的票据和有价证券应置于注册会计师或其助理人员的控制之下，直到库存现金盘点完毕，以防止经办人员转移这些资产或用其掩盖现金短缺。

（四）验证现金收支的截止日期，并审查截止日期前后的现金收支情况

被审计单位资产负债表上的库存现金（列示于资产负债表的货币资金项下）的数额，应以结账日实有数额为准。因此，注册会计师必须审查验证被审计单位库存现金收支的截止日期，以防止将属于本期的库存现金收支记入下期，或将属于下期的库存现金收支记入本期，从而防止被审计单位高估或低估库存现金的余额，以达到隐瞒某些事实真相的目的。为了达到上述审计目标，注册会计师首先应做好被审计单位结账日的库存现金盘点工作，然后对结账日前后的一段时间内的库存现金收支凭证进行审计，以确定其是否存在跨期现象。

（五）审查外币现金的折算是否正确

对于有外币现金收支业务的被审计单位，注册会计师应审查被审计单位对外币现金的收支是否按所规定的汇率折算为记账本位币金额；外币现金的期末余额是否按期末市场汇率折算为记账本位币金额；外币折算差额是否按规定记入有关账户。

（六）抽查大额库存现金收支

注册会计师应抽查大额的库存现金收支的原始凭证内容是否完整，有无授权批准，并核对相关账户的记账情况，如有与被审计单位生产经营无关的收支事项，应查明原因并作适当的记录。

（七）确定现金是否在资产负债表上恰当地披露

根据企业会计准则的规定，库存现金应在资产负债表上的"货币资金"项目下同银行存款及其他货币资金合并反映。注册会计师在实施上述审计程序后，确定库存现金账户的期末余额是否正确，是否在资产负债表上的"货币资金"项目下恰当地披露。

第四节　银行存款审计

一、银行存款审计目标

银行存款是指企业存放在银行或其他金融机构的货币资金。按照国家有关规定，凡是独立核算的企业都必须在当地银行开设账户。企业在银行开设账户以后，除按核定的限额保留库存现金外，超过限额的现金必须存入银行；除了在规定的范围内可以用现金直接支付的款项外，在经营过程中所发生的一切货币收支业务，都必须通过银行存款账户进行结算。

银行存款审计目标包括：

（1）确定被审计单位银行存款在资产负债表日是否存在，是否为被审计单位所拥有。

（2）确定被审计单位在特定期间内发生的银行存款收支业务是否均已记录完毕，有无遗漏。

（3）确定银行存款余额是否正确。

（4）确定银行存款在财务报表上的披露是否恰当。

二、银行存款的实质性程序

银行存款的实质性程序一般包括以下几个方面：

（一）核对银行存款日记账余额与总账余额是否相符

注册会计师在审查银行存款余额时，首先应做的是核对银行存款日记账余额与总账余额两者是否相符。如果不相符，注册会计师应查明原因，将其作为继续审查银行存款余额的基础。

（二）分析程序

注册会计师应比较银行存款的本期实际数与预算数，以及上年度账户余额的差异变动，对本期数与上期实际数或本期预算数的异常差异或显著波动必须进一步追查原因，确定审计重点。尤其应注意的是银行存款中定期存款所占的比重，以确定企业是否存在高息资金拆借。如存在高息资金拆借，应进一步分析这些资金的安全性。

（三）审查银行存款余额调节表

审查结算日银行存款余额调节表是证实资产负债表所列货币资金中银行存款是否存在的一个重要方法。注册会计师对银行存款余额调节表的审计主要包括：

1.核实银行存款余额调节表数据计算的正确性

注册会计师对银行存款余额调节表数据计算正确性的核实，主要应从以下几个方面来进行：

（1）将银行对账单、银行存款日记账和总账上的结账日余额与银行存款余额调节表上调节前的相应余额相核对，验证调节表上的列示是否正确。

（2）将银行对账单记录与银行存款日记账逐笔核对，核实调节表上各调节项目的列示是否真实、完整，任何漏记、多记调节项目的现象都应引起注册会计师的高度警惕。

（3）在核实银行存款日记账账面余额和银行对账单余额的基础上，复核上述未达账项及其加减调节情况，并验证调节后两者的余额计算是否正确、是否相符。如不相符，说明其中一方或双方存在记账差错，应进一步追查原因、扩大测试范围。

2.调查未达账项的真实性

未达账项的真实性调查主要包括以下几个方面：

（1）列示未兑现支票清单，注明开票日期和收款人姓名或单位，并调查金额较大的未兑现支票、可提现的未兑现支票，以及注册会计师认为较为重要的未兑现支票。

（2）追查截止日期银行对账单上的在途存款，并在银行存款余额调节表上注明存款日期。

（3）审查直至截止日银行已收、被审计单位未收的款项的性质及其款项来源。

（4）审查直至截止日银行已付、被审计单位未付的款项的性质及其款项来源。

对于未达账项（包括银行方面和企业方面），一般应追查至此年初的银行对账单，查明年终的银行对账单和未达账项，并从日期上进一步判断业务发生的真实性，注意有无利用未达账项来掩饰某种舞弊的行为。

一般而言，银行存款余额调节表应由被审计单位编制，并向注册会计师提供，但在某些情况下（如被审计单位内部控制比较薄弱），注册会计师也可以亲自编制银行存款余额调节表，以证实被审计单位所列货币资金中所含银行存款的金额。银行存款余额调节表审计工作底稿的格式见表17-3。

需要指出的是，对于其他货币资金，为了确定其真实性，同样可以向被审计单位或其开户银行索取对账单，核对各种存款的账面余额，对其未达账项编制其他货币资金余额调节表进行调节并加以审查，其具体审查方法同上述银行存款的审查方法无异。

表17-3 **银行存款余额调节表审计工作底稿**

单位名称：S公司 开户银行：工行 账号：略 单位：元

项 目	金 额	备 注
银行对账单余额	930 000	
加：企业已收，银行尚未入账金额	54 000	
其中：1. 2. 3.		
减：企业已付，银行尚未入账金额	134 000	
其中：1. 2. 3.		
调节后银行对账单余额	850 000	
企业银行存款日记账余额	841 200	
加：银行已收，企业尚未入账金额	50 800	
其中：1. 2. 3.		
减：银行已付，企业尚未入账金额	42 000	
其中：1. 2. 3.		
调节后企业银行存款日记账余额	850 000	

经办会计人员（签字）： 会计主管（签字）：

审计结论：

S公司拥有6个银行账户，截至2018年12月31日，S公司各银行账户的银行存款日记账余额与银行对账单余额，经调节一致。

（四）函证银行存款余额

函证银行存款余额是证实资产负债表所列货币资金（库存现金、银行存款、其他货币资金）是否存在的又一重要方法。通过向往来银行函证，注册会计师不仅可以了解被审计单位资产的存在情况，还可以了解被审计单位所欠银行的债务，发现被审计单位未登记的银行负债，以及被审计单位应披露的或有负债等。

虽然注册会计师可以从被审计单位内部获取银行对账单，了解其银行存款的实有数额，但一般而言，要确定某一特定日期银行存款的金额，注册会计师仍需向被审计单位的开户银行进行函证。为了全面调查被审计单位的银行存款数额，注册会计师应向被审计单位在本年度的所有开户银行（包括被审计单位银行存款账户余额为零或已结清的开户银行）同时发函，询证被审计单位的银行存款实有数额。被审计单位银行存款账户余额为零，可能是由于串户或其他差错等所致；即使被审计单位的某个开户银行已经结清，也可能存在贷款尚未归还的情况。

根据关于进一步规范银行函证及回函工作的通知（自2021年1月1日起施行）文件，各商业银行、政策性银行、外资银行以及非银行金融机构要在收到符合规定的询证函之日起10个工作日内，根据函证的具体要求，及时回函，并可按国家有关规定收取询证费用。向被审计单位开户银行的询证函参考格式（适用于财务报表审计业务）见表17-4。

表17-4

审计业务银行询证函

编号：

××（银行）：

本公司聘请的______会计师事务所（特殊普通合伙）正在对本公司____年度（或期间）的财务报表进行审计，按照中国注册会计师审计准则的要求，应当询证本公司与贵行相关的信息。下列第1～14项信息出自本公司的记录：

（1）如与贵行记录相符，请在本函“结论”部分签字、签章；

（2）如有不符，请在本函“结论”部分列明不符项目及具体内容，并签字和签章。

本公司谨授权贵行将回函直接寄至会计师事务所（特殊普通合伙），地址及联系方式如下：

回函地址： 邮编：

联系人： 电话： 传真：

电子邮箱：

本公司谨授权贵行可从本公司________________账户支取办理本询证函回函服务的费用。

截至____年__月__日，本公司与贵行相关的信息列示如下：

1.银行存款①

金额单位：元

账户名称	银行账号	币种	利率	账户类型	余额	起止日期①	是否用于担保或存在其他使用限制	备注
S公司	340020370902420	人民币	0.35%	基本户	18 656 818.55	活期	否	
S公司	34002037091126	美元	0.05%	基本户	1 639 801.91	活期	否	

除上述列示的银行存款外，本公司并无在贵行的其他存款。

2.银行借款②

金额单位：元

借款人名称	银行账号	币种	本息余额	借款日期	到期日期	利率	抵（质）押品/担保人	备注
S公司	340020390202256	人民币	20 000 000.00	2016-03-05	2017-02-20	4.35%	无	
S公司	340020510203758	人民币	20 000 000.00	2016-04-24	2017-04-24	4.75%	无	

除上述列示的银行借款外，本公司并无自贵行的其他借款。

3.自____年__月__日起至____年__月__日期间内注销的账户

账户名称	银行账号	币种	注销账户日
无			

4.本公司作为贷款方的委托贷款

账户名称	银行账号	资金借入方	币种	利率	余额	贷款起止日期	备注
无							

5.本公司作为借款方的委托贷款

账户名称	银行账号	资金借出方	币种	利率	金额	贷款起止日期	备注
无							

① “起止日期”一栏仅适用于定期存款，如为活期或保证金存款，可只填写“活期”或“保证金”字样。

② 此项仅函证截至资产负债表日本公司尚未归还的借款。

续表

6.担保（包括保函）

（1）本公司为其他单位提供的、以贵行为担保受益人的担保

被担保人	担保方式	担保余额	担保到期日	担保合同编号	备注[①]

无

（2）贵行向本公司提供的担保

被担保人	担保方式	担保金额	担保到期日	担保合同编号	备注

无

7.本公司为出票人且由贵行承兑而尚未支付的银行承兑汇票

银行承兑汇票号码	承兑银行名称	结算账户账号	票面金额	出票日	到期日

无

8.本公司向贵行已贴现而尚未到期的商业汇票

商业汇票号码	付款人名称	承兑人名称	票面金额	出票日	到期日	贴现日	贴现率	贴现净额

无

9.本公司为持票人且由贵行托收的商业汇票

商业汇票号码	承兑人名称	票面金额	出票日	到期日

无

10.本公司为申请人，由贵行开具的、未履行完毕的不可撤销信用证

信用证号码	受益人	信用证金额	到期日	未使用金额

无

11.本公司与贵行之间未履行完毕的外汇买卖合约

类别	合约号码	买卖币种	未履行的合约买卖金额	汇率	交收日期
贵行卖予本公司					
本公司卖予贵行					

无

12.本公司存放于贵行的有价证券或其他产权文件

有价证券或其他产权文件名称	产权文件编号	数量	金额

无

13.本公司购买的由贵行发行的未到期银行理财产品

产品名称	产品类型	认购金额	购买日	到期日	币种

无

① 如采用抵押或质押方式提供担保，应在备注中说明抵押或质押物情况。

续表

14.其他

此项应填列注册会计师认为重大且应予函证的其他事项，如欠银行的其他负债或者或有负债、除外汇买卖外的其他衍生交易、贵金属交易等。

（预留印鉴）

年　月　日
经办人：
职　务：
电　话：

以下由被询证银行填列
结论：

经本行核对，所函证项目与本行记载信息相符。特此函复。 年　月　日　　经办人：　　职务：　　电话： 复核人：　　职务：　　电话： （银行盖章）
经本行核对，存在以下不符之处。 年　月　日　　经办人：　　职务：　　电话： 复核人：　　职务：　　电话： （银行盖章）

注册会计师可根据审计的需要，从本函所列第1～14项中选择所需询证的项目，对于不适用的项目，应当将该项目中的表格用斜线划掉。应当注意的是，为了确保函证的可靠性，银行询证函应由被审计单位加盖骑缝章。

在审计实践中，由于被审计单位开户银行一般都在同城，可以采取审计人员由被审计单位出纳陪同亲自到被审计单位开户银行函证的方式进行，但是审计工作底稿要明确记录跟函的过程并由相关人员签字。

（五）验证银行存款收支的截止日期

验证银行存款收支的截止日期，并审查截止日期前后的银行存款收支情况。被审计单位资产负债表上的银行存款的数额，应以结账日实有数额为准。因此，注册会计师必须审查验证被审计单位银行存款收支的截止日期，以防止将属于本期的银行存款收支记入下期，或将属于下期的银行存款收支记入本期，从而防止被审计单位高估或低估其银行存款的数额，以达到隐瞒某些事实真相的目的。

为了达到上述审计目标，注册会计师应确定结束日签发的最后一张支票的顺序号码，并查询在此号码之前所有签发的支票是否均已交付被审计单位的有关客户。注册会计师还应向被审计单位开户银行索取由银行编制的以结算日后7~10天为截止日的银行对账单，以查明是否存在下述情况：

（1）年终未兑现的支票的实际付出日期是否离签发日期过长。

（2）当被审计单位在多家银行开户时，是否存在挪用补空的现象。

所谓挪用补空是指，故意在结算日将银行存款从一家银行转移到另一家银行，利用存款和收款的时间间隔造成银行存款余额暂时高估，以掩饰货币资金短缺或达到粉饰财务报表的目的。一般而言，注册会计师通过结算日前后一周左右时间的银行存款调拨表（见表17-5），即可查出被审计单位的挪用补空问题。下面举例说明挪用补空的几种情况。

第一种情况，挪用补空掩饰资金短缺。上例1120392号支票就是被审计单位出纳人员为掩饰资金短缺而实施挪用补空手法的例子。11月10日，该单位出纳人员利用职务之便，私自将

650 000元拆借给其亲友，而账面上却未作反映。由于其亲友直到年末仍未将款项归还，致使企业账面出现亏空。为掩饰这一事实，其便开出上述支票，将企业银行存款日记账的收款日延至下年，本年只记支出，方使银行存款日记账与银行对账单的金额保持一致。

表17-5 **银行存款调拨表**

被审计单位：ABC有限公司 结账日：2018年12月31日 单位：元

银行账户				支付日期		收入日期	
支票号码	来自	转入	金额	企业记账日	银行支付日	企业记账日	银行收入日
1120391	工行户	中行户	800 000	12月29日	12月30日	12月29日	12月31日
1120392	工行户	中行户	650 000	12月29日	12月30日	1月6日	12月31日
1120393	工行户	中行户	400 000	1月3日	12月29日	12月29日	12月30日
1120394	农行户	交行户	900 000	1月5日	12月30日	12月31日	12月31日

审查人员：梅林 执行日期：2019年1月13日 复核人员：海涛 复核日期：2019年1月17日

第二种情况，挪用补空用于高估货币资金、粉饰财务状况。1120393号支票被用于被审计单位从工商银行调度400 000元到中国银行。从企业银行存款账上看，企业的收款日期是本年度12月29日，反映为本年度银行存款增加；但企业支付记账日却为下年1月3日，本年度的货币资金并未减少。这样就使企业本年度货币资金虚增了400 000元（为了保持借贷平衡，同时增加了流动负债），使原来的存款不足现象得以粉饰。

第三种情况，挪用补空用于虚增经营成果。1120394号支票被用于被审计单位从农业银行调度900 000元到交通银行。从企业银行存款账上看，企业的收款日期是本年度12月31日，这样本年度货币资金增加900 000元；由于企业银行存款日记账上记载的付款日期为1月5日，故货币资金的减少并未反映在本年度。同时，为了维持本年度的借贷平衡，企业又凭空贷记产品销售收入900 000元，从而使企业当期的经营成果虚增900 000元。

尽管企业挪用补空的目的、手法有好几种，但注册会计师只要认真编制结账日前后的银行存款调拨表，全面揭示结账日前后银行存款的调拨情况，详细比较企业银行存款的入账日期和银行对账单上反映的银行实际收付日期，就可对上述情况予以充分揭露。

（六）审查外币银行存款的折算是否正确

对于有外币银行存款收支业务的被审计单位，注册会计师应审查被审计单位对外币银行存款的收支是否按所规定的汇率折算为记账本位币金额；外币银行存款的期末余额是否按期末市场汇率折算为记账本位币金额；外币折算差额是否按规定记入有关账户。

（七）抽查大额银行存款收支

注册会计师应抽查大额的银行存款收支的原始凭证，看其内容是否完整，有无授权批准，并核对相关账户的进账情况，如有与被审计单位生产经营无关的收支事项，应查明原因，作适当的记录。

（八）确定银行存款是否在资产负债表上恰当地披露

在资产负债表上，库存现金、银行存款和其他货币资金通常合并为货币资金项目一项，列在流动资产类下。一般而言，银行存款属于不受限制可自由提取的资产，故凡受限制的部分(包括银行定期存款、各种保证金、押金等)，均不得在货币资金项下的银行存款列示。

因此，注册会计师应确定被审计单位银行存款账户的期末余额是否正确，是否在资产负债表上的“货币资金”项目下恰当地披露。

第五节 其他货币资金审计

一、其他货币资金审计目标

其他货币资金包括企业到外地进行临时或零星采购而汇往采购地银行开立采购专户的款项

所形成的外埠存款，企业为取得银行汇票按照规定存入银行的款项所形成的银行汇票存款，企业为取得银行本票按照规定存入银行的款项所形成的银行本票存款，企业为取得信用卡按照规定存入银行的款项所形成的信用卡存款，采用信用证结算方式的企业为开具信用证而存入银行信用证保证金专户的款项所形成的信用证保证金存款，及为买卖有价证券而存入证券公司的资金等。

其他货币资金的审计目标包括：

（1）确定被审计单位其他货币资金是否存在。

（2）确定其他货币资金是否为被审计单位所拥有。

（3）确定被审计单位在特定期间内发生的其他货币资金业务是否均已记录，有无遗漏。

（4）确定其他货币资金余额是否正确。

（5）确定其他货币资金在财务报表上的披露是否恰当。

二、其他货币资金的实质性程序

其他货币资金的实质性程序一般包括：

（1）核对外埠存款、银行汇票存款、银行本票存款、信用卡存款、信用证保证金存款等各明细账期末合计数与总账数是否相符。

（2）函证外埠存款户、银行汇票存款户、银行本票存款户、信用卡存款户、信用证保证金存款户等的期末余额。

（3）验证其他货币资金的截止日期，并审查截止日期前后的其他货币资金的收支情况，以防止高估或低估其他货币资金的数额。

（4）对于非记账本位币的其他货币资金，检查其是否按规定的折算汇率折算为记账本位币金额，是否将其期末余额折算为记账本位币金额。

（5）抽取一定样本量的原始凭证进行测试，检查其经济内容是否完整，有无适当的审批授权，并核对相关账户的进账情况。

（6）审查其他货币资金是否在资产负债表上恰当地披露。

□ 复习思考题

1. 现金的盘点程序和存货监盘程序有何区别？

2. 银行存款的函证与应收账款的函证有何区别？

3. 银行存款的审计目标是什么？如何实施银行存款的实质性程序？

4. 审查银行存款余额调节表的目的何在？审查的重点是什么？

本章要旨及
测试题

第十八章

特殊项目审计

第一节　期初余额审计

在注册会计师执行的财务报表审计业务中，有许多属于注册会计师首次接受被审计单位委托的情况。注册会计师首次接受被审计单位委托的情况主要有两类：一是被审计单位首次接受审计。例如：（1）被审计单位是新成立的公司制企业，在年终时，根据《中华人民共和国公司法》和其他有关法律、法规的规定和要求，委托注册会计师对其财务报表进行审计；（2）进行股份制改造或申请公开发行股票的企业，根据《中华人民共和国公司法》或上市条例的规定，委托注册会计师对其财务报表进行审计，而这些企业以前未接受过注册会计师审计。二是在上期财务报表由前任注册会计师审计的情况下接受的审计委托，即被审计单位更换注册会计师。概括来说，注册会计师的首次审计业务，是指上期财务报表未经审计，或上期财务报表由前任注册会计师审计的业务。

注册会计师首次接受被审计单位委托对其财务报表进行审计，必然要对财务报表的期初余额进行审计，因为期初余额是本期财务报表的基础，往往会对本期财务报表产生重要的影响。对期初余额进行审计，关键是要把握适当的度。如果不对期初余额进行适当的审计，则会影响注册会计师对本期财务报表的审计意见。但是如果审计过于详细，势必会增加审计成本，延长审计时间，并给被审计单位带来过重的审计费用等负担。根据《中国注册会计师审计准则第1331号——首次审计业务涉及的期初余额》，注册会计师在符合上述两类条件的情况下，应当对被审计单位的期初余额进行审计。

一、期初余额的含义

期初余额是指期初已存在的账户余额。也就是说，期初余额是指注册会计师首次接受委托时，所审计的财务报表在期初已经存在的余额。期初余额以上期期末余额为基础，反映了以前期间的交易和上期采用的会计政策的结果。我们应该从以下几个方面理解期初余额的含义：

（1）期初余额与注册会计师首次接受委托相联系，即只有在被审计单位首次接受审计或上期财务报表由前任注册会计师审计的情况下才涉及对期初余额进行审计。

（2）期初余额是所审会计期间期初已存在的余额。期初已存在的余额是由上期结转至本期的金额，或是上期期末余额调整后的金额。期初余额是上期账户结转至本期账户的余额，一般与上期金额相等，但有时受上期期后事项、会计政策诸因素的影响，上期期末余额结转至本期时，需经过调整或重编。

（3）期初余额反映了以前期间的交易和上期采用的会计政策的结果，即以前期间发生的交易按照上期采用的会计政策进行处理的结果。

二、期初余额的审计目标

注册会计师对首次接受委托的财务报表审计业务，应当获取充分、适当的审计证据，以证实：

（1）期初余额是否包含对本期财务报表产生重大影响的错报，即期初余额中是否存在足以影响或改变财务报表使用者决策的错报。

（2）期初余额反映的恰当的会计政策是否在本期财务报表中得到一贯运用，或会计政策的变更是否已按照适用的财务报告框架作出恰当的会计处理和充分的列报与披露。

注册会计师在确定有关期初余额的审计证据的充分性和适当性时，应当考虑下列事项：一是被审计单位运用的会计政策。注册会计师收集的审计证据应该能够证明会计政策的选用是否恰当以及是否一贯运用，会计政策的变更是否合理。二是上期财务报表是否经过审计。如果经过审计，审计报告是否为非标准审计报告。三是账户的性质和本期财务报表中的重大错报风险。四是期初余额对于本期财务报表的重要程度。对性质特殊以及在本期财务报表中出现重大错报的风险较高的账户，以及期初余额对本期财务报表有重大影响的项目，应当提高对审计证据充分性和适当性的要求。

三、期初余额的审计程序

为了完成期初余额的审计目标，注册会计师对期初余额的审计程序通常包括：

1.阅读财务报表和审计报告。注册会计师应当阅读被审计单位最近期间的财务报表和前任注册会计师出具的审计报告（如果被审计单位接受过审计），获取与期初余额相关的信息，包括相关披露。

2.注册会计师应当通过采取下列措施，获取充分、适当的审计证据，以确定期初余额是否包含对本期财务报表产生重大影响的错报：

（1）确定上期期末余额是否已正确结转至本期，或在适当的情况下已作出重新表述。

（2）确定期初余额是否反映对恰当会计政策的运用。

（3）实施一项或多项审计程序。

注册会计师实施的一项或多项审计程序包括：

（1）如果上期财务报表已经审计，注册会计师应当考虑通过查阅前任注册会计师工作底稿，获取有关期初余额的审计证据，但要考虑前任注册会计师的独立性和专业胜任能力，以判断获取证据的充分性和适当性。

注册会计师与前任注册会计师联系，应征得被审计单位同意。前任注册会计师与后任注册会计师联系是一项十分重要的工作。后任注册会计师可通过查阅前任注册会计师的工作底稿来了解被审计单位期初余额的情况，查阅的工作底稿通常限于对本期审计有重大影响的事项，如上年度前任注册会计师发表审计意见的类型、审计计划及总结、管理建议书的要点以及其他有关事项。前任注册会计师知悉后任注册会计师与其联系，应当提供必要的帮助。

如果上期财务报表已由前任注册会计师审计，并发表了非无保留意见，注册会计师应当按照《中国注册会计师审计准则第1211号——通过了解被审计单位及其环境识别和评估重大错报风险》的规定，在评估本期财务报表重大错报风险时，评价导致发表非无保留意见的事项的影响。

（2）评价本期实施的审计程序是否提供了有关期初余额的审计证据。注册会计师可以通过本期实施的审计程序获取审计证据加以证实。例如，应收账款或应付账款的期初余额通常在本期内即可收回或支付，检查并确认这一事实即可视为其期初余额存在的适当证据。

（3）实施其他专门的审计程序，以获取有关期初余额的审计证据。对存货项目的期初余额，如果注册会计师未能对上期期末存货实施检查，且该存货对本期财务报表存在重大影响，应当实施下列一项或多项审计程序，以获取充分、适当的审计证据：①复核上期存货盘点记录及文件。②检查上期存货交易记录。③运用毛利百分比法等进行分析。

对非流动资产和非流动负债项目，注册会计师通常检查形成期初余额的会计记录和其他信息，就可以获取比较充分、适当的审计证据。例如，对期初固定资产余额，审查与固定资产有关的原始发票及验收资料等，就可以确认固定资产期初余额的存在和计价的准确性。

在某些情况下，注册会计师可向第三方函证期初余额，以获取充分、适当的审计证据。例如，对被审计单位的期初长期借款余额，可向贷款银行直接发函确认其期初余额。

如果获取的审计证据表明期初余额存在可能对本期财务报表产生重大影响的错报，注册会计师应当实施适合具体情况的追加的审计程序，以确定其对本期财务报表的影响。

如果认为本期财务报表中存在这类错报，注册会计师应当按照《中国注册会计师审计准则第1251号——评价审计过程中识别出的错报》的规定，就这类错报与适当层级的管理层和治理层进行沟通。

3.注册会计师应当获取充分、适当的审计证据，以确定期初余额反映的会计政策是否在本期财务报表中得到一贯运用，以及会计政策的变更是否已按照适用的财务报告框架作出恰当的会计处理和充分的列报与披露。

四、期初余额审计结论及对审计报告的影响

注册会计师应当根据已获取的审计证据，形成对期初余额的审计结论，在此基础上确定其对本期财务报表审计意见的影响。

（1）如果实施相关审计程序后无法获取有关期初余额的充分、适当的审计证据，注册会计师应当出具保留意见或无法表示意见的审计报告。

（2）如果期初余额存在对本期财务报表产生重大影响的错报，注册会计师应当告知管理层，提请被审计单位进行调整或列报；如果上期财务报表由前任注册会计师审计，注册会计师还应当考虑提请管理层告知前任注册会计师。

如果被审计单位不接受注册会计师的建议，错报的影响未能得到正确的会计处理和恰当的列报，注册会计师应当出具保留意见或否定意见的审计报告。

（3）如果与期初余额相关的会计政策未能在本期得到一贯运用，并且会计政策的变更未能得到恰当的会计处理和充分的列报，且被审计单位不接受注册会计师的调整或披露建议，注册会计师应当出具保留意见或否定意见的审计报告。

（4）如果前任注册会计师对上期财务报表出具了非无保留意见审计报告，注册会计师应当考虑该审计报告对本期财务报表的影响。

如果导致出具非无保留意见审计报告的事项对本期财务报表的影响仍然相关和重大，注册会计师应当对本期财务报表出具非无保留意见审计报告，即保留意见、否定意见或无法表示意见的审计报告。

第二节 比较信息审计

一、比较信息的含义

根据《中国注册会计师审计准则第1511号——比较信息：对应数据和比较财务报表》的规定，比较信息，是指包含于财务报表中的、符合适用的财务报告框架的、与一个或多个以前期间相关的金额和披露。它包括对应数据和比较财务报表。

（一）对应数据

对应数据，属于比较信息，是指作为本期财务报表组成部分的上期金额和相关披露，这些金额和披露只能和与本期相关的金额和披露（称为“本期数据”）联系起来阅读。对应数据列

报的详略程度主要取决于其与本期数据的相关程度。

（二）比较财务报表

比较财务报表，属于比较信息，是指为了与本期财务报表相比较而包含的上期金额和相关披露，但如果已经审计，则将在审计意见中提及。比较财务报表包含信息的详略程度与本期财务报表包含信息的详略程度相似。

财务报表中列报的比较信息的性质取决于适用的财务报告框架的要求。比较信息包括对应数据和比较财务报表，相应地，注册会计师履行比较信息的报告责任有两种不同的方法。采用的方法通常由法律法规规定，但也可能在业务约定条款中作出约定。

注册会计师履行比较信息的报告责任的两种方法导致审计报告存在下列主要差异：

（1）对于对应数据，审计意见仅提及本期。

（2）对于比较财务报表，审计意见提及列报的财务报表所属的各期。

一般来说，在审计实务中，注册会计师出具的多数审计报告是针对对应数据的，亦即审计意见仅仅提及本期，而非提及列报的财务报表所属的各期。比较财务报表的审计原理与对应数据的审计相同，主要区别在于比较财务报表的审计报告要提及列报的财务报表的各期。所以，我们仅对对应数据的审计进行阐述。

二、审计目标和审计程序

（一）对应数据的审计目标

注册会计师的审计目标是：

（1）获取充分、适当的审计证据，确定在财务报表中包含的对应数据是否在所有重大方面按照适用的财务报告框架有关对应数据的要求进行列报。

（2）按照注册会计师的报告责任出具审计报告。

（二）对应数据的审计程序

注册会计师应当确定财务报表中是否包括适用的财务报告框架要求的对应数据，以及对应数据是否得到恰当分类。

基于上述目的，注册会计师应当实施下列审计程序：

（1）对应数据是否与上期财务报表列报的金额和相关披露一致，如有必要，应比较相关信息是否已经重述。核对对应数据与上期财务报表反映的金额和相关披露是否一致；如不一致，是否已经作出适当调整和充分披露。

一般情况下，对应数据与上期财务报表反映的金额和相关披露应当一致，但发生下列情况之一，则两者可能不一致：一是会计准则和会计制度发生变化，或者相关法律法规对信息披露提出了新的要求，导致了财务报表格式和内容发生了重大变化；二是被审计单位经营业务性质发生了重大变化，变更财务报表项目的列报能够提供更可靠、更相关的会计信息；三是上期财务报表存在重大差错。

如果两者不一致，注册会计师应当实施以下程序：①查明出现不一致的原因，并分析其合理性。②查明是否已作出适当调整，包括报表项目的重新分类和归集、附注中前期对应数据的调整等。③是否已在附注中充分披露对应数据作出调整的原因和性质，以及对应数据受影响的项目名称和更正金额。④如果发现对应数据的调整缺乏合理依据，应当提请管理层对对应数据作出更正，并视更正情况出具恰当意见类型的审计报告。

（2）在对应数据中反映的会计政策是否与本期采用的会计政策一致，如果会计政策已发生变更，这些变更是否得到恰当处理并得到充分列报和披露。注册会计师应当分析对应数据采用的会计政策与本期数据采用的会计政策是否一致；如不一致，是否已经作出适当调整和充分披露。

根据企业会计准则的规定，企业采用的会计政策应当保持前后一致，不得随意变更。如果对应数据所采用的会计政策与本期数据采用的会计政策不一致，注册会计师通常应当查明：

①变更是否恰当，即变更理由是否满足企业会计准则和相关会计制度规定的条件。②变更是否经过了审批，即是否经过了被审计单位有权限机构的批准。③会计处理是否正确，即是否采用追溯调整法或未来适用法进行了恰当会计处理。④相关列报与披露是否恰当，即是否已在本期财务报表附注中披露了与会计政策变更有关的下列信息：会计政策变更的性质、内容和原因；当期和各个列报前期财务报表中受影响的项目名称和调整金额；对无法进行追溯调整的，说明事实和原因以及开始应用变更后的会计政策的时点、具体运用情况等。

（3）在实施本期审计时，如果注意到对应数据可能存在重大错报，注册会计师应当根据实际情况实施必要的追加的审计程序，获取充分、适当的审计证据，以确定是否存在重大错报。如果上期财务报表已经审计，注册会计师还应当遵守《中国注册会计师审计准则第1332号——期后事项》的相关规定。如果上期财务报表已经得到更正，注册会计师应当确定对应数据与更正后的财务报表是否一致。

（4）注册会计师应当按照《中国注册会计师审计准则第1341号——书面声明》的规定，获取与审计意见中提及的所有期间相关的书面声明。对于管理层作出的、更正上期财务报表中影响对应数据的重大错报的任何重述，注册会计师还应当获取特定书面声明。

三、审计报告

（一）总体要求

由于审计意见是针对包括对应数据在内的本期财务报表整体发表的，因此，注册会计师无须在审计报告中提及对应数据。但如果以前针对上期财务报表出具了非无保留意见（保留意见、无法表示意见或否定意见）的审计报告，且该事项仍未解决；如果注册会计师已经获取上期财务报表存在重大错报的审计证据，而以前对该财务报表发表了无保留意见，且对应数据未经适当重述或恰当披露；如果上期财务报表未经审计，针对上述三种情形，注册会计师应当在审计报告中提及对应数据。

（二）审计意见

（1）如果以前针对上期财务报表发表了保留意见、无法表示意见或否定意见，且导致出具非无保留意见的审计报告的事项仍未解决，注册会计师应当对本期财务报表发表非无保留意见的审计报告。

在审计报告的导致非无保留意见的事项段中，注册会计师应当分下列两种情况予以处理：

① 如果未解决事项对本期数据的影响或可能的影响是重大的，注册会计师应当在导致非无保留意见事项段中同时提及本期数据和对应数据。

② 如果未解决事项对本期数据的影响或可能的影响不重大，注册会计师应当说明，由于未解决事项对本期数据和对应数据可比性的影响或可能的影响，因此发表了非无保留意见。

（2）如果注册会计师已经获取上期财务报表存在重大错报的审计证据，而以前对该财务报表发表了无保留意见的审计报告，且对应数据未经适当重述或恰当披露，注册会计师应当就包括在财务报表中的对应数据，在审计报告中对本期财务报表发表保留意见或否定意见。

（3）如果上期财务报表未经审计，注册会计师应当在审计报告的其他事项段中说明对应数据未经审计。但这种说明并不减轻注册会计师获取充分、适当的审计证据，以确定期初余额不含有严重影响本期财务报表错报的责任。

（4）如果上期财务报表已由前任注册会计师审计，并且法律法规不禁止注册会计师提及前任注册会计师对对应数据出具的审计报告，当注册会计师决定提及时，应当在审计报告的其他事项段中说明。

① 上期财务报表已由前任注册会计师审计。

② 前任注册会计师发表的意见的类型（如果是非无保留意见，还应当说明发表非无保留意见的理由）。

③ 前任注册会计师出具审计报告的日期。

第三节　期后事项审计

一、期后事项的含义与种类

(一) 期后事项的含义

期后事项，是指资产负债表日至审计报告日之间发生的事项以及注册会计师在审计报告日后知悉的事实，具体包括三种情况：截至审计报告日发生的事项；审计报告日后至财务报表报出日前知悉的事实；财务报表报出后知悉的事实。审计报告日一般不应早于注册会计师获取充分、适当的审计证据（包括公司董事会、管理层认可对财务报表的责任且已批准财务报表的证据），并在此基础上对财务报表形成审计意见的日期。财务报表报出日是指被审计单位对外披露已审计财务报表的日期。期后事项可能会影响被审计单位财务报表的公允性，进而影响注册会计师对财务报表的审计意见，所以注册会计师必须充分考虑期后事项对财务报表的影响。图18-1列示了期后事项的各个时段。

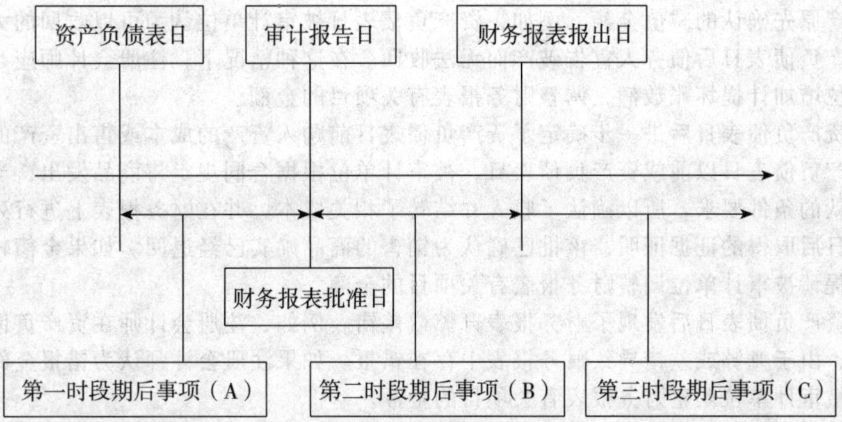

图18-1　期后事项分段示意图

从上面的内容可以看出，资产负债表日后的时期被分成了三个阶段，即资产负债表日至审计报告日（A段）、审计报告日至财务报表报出日（B段）以及财务报表报出日以后（C段），相应地，期后事项被划分为三种情况。注册会计师对审计报告日前后的期后事项的责任有所不同。

在审计报告日前，注册会计师应当实施必要的审计程序，获取充分、适当的审计证据，以确定截至审计报告日发生的、需要在财务报表中调整或披露的事项是否均已识别。也就是说，注册会计师有责任主动实施审计程序或进行专门查询，以发现截至审计报告日发生的期后事项。在审计报告日后，注册会计师没有责任针对财务报表实施审计程序或进行专门查询以识别期后事项。在审计报告日后至财务报表报出日前，被审计单位管理层有责任告知注册会计师可能影响财务报表的事实。如果管理层在财务报表报出日前告知注册会计师发生了可能对财务报表产生重大影响的事实，注册会计师就应当考虑是否需要提请被审计单位修改财务报表，并与管理层讨论，同时根据具体情况采取适当措施。

财务报表报出后知悉的事实属于一种特殊情况，是指在财务报表报出日以后，注册会计师知悉审计报告日前漏查了在审计报告日已经存在的、可能对财务报表产生重大影响的期后事项，而且该事项可能导致注册会计师修改审计报告。对此，注册会计师应当考虑是否需要修改财务报表，与管理层讨论，并根据具体情况采取适当措施。需要说明的是，注册会计师对在财务报表报出日前后知悉的期后事项可能采取的措施并不相同，具体内容将在本节后面的内容中讲述。

（二）期后事项的种类

根据期后事项对财务报表的影响不同，可以将期后事项分为两类，即资产负债表日后调整事项和资产负债表日后非调整事项。

1.资产负债表日后调整事项，是指对资产负债表日已经存在的情况提供了证据的事项

这类事项需要提请被审计单位调整被审计年度的财务报表。这类事项的主要情况出现在被审计单位资产负债表日之前，因此其带来的财务影响应当在被审计年度的财务报表中反映出来。如果这类期后事项的金额重大，注册会计师就应当提请被审计单位对被审计年度财务报表进行调整。资产负债表日后调整事项通常包括下列事项：

（1）资产负债表日后诉讼案结案，法院的判决证实了企业在资产负债表日已经存在现时义务，需要调整原先确认的与该诉讼案件相关的预计负债，或确认一项新负债。例如，被审计单位由于某种原因被起诉，法院于资产负债表日后判决被审计单位应赔偿对方损失。因这一负债实际上在资产负债表日之前就已存在，所以，如果赔偿数额很大，注册会计师应考虑提请被审计单位增加资产负债表有关负债项目的金额，并加以说明。

（2）资产负债表日后取得确凿证据，表明某项资产在资产负债表日发生了减值或者需要调整该项资产原先确认的减值金额。例如，资产负债表日被审计单位认为可以收回的大额应收款项，因资产负债表日后债务人宣告破产而无法收回。在这种情况下，注册会计师应当考虑提请被审计单位增加计提坏账数额，调整财务报表有关项目的金额。

（3）资产负债表日后进一步确定了资产负债表日前购入资产的成本或售出资产的收入。例如，在资产负债表日以前或资产负债表日，被审计单位根据合同规定将商品发出，当时认为符合收入确认的条件要求，所以确认了收入并结转了相关成本，并在财务报表上进行列报。但资产负债表日后取得的证据证明，该批已确认为销售的商品确实已经退回。如果金额较大，注册会计师应提请被审计单位调整财务报表有关项目的金额。

（4）资产负债表日后发现了财务报表舞弊或差错。例如，注册会计师在资产负债表日后发现或知悉，由于舞弊或差错导致财务报表中存在错报。如果注册会计师认为错报金额较大，就应当提请被审计单位调整财务报表有关项目的金额。

2.资产负债表日后非调整事项，是指表明资产负债表日后发生的情况的事项

这类事项不需要调整被审计年度财务报表，但注册会计师应当提请被审计单位在财务报表附注中就重要的事项披露其性质、内容，及其对财务状况和经营成果的影响。这类事项的主要情况出现在被审计单位资产负债表日之后，因此不影响财务报表的金额。但这些事项如果不加以反映，可能会影响报表使用者对财务报表的正确理解。

被审计单位在资产负债表日后发生的非调整事项通常包括下列事项：重大诉讼、仲裁、承诺；资产价格、税收政策、外汇汇率发生重大变化；因自然灾害导致资产发生重大损失；发行股票和债券以及其他巨额举债；资本公积转增资本；发生巨额亏损；发生企业合并或处置子公司等。

注册会计师应当严格区分这两类期后事项，不能混淆。区分这两类期后事项的关键是看该事项的主要情况是出现在被审计单位的资产负债表日前还是资产负债表日后。如果确认某事项的主要情况在资产负债表日前发生，就应当根据重要性概念考虑提请被审计单位调整被审计年度财务报表；如果某事项的主要情况发生在资产负债表日后，就不应当在被审计年度财务报表中反映该事项的财务影响，注册会计师只需要提请被审计单位在财务报表附注中进行适当披露。需要注意的是，这两类期后事项的划分不受期后事项发生时间的影响，也就是说，这两类期后事项都有可能出现在审计报告日前，也有可能出现在审计报告日后。

二、期后事项的审计程序

对于期后事项，注册会计师的审计目标是：

（1）获取充分、适当的审计证据，以确定财务报表日至审计报告日之间发生的、需要在财务报表中调整或披露的事项是否已经按照适用的财务报告编制基础在财务报表中得到恰当反映。

（2）恰当应对在审计报告日后注册会计师知悉的，且如果在审计报告日知悉可能导致注册会计师修改审计报告的事实。

注册会计师对期后事项的审计，主要是针对其实施专门的审计程序。另外还可以结合对财务报表项目执行的实质性程序进行。

（一）针对期后事项实施的专门审计程序

注册会计师应当尽量在接近审计报告日时，实施专门的审计程序，以识别需要在财务报表中进行调整或披露的事项。这些程序包括：

（1）了解被审计单位管理层建立的用于确保识别期后事项的程序。

（2）向管理层询问是否发生可能影响财务报表的期后事项。询问的内容主要包括：①根据初步或尚无定论的数据作出会计处理的项目的现状。②是否发生新的担保、借款或承诺。③是否出售或购进资产，或者计划出售或购进资产。④是否已发行或计划发行新的股票或债券。⑤是否已签订或计划签订合并或清算协议。⑥资产是否被政府征用或因不可抗力而遭受损失。⑦在风险领域和或有事项方面是否有新进展。⑧是否已作出或考虑作出异常的会计调整。⑨是否已发生或可能发生影响会计政策适当性的事项。

（3）查阅股东大会、董事会及其专门委员会在资产负债表日后举行的会议的纪要，并在不能获取会议纪要时询问会议讨论的事项。

（4）查阅最近的中期财务报表，如认为必要和适当，还应当查阅预算、现金流量预测及其他相关管理报告。

注册会计师如果在审计报告日后知悉被审计单位发生了可能对财务报表产生重大影响的期后事项，应当考虑是否需要修改财务报表，并与管理层讨论，同时根据具体情况采取适当措施。

（二）结合对财务报表项目执行的实质性程序审计期后事项

注册会计师在对财务报表的某些项目执行实质性程序时，截止测试通常是需要执行的一项审计程序。例如，为确定本期主营业务收入的发生额以及存货的期末余额是否正确，需要审计期后的销售和采购业务；为确定期末应收账款和应付账款的余额是否正确，需要对期后的货币资金收付业务进行审查。在进行截止测试时，注册会计师显然会涉及许多资产负债表日后发生的交易或事项，并接触到许多相关资料，因而能从中发现、确认可能存在的或发生的期后事项。尽管这些程序在本质上属于财务报表年末余额审计的一部分，但从实际效果上看，仍不失为期后事项审计的一种有效程序。

注册会计师应当按照《中国注册会计师审计准则第1341号——书面声明》的规定，要求管理层和治理层（如适用）提供书面声明，确认所有在财务报表日后发生的、按照适用的财务报告编制基础的规定应予调整或披露的事项均已得到调整或披露。

三、对期后事项审计结果的处理

（一）审计报告日前识别的期后事项

对于审计报告日前识别的期后事项，注册会计师首先应当根据其主要情况出现的时间确定期后事项的类型。如果期后事项对财务报表的公允性有重大影响，就应当根据期后事项的类型提请被审计单位调整财务报表或在财务报表附注中进行适当的披露。如果被审计单位不接受调整或披露建议，注册会计师应当发表保留意见或否定意见。

（二）审计报告日后至财务报表报出日前知悉的期后事项

在审计报告日后，注册会计师没有义务针对财务报表实施任何审计程序。

对于在审计报告日后至财务报表报出日前知悉的可能对财务报表产生重大影响的期后事

项，注册会计师应当考虑是否需要修改财务报表，并与管理层讨论，同时根据具体情况采取如下的措施：

（1）如果管理层修改了财务报表，注册会计师应当根据具体情况实施必要的审计程序，以确认修改后的财务报表是否公允，并针对修改后的财务报表修改审计报告或出具新的审计报告。注册会计师出具新的或经修改的审计报告，应当在强调事项段或其他事项段中说明注册会计师对期后事项实施的审计程序仅限于财务报表相关附注所述的修改。

需要强调的是，如果管理层对财务报表的修改仅限于导致修改的期后事项的影响，被审计单位的董事会、管理层或类似机构也仅对有关修改进行批准，注册会计师可以选择下列两种处理方式之一来出具审计报告。

① 修改审计报告，针对财务报表修改部分增加补充报告日期，从而表明注册会计师对期后事项实施的审计程序仅限于财务报表相关附注所述的修改。这表明，注册会计师可以签署双重审计报告日期，以便厘清注册会计师的责任。补充报告日期文字列示如下：原审计报告日，除附注×所述事项外，该事项的日期为仅针对附注×所述修改的审计程序完成日期。当然，审计报告的双重报告日期也可以表述如下：除附注×外，审计报告日均为原审计报告日，附注×的日期为仅针对附注×所述修改的审计程序完成日期。

② 出具新的或经修改的审计报告，在强调事项段或其他事项段中说明注册会计师对期后事项实施的审计程序仅限于财务报表相关附注所述的修改。这时，注册会计师需要在新的审计报告中确定新的审计报告日。新审计报告日不应早于其根据充分、适当的审计证据对财务报表形成新的审计意见的日期，且不应早于董事会或类似机构批准修改后的财务报表的日期。而且，在原审计报告日前所实施的旨在识别期后事项的审计程序也要延伸至新的审计报告日，也就是说，注册会计师要在新的审计报告日前实施适当的程序，以发现原审计报告日至新审计报告日之间所发生的其他期后事项。

例如，注册会计师于3月15日根据收集的审计证据对管理层认可并批准的财务报表草拟了审计报告，3月20日（财务报表尚未报出）得知被审计单位于3月18日购买了另一家公司。对此，注册会计师与管理层进行了沟通，被审计单位在财务报表附注中披露了该收购事项。注册会计师对该期后事项实施了适当的审计程序，并于3月23日对修改后的财务报表形成了新的审计意见，拟定了新的审计报告。在新的审计报告中，注册会计师应当将形成新审计意见的日期即3月23日作为新的审计报告日。在此基础上，注册会计师应该实施适当的审计程序，以识别3月15日至3月23日之间有无其他的期后事项发生。

（2）如果注册会计师认为应当修改财务报表而管理层没有修改，并且审计报告尚未提交给被审计单位，注册会计师应当出具保留意见或否定意见的审计报告。

（3）如果注册会计师认为应当修改财务报表而管理层没有修改，并且审计报告已提交给被审计单位，注册会计师应当通知管理层和治理层不要将财务报表和审计报告向第三方报出。如果财务报表仍被报出，注册会计师应当根据自身的权利和义务以及向律师征询的法律意见，采取适当的措施防止财务报表使用者信赖该审计报告。

（三）财务报表报出日后知悉的事实

在财务报表报出日后，注册会计师没有义务针对财务报表实施任何审计程序。

在财务报表报出日后，如果知悉在审计报告日已经存在的、可能导致修改审计报告的期后事项，注册会计师应当考虑是否需要修改财务报表，并与管理层和治理层讨论该事项，同时根据具体情况作如下处理：

（1）如果管理层修改了财务报表，注册会计师应当根据具体情况实施必要的审计程序，复核管理层采取的措施能否确保所有收到原财务报表和审计报告的人士了解这一情况，并针对修改后的财务报表出具新的审计报告。新的审计报告应当增加强调事项段或其他事项段，提请财务报表使用者注意财务报表附注中对修改原财务报表原因的详细说明，以及注册会计师出具的原审计报告。在原审计报告日前所实施的旨在识别期后事项的审计程序也要延伸至新的审计报告日，也就是说，注册会计师要在新的审计报告日前实施适当的审计程序，以发现原审计报告日至新审计报告日之间所发生的其他期后事项。新的审计报告日期不应早于董事会或类似机构批准修改后的财务报表的日期。

（2）如果管理层既没有采取必要措施确保所有收到原财务报表和审计报告的人士了解这一情况，又没有在注册会计师认为需要修改的情况下修改财务报表，注册会计师应当根据自身的权利和义务以及征询的法律意见，采取适当的措施防止财务报表使用者信赖该审计报告，并将拟采取的措施通知治理层和管理层。如果临近公布下一期财务报表，且能够在下一期财务报表中进行充分披露，注册会计师应当根据法律法规的规定确定是否仍有必要提请被审计单位修改财务报表，并出具新的审计报告。

第四节　会计估计（包括公允价值估计）及其披露审计

会计估计通常是被审计单位在缺乏精确计量手段的情况下，以最近可利用的信息为基础所作的判断，比如，确定固定资产的折旧年限和估计残值、无形资产摊销年限、坏账准备计提比例等。有时，企业赖以进行估计的基础发生了变化，或者由于取得新信息、积累更多经验以及后来的发展变化，还可能需要对会计估计进行修订。由于会计估计通常是被审计单位在不确定的情况下作出的，且存在着较大的主观因素，因此发生重大错报的风险较高。为了最大限度地保证会计信息的可比性，提高会计信息的有用性，注册会计师在财务报表审计业务中应当对会计估计（包括公允价值估计）及其披露给予足够的关注。

一、会计估计的含义及审计目标

（一）会计估计的含义

会计估计，是指在缺乏精确计量手段的情况下，对结果不确定的交易或者事项以最近可利用的信息为基础所作的判断，对某项金额采用的近似值。会计估计一般包括存在估计不确定性时以公允价值计量的金额，以及其他需要估计的金额。当仅针对涉及公允价值计量的会计估计时，采用"公允价值会计估计"的术语。

注册会计师的点估计或区间估计，是指从审计证据中得出的、用于评价管理层点估计的金额或金额区间。

估计不确定性，是指会计估计和相关披露在计量方面对固有不精确性的敏感性。

管理层偏向，是指管理层在编制和列报信息时缺乏中立性。

管理层的点估计，是指管理层在财务报表中确认或披露一项会计估计而选择的金额。

会计估计的结果，是指需要作出会计估计的交易、事项或情况得以解决时发生的实际货币金额。

会计估计一般包括：

（1）坏账准备。

（2）存货跌价准备（如存货过时）。

（3）产品质量保证义务。

（4）折旧方法或资产的预计使用寿命。

（5）投资的可收回性不确定时的减值准备。

（6）长期合同的进度。

（7）由于了结诉讼或判决产生的成本。

公允价值会计估计一般包括：

（1）复杂金融工具，并且该金融工具在活跃和公开市场中没有交易。

（2）股份支付。

（3）持有待清理的财产或设备。

（4）在企业合并中取得的特定资产或负债，包括商誉和无形资产。

（5）涉及无货币考虑的独立企业之间的资产或负债交换，例如，一项在不同企业之间无货币补价的厂场设备交换。

（二）审计目标

注册会计师的目标是，获取充分、适当的审计证据以确定：

（1）根据适用的财务报告编制基础，财务报表中确认或披露的会计估计（包括公允价值会计估计）是否合理。

（2）根据适用的财务报告编制基础，财务报表中的相关披露是否充分。

二、风险评估程序

（一）风险评估

当实施《中国注册会计师审计准则第1211号——通过了解被审计单位及其环境识别和评估重大错报风险》要求的风险评估程序和相关活动，以了解被审计单位及其环境时，注册会计师应当了解下列内容，作为识别和评估会计估计重大错报风险的基础：

（1）与会计估计（包括相关披露）相关的适用的财务报告编制基础的规定。

（2）管理层如何识别可能需要作出会计估计并在财务报表中确认或披露的交易、事项和情况。在进行了解时，注册会计师应当向管理层询问可能导致新的或需要修改现有的会计估计的环境变化。

（3）管理层如何作出会计估计，以及会计估计所依据的数据。

管理层作出会计估计的方法和依据包括：

（1）用以作出会计估计的方法，包括模型（如适用）。

（2）相关控制。

（3）管理层是否利用专家的工作。

（4）会计估计所依据的假设。

（5）用以作出会计估计的方法是否已经发生或应当发生不同于上期的变化，以及变化的原因。

（6）管理层是否以及如何评估会计估计不确定性的影响。

注册会计师应当复核上期财务报表中会计估计的结果，或者复核管理层在本期财务报表中对上期会计估计作出的后续重新估计。

在确定复核的性质和范围时，注册会计师应当考虑会计估计的性质，以及复核时获取的信息是否可能与识别和评估本期财务报表中会计估计的重大错报风险相关。

但是，注册会计师复核的目的不是质疑上期依据当时可获得的信息而作出的判断。

（二）识别和评估重大错报风险

当按照《中国注册会计师审计准则第1211号——通过了解被审计单位及其环境识别和评估重大错报风险》的规定识别和评估重大错报风险时，注册会计师应当评价与会计估计相关的估计不确定性的程度。

注册会计师应当根据职业判断确定识别出的具有高度估计不确定性的会计估计是否会导致特别风险。

三、进一步实质性程序

（一）应对措施

基于评估的重大错报风险，注册会计师应当确定：

（1）管理层是否恰当运用与会计估计相关的适用的财务报告编制基础的规定。

（2）作出会计估计的方法是否恰当，并得到一贯运用，以及会计估计或作出会计估计的方法不同于上期的变化是否适合于具体情况。

当按照《中国注册会计师审计准则第1231号——针对评估的重大错报风险采取的应对措施》的规定应对评估的重大错报风险时，注册会计师应当考虑会计估计的性质，并实施下列一项或多项程序：

（1）确定截至审计报告日发生的事项是否提供有关会计估计的审计证据。

（2）测试管理层如何作出会计估计以及会计估计所依据的数据；在进行测试时，注册会计师应当评价采用的计量方法在具体情况下是否恰当，以及根据适用的财务报告编制基础确定的计量目标、管理层使用的假设是否合理。

（3）测试与管理层如何作出会计估计相关的控制的运行有效性，并实施恰当的实质性程序。

（4）作出注册会计师的点估计或区间估计，以评价管理层的点估计。

注册会计师在作出点估计时，应当针对下列两种情况分别予以处理：

① 如果使用有别于管理层的假设或方法，注册会计师应当充分了解管理层的假设或方法，以确定注册会计师在作出点估计或区间估计时已考虑了相关变量，并评价与管理层的点估计存在的任何重大差异。

② 如果认为使用区间估计是恰当的，注册会计师应当基于可获得的审计证据来缩小区间估计，直至该区间估计范围内的所有结果均可被视为合理。

注册会计师实施审计程序，或者应对评估的重大错报风险时，其应当考虑是否需要具备与会计估计的一个或多个方面相关的专门技能或知识，以获取充分、适当的审计证据。

（二）针对特别风险的进一步实质性程序

对导致特别风险的会计估计，除实施《中国注册会计师审计准则第1231号——针对评估的重大错报风险采取的应对措施》规定的其他实质性程序外，注册会计师还应当：

（1）评价管理层如何考虑替代性的假设或结果，以及拒绝采纳的原因，或者在管理层没有考虑替代性的假设或结果的情况下，评价管理层在作出会计估计时如何处理估计不确定性。

（2）评价管理层使用的重大假设是否合理。

（3）当管理层实施特定措施的意图和能力与其使用的重大假设的合理性或对适用的财务报告编制基础的恰当应用相关时，评价这些意图和能力。

如果根据职业判断认为管理层没有适当处理估计不确定性对导致特别风险的会计估计的影响，注册会计师应当在必要时作出用于评价会计估计合理性的区间估计。

对导致特别风险的会计估计，注册会计师应当获取充分、适当的审计证据，以确定下列方面是否符合适用的财务报告编制基础的规定：

（1）管理层对会计估计在财务报表中予以确认或不予确认的决策。

（2）作出会计估计所选择的计量基础。

四、评价会计估计的合理性并确定错报

注册会计师应当根据获取的审计证据，评价财务报表中的会计估计在适用的财务报告编制基础下是合理的还是存在错报。

依据获取的审计证据，注册会计师可以推断审计证据表明的会计点估计和管理层的点估计的不同。审计证据支持注册会计师的点估计，注册会计师的点估计和管理层点估计之间的差异构成了一项错报。注册会计师已经得出结论：使用其估计区间能够提供充分、适当的审计证据，管理层的点估计超出了注册会计师的区间将不能得到审计证据的支持。在这种情况下，该错报金额不小于管理层的点估计和注册会计师区间估计之间的最小差异。

当管理层本期已经改变了一项会计估计，或改变了会计估计的方法时，上述的改变不同于上期依据主观评价的变化，注册会计师可以依据审计证据得出结论：管理层改变的会计估计作为任意的结果是一项错报，或者将其视作管理层偏向的一个迹象。

会计估计错报，不管是舞弊还是错误引起的，都可能产生如下的后果：

(1) 毫无怀疑地错报（事实上的错报）。

(2) 管理层对会计估计的判断，注册会计师认为是不合理的；或者管理层对会计政策的选用，注册会计师认为是不适当的（判断错报）。

(3) 注册会计师对总体错报的最佳估计，包括对总体所做的审计抽样识别出的推断错报。

在某些情况下涉及的会计估计，一项错报可能是某些事项合并作用的结果，分别识别将是困难或不可能的。

当审计财务报表中确认的一项会计估计时，不管是适用的财务报告编制基础要求的还是自愿披露的，评价财务报表附注中的会计估计的合理性和相关披露，涉及运用的考虑的类型都是相同的。

五、披露及审计工作记录

（一）与会计估计相关的披露

注册会计师应当获取充分、适当的审计证据，以确定与会计估计相关的财务报表披露是否符合适用的财务报告编制基础的规定。

财务报告编制基础可能要求或者规定披露相关的会计估计，某些公司可能自愿在财务报表附注中披露额外的信息。这些披露可能包括：

(1) 使用的假设。

(2) 使用的估计方法，包括适用的估价模型。

(3) 估价方法的选用基础。

(4) 以前期间采用的估计方法的变动影响。

(5) 估计的不确定性的来源及含义。

这些披露与使用者了解在财务报表中确认或披露的信息是相关的。因此，注册会计师应当获取充分、适当的审计证据以证实上述披露符合财务报告编制基础。

对导致特别风险的会计估计，注册会计师还应当评价在适用的财务报告编制基础下，财务报表中对估计不确定性的披露的充分性。

（二）可能存在管理层偏向的迹象

注册会计师应当复核管理层在作出会计估计时的判断和决策，以识别是否可能存在管理层偏向的迹象。在得出某项会计估计是否合理的结论时，可能存在管理层偏向的迹象本身并不构成错报。

可能存在管理层偏向的迹象的情况包括：

(1) 会计估计的变化，或者使用会计估计的方法的改变，管理层对这些变化已经作出了主观评价。

(2) 当公司使用自己的公允价值会计假设并且这些假设同可以观察到的市场假设不一致时。

(3) 管理层主观喜好的点估计的特别假设的选择或者解释。

(4) 可能表明乐观或悲观模式的点估计的选择。

（三）书面声明

注册会计师应当向管理层和治理层（如适用）获取书面声明，以确定其是否认为在作出会计估计时使用的重要假设是合理的。

（四）审计工作底稿

注册会计师应当就下列事项形成审计工作底稿：

(1) 对导致特别风险的会计估计的合理性及其披露的充分性，注册会计师得出结论的基础。

(2) 可能存在管理层偏向的迹象。

六、对会计估计（公允价值会计估计）审计结果的处理

注册会计师应当根据了解的被审计单位情况，以及是否与在审计中获取的其他审计证据相一致，对被审计单位会计估计及其变更的合理性作出最终评价，进而为形成审计意见提供依据。

如果根据审计证据得出的估计结果与被审计单位包括在财务报表中的估计金额存在差异，注册会计师应当确定是否需要调整该项差异。

如果认为该项差异不合理，注册会计师应当提请管理层予以调整。如果管理层拒绝调整，注册会计师应当将该项差异视为一项错报，并连同所有其他错报一并考虑，以评价对财务报表的影响是否重大。

如果认为被接受的各项差异合理但均偏向一个方向，以致各项差异的累计数可能对财务报表产生重大影响，注册会计师应当从整体上评价会计估计的合理性。

第五节　非货币性资产交换审计

近年来，我国企业的经营方式和融资方式出现了许多新变化，企业间经常发生非货币性资产交换业务。与此同时，一些上市公司通过不公平的非货币性资产交换业务，粉饰财务状况和经营成果。在财务报表审计业务中，非货币性资产交换业务往往属于重大错报风险较高的领域，因此，注册会计师应当特别关注非货币性资产交换业务，以对被审计单位财务报表形成恰当的审计意见。

一、非货币性资产交换的含义及审计目标

按照企业会计准则的规定，非货币性资产交换是指企业主要以固定资产、无形资产、投资性房地产和长期股权投资等非货币性资产进行的交换。该交换不涉及或只涉及少量的货币性资产（即补价）。货币性资产，是指企业持有货币资金和收取固定或可确定金额的货币资金的权利。货币性资产以外的资产为非货币性资产。

在财务报表审计业务中，注册会计师对非货币性资产交换进行审计的主要目标是：确定非货币性资产交换业务是否存在；确定非货币性资产交换业务是否合法；确定非货币性资产交换业务的会计处理是否正确；确定非货币性资产交换业务的披露是否恰当。

二、非货币性资产交换的审计程序

1.取得并审阅公司权力机构的会议记录

由于非货币性资产交换属于企业的非正常业务，一般应当由被审计单位的股东大会、董事会或管理层会议批准。因此，通过审阅各级权力机构的会议记录，注册会计师往往能够发现在所审计期间是否存在非货币性资产交换业务，如果存在，还能从总体上了解交易的内容。

2.取得并审阅有关非货币性资产交换业务的协议和合同

通过审阅有关非货币性资产交换的协议和合同，注册会计师能够判断交易是否合法。交易的合法是指交易的内容合法、交易的方式合法，并且其履行了规定的审批手续。注册会计师还应该注意分析交换是否具有商业性质。按照企业会计准则的规定，满足下列条件之一的，非货币性资产交换具有商业实质：一是换入资产的未来现金流量在风险、时间分布和金额方面与换出资产显著不同；二是使用换入资产所产生的预计未来现金流量现值与继续使用换出资产不同，且其差额与换入资产和换出资产的公允价值相比是重大的。

3.审查企业对非货币性资产交换的会计记录

注册会计师审查非货币性资产交换的会计核算时，应当重点审查换入资产的计价以及相关

损益的确认是否正确。

（1）当非货币性资产交换具有商业性质，且换入资产或换出资产的公允价值能够可靠计量时，应当以公允价值和应支付的相关税费作为换入资产的成本，公允价值与换出资产账面价值的差额计入当期损益。如果换入资产和换出资产的公允价值均能够可靠计量，应当以换出资产的公允价值作为确定换入资产成本的基础，除非有确凿证据表明换入资产的公允价值更加可靠。

在这种情况下，支付或者收取补价的，应当分别处理：支付补价的，换入资产成本与换出资产账面价值加支付的补价、应支付的相关税费的和的差额，应当计入当期损益；收到补价的，换入资产成本加收到补价的和与换出资产账面价值加应支付的相关税费的和的差额，应当计入当期损益。

（2）如果交换不具有商业性质，或者换入资产或换出资产的公允价值不能可靠计量，应当以换出资产的账面价值和应支付的相关税费作为换入资产的成本，不能确认损益。

在这种情况下，支付或者收取补价的，应当分别处理：支付补价的，应当以换出资产的账面价值，加上支付的补价和应支付的相关税费，作为换入资产的成本，不能确认损益；收到补价的，应当以换出资产的账面价值，减去收到的补价并加上应支付的相关税费，作为换入资产的成本，不能确认损益。

4.检查非货币性资产交换的披露是否充分

按照企业会计准则的规定，企业应当在附注中披露与非货币性资产交换有关的下列信息：（1）非货币性资产交换是否具有商业实质及其原因。（2）换入、换出资产的类别。（3）换入资产初始计量金额的确定方式。（4）换入、换出资产的公允价值以及换出资产的账面价值。（5）非货币性资产交换确认的损益。

三、对非货币性资产交换审计结果的处理

注册会计师完成非货币性资产交换审计后，如果发现被审计单位非货币性资产交换业务的会计处理或披露不符合企业会计准则的规定，应当提请被审计单位予以调整。如果被审计单位拒绝调整或者不能按规定要求全面调整，注册会计师应当充分运用职业判断，根据其对被审计单位财务报表的影响程度，考虑发表保留意见或否定意见的审计报告。

第六节 关联方及其交易审计

近年来，一些企业特别是上市公司，往往利用非公平交易基础上的关联方交易来粉饰财务报表。修订后的《中国注册会计师审计准则第1323号——关联方》规范了关联方及其交易的审计。许多关联方交易是在正常经营过程中发生的，与类似的非关联方交易相比，这些关联方交易可能并不具有更高的财务报表重大错报风险。但是，在某些情况下，关联方关系及其交易的性质可能导致关联方交易比非关联方交易具有更高的财务报表重大错报风险。例如，关联方可能通过广泛而复杂的关系和组织结构进行运作，相应增加关联方交易的复杂程度；信息系统可能无法有效识别或汇总被审计单位与关联方之间的交易和未结算项目的金额；关联方交易可能未按照正常的市场条款和条件进行，例如，某些关联方交易可能没有相应的对价。因此，注册会计师有必要对关联方及其交易进行审计，以确定被审计单位是否按照企业会计准则的要求披露所有关联方及关联方交易的相关信息。

一、关联方及其交易的含义

一方控制、共同控制另一方或对另一方施加重大影响，以及两方或两方以上同受一方控制、共同控制或重大影响的，构成关联方。《企业会计准则第36号——关联方披露》规定，下

列各方构成企业的关联方：该企业的母公司；该企业的子公司；与该企业受同一母公司控制的其他企业；对该企业实施共同控制的投资方；对该企业施加重大影响的投资方；该企业的合营企业；该企业的联营企业；该企业的主要投资者个人及与其关系密切的家庭成员；该企业或其母公司的关键管理人员及与其关系密切的家庭成员；该企业主要投资者个人、关键管理人员或与其关系密切的家庭成员控制、共同控制或施加重大影响的其他企业。

关联方交易，是指关联方之间转移资源、劳务或义务的行为，而不论其是否收取价款。按照企业会计准则的规定，关联方交易的类型通常包括下列各项：购买或销售商品；购买或销售商品以外的其他资产；提供或接受劳务；担保；提供资金（贷款或股权投资）；租赁；代理；研究与开发项目的转移；许可协议；代表企业或由企业代表另一方进行债务结算；关键管理人员报酬。

二、关联方及其交易的审计目标

按照企业会计准则的要求识别、会计处理和披露关联方和关联方交易是被审计单位管理层的责任；实施适当的审计程序，获取充分、适当的审计证据，以确定被审计单位管理层是否按照企业会计准则的要求识别、会计处理和披露关联方和关联方交易是注册会计师的责任。

按照相关审计准则的要求，在财务报表审计中，注册会计师对关联方及关联方交易进行审计，主要目标在于：

（1）无论适用的财务报告编制基础是否对关联方作出规定，充分了解关联方关系及其交易，以便能够确认由此产生的、与识别和评估由于舞弊导致的重大错报风险相关的舞弊风险因素（如有）；根据获取的审计证据，就财务报表受到关联方关系及其交易的影响而言，确定财务报表是否公允反映。

（2）如果适用的财务报告编制基础对关联方作出规定，获取充分、适当的审计证据，确定关联方关系及其交易是否已按照适用的财务报告编制基础得到恰当识别、会计处理和披露。

三、实施风险评估程序并识别重大错报风险

审计项目组应当按照《中国注册会计师审计准则第1211号——通过了解被审计单位及其环境识别和评估重大错报风险》和《中国注册会计师审计准则第1141号——财务报表审计中与舞弊相关的责任》的规定进行内部讨论。进行内部讨论时，项目组应当特别考虑由于关联方关系及其交易导致的舞弊或错误使得财务报表存在重大错报的可能性。

注册会计师在审计过程中，可以采用询问、检查的审计程序实施风险评估程序。

（一）询问程序

注册会计师应当向管理层询问下列事项：

（1）关联方的名称和特征，包括关联方自上期以来发生的变化。

（2）被审计单位和关联方之间关系的性质。

（3）被审计单位在本期是否与关联方发生交易，如发生，询问交易的类型、定价政策和目的。

如果管理层建立下列与关联方关系及其交易相关的控制，注册会计师应当询问管理层和被审计单位内部的其他人员，实施其他适当的风险评估程序，以获取对相关控制的了解：

（1）按照适用的财务报告编制基础，对关联方关系及其交易进行识别、会计处理和披露。

（2）授权和批准重大关联方交易和安排。

（3）授权和批准超出正常经营过程的重大交易和安排。

（二）检查程序

注册会计师应当检查下列记录或文件，以确定是否存在管理层以前未识别或未向注册会计师披露的关联方关系或关联方交易：

（1）注册会计师实施审计程序时获取的银行和律师的询证函回函。

（2）股东会和治理层会议的纪要。

（3）注册会计师认为必要的其他记录或文件。

某些安排或其他信息可能显示管理层以前未识别或未向注册会计师披露的关联方关系或关联方交易，在审计过程中检查记录或文件时，注册会计师应当对这些安排或其他信息保持警觉。在实施审计程序时，如果识别出被审计单位超出正常经营过程的重大交易，注册会计师应当向管理层询问这些交易的性质以及是否涉及关联方。例如，注册会计师应当对下列安排或其他信息保持警觉：

（1）注册会计师获取的来自第三方的函证。

（2）公司所得税申报表。

（3）公司提供给法律机构的资料。

（4）股东登记册，以便识别公司主要的股东。

（5）管理层和治理层利益冲突的声明。

（6）公司投资以及福利计划的记录。

（7）同主要管理层或者治理层签订的合同和协议。

（8）公司非普通经营事项的重大合同和协议。

（9）来自公司专业咨询师的特定发票和回应。

（10）公司要求的人寿保险条款。

（11）公司在被审计期间重新谈判达成的重大合同。

（12）内部审计报告。

（13）公司提交给证券监管机构的文件（例如，说明书）。

上述安排或信息可能说明存在先前未被识别或未披露的关联方关系或关联方交易。

（三）识别重大错报风险

注册会计师应当按照《中国注册会计师审计准则第1211号——通过了解被审计单位及其环境识别和评估重大错报风险》的规定，识别和评估关联方关系及其交易导致的重大错报风险，并确定这些风险是否为特别风险。在确定时，注册会计师应当将识别出的、超出被审计单位正常经营过程的重大关联方交易导致的风险确定为特别风险。

如果在实施与关联方有关的风险评估程序和相关工作中识别出舞弊风险因素，包括与能够对被审计单位或管理层施加支配性影响的关联方有关的情形，注册会计师应当按照《中国注册会计师审计准则第1141号——财务报表审计中与舞弊相关的责任》的规定，在识别和评估由于舞弊导致的重大错报风险时考虑这些信息。

四、应对措施

注册会计师应当按照《中国注册会计师审计准则第1231号——针对评估的重大错报风险采取的应对措施》的规定，针对评估的与关联方关系及其交易相关的重大错报风险，设计和实施进一步审计程序，以获取充分、适当的审计证据。

如果识别出可能表明存在管理层以前未识别或未向注册会计师披露的关联方关系或关联方交易的安排或信息，注册会计师应当确定相关情况是否能够证实关联方关系或关联方交易的存在。

如果识别出管理层以前未识别出或未向注册会计师披露的关联方关系或重大关联方交易，注册会计师应当：

① 立即将相关信息向项目组其他成员通报。

② 在适用的财务报告编制基础对关联方作出规定的情况下，要求管理层识别与新识别出的关联方之间发生的所有交易，以便注册会计师作出进一步评价；询问与关联方关系及其交易相关的控制为何未能识别或披露关联方关系或交易。

③ 对新识别出的关联方或重大关联方交易实施恰当的实质性审计程序。

④ 重新考虑可能存在管理层以前未识别出或未向注册会计师披露的其他关联方或重大关联方交易的风险，如有必要，实施追加的审计程序。

⑤ 如果显示管理层不披露关联方关系或关联方交易可能是有意的，并显示可能存在由于舞弊导致的重大错报风险，评价这一情况对审计的影响。

对于识别出的超出正常经营过程的重大关联方交易，注册会计师应当：

① 检查相关合同或协议（如有）。

② 获取交易已经恰当授权和批准的审计证据。

如果检查相关合同或协议，注册会计师应当评价：

① 交易的商业理由（或缺乏商业理由）是否表明被审计单位从事交易可能是为了对财务信息作出虚假报告或为了隐瞒侵占资产的行为。

② 交易条款是否与管理层的解释一致。

③ 关联方交易是否已按照适用的财务报告编制基础得到恰当会计处理和披露。

如果管理层在财务报表中作出认定，声明关联方交易是按照等同于公平交易中通行的条款执行的，注册会计师应当就该项认定获取充分、适当的审计证据。

五、对评价识别出的关联方关系及其交易的会计处理和披露

当按照《中国注册会计师审计准则第1501号——对财务报表形成审计意见和出具审计报告》的规定对财务报表形成审计意见时，注册会计师应当评价：

1.识别出的关联方关系及其交易是否已按照适用的财务报告编制基础得到恰当会计处理和披露。

2.关联方关系及其交易是否导致财务报表未实现公允反映。

《企业会计准则第36号——关联方披露》明确规定：企业无论是否发生关联方交易，均应当在财务报表附注中披露与母公司和子公司有关的下列信息：

（1）母公司和子公司的名称。母公司不是该企业最终控制方的，还应当披露最终控制方名称；母公司和最终控制方均不对外提供财务报表的，还应当披露母公司之上与其最相近的对外提供财务报表的母公司名称。

（2）母公司和子公司的业务性质、注册地、注册资本（或实收资本、股本）及其变化。

（3）母公司对该企业或者该企业对子公司的持股比例和表决权比例。

企业与关联方发生关联方交易的，应当在附注中披露该关联方关系的性质、关联方交易类型及其交易要素。披露的交易要素至少包括：

（1）交易的金额。

（2）未结算项目的金额、条款和条件，以及有关提供或取得担保的信息。

（3）未结算应收项目的坏账准备金额。

（4）定价政策。

关联方交易应当分别关联方以及交易类型予以披露。类型相似的关联方交易，在不影响财务报表阅读者正确理解关联方交易对财务报表影响的情况下，可以合并披露。企业只有在提供确凿证据的情况下，才能披露关联方交易是公平交易。

六、书面声明以及与治理层的沟通

如果适用的财务报告编制基础对关联方作出规定，注册会计师应当向管理层和治理层（如适用）获取下列书面声明：

① 已经向注册会计师披露了全部已知的关联方名称和特征、关联方关系及交易。

② 已经按照适用的财务报告编制基础的规定，对关联方关系及交易进行恰当的会计处理和披露。

另外，除非治理层全部成员参与被审计单位的管理，注册会计师应当与治理层沟通审计工

作中发现的与关联方相关的重大事项。

七、对关联方及其交易审计结果的处理

注册会计师应当根据获取的审计证据，形成对关联方及其交易的审计结论，并确定其对审计意见的影响。

注册会计师如果因审计范围受到限制，未能就对财务报表产生重大影响的关联方及关联方交易获取充分、适当的审计证据，应当考虑发表保留意见或无法表示意见的审计报告。如果注册会计师有充分、适当的审计证据证明被审计单位对关联方和关联方交易的披露不充分，应当根据其重要程度，发表保留意见或否定意见的审计报告。

注册会计师应当就识别出的关联方名称、关联方关系的性质以及关联方交易类型和交易要素形成审计工作底稿。

第七节 财务承诺与或有事项审计

一、财务承诺审计

（一）财务承诺的含义

财务承诺是指管理层在当期对未来经济交易或事项作出固定支付义务的承诺或合同协议，如按既定的价格购买物资、租赁资产、出售产品，或对员工提供利润分享计划、养老金计划，或拟进行重大工程项目建设等。由于经营活动的不确定性和自由竞争，市场状况瞬息万变，一些财务承诺在未来执行时可能无法实现预期的利润，或者因经营条件变更而造成不利结果或重大损失。财务承诺直接影响企业的未来现金流量、财务状况和经营成果，将涉及财务报表使用者的切身利益，从而是决定财务报表公允性的一个潜在影响因素。

（二）财务承诺审计的目标

按照公认会计原则的规定，财务承诺通常在未执行之前不进行会计记录或记入财务报表，但对于重大承诺必须在财务报表附注中披露。因此，注册会计师进行财务承诺审计的目标在于：识别被审计单位是否存在财务承诺事项；财务承诺在财务报表附注中是否充分披露。

（三）财务承诺的审计程序

1.询问管理层

财务承诺属于被审计单位未实现的义务，注册会计师无法通过审查会计记录发现是否存在财务承诺。因此，向管理层询问是了解被审计单位在结账日是否存在有关财务承诺的重要方法。

2.审阅董事会或股东大会纪要以及主要的业务合同或协议

公司重要的经济交易或事项，通常须由公司董事会或股东大会讨论并作出有关决议。注册会计师应当审阅公司重要会议的会议纪要，并查阅主要的业务合同或协议，以分析和判断被审计单位管理层所提供的有关财务承诺的资料是否真实、完整。

3.要求管理层提供关于财务承诺的责任声明

按照公认会计原则的规定，正确披露财务承诺是被审计单位的会计责任。管理层有责任向注册会计师提供各种有关财务承诺的资料，但为了明确审计责任与会计责任，注册会计师应当要求管理层提供关于财务承诺的责任声明，以明确其对如实、完整披露所有重大承诺的责任。

4.审查重大财务承诺在财务报表附注中表述的恰当性

由于重大的财务承诺会影响企业会计信息的真实性和公允性，被审计单位有责任在财务报表附注中对其加以披露。

（四）对财务承诺审计结果的处理

注册会计师对于识别的被审计单位的重大财务承诺事项，应提请管理层在财务报表附注中进行适当披露。如果认为被审计单位对其所作的披露不恰当，而且管理层拒绝按照注册会计师的意见进行调整，注册会计师应当考虑其对审计意见类型的影响。

二、或有事项审计

（一）或有事项的概念

或有事项是指过去的交易或者事项形成的、其结果须由某些未来事项的发生或不发生才能决定的不确定事项。或有事项与财务承诺均属于未来的经济事项，最终的财务影响都未得到证实，但两者并不等同。财务承诺是由未来的经济业务引起的，或有事项是由过去的经济业务引起的。或有事项可能形成或有负债，也可能形成或有资产，与或有事项相关的、满足特定条件的义务则应当确认为预计负债。

或有负债，是指过去的交易或事项形成的潜在义务，其存在须通过未来不确定事项的发生或不发生予以证实；或过去的交易或事项形成的现时义务，履行该义务不是很可能导致经济利益流出企业或该义务的金额不能可靠计量。或有资产，是指过去的交易或事项形成的潜在资产，其存在须通过未来不确定事项的发生或不发生予以证实。

（二）或有事项的审计目标

企业会计准则规定，企业应当确认预计负债，而不应当确认或有负债和或有资产；企业通常不应当披露或有资产，但应当披露预计负债和或有负债的相关信息。根据企业会计准则的规定可以看出，注册会计师审计或有事项的主要目标在于：确定或有事项是否存在；确定预计负债是否正确确认和计量；确定或有事项的披露是否恰当。

（三）或有事项的审计程序

1.向被审计单位管理层询问并索取有关资料

注册会计师应当向管理层询问其确定、评价和控制或有事项的有关政策和工作程序，同时，应当向被审计单位管理层索取如下资料：被审计单位的书面声明；被审计单位现存的有关或有事项的全部文件和凭证；被审计单位董事会和股东大会的会议记录；被审计单位与银行之间的往来函件；被审计单位的债务说明书等。

2.审阅和分析有关资料

资料具体包括：①审阅被审计单位董事会和股东大会会议记录，目的在于确定是否存在未决诉讼、未决索赔、税务纠纷、债务担保等方面的记录。②审查被审计单位重要的文件或凭证，包括重要业务合同、租赁契约、专业服务协议及与银行往来函件等。③分析和复核上期及所审计期间税务机构的税收结算报告，以发现所审计期间有关纳税方面发生的争执之处，如果税款拖延时间较久，发生税务纠纷的可能性就较大。

3.向被审计单位外部有关人员进行询问或函证

一是向被审计单位的法律顾问或律师进行函证，以获取关于被审计单位在资产负债表日已存在的，以及资产负债表日至复函日期间存在的或有事项的确认依据，特别是未决诉讼或未决税款估价等方面的问题；二是向与被审计单位有业务往来的银行寄发包含有关或有事项的询证函，以反映应收票据贴现和为其他单位的银行借款进行担保等情况。

4.复核现存的审计工作底稿，寻找任何可以说明潜在或有事项的资料

5.审查预计负债的确认和计量是否正确

按照企业会计准则的规定，与或有事项相关的义务同时满足下列条件的，应当确认为预计负债：一是该义务是企业承担的现时义务；二是履行该义务很可能导致经济利益流出企业；三是该义务的金额能够可靠计量。

预计负债应当按照履行相关现时义务所需支出的最佳估计数进行初始计量。所需支出存在一个连续范围，且该范围内各种结果发生的可能性相同的，最佳估计数应当按照该范围内的中

间值确定。在其他情况下，最佳估计数应当分别区分下列情况处理：(1) 或有事项涉及单个项目的，按照最可能发生金额确定。(2) 或有事项涉及多个项目的，按照各种可能结果及相关概率计算确定。

6.确定或有事项在财务报表中的披露是否恰当

注册会计师应当审查被审计单位是否按照企业会计准则的规定在财务报表附注中披露与或有事项有关的信息。

对预计负债，应当披露：(1) 预计负债的种类、形成原因以及经济利益流出不确定性的说明。(2) 各类预计负债的期初、期末余额和本期变动情况。(3) 与预计负债有关的预期补偿金额和本期已确认的预期补偿金额。

对或有负债（不包括极小可能导致经济利益流出企业的或有负债），应当披露：(1) 或有负债的种类及其形成原因，包括已贴现商业承兑汇票、未决诉讼、未决仲裁、对外提供债务担保等形成的或有负债。(2) 经济利益流出不确定性的说明。(3) 或有负债预计产生的财务影响，以及获得补偿的可能性；无法预计的，应当说明原因。

企业通常不应当披露或有资产。但或有资产很可能会给企业带来经济利益的，应当披露其形成的原因、预计产生的财务影响等。

在涉及未决诉讼、未决仲裁的情况下，按上述要求披露全部或部分信息预期对企业造成重大不利影响的，企业则不需要披露这些信息，但应当披露该未决诉讼、未决仲裁的性质，以及没有披露这些信息的事实和原因。

（四）对或有事项审计结果的处理

注册会计师应当根据获取的审计证据，形成对或有事项的审计结论，并确定其对审计意见的影响。

注册会计师如果因审计范围受到限制，未能就对财务报表产生重大影响的或有事项获取充分、适当的审计证据，应当考虑发表保留意见或无法表示意见的审计报告。如果注册会计师有充分、适当的审计证据证明被审计单位对或有事项的确认不恰当或者披露不充分，应当根据其重要程度发表保留意见或否定意见的审计报告。

第八节　持续经营审计

企业正常的会计核算是在持续经营这一假设下进行的。持续经营与非持续经营下的会计核算、会计原则以及财务报表的内容与格式等都存在着本质上的区别。在竞争日益激烈的市场经济环境下，企业可能因财务危机而面临持续经营问题。如果注册会计师对公司的持续经营能力关注不够，将承担更大的审计风险。因此，在财务报表审计业务中评估被审计单位的持续经营问题是十分必要的。

一、持续经营假设可能无法成立的情况

（一）持续经营假设的概念

持续经营假设，是指被审计单位在编制财务报表时，假定其经营活动在可预见的将来会继续下去，不拟也不必终止经营或破产清算，可以在正常的经营过程中变现资产、清偿债务。可预见的将来通常是指资产负债表日后12个月。

（二）持续经营假设可能无法成立的情况

被审计单位在财务、经营以及其他方面存在的某些事项或情况可能导致注册会计师对持续经营假设产生重大疑虑。注册会计师对此应当予以充分的关注。

(1) 被审计单位在财务方面存在的可能导致注册会计师对持续经营假设产生重大疑虑的事项或情况主要包括：①无法偿还到期债务。②无法偿还即将到期且难以展期的借款。③无法继

续履行重大借款合同中的有关条款。④存在大额的逾期未缴税金。⑤累计经营性亏损数额巨大。⑥过度依赖短期借款筹资。⑦无法获得供应商的正常商业信用。⑧难以获得开发必要新产品或进行必要投资所需资金。⑨资不抵债。⑩营运资金出现负数。⑪经营活动产生的现金流量净额为负数。⑫大股东长期占用巨额资金。⑬重要子公司无法持续经营且未进行处理。⑭存在大量长期未作处理的不良资产。⑮存在因对外巨额担保等或有事项引发的或有负债。

(2) 被审计单位在经营方面存在的可能导致注册会计师对持续经营假设产生重大疑虑的事项或情况主要包括：①关键管理人员离职且无人替代。②主导产品不符合国家产业政策。③失去主要市场、特许权或主要供应商。④人力资源或重要原材料短缺。⑤出现非常成功的竞争者。

(3) 被审计单位在其他方面存在的可能导致注册会计师对持续经营假设产生重大疑虑的事项或情况主要包括：①严重违反有关法律法规或政策。②异常原因导致停工、停产。③有关法律法规或政策的变化可能造成重大不利影响。④经营期限即将到期且无意继续经营。⑤投资者未履行协议、合同、章程规定的义务，并有可能造成重大不利影响。⑥因自然灾害、战争等不可抗力因素遭受严重损失。

另外，衍生金融工具潜在的损失可能足以引起注册会计师对被审计单位持续经营能力的重大疑虑，注册会计师应当考虑被审计单位持续经营假设的合理性。

当出现上述事项或情况时，企业的正常生产经营可能会受到影响。如果影响巨大，持续经营假设将失去其合理性，财务报表的编制基础也应当随之改变。

二、注册会计师的责任

注册会计师的责任是，就管理层在编制财务报表时运用持续经营假设的适当性获取充分、适当的审计证据并得出结论，并根据获取的审计证据就是否存在与被审计单位持续经营能力相关的重大不确定性得出结论。即使编制财务报表时采用的财务报告编制基础没有明确要求管理层对持续经营能力作出专门评估，注册会计师的这种责任仍然存在。

如果存在可能导致被审计单位不再持续经营的未来事项或情况，审计的固有限制对注册会计师发现重大错报能力的潜在影响会加大。注册会计师不能对这些未来事项或情况作出预测。相应地，注册会计师未在审计报告中提及与被审计单位持续经营能力相关的重大不确定性，不能被视为对被审计单位持续经营能力的保证。

三、持续经营假设的审计目标

被审计单位管理层的责任是根据适用的会计准则和相关会计制度的规定评估持续经营能力。管理层对持续经营能力的评估涉及在特定时点对事项或情况的未来结果作出判断，这些事项或情况的未来结果具有不确定性。注册会计师的责任是，针对管理层在编制和列报财务报表时运用持续经营假设的适当性获取充分、适当的审计证据，并就持续经营能力是否存在重大不确定性得出结论。

另外，管理层对持续经营能力的评估是注册会计师考虑持续经营假设的一个重要组成部分。

注册会计师对持续经营假设进行审计的主要目标是：

(1) 就管理层编制财务报表时运用持续经营假设的适当性，获取充分、适当的审计证据。

(2) 根据获取的审计证据，就可能导致注册会计师对被审计单位持续经营能力产生重大疑虑的事项或情况是否存在重大不确定性得出结论。

(3) 按照审计准则的规定出具审计报告。

四、管理层对持续经营能力的评估

管理层对持续经营能力的评估涉及在特定时点对事项或情况的未来结果作出判断，这些事项或情况的未来结果具有固有不确定性。下列因素与管理层的判断相关：（1）某一事项或情况或其结果出现的时点距离管理层作出评估的时点越远，与事项或情况的结果相关的不确定性程度将显著增加。因此，明确要求管理层对持续经营能力作出评估的大多数财务报告编制基础规定了管理层应当考虑所有可获得信息的期间。（2）被审计单位的规模和复杂程度、经营活动的性质和状况以及被审计单位受外部因素影响的程度，将影响对事项或情况的结果作出的判断。（3）对未来的所有判断都以作出判断时可获得的信息为基础。

管理层作出的判断在当时情况下可能是合理的，但之后发生的事项可能导致事项或情况的结果与作出的判断不一致。

五、风险评估程序

注册会计师按照规定实施风险评估程序时，应当考虑是否存在可能导致注册会计师对被审计单位持续经营能力产生重大疑虑的事项或情况。在进行考虑时，注册会计师应当确定管理层是否已对被审计单位持续经营能力作出初步评估。

如果管理层已对持续经营能力作出初步评估，注册会计师应当与管理层进行讨论，并确定管理层是否已识别出单独或汇总起来可能导致注册会计师对被审计单位持续经营能力产生重大疑虑的事项或情况。如果管理层已识别出这些事项或情况，注册会计师应当与其讨论应对计划。

如果管理层未对持续经营能力作出初步评估，注册会计师应当与管理层讨论其拟运用持续经营假设的基础，询问管理层是否存在单独或汇总起来可能导致注册会计师对被审计单位持续经营能力产生重大疑虑的事项或情况。

针对有关可能导致注册会计师对被审计单位持续经营能力产生重大疑虑的事项或情况的审计证据，注册会计师应当在整个审计过程中保持警觉。

六、评价管理层的评估

注册会计师应当评价管理层对被审计单位持续经营能力作出的评估。

在评价管理层对被审计单位持续经营能力作出的评估时，注册会计师的评价期间应当与管理层按照适用的财务报告编制基础或法律法规（如果法律法规要求的期间更长）的规定作出评估的涵盖期间相同。

如果管理层评估持续经营能力涵盖的期间短于自财务报表日起的12个月，注册会计师应当提请管理层将其至少延长至自财务报表日起的12个月。

在评价管理层作出的评估时，注册会计师应当考虑管理层作出的评估是否已包括注册会计师在审计过程中注意到的所有相关信息。

注册会计师在评价管理层对其持续经营能力作出的评估时，还应当询问管理层是否知悉超出评估期间的、可能导致注册会计师对持续经营能力产生重大疑虑的事项或情况。

七、识别出事项或情况时实施追加的审计程序

注册会计师如果识别出可能导致其对持续经营能力产生重大疑虑的事项或情况，应当通过实施追加的审计程序，包括考虑缓解因素，获取充分、适当的审计证据，以确定是否存在重大不确定性。这些程序应当包括：

（1）如果管理层尚未对被审计单位持续经营能力作出评估，提请其进行评估。

（2）评价管理层与持续经营评估相关的未来应对计划，这些计划的结果是否可能改善目前的状况，以及管理层的计划对于具体情况是否可行。

（3）如果被审计单位已编制现金流量预测，且对预测的分析是评价管理层未来应对计划时所考虑的事项或情况的未来结果的一个重要因素，评价用于编制预测的基础数据的可靠性，并确定预测所基于的假设是否具有充分的支持：

① 考虑被审计单位生成相关信息的信息系统的可靠性。

② 考虑管理层作出现金流量预测所依赖的假设是否存在充分的依据。

③ 将最近若干期间的预测性财务信息与实际结果进行比较。

④ 将本期的预测性财务信息与截至目前的实际结果进行比较。

（4）考虑自管理层作出评估后是否存在其他可获得的事实或信息。

（5）要求管理层和治理层（如适用）提供有关未来应对计划及其可行性的书面声明。

八、审计结论与报告

注册会计师应当评价是否就管理层编制财务报表时运用持续经营假设的适当性获取了充分、适当的审计证据，并就运用持续经营假设的适当性得出结论。

注册会计师应当根据获取的审计证据，运用职业判断，确定是否存在与事项或情况相关的重大不确定性，且这些事项或情况单独或汇总起来可能导致其对被审计单位持续经营能力产生重大疑虑。

（一）持续经营假设适当，但存在重大不确定性

如果注册会计师根据职业判断认为，鉴于不确定性潜在影响的重要程度和发生的可能性，为了使财务报表实现公允反映，有必要适当披露该不确定性的性质和影响，则表明存在重大不确定性。

如果认为运用持续经营假设适合具体情况，但存在重大不确定性，注册会计师应当确定：

1.财务报表是否已充分描述可能导致其对持续经营能力产生重大疑虑的主要事项或情况，以及管理层针对这些事项或情况的应对计划。

2.财务报表是否已清楚披露可能导致其对持续经营能力产生重大疑虑的事项或情况存在重大不确定性，并由此导致被审计单位可能无法在正常的经营过程中变现资产和清偿债务。

如果运用持续经营假设是适当的，但存在重大不确定性，且财务报表对重大不确定性已作出充分披露，注册会计师应当发表无保留意见，并在审计报告中增加以“与持续经营相关的重大不确定性”为标题的单独部分，以：（1）提醒财务报表使用者关注财务报表附注中所述与持续经营相关的重大不确定性事项的披露；（2）说明这些事项或情况表明存在可能导致对被审计单位持续经营能力产生重大疑虑的重大不确定性，并说明该事项并不影响发表的审计意见。

如果运用持续经营假设是适当的，但存在重大不确定性，且财务报表对重大不确定性未作出充分披露，注册会计师应当发表保留意见或否定意见。注册会计师应当在审计报告“形成保留（否定）意见的基础”部分说明，存在可能导致对被审计单位持续经营能力产生重大疑虑的重大不确定性，但财务报表未充分披露该事项。

（二）被审计单位将不能持续经营

如果判断被审计单位将不能持续经营，但财务报表仍然按照持续经营假设编制，注册会计师应当出具否定意见的审计报告。注册会计师应当在审计报告“形成否定意见的基础”部分说明，被审计单位将不能持续经营，但财务报表仍然按照持续经营假设编制。

（三）管理层或治理层不愿对持续经营能力作出评估对审计报告的影响

在审计过程中，注册会计师如果注意到，管理层不愿对持续经营能力作出评估、存在超出管理层评估期间的可能导致其对持续经营能力产生重大疑虑的事项或情况，或者管理层评估持续经营能力涵盖的期间少于自资产负债表日起的12个月，注册会计师应当提请管理层对持续经营能力作出评估，或将评估期间延伸至自资产负债表日起的12个月。

如果管理层拒绝注册会计师的要求，注册会计师应当将其视为审计范围受到限制，考虑出具保留意见或无法表示意见的审计报告。

（四）管理层或治理层在财务报表日后严重拖延对财务报表的批准

如果管理层或治理层在财务报表日后严重拖延对财务报表的批准，注册会计师应当询问拖延的原因。如果认为拖延可能涉及与持续经营评估相关的事项或情况，注册会计师应当实施追

加的审计程序，并考虑被审计单位持续经营存在重大不确定性对审计结论的影响。

第九节 错误与舞弊审计

在计划和实施审计工作时，注册会计师应当保持职业怀疑态度，充分考虑财务报表的重大错报风险，通过实施必要和适当的审计程序，将财务报表中存在的重大错误与舞弊揭露出来。也就是说，注册会计师有责任按照审计准则的规定实施审计工作，获取财务报表在整体上不存在重大错报的合理保证，无论该错报是由于舞弊还是错误导致的。

一、错误与舞弊的含义与类型

财务报表的错报可能由于错误或舞弊所致。错误和舞弊的区别在于，导致财务报表发生错报的行为是故意行为还是非故意行为。

（一）错误与舞弊的含义

错误是指导致财务报表错报的非故意行为。错误所具有的特征可归纳如下：在原因上，是行为人不精通业务、技术和法规，不精心操作以及管理不善所造成的；在动机上，是非故意性的，没有不良企图和动机；在手段上，具有偶然性和随意性，不是采取特定手段所为；在性质上，属于一种行为过失。

舞弊是指被审计单位的管理层、治理层、员工或第三方使用欺骗手段获取不当或非法利益的故意行为。舞弊具有如下特征：在原因上，是行为人经不住物质利益的诱惑，侥幸或故意为之所造成的；在动机上，具有非法占有和挪用公共财产的不良企图和动机；在手段上，采取故意制造错报或漏报、钻制度空子、涂改凭证、伪造单据、更改账表等技术手段，进行有意掩饰、歪曲和欺骗；在形式上，表现为掩盖真相，貌似正确，一般不易察觉；在性质上，属于一种不法经济行为，其往往会造成国家、单位财产的损失。

（二）错误与舞弊的类型

错误所强调的是非故意的差错，主要包括：

（1）为编制财务报表而收集和处理数据时发生失误。

（2）由于疏忽和误解有关事实而作出不恰当的会计估计。

（3）在运用与确认、计量、分类或列报相关的会计政策时发生失误。

舞弊是一个宽泛的法律概念，但在财务报表审计中，注册会计师只需要关注导致财务报表发生重大错报的舞弊。与财务报表审计相关的故意错报有两类：一是对财务信息作出虚假报告导致的错报；二是侵占资产导致的错报。

对财务信息作出虚假报告通常表现为：

（1）对财务报表所依据的会计记录或相关文件记录的操纵、伪造或篡改。

（2）对交易、事项或其他重要信息在财务报表中的不真实表达或故意遗漏。

（3）对与确认、计量、分类或列报有关的会计政策和会计估计的故意误用。

侵占资产是指被审计单位的管理层或员工非法占用被审计单位的资产，侵占资产通常伴随着虚假或误导性的文件记录，其目的是隐瞒资产缺失或未经适当授权使用资产的事实。

二、错误与舞弊的可能性

注册会计师应当实施适当的审计程序，以获取用于识别错误与舞弊导致的财务报表重大错报风险所需的信息。下列信息可能表明被审计单位存在错误与舞弊的可能性：

（1）存在舞弊风险因素，即动机或压力、机会和借口。舞弊风险因素的存在并不一定表明发生了舞弊，但在舞弊发生时通常存在舞弊风险因素。

压力因素是被审计单位舞弊的行为动机。被审计单位可能遭受来自财务方面、经营方面以及其他方面的异常压力，比如经营成果不佳、迫切需要维持有利的盈余记录以维持股价、所在行业不景气、营运资金或信用短缺、大量资金投资于风险高的产品或行业等。

机会因素是指能够进行舞弊而不被发现或者不被惩罚的时机。比如，管理层为降低舞弊风险设计的内部控制不够健全或执行不力，治理层不能有效监督管理层对舞弊风险的识别和应对过程，缺乏惩罚措施和工作质量绩效的有效评价等。

借口因素是被审计单位为可能存在的舞弊行为作合理化解释，比如为了企业的利益、为了企业度过安全期等。

（2）存在异常关系或偏离预期的关系，尤其是与期末确认的收入或利润有关的异常趋势或关系。注册会计师在实施分析程序时，如果发现存在异常关系或偏离预期的关系，可能表明存在错误或舞弊导致的重大错报风险。当然，注册会计师不能简单地把同业数据、前期数据、非财务数据等直接与财务数据比较。对异常关系的判断有赖于注册会计师是否形成了“合理预期”，即注册会计师应当预期可能存在的合理关系。

（3）有其他信息表明，被审计单位存在舞弊导致的重大错报风险，比如通过审计项目组内部讨论获取的信息、客户承接或续约过程、向被审计单位提供其他服务所获得的经验。

三、管理舞弊的心态

应当指出的是，只有压力和机会，还不足以导致管理舞弊，只有再加上作弊的心态，才会使舞弊真正发生。不诚实、过度的竞争、无视规则和法令的存在、过度倾向奢侈、不必要的冒险等，都警示存在舞弊的可能性。具体地说，以下情形代表管理层存在可能舞弊的心态：

（1）管理层曾经有不诚实的记录或在业界的声誉不佳。

（2）企业以前年度曾经发生过舞弊。

（3）管理层过分强调盈利预测的实现和企业股价的表现。

（4）管理层过去常与注册会计师发生争议，或曾经欺骗过注册会计师，或对注册会计师不够尊重。

（5）企业经常变更会计师事务所。

（6）管理层经常从事内幕交易。

（7）管理层倾向于采用不稳健的会计政策和不适当的冒险做法。

（8）管理层面临较大的经济和财务压力。

四、管理舞弊的主要手段

对于管理舞弊而言，对财务信息作出虚假报告通常与管理层凌驾于控制之上有关。管理层通过凌驾于控制之上实施舞弊的手段主要包括：

（1）编制虚假的会计分录，特别是在临近会计期末时。

（2）滥用或随意变更会计政策。

（3）不恰当地调整会计估计所依据的假设及改变原先作出的判断。

（4）故意漏记、提前确认或推迟确认报告期内发生的交易或事项。

（5）隐瞒可能影响财务报表金额的事实。

（6）构造复杂的交易以歪曲财务状况或经营成果。

（7）篡改与重大或异常交易相关的会计记录和交易条款。

具体说来，对财务信息作出虚假报告的常用手段主要有：

（1）虚列存货价值，如采用不适当的方法计算存货成本，或利用材料成本差异账户任意调节存货成本，从而降低或增加销货成本，虚增或虚减利润；或故意虚列存货，以隐瞒存货的短缺或毁损。

（2）虚列应收账款，如为了虚增销售收入而虚列应收账款，或通过少计坏账准备而虚增应收账款净值。

（3）虚列固定资产，如少提折旧、混淆收益性支出与资本性支出、毁损的固定资产不销账等。

（4）任意递延费用。这主要通过将短期借款利息、广告费用、经常性的设备维护费用等期间费用列为长期待摊费用，以减少当期费用。

（5）漏列负债，如用漏列预收账款、应付账款，少计应计利息和应付费用等手段来粉饰财务状况。

（6）虚增销售收入，如提前确认销售收入，将非销售收入列为销售收入，或虚列关联方交易、虚列销售业务等。

（7）虚减销货成本。虚增期末存货价值以虚减销货成本。

（8）潜亏挂账，如长期无法收回的应收账款和长期积压的存货有可能导致潜在亏损。

（9）按规定应当编制合并报表而未纳入合并范围，混淆长期股权投资核算的成本法和权益法的运用。

（10）隐瞒重要事项。隐瞒本应在财务报表附注中披露的期后事项、关联方交易、或有负债、会计政策与会计估计变更等重要事项。

五、管理舞弊的“红旗”警讯

当出现下列事项和情况时，可能表明被审计单位存在重大错报风险，注册会计师应当予以充分注意：

（1）在经济不稳定的国家或地区开展业务。

（2）在高度波动的市场开展业务。

（3）在严厉、复杂的监管环境中开展业务。

（4）持续经营和资产流动性出现问题，包括重要客户流失。

（5）融资能力受到限制。

（6）行业环境发生变化。

（7）供应链发生变化。

（8）开发新产品或提供新服务，或进入新的业务领域。

（9）开辟新的经营场所。

（10）发生重大收购、重组或其他非经常性事项。

（11）拟出售分支机构或业务分部。

（12）复杂的联营或合资。

（13）运用表外融资、特殊目的实体以及其他复杂的融资协议。

（14）重大的关联方交易。

（15）缺乏具备胜任能力的会计人员。

（16）关键人员变动。

（17）内部控制薄弱。

（18）信息技术战略与经营战略不协调。

（19）信息技术环境发生变化。

（20）安装新的与财务报告有关的重大信息技术系统。

（21）经营活动或财务报告受到监管机构的调查。

（22）以往存在重大错报或本期期末出现重大会计调整。

（23）发生重大的非常规交易。

（24）按照管理层特定意图记录的交易。

（25）应用新颁布的企业会计准则或相关会计制度。

（26）会计计量过程复杂。

（27）事项或交易在计量时存在重大不确定性。

(28) 存在未决诉讼和或有负债。

六、错误与舞弊的审计程序

注册会计师应当在整个审计过程中保持职业怀疑态度，包括检查有关重大交易的文件记录时，对其性质和范围的选择保持敏感，以及有意识地通过其他信息验证管理层对重大事项作出的解释或声明，并考虑管理层凌驾于控制之上的可能性，同时应当意识到，可以有效发现错误的审计程序未必适用于发现舞弊导致的重大错报。

审计项目组应当讨论由于舞弊导致财务报表发生重大错报的可能性。审计项目负责人应当在讨论时强调在整个审计过程中对舞弊导致的重大错报风险保持警惕的重要性。在整个审计过程中，项目组成员应当持续交换可能影响舞弊导致的重大错报的风险评估及其应对程序的信息。

注册会计师应当针对评估的舞弊导致的财务报表层次重大错报风险确定下列总体应对措施：

(1) 考虑人员的适当分派和督导，如分派具备相应知识和技能的人员或利用专家的工作，并进行相应的督导。

(2) 考虑被审计单位对重大会计政策的选择和运用，是否可能表明管理层通过操纵利润对财务信息作出虚假报告。

(3) 在选择进一步审计程序的性质、时间和范围时，应当注意使某些程序不为被审计单位预见或事先了解。例如，对通常由于风险程度较低而不会作出测试的账户余额实施实质性程序；调整审计程序的时间，使之有别于预期的时间安排；运用不同的抽样方法；对不同地理位置的多个组成部分实施审计程序；以不预先通知的方式实施审计程序。

注册会计师应当考虑通过下列方式，应对舞弊导致的认定层次的重大错报风险：

(1) 改变拟实施审计程序的性质，以获取更为可靠、相关的审计证据，或获取其他佐证性信息，包括更加重视实地观察或检查、在实施函证程序时改变常规函证内容、询问被审计单位的非财务人员等。

(2) 改变实质性程序的时间，包括在期末或接近期末实施实质性程序，或针对本期较早时间发生的交易事项或贯穿于整个本期的交易事项实施测试。

(3) 改变审计程序的范围，包括扩大样本规模，采用更详细的数据实施分析程序等。

针对管理层凌驾于控制之上的风险，实施下列审计程序：

(1) 测试日常会计核算过程中作出的会计分录以及为编制财务报表作出的调整分录是否适当。注册会计师应当根据对舞弊导致的重大错报风险的评估、被审计单位对会计分录或调整分录已实施的控制、被审计单位的财务报告过程以及所能获取的证据性质、虚假会计分录或调整分录的特征、会计账户的性质和复杂程度、在常规业务流程之外处理的会计分录和调整分录等因素，选择拟测试的会计分录或调整分录并确定适当的测试方法。

(2) 复核会计估计是否有失公允，从而可能产生舞弊导致的重大错报。注册会计师应当从财务报表整体上考虑管理层作出的某项会计估计是否反映出管理层的某种偏向，是否与注册会计师所获取审计证据表明的最佳估计存在重大差异，并复核管理层在以前年度财务报表中作出的重大会计估计及其依据的假设。

(3) 对于注意到的、超出正常经营过程或基于对被审计单位及其环境的了解显得异常的重大交易，了解其商业理由的合理性。在了解这些交易的商业理由的合理性时，注册会计师应当考虑下列事项：交易的形式是否过于复杂；管理层是否已与治理层就此类交易的性质和会计处理进行讨论并作出适当记录；管理层是否更强调需要采用某种特定的会计处理方式，而不强调交易的经济实质；对于涉及不纳入合并范围的关联方（包括特殊目的实体）的交易，是否已得到治理层的适当审核与批准；交易是否涉及以往未识别的关联方，或不具备实质性交易基础或独立财务能力的第三方。

注册会计师还应当就下列事项获取管理层的书面声明：

（1）设计和执行内部控制以防止或发现舞弊是管理层的责任。

（2）已向注册会计师披露其对舞弊导致的财务报表重大错报风险的评估结果。

（3）已向注册会计师披露已知的涉及管理层、在内部控制中承担重要职责的员工以及其舞弊行为可能对财务报表产生重大影响的其他人员的舞弊或舞弊嫌疑。

（4）已向注册会计师披露从现任和前任员工、分析师、监管机构等方面获知的、影响财务报表的舞弊指控或舞弊嫌疑。

七、对错误与舞弊审计结果的处理

对于被审计财务报表中存在的错误，注册会计师应当根据其对财务报表的影响程度，考虑提请被审计单位调整财务报表，并根据被审计单位的调整情况，考虑对审计报告的影响。但是，对于财务报表中的故意错报，注册会计师应当进行特别的处理。

1.与管理层、治理层以及监管机构进行沟通

如果发现舞弊或获取的信息表明可能存在舞弊，注册会计师应当尽早将此类事项与适当层次的管理层沟通。通常情况下，拟沟通的管理层应当比涉嫌舞弊人员至少高出一个级别。

如果发现舞弊涉及管理层、在内部控制中承担重要职责的员工以及其舞弊行为可能对财务报表产生重大影响的其他人员，注册会计师应当尽早将此类事项与治理层沟通；如果对管理层、治理层的诚信产生怀疑，注册会计师应当考虑征询法律意见，以采取适当措施。

如果在审计过程中发现管理层和治理层的重大舞弊，注册会计师应当考虑征询法律意见，根据法律法规的规定，确定是否向监管机构报告管理层和治理层的重大舞弊。

2.无法继续执行审计业务时的考虑

如果被审计单位的财务报表存在舞弊或舞弊嫌疑导致的错报，注册会计师还可能会遇到难以继续执行审计业务的异常情形。这样的情形通常包括：

（1）被审计单位针对舞弊未能采取注册会计师认为必要的措施。

（2）注册会计师通过考虑舞弊导致的重大错报风险和审计测试的结果，认为存在重大和广泛的舞弊风险。

（3）注册会计师对管理层、治理层的胜任能力或诚信产生了极大的疑虑。

在这种情况下，注册会计师应当考虑：

（1）相应的职业责任和法律责任，包括向审计业务委托人报告，或根据法律法规的规定向监管机构报告。

（2）对审计报告的影响，或解除业务约定。注册会计师应当考虑管理层或治理层参与舞弊的程度及其影响等因素，并考虑征询法律意见，以决定是否解除业务约定。如果决定解除业务约定，注册会计师应当与适当层次的管理层和治理层讨论其决定和理由，并向审计业务委托人和监管机构报告解除业务约定的决定和理由。

第十节　违反法规行为审计

一、违反法规行为的含义

违反法规行为，是指被审计单位有意或无意地违反会计准则和相关会计制度之外的法律法规的行为。被审计单位的经营活动会涉及许多法律法规，但是这些法律法规并不能被会计信息系统所反映。被审计单位在经营过程中，可能会有意无意地违反法律法规，而违反法律法规可能涉及故意隐瞒行为，以至于导致更高的重大错报风险。因此，在财务报表审计业务中，注册会计师应当充分关注被审计单位违反法规行为可能对财务报表产生的重大影响。

注册会计师执行的年度财务报表审计不能防止被审计单位的违反法规行为，但可能是遏制违反法规行为的一项措施。注册会计师不应当也不能对防止被审计单位违反法规的行为负责。保证经营活动符合法律法规的规定，并执行恰当的程序和政策以防止和发现违反法规行为是被审计单位管理层的责任。

二、编制和实施审计计划时对违反法规行为的关注

（一）初步了解适用法规及对其遵循情况

在编制审计计划时，注册会计师通常应当利用已掌握的有关被审计单位及其所在行业的情况，实施以下程序，以初步了解被审计单位及其所在行业适用的法规，以及被审计单位对法规的遵守情况：

（1）利用了解被审计单位行业状况、法律环境与监管环境以及其他外部因素时所获知的信息。

（2）向管理层询问被审计单位为遵守有关法律法规而采用的政策和程序。这些政策和程序是被审计单位内部控制制度的重要组成部分。一般而言，主要涉及有关法律、合同事务及相关的分工、授权、业务流程等。

（3）向管理层询问对被审计单位经营活动可能产生重要影响的法律法规。这些法律法规可能包括公司法、税法，以及针对特定部门和行业的法规，如商业银行法等。

（4）与管理层讨论在识别、评价和处理诉讼、索赔与税务纠纷时采用的政策和程序。这些政策和程序主要涉及分管人、责任人、分工、授权、工作程序等。

（5）与其他注册会计师讨论适用于不同审计部分的法律法规。例如，与对被审计单位的分公司、独立核算的分支机构、子公司等进行审计的注册会计师讨论。

（二）关注可能表明存在违反法规行为的迹象

下列信息可能表明被审计单位存在违反法律法规的行为，注册会计师应当充分关注：

（1）受到政府有关部门的调查或处罚。例如，受到税务部门大额罚款、受到市场监督管理部门关于经营范围的调查等。

（2）提供异常贷款或支付不明费用。这可能意味着存在贿赂、不当得利或逃税等违法行为。

（3）与关联方存在异常交易。它可能包含逃税、转移资产、洗钱等违法行为。

（4）支付异常的销售佣金或代理费用。它表明可能存在不正当竞争、销售假冒伪劣产品等违法行为。

（5）购销价格严重偏离市场价格。它可能涉及贿赂、不正当竞争、转移资产、逃避纳税等违法行为。

（6）异常的现金收支。它可能与套取现金、隐瞒收入、洗钱等违法行为有关。

（7）与在税收优惠地注册的公司存在异常交易。它可能涉及虚构交易、逃避纳税等违法行为。

（8）向商品或劳务提供者以外的单位或个人支付商品或劳务款项。它可能意味着存在非法交易、不当得利等违法行为。

（9）收付款缺少适当的交易控制记录。它可能涉及贪污等违法行为。

（10）现有的会计信息系统不能提供适当审计轨迹或充分证据。它表明有可能存在有预谋的串通舞弊行为。

（11）交易未经授权或记录不当。它可能存在越权交易等行为。

（12）媒介评论。

注册会计师应当在整个审计过程中保持应有的职业谨慎态度，充分关注被审计单位存在的任何异常记录或行为，对执行其他审计程序时注意到的可能表明其存在违反法规行为的迹象保持警觉，充分考虑由于违反法规行为对财务报表产生重大影响的可能性。

（三）实施有助于识别违反法规行为的程序

注册会计师应当在初步了解的基础上实施以下程序，以帮助识别被审计单位编制财务报表时应当考虑的违反法规的行为：一是向管理层询问被审计单位是否遵守了适用于被审计单位及其行业的法律法规；二是检查被审计单位与许可证颁发机构或监管机构的往来函件。此外，注册会计师还应当充分了解这些法律法规及其变化，以便在审计财务报表相关认定时考虑这些法律法规。

向管理层进行询问是必须执行的程序，注册会计师应做好询问笔录，经签字确认后作为审计工作底稿。虽然管理层的陈述可能并不完全可靠，但注册会计师可能会在询问过程中发现可能影响财务报表的违反法规行为的线索。检查相关的往来函件也是为了发现可能对财务报表产生重要影响的违反法规行为的线索。如注册会计师认为必要，应复印有关的函件，并作为审计工作底稿。

注册会计师应当向管理层获取书面声明，以表明被审计单位已将其知悉的、影响财务报表的所有违反或可能违反相关法规的情况告知注册会计师。另外，注册会计师在实施控制测试程序和进一步审计程序时，可能会注意到对被审计单位财务报表可能产生重要影响的违反法规行为，注册会计师应当对此予以充分关注。例如，如果在控制测试中发现被审计单位对合同的签订和履行疏于管理，就应当考虑是否存在违反民法典的行为；如果在执行实质性程序过程中发现某项应缴税金与收入或其他财务指标之间关系异常，就应当考虑是否存在足以影响财务报表的偷税、逃税行为。

三、发现可能存在违反法规行为的处理

（一）评价违反法规行为对财务报表可能产生的影响

当发现可能存在违反法规行为时，注册会计师应当了解该行为的性质及发生的环境，并考虑以下情况，评价其对财务报表可能产生的影响。

1.因罚款、没收违法所得、封存财产、强制停业及诉讼等导致的潜在财务后果

这里所罗列的罚款、诉讼等情况是被审计单位因违反法规而受到的处罚或遭受的后果。这些情况可能会导致当期或以后期间的损益、资产、负债或现金流量等发生不同的变化。正是由于违反法规行为会导致这些不同的变化，所以可能对财务报表产生不同的影响。

2.潜在财务后果是否需要披露

从企业会计准则的要求看，重大的或有事项必须在财务报表中加以披露，如重大的未决诉讼、可能面临的法律责任等。注册会计师应该保持应有的职业谨慎态度，合理运用专业判断，判定上述潜在的财务后果是否需要在财务报表中作出披露。

3.潜在财务后果是否严重，以至于影响财务报表的公允反映

例如，有的重大的违反法规行为可能会导致巨额的罚款，乃至取消特许经营权或责令停业，可能危及被审计单位的持续经营。此时，仍以持续经营为基础编制财务报表就不能公允地反映被审计单位的财务状况、经营成果和现金流量。

（二）报告违反法规行为或解除业务约定

1.与管理层沟通

当认为可能存在违反法规行为时，注册会计师应当记录所发现的情况，并与管理层讨论，以进一步证实或排除注册会计师的疑虑。如果管理层不能提供令人满意的信息证明其确实遵守了法律法规，注册会计师应当向被审计单位律师咨询有关法律法规的遵守情况，及其对财务报表可能产生的影响。如果认为向被审计单位律师咨询不适当，或不满意其提供的咨询意见，则应当考虑向其所在会计师事务所的律师咨询，以确定是否存在违反法规行为及可能导致的法律后果，并确定应采取的进一步行动。

2.与治理层沟通

注册会计师应当将注意到的违反法规行为尽快地与治理层沟通，或获取治理层已获知违反

法规行为的审计证据。如果认为违反法规行为是故意和重大的，注册会计师应当就发现的情况立即与治理层沟通。如果怀疑违反法规行为涉及高级管理人员，注册会计师应当向被审计单位内部审计委员会或监事会等更高层次的机构报告。如果不存在更高层次的机构，或注册会计师认为报告不起作用，或难以确定向谁报告，注册会计师应当考虑征询法律意见。

3.向监管机构报告

如果发现被审计单位存在严重违反法规行为，注册会计师应当考虑法律法规是否要求其向监管机构报告；必要时，征询法律意见。

4.考虑在审计报告中反映违反法规行为对财务报表的影响

5.解除业务约定

如果被审计单位存在违反法规行为，且没有采取注册会计师认为必要的补救措施，注册会计师应当考虑解除业务约定。

四、违反法规行为对审计报告的影响

如果认为违反法规行为对财务报表有重大影响，且其未能在财务报表中得到恰当反映，注册会计师应当出具保留意见或否定意见的审计报告。

如果因被审计单位阻挠无法获取充分、适当的审计证据，以评价是否发生或可能发生对财务报表具有重大影响的违反法规行为，注册会计师应当根据审计范围受到限制的程度，出具保留意见或无法表示意见的审计报告。

如果因审计范围受到被审计单位以外的其他条件限制而无法确定违反法规行为是否发生，注册会计师应当考虑其对审计报告的影响。

□ 复习思考题

1.期初余额的审计目标是什么？注册会计师在什么情况下需要对期初余额进行审计？

2.如何根据期初余额的审计结论确定其对本期审计意见的影响？

3.什么是期后事项？期后事项分为哪两种类型？对财务报表各有何影响？

4.关联方及其交易的审计目标是什么？简要说明通常需要执行哪些专门的审计程序进行关联方及其交易的审计？

5.会计估计的审计目标是什么？如何实施会计估计的审计？

6.持续经营的审计目标是什么？如何实施公司的持续经营审计？

7.持续经营假设对审计意见有何影响？

8.被审计单位存在重大错报风险的“红旗”警讯有哪些？

9.对被审计单位的违反法规行为如何实施审计？

10.如何对比较信息实施审计？

本章要旨及
测试题

第十九章

终结审计

第一节　取得管理层书面声明和律师声明书

在结束审计外勤工作前，注册会计师应完成下列工作：取得被审计单位管理层和律师的书面声明，并就有关事项与被审计单位不同层次的人员进行及时沟通。

一、取得被审计单位管理层书面声明

（一）管理层书面声明的含义与作用

管理层书面声明，是指管理层向注册会计师提供的书面陈述，用以确认某些事项或支持其他审计证据。书面声明不包括财务报表及其认定，以及支持性账簿和相关记录。

管理层书面声明是在审计过程中，注册会计师与管理层就财务报表审计的相关重大事项不断沟通而形成的。管理层书面声明具有两方面的作用：一是明确管理层认可财务报表的责任；二是提供具有补充作用的审计证据。

注册会计师应当获取审计证据，以确定管理层认可其按照适用的会计准则和相关会计制度的规定编制财务报表的责任，并且已批准财务报表。在获取此类审计证据时，注册会计师应当考虑查阅治理层相关会议纪要、向管理层获取的书面声明或已签署的财务报表副本。

（二）将管理层书面声明作为审计证据

1.可将管理层书面声明作为审计证据的特殊情形

（1）应当获取管理层书面声明的情形。对于多数事项来说，存在相互印证的审计证据。但对于某些对财务报表具有重大影响的事项来说，如涉及管理层的判断、意图以及仅限管理层知悉的事实等事项，除存在实施询问程序获得的审计证据之外，不存在其他充分、适当的审计证据。在这种情况下，注册会计师应当就对财务报表具有重大影响的事项询问管理层，并获取其签字确认的书面声明。管理层对其口头声明的书面确认可以降低注册会计师与管理层之间产生误解的可能性。注册会计师要求管理层提供的书面声明可仅限于单独或汇总起来对财务报表产生重大影响的事项。必要时，注册会计师应将对声明事项重要性的理解告知管理层。

（2）应当向管理层获取书面声明的主要事项。其主要包括：①管理层认可其设计和实施内部控制以防止或发现并纠正错报的责任。②管理层认为注册会计师在审计过程中发现的未更正错报，无论是单独还是汇总起来考虑，对财务报表整体均不具有重大影响。未更正错报项目的概要应当包含在书面声明中或附于书面声明后。

2.收集审计证据，以支持管理层书面声明

管理层书面声明是一种内部证据，其证明力较弱，本身不构成充分、适当的审计证据，不能作为发表审计意见的基础。因此，当管理层书面声明的事项对财务报表具有重大影响时，注册会计师应当实施下列审计程序，收集充分、适当的审计证据，验证管理层书面声明：①从被审计单位内部或外部获取佐证证据。②评价管理层书面声明是否合理并与获取的其他审计证据

（包括其他声明）一致。③考虑作出声明的人员是否熟知所声明的事项。

3.管理层书面声明不能替代其他审计证据

注册会计师不应以管理层书面声明替代能够合理预期获取的其他审计证据。如果不能获取对财务报表具有或可能具有重大影响的事项的充分、适当的审计证据，而这些证据预期是可以获取的，即使已收到管理层就这些事项作出的声明，注册会计师仍应将其视为审计范围受到限制。

如果管理层的某项声明与其他审计证据相矛盾，注册会计师应当调查这种情况，获取充分、恰当的审计证据，验证管理层书面声明或者其他审计证据的恰当性。当实施的进一步审计程序证明管理层书面声明是不恰当的时，注册会计师应当重新考虑管理层作出的其他声明的可靠性。

（三）对管理层书面声明的记录

1.管理层书面声明的形式

注册会计师应当将获取的管理层书面声明作为审计证据，并形成审计工作底稿。管理层书面声明包括书面声明和口头声明。书面声明作为审计证据通常比口头声明可靠，并可避免双方的误解。

书面声明可采取下列形式：①书面声明书。②注册会计师提供的列示其对管理层书面声明的理解并经管理层确认的函。③董事会及类似机构的相关会议纪要，或已签署的财务报表副本。

2.管理层书面声明书的基本要素

管理层书面声明书一般包括：①标题：书面声明书。②收件人：即接受委托的会计师事务所及签署审计报告的注册会计师。③声明内容：根据审计约定事项的具体情况、财务报告编制基础等因素，由签字的注册会计师列出各项声明。④签章：管理层书面声明书通常由管理层中对被审计单位及其财务负主要责任的人员签署，在某些情况下，注册会计师也可以向管理层中的其他人员获取管理层书面声明书。⑤日期：管理层书面声明书标明的日期通常接近或与审计报告日一致，但某些交易或事项的声明书日期，可以是注册会计师获取该声明书的日期。

当要求管理层提供声明书时，注册会计师应当要求将声明书径送注册会计师本人。声明书应当包括要求列明的信息，标明适当的日期并经签署。

3.管理层书面声明书的主要内容

管理层书面声明正文一般要求列明以下三个方面的内容：

（1）关于财务报表。其主要包括：①管理层认可其对财务报告编制的责任。②管理层认可其设计、实施和维护内部控制以防止或发现并纠正错报的责任。③管理层认为注册会计师在审计过程中发现的未更正错报，无论是单独还是汇总起来考虑，对财务报表整体均不具有重大影响。

（2）关于信息的完整性。其主要包括：①所有财务信息和其他数据的可获得性。②所有股东会和董事会会议记录的完整性和可获得性。③就违反法规行为事项，被审计单位与监管机构沟通的书面文件的可获得性。④与未记录交易相关的资料的可获得性。⑤涉及下列人员舞弊行为或舞弊嫌疑的信息的可获得性：管理层、对内部控制具有重大影响的雇员、对财务报表的编制具有重大影响的其他人员。

（3）关于确认、计量和列报。其主要包括：①对资产或负债的确认或列报具有重大影响的计划或意图。②关联方交易，以及涉及关联方的应收或应付款项。③需要在财务报表中披露的违反法规的行为。④需要确认或披露的或有事项，对财务报表具有重大影响的承诺事项和需要偿付的担保等。⑤对财务报表具有重大影响的合同的遵循情况。⑥对财务报表具有重大影响的重大不确定性事项。⑦被审计单位对资产的拥有或控制情况，以及抵押、质押或留置资产。⑧持续经营假设的合理性。⑨需要调整或披露的期后事项。根据上述事项的复杂程度和重要性，注册会计师可以将其全部列入管理层书面声明书中，也可以就某个事项向管理层获取专项声明。

下面列示了一种常见的管理层书面声明书的范例，仅供参考。

书面声明书

××会计师事务所并××注册会计师：

本公司已委托贵事务所对本公司20×8年12月31日的资产负债表，20×8年度的利润表、股东权益变动表和现金流量表以及财务报表附注进行审计，并出具审计报告。为配合贵事务所的审计工作，本公司就已知的全部事项作出如下声明：

1.本公司承诺，按照《企业会计准则》的规定编制财务报表是我们的责任。

2.本公司已按照《企业会计准则》的规定编制20×8年度财务报表，财务报表的编制基础与上年度保持一致，本公司管理层对上述财务报表的真实性、合法性和完整性承担责任。

3.设计、实施和维护内部控制，保证本公司资产安全和完整，防止或发现并纠正错报，是本公司管理层的责任。

4.本公司承诺财务报表符合适用的会计准则的规定，公允反映本公司的财务状况、经营成果和现金流量情况，不存在重大错报或漏报。贵事务所在审计过程中发现的未更正错报，无论是单独还是汇总起来考虑，对财务报表整体均不具有重大影响。未更正错报汇总见后附的附件。

5.本公司已向贵事务所提供了：(1) 所有财务信息和其他数据；(2) 所有股东会和董事会的会议记录；(3) 全部重要的决议、合同、章程、纳税申报表等相关资料。

6.本公司所有经济业务均已按规定入账，不存在账外资产或未计负债。

7.本公司认为所有与公允价值计量相关的重大假设是合理的，恰当地反映了本公司的意图和采取特定政策的能力；用于确定公允价值的计量方法符合《企业会计准则》的规定，并在使用上保持了一贯性；本公司已在财务报表中对上述事项作出了恰当披露。

8.本公司不存在导致重述比较数据的任何事项。

9.本公司已提供所有与关联方和关联方交易相关的资料，并已根据《企业会计准则》的规定识别和披露了所有重大关联方交易。

10.本公司已提供全部或有事项的相关资料。除财务报表附注中披露的或有事项外，本公司不存在其他应披露而未披露的诉讼、赔偿、承兑、担保等或有事项。

11.除财务报表附注披露的承诺事项外，本公司不存在其他应披露而未披露的承诺事项。

12.本公司不存在未披露的影响财务报表公允性的重大不确定性事项。

13.本公司已采取必要措施防止或发现舞弊及其他违反法规行为，未发现下列人员的舞弊行为或舞弊嫌疑的信息：(1) 管理层；(2) 对内部控制具有重大影响的雇员；(3) 对财务报表的编制具有重大影响的其他人员。

14.本公司严格遵守了合同规定的条款，不存在因未履行合同而对财务报表产生重大影响的事项。

15.本公司对资产负债表上列示的所有资产均拥有合法权利，除已披露事项外，无其他被抵押、质押或留置资产。

16.本公司编制财务报表所依据的持续经营假设是合理的，没有计划终止经营或破产清算。

17.本公司已提供全部资产负债表日后事项的相关资料，除财务报表附注中披露的资产负债表日后事项外，本公司不存在其他应披露而未披露的重大资产负债表日后事项。

18.本公司管理层确信：(1) 未收到监管机构有关调整或修改财务报表的通知；(2) 无税务纠纷。

19.其他事项。如本公司在银行存款或现金运用方面未受到任何限制、不存在未披露的大股东及关联方占用资金和担保事项。

××股份有限公司

法定代表人：（签名并盖章）

财务负责人：（签名并盖章）

二〇×九年××月××日

（四）管理层拒绝提供声明时的措施

如果管理层拒绝提供注册会计师认为必要的声明，注册会计师应当将其视为审计范围受到限制，出具保留意见或无法表示意见的审计报告。

在这种情况下，注册会计师应当评价审计过程中获取的管理层其他声明的可靠性，并考虑管理层拒绝提供声明是否可能对审计报告产生其他影响。

二、取得律师声明书

由于注册会计师没有能力去做法律上的判断，注册会计师从管理层获取有关被审计单位期后事项和或有事项等相关信息后，通常会通过向被审计单位的法律顾问或律师进行函证，并取得律师声明书来证实这些信息是否完整可靠。被审计单位法律顾问或律师对询证函的答复，就是律师声明书。一般而言，律师声明书可以提供有力的证据，帮助注册会计师合理确认有关的期后事项和或有事项，从而在一定程度上减少注册会计师对上述事项确认出错或产生误解的可能性。但是，注册会计师并不能直接根据律师的声明形成审计意见。

通常，注册会计师会要求被审计单位向其法律顾问或律师寄发审计询证函。询证函的内容应包括被审计单位对与该律师业务相关的期后事项、或有事项等情况的叙述和评价。律师回函时，应当声明被审计单位有关期后事项和或有事项等的陈述是否真实完整，并对管理层对有关期后事项、或有事项等情况的说明作出相应的评价。在审计实务中，询证函一般都有通用的格式，但由于被审计单位性质、业务范围及管理情况会有很大差别，其律师出具的声明书也会各具特点。律师询证函的一般格式如下：

律师询证函

信义律师事务所
刘信义律师台鉴：

本公司已聘请××会计师事务所对本公司20×8年12月31日（以下简称资产负债表日）的资产负债表以及截至资产负债表日的该年度利润表及股东权益变动表和现金流量表进行审计。为配合该项审计，谨请贵律师基于受理本公司委托的工作诸如常年法律顾问、专项咨询和诉讼代理等，提供下述资料，并通告××会计师事务所。

一、请说明存在于资产负债表日并且自该日起至本函回复日止本公司委托贵律师代理进行的任何未决诉讼。说明中谨请包含以下内容：

1.案件的事实经过与目前的发展进程；

2.在可能的范围内，贵律师对本公司管理层就上述案件所持看法及处理计划（如庭外和解设想）的了解，及您对可能发生结果的意见；

3.在可能范围内，您对可能发生的损失或收益的可能性及金额的估计。

二、请说明存在于资产负债表日并且自该日起至本函回复日止本公司曾向贵律师咨询的其他诸如未决诉讼、追索债权、被追索债务以及政府有关部门对本公司进行的调查等可能涉及本公司法律责任的事件。

三、请说明截至资产负债表日，本公司与贵律师事务所律师服务费的结算情况（如有可能，请依服务项目区分）。

四、若无上述一及二事项，为节省您宝贵的时间，烦请填写本函背面《律师询证函复函》并签章后，按以下地址寄往××会计师事务所（地址：××市××路××号；邮编：××××××）。

谢谢合作！

华明股份有限公司（签章）
公司负责人（签章）
20×9年1月5日

律师询证函复函

××会计师事务所：

本律师于20×8年期间，除向华明股份有限公司提供一般性法律咨询服务外，并未接受委托，代理进行或咨询如前述一、二项所述之事宜。

另截至20×8年12月31日，该公司未积欠本律师事务所任何律师服务费。

尚有本律师事务所的律师服务费计人民币__零__元，未予付清。

信义律师事务所

律师：刘信义（签章）

20×9年1月17日

有时，被审计单位律师可能出于保密或其他目的，对审计询证函所列示内容会拒绝或部分拒绝提供有关的信息。因此，注册会计师在审计过程中应当考虑这种影响。通常，注册会计师会根据律师的职业条件和声誉情况来判断律师声明书的合理性。如果注册会计师熟悉该律师的职业声誉，就不再需要做专门的查询；如果注册会计师对代理被审计单位重大法律事务的律师并不熟悉，则要查询诸如律师的职业背景、声誉及其在法律界的地位。

律师的复函可能只限于其作为聘任律师或法律顾问所关注的事项，或者就重要性而言与注册会计师达成共识的事项，而且律师经常很难对未决诉讼结果作出判断，因此注册会计师应意识到这种不确定性的存在。对律师声明书应从整体上分析，以便确定它对审计询证函的总体反应，确定它是否符合注册会计师在审计过程中所知的情况。如果律师声明书表明或暗示律师拒绝所要求提供的信息，或是隐瞒信息，或是对被审计单位叙述的情况不加修正，就表明注册会计师的审计范围受到了限制，注册会计师应当考虑这种影响，并重新考虑审计意见的类型和措辞。

第二节 编制审计差异调整表和试算平衡表

在审计过程中，注册会计师在审计中发现的被审计单位会计处理方法与适用的会计准则和相关会计制度的不一致，即审计差异内容，项目负责人应当根据审计重要性原则进行初步确认并汇总，编制审计差异调整表，并建议被审计单位进行调整，使调整后的财务报表能够公允反映被审计单位的财务状况、经营成果和现金流量。

一、编制审计差异调整表

（一）审计差异的种类

在完成了各项实质性测试以后，审计小组应当总结和评价审计差异，即分析和确定财务报表中的错报金额，并提出调整财务报表的建议。造成审计差异的原因有很多，有些是交易过程中的错误，有些是会计核算上的错误，有些则可能是故意的错报。由于审计差异会直接影响财务报表的公允性，因此，注册会计师必须予以关注。

审计差异内容按是否需要调整账户记录可分为核算差异和重分类差异。前者是因被审计单位对经济业务进行了不恰当的会计处理而引起的差异，用审计重要性原则来衡量每一项核算差异，又可分为建议调整的不符事项和不建议调整的不符事项；后者是因被审计单位未按适用的会计准则规定编制财务报表而引起的差异。为便于审计项目的各级负责人综合判断、分析和决定，也为了便于编制试算平衡表和被审计单位调整财务报表，通常需要将这些事项汇总，编制审计调整分录汇总表、重分类调整分录汇总表和未调整不符事项汇总表。其参考格式分别见表19-1、表19-2和表19-3。

表19-1　**审计差异调整表——审计调整分录汇总表**

被审计单位名称：　索引号：

会计期间或截止日：　页次：

执行人：　日期：　复核人：　日期：

序号	索引号	调整分录说明	调整分录	明细科目	资产负债表		利润表		被审计单位调整情况及未调整原因
					借方	贷方	借方	贷方	
		合　计	—	—					

表19-2　**审计差异调整表——重分类调整分录汇总表**

被审计单位名称：　索引号：

会计期间或截止日：　页次：

执行人：　日期：　复核人：　日期：

序号	索引号	调整分录说明	调整分录	明细科目	资产负债表		利润表		被审计单位调整情况及未调整原因
					借方	贷方	借方	贷方	
		合　计	—	—					

表19-3 **审计差异调整表——未调整不符事项汇总表**

被审计单位名称：					索引号：				
会计期间或截止日：					页次：				
执行人：		日期：			复核人：			日期：	
序号	索引号	调整分录说明	调整分录	明细科目	资产负债表		利润表		被审计单位调整情况及未调整原因
					借方	贷方	借方	贷方	
		合　计	—	—					

（二）审计差异的汇总

审计差异按性质可以分为已知错报、估计错报和差错准备三类：第一类是已知错报，即通过对账户或交易实施详细的实质性测试所确认的未调整的错报或漏报，如计算错误、分类不当或记录错误等；第二类是估计错报，即通过审计抽样或执行分析程序所估计的未调整的错报或漏报；第三类是差错准备，即那些可能存在，但在审计过程中不一定必须查出的错报或漏报，或者说是可容忍的差异。

注册会计师应当对已知错报和估计错报进行汇总，汇总的审计差异应是被审计单位未调整的错报或漏报。注册会计师在对各项错报或漏报进行汇总时，应该注意三方面的因素：一是这些错误或漏报在性质上是否重要，即是否涉及舞弊或违法行为；二是这些错误或漏报在金额上是否重要，即是否已经超过重要性水平；三是审计差异产生的原因，即应查明审计差异是由于工作疏忽造成的，还是内部控制本身固有限制造成的。另外，如果前期未调整的错报或漏报尚未消除，且导致本期财务报表严重失实，注册会计师在汇总时也应把它包括进来。审计差异一般采用“审计账项调整分录汇总表”的形式予以汇总，其参考格式见表19-4。

表19-4 **审计账项调整分录汇总表**

被审计单位：S公司					索引号：913-1			
项目：账项调整分录汇总表					截止日/期间：20×8年12月31日			
编制：孙仁					复核：吴亮			
日期：20×9年1月29日					日期：20×9年1月30日			
序号	内容及说明	索引号	调整内容				影响利润表+（-）	影响资产负债表+（-）
			借方项目	借方金额	贷方项目	贷方金额		
1	计提存货资产减值损失		资产减值损失	10 453 607.51	存货	10 453 607.51	-10 453 607.51	-10 453 607.51
2	因存货、固定资产计提减值准备而使其账面价值与其计税基础不同，由此确认递延所得税资产		递延所得税资产	7 529 926.95	所得税费用	5 863 154.60	+5 863 154.60	+7 529 926.95
					未分配利润	1 333 417.88		
					盈余公积	333 354.47		
3	核销无法支付的质保金。S公司原计入了资本公积		资本公积	8 879.32	营业外收入	10 446.26	+10 446.26	—
			应交税费——应交所得税	1 566.94				
4	S公司生产车间发生的固定资产修理费用等后续支出，应计入管理费用		管理费用	52 740 874.70	主营业务成本	52 740 874.70	—	—

（三）审计差异的评价与处理

注册会计师在汇总审计差异并形成审计结果后，应当对其重要性和审计风险作最后的总体评价。对财务报表层次的重要性水平进行评价时，注册会计师应当注意重要性水平在审计过程中是否已做修正，如果已做修正，应以修正后的重要性水平作为评价的基础。注册会计师应当区别下列两种情况，对其分别进行处理：

（1）汇总数超过重要性水平。尚未调整的错报或漏报的汇总数超过了重要性水平时，注册会计师可以有两种选择：①提请被审计单位调整财务报表，使调整后的汇总数低于重要性水平；如被审计单位同意采纳，应获取其同意调整的书面确认函。②如果被审计单位管理层不愿对已验证的错报或漏报予以调整，或调整后的汇总数仍高于重要性水平，那么说明存在较大的审计风险，注册会计师应当扩大实质性测试范围，对错报或漏报进行重新评估。如果重新评估后的汇总数低于计划重要性水平，那么注册会计师可以发表无保留审计意见，否则注册会计师应当发表保留或否定的审计意见。

（2）汇总数接近重要性水平。由于审计测试的局限性，注册会计师不可能发现财务报表中存在的全部错报或漏报。因此，即使尚未调整的错报或漏报的汇总数接近重要性水平，但由于该汇总数连同尚未发现的错报或漏报的汇总数可能超过重要性水平，注册会计师也应当实施追加实质性程序或提请被审计单位调整，以降低审计风险并有助于形成恰当的审计意见。

二、编制试算平衡表

试算平衡表是注册会计师在被审计单位提供未调整财务报表的基础上，考虑调整分录、重分类调整分录等内容后所确定的已审计数和报表反映数的表式。资产负债表、利润表的试算平衡表的参考格式分别见表19-5和表19-6。

表19-5　　资产负债表试算平衡表

被审计单位：S公司						索引号：8110
项目：资产负债表试算平衡表						截止日：20×8年12月31日
编制：孙仁						复核：吴亮
日期：20×9年1月19日						日期：20×9年1月20日
项　目	期末未审数	账项调整		重分类调整		期末审定数
		借方	贷方	借方	贷方	
货币资金	119 712 566.06					119 712 566.06
交易性金融资产						—
应收票据	2 380 346.67					2 380 346.67
应收账款	309 959 510.08					309 959 510.08
预付款项	2 256 282.47					2 256 282.47
其他应收款	112 456.02					112 456.02
其中：应收利息						
应收股利						
存货	1 431 622 996.65		10 453 607.51			1 421 169 389.14
合同资产						
持有待售资产						
一年内到期的非流动资产						—
其他流动资产	1 493 199.01					1 493 199.01
债权投资						—

续表

项 目	期末未审数	账项调整		重分类调整		期末审定数
		借方	贷方	借方	贷方	
其他债权投资						—
长期应收款						—
长期股权投资						—
其他权益工具投资						—
其他非流动金融资产						—
投资性房地产						—
固定资产	966 882 962.23					966 882 962.23
在建工程						—
无形资产						—
开发支出						—
商誉						—
长期待摊费用						—
递延所得税资产		7 529 926.95				7 529 926.95
其他非流动资产						—
合计	2 834 420 319.19	7 529 926.95	10 453 607.51	—	—	2 831 496 638.63
短期借款	838 436 800.00					838 436 800.00
交易性金融负债					—	—
应付票据						—
应付账款	776 709 092.45					776 709 092.45
合同负债	10 085 196.67					10 085 196.67
应付职工薪酬	236 148.23					236 148.23
应交税费	17 782 895.02	1 566.94				17 781 328.08
其他应付款	102 640 297.66					102 640 297.66
其中：应付利息	4 302 240.13					4 302 240.13
应付股利	6 726 400.00					6 726 400.00
持有待售负债						—
一年内到期的非流动负债	324 000 000.00					324 000 000.00
其他流动负债						—
长期借款	80 000 000.00					80 000 000.00
应付债券						—
长期应付款						—
预计负债						—
递延收益						—
递延所得税负债						—
其他非流动负债						—

续表

项　目	期末未审数	账项调整		重分类调整		期末审定数
		借方	贷方	借方	贷方	
实收资本（或股本）	191 952 000.00					191 952 000.00
资本公积	171 021 007.13	8 879.32				171 012 127.81
其他综合收益						—
盈余公积	132 181 882.72		333 354.47			132 515 237.19
未分配利润	189 374 999.31	4 590 452.91	1 343 864.14			186 128 410.54
合计	2 834 420 319.19	4 600 899.17	1 677 218.61	—	—	2 831 496 638.63

表19-6　**利润表试算平衡表**

被审计单位：S公司	索引号：8120
项目：利润表试算平衡表	期间：20×8年度
编制：孙仁	复核：吴亮
日期：20×9年1月29日	日期：20×9年1月31日

项　目		未审数	调整金额		审定数
			借　方	贷　方	
一	营业收入	7 116 153 430.21			7 116 153 430.21
	减：营业成本	6 766 657 807.40	−52 740 874.70		6 713 916 932.70
	税金及附加	51 716 877.65			51 716 877.65
	销售费用	36 634 857.29			36 634 857.29
	管理费用	28 693 048.42	52 740 874.70		81 433 923.12
	研发费用				
	财务费用	81 618 534.58			81 618 534.58
	加：其他收益				
	投资收益				
	公允价值变动收益				
	资产减值损失	−2 342 366.26	−10 453 607.51		−12 795 973.77
	资产处置收益				
二	营业利润	148 489 938.61	10 453 607.51		138 036 331.10
	加：营业外收入	11 729.99		10 446.26	22 176.25
	减：营业外支出	5 016 810.18			5 016 810.18
三	利润总额	143 484 858.42	10 453 607.51	10 446.26	133 041 697.17
	减：所得税费用	21 569 571.84	−5 863 154.60		15 706 417.24
四	净利润	121 915 286.58	4 590 452.91	10 446.26	117 335 279.93
五	未分配利润	189 374 999.31	4 590 452.91	1 343 864.14	186 128 410.54

第三节 与治理层的沟通

一、沟通事项

（一）注册会计师的责任

注册会计师应当与治理层沟通注册会计师的责任。具体来说，注册会计师应当向治理层传达如下信息：

（1）注册会计师负责对管理层在治理层的监督下编制的财务报表形成和发表审计意见。

（2）财务报表审计并不减轻管理层或治理层对财务报表的责任。

除此之外，注册会计师的责任还包括其确定并在审计报告中沟通关键审计事项的责任。

（二）注册会计师计划的审计范围和时间安排

注册会计师应当沟通计划的审计范围和时间安排的总体情况，包括识别出的特别风险。就注册会计师识别出的特别风险进行沟通，可以帮助治理层了解存在特别风险的事项以及需要注册会计师予以特别考虑的原因，有助于治理层履行其对财务报表的监督责任。

注册会计师与治理层沟通计划的审计范围和时间安排时，沟通的事项还包括：

（1）计划如何应对重大错报风险评估水平较高的领域。

（2）实施的计划审计程序或评价审计结果需要的知识的性质及程度，必要时如何利用专家的工作等。

（3）对于上市实体，注册会计师对哪些事项可能需要重点关注因而可能构成关键审计事项所做的初步判断。

（三）审计工作中发现的问题

在终结审计之前，注册会计师应当就审计工作中发现的问题与治理层直接沟通。

1.注册会计师对被审计单位会计处理质量的看法

注册会计师应当就下列重要会计处理的质量和可接受性与治理层沟通：①选用的会计政策。②作出的会计估计。③财务报表的披露。如果认为某项重大的会计处理不恰当，注册会计师应当向治理层说明理由，并在必要时提请更正。如果不恰当的会计处理未予更正，注册会计师应当考虑该事项对本期和未来期间财务报表的影响，以及对审计报告的影响，并将这种影响告知治理层。

2.审计工作中遇到的重大困难

注册会计师在审计中遇到的重大困难可能包括：①管理层在提供审计所需信息时出现严重拖延。②不合理地要求缩短完成审计工作的时间。③为获取充分、适当的审计证据需要付出的努力远远超过预期。④无法获取预期的证据。⑤管理层对注册会计师施加的限制。⑥管理层不愿按照注册会计师的要求对持续经营能力作出评估，或拒绝将评估期间延伸至资产负债表日起的12个月。在某些情况下，上述困难可能构成对审计范围的限制，注册会计师应当出具保留意见或无法表示意见的审计报告。

3.已与管理层讨论或书面沟通的、审计中发现的重大事项

已与管理层讨论或书面沟通的重大事项主要包括：①管理层已更正的错报。②对管理层就会计或审计事项向其他专业人士进行咨询的关注。③管理层在首次委托或连续委托中，就会计准则和审计准则应用、审计或其他服务费用与注册会计师进行的讨论或书面沟通。使治理层了解这些内容，有利于注册会计师更好地开展审计工作，也有利于治理层更好地履行监督财务报告过程的职责。

根据职业判断认为需要提请治理层注意的管理层书面声明。

如果出现下列情形，注册会计师应当将管理层书面声明中的相关事项提请治理层注意：

①除管理层书面声明之外的审计证据很少。②相关的会计处理可能会因被审计单位意图的不同而不同。③管理层对作出注册会计师要求的声明很勉强。④管理层书面声明与其他审计证据不符。在某些情况下，注册会计师应当向治理层提供完整的管理层书面声明书副本。此时，注册会计师应当明确列示根据职业判断认为需要提请治理层关注的事项。

4.影响审计报告形式和内容的情形

根据中国注册会计师相关审计准则的要求，如果注册会计师在审计过程中发现的重大问题，影响审计报告的形式和内容，注册会计师应当直接与治理层沟通。例如，注册会计师认为发现的重大问题没有得到有效解决而准备发表非无保留意见时，注册会计师此时必须与治理层沟通，说明预期出具非无保留意见的原因。影响审计报告的形式和内容的情形有：

(1) 预期出具非无保留意见。

(2) 报告与持续经营相关的重大不确定性。

(3) 沟通关键审计事项。

(4) 注册会计师认为有必要在审计报告中增加强调事项段或其他事项段。

5.审计中发现的、根据职业判断认为重大且与治理层监督财务报告过程直接相关的所有其他重大事项

注册会计师应当与治理层沟通审计中发现的、与治理层履行对财务报告过程的监督职责直接相关的所有其他重大事项，包括已更正的、含有已审计财务报表的文件中的其他信息存在的对事实的重大错报或重大不一致的情形等。

(四) 注册会计师的独立性

如果被审计单位是上市公司，注册会计师应当就独立性与治理层直接沟通下列内容：①就审计项目组成员、会计师事务所其他相关人员以及会计师事务所按照法律法规和职业道德规范的规定保持了独立性作出声明。②根据职业判断，注册会计师认为会计师事务所与被审计单位之间存在的可能影响独立性的所有关系和其他事项，其中包括会计师事务所在财务报表涵盖期间为被审计单位和受被审计单位控制的组成部分提供审计、非审计服务的收费总额。③为消除对独立性的威胁或将其降至可接受的水平，已经采取的相关防护措施。如果被审计单位是非上市公司，但可能涉及重大的公众利益，注册会计师应当考虑上述沟通事项是否适用。

如果出现了违反与注册会计师独立性有关的职业道德规范的情形，注册会计师应当尽早就该情形及已经或拟采取的补救措施与治理层直接沟通。

(五) 补充事项

补充事项可能是注册会计师在财务报表审计中发现的，但与治理层对财务报告过程的监督并不直接相关的事项，也可能是通过审计以外的其他方式注意到的事项。如果存在下列事项，注册会计师应当将其作为补充事项与治理层沟通：①已引起注册会计师注意的事项。②根据职业判断认为与治理层的责任关系重，且管理层或其他人员尚未与治理层有效沟通的事项。

除非法律法规或协议要求执行审计程序以确定是否发生了补充事项，注册会计师在与治理层沟通这些事项时，应当使其了解：①识别补充事项只是审计的副产品，注册会计师除为形成审计意见实施必要程序外，没有实施额外程序以识别这些事项。②没有专门实施程序以确定是否还存在与已沟通事项性质相同的其他事项。③除不适合与管理层讨论的事项外，已就补充事项与管理层进行讨论。

二、沟通过程

(一) 沟通的形式

沟通的形式涉及口头或书面沟通。有效的沟通形式不仅包括正式声明和书面报告等正式形式，也包括讨论等非正式的形式。

注册会计师就下列事项与治理层沟通时，应当采取书面形式：①审计工作中发现的重大问题，注册会计师认为口头沟通不适当时，特别是预期在审计报告中披露的关键审计事项。②注

册会计师的独立性。其他事项的沟通，既可以采用书面形式，也可以采用口头形式。

如果以口头形式沟通涉及治理层责任的事项，注册会计师应当确信沟通的事项已记录于讨论纪要或审计工作底稿。

注册会计师在确定采用何种沟通形式时，除了考虑特定事项的重要程度外，还应当考虑下列因素：①管理层是否已就该事项与治理层沟通。②被审计单位的规模、经营结构、控制环境和法律结构。③如果执行的是特殊目的财务报表审计，注册会计师是否同时审计该被审计单位的通用目的财务报表。④法律法规的规定。⑤治理层的期望，包括与注册会计师定期会面或沟通的安排。⑥注册会计师与治理层保持联系和对话的数量。⑦治理层的成员是否发生重大变化。

如果就某一重大事项与治理层的某一成员以非正式方式进行讨论，注册会计师应当考虑在随后的正式沟通中概述该事项，以便治理层的其他成员得到完整和对称的信息。

为防止治理层未经注册会计师允许将书面沟通文件提供给第三方，注册会计师应当在书面沟通文件中声明：①书面沟通文件仅供治理层使用，如果被审计单位是集团的组成部分，也可供集团管理层和负责集团审计的注册会计师使用。②注册会计师对第三方不承担责任。③未经注册会计师事先书面同意，沟通文件不得被引用、提及或向其他人披露。

如果法律法规要求注册会计师向监管机构或其他第三方提供为治理层编制的书面沟通文件，注册会计师在提供这些文件前应当事先征得治理层的同意，并对上述声明内容进行适当修改。

（二）沟通的时间安排

注册会计师应当及时与治理层沟通。

沟通的时间因沟通事项的重大程度和性质，以及治理层拟采取的措施等业务环境的不同而不同。注册会计师应当根据具体的业务环境确定适当的沟通时间：①对于审计中遇到的重大困难，如果治理层能够协助注册会计师克服这些困难，或者这些困难可能导致出具保留意见或无法表示意见的审计报告，应尽快予以沟通。②对于注册会计师注意到的内部控制设计或实施中的重大缺陷，应尽快与管理层或治理层沟通。③对于审计中发现的与财务报表或审计报告相关的事项，包括注册会计师对被审计单位会计处理质量的看法，应在最终完成财务报表前进行沟通。④对于注册会计师的独立性，应在最终完成财务报表前或在对独立性威胁及其防护措施作出重大判断时进行沟通。⑤如果同时审计特殊目的财务报表或其他历史财务信息，沟通时间应与通用目的财务报表审计的沟通时间相协调。

可能与沟通时间相关的其他因素包括：①被审计单位的规模、经营结构、控制环境和法律结构。②其他法律法规要求的期限。③治理层的期望，包括对与注册会计师定期会面或沟通的安排。④注册会计师识别出特定事项的时间。

（三）沟通过程的充分性

注册会计师应当评价其与治理层之间的双向沟通是否足以实现审计目标。如果注册会计师无法进行足够的沟通，就可能存在不能获取充分、适当的审计证据的风险。在这种情况下，注册会计师应当考虑沟通不充分对评估重大错报风险的影响，并寻求与治理层讨论这种情况。如果这种情况得不到解决，注册会计师应采取下列主要措施：①根据审计范围受限的程度出具保留意见或无法表示意见的审计报告。②就采取不同措施的后果征询法律意见。③与治理结构中拥有更高权力的组织或人员沟通，或与监管机构等第三方沟通。④解除业务约定。

三、沟通记录

注册会计师应当在审计工作底稿中记录与治理层沟通的重大事项。

如果注册会计师以口头沟通的方式与治理层进行了沟通，则注册会计师应当在工作底稿中记录沟通的时间和沟通对象。

如果注册会计师以书面的形式与治理层进行了沟通，应当保存与治理层沟通文件的副本作为审计工作底稿的一部分。

第四节 复核审计工作

审计结束时，签发审计报告前必须要由富有专业知识与丰富经验的注册会计师认真复核所有的工作底稿。通常由会计师事务所的主任会计师负责进行，目的是确保所实施的审计程序充分恰当，所取得的审计证据是充分适当的以及审计结论是客观而公正的。

一、签发审计报告前复核的意义

在签发审计报告前对审计工作底稿进行的全面、最终复核，其意义主要有以下三个方面：

（一）实施对审计工作结果的最后质量管理

审计工作的高质量，在于形成审计意见的正确性。注册会计师在审计工作中将工作成果和工作过程中的各种情况记录于审计工作底稿中，并据此形成审计意见。如果形成的审计意见与审计工作底稿的某些部分存在矛盾，那么，注册会计师的审计工作就失去了有效性。因此，对签发审计报告前的审计工作底稿进行复核，是实施对审计工作结果的最后质量管理，能避免对重大审计问题的遗留或对审计工作情况理解不透彻等情况，以便于形成与审计工作结果相一致的审计意见。

（二）确保审计工作达到会计师事务所的工作标准

会计师事务所对开展各项审计工作都应有明确的标准。在会计师事务所内，不同的注册会计师进行工作的质量有很大的不同。因此，必须由主任会计师谨慎地复核，严格保持审计工作质量的一致性，确认审计工作已达到会计师事务所的工作标准。

（三）防止注册会计师因个人偏见所产生的判断失误，降低审计风险

在执行审计的过程中，常常需要注册会计师对各种问题作出专业判断。注册会计师可能期望在整个审计过程中保持客观性，但如有大量问题需要解决而又经过长时间的审计，就容易丧失正确的观察能力和判断能力，对一些问题作出不符合事实的审计结论。而主任会计师在签发审计报告前对审计工作底稿的全面复核，可以防止注册会计师因个人偏见所产生的判断失误，降低审计风险，作出客观而符合逻辑的审计结论。

二、整理和复核审计工作底稿

在外勤工作阶段中，注册会计师所收集的审计工作底稿一般是分散的、不系统的。因此，编制审计报告以前，注册会计师应根据审计计划中拟订的内容、范围和要求，对审计工作底稿进行整理和复核。

第一，注册会计师及其助理人员对各自工作底稿的初步整理。主要是分析是否已完成了规定的审计任务，回顾是否存在遗漏程序，并着重列举审计过程中所发现的问题，提出相应的处理意见。

第二，由项目组内经验较多的人员复核经验较少的人员所执行的工作。在复核已实施的审计工作时，复核人员应当考虑：①审计工作是否已按照法律法规、职业道德规范和审计准则的规定执行。②重大事项是否已提请进一步考虑。③相关事项是否已进行适当咨询，由此形成的结论是否得到记录和执行。④是否需要修改已执行审计工作的性质、时间和范围。⑤已执行的审计工作是否支持形成的结论，并已得到适当记录。⑥获取的审计证据是否充分、适当。⑦审计程序的目标是否实现。

项目负责人应当在审计过程的适当阶段及时实施复核，以使重大事项在出具审计报告前能够得到满意解决。在出具审计报告前，项目负责人应当通过复核审计工作底稿和与项目组讨论，确信获取的审计证据已经充分、适当，足以支持形成的结论和拟出具的审计报告。其复核的主要内容包括对关键领域所作的判断，尤其是执行业务过程中识别出的疑难问题或争议事项、特别风险以及项目负责人认为重要的其他领域。项目负责人应当对复核的范围和时间予以适当记录。

三、复核和分析已审计财务报表

财务报表的最后审阅和工作底稿的最后复核是紧密相关的，有些业务还是交叉进行的。尽管编制财务报表和披露相关信息是被审计单位的责任，但由于注册会计师是会计方面的专家，他们往往会指导被审计单位如何编制财务报表及其附注。但注册会计师的作用只是提供业务上的指导，而不是代替客户作出业务上的判断。

在审计结束或临近结束时，应当由项目负责人或主任会计师复核经审计后的财务报表。复核人员应当运用分析程序对财务报表总体进行复核，以确定财务报表整体是否与其对被审计单位的了解一致，并要特别关注是否存在不正常的金额或关联方交易，同时分析所获取的审计证据是否充分、适当。

如果识别出以前未识别的重大错报风险，注册会计师应当重新考虑对全部或部分各类交易、账户余额、披露评估的风险是否恰当，并在此基础上重新评价之前计划的审计程序是否充分，并考虑追加实施进一步审计程序。

在执行分析程序时，比较的一方是被审计单位经审计后的财务报表，另一方通常是注册会计师的预期结果、同行业有关资料或其他相关资料。

第五节 项目质量复核

一、项目质量复核的总体要求

为了保证特定业务执行的质量，除了需要项目组实施组内复核外，会计师事务所还应当制定政策和程序，要求对特定业务实施项目质量复核，并在出具报告前完成项目质量复核。

项目质量复核，是指会计师事务所挑选不参与该业务的人员，在出具报告前，对项目组作出的重大判断和在准备报告时形成的结论作出客观评价的过程。

对特定业务实施项目质量复核，充分体现了分类控制、突出重点的质量管理理念。值得注意的是，项目质量复核并不减轻项目负责人的责任，更不能替代项目负责人的责任。

二、项目质量复核对象的确定

1.项目质量复核政策和程序

会计师事务所制定的项目质量复核政策和程序应当包括下列要求：

(1) 对所有上市公司财务报表审计实施项目质量复核。

(2) 规定适当的标准，据此评价上市公司财务报表审计以外的历史财务信息审计和审阅、其他鉴证业务及相关服务业务，以确定是否应当实施项目质量复核。

(3) 对符合适当标准的所有业务实施项目质量复核。

2.对其他业务实施项目质量复核应考虑的问题

在制定用于确定除上市公司财务报表审计以外的其他业务是否需要实施项目质量复核的标准时，会计师事务所应当考虑下列事项：

(1) 业务的性质，包括涉及公众利益的范围。

(2) 在某项业务或某类业务中已识别的异常情况或风险。

(3) 法律法规是否要求实施项目质量复核。

在实务中，会计师事务所除对上市公司财务报表审计业务必须实施项目质量复核外，还可以自行建立判断标准，确定对那些涉及公众利益的范围较大，或已识别出存在重大异常情况或较高风险的特定业务，实施项目质量复核。如法律法规明确要求对特定业务实施项目质量复核，会计师事务所应当对其实施项目质量复核。

三、项目质量复核的具体要求

会计师事务所应当制定政策和程序，以规定：

（1）项目质量复核的性质、时间和范围。

（2）项目质量复核人员的资格标准。

（3）对项目质量复核的记录要求。

会计师事务所的质量管理制度应当对上述事项作出明确和适当的规定，这对于保证项目质量复核工作的有效进行有着重要作用。如果会计师事务所对项目质量复核的性质、时间和范围设计不当，或虽设计得当，但委派的项目质量复核人员的技术资格和客观性存在问题，就无法实现预期的复核目的。

四、项目质量复核的性质

会计师事务所应当根据实现项目质量复核目标的总体要求，并结合具体情况，合理确定项目质量复核的性质。确定复核的性质就是决定采用何种方法实施复核。

会计师事务所通常采用的项目质量复核方法包括：

（1）与项目负责人进行讨论。

（2）复核财务报表或其他业务对象信息及报告，尤其考虑报告是否适当。

（3）选取与项目组作出重大判断及形成结论有关的工作底稿进行复核。

除上述方法外，会计师事务所还可以视情况需要，采用其他适当的复核方法。例如，复核有关处理和解决重大疑难问题或争议事项形成的工作底稿、复核重大事项概要等。

五、项目质量复核的范围

会计师事务所应当根据特定业务的复杂程度和出具不恰当报告的风险，确定项目质量复核的范围。

在对上市公司财务报表审计实施项目质量复核时，复核人员应当考虑：

（1）项目组就具体业务对会计师事务所独立性作出的评价。

（2）在审计过程中识别的特别风险以及采取的应对措施。

（3）作出的判断，尤其是关于重要性和特别风险的判断。

（4）是否已就存在的意见分歧、其他疑难问题或争议事项进行适当咨询，以及咨询得出的结论。

（5）在审计中识别的已更正和未更正的错报的重要程度及处理情况。

（6）拟与管理层、治理层以及其他方面沟通的事项。

（7）所复核的审计工作底稿是否反映了针对重大判断执行的工作，是否支持得出的结论。

（8）拟出具的审计报告的适当性。

在对上市公司财务报表审计以外的其他业务实施项目质量复核时，项目质量复核人员可根据情况考虑上述部分或全部事项。

以上是本准则对项目质量复核范围的最低要求。在实务中，会计师事务所对其认为复杂程度很高和出具不恰当报告的风险很大的特定业务，可以确定更大的项目质量复核范围。

六、项目质量复核的时间安排

会计师事务所的政策和程序应当要求在出具报告前完成项目质量复核。项目质量复核人员应当在业务过程中的适当阶段及时实施复核，以使重大事项在出具报告前得到满意解决。

如果项目负责人不接受项目质量复核人员的建议，并且重大事项未得到满意解决，项目负责人不应当出具报告。只有在按照会计师事务所处理意见分歧的程序解决重大事项后，项目负责人才能出具报告。

七、项目质量复核人员的资格标准

会计师事务所应当制定政策和程序，明确被委派的项目质量复核人员应符合下列要求：①履行职责需要的技术资格，包括必要的经验和权限。②在不损害其客观性的前提下，提供业务咨询的程度。

（一）复核人员的胜任能力

项目质量复核人员应当具备复核具体业务所需要的足够、适当的技术专长、经验和权限。

在实务中，足够、适当的技术专长、经验和权限由什么构成，应视业务的具体情况而定。此外，上市公司财务报表审计的项目质量复核人员，应当具备担任上市公司财务报表审计项目负责人应有的足够、适当的经验和权限。

会计师事务所可根据具体情况，对项目质量复核人员应当具备的复核具体业务所需要的足够、适当的技术专长、经验和权限，作出明确的规定，并严格遵照该规定。针对特定业务的需要，选派适当的复核人员。

（二）复核人员的客观性

复核人员能否客观地实施项目质量复核，对复核的效果有重要影响，为此，会计师事务所应当制定政策和程序，保证项目质量复核人员的客观性。

为了保证项目质量复核人员的客观性，在确定项目质量复核人员时，会计师事务所应当避免下列情形：

（1）由项目负责人挑选。

（2）在复核期间以其他方式参与该业务。

（3）代替项目组进行决策。

（4）存在可能损害复核人员客观性的其他情形。

在业务执行过程中，项目负责人可以向项目质量复核人员进行咨询。但是，当咨询问题的性质和范围十分重大时，项目组和复核人员应当谨慎从事，以使复核人员保持客观性。

如果复核人员不能保持客观性，会计师事务所应当委派本所的其他适当人员或聘请具有适当资格的外部人员，担当项目质量复核人员或该项业务的被咨询者。

当进行客观复核的能力受到损害时，会计师事务所的政策应当能够为项目质量复核人员提供替代者。

所谓具有适当资格的外部人员是指会计师事务所外部的、具有担任项目负责人的必要素质和专业胜任能力的个人。

小型会计师事务所可能缺乏具备复核特定业务所需要的足够、适当的技术专长、经验和权限的项目质量复核人员。在这种情况下，如果小型会计师事务所识别出需要实施项目质量复核的业务，可以聘请具有适当资格的外部人员或利用其他会计师事务所实施项目质量复核。

八、项目质量复核的记录

会计师事务所应当制定政策和程序，要求记录项目质量复核情况，包括：

（1）有关项目质量复核的政策所要求的程序已得到执行。

（2）项目质量复核在出具报告前业已完成。

（3）复核人员没有发现任何尚未解决的事项，使其认为项目组作出的重大判断及形成的结论不适当。

以下列示了会计师事务所项目质量复核的“业务复核核对表”，见表19-7。

表19-7　**业务复核核对表**

被审计单位：S公司	索引号：920
项目：业务复核核对表	截止日/期间：2018年12月31日
编制：孙仁	复核：吴亮
日期：2019年1月19日	日期：2019年1月23日

一、项目经理复核

复核事项	是/否/不适用	备注
1.是否已复核已完成的审计计划，以及导致对审计计划作出重大修改的事项？	是	
2.是否已复核重要的财务报表项目？	是	
3.是否已复核特殊交易或事项，包括债务重组、关联方交易、非货币性交易、或有事项、期后事项、持续经营能力等？	是	
4.是否已复核重要会计政策、会计估计的变更？	是	
5.是否已复核重大事项概要？	是	
6.是否已复核建议调整事项？	是	
7.是否已复核管理层书面声明书，股东（大）会、董事会相关会议纪要，与客户的沟通记录及重要会谈记录，律师询证函复函？	是	
8.是否已复核审计总结？	是	
9.是否已复核已审计财务报表和拟出具的审计报告？	是	
10.实施上述复核后，是否可以确定下列事项：		
（1）审计工作底稿提供了充分、适当的记录，作为审计报告的基础？	是	
（2）已按照中国注册会计师审计准则的规定执行了审计工作？	是	
（3）对重大错报风险的评估及采取的应对措施是恰当的，针对存在特别风险的审计领域，设计并实施了具有针对性的审计程序，且得出了恰当的审计结论？	是	
（4）作出的重大判断恰当合理？	是	
（5）提出的建议调整事项恰当，相关调整分录正确？	是	
（6）未更正错报无论是单独还是汇总起来对财务报表整体均不具有重大影响？	不适用	
（7）已审计财务报表的编制符合企业会计准则的规定，在所有重大方面公允反映了被审计单位的财务状况、经营成果和现金流量？	是	
（8）拟出具的审计报告措辞恰当，已按照中国注册会计师审计准则的规定发表了恰当的审计意见？	是	

签字：吴　亮　　　　　　日期：2019年1月23日

续表

二、项目合伙人复核

复核事项	是/否/不适用	备注
1.是否已复核审计计划，以及导致对审计计划作出重大修改的事项？	是	
2.是否已复核重大事项概要？	是	
3.是否已复核存在特别风险的审计领域，以及项目组采取的应对措施？	是	
4.是否已复核项目组作出的重大判断？	是	
5.是否已复核建议调整事项？	是	
6.是否已复核管理层书面声明书，股东（大）会、董事会相关会议纪要，与客户的沟通记录及重要会谈记录，律师询证函复函？	是	
7.是否已复核审计总结？	是	
8.是否已复核已审计财务报表和拟出具的审计报告？	是	
9.实施上述复核后，是否可以确定：		
(1) 对项目负责经理实施的复核结果满意？	是	
(2) 对重大错报风险的评估及采取的应对措施是恰当的，针对存在特别风险的审计领域，设计并实施了具有针对性的审计程序，且得出了恰当的审计结论？	是	
(3) 项目组作出的重大判断恰当合理？	是	
(4) 提出的建议调整事项恰当合理，未更正错报无论是单独还是汇总起来对财务报表整体均不具有重大影响？	是	
(5) 已审计财务报表的编制符合企业会计准则的规定，在所有重大方面公允反映了被审计单位的财务状况、经营成果和现金流量？	是	
(6) 拟出具的审计报告措辞恰当，已按照中国注册会计师审计准则的规定发表了恰当的审计意见？	是	

签字：王　军　　　　日期：2019年1月28日

三、项目质量复核

复核事项	是/否/不适用	备注
1.项目质量复核之前进行的复核是否均已得到满意的执行？	是	
2.是否已复核项目组针对本业务对本所独立性作出的评价，并认为该评价是恰当的？	是	
3.是否已复核项目组在审计过程中识别的特别风险以及采取的应对措施，包括项目组对舞弊风险的评估及采取的应对措施，认为项目组作出的判断和应对措施是恰当的？	不适用	
4.是否已复核项目组作出的判断，包括关于重要性和特别风险的判断，认为这些判断恰当合理？	是	
5.是否确定项目组已就存在的意见分歧、其他疑难问题或争议事项进行适当咨询，且咨询得出的结论是恰当的？	不适用	
6.是否已复核项目组与管理层和治理层沟通的记录以及拟与其沟通的事项，对沟通情况表示满意？	是	
7.是否认为所复核的审计工作底稿反映了项目组针对重大判断执行的工作，能够支持得出的结论？	是	
8.是否已复核审计后的财务报表和拟出具的审计报告，认为审计后的财务报表符合企业会计准则的规定，拟出具的审计报告已按照中国注册会计师审计准则的规定发表了恰当的审计意见？	是	

签字：石　眉　　　　日期：2019年1月31日

第六节　形成审计意见

在审计报告中，注册会计师要在收集和评价审计证据的基础上，清楚地表达对被审计单位财务报表在所有重大方面是否根据适用的会计准则编制所发表的意见。为此，注册会计师应当整理审计证据，评价根据审计证据得出的结论，以作为对财务报表形成审计意见的基础。

在对财务报表形成审计意见时，注册会计师应当根据已获取的审计证据，评价是否已对财务报表整体不存在重大错报获取合理保证，并进一步评价财务报表的合法性和公允性，形成对被审计单位财务报表合法性和公允性的审计意见。

一、评价财务报表的合法性

财务报表的合法性是指财务报表是否按照适用的会计准则和相关会计制度的规定编制。在评价财务报表的合法性时，注册会计师应当考虑下列内容：

(一) 评价所选择和运用的会计政策

评价被审计单位所选择和运用的会计政策，主要从两个方面进行：第一，合法性，即评价被审计单位选择和运用的会计政策是否符合适用的会计准则和相关会计制度；第二，合理性，即选择和运用的会计政策是否适合于被审计单位的具体情况。

企业会计政策包括具体会计原则和具体会计处理方法。国家在企业会计准则和统一会计制度中规定了会计核算的一般原则和一般会计处理方法。会计核算的一般原则有客观性原则、实质重于形式原则、相关性原则、可比性原则、及时性原则、明晰性原则、谨慎性原则、重要性原则等。这些一般性原则在不同的企业有不同的具体运用形式与方法，甚至在同一企业不同经济背景下也有不同的具体运用形式与方法，以使企业提供的会计报告所反映的财务状况、经营成果和现金流量更符合其实际情况。如谨慎性原则是会计核算的一般原则，在运用于企业固定资产折旧时，可采用的加速折旧方法有年数总和法和双倍余额递减法，企业究竟是采用年数总和法还是双倍余额递减法，或者是对哪几类固定资产采用年数总和法，对另几类固定资产采用双倍余额递减法，则属于具体的会计处理方法，是企业可以根据自身情况加以选择的。具体原则和具体会计处理方法也是指导企业进行会计核算的基础。企业主要会计政策包括：

(1) 合并政策，是指企业编制合并财务报表所采纳的原则。例如，母公司与子公司的会计年度不一致的处理原则；合并范围的确定原则；纳入合并范围的具体子公司；母公司与子公司所采用会计政策是否一致等。

(2) 外币折算，是指企业外币业务折算所采用的方法，以及汇兑损益的处理。如对于外币业务的核算，是采用业务发生当日汇率，还是业务发生的当月1日的汇率；汇兑损益计入当期财务费用，还是计入在建工程成本；对于外币财务报表的折算，是否对资产负债表中的资产和负债项目，采用资产负债表日的即期汇率折算，所有者权益项目除“未分配利润”项目外，其他项目采用交易发生日的即期汇率折算；利润表中的收入和费用项目，采用交易发生日即期汇率或者近似汇率折算。按照上述折算产生的外币财务报表折算差额，是否计入其他综合收益。

(3) 收入确认，是指收入确认的原则。如是按照新收入会计准则确认收入还是沿用原有的收入会计准则确认收入。

(4) 存货计价，是指企业对存货所采用的具体计价方法。如对存货的计价是采用先进先出法、加权平均法，还是个别计价法等。公司是否采用了成本与可变现净值孰低法进行存货的后续计量。

(5) 长期股权投资的核算，是指对长期股权投资的具体会计处理方法。如企业对长期股权投资采用成本法和权益法的基本原则；对哪些企业的长期股权投资采用成本法，对哪些企业的长期股权投资采用权益法。

（6）坏账损失及坏账准备的核算，是指企业对坏账损失和坏账准备的具体核算方法。如企业对坏账损失是采用预期信用损失模型还是已发生损失模型计提坏账准备？

（7）借款费用的处理，是指借款费用的处理方法，即进行资本化，还是费用化？资本化或费用化的具体原则是什么？

（8）所得税的核算，是指企业所得税的具体会计处理方法，如企业所得税会计处理是采用资产负债表债务法，还是其他方法？

（9）固定资产的核算，是指企业对固定资产核算所采用的具体方法，如固定资产原值的确定方法；固定资产折旧年限和净残值的预计方法；固定资产的具体折旧方法；固定资产减值的具体计提原则和具体方法。

（10）其他，如无形资产的计价及摊销方法，财产损溢的具体处理程序和方法，研究与开发费用的具体处理原则和方法等。

在我国，适用的会计准则主要是指由国务院财政部门制定的在全国范围内统一执行的会计准则、有关会计准则解释等规范性文件。对于在海外证券市场发行并上市交易证券的上市公司来说，适用的会计准则还包括国际财务报告准则、上市地所在国家或地区适用的会计准则等。

评价会计政策的合法性，就是评价被审计单位实际选择和运用的会计政策是否符合其适用的会计准则的规定，有无选择或运用了会计准则规定不能使用的会计原则或会计处理方法。评价会计政策的合理性，就是评价被审计单位实际选择和运用的会计政策是否符合被审计单位的具体情况。例如，被审计单位属于技术进步快、更新换代迅速的行业，则其对主要生产设备采用年数总和法、双倍余额递减法计提折旧，对其他固定资产则采用年限平均法计提折旧，则其选择和运用的固定资产折旧政策就是合理的。但如果对其所有固定资产均采用年数总和法或双倍余额递减法计提折旧，则固定资产折旧政策虽然合法，但不具有合理性，因为像房屋、建筑物等固定资产受技术进步的影响较小，主要受使用情况和年限的影响，不适宜采用年数总和法或双倍余额递减法计提折旧，只适宜采用年限平均法计提折旧。

（二）评价所作出的会计估计

会计估计是指企业对其结果不确定的交易或事项以最近可利用的信息为基础所作的判断。会计估计的主要原因是经营活动中存在内在的不确定因素。如固定资产的预计使用年限。我们知道，固定资产的使用年限取决于：（1）科学技术的发展进步速度。科学技术发展进步速度越快，固定资产的经济使用年限越短。（2）固定资产本身质量。质量越好，使用年限越长。（3）固定资产日常使用情况。使用频率越高，强度越大，则使用年限越短。（4）日常保养维护情况。保养维护情况越好，使用年限越长。（5）其他影响固定资产使用年限的因素，如经济环境、使用环境等。

企业会计核算中常见的需要进行会计估计的项目有：（1）坏账。（2）存货遭受毁损、全部或部分陈旧过时。（3）固定资产的使用年限与净残值。（4）无形资产的受益期限。（5）递延资产的摊销期限。（6）或有费用和或有损失，如产品售后服务费用、造成环境污染可能受到的罚款、法律诉讼中可能支付的律师代理费、案件受理费及赔偿的经济损失等。（7）收入确认中的估计。（8）资产减值等。

评价管理层作出的会计估计，主要是评价被审计单位管理层作出的会计估计是否合理。以资产减值为例，注册会计师通常可以采用以下程序来评价管理层所作出的会计估计是否合理：（1）评价资产减值准备所依据的资料、假设及计提方法。（2）复核资产减值准备计算的正确性。（3）在可能的情况下，比较前期计提资产减值准备数与实际发生数是否一致。（4）检查资产减值准备计提和核销的批准程序。（5）检查期后事项，进一步验证资产减值准备计提的合理性。（6）关注被审计单位管理层有无盈余管理的动机，是否通过资产减值的计提蓄意调节损益。在评价资产减值准备所依据的假设时，注册会计师应当考虑以下事项：（1）假设是否有适当的根据，如政府统计数据、行业统计数据、被审计单位内部编制的数据或注册会计师本人或所在会计师事务所收集的市场数据。(2) 检查前期实际发生数，判断假设是否合理。(3) 计提各项资产减值准备所依据的假设是否相互矛盾。

(三) 评价财务报表所反映信息的质量

相关性、可靠性、可比性和可理解性是企业财务信息质量的主要特征。在我国《企业会计准则——基本准则》中规定，企业财务信息应当具备可靠性、相关性、可理解性、可比性、实质重于形式、重要性、谨慎性、及时性等质量要求。

评价财务报表的相关性，主要是评价被审计单位提供的财务信息是否与财务报表使用者的经济决策需要相关，是否有助于财务报表使用者对被审计单位过去、现在或者未来的情况作出评价或者预测。

评价财务报表的可靠性，主要是评价被审计单位是否以实际发生的交易或者事项为依据进行会计确认、计量和报告，如实反映符合确认和计量要求的各项会计要素及其他相关信息，保证财务信息真实可靠，内容完整。

评价财务信息的可比性，主要是评价被审计单位提供的财务信息是否具有可比性，即评价被审计单位不同时期发生的相同或者相似的交易或者事项，是否采用了一致的会计政策。如果会计政策发生了变更，还应当评价其会计政策是否确需变更，并是否已在附注中作出了充分说明。评价被审计单位所采用的会计政策是否与同行业其他企业对相同或者相似的交易或者事项所采用的会计政策一致，财务信息是否口径一致，并相互可比。

评价财务报表的可理解性，主要是评价被审计单位所提供的财务信息是否清晰明了，表述清楚，便于财务报表使用者理解和使用。

(四) 评价财务报表的披露

评价财务报表的披露，主要是评价被审计单位财务报表作出的披露是否充分，是否使财务报表使用者能够理解重大交易和事项对被审计单位财务状况、经营成果和现金流量的影响。

企业对外提供的财务会计报告包括财务报表和财务报表附注。一般来讲，财务报表应当包括资产负债表、利润表、现金流量表、所有者权益变动表。财务报表附注至少应当包括重要会计政策和会计估计的说明、或有事项和资产负债表日后事项的说明、关联方关系及其交易的披露、重要资产转让及其出售的说明、企业合并或分立的说明、财务报表中重要项目的明细资料以及有助于理解和分析财务报表的其他事项等。

注册会计师在评价被审计单位财务报表的披露时，应当注意被审计单位所提供的财务报表是否包括了应当提供的所有报表，其格式和内容是否合规；所提供的财务报表附注是否符合规定的最低要求，内容是否完整并易于理解。

通过实施上述四个方面的评价，注册会计师就可形成对被审计单位财务报表合法性的审计意见。

二、评价财务报表的公允性

财务报表的公允性是指被审计单位财务报表在所有重大方面是否公允反映了其财务状况、经营成果和现金流量。在评价财务报表是否作出公允反映时，注册会计师应当考虑下列内容：

(一) 评价财务报表的整体合理性

评价财务报表的整体合理性，即评价经管理层调整后的财务报表是否与注册会计师对被审计单位及其环境的了解一致，有无重大错报或漏报。在审计中，注册会计师通过实施了解被审计单位及其环境的程序以及实施实质性程序，对被审计单位有了充分了解，并发现了需要进行审计调整的事项。被审计单位管理层接受审计调整事项后重新编制了财务报表。注册会计师应当评价经调整后的财务报表是否与其所获得的对被审计单位的了解一致。例如，注册会计师了解到，被审计单位所在行业竞争十分激烈，整体行业毛利率下降幅度较大；被审计单位在同行业中处于中上水平，但与其他企业比较，并没有突出的竞争优势，因而也未能免受毛利率下降的影响。如果被审计单位经过调整后的财务报表所反映的情况是其主营业务收入不降反升、毛利率也是稳中有升，则其财务报表可能就是不公允的，因为与注册会计师对其所获得的了解存在重大不一致，可能存在重大错报。当然，如果被审计单位在同行业中处于先进水平，具有技术领先的竞争优势，本年度又有独一无二的新产品投入市场并获得巨大成功，则其财务报表就可能是公允的。

（二）评价财务报表的列报与内容的合理性

评价财务报表的列报与内容的合理性，即评价被审计单位财务报表的列报、结构和内容是否合理。在我国，财政部提供了规范的财务报表的列报格式、结构和内容要求，注册会计师只要评价被审计单位所提供的财务报表的列报、格式和内容是否与规范要求一致，所反映的内容是否与其对被审计单位的了解一致即可。

（三）评价财务报表反映的真实性

评价财务报表反映的真实性，即评价财务报表是否真实地反映了交易和事项的经济实质。这实质上是“实质重于形式”的财务信息质量要求，即企业应当按照交易或者事项的经济实质进行会计确认、计量和报告，不应仅以交易或者事项的法律形式为依据。

通过实施上述三个方面的评价，注册会计师就可以形成对被审计单位财务报表公允性的审计意见。

注册会计师依据上述原则，按照适用的公允列报财务报告框架，从财务报表的合法性和公允性方面对被审计单位的财务报表进行了审计，并确认为形成审计意见而获取的审计证据是充分、适当的，注册会计师就可以出具审计报告了。审计报告的具体内容可以参见本教材第十二章。

□ 复习思考题

1.什么是管理层书面声明书？它对注册会计师收集审计证据发表审计意见有何影响？

2.什么是律师声明书？它对注册会计师收集审计证据发表审计意见有何影响？

3.审计差异包括哪些类型？汇总审计差异以后如何进行评价和处理？

4.签发审计报告前如何对已审计财务报表进行复核？

5.签发审计报告前如何对审计工作底稿进行最终复核？

6.注册会计师应就哪些事项与治理层沟通？

本章要旨及
测试题

第四篇　其他类型鉴证业务与相关服务

第二十章

财务报表审阅和其他鉴证业务

第一节　财务报表审阅

一、财务报表审阅的含义和目标

财务报表审阅业务，是指注册会计师对历史财务信息执行的审阅业务。在提供财务报表审阅服务时，注册会计师对所审阅信息是否不存在重大错报提供有限保证，并以消极方式提出结论。

财务报表审阅的目标，是注册会计师在实施审阅程序的基础上，说明是否注意到某些事项使其相信财务报表没有按照适用的会计准则和相关会计制度的规定编制，未能在所有重大方面公允反映被审阅单位的财务状况、经营成果和现金流量。

根据《中国注册会计师审阅准则第2101号——财务报表审阅》（以下简称《财务报表审阅准则》）的规定，注册会计师应当签订业务约定书，计划审阅工作，确定审阅程序，记录为审阅报告提供证据的重大事项和执行审阅业务的证据，形成审阅结论，出具审阅报告。

根据《财务报表审阅准则》的规定，注册会计师应当主要通过询问和分析程序获取充分、适当的证据，作为得出审阅结论的基础。注册会计师实施的审阅程序以询问和分析程序为主，通常只有在有理由相信财务报表可能存在重大错报的情况下，注册会计师才会实施追加的或更为广泛的程序。由于实施的审阅程序有限，注册会计师通过实施审阅程序不能提供在财务报表审计中要求的所有证据，不能获取足以支持合理保证的证据，审阅业务对所审阅的财务报表不存在重大错报提供有限保证，注册会计师以消极方式表达审阅结论。

二、财务报表审阅的程序

如前所述，财务报表审阅主要实施询问和分析程序，通常包括以下内容：

1.了解被审阅单位及其环境。注册会计师应当了解被审阅单位及其环境的情况主要包括：市场供求与竞争、经营的周期性和季节性、产品生产技术的变化、经营风险、行业的现状及发展趋势、行业的关键指标及统计数据、环保要求及问题、行业适用的法律法规、行业特殊会计惯例及其他特殊惯例等。

2.询问被审阅单位采用的会计准则和相关会计制度、行业惯例。注册会计师应当询问被审阅单位采用的会计准则和相关会计制度，包括采用的会计政策和作出的会计估计，并判断其是否符合有关规定和要求。

3.询问被审阅单位对交易和事项的确认、计量、记录和报告的程序。询问了解被审阅单位对交易和事项的确认、计量、记录和报告的程序，即财务信息系统的处理流程，可以帮助注册会计师识别和理解交易和事项的主要类别，以及各类主要交易和事项的会计处理过程。

4.询问财务报表中所有重要的认定。对于不同的财务报表项目，注册会计师关注的认定可能并不相同。注册会计师尤其应当关注那些具有重大错报风险的项目的认定，如存货、应收账款、营业收入等。

5.实施分析程序，以识别异常关系和异常项目。分析程序，是指注册会计师通过研究不同财务数据之间以及财务数据与非财务数据之间的内在关系，对财务信息作出评价。分析程序还包括调查识别出的、与其他相关信息不一致或与预期数据严重偏离的波动和关系。在财务报表审阅业务中，注册会计师实施的分析程序通常应当包括：将本期财务报表与前期财务报表比较；将财务报表与预期的经营成果和财务状况比较；确定某些特定的财务报表要素之间的关系是否符合根据被审阅单位的经验或行业常规预期应当存在的某种可预测的模式等。

6.询问股东会、董事会以及其他类似机构决定采取的可能对财务报表产生影响的措施。被审阅单位的重大经营活动和决策，一般都会反映在其股东会、董事会（包括下设的诸如审计委员会、提名委员会、薪酬和考核委员会、风险管理委员会等专门委员会）的会议纪要中。注册会计师应当获取和查阅这些会议纪要，并就其中可能对财务报表产生影响的措施询问被审阅单位的董事、监事和相关高级管理人员。

7.阅读财务报表，以考虑是否遵循指明的编制基础。注册会计师应当关注财务报表的实际编制基础与被审阅单位在财务报表附注中披露的编制基础是否一致。

8.获取其他注册会计师对被审阅单位组成部分财务报表出具的审计报告或审阅报告。被审阅单位的组成部分，是指被审阅单位的部门、分支机构、子公司、合营企业和联营企业等，其会计信息包含于主审注册会计师所审阅的财务报表中。注册会计师在作为主审注册会计师时，应当获取其他注册会计师为被审阅单位组成部分出具的审计报告或审阅报告，关注这些报告的意见类型及其对所审阅财务报表的影响，以决定审阅报告的结论类型。

在实施询问程序时，注册会计师应当特别向负责财务会计事项的人员询问下列事项：所有交易是否均已记录；财务报表是否按照指明的编制基础编制；被审阅单位业务活动、会计政策和行业惯例的变化；在实施上述八项程序时发现的问题。除此之外，注册会计师还应当询问在资产负债表日后发生的、可能需要在财务报表中调整或披露的期后事项，但注册会计师没有责任实施程序以识别审阅报告日后发生的事项。

三、财务报表审阅的结论和报告

在完成财务报表的审阅程序后，注册会计师应当复核和评价根据审阅证据得出的结论，以此作为表达有限保证的基础。

审阅报告应当包括下列要素：

1.标题。审阅报告的标题应当统一规范为“审阅报告”。

2.收件人。审阅报告的收件人应当为审阅业务的委托人，审阅报告应当载明收件人的全称。

3.引言段。审阅报告的引言段应当说明：（1）所审阅财务报表的名称、日期或涵盖的期间。（2）被审阅单位管理层的责任和注册会计师的责任。按照适用的会计准则和相关会计制度规定编制财务报表，是被审阅单位管理层的责任；按照《财务报表审阅准则》的要求对被审阅单位的财务报表实施审阅工作并出具审阅报告，是注册会计师的责任。需要注意的是，如果无法对所审阅财务报表提供任何保证，则审阅报告中应当删除本段中对注册会计师责任的表述。

4.范围段。审阅报告的范围段应当说明审阅的性质，以提示委托人和审阅报告的其他使用者，避免不恰当地使用或依赖审阅报告。具体包括下列内容：（1）审阅业务所依据的准则；（2）审阅主要限于询问和实施分析程序，提供的保证程度低于审计；（3）注册会计师没有实施审计，因而不发表审计意见。需要注意的是，如果无法对所审阅财务报表提供任何保证，则审阅报告中应当删除本段内容。

5.结论段。注册会计师应当根据实施审阅程序的情况，在结论段中提出下列之一的结论：

（1）无保留结论。当同时满足下面两个条件时，注册会计师对所审阅的财务报表提出无保留结论：其一，注册会计师没有注意到任何事项使其相信财务报表没有按照适用的会计准则和相关会计制度的规定编制，未能在所有重大方面公允反映被审阅单位的财务状况、经营成果和现金流量；其二，注册会计师已经按照《财务报表审阅准则》的规定计划和实施审阅工作，在审阅过程中未受到限制。

（2）保留结论。当存在下面两种情况之一时，注册会计师对所审阅的财务报表提出保留结论：其一，注册会计师注意到某些事项使其相信财务报表没有按照适用的会计准则和相关会计制度的规定编制，未能在所有重大方面公允地反映被审阅单位的财务状况、经营成果和现金流量，这些事项虽然影响重大，但其影响尚未达到“非常重大和广泛”的程度，尚不足以导致注册会计师提出否定结论；其二，注册会计师的审阅范围受到重大限制，该范围限制虽然影响重大，但其影响尚未达到“非常重大和广泛”的程度，尚不足以导致注册会计师无法提供任何保证。

在上述第二种情况下，注册会计师还需要在审阅报告的范围段中提及审阅范围受限制的情况，通常表述为“除下段（说明段）所述事项外，我们按照《中国注册会计师审阅准则第2101号——财务报表审阅》的规定执行了审阅业务”。在提出保留结论的情况下，审阅报告的结论段中需要使用“除了上述……所造成的影响外”等术语。

（3）否定结论。如果注册会计师注意到某些事项使其相信财务报表没有按照适用的会计准则和相关会计制度的规定编制，未能在所有重大方面公允地反映被审阅单位的财务状况、经营成果和现金流量，并且这些事项对财务报表的影响非常重大和广泛，以至于注册会计师认为仅提出保留结论不足以揭示财务报表的误导性或错报的严重程度，则应当对财务报表提出否定结论。

在提出否定结论时，审阅报告的结论段中应当使用“由于受到前段所述事项的重大影响”等术语。

（4）无法提供任何保证。如果存在重大的范围限制，并且范围限制的影响非常重大和广泛，以至于注册会计师认为不能提供任何程度的保证时，则注册会计师不应提供任何保证。

在无法提供任何保证的审阅报告中，注册会计师应当删除引言段中对于注册会计师责任的描述，删除范围段，在说明段中说明审阅范围受限的情况，并在结论段中使用“由于受到前段所述事项的重大影响”“我们无法对财务报表提供任何保证”等术语。

6.注册会计师的签名和盖章。审阅报告应当由注册会计师签名并盖章。

7.会计师事务所的名称、地址及盖章。审阅报告应当载明会计师事务所的名称、地址，并加盖会计师事务所公章。地址一般只需标注到其所在城市的名称即可。

8.报告日期。审阅报告的日期是指注册会计师完成审阅工作的日期，该日期不应早于被审阅单位管理层批准财务报表的日期。

【例20-1】审阅报告参考格式

1.无保留结论的审阅报告

> **审阅报告**
>
> ABC股份有限公司全体股东：
>
> 我们审阅了后附的ABC股份有限公司（以下简称ABC公司）财务报表，包括20×8年12月31日的资产负债表，20×8年度的利润表、股东权益变动表和现金流量表以及财务报表附注。这些财务报表的编制是ABC公司管理层的责任，我们的责任是在实施审阅工作的基础上对这些财务报表出具审阅报告。
>
> 我们按照《中国注册会计师审阅准则第2101号——财务报表审阅》的规定执行了审阅业务。该准则要求我们计划和实施审阅工作，以对财务报表是否不存在重大错报获取有限保证。审阅主要限于询问公司有关人员和对财务数据实施分析程序，提供的保证程度低于审计。我们没有实施审计，因而不发表审计意见。
>
> 根据我们的审阅，我们没有注意到任何事项使我们相信财务报表没有按照企业会计准则和《××会计制度》的规定编制，未能在所有重大方面公允反映被审阅单位的财务状况、经营成果和现金流量。
>
> ××会计师事务所　　　　中国注册会计师：×××
> （盖章）　　　　（签名并盖章）
> 　　　　中国注册会计师：×××
> 　　　　（签名并盖章）
> 中国××市　　　　二○×九年××月××日

2.保留结论的审阅报告

> **审阅报告**
>
> ABC股份有限公司全体股东：
>
> （引言段和范围段同上，略）
>
> ABC公司管理层告知我们，存货以高于可变现净值的成本计价。由ABC公司管理层编制并经过我们审阅的计算表显示，如果根据企业会计准则规定的成本与可变现净值孰低法计价，存货的账面价值将减少××元，净利润和股东权益将减少××元。
>
> 根据我们的审阅，除了上述存货价值高估所造成的影响外，我们没有注意到任何事项使我们相信财务报表没有按照企业会计准则和《××会计制度》的规定编制，未能在所有重大方面公允反映被审阅单位的财务状况、经营成果和现金流量。
>
> ××会计师事务所　　　　中国注册会计师：×××
> （盖章）　　　　（签名并盖章）
> 　　　　中国注册会计师：×××
> 　　　　（签名并盖章）
> 中国××市　　　　二○×九年××月××日

3.否定结论的审阅报告

> **审阅报告**
>
> ABC股份有限公司全体股东：
>
> （引言段和范围段同上，略）
>
> 如财务报表附注××所述，ABC公司在编制财务报表时对各合营企业的长期股权投资以成

本法核算。根据企业会计准则的规定，ABC公司应当对各合营企业的长期股权投资采用权益法核算。

根据我们的审阅，由于受到前段所述事项的重大影响，财务报表未能按照企业会计准则和《××会计制度》的规定编制。

××会计师事务所　　　　　　　　　　中国注册会计师：×××
（盖章）　　　　　　　　　　　　　（签名并盖章）
　　　　　　　　　　　　　　　　　中国注册会计师：×××
　　　　　　　　　　　　　　　　　（签名并盖章）
中国××市　　　　　　　　　　　　　二〇×九年××月××日

4.无法提供任何保证的审阅报告

审阅报告

ABC股份有限公司全体股东：

我们接受委托，对后附的ABC股份有限公司（以下简称ABC公司）财务报表（包括20×8年12月31日的资产负债表，20×8年度的利润表、股东权益变动表和现金流量表以及财务报表附注）进行审阅。这些财务报表的编制是ABC公司管理层的责任。

为了审阅的需要，我们向ABC公司管理层及有关人员就若干重大事项进行了询问，但ABC公司管理层及有关人员拒绝对我们的询问作出回答。我们的审阅范围受到了严重的限制，我们无法确定这些事项对ABC公司财务报表整体合法性的影响程度。

由于受到前段所述事项的重大影响，我们无法对财务报表提供任何保证。

××会计师事务所　　　　　　　　　　中国注册会计师：×××
（盖章）　　　　　　　　　　　　　（签名并盖章）
　　　　　　　　　　　　　　　　　中国注册会计师：×××
　　　　　　　　　　　　　　　　　（签名并盖章）
中国××市　　　　　　　　　　　　　二〇×九年××月××日

第二节　预测性财务信息审核

一、预测性财务信息审核概述

（一）预测性财务信息的含义

根据《中国注册会计师其他鉴证业务准则第3111号——预测性财务信息的审核》（以下简称《预测性财务信息审核准则》）的规定，预测性财务信息是指被审核单位依据对未来可能发生的事项或采取的行动的假设而编制的财务信息。预测性财务信息可能包括财务报表整体（包含资产负债表、利润表、股东权益变动表和现金流量表以及财务报表附注在内的一整套财务报表）或财务报表的一项或多项要素（如其中的某一张财务报表，或者某一张财务报表中的一个或多个项目等）。以一套完整的财务报表形式出现的预测性财务信息通常称为预测性财务报表。

预测性财务信息可以作为内部管理工具，用于评价拟进行的资本投资，或者提供给其他人员作为决策所需的信息，比如向潜在投资者提供的未来预期信息、向贷款者提供的现金流量预测之类的文件等。

预测性财务信息所涵盖的期间可以有一部分是历史期间（比如在2022年4月编制2022年

全年的预测性财务报表时，其中1—3月份的数据是已实现数），但不能全部是历史期间，必须至少有一部分属于未来期间。

（二）预测性财务信息依据的假设

预测性财务信息不可避免地带有高度的主观性，并且在编制过程中需要作出大量的估计和判断，需要依据一定的假设编制。《预测性财务信息审核准则》指出，编制预测性财务信息所依据的假设可以分为以下两类：

1.最佳估计假设

最佳估计假设是指截至编制预测性财务信息日，管理层对预期未来发生的事项和采取的行动作出的假设。

2.推测性假设

推测性假设是指管理层对未来事项和采取的行动作出的假设，该事项或行动预期在未来未必发生。例如，企业管理层正在考虑进行重大的业务转型，但该转型的效果具有较大的不确定性。

最佳估计假设和推测性假设的主要区别在于管理层对于假设的事项或行动在未来发生的可能性的判断不同。这两种假设的划分直接决定了以之为基础的预测性财务信息的分类，也决定了注册会计师评价假设时采用的审核程序以及是否需要获取支持性证据。

（三）预测与规划

预测性财务信息可以表现为预测、规划或两者的结合。

预测是指管理层在最佳估计假设基础上编制的预测性财务信息。被审核单位（如证券发行人）的管理层在对未来经营业绩所作最佳估计假设的基础上编制的预测性财务信息，即盈利预测，就是一种最典型的预测。

规划是指管理层基于推测性假设，或同时基于推测性假设和最佳估计假设编制的预测性财务信息。规划信息多见于“如果……那么……”的分析中，即在给定的推测性假设下估算相关财务指标的可能结果。例如，假定市场占有率分别为5%、10%和20%，在此基础上分别推算每种情况下可能实现的销售收入，假定的市场占有率数据属于推测性假设，所预测的销售收入属于规划。

在很多情况下，预测性财务信息可以表现为预测和规划的结合。例如，管理层可以编制2022年度的预测和2023—2026年各年度的规划，并在同一份文件中列报。如果同一份文件中既包含预测，又包含规划，则应当清楚地标明哪些信息属于预测，哪些信息属于规划。

（四）预测性财务信息审核的目标

（1）对预测性财务信息所依据的假设进行审核。如果预测性财务信息依据最佳估计假设编制，注册会计师应当确定有无证据表明最佳估计假设不合理；如果预测性财务信息依据推测性假设编制，注册会计师应当确定推测性假设与信息的编制目的是否相适应。

（2）对预测性财务信息的编制、列报和披露进行审核。注册会计师应当确定：预测性财务信息是不是在假设的基础上恰当编制的；预测性财务信息是否已恰当列报，所有重大假设是否已充分披露，包括是否对采用的假设是最佳估计假设还是推测性假设进行了说明；预测性财务信息的编制基础与历史财务报表是否一致，是否选用了恰当的会计政策。

（五）预测性财务信息审核的保证程度

根据《预测性财务信息审核准则》的规定，注册会计师在预测性财务信息审核中，对不同事项提供的保证程度是不同的。在同一份预测性财务信息审核报告中往往会出现消极保证和积极保证并存的情况。

1.不对预测性财务信息的结果能否实现发表意见

由于预测性财务信息在很大程度上受被审核单位管理层主观判断的影响，其所涉及的事项和行动在未来未必发生。注册会计师虽然能够获得证据以支持编制预测性财务信息所适用的假设，但这类证据具有推测的性质，完全不同于历史财务信息审计中所获取的证据。因此，注册会计师不应当对预测性财务信息的结果能否实现发表意见。

2.对管理层采用的假设的合理性提供有限保证

根据所能获取的评价预测性财务信息所依据假设合理性的支持性证据，注册会计师很难以积极的方式对假设不存在重大错报发表意见，而只能判断有无任何证据表明假设不合理。因此，注册会计师对管理层采用的假设的合理性仅提供有限保证。但是，如果注册会计师根据职业判断认为能够提供足够的保证程度，也可以对假设以积极方式提供保证。

3.对预测性财务信息的列报和编制提供合理保证

《预测性财务信息审核准则》规定，注册会计师需要对预测性财务信息是否依据假设恰当编制并按照适用的会计准则和相关会计制度的规定进行列报以积极方式发表意见，即提供合理保证。

二、预测性财务信息审核的程序

在确定审核程序的性质、时间和范围时，注册会计师应当考虑各种因素，如预测性财务信息存在重大错报的可能性、管理层编制预测性财务信息的能力、预测性财务信息受管理层主观判断影响的程度、基础数据的恰当性和可靠性等，还要结合以前期间执行业务过程中所了解的情况。

对于最佳估计假设，注册会计师应当评估支持管理层作出假设的信息的来源和可靠性。支持假设的信息包括内部来源的信息，如预算、劳动合同、专利许可使用等可能对预测性财务信息及其所依据的假设产生重大影响的领域。例如，被审核单位的销售高度依赖于少数重要客户，并且其所处行业内各企业争夺客户的竞争相当激烈，而在编制预测性财务信息时，被审核单位依据的假设却是能够在预测期间留住现有的所有重要客户。注册会计师对这一领域就应当特别关注。注册会计师通常应当对敏感领域实施更详细的审核程序，同时应当提请被审核单位在预测性财务信息中充分披露该领域的有关情况。

另外，当接受委托审核预测性财务信息的一项或多项要素时，注册会计师应当考虑该要素与财务信息其他要素之间的关联关系；当预测性财务信息包括本期部分历史信息时，注册会计师应当考虑需要对历史信息实施的程序的范围。

注册会计师应当就下列事项向管理层获取书面声明：（1）预测性财务信息的预定用途；（2）管理层作出的重大假设的完整性；（3）管理层认可对预测性财务信息的责任。

三、审核报告

（一）审核报告的要素

注册会计师出具的预测性财务信息审核报告应当包括下列内容：

（1）标题。标题一般统一规范为“审核报告”。

（2）收件人。收件人一般为审核业务约定书的委托人，也可能是审核业务约定书中指明的其他致送对象。审核报告应当载明收件人的全称。

（3）指出所审核的预测性财务信息。对预测性财务信息作出的界定和描述，应当与后附的管理层签署的预测性财务信息一致。

（4）提及审核预测性财务信息时依据的准则。

（5）说明管理层对预测性财务信息（包括编制该信息所依据的假设）负责。

（6）适当时，提及预测性财务信息的使用目的和分发限制。

（7）以消极方式说明假设是否为预测性财务信息提供合理基础。

（8）对预测性财务信息是否依据假设恰当编制，并按照适用的会计准则和相关会计制度的规定进行列报发表意见。

（9）对预测性财务信息的可实现程度作出适当警示，说明预测性财务信息可能与实际结果存在差异。该警示表明注册会计师不对该预测性财务信息未来的可实现程度作出保证。

（10）注册会计师的签名及盖章。

（11）会计师事务所的名称、地址及盖章。

（12）报告日期。报告日期应为完成审核工作的日期。报告日期不应早于被审核单位管理层批准和签署预测性财务信息的日期。

（二）审核意见

预测性财务信息审核意见分为无保留意见、保留意见、否定意见和无法表示意见。

如果认为预测性财务信息的列报不恰当，注册会计师应当对预测性财务信息出具保留或否定意见的审核报告，或解除业务约定。

如果认为一项或多项重大假设不能为依据最佳估计假设编制的预测性财务信息（预测）提供合理基础，或在给定的推测性假设下，一项或者多项重大假设不能为依据推测性假设编制的预测性财务信息（规划）提供合理基础，注册会计师应当对预测性财务信息出具否定意见的审核报告，或解除业务约定。

如果审核范围受到限制，导致无法实施必要的审核程序，注册会计师应当解除业务约定，或出具无法表示意见的审核报告，并在报告中说明审核范围受到限制的情况。

【例20-2】预测性财务信息审核报告参考格式

1.无保留意见审核报告（以预测为基础）

审核报告

ABC股份有限公司：

我们审核了后附的ABC股份有限公司（以下简称ABC公司）编制的预测（列明预测涵盖的期间和预测的名称）。我们的审核依据是《中国注册会计师其他鉴证业务准则第3111号——预测性财务信息的审核》。ABC公司管理层对该预测及其所依据的各项假设负责。这些假设已在附注××中披露。

根据我们对支持这些假设的证据的审核，我们没有注意到任何事项使我们认为这些假设没有为预测提供合理基础。而且，我们认为，该预测是在这些假设的基础上恰当编制的，并按照××编制基础的规定进行了列报。

由于预期事项通常并非如预期那样发生，并且变动可能很大，实际结果可能与预测性财务信息存在差异。

××会计师事务所　　　　中国注册会计师：×××
（盖章）　　　　（签名并盖章）
　　　　中国注册会计师：×××
　　　　（签名并盖章）
中国××市　　　　二〇×九年××月××日

2.无保留意见审核报告（以规划为基础）

审核报告

ABC股份有限公司：

我们审核了后附的ABC股份有限公司（以下简称ABC公司）编制的规划（列明规划涵盖的期间和规划的名称）。我们的审核依据是《中国注册会计师其他鉴证业务准则第3111号——预测性财务信息的审核》。ABC公司管理层对该规划及其所依据的各项假设负责。这些假设已在附注××中披露。

ABC公司编制规划是××目的。由于ABC公司尚处于营业初期，在编制规划时运用了一整套假设，包括有关未来事项和管理层行动的推测性假设，而这些事项和行动预期在未来未必发生。因此，我们提醒信息使用者注意，该规划不得用于××目的以外的其他目的。

根据我们对支持这些假设的证据的审核，在推测性假设（列明推测性假设）成立的前提下，我们没有注意到任何事项使我们认为这些假设没有为规划提供合理基础。我们认为，该规划是在这些假设的基础上恰当编制的，并按照××编制基础的规定进行了列报。

即使在推测性假设中所涉及的事项发生，但由于预期事项通常并非如预期那样发生，并且变动可能重大，因此实际结果仍然可能与预测性财务信息存在差异。

××会计师事务所　　　　　　　　　　　　中国注册会计师：×××
（盖章）　　　　　　　　　　　　　　　　（签名并盖章）
　　　　　　　　　　　　　　　　　　　　中国注册会计师：×××
　　　　　　　　　　　　　　　　　　　　（签名并盖章）
中国××市　　　　　　　　　　　　　　　二〇×九年××月××日

第三节　内部控制审计

为了规范注册会计师执行企业内部控制审计业务，明确工作要求，保证执业质量，根据《中国注册会计师鉴证业务基本准则》及相关执业准则，财政部于2010年4月15日颁布了《企业内部控制审计指引》（简称《审计指引》），明确注册会计师对企业实施内部控制审计。财政部等五部委2008年6月28日颁布的《企业内部控制基本规范》和2010年4月26日颁布的《企业内部控制应用指引》是注册会计师评价企业内部控制是否有效运行的基础标准。注册会计师在执行内部控制审计业务时，除遵守《审计指引》外，还应当遵守中国注册会计师相关执业准则。

一、内部控制审计概述

（一）内部控制审计的重要性

内部控制是企业重要的管理活动，旨在实现企业战略目标，提高经营效率和效果，增强财务信息的真实性和可靠性，促使企业遵守相应的法律、法规等。21世纪初发生的“安然事件”“世通事件”等一系列公司财务报表舞弊事件，使人们认识到健全而有效的内部控制对预防类似事件的发生至关重要，企业的利益相关者逐渐从重视财务报告本身的可靠性转向注重对保证财务报告可靠性机制的审核，希望通过过程的有效保证结果的有效。投资者要求企业披露其内部控制相关信息，并要求注册会计师审计这些相关信息，以增强信息的可靠性。例如，美国《萨班斯-奥克斯利法案》（简称SOX法案）的404条款和日本《金融商品交易法》要求注册会计师对企业管理层就财务报告内部控制的评价进行审计；我国的《企业内部控制基本规范》要求会计师事务所对企业内部控制的有效性进行审计、出具审计报告，《审计指引》专门对内部控制审计工作进行了规范。

第一，内部控制审计为企业内部控制的经营目标成功实现提供外部助力。企业规模的扩大和内部职能部门的增多，更需要企业内部协调一致，节约资源，防止工作差错和舞弊，提高经营效率，以便在竞争中立于不败之地。企业客观上要求建立完善的包括组织结构、业务程序在内的具有自我控制和自我调节功能的管理机制，企业当局希望内部审计人员能够涉足更广泛的经营管理领域，能够满足组织的各种服务需求。审计人员逐渐在财务审计的基础上把重点转移到企业的经营管理领域，审计由单纯的防护性目的发展到促进企业改善经营管理中内部控制设计和执行的建设性目的。

第二，内部控制审计为企业财务信息使用者提供了可信赖程度的保障。当企业财务信息使用者无法获取内部控制评价报告，或者即使能够获取但是基于责任方的认定进行鉴证很费时间，注册会计师会选择直接对企业内部控制的有效性进行测量和评价，根据结果出具报告，信息使用者由此获得鉴证对象信息（注册会计师出具的报告），基于内部控制对降低财务报表重大错报可能性的考虑，将大大提高信息使用者对于财务报表的可信赖程度。

第三，内部控制审计为财务报表审计人员提供实质性程序的工作依据。财务报表审计的实质性程序应建立在风险评估和控制测试的基础上。内部控制设计和执行的有效性情况，是财务报表审计人员确定其工作方法、抽样重点、审计范围和审计程序的重要基础，这也是现代审计的特征。审计人员通过测试被审计单位内部控制系统的健全程度来确定其对审计资料的信赖程度。如果内部控制不健全，审计工作就要进行较全面的详细审查。反之，内部控制系统完善严密，财务报表审计人员就可省时、省力地完成任务。

（二）内部控制审计的含义

内部控制审计，是指注册会计师接受委托，对被审计单位特定基准日财务报告内部控制设计与运行的有效性进行审计，发表审计意见。内部控制审计的范围，主要是企业为了合理保证财务报告及相关信息真实完整、资产安全而设计和执行的内部控制。用以合理保证资产安全的内部控制，可能涉及合理保证经营效率和效果、经营管理合法合规的内部控制。

1.企业内部控制审计基于特定基准日

注册会计师基于基准日（如12月31日）内部控制的有效性发表意见，而不是对财务报表涵盖的整个期间的内部控制的有效性发表意见。但这并不意味着注册会计师只关注特定基准日当天的内部控制，而是要考察企业一个时期内（足够长的一段时间）内部控制的设计和运行情况。例如，注册会计师可能在6月份对企业的内部控制进行测试，发现问题后提请企业进行整改，假设在7月份整改，而企业的内部控制在整改后要运行一段时间（至少1个月）才可观察整改效果，则9月份注册会计师还需再对整改后的内部控制进行测试。因此，虽然注册会计师是对企业12月31日（基准日）内部控制的设计和运行发表意见，但这里的基准日不是一个简单的时点概念，而是体现内部控制这个过程向前的延伸性。注册会计师所采用内部控制审计的程序和方法，也体现了这种延伸性。

2.财务报告内部控制与非财务报告内部控制

《审计指引》第四条第二款规定，注册会计师应当对财务报告内部控制的有效性发表审计意见，并对内部控制审计过程中注意到的非财务报告内部控制的重大缺陷在内部控制审计报告中增加“非财务报告内部控制重大缺陷描述段”予以披露。

财务报告内部控制，是指企业为了合理保证财务报告及相关信息真实完整而设计和运行的内部控制，以及用于保护资产安全的内部控制中与财务报告可靠性目标相关的控制，主要包括下列政策和程序：

（1）保证充分、适当地记录并准确、公允地反映企业的交易或事项；

（2）合理保证按照企业会计准则的规定编制财务报表；

（3）合理保证收入和支出的发生以及资产的取得、使用或处置经过适当授权；

（4）合理保证及时防止或发现并纠正未经授权的、对财务报表有重大影响的交易或事项。

非财务报告内部控制，是指除财务报告内部控制之外的其他控制，通常是指为了合理保证经营的效率效果、遵守法律法规、实现发展战略而设计和运行的控制，以及用于保护资产安全的内部控制中与财务报告可靠性无关的控制。

3.企业内部控制评价与注册会计师内部控制审计

现代审计的主流是以财务报表审计为代表的对信息的检验。但是，随着企业经济活动和经济全球化的不断发展、社会民主意识对政府和社会团体等机构信息披露要求的不断提高，审计范围越来越广泛，审计的类型越来越多，人们对审计也越来越关心。审计是为了确认有关行为是否妥当，或者行为人所给的信息（陈述、认可）是否可靠，由独立第三方所进行的一种检验。审计对于注册会计师而言，主要是财务报表审计。SOX法案之后，美国开始实施财务报告内部控制审计，日本、加拿大等也相继制定相关的审计准则并适时推出这项制度安排。这说明除了传统的财务报表审计外，还要有一套新的审计制度安排，即内部控制审计。也就是说，需要对内部控制预期目标的实现进行检查和评价，即建立一套内部控制评价和报告体系来提高内部控制的有效性，加强内部控制信息的透明度。这套内部控制评价与报告体系既要求管理层对内部控制的有效性进行评价，也要求中介机构对其进行审计。

《审计指引》第三条规定，建立健全和有效实施内部控制、评价内部控制的有效性，是被审计单位董事会（或类似决策机构，下同）的责任。按照《审计指引》的要求，在实施审计工作的基础上对内部控制的有效性发表审计意见，是注册会计师的责任。被审计单位对以下行为负有直接责任：按照规定编制财务报告；构建内部控制体系，并不断改进和维护，以使其发挥应有的作用；在期末出具内部控制自评报告。而注册会计师的责任只是对内部控制的有效性发表意见，对被审计单位的内部控制有效性本身不负有任何责任。

4.整合审计

《审计指引》第五条规定，注册会计师可以单独进行内部控制审计，也可以将内部控制审计与财务报表审计整合进行（以下称整合审计）。

理解这一规定，有两点需要明确：一是内部控制审计与财务报表审计是两种不同的审计业务，两种审计的目标不同；二是内部控制审计与财务报表审计可以整合起来进行。

（1）内部控制审计与财务报表审计的异同。

内部控制审计要求对企业内部控制设计和运行的有效性进行测试，财务报表审计也要求了解企业的内部控制，并在需要时测试内部控制，这是两种审计的相同之处，也是整合审计中可以整合的部分。但由于两种审计的目标不同，《审计指引》要求在整合审计中，注册会计师对内部控制设计和运行的有效性进行测试，要同时实现两个目标：①获取充分、适当的证据，支持在内部控制审计中对内部控制有效性发表的意见；②获取充分、适当的证据，支持其在财务报表审计中对控制风险的评估结果。

（2）两种审计的整合。

财务报告内部控制审计与财务报表审计通常使用相同的重要性（重要性水平），在实务中两者很难分开。因为注册会计师在审计财务报表时需获得的信息在很大程度上依赖注册会计师对内部控制有效性得出的结论，注册会计师可以利用在一种审计中获得的结果为另一种审计中的判断和拟实施的程序提供信息。

实施财务报表审计时，注册会计师可以利用内部控制审计的结果来修改实质性程序的性质、时间安排和范围，并且可以利用该结果来支持分析程序中所使用的信息的完整性和准确性。在确定实质性程序的性质、时间安排和范围时，注册会计师需要慎重考虑识别出的控制缺陷。实施内部控制审计时，注册会计师需要评估实质性程序所发现问题的影响。最重要的是，注册会计师需要重点考虑财务报表审计中发现的财务报表错报对评价内部控制有效性的影响。

（三）内部控制审计的目标

内部控制审计的目标是就基准日企业内部控制设计与运行的有效性获取合理保证。也就是说内部控制审计的主要作用是对企业的内部控制的设计与运行的有效性进行评价，对内部控制的设计与运行的有效性本身不负有任何责任。所以，注册会计师不仅要对内部控制体系进行了解，也要对其设计和运行的有效性组织测试。所谓内部控制的有效性，是指内部控制体系能够为被审计单位实现经营目标提供保障的程度，包括设计的有效性和运行的有效性。

1.设计的有效性

设计的有效性是指所设计的内控体系是否能够保障目标的实现。具体到财务报告目标来说，判断相关内部控制的设计是否有效的标准，即是否能够防止或发现并纠正财务报告的重大错报。具体到实务中，设计有效性的主要标准体现在设计的合规性和适宜性。合规性是指内部控制的设计是否符合相关指引的规定。而适宜性则是指内控体系的构建是否与实际情况相结合、是否与被审计单位自身条件相契合，而不是直接借鉴其他公司成熟的内控体系。

2. 运行的有效性

运行的有效性是指内控体系能否被准确无误地理解，能否按照设计的意图有效地发挥作用。另外，对内控体系进行运行有效性评价，是在设计有效性评价的基础上进行的。如果内部控制的设计不符合有效性标准，则对其进行运行有效性的评价是没有意义的。因为即使内控体系的执行是有效的，无效的设计也必然会产生无效的结果，最终对其运行有效性的评价结果还是无效的。如果设计有效的内部控制没有得到适当的运行，那么对其运行有效性的评价也应当是无效的。

（四）内部控制审计的原则

注册会计师应当坚持风险导向审计的基本原则，利用自上而下的审计方法。因为这种方法能够在一定程度上降低审计成本，也能够提高审计效率。注册会计师在进行审计工作时，应重点关注内部控制风险较大的领域。在这些领域花费较多的时间和精力，可以降低审计风险，防范审计失败。在风险导向审计原则的指导下，注册会计师要对企业各项活动进行风险识别和评估。注册会计师在实施审计程序的过程中，要不断地修正审计程序的性质、范围和时间安排等，以使它们能够与内控风险水平相适应。这些工作的进行，当然是建立在注册会计师能够不断地获得关于被审计单位的信息的前提之下。

与传统的制度内部控制审计相比，风险导向原则下内部控制审计的优势比较明显：一方面，风险导向内部控制审计进一步扩大了审计范围。内部控制评价阶段、内部控制审核阶段和内部控制审计阶段是传统的内部控制审计发展所经历的三个阶段。内部控制审计对象的范围也随着经济的发展而不断扩大。注册会计师需要首先了解被审计单位的内外部环境，对与财务报告相关的内部控制风险进行识别和评估。在这些工作完成之后，要针对所发现的风险实施各种审计程序，以帮助企业完善内部管理。另一方面，风险导向内部控制审计对企业风险的识别和应对更加重视。风险导向内部控制审计对企业的公司治理结构、生产经营和内部控制制度中可能存在的风险更加关注，并对发现的风险采取适当的应对措施。制度内部控制审计往往是一种事后评价、监督行为，是在企业生产经营结果产生后开展的，这对已经造成的损失是没有任何补救作用的。而风险导向内部控制审计是一种防患于未然的评价、监督，事先预测内部控制各环节中可能存在的风险，对这些风险可能造成的影响进行评估，然后采取相应的防范措施。

风险导向原则下的内部控制审计具体程序应包括以下内容：第一，在承接审计业务和制订审计计划之前，注册会计师要实施一些必要的审计程序，充分了解企业的内部控制体系的构建与运行，在此基础上决定是否承接该项业务。这样做是为了在源头上降低审计风险。如果内部控制缺陷比较严重、风险较大，则可以直接拒绝承接该项业务。这样就把风险控制在了一个较低的水平上。第二，确定承接审计业务后，注册会计师需要对内控风险进行评估。这是为了评价内控体系的可信赖度。在进行这项工作时，注册会计师需要在对企业所有风险进行综合了解、分析、评价之后，根据风险大小的相对顺序来确定审计范围，然后有目标、有重点地开展评估。第三，完成了风险评估之后，还需要实施进一步的审计程序。注册会计师应当将主要审计资源分配到风险较高的部分，使得这些部分能够被重点“照顾”。这样做的目的也是降低审计风险。第四，在完成了以上工作之后，注册会计师需要做一项相当于中期检查的工作，也就是评价之前实施的审计测试程序是否恰当，评价收集的审计证据是否适宜，即重新评价内控风险。做完这些工作之后，再对审计风险是否在可接受的范围之内作出判断。第五，完成了所有的前期工作之后，注册会计师需要综合分析所收集的审计证据，在坚持独立、谨慎等职业道德的前提下，出具符合规定的内控审计报告。注册会计师可以利用以前年度的审计工作，以尽量减少重复审计，降低审计成本。当然，注册会计师在利用以前年度的审计工作时，要考虑被审计单位的内部控制环境是否发生变化，以确定利用程度。

（五）内部控制审计的整体流程

在了解依据什么样的标准来进行审计后，接着需要研究如何进行审计，也就是采用什么样的流程、按什么步骤、用什么方法进行审计。审计人员必须计划和执行审计程序，获取充分而适当的证据，才能合理保证内部控制有效性。这是这项审计业务的核心和灵魂，也是审计人员最为关注的问题。内部控制审计流程具体分为三个阶段：第一阶段是计划审计工作阶段。第二阶段是实施审计工作阶段。在这一阶段要采用“自上而下方式”，首先了解企业内部控制的程序，识别公司层次的控制，识别重大账户、列报及与之相关的认定，了解错报可能的来源，选择拟测试的控制，然后对流程层面进行控制测试，主要包括测试控制设计的有效性和测试控制执行的有效性及确定对内部控制有效性的评价。而评价确定的缺陷，主要是对重大缺陷的评价。第三阶段是完成审计阶段。这一阶段是最终形成审计意见的阶段，主要包括审计工作汇总和发表独立审计意见两个步骤。其中，审计工作汇总包括形成审计意见、获取管理层的书面声明及书面沟通。

二、计划内部控制审计工作

《审计指引》第六条指出，注册会计师应当恰当地计划内部控制审计工作，配备具有专业胜任能力的项目组，并对助理人员进行适当的督导。为了更有效和高效率地实施内部控制审计，审计人员应根据企业所处的环境和经营特点等，结合财务报表审计中对财务报告内部控制的了解，考虑审计上的重要性，从而恰当地计划内部控制审计工作，配备具有专业胜任能力的项目组，并对助理人员进行适当的督导。注册会计师可以对内部控制与财务报表进行整合审计，也可以单独进行内部控制审计，但应当分别对内部控制和财务报表发表审计意见，出具审计报告时可以合并报告也可以单独报告。在整合审计中，注册会计师应当计划和实施对控制设计和运行有效性的测试，以同时实现下列目标：获取充分、适当的证据，支持其在内部控制审计中对内部控制有效性发表的意见；获取充分、适当的证据，支持其在财务报表审计中对控制风险的评估结果。

（一）接受内部控制审计委托

注册会计师应当在了解被审计单位基本情况的基础上，考虑自身能力和能否保持独立性，初步评估审计风险，确定是否接受委托。一般来说，注册会计师在接受委托之前应确信：(1) 委托单位的董事会承担建立内部控制并保证其有效性的责任；(2) 董事会根据适当的、可验证的标准对其内部控制的有效性作出评价；(3) 客观上存在或可以收集到证据来支持董事会对内部控制的评价，或者说，董事会关于其内部控制有效性的认定是可以通过收集证据加以验证的。

如果接受委托，会计师事务所应当与委托人就约定事项达成一致意见，并签订业务约定书。业务约定书应当包括以下主要内容：

(1) 委托目的；

(2) 委托业务的性质；

(3) 审计范围；

(4) 被审计单位管理层的责任和注册会计师的责任；

(5) 内部控制的固有限制；

(6) 评价内部控制有效性的标准；

(7) 报告分发和使用的限制。

（二）编制内部控制审计计划

1.总体要求

注册会计师必须就内部控制审计业务进行充分的计划以便获取足够的证据来形成审计结论。审计计划的编制应当在充分了解被审计单位内部控制情况的基础上进行，包括选派合适的人员、拟定实施的程序、安排程序的实施时间、确定评价的标准、实施过程的监督等。整合审计中项目组人员的配备比较关键。在计划审计工作时，项目合伙人需要统筹考虑审计工作，挑选相关领域的人员组成项目组，同时对项目组成员进行培训和督导，以合理安排审计工作。

对内部控制的评价必须依据一定的标准，审计准则建立机构、有关的监管部门和其他由专家组成的组织按照规定的程序发布的标准都可以成为内部控制的评价标准。财政部等五部委制定的《企业内部控制基本规范》和《企业内部控制应用指引》是注册会计师评价企业内部控制是否运行的基础标准。

在计划审计工作时，注册会计师应当评价下列事项对财务报表、内部控制以及审计工作的影响:（1）与企业相关的风险；（2）相关法律法规和行业概况；（3）企业组织结构、经营特点和资本结构等相关重要事项；（4）企业内部控制最近发生变化的程度；（5）与企业沟通过的内部控制缺陷；（6）重要性、风险等与确定内部控制重大缺陷相关的因素；（7）对内部控制有效性的初步判断；（8）可获取的、与内部控制有效性相关的证据的类型和范围。除了考虑以上因素外，审计人员还要了解财务报告内部控制审计与财务报表审计的关系，对企业进行风险评估，评价企业的规模和结构复杂程度，考虑是否使用其他人员（如内部审计人员）的测试工作，这些都有助于审计人员制订适当的审计计划，节约审计时间和资源，提高审计效率。注册会计师应当向董事会或管理层获取书面声明或书面认定，以及内部控制手册、流程图、调查问卷和备忘录等文件。董事会关于内部控制的书面认定应当包括的内容有:（1）确认董事会在建立和保持内部控制方面的责任；（2）申明董事会已经对内部控制的有效性进行了评价；（3）申明董事会已作出特定日期与财务报表相关的内部控制有效性的认定；（4）申明董事会在其声明书中已经揭示了其内部控制设计和执行中存在的重大缺陷；（5）申明董事会已向注册会计师告知发生的重大舞弊，以及虽不属重大但涉及管理人员或在内部控制过程中起关键作用的员工的其他舞弊；（6）申明在董事会作出声明之后内部控制有无变化、是否出现了一些可能影响内部控制的因素，包括董事会针对内部控制的重大缺陷所采取的改进措施等。如果董事会拒绝出具书面认定，则应认为注册会计师的审核范围受到了限制，并要考虑董事会其他声明的可靠性。

2.重视风险评估的作用

根据《审计指引》第八条的规定，在内部控制审计中，注册会计师应当以风险评估为基础，确定重要账户、列报及其相关认定，选择拟测试的控制，并确定针对所选定控制所需收集的证据。内部控制的特定领域存在重大缺陷的风险越高，应当给予该领域的审计关注就越多。内部控制不能防止或发现由舞弊导致错报的风险，通常高于其不能防止或发现由错误导致错报的风险。注册会计师应当更多地关注高风险领域，而没有必要测试那些即便有缺陷，也不会有合理可能性导致财务报表重大错报的控制。进行风险评估和确定审计程序时，注册会计师应当考虑企业组织结构、经营流程或业务单元的复杂程度可能产生的重要影响。

注册会计师应当对被审计单位概况、主要经营活动及所在行业进行了解，并且对内部控制风险进行评估。在评估内部控制风险时，应当考虑以下因素：

（1）被审计单位所在行业的情况，包括行业景气程度、经营风险、技术进步等；

（2）被审计单位的内部情况，包括企业的组织结构、经营特征、资本构成、生产和业务流程、员工素质等；

（3）被审计单位近期在经营和内部控制方面的变化；

（4）董事会的诚信、能力及发生舞弊的可能性；

（5）董事会评价内部控制有效性的方法和证据；

（6）对重要性水平、固有风险及其他与确定内部控制重大缺陷有关的因素的初步判断；

（7）特定内部控制的性质及其在内部控制整体中的重要性；

（8）对内部控制有效性的初步判断。

此外，注册会计师还需要关注与评价被审计单位财务报表发生重大错报的可能性和内部控制有效性相关的公开信息，以及企业经营活动的相对复杂程度。

风险评估的理念及思路应当贯穿于整个审计过程的始终。实施风险评估时，可以考虑固有风险及控制风险。在计划审计工作阶段，对内部控制的固有风险进行评估，作为编制审计计划的依据之一；根据对控制风险评估的结果，调整计划阶段对固有风险的判断，这是一个持续的过程。

3.企业舞弊风险及其应对

在计划和实施内部控制审计工作时，注册会计师应当考虑财务报表审计中对舞弊风险的评估结果。在识别并测试企业层面控制和选择其他控制进行测试时，注册会计师应当评价企业的控制是否足以应对已识别的由舞弊导致的重大错报风险，并评价为应对管理层凌驾于控制之上的风险而设计的控制。

企业为应对管理层凌驾于控制之上的风险可能采取的控制包括：针对重大的非常规交易的控制，尤其是针对导致会计处理延迟或异常的交易的控制；针对期末财务报告流程中编制的分录和作出的调整的控制；针对关联方交易的控制；与管理层的重大估计相关的控制；能够减弱管理层伪造或不恰当操纵财务结果的动机及压力的控制。

4.利用其他相关人员的工作

在计划审计工作时，注册会计师需要评估是否利用他人（包括企业的内部审计人员、内部控制评价人员、其他人员，以及董事会及其审计委员会指导下的第三方）的工作及其利用的程序，以减少可能本应由注册会计师执行的工作。

如果决定利用内部审计人员的工作，注册会计师可依据《中国注册会计师审计准则第1411号——利用内部审计人员的工作》的规定，利用被审计单位内部审计人员对内部控制所做的测试和评价来了解内部控制和评估控制风险。内部审计的工作结果也是董事会、管理层评价内部控制有效性的重要基础。如果拟利用他人的工作，注册会计师应当考虑被审计单位内部审计人员的专业能力、独立性及工作范围。在内部控制审计中，注册会计师利用他人工作的程度还受到与被测试控制相关风险的影响。与某项控制相关的风险越高，可利用他人工作的程度越低，注册会计师就越需要对该项控制亲自进行测试。如果其他注册会计师负责对被审计单位的一个或多个分部、分支机构、子公司等组成部分的财务报表和内部控制的审计，那么注册会计师应当按照《中国注册会计师审计准则第1401号——对集团财务报表审计的特殊考虑》的规定，确定是否利用其他注册会计师的工作。

审计人员在对内部控制进行审计的过程中，要对其他人员执行的测试进行了解，有充分的证据确定是否采用相关测试工作（相关测试工作是指由其他人员执行的，为公司财务报告内部控制设计和执行有效性提供证据的测试，或者为公司财务报表的潜在错报提供证据的测试）。这种测试工作通常和审计人员亲自执行测试的时间、性质和范围相似。审计人员要判断其他人员执行的相关测试工作结果是否可以确定控制缺陷、舞弊或者财务报表的错报，如果可以，那么审计人员就要考虑这些工作结果将如何影响审计程序和审计结论。审计人员还要评价使用其他人员相关测试工作的范围。以下是审计人员使用其他人员测试工作从而减少自己执行程序的领域：（1）了解公司内部控制时审计人员执行的程序；（2）风险评价时审计人员执行的程序；（3）测试控制有效性时审计人员执行的程序；（4）测试会计账户和披露时审计人员执行的实质性测试。

三、实施内部控制审计工作

在计划审计工作的基础上，实施内部控制审计工作主要包括自上而下的内部控制审计方法、了解内部控制及其测试设计、识别企业层面内部控制、测试控制设计和运行的有效性、与控制相关的风险与拟获取证据的关系、连续审计时的特殊考虑等内容。

（一）自上而下的内部控制审计方法

《审计指引》第十条规定，注册会计师应当按照自上而下的方法实施审计工作。自上而下的方法是注册会计师识别风险、选择拟测试控制的基本思路。SOX法案颁布后，众多专家、学者及专业机构都对如何审计财务报告内部控制提出了各自的方法。PCAOB于2004年发布了《审计准则第2号——与财务报表审计协同进行的对财务报告内部控制的审计》（简称AS2），并于2006年发布了《审计准则第5号——与财务报表审计相整合的财务报告内部控制审计》（简称AS5）替代AS2；日本也在2007年2月发布了《财务报告内部控制评价与审计准则》，

CICA于2007年发布了《与财务报表审计整合的财务报告内部控制审计》。综观这些报告或准则，其中有一个共同特点就是基本都使用了自上而下方式实施内部控制审计。在内部控制审计中，审计人员应当运用自上而下的方式对内部控制进行了解，以便选择拟进行测试的控制，然后对业务流程层面的内部控制进行测试与评价。也就是说，自上而下方式要求审计人员从公司层面控制开始，然后将工作逐渐下移至重要账户、重要过程，最后展开到存在于过程、交易或应用层面的具体控制活动。这种方法引导审计人员将注意力放在导致财务报表及相关列报的重大错报可能存在的账户、列报及认定上。之后，审计人员将验证其对公司业务流程中风险的了解，并选择拟进行测试的控制，那些控制足以应对已评估的每一个相关认定的错报风险。自上而下的方法按照下列思路展开：

（1）从财务报表初步了解内部控制的整体风险；

（2）识别企业层面控制；

（3）识别重要账户、列报及相关认定；

（4）了解错报的可能来源；

（5）选择拟测试的控制。

在财务报告内部控制审计中，自上而下的方法始于财务报表层次，从注册会计师对财务报告内部控制整体风险的了解开始，然后，注册会计师将关注重点放在企业层面的控制上，并将工作逐渐下移至重大账户、列报及相关认定。这种方法引导注册会计师将注意力放在显示有可能导致财务报表及相关列报发生重大错报的账户、列报及认定上。之后，注册会计师验证其了解到的业务流程中存在的风险，并就已评估的每个相关认定的错报风险选择足以应对这些风险的业务层面控制进行测试。在非财务报告内控审计中，自上而下的方法始于企业层面控制，并将审计测试工作逐步下移到业务层面控制。需要说明的是，自上而下方式描述了审计人员在识别风险及测试的控制时的连续思维过程，但并不一定是审计人员将要执行审计程序的顺序。

（二）了解内部控制并设计控制测试

在了解内部控制阶段，审计人员需要了解被审计单位的内部控制五要素、识别企业层面的控制、估计审计委员会监督的有效性、识别重要的财务报表项目和披露、识别相关的财务报表认定、识别重要的交易过程和类别、了解期末财务报告的过程、识别拟测试的控制活动。审计人员了解内部控制通常所采用的方法有：询问有关管理、监督和执行人员，检查公司文件，观察有关业务处理控制的运行情况，执行穿行测试程序等。但是仅仅通过询问不能为控制设计和运行的有效性提供充分证据，需要将询问和其他测试手段结合使用才能得出企业层面内部控制有效性的结论。

了解内部控制的主要目的是确定要测试的内部控制。尽管内部控制审计的对象是作为整体与财务报告相关的内部控制，但是审计人员没有必要测试所有的控制活动，只有与保证财务报表可靠性的重要认定所对应的控制活动才是必须测试的。审计人员应采用自上而下方式确定要测试的控制活动：

（1）了解、识别、评价总体控制的设计有效性；

（2）从财务报表层次开始识别重要账户及其业务循环；

（3）识别与每一个重要的账户相关的认定；

（4）明确重要的账户与业务循环的链接关系；

（5）识别重要的交易类别和交易的过程；

（6）应用控制测试识别可能产生错误或舞弊的环节；

（7）确定与认定相关的控制活动；

（8）明确各控制活动和重要账户及认定的链接关系。

（三）识别企业层面内部控制

从财务报表层次初步了解财务报告内部控制整体风险是自上而下方法的第一步。通过了解企业与财务报告相关的整体风险，注册会计师首先可以识别出为保持有效的财务报告内部控制而必需的企业层面内部控制。对企业层面内部控制的评价，可能增加或减少本应对其他控制进行的测试。此外，由于对企业层面内部控制的评价结果将影响注册会计师测试其他控制的性质、时间安排和范围，因此注册会计师可以考虑在执行业务的早期阶段对企业层面内部控制进行评价。

1.评价企业层面控制的精确度

不同的企业层面控制在性质和精确度上存在差异，这些差异可能对其他控制及其测试产生影响。

（1）某些企业层面控制，如企业经营理念、管理层的管理风格等与控制环境相关的控制，对及时防止或发现并纠正相关认定的错报的可能性有重要影响。虽然这种影响是间接的，但这些控制仍然可能影响注册会计师拟测试的其他控制以及测试程序的性质、时间安排和范围。

（2）某些企业层面控制旨在识别其他控制可能出现的失效情况，能够监督其他控制的有效性，但还不足以精确到及时防止或发现并纠正相关认定的错报。当这些控制运行有效时，注册会计师可以减少对其他控制的测试。

（3）某些企业层面控制本身能够精确到足以及时防止或发现并纠正相关认定的错报。如果一项企业层面控制足以应对已评估的错报风险，注册会计师就不必测试与该风险相关的其他控制。

2.企业层面控制的内容

（1）与内部环境相关的控制。内部环境，即控制环境，包括治理职能和管理职能，以及治理层和管理层对内部控制及其重要性的态度、认识和措施。良好的控制环境是实施有效内部控制的基础。

（2）针对管理层（董事会、经理层）凌驾于控制之上的风险而设计的控制。该控制对所有企业保持有效的内部控制都有重要影响。注册会计师可以根据对企业舞弊风险的评估作出判断，选择相关的企业层面控制进行测试，并评价这些控制能否有效应对管理层凌驾于控制之上的风险。

（3）企业的风险评估过程。风险评估过程包括识别与财务报告相关的经营风险和其他经营管理风险，以及针对这些风险采取的措施。首先，企业的内部控制能够充分识别企业外部环境（经济、政治、法律法规、竞争者行为、债权人需求、技术变革等方面）存在的风险；其次，充分且适当的风险评估过程需要包括对重大风险的估计、对风险发生可能性的评估以及确定应对风险的方法。注册会计师可以先了解企业及其内部环境的其他方面的信息，以初步了解企业的风险评估过程。

（4）对内部信息传递和财务报告流程的控制。财务报告流程的控制可以确保管理层按照适当的会计准则编制合理、可靠的财务报告并对外报告。

（5）对控制有效性的内部监督和自我评价。企业对控制有效性的内部监督和自我评价可以在企业层面上实施，也可以在业务流程层面上实施，包括：对运行报告的复核和核对，与外部人士的沟通，对其他未参与控制执行人员的监控活动，将信息系统记录数据与实物资产进行核对等。

此外，企业层面控制还包括：集中化的处理和控制，包括共享的服务环境；监控经营成果的控制；针对重大经营政策和风险管理实务而采取的控制。

3.关注错报来源

为了进一步了解潜在错报的可能来源，作为选择拟测试控制的一部分，注册会计师应当执行下列工作：（1）了解潜在错报的可能来源以选择拟测试的控制；（2）了解与相关认定有关的交易的处理流程，包括这些交易如何生成、批准、处理及记录；（3）验证注册会计师已识别出的业务流程中可能发生重大错报（包括舞弊导致的错报）的环节；（4）识别管理层用于应对这些潜在错报的控制；（5）识别管理层用于及时防止或发现未经授权的导致财务报表发生重大错报的资产取得、使用或处置的控制。

审计人员也应当了解信息技术如何影响公司的交易流程。系统的开发、变更和保护，系统的运行和管理，以及系统的安全性等都是重要的控制点。对信息技术中风险及控制的识别并不是一个单独的评价。相反，它是自上而下方法不可或缺的一部分，该方法被用于识别重大账户、列报、认定及拟测试的控制，还被用于评估风险和分配审计资源。

执行穿行测试通常是实现了解错报来源的最有效方式。穿行测试是指追踪某笔交易从发生到最终被反映在财务报表中的整个处理过程。在执行穿行测试时，注册会计师使用的文件和信息技术应当与企业员工使用的相同。注册会计师在执行穿行测试时，通常需要综合运用询问、观察、检查相关文件及重新执行控制等程序。在执行穿行测试时，针对重要处理程序发生的环节，注册会计师可以询问企业员工对企业规定程序及控制的了解程度。这些试探性提问连同穿行测试中的其他程序，可以帮助注册会计师充分了解业务流程，识别必要控制设计无效或出现缺失的重要环节。试探性提问不限于关注穿行测试所选定的单笔交易，这有助于注册会计师了解业务流程处理的不同类型的重大交易。

（四）测试内部控制设计和运行的有效性

《审计指引》第十四条规定：注册会计师应当测试内部控制设计与运行的有效性。如果某项控制由拥有必要授权和专业胜任能力的人员按照规定的程序与要求执行，能够实现控制目标，表明该项控制的设计是有效的。如果某项控制正在按照设计运行，执行人员拥有必要授权和专业胜任能力，能够实现控制目标，表明该项控制的运行是有效的。

设计不当表明控制存在缺陷甚至重大缺陷，注册会计师在测试控制运行的有效性时，首先要考虑控制的设计。注册会计师在测试控制设计与运行的有效性时，应当综合运用询问适当人员、观察经营活动、检查相关文件、穿行测试和重新执行等方法。注册会计师测试控制有效性实施的程序，按提供证据的效力，由弱到强的排序为：询问、观察、检查、穿行测试和重新执行。其中询问本身并不能为得出控制是否有效的结论提供充分、适当的证据。执行穿行测试通常足以评价控制设计的有效性。

1.测试内部控制设计的有效性

（1）编制控制流程图。

控制流程图是对企业控制系统的程序和过程的图形化表示，可分为水平流程图和垂直流程图。水平流程图是将程序中所涉及的部门或职能以水平的方式描述在页面上的流程图。通常，代表某一部门或职能所承担的活动、应遵守的控制制度和文件资料的流程被反映在同一垂直列上。水平流程图用于描述内部控制系统，因此又被称为系统流程图。垂直流程图以从上到下的形式反映某程序的连续步骤，适用于具体的业务流程控制。

控制流程图是了解内部控制的有用工具。编制控制流程图时要注意添加文字说明以便阅读者很容易地了解相关控制。控制流程图还具有反映妨碍认定风险的重要作用。如果控制流程图不反映真实情况，就可能出现风险认识错误。因此，编制控制流程图时一定要对内部控制的现状进行仔细分析。一般情况下，被审计单位在设计内部控制时都会编制控制流程图，审计人员可以在被审计单位的控制流程图基础上确认流程图的符合性后予以应用。

（2）识别控制不能保证认定成立的风险。

控制不能保证认定成立的风险源于缺少应该有的控制或者控制未被执行或者现有的控制不合理。比如，销货业务会计处理中，存在这些可能性：没有对顾客的反馈作专案追查；忘记检查有无尚未开具收款账单的发货和尚未登记入账的销货业务。这些可能性就是所要识别的风险。

（3）识别关键控制。

业务处理过程中容易发生偏差的环节是需要控制的环节，通常称为控制环节或控制点。根据其发挥的作用程度，控制点可以分为关键控制点和一般控制点。那些业务处理过程中发挥作用最大、影响范围最广，甚至是决定全局成效的控制点，对保证整个业务活动的控制目标具有至关重要的影响，被称为关键控制点；相比之下，那些只能发挥局部作用、影响特定范围的控制点就是一般控制点。

（4）编制控制风险矩阵表。

控制风险矩阵表是用文字和表格将认定不能成立的风险和作用于降低风险的业务处理控制链接起来的矩阵。该矩阵表的内容包括：控制不能保证认定成立的风险；认定不能成立的风险和业务处理控制的关系；业务处理控制的具体内容；控制目标；会计认定；控制的种类；控制执行人；控制的执行制度；控制文本。

（5）控制设计的评价。

内部控制的评价方法有两种：一种是肯定或否定记录评价结果，如果是肯定的则说明业务处理控制已建立健全；如果是否定的则说明业务处理控制未建立健全。另一种是预先规定评分标准，并确定目标分值，对内部控制的实际状况进行打分，将实际得分与目标分值进行比较，差异表示需要改善或者加强的部分。

2.测试内部控制运行的有效性

内部控制运行的有效性取决于控制的运行是否如设计的一样，执行控制活动的人是否拥有必要的授权和胜任能力以有效地执行控制。有些企业，特别是规模较小的企业，可能利用第三方的帮助来完成一些财务报告工作。在评价负责被审计单位财务报告的人员的胜任能力及相关控制时，审计人员可以考虑该被审计单位人员与其他帮助完成财务报告工作的人员的合并胜任能力。

审计人员测试控制有效性的证据，取决于实施程序的性质、时间和范围的组合。此外，就单项控制而言，测试（程序）性质、时间和范围的不同组合也可以为控制的相关风险（评估）提供充分的证据。

（1）控制测试的性质。

控制测试的性质主要是审计程序（包括询问、观察和重新执行控制活动在内的混合程序）的选择。某些种类的测试，就本质而言，比其他测试更能证实控制的有效性。审计人员实施的以下测试，按照通常能够提供的证据，由少至多排列：询问、观察、检查相关文件、穿行测试、重新执行控制。询问本身并不能为控制有效性的结论提供充分的证据。

提供适当证据的（控制）有效性测试的性质，在很大程度上，取决于准备测试的控制的性质，包括运行该控制是否产生书面的运行证据。某些控制的运行，如管理理念、经营风格，就可能没有书面证据。规模较小、业务较简单的被审计单位可能缺乏正式的控制运行记录。这种情况下，询问和其他控制测试程序，如观察活动、检查非正式的书面记录、重新执行某些控制，可以提供控制是否有效的充分证据。

（2）控制测试的时间。

控制测试的时间是指足以确定被审计单位内部控制有效性的测试时点或期间。较长期间的控制测试与较短期间的相比，能够提供更多的控制有效性的证据。此外，测试时间越接近管理层的评估日，能提供的证据也越多。审计人员应当权衡控制测试应当更接近评估日实施，还是应当在足够长的时间范围内实施，以获取运行有效性的充分证据。

在管理层评估中指明的日期之前，管理层可能为提高控制效率、效果，弥补控制不足而改变公司的控制。如果审计人员认为这些新控制实现了控制标准的相关目标，在足够长的时间内有效，可以通过控制测试评估其设计和运行的有效性，就不需要为财务报告的内部控制发表意见而测试被替代控制的设计和运行有效性。如果被替代控制的运行有效性对控制风险评估有重大影响，审计人员应当在适当时测试被替代控制的设计和运行有效性。

（3）控制测试的范围。

控制测试的范围是指与所有重要的财务报表项目和披露相关的认定对应的控制活动。控制测试的范围越广，需要获取的证据就越多。审计人员为报告特定日期的控制有效性，除应取得期中某时点控制运行有效性的证据，还应当确定需要哪些证据以证实剩余期间控制的执行情况。

为了将期中时点的测试结果更新至年末，审计人员需要获取的额外证据受到以下因素的影响：评估日之前测试的特定控制，包括控制的相关风险、性质和测试的结果；期中时点获取的关于有效性的证据的充分性；剩余期间的长短；期中时点之后，财务报告内部控制发生重大变化的可能性。某些情况下，如评估上述因素时发现向前滚动时期内部控制失效的可能性较低，则向前滚动程序仅实施询问即可。

（五）与内部控制相关的风险与拟获取证据的关系

在测试所选定控制的有效性时，注册会计师需要根据与控制相关的风险，确定所需获取的证据。与控制相关的风险包括控制可能无效的风险和因控制无效而导致重大缺陷的风险。与控制相关的风险越高，注册会计师需要获取的证据就越多。

1.与某项控制相关的风险受下列因素的影响

（1）该项控制拟防止或发现并纠正的错报的性质和重要程度；

（2）相关账户、列报及其认定的固有风险；

（3）相关账户或列报是否曾经出现错报；

（4）交易的数量和性质是否发生变化，进而可能对该项控制设计或运行的有效性产生不利影响；

（5）企业层面控制（特别是对控制有效性的内部监督和自我评价）的有效性；

（6）该项控制的性质及执行频率；

（7）该项控制对其他控制（如内部环境或信息技术一般控制）有效性的依赖程度；

（8）该项控制的执行或监督人员的专业胜任能力，以及其中的关键人员是否发生变化；

（9）该项控制是人工控制还是自动化控制；

（10）该项控制的复杂程度，以及在运行过程中依赖判断的程度。

针对每一相关认定，注册会计师都需要获取控制有效性的证据，以便对内部控制整体的有效性单独发表意见。

对于控制运行偏离设计的情况（即控制偏差），注册会计师需要考虑该偏差对相关风险评估、需要获取的证据以及控制运行有效性结论的影响。

注册会计师通过测试控制有效性获取的证据，取决于实施程序的性质、时间安排和范围的组合。就单项控制而言，注册会计师应当根据与该项控制相关的风险，适当确定实施程序的性质、时间安排和范围，以获取充分、适当的证据。

测试控制有效性实施的程序，其性质在很大程度上取决于拟测试控制的性质。某些控制可能存在文件记录，反映其运行的有效性，而另外一些控制，如管理理念和经营风格，可能没有书面的运行证据。对缺乏正式运行证据的企业或企业的某个业务单元，注册会计师可以通过询问并结合运用观察活动、检查非正式的书面记录和重新执行某些控制等程序，获取有关控制有效性的充分、适当的证据。

2.控制有效性的测试涵盖期间与提供控制有效性的证据数量成同方向变化

注册会计师需要获取内部控制在企业内部控制自我评价基准日前足够长的期间内有效运行的证据。对控制有效性的测试实施的时间安排越接近企业内部控制自我评价基准日，所提供的控制有效性的证据越有力。因此，《审计指引》第十七条规定，注册会计师在确定测试的时间安排时，应当在下列两个因素之间作出平衡，以获取充分、适当的证据：

（1）尽量在接近企业内部控制自我评价基准日实施测试；

（2）实施的测试需要涵盖足够长的期间。

在企业内部控制自我评价基准日之前，管理层可能为提高控制效率、效果或弥补控制缺陷而改变企业的控制。如果新的控制实现了相关控制目标，运行足够长的时间，并且注册会计师能够测试并评价该项控制设计和运行的有效性，则无须测试被取代的控制。如果被取代的控制设计和运行的有效性对控制风险的评估有重大影响，注册会计师则需要测试该项控制的有效性。

3.期中测试结果的合理延伸

注册会计师执行内部控制审计业务通常旨在对企业内部控制自我评价基准日（通常为年末）内部控制的有效性发表意见。如果已获取有关控制在期中运行有效性的证据，注册会计师应当确定还需要获取哪些补充证据，以证实在剩余期间控制的运行情况。在将期中测试的结果更新至年末时，注册会计师需要考虑下列因素，以确定需获取的补充证据：

（1）期中测试的特定控制的有关情况，包括与控制相关的风险、控制的性质和测试的结果；

（2）期中获取的有关证据的充分性、适当性；

（3）剩余期间的长短；

（4）期中测试之后，内部控制发生重大变化的可能性及变化情况。

（六）连续内部控制审计时的特殊考虑

在连续审计中，注册会计师在确定测试的性质、时间安排和范围时，还需要考虑以前年度执行内部控制审计时了解的情况。

影响连续审计中与某项控制相关的风险的因素，除“（五）与内部控制相关的风险与拟获取证据的关系”中所列的10项因素外，还包括：

（1）以前年度审计中所实施程序的性质、时间安排和范围；

（2）以前年度对控制的测试结果；

（3）上次审计之后控制或其运行流程的变化，尤其是IT环境的变化。

在考虑上述风险因素以及连续审计中可获取的进一步信息之后，只有当认为与控制相关的风险水平比以前年度有所下降时，注册会计师在本年度审计中才可以减少测试。

为保证控制测试的有效性，使测试具有不可预见性，并能应对环境的变化，注册会计师需要每年改变控制测试的性质、时间安排和范围。每年在期中不同的时段测试控制，并增加或减少所执行测试的数量和种类，或者改变所使用测试程序的组合等。

四、内部控制审计评价

（一）评价内部控制缺陷的总体要求

如果控制的设计或运行不能使管理层或员工在正常履行职责的过程中及时防止或发现错报，则表明内部控制存在缺陷。内部控制存在的缺陷包括设计缺陷和运行缺陷。设计缺陷是指缺少为实现控制目标所必需的控制，或现存控制设计不适当，即使正常运行也难以实现控制目标。运行缺陷是指现存设计完好的控制没有按设计意图运行，或执行人员没有获得必要授权或缺乏胜任能力以有效地实施控制。

如果某项控制的设计、实施或运行不能及时防止或发现并纠正财务报表错报，则表明内部控制存在缺陷。如果企业缺少用以及时防止或发现并纠正财务报表错报的必要控制，同样表明存在内部控制缺陷。

内部控制的缺陷，按严重程度可分为重大缺陷、重要缺陷和一般缺陷。

（1）重大缺陷，是指一个或多个控制缺陷的组合可能导致企业严重偏离控制目标。具体到财务报告内部控制上，就是内部控制中存在的可能导致不能及时防止或发现并纠正财务报表重大错报的一个或多个控制缺陷的组合。

（2）重要缺陷，是指一个或多个控制缺陷的组合，其严重程度和经济后果低于重大缺陷，但仍有可能导致企业偏离控制目标。具体就是内部控制中存在的严重程度不如重大缺陷，但足以引起企业财务报告监督人员关注的一个或多个控制缺陷的组合。

（3）一般缺陷，是指重大缺陷、重要缺陷之外的其他缺陷。

注册会计师需要评价其注意到的各个控制缺陷的严重程度，以确定这些缺陷单独或组合起来是否构成重大缺陷。但是，在计划和实施审计工作时，不要求注册会计师寻找单独或组合起来不构成重大缺陷的控制缺陷。

下列迹象可能表明企业的内部控制存在重大缺陷：

（1）注册会计师发现董事、监事和高级管理人员舞弊；

（2）企业更正已经公布的财务报表；

（3）注册会计师发现当期财务报表存在重大错报，而内部控制在运行过程中未能发现该错报；

（4）企业审计委员会和内部审计机构对内部控制的监督无效。

财务报告内部控制缺陷的严重程度取决于：

（1）控制缺陷导致账户余额或列报错报的可能性；

（2）因一个或多个控制缺陷的组合导致潜在错报的金额大小。

控制缺陷的严重程度与账户余额或列报是否发生错报无必然对应关系，而取决于控制缺陷是否可能导致错报。评价控制缺陷时，注册会计师需要根据财务报表审计中确定的重要性水平，支持对财务报告控制缺陷重要性的评价。注册会计师需要运用职业判断，考虑并衡量定量和定性因素，同时要对整个思考判断过程进行记录，尤其是详细记录关键判断和得出结论的理由。而且，对于“可能性”和“重大错报”的判断，在评价控制缺陷严重性的记录中，注册会计师需要给予明确的考量和陈述。

如果注册会计师确定发现的一个控制缺陷或多个控制缺陷的组合将导致审慎的管理人员在执行工作时认为自身无法合理保证按照企业会计准则的规定记录交易，那么应当将这一个控制缺陷或多个控制缺陷的组合视为存在重大缺陷的迹象。

（二）评价内部控制缺陷的基本步骤

1.考虑已发现的控制缺陷与防止或发现财务报表出现重大错报是否直接关联

与财务报告认定间接相关的控制通常是那些为促进其他控制有效运行的控制，作为财务报告内部控制整体设计的一部分；一些公司层面控制和信息系统总体控制也可能与一个或多个财务报告认定直接相关；注册会计师在评估与财务报告认定只是间接相关的控制缺陷的严重性时，应当考虑由此缺陷（或同类缺陷汇总）导致的可能出现或已经出现的控制缺陷的可能性和重大程度；在评估信息系统总体控制缺陷时，注册会计师应当针对在其基础上运行的系统自动控制的可靠性，考虑单独或汇总的影响；考虑企业战略、经营效率效果、资产安全、法律法规等其他目标。

2.确定一个缺陷或缺陷汇总是否存在合理的可能性导致重大错报

注册会计师需要评估缺陷（无论单独或汇总）导致财务报表出现重大错报的可能性。注册会计师在评价一个缺陷或缺陷汇总是否存在合理的可能性导致财务报表出现重大错报时，可以考虑一些有关“可能性”的风险因素。

3.确定一个缺陷或缺陷汇总可能导致财务报表出现重大错报的重大程度

注册会计师需要从定量的角度出发，考虑是否存在合理的可能性导致财务报表出现重大错报，其不能被一个控制或控制组合所预防或及时发现，而且对财务报告或相关领域产生重大影响。对于重要性（如对财务报告在金额上产生重大影响）的考虑，应当与财务报告审计的评价依据一致。注册会计师需要从定性的角度出发，考虑一个缺陷或缺陷汇总导致出现重大错报的相关因素，以及对依赖此信息的人员的预期需要考虑的其他因素。

4.重要性判断

注册会计师需要运用职业判断，评估缺陷的重要程度是否足以引起企业相关监管人员的关注，同时也要考虑与此缺陷或缺陷汇总相关的企业特有的事实和环境。

5.考虑补偿性控制

注册会计师应当评估补偿性控制，决定已确认的控制缺陷或缺陷汇总是否存在合理的可能性导致财务报表出现重大错报。为了得出补偿性控制有效运行的结论，注册会计师应当获取其运行有效的证据。以一定程度的精确性有效运行的补偿性控制，单独或组合起来，将可能预防或发现财务报表出现重大错报，因而会减少或减轻已确认的控制缺陷所导致的潜在影响。注册会计师应该在评估控制缺陷严重性之前适当考虑补偿性控制。

6.确认是否不属于控制缺陷

某些情况（如重大审计调整、重述以前年度已公布的财务报告）可能并不是由控制缺陷本身导致的。这些情况通常包括了特有的事实和环境，并且被定性的因素所影响。

7.最后的定性判断

在评估一个缺陷或缺陷汇总的严重性时，注册会计师应当考虑一名足够知情、有胜任能力且客观的管理人员是否会认为此控制缺陷或缺陷汇总为重大缺陷。如果存在产生重大错报的风险相当高的情况，此控制缺陷或缺陷汇总应当被视为重大缺陷。

（三）评价控制缺陷举例

1.评价单个控制缺陷举例

下面以未按时进行公司间对账为例，说明如何评价财务报告内部控制的控制缺陷。某公司每月处理大量的公司间常规交易。公司间的单项交易并不重大，主要是涉及资产负债表的活动。公司制度要求逐月进行公司间对账，并在业务单元间函证余额。注册会计师了解到，目前公司没有按时开展对账工作，但公司管理层每月执行相应的程序对挑选出的大额公司间账目进行调查，并编制详细的营业费用差异分析表来评估其合理性。基于上述情况，注册会计师可以确定此控制缺陷为重要缺陷。理由是：该控制缺陷引起的财务报表错报可以被合理地预计为介于重要和重大之间，公司间单项交易并不重大，这些交易限于资产负债表项目，而且每月执行的补偿性控制应该能够发现重大错报。

仍使用上例，但公司每月处理的大量公司间交易涉及广泛的业务活动，包括公司间的存货转移、研究开发成本向业务单元的分摊，公司间单项交易常常是重大的。公司制度要求逐月进行公司间对账，并在业务单元间函证余额。注册会计师了解到，目前公司没有按时开展对账工作，这些账目经常出现重大差异。而且，公司管理层没有执行任何补偿性控制来调查重大的公司间账目差异。基于上述情况，注册会计师可以确定此控制缺陷为重大缺陷。理由是：该控制缺陷引起的财务报表错报可以被合理地预计为重大，公司间单项交易常常是重大的，而且涉及大范围活动，在公司间账目上尚未对账的差异是重要的，这种错报常常发生，财务报表错报可能出现，而且补偿性控制无效。

2.评价多个控制缺陷举例

例如，注册会计师识别出以下控制缺陷：

（1）对特定信息系统访问控制的权限分配不当；

（2）存在若干明细账不合理交易记录（交易无论是单项的还是汇总的都不重要）；

（3）缺乏对受不合理交易记录影响的账户余额的及时对账。

上述每个缺陷均单独代表一个重要缺陷。基于这一情况，注册会计师可以确定这些重要缺陷合并构成重大缺陷。因为，就个别重要缺陷而言，这些缺陷有一定可能性各自导致金额未达到重要性水平的财务报表错报，但这些重要缺陷影响同类会计账户，有一定可能性导致内部控制不能防止或发现并纠正重大错报的发生。因此，这些重要缺陷组合在一起符合重大缺陷的定义。

五、完成内部控制审计工作

完成内部控制审计工作应包括形成内部控制审计意见、获取管理层书面声明、内部控制相关事项沟通等。

（一）形成内部控制审计意见

注册会计师需要评价从各种来源获取的证据，包括对控制的测试结果、财务报表审计中发现的错报以及已识别的所有控制缺陷，以形成对内部控制有效性的审计意见。在评价证据时，注册会计师需要查阅本年度与内部控制相关的内部审计报告或类似报告，并评价这些报告中提到的控制缺陷。

在对企业内部控制的有效性形成意见后，注册会计师应当评价企业管理层内部控制评估报告中对财务报告和相关信息的真实性、完整性，以及与资产安全相关的内部控制的表达是否符合有关法律法规的要求。如果注册会计师确认管理层的财务报告内部控制年度报告要素不完整或表述不恰当，则应在报告中增加说明段以解释其确认的原因。如果注册会计师确认必要的内部控制重大缺陷披露未在所有重大方面公允表达，则应当出具否定意见的审计报告。

只有在审计范围没有受到限制时，注册会计师才能对内部控制的有效性形成意见。如果审计范围受到限制，注册会计师需要解除业务约定或出具无法表示意见的内部控制审计报告。

（二）获取管理层书面声明

注册会计师需要取得企业管理层认可的书面声明，书面声明需要包括下列内容：

（1）企业董事会认可其对建立健全和有效实施内部控制负责；

（2）企业已对内部控制的有效性作出自我评价，并说明评价时采用的标准以及得出的结论；

（3）企业没有利用注册会计师执行的审计程序及其结果作为自我评价的基础；

（4）企业已向注册会计师披露识别出的内部控制所有缺陷，并单独披露其中的重大缺陷和重要缺陷；

（5）对于注册会计师在以前年度审计中识别的、已与审计委员会沟通的重大缺陷和重要缺陷，企业是否已经采取措施予以解决；

（6）在企业内部控制自我评价基准日后，内部控制是否发生重大变化，或者存在对内部控制具有重要影响的其他因素。

此外，书面声明中还包括导致财务报表重大错报的所有舞弊，以及不会导致财务报表重大错报但涉及管理层和其他在内部控制中具有重要作用的员工的所有舞弊。

如果企业拒绝提供或以其他不当理由回避书面声明，注册会计师需要将其视为审计范围受到限制，解除业务约定或出具无法表示意见的内部控制审计报告。同时，注册会计师需要评价企业拒绝提供书面声明对其他声明（包括在财务报表审计中获取的声明）的可靠性产生的影响。

注册会计师需要按照《中国注册会计师审计准则第1341号——书面声明》的规定，确定声明书的签署者、声明书涵盖的期间以及何时获取更新的声明书等。

（三）内部控制相关事项沟通

注册会计师需要与企业沟通审计过程中识别的所有控制缺陷，对于其中的重大缺陷和重要缺陷，需要以书面形式与董事会和经理层沟通。《中国注册会计师审计准则第1152号——向治理层和管理层通报内部控制缺陷》要求注册会计师以书面形式及时向治理层通报审计过程中识别出的值得关注的内部控制缺陷。

值得关注的内部控制缺陷包括重大缺陷和重要缺陷。对于重大缺陷，注册会计师需要以书面形式与企业的董事会及其审计委员会进行沟通。如果认为审计委员会和内部审计机构对内部控制的监督无效，注册会计师需要就此以书面形式直接与董事会和经理层沟通。对于重要缺陷，注册会计师需要以书面形式与审计委员会沟通。

虽然并不要求注册会计师执行足以识别所有控制缺陷的程序，但注册会计师需要沟通其注意到的所有内部控制缺陷。如果发现企业存在或可能存在舞弊或违反法规行为，注册会计师需要按照《中国注册会计师审计准则第1141号——财务报表审计中与舞弊相关的责任》《中国注册会计师审计准则第1142号——财务报表审计中对法律法规的考虑》的规定，确定并履行自身的责任。

六、出具内部控制审计报告

注册会计师通过必要的审计程序审计企业内部控制有效性后，根据审计情况发表独立审计意见，出具独立审计报告。注册会计师应当在审计报告中清楚地表达对内部控制有效性的意见，并对出具的审计报告负责。注册会计师可以选择出具关于企业财务报表和财务报告内部控制的合并报告（既包括对财务报表的审计意见，也包括对财务报告内部控制的审计意见）或单独报告。

（一）标准内部控制审计报告的要素

当注册会计师出具的无保留意见的内部控制审计报告不附加说明段、强调事项段或任何修饰性用语时，该报告称为标准内部控制审计报告。标准内部控制审计报告包括下列要素：

(1) 标题。内部控制审计报告的标题统一规范为“内部控制审计报告”。

(2) 收件人。内部控制审计报告的收件人是指注册会计师按照业务约定书的要求致送内部控制审计报告的对象，一般是指审计业务的委托人。

(3) 引言段。本段说明企业的名称和内部控制已经过审计。

(4) 企业对内部控制的责任段。本段说明，按照《企业内部控制基本规范》《企业内部控制应用指引》《企业内部控制评价指引》的规定，建立健全和有效实施内部控制并评价其有效性是企业董事会的责任。

(5) 注册会计师的责任段。本段说明，在实施审计工作的基础上对财务报告内部控制的有效性发表审计意见，并对注意到的非财务报告内部控制的重大缺陷进行披露是注册会计师的责任。

(6) 内部控制固有局限性的说明段。内部控制无论如何有效，都只能为企业实现控制目标提供合理保证。内部控制实现目标的可能性受其固有限制的影响，注册会计师需要在本段说明内部控制具有固有局限性，存在不能防止和发现错报的可能性。此外，由于情况的变化可能导致内部控制变得不恰当，或对控制政策和程序遵循的程度降低，根据内部控制审计结果推测未来内部控制的有效性具有一定风险。

(7) 财务报告内部控制审计意见段。如果符合下列所有条件，注册会计师应当对财务报告内部控制发表无保留意见：

①企业按照《企业内部控制基本规范》《企业内部控制应用指引》《企业内部控制评价指引》以及企业自身内部控制制度的要求，在所有重大方面保持了有效的内部控制；

②注册会计师已经按照《审计指引》的要求计划和实施审计工作，在审计过程中未受到限制。

(8) 非财务报告内部控制重大缺陷描述段。对于审计过程中注意到的非财务报告内部控制缺陷，如果发现某项或某些控制对企业发展战略、法规遵循、经营的效率效果等控制目标的实现有重大不利影响，确定该项非财务报告内部控制缺陷为重大缺陷，应当以书面形式与企业董事会和经理层沟通，提醒企业加以改进；同时在内部控制审计报告中增加本段，就重大缺陷的性质和对实现相关控制目标的影响程度进行披露，提示内部控制审计报告使用者注意相关风险，但无须对其发表审计意见。

(9) 注册会计师的签名和盖章。

(10) 会计师事务所的名称、地址及盖章。

(11) 报告日期。如果内部控制审计和财务报表审计整合进行，那么注册会计师对内部控制审计报告和财务报表审计报告需要签署相同的日期。

(二) 非标准内部控制审计报告

1.带强调事项段的非标准内部控制审计报告

注册会计师认为财务报告内部控制虽不存在重大缺陷，但仍有一项或者多项重大事项需要提请内部控制审计报告使用人注意的，需要在内部控制审计报告中增加强调事项段予以说明。注册会计师需要在强调事项段中指明，该段内容仅用于提醒内部控制审计报告使用者关注，并不影响对财务报告内部控制发表的审计意见。

2.否定意见的内部控制审计报告

注册会计师认为财务报告内部控制存在一项或多项重大缺陷的，除非审计范围受到限制，需要对财务报告内部控制发表否定意见。注册会计师出具否定意见的内部控制审计报告，还需要包括重大缺陷的定义、性质及对财务报告内部控制的影响程度。

3.无法表示意见的内部控制审计报告

注册会计师只有实施了必要的审计程序，才能对内部控制的有效性发表意见。注册会计师审计范围受到限制的，需要解除业务约定或出具无法表示意见的内部控制审计报告，并就审计范围受到限制的情况，以书面形式与董事会进行沟通。

注册会计师在出具无法表示意见的内部控制审计报告时，需要在内部控制审计报告中指明审计范围受到限制，无法对内部控制的有效性发表意见，并单设段落说明无法表示意见的实质性理由。注册会计师不应在内部控制审计报告中指明所执行的程序，也不应描述内部控制审计的特征，以避免报告使用者对无法表示意见产生误解。注册会计师在已执行的有限程序中发现财务报告内部控制存在重大缺陷的，需要在内部控制审计报告中对重大缺陷作出详细说明。

4.期后事项与非标准内部控制审计报告

在企业内部控制自我评价基准日并不存在，但在该基准日之后至审计报告日之前（简称期后期间）内部控制可能发生变化，或出现其他可能对内部控制产生重要影响的因素。注册会计师需要询问是否存在这类变化或影响因素，并获取企业关于这些情况的书面声明。

注册会计师知悉对企业内部控制自我评价基准日内部控制有效性有重大负面影响的期后事项的，需要对财务报告内部控制发表否定意见。注册会计师不能确定期后事项对内部控制有效性的影响程度的，需要出具无法表示意见的内部控制审计报告。

在出具内部控制审计报告之后，如果知悉在审计报告日已存在的、可能对审计意见产生影响的情况，注册会计师需要按照《中国注册会计师审计准则第1332号——期后事项》的规定办理。

【例20-3】企业内部控制审计报告范例

1.标准内部控制审计报告

内部控制审计报告

××股份有限公司全体股东：

按照《企业内部控制审计指引》及中国注册会计师执业准则的相关要求，我们审计了××股份有限公司（以下简称××公司）20×8年×月×日的财务报告内部控制的有效性。

一、企业对内部控制的责任

按照《企业内部控制基本规范》《企业内部控制应用指引》《企业内部控制评价指引》的规定，建立健全和有效实施内部控制并评价其有效性是企业董事会的责任。

二、注册会计师的责任

我们的责任是在实施审计工作的基础上，对财务报告内部控制的有效性发表意见，并对注意到的非财务报告内部控制的重大缺陷进行披露。

三、内部控制的固有局限性

内部控制具有固有局限性，存在不能防止和发现错报的可能性。此外，由于情况的变化导致内部控制变得不恰当，或对控制政策和程序的遵循程度降低，根据内部控制审计结果推测未来内部控制有效性具有一定的风险。

四、财务报告内部控制审计意见

我们认为，××公司按照《企业内部控制基本规范》及相关规定在所有重大方面保持了有效的财务报告内部控制。

五、非财务报告内部控制的重大缺陷

在内部控制审计过程中，我们注意到××公司的非财务报告内部控制存在重大缺陷［描述该缺陷的性质及对实现相关控制目标的影响程度］。由于存在上述重大缺陷，我们提醒报告使用者注意相关风险。需要指出的是，我们并不对××公司的非财务报告内部控制发表意见或提供保证。本段内容不影响对财务报告内部控制有效性发表的审计意见。

××会计师事务所　　　　　　　　中国注册会计师：×××
（盖章）　　　　　　　　　　　　（签名并盖章）
　　　　　　　　　　　　　　　　中国注册会计师：×××
　　　　　　　　　　　　　　　　（签名并盖章）
中国××市　　　　　　　　　　　二〇×九年××月××日

2.带强调事项段的无保留意见内部控制审计报告

内部控制审计报告

××股份有限公司全体股东：

按照《企业内部控制审计指引》及中国注册会计师执业准则的相关要求，我们审计了××股份有限公司（以下称××公司）20×8年×月×日的财务报告内部控制的有效性。

［“一、企业对内部控制的责任”至“五、非财务报告内部控制的重大缺陷”参见标准内部控制审计报告相关段落表述。］

六、强调事项

我们提醒内部控制审计报告使用者关注，（描述强调事项的性质及对内部控制的重大影响）。本段内容不影响对财务报告内部控制发表的审计意见。

××会计师事务所　　中国注册会计师：×××
（盖章）　　（签名并盖章）
中国注册会计师：×××
（签名并盖章）
中国××市　　二〇×九年××月××日

3.否定意见内部控制审计报告

内部控制审计报告

××股份有限公司全体股东：

按照《企业内部控制审计指引》及中国注册会计师执业准则的相关要求，我们审计了××股份有限公司（以下称××公司）20×8年×月×日的财务报告内部控制的有效性。

［“一、企业对内部控制的责任”至“三、内部控制的固有局限性”参见标准内部控制审计报告相关段落表述。］

四、导致否定意见的事项

重大缺陷，是指一个或多个控制缺陷的组合，可能导致企业严重偏离控制目标。

［指出注册会计师已识别出的重大缺陷，并说明重大缺陷的性质及对财务报告内部控制的影响程度。］

有效的内部控制能够为财务报告及其信息的真实完整提供合理保证，而上述重大缺陷使××公司内部控制失去这一功能。

五、财务报告内部控制审计意见

我们认为，由于存在上述重大缺陷及其对实现控制目标的影响，××公司未能按照《企业内部控制基本规范》和相关规定在所有重大方面保持有效的财务报告内部控制。

六、非财务报告内部控制的重大缺陷

［参见标准内部控制审计报告相关段落表述。］

××会计师事务所　　中国注册会计师：×××
（盖章）　　（签名并盖章）
中国注册会计师：×××
（签名并盖章）
中国××市　　二〇×九年××月××日

4.无法表示意见内部控制审计报告

内部控制审计报告

××股份有限公司全体股东：

我们接受委托，对××股份有限公司（以下简称××公司）20×8年×月×日的财务报告内部控制进行审计。

[删除注册会计师的责任段，“一、企业对内部控制的责任”和“二、内部控制的固有局限性”参见标准内部控制审计报告相关段落表述。]

三、导致无法表示意见的事项

[描述审计范围受到限制的具体情况。]

四、财务报告内部控制审计意见

由于审计范围受到上述限制，我们未能实施必要的审计程序以获取发表意见所需的充分、适当证据，因此，我们无法对××公司财务报告内部控制的有效性发表意见。

五、识别的财务报告内部控制重大缺陷

[如在审计范围受到限制前，执行有限程序未能识别出重大缺陷，则应删除本段。]

重大缺陷，是指一个或多个控制缺陷的组合，可能导致企业严重偏离控制目标。

尽管我们无法对××公司财务报告内部控制的有效性发表意见，但在我们实施有限程序的过程中发现了以下重大缺陷：

[指出注册会计师已识别出的重大缺陷，并说明重大缺陷的性质及对财务报告内部控制的影响程度。]

有效的内部控制能够为财务报告及其信息的真实完整提供合理保证，而上述重大缺陷使××公司内部控制失去这一功能。

六、非财务报告内部控制的重大缺陷

[参见标准内部控制审计报告相关段落表述。]

××会计师事务所　　　　　　中国注册会计师：×××
（盖章）　　　　　　　　　（签名并盖章）
　　　　　　　　　　　　　中国注册会计师：×××
　　　　　　　　　　　　　（签名并盖章）
中国××市　　　　　　　　　二○×九年××月××日

□ 复习思考题

1.财务报表审阅业务的目标是什么？注册会计师在财务报表审阅业务中应当主要通过什么程序获取证据，以何种方式表达审阅结论？

2.预测性财务信息审核的目标是什么？注册会计师对预测性财务信息提供何种程度的保证？

3.什么是内部控制审计？

4.如何实施内部控制审计？

5.内部控制审计报告的类型有哪些？

本章要旨及
测试题

第二十一章

相关服务

第一节　对财务信息执行商定程序

一、商定程序概述

20世纪80年代初，商定程序（Agreed-upon Procedures）业务开始在国外大量出现。近年来，我国注册会计师承办商定程序业务的范围也在日益扩大。商定程序一般是指由委托人和会计师事务所之间商讨确定的由注册会计师实施的一些程序，例如对某一财务报表进行的审查、对财务报表的某一组成部分进行的审查、对企业或单位的计算机安全保护系统进行的审查、对企业或组织的纳税规划的审查等。商定程序的审查范围取决于商定的结果，商定程序报告的使用仅限于指定的使用者。在有的国家，如英国，执行商定程序的人员不一定是具有执业资格的注册会计师，但是，委托人必须相信他们所聘请的人员有能力提供所需要的服务。

为了规范注册会计师对财务信息执行商定程序业务，明确执业责任，中国注册会计师协会发布了《中国注册会计师相关服务准则第4101号——对财务信息执行商定程序》（简称《商定程序准则》）。

（一）对财务信息执行商定程序的目标

《商定程序准则》指出，对财务信息执行商定程序的目标是注册会计师对特定财务数据、某一财务报表或整套财务报表等财务信息执行与特定主体商定的具有审计性质的程序，并就执行的商定程序及其结果出具报告。可以从以下几方面理解对财务信息执行商定程序的目标：

1.商定程序业务执行的程序是与特定主体协商确定的。这与审计业务明显不同，审计业务中执行的程序是注册会计师按照审计准则的要求和职业判断确定的。特定主体是指委托人和业务约定书中指明的报告致送对象。

因为商定程序是与特定主体协商确定的，为避免不了解商定程序的人对报告产生误解，《商定程序准则》规定，商定程序业务报告仅限于参与协商确定程序的特定主体使用。

2.注册会计师执行商定程序业务只报告执行的商定程序及其结果，不发表任何鉴证意见。报告使用者自行对注册会计师执行的商定程序及其结果作出评价，并根据注册会计师的工作得出自己的结论。

注册会计师执行商定程序业务，应当遵守相关职业道德规范，恪守客观、公正的原则，保持专业胜任能力和应有的关注，并对执业过程中获知的信息保密。一般说来，不要求执行商定程序业务的注册会计师具有独立性，但如果业务约定书或委托目的对注册会计师的独立性提出要求，则注册会计师应当满足独立性要求。如果注册会计师不具有独立性，应当在商定程序业务报告中说明这一事实。

（二）与特定主体沟通的事项

注册会计师应当就下列事项与特定主体沟通，并达成一致意见，这些事项是商定程序业务约定书的主要内容：

1. 业务性质，包括说明执行的商定程序并不构成审计或审阅，不提出鉴证结论。

2. 委托目的。由于不同委托人会有不同的需求，注册会计师执行商定程序的对象、执行的程序、报告的内容等均会有所不同，因此应当在业务约定书中明确委托目的。

3. 拟执行商定程序的财务信息。

4. 拟执行的具体程序的性质、时间和范围。

5. 预期的报告样本。注册会计师在向委托人递交业务约定书时，应当附送一份预期的报告样本，以免特定主体对注册会计师的工作及报告产生误解。

6. 报告分发和使用的限制。商定程序业务报告应当仅限于同意执行商定程序的特定主体依据委托目的使用，不能用于其他目的及分发给其他单位和个人。如果报告除提供给委托人使用外，还需要分发给其他特定使用人，则应当在业务约定书中说明。

二、商定程序的类型

注册会计师对财务信息执行商定程序时，运用的程序通常包括：（1）询问和分析；（2）重新计算、比较和其他核对方法；（3）观察；（4）检查；（5）函证。

注册会计师可能仅执行上述程序中的一种或几种，或者执行某种程序中的一部分，还可能因特定主体的特殊需要而执行上述程序以外的其他程序。

当执行商定程序受到客观条件的限制时，注册会计师应当征得特定主体的同意修改程序。如果得不到特定主体的同意，注册会计师应当在报告中说明执行程序所受到的限制，或者解除业务约定。

三、商定程序业务报告

（一）编制报告的基本要求

1. 详细说明业务的目的和商定的程序。注册会计师应当在商定程序业务报告中详细说明业务的目的，并详细列示商定的程序。

2. 恰当报告得出的结果。注册会计师应当仅报告对特定财务信息执行商定程序的结果及发现的所有问题，而不应当对财务信息发表鉴证意见或者提供保证。注册会计师应当避免在报告中使用模棱两可的词语。

（二）报告的基本内容

注册会计师出具的商定程序业务报告应当包括下列内容：

1. 标题。因为商定程序业务的委托目的多种多样，报告的标题也不宜强求统一，而应是灵活多样。注册会计师在出具商定程序业务报告时，可以根据实际需要自行确定报告的标题。

2. 收件人。商定程序业务报告的收件人应当是特定主体，一般是委托人，也可以包括业务约定书中指明的其他的报告致送对象。

3. 说明执行商定程序的财务信息。

4. 说明执行的商定程序是与特定主体协商确定的。

5. 说明已按照《商定程序准则》和业务约定书的要求执行了商定程序。

6. 当注册会计师不具有独立性时，说明这一事实。

7. 说明执行商定程序的目的。

8. 列出所执行的具体程序。

9. 说明执行商定程序的结果，包括详细说明发现的错误和例外事项。

10. 说明所执行的商定程序并不构成审计或审阅，注册会计师不提出鉴证结论。

11. 说明如果执行商定程序以外的程序，或执行审计或审阅，注册会计师可能得出其他应报告的结果。

12. 说明报告仅限于特定主体使用。

13. 在适用的情况下，说明报告仅与执行商定程序的特定财务数据有关，不得扩展到财务报表整体。

14. 注册会计师的签名和盖章。

15. 会计师事务所的名称、地址及盖章。

16. 报告日期。

【例21-1】对财务信息执行商定程序的报告范例

对应收账款明细表执行商定程序的报告

Y公司：

我们接受委托，对Y公司20×8年12月31日的应收账款明细表执行了与贵公司商定的程序。这些程序经贵公司同意，其充分性和适当性由贵公司负责。我们的责任是按照《中国注册会计师相关服务准则第4101号——对财务信息执行商定程序》和业务约定书的要求执行商定程序，并报告执行程序的结果。本业务的目的仅是协助贵公司评价Y公司应收账款的正确性。现将执行的程序及得出的结果报告如下：

一、执行的程序

1. 取得Y公司编制的20×8年12月31日的应收账款明细表，验算合计数，并与总分类账核对，检查是否相符。

2. 从应收账款明细表中抽取50家客户，检查销售发票与主营业务收入明细账是否相符。抽取方法是从第10家客户开始，每隔20家抽取1家。

3. 对应收账款明细表中余额较大的前200家客户进行函证。

4. 对未回函的客户，检查销售发票、发运凭证和订货单是否相符。

5. 对回函金额不符的客户，取得Y公司编制的差异调节表，并检查调节项目是否适当。

二、执行程序的结果

1. 执行第1项程序，我们发现应收账款明细表合计数正确，并与总分类账核对相符。

2. 执行第2项程序，我们发现销售发票与主营业务收入明细账相符，抽取余额占应收账款明细表合计数的10.5%。

3. 执行第3项程序，我们对应收账款明细表中余额较大的前200家客户发出询证函，函证余额占应收账款明细表合计数的比例为80%。收到180家客户的回函，回函金额××元，差异××元，其余20家客户未回函。

4. 执行第4项程序，我们发现未回函的20家客户的销售发票、发运凭证和订货单相符。

5. 执行第5项程序，我们发现除以下回函金额不符外，其他差异通过差异调节表调节消失（列出回函金额不符的应收账款）。

上述已执行的商定程序并不构成审计或审阅，因此我们不对上述应收账款明细表发表审计或审阅意见。如果执行商定程序以外的程序，或执行审计或审阅，我们可能得出其他应报告的结果。

本报告仅供贵公司用于第一段所述目的，不应用于其他目的及分发给其他单位或个人。本报告仅与上述特定财务数据有关，不应将其扩大到Y公司财务报表整体。

××会计师事务所　　　　中国注册会计师：×××
（盖章）　　　　　　　（签名并盖章）

中国注册会计师：×××
（签名并盖章）

中国××市　　　　　　二○×九年××月××日

第二节 代编财务信息

一、代编财务信息业务概述

由于注册会计师具备会计专业知识和技能，因此可以接受委托，代他人编制一套完整或非完整的财务报表，或代为收集、分类和汇总其他财务信息。当注册会计师从事这种工作时，就是在提供代编财务信息服务。为了规范注册会计师执行代编财务信息业务，中国注册会计师协会发布了《中国注册会计师相关服务准则第4111号——代编财务信息》(简称《代编业务准则》)。

(一) 代编财务信息业务的目标

代编财务信息业务的目标是注册会计师运用会计而非审计的专业知识和技能，代客户编制一套完整或非完整的财务报表，或代为收集、分类和汇总其他财务信息，而不是对财务信息提出鉴证结论。但是，注册会计师执行代编财务信息业务，也应当遵守相关职业道德规范，恪守客观、公正的原则，保持专业胜任能力和应有的关注，并对执业过程中获知的信息保密。

(二) 关于注册会计师独立性的要求

《代编业务准则》不对执行代编业务的注册会计师提出独立性要求，但如果注册会计师不具有独立性，应当在代编财务信息业务报告中说明这一事实。按照《代编业务准则》的这一要求，只要注册会计师的姓名与代编的财务信息相联系，就要在代编业务报告中说明。

二、代编财务信息业务的执行

(一) 业务约定书的主要内容

为了避免产生误解和分歧，在代编业务开始前，注册会计师应就委托目的、范围、双方责任义务、收费、信息的使用、代编业务报告的格式等问题与客户进行沟通，达成一致意见，签订业务约定书。

业务约定书应当包括下列主要事项：

1. 业务的性质，包括说明拟执行的业务既非审计也非审阅，注册会计师不对代编的财务信息提出任何鉴证结论。

2. 说明不能依赖代编业务揭露可能存在的错误、舞弊及违反法规行为。

3. 客户提供的信息的性质。

4. 说明客户管理层应当对提供给注册会计师的信息的真实性和完整性负责，以保证代编财务信息的真实性和完整性。

5. 说明代编财务信息的编制基础，并说明将在代编财务信息和出具的代编业务报告中对该编制基础以及任何重大背离予以披露。

6. 代编财务信息的预期用途和分发范围。

7. 如果注册会计师的姓名与代编的财务信息相联系，说明注册会计师出具的代编业务报告的格式。

8. 业务收费。

9. 违约责任。

10. 解决争议的方法。

11. 签约双方法定代表人或其授权代表的签字、盖章，以及签约双方加盖的公章。

(二) 代编业务程序

注册会计师首先应当从行业层面了解客户，包括了解客户的业务和经营情况，熟悉客户所处行业的会计政策和惯例，以及相应的财务信息的内容和格式。注册会计师还应当具体了解客户，包括了解业务交易的性质、会计记录的形式和财务信息的编制基础等相关信息。

注册会计师通过利用以前的经验、查阅文件记录或询问客户的相关人员，获得对上述事项的了解。

《代编业务准则》指出，注册会计师通常不需要执行下列程序：

1. 询问管理层，以评价所提供信息的可靠性和完整性。

2. 评价内部控制。

3. 验证任何解释。

但是，如果注册会计师注意到管理层所提供的信息不正确、不完整或在其他方面有欠缺，则应考虑执行前述程序，并要求管理层提供补充信息。如果管理层拒绝提供补充信息，注册会计师应解除该项业务约定，并告知客户解除业务约定的原因。

注册会计师应当阅读代编财务信息，考虑其形式是否适当，是否存在明显的重大错报，如：（1）编制基础不正确；（2）没有披露所采用的编制基础和获知的重大背离会计准则情况；（3）没有披露注册会计师注意到的其他重大事项。注册会计师应当在代编财务信息中披露采用的编制基础和获知的重大背离，但不需报告重大背离的定量影响。

如果注意到财务信息中存在重大错报，注册会计师应当与客户充分协商，尽可能与客户就如何恰当地更正错报达成一致意见。如果重大错报仍未得到更正，并且认为财务信息具有误导性，注册会计师应当解除该项业务约定。

注册会计师应当获取管理层的书面声明，以明确管理层的责任。管理层声明书中应明确管理层对下列事项的责任：（1）管理层承担恰当编制财务信息和批准财务信息的责任；（2）管理层对会计数据的真实性和完整性负责；（3）管理层已向注册会计师完整地提供了所有重要且相关的信息。

注册会计师应当记录执行代编业务的所有重大事项，以证明其已按《代编业务准则》和业务约定书的要求执行了代编业务。

三、代编业务报告

按照《代编业务准则》的要求，只要注册会计师的姓名与代编的财务信息相联系，就要出具代编业务报告。代编业务报告应当包括下列内容：

1. 标题。

2. 收件人。

3. 说明注册会计师已按《代编业务准则》执行代编业务。

4. 当注册会计师不具有独立性时，说明这一事实。

5. 指出财务信息是在管理层提供信息的基础上代编的，并说明代编财务信息的名称、日期或涵盖的期间。

6. 说明管理层对注册会计师代编的财务信息负责。

7. 说明执行的业务既非审计也非审阅，因此不对代编的财务信息提出鉴证结论。

8. 必要时，应当增加一个段落，提醒报告使用者注意代编财务信息对采用的编制基础的重大背离。

9. 注册会计师的签名及盖章。

10. 会计师事务所的名称、地址及盖章。

11. 报告日期。

注册会计师应当在代编财务信息的每一页或一套完整的财务报表的首页明确标示“未经审计或审阅”“与代编业务报告一并阅读”等字样。

【例21-2】代编业务报告参考格式

1.代编财务报表业务报告（无任何附加说明）

<table><tr><td>

代编财务报表业务报告

（收件人姓名）：

在ABC公司管理层提供信息的基础上，我们按照《中国注册会计师相关服务准则第4111号——代编财务信息》的规定，代编了ABC公司20×8年12月31日的资产负债表，20×8年度的利润表、所有者权益（或股东权益）变动表和现金流量表，以及财务报表附注。管理层对这些财务报表负责。我们未对这些财务报表进行审计或审阅，因此不对其提出鉴证结论。

××会计师事务所　　　　　　中国注册会计师：×××
（盖章）　　　　　　　　　　（签名并盖章）
　　　　　　　　　　　　　　中国注册会计师：×××
　　　　　　　　　　　　　　（签名并盖章）
中国××市　　　　　　　　　　二〇×九年××月××日

</td></tr></table>

2.代编财务报表业务报告（增加段落以引起对背离编制基础的关注）

<table><tr><td>

代编财务报表业务报告

（收件人名称）：

在ABC公司管理层提供信息的基础上，我们按照《中国注册会计师相关服务准则第4111号——代编财务信息》的规定，代编了ABC公司20×8年12月31日的资产负债表，20×8年度的利润表、所有者权益（或股东权益）变动表和现金流量表，以及财务报表附注。管理层对这些财务报表负责。我们未对这些财务报表进行审计或审阅，因此不对其提出鉴证结论。

我们提请注意，如财务报表附注×所述，管理层对融资租赁的机器设备未予以资本化，该事项不符合企业会计准则的规定。

××会计师事务所　　　　　　中国注册会计师：×××
（盖章）　　　　　　　　　　（签名并盖章）
　　　　　　　　　　　　　　中国注册会计师：×××
　　　　　　　　　　　　　　（签名并盖章）
中国××市　　　　　　　　　　二〇×九年××月××日

</td></tr></table>

3.代编财务报表业务报告（附加不具有独立性的说明）

<table><tr><td>

代编财务报表业务报告

（收件人名称）：

在ABC公司管理层提供信息的基础上，我们按照《中国注册会计师相关服务准则第4111号——代编财务信息》的规定，代编了ABC公司20×8年12月31日的资产负债表，20×8年度的利润表、所有者权益（或股东权益）变动表和现金流量表，以及财务报表附注。管理层对这些财务报表负责。我们未对这些财务报表进行审计或审阅，因此不对其提出鉴证结论。

我们不独立于ABC公司。

××会计师事务所　　　　　　中国注册会计师：×××
（盖章）　　　　　　　　　　（签名并盖章）
　　　　　　　　　　　　　　中国注册会计师：×××
　　　　　　　　　　　　　　（签名并盖章）
中国××市　　　　　　　　　　二〇×九年××月××日

</td></tr></table>

□ 复习思考题

1. 商定程序业务报告应当包括哪些内容？

2. 注册会计师在提供代编财务信息服务时，是否有责任评价管理层所提供信息的完整性和可靠性？

3. 注册会计师在提供代编财务信息服务时，如果注意到财务信息中存在重大错报应如何处理？

本章要旨及
测试题

第二十二章

其他类型的审计

第一节 经营审计

一、经营审计的意义、目标与特征

（一）经营审计的意义

经营审计是对一个组织的业务活动或业务活动的某些方面是否达到预定目标而进行的系统的研究。这里的预定目标包括业务活动的效率性、效果性和经济性。经营审计的目标是对被审计项目的工作绩效进行评估，找出改进的潜力所在，提出改进的建议，从这个意义上说，经营审计是一种增值活动。内部审计人员、政府审计人员和注册会计师都可以执行经营审计。经营审计不同于财务审计，很重要的一个区别就是经营审计的受益者是被审计单位或委托人，第三方使用经营审计报告的情况较少。

在理解经营审计的概念时，要注意以下几点：

第一，经营审计是一种系统的审查，这查就意味着既要对经营活动进行有规律、有计划的观察和分析，也要客观地收集和评价证据。但就性质而言，把经营审计说成是一种调查研究也许更准确一些，因为它不像财务审计那样按一定的专业标准进行审查并收集可靠、充分的审计证据。

第二，经营审计的范围比财务审计的范围更广，可以是对管理层关于经营决策和某些事件的认定的审查，也可以是对被审计单位的经营活动的计划、执行和控制所进行的审查活动，审计对象可以是整个被审计单位的业务活动，也可以是一个单位内部的部分业务活动。所谓“部分”可以是一个分部或部门，也可以是企业整个经营活动中的某一项功能，如数据处理、生产、销售或采购。

第三，经营审计也要按一定的标准来进行，也要确定实际与标准的符合程度，这一点与财务审计是一样的。但是，经营审计所使用的标准往往不像财务审计标准那样完备和具有权威性，审计人员通常需要对被审计单位的经营目标仔细地加以界定，确定“最佳的实践”，以便作为评价的标准。在某些情况下，确定适当评价标准本身就构成一项经营审计业务。在实施经营审计之前，审计人员通常需要就评价标准与委托人达成一致。

第四，经营审计结果也要采取正式的书面报告的形式进行报告，但报告的格式通常依审计业务的不同而有很大的差别。经营审计报告通常要说明审计的目标、范围、方式、结果和建议，指出可改善的方面和改善的途径，而不对整个组织的经营活动整体的效率效果性表示意见。

经营审计的概念有多种表达方式，如美国注册会计师协会将经营审计界定为管理咨询服务，而美国政府审计准则将经营审计界定为绩效审计，并为此颁布了一般准则。

（二）经营审计的目标

财务审计的目标就是对财务报表整体的公允性表示意见，而经营审计的目标有三个：评价业绩；挖掘改善的潜力；为改进工作或作出决策提供建议。可见，经营审计的目标与财务审计的目标大不相同。

1.评估业绩

经营审计必须对被审计项目的工作绩效进行评估，即将被审计业务活动的实际情况与管理层或委托人规定的目标（如企业的方针政策、标准、目标等）或其他适当的计量标准进行比较和评价。

2.挖掘改善的潜力

所谓改善，就是提高经济性、效率性和效果性。经营审计师通过与被审计单位内外有关人员的沟通，观察业务操作过程，审核以往和当期的报告，对经济业务进行调查研究，与行业标准进行比较，根据自己的经验实施专业判断等手段，来寻找改进的途径。

3.为改进工作或作出决策提供建议

经营审计所提出的各种建议有很大的弹性，有时审计人员可以根据审计结果提出具体的建议，有时审计人员提出的建议可能要超出该项委托的范围，在这种情况下审计人员要说明自己的理由。

在具体的经营审计业务中，上述目标的具体评价标准是不同的，也可能需要优先考虑其中的某一个目标。

例如，对公司的货币资金收支业务的经营审计目标可以确定为：（1）货币资金余额是否保持在合理的水平上；（2）短期闲置的货币资金是否得到了合理的使用，如安排了安全的短期投资；（3）现金支出是否及时以保证公司享受了全部的现金折扣（不放弃现金折扣通常被视为最佳惯例）。

（三）经营审计的特征

1.审计人员的资格

如前所述，经营审计可由内部审计师、政府审计师和注册会计师执行，这三种审计职位都需要一定的资格和条件才能担任。但是，从事经营审计的人员则没有特别的规范，换句话说，审计人员不需要获得任何特别的证书或执照就能执行经营审计业务，只要委托人认为受托者有资格进行该项审计业务就可以。

经营审计师不但要对被审计单位或被审计项目非常熟悉，而且要有足够的能力对被审查的项目进行调查研究和评价，这种能力常常要超出会计、审计知识和技能的范围，在这种情况下，在从事经营审计的组织中必须有相关的专家。

会计师事务所通常把经营审计看作管理咨询业务，很多事务所为此聘请咨询服务专家，这些专家掌握某方面的专业知识和技能，如工程、数学、保险、统计、系统分析和经济学等。

2.经营审计的标准

提供经营审计服务也要遵循一定的业务标准。首先，不论哪种审计人员都要遵守职业道德，即具有专业胜任能力、适当的职业关注、实施计划与督导、收集充分的相关信息。至于经营审计或管理咨询的服务标准，就需要照顾到这种审计的特殊性，一般要达到以下标准：（1）考虑委托人的利益，即在坚持正直性和客观性的前提下满足客户的要求；（2）与客户达成协议，即审计人员应就双方的责任、服务的性质和种类及有关限制与客户达成书面或口头的协议，在情况发生重大变化时，还要对协议进行修改；（3）与委托人沟通，即要让委托人了解注册会计师按其职业行为守则执行业务可能会与客户发生利益冲突，了解双方关于业务范围和利益的约定或保留，了解审计发现或事件。

3.审计人员的独立性

在经营审计领域，对审计人员独立性应该有相对宽松的解释，不能按财务审计所遵循的职业行为守则的规定来要求。在执行经营审计时，审计人员的独立性主要表现为正直和客观。美国注册会计师协会管理咨询业务标准没有禁止注册会计师在提供管理咨询服务时与委托人企业存在利益关系，只要求注册会计师向委托人说明所存在的利益关系。根据美国政府审计准则的规定，当审计人员对非审计人员所在的部门进行审计时，都可以被认为是独立的。

4.审计依据

财务审计有现成的审计依据，即专业机构正式发布的会计准则和一些会计惯例。经营审计没有既定的和统一的审计依据，它需要一些“特定的目标”，这些特定的目标起着与公认会计原则相同的作用。事实上，建立评价标准本身就是经营审计的一个组成部分。但是，经营审计的特定目标往往只适用于某个具体的审计项目，也就是说，经营审计的评价标准是灵活的，审计人员所作出的审计结论和提出的建议也只适用于对本项目的审计。

美国政府审计准则将经营审计界定为绩效审计，颁布了以下准则：一般准则，对审计人员的资格、独立性、适当的职业关注以及质量控制进行了规范；实施准则，包括计划、督导、遵守法规、管理控制、审计证据几个方面；报告准则，规范了报告的格式、时间、内容、表达和使用。

美国注册会计师协会管理咨询业务标准要求审计人员具有正直性和客观性，而非独立性，其职业行为守则中对独立性和客观性做了区分：“客观性是一种能够提高注册会计师服务价值的品质因素，是一种精神状态。客观性原则要求注册会计师有责任保持中立、诚实，不得与被审计单位有经济利益冲突。独立性排斥一切可能损害注册会计师的客观性的关系的存在。”

但是，美国注册会计师协会管理咨询业务标准没有禁止注册会计师在提供管理咨询服务时与委托人存在利益关系，只是要求注册会计师要向委托人讲明所存在的利益关系。比如，会计师为委托人提出的改进建议涉及向该事务所或与该事务所有关的单位购买某种产品或服务，这便是经营审计中双方存在利益关系的一种情形。

美国政府审计准则要求审计人员“不能有源于个人或外部的对独立性的伤害，审计人员在组织上应该是独立的，在精神上和形式上都应该是独立的”。一般来说，政府审计人员对非其所在部门进行审计时都可被认为是独立的。例如，如果某个州的审计人员是经选举产生，或者由立法机构任命并向该立法机构报告的，那么该州的审计人员对该州某市政府的项目进行审计时就是独立的。内部审计人员不可能在组织上与其雇主分离，但也应有一定的组织保证使其正直性和客观性免受损害。如果内部审计人员直接向企业的最高领导层负责，向企业董事会报告，其独立性就会得到提高，这样，内部审计人员在审查某个经理人员的业务活动时就可以保证不受其控制和影响。

二、经营审计项目的确定

审计人员如何联系经营审计业务，以便开展经营审计呢？对于内部审计师、政府审计师和注册会计师来说，答案是不同的。

（1）内部审计师所进行的经营审计业务可以是自行安排的，也可以由管理层或董事会下属的审计委员会安排。高效率的内部审计部门总是寻找那些可能从经营审计中受益的部门或项目作为经营审计的对象。此外，管理层或审计委员会也可能要求内部审计机构对某个部门或功能进行审查，以便确定资源的利用是否有效，项目是否可实现既定的目标。

内部审计师也有责任经常对本企业的财务和经营信息的可靠性进行审查，确定企业既定的方针政策和程序的执行情况，检查企业的资产控制是否有效，然后在财务审计的基础上扩展到经营审计。内部审计部门所实施的经营审计必须与企业的其他目标相协调，内部审计在财务审计或经营审计中发现的缺陷或改进的潜能都将被转达给管理层。

（2）政府审计师也可以从事经营审计，其审计项目可以是自行安排的，也可以是应立法机构或监管机构的要求而实施的。政府审计师对任何一个新的项目或业务活动，都可以启动一次经营审计，某个立法机构（监管机构）可要求政府审计人员实施经营审计以便确定某个项目是否取得了预想的效果，例如美国国会可以要求美国审计总署对某个政府项目或活动实施经营审计。

(3) 注册会计师通常只在接到特别要求时才会实施经营审计，这种要求可能来自财务审计的委托人，也可能来自非财务审计客户的委托人，政府部门也可以聘请注册会计师进行经营审计。

因为经营审计的内容千变万化，委托人与审计人之间需要就审计目的和预计效果达成协议。在经营审计中取得书面协议与在财务审计中取得业务约定书是同样重要的。经营审计一般都不是连续的，每次经营审计都具有自己的特点。

三、经营审计的程序和方法

经营审计要遵循以下五个步骤：

(一) 初步调查

在这一阶段，审计人员要初步了解被审计项目，取得必要的背景资料，了解被审计项目应该如何运行，有关的控制程序应如何发挥作用，识别那些难以控制或易出问题的环节。

以购货业务为例，以下三个方面均为关键点：第一，关于购货品种和数量的决策；第二，取得最优价格的步骤；第三，验收货物的方法（保证收到货物的数量和质量均符合要求）。如果审计人员认为这三个方面为最佳购货功能的最主要特征，那么下一步的测试就可以集中于这三个方面。

初步调查的目的是确定容易出问题的环节，采取的方法通常包括面询、观察、查阅内部报告和实际操作（重做）。

(1) 面询。对于经营审计来说，在收集证据的过程中需要大量地使用询问的方法，因此，经营审计师应具有较高的面谈技术。审计人员通过与被审计单位有关业务负责人交谈，可以掌握关于被审计项目的重要信息，被审计单位有关人员的评论、印象（感想）和建议对审计人员发现缺陷、寻找改进的措施极为有用。审计人员能否成功地获得有用的信息，在很大程度上取决于审计人员是否具有创造性的提问能力和面询技巧。一般说来，审计人员应采取非批判的和开放随意的方式提问。比如，审计人员应问“你们如何知道所收到的进货在数量上和质量上都是你单位所订购的货物呢”，而不应问“你们为什么不使用预先编号的验货单呢”。

(2) 观察。观察就是对被审查业务活动的实际操作情况进行现场观察，是发现缺陷和薄弱环节的一个好办法。审计人员必须明确被审查的活动是不是以有效的方式操作的，是否有另外的方法能够以更低的成本或更高的效率达到同样的目标。例如，原材料积压过多、设备闲置、工作人员工作作风松散、质量检查员把关不严、有大量的返工产品、还可利用的原材料和设备被废弃等现象均可以通过观察来发现。

(3) 查阅内部报告。查阅管理层所使用的用于日常管理和控制的内部报告也可以发现存在问题的环节。这里的内部报告也包括内部审计报告。审计人员尤其要注意提出了问题但管理层尚未采取任何措施的内部报告，这些报告可以帮助审计人员找出管理系统及控制程序的薄弱环节。

(4) 重做。采用这种方法可直接获得关于某种操作规程是否有效的第一手资料。财务审计常用这种方法，经营审计也可以选择某种经济业务进行穿行实验。按照被审计业务的规程从头做到尾，审计人员可以掌握被审计的业务是如何运行的，所设置的规程是否必要，操作人员是否胜任，其中的薄弱环节是什么。

(二) 确定评价的标准

经营审计师需要查阅关于被审查业务的文件，确定被审计项目的责任部门和责任人员，企业的授权或职责分工，每种授权的目的以及各种授权之间的关系，建立评价的标准。

1.查阅文件

审计人员要明确被审计业务的既定目标是什么，这通常需要查阅公司的政策说明书、业务操作手册、已经建立的考核标准、适用的法律法规以及有关资料。如果审计对象是某政府机构或项目，就需要追溯该政府机构或项目设立的过程。

2.建立评价的标准

在可能的情况下，审计人员应使用客观的、相关的、公认的标准对被审计的业务活动进行评价或计量，以支持所得出的判断性结论和建议。审计人员可通过以下方法确定标准：(1) 利用被审计单位的内部标准，如确定的目标、历史水平、政策、程序、文件、承诺、预算、计划业务容量等。但是，审计人员不能盲目使用管理层确定的考核技术，只有确信管理层的评价标准或考核技术符合逻辑而且有效才可以确定为评价的标准。(2) 外部的衡量标准，如法律规定、合同条款、行业标准、劳动效率研究结果、趋势和业绩的比较数据、权威性文件。(3) 以前相同审计业务的经验。审计人员不应试图去寻找十分精确的标准，而应该关注是否存在浪费，是否存在成本更低或更有效的方法。

审计人员可以就评价标准问题与委托人进行商讨，最好在审计结果和结论出来之前就与委托人或被审计项目的管理层就评价的标准达成一致。

（三）审查管理控制和相关的控制

通常将内部控制区分为管理控制和会计控制，对于经营审计来说考虑不同的控制同样是重要的。在进行经营审计时，审计人员更关心的是管理控制，但凡是与实现被审计经营活动的目标有关的控制，审计人员都应予以关注。审计人员应当研究与审计项目有关的管理政策，对有关的管理控制程序进行测试，深入研究有缺陷和有异议的方面。

在评价管理控制和相关的控制时，审计人员应注意发现下列情况：

(1) 管理层没有建立评判工作完成与否、工作效率高低的标准；

(2) 没有明确的书面操作指令，因此可能引起误解、操作的不一致和偏离规定的情况；

(3) 工作人员缺乏完成其承担的工作的能力；

(4) 员工不负责任；

(5) 重复劳动；

(6) 经济资源的浪费或不当使用；

(7) 烦琐的组织安排；

(8) 工作积压。

审计人员需要关注存在上述情况的地方，进一步研究以便得出审计结论。

（四）提出审计结论和建议

形成审计结论和建议要求审计人员对在前面的步骤收集到的资料进行分析，并收集证据以便支持前面所作的分析，依据在上述步骤中所获得的信息对具体事项得出结论。

一般说来，审计人员可以采取以下方法得出结论和建议：

(1) 确定问题所在，即确定什么是低效的，什么是无效的，什么是错误的等；

(2) 确定这种情况是个别现象还是普遍现象；

(3) 按照对成本、工作绩效或其他方面的影响来确定问题的严重程度；

(4) 找出产生问题的原因；

(5) 明确对问题负责的人员；

(6) 确定可能的改进方法或预防的方法，形成建设性的建议。

审计人员应与被审计项目的负责人讨论审计结果，这样就可以取得与存在问题有关的各种资料，从被审计业务活动有关的责任人的角度去考虑提出建议。

（五）编写和提交审计报告

经营审计的最后一个步骤是组织和编写关于审计结果和建议的审计报告并提交给有关人员（即按规定有权接受审计报告或有责任就审计结果和建议采取措施的人员）。

四、经营审计报告

（一）经营审计报告的内容

在每次审计结束后，审计人员应当编制书面的审计报告，说明审计结果、审计结论和审计人员提出的建议，其内容通常包括审计目标、范围、方法、结果、结论和建议。

1.目标、范围与方法

审计人员在审计报告中要说明审计的目标、范围和使用的方法。

审计报告对审计目标和范围加以说明，有助于读者了解审计结果和审计人员的建议。委托人给审计业务提出的限制也应在审计报告中加以说明。概括说明审计方法（如面询、流程图等）也是有益的。在这一部分通常要说明为什么要使用某种方法，所使用的标准的来源和运用情况，还要提醒读者，经营审计报告一般主要报告存在的问题（缺陷）和需要改进的方面，而不是报告企业的优点。

2.具体审计结果、结论和建议

审计人员应当报告重要的审计发现（结果）和审计结论。

审计人员能提出什么样的建议、多少建议，取决于该项审计业务的目的、范围以及在审计中所收集到的信息和审计人员所得出的结论。审计人员应当以建议书的形式建议被审计单位应采取何种措施纠正错误，改进工作。建议书也可以不限于那些能够客观地确定的事项，对于本次审计没有审查，或由于本次业务的限制没能得出适当的结论的事项，审计人员均可以提出进一步调查研究的建议。审计人员对进一步调查研究的建议通常要加以解释，说明这样做可以产生的效果。报告最好再说明审计人员是根据被审计单位某个期间的审查的结果和结论而作出的审计报告。

经营审计报告与财务审计报告的最主要的区别在于经营审计报告一般不对整个审计结果形成总体意见，而是对具体的审计发现进行评价。财务审计报告必须对被审计单位的财务报表整体表示意见。产生这一差别的原因是，财务审计有一套公认的会计原则作为审计依据，而经营审计没有一套与财务审计相平行的计量标准。

（二）经营审计报告的格式

经营审计报告通常包括上述内容，但却没有统一的格式，审计人员可以根据具体情况而定，但其表达应该完整、准确、客观、简明并有说服力。

（三）经营审计报告的使用

经营审计报告需送达被审计单位的适当人员以及要求或安排这次审计的单位的适当人员，包括外部提供资金的单位——除非法律禁止这样做。审计报告还应送交对被审计单位有监督权或对审计结果和建议负责处理的单位或人员，以及其他有权阅读报告的人员。除非有法律法规的限制，审计报告应向公众公开。

第二节　合规审计

一、合规审计的意义、特征与目标

合规审计是为了确定被审计单位是否遵守有关的法律和上级监管部门制定的有关的程序与规则而实施的审计。政府部门和企事业单位都可以成为合规审计的对象，因为所有的政府部门、企业和非营利组织，都需要遵守一些既定的政策、契约、法律的规定，要对他们执行法规的情况进行鉴定，就需要进行合规审计，所以，我们可以把合规审计划分为政府合规审计和企业合规审计。对企业实施的合规审计的内容主要包括：审查被审计单位的会计人员是否遵守该企业的总会计师制定的业务处理程序，审查工资标准是否符合国家最低工资的规定，审查被审计单位是否遵守与银行或其他债权人签订的合同或协议的规定。许多以政府部门为对象的合规审计都是由于国家向有关部门或地方政府部门提供财政资助，要求对接受资助的部门进行审计而引起的，这种审计的内容不限于合规审计，但其中包括对被资助单位执行法律法规的情况进行审计。

美国联邦政府每年提供给州政府及地方政府超过1 000亿美元的资金，用于交通、福利、教育、医疗保健、就业培训和其他项目。在1980年以前，美国联邦政府许多财务机构都有自己的审计要求，结果，接受联邦财政资助的单位一般都要就一套财务报表及其附表和相关的经济业务接受多次审计，有时是由不同的审计人员同时进行的。1984年，美国通过了统一审计法案，该法案要求对接受国家资金的单位进行一次协调的审计，使这一次审计同时满足各个提供资助的部门的要求。

合规审计与财务审计的密切关系可以说是合规审计的最显著的特征。在进行合规审计时，必须对被审计单位的财务报表进行审计，因为法律法规的执行情况必然反映到财务报表当中，只有对其财务报表进行审计，才能够发现被审计单位违法违规的事实以及对财务报表的影响。

合规审计与财务审计的密切联系，决定了财务审计的目标基本上适用于合规审计，在财务审计目标的基础上，要增加确定被审计单位遵守特定的法律法规情况这一特定的审计目标。

合规审计的具体审计目标要根据不同的审计项目来确定。例如，审计人员要对一个政府投资项目进行合规审计，其具体审计目标可以包括：(1) 确定支出金额是否全部用于允许的范围；(2) 确定项目的受益人是否符合规定；(3) 确定配套资金是否确已足额提供（如果投资项目需要有配套资金）；(4) 确定项目是否达到预期目标。

二、合规审计的程序

财务审计的程序同样适用于合规审计，即要经过准备阶段、实施阶段和报告阶段，只是在不同的阶段有自己的特点而已。

（一）准备阶段

合规审计的目标就是确定被审计单位遵守法律法规、规章制度和规定的情况，因此，进行合规审计的一个首要工作就是熟悉被审计单位或被审计项目所适用的法律法规，明确审计所须遵守的法律法规范围。进行这一工作时要注意政府机构和企业所要遵守的法律法规是不一样的：对企业的合规审计通常要确定企业遵守国家除会计法规以外的法律法规、合同和协议的执行情况；政府机构一般要受到企业不需遵守的一些法律法规的约束，如财政预算资金的收入和支出计划的执行都要遵守国家的一些特别的规定。

编制审计计划是任何审计工作都必不可少的环节。在编制合规审计的计划时要特别注意的是：

(1) 识别与被审计项目有关的法律法规，确定哪些法律法规如果没有得到遵守将会对财务报表产生直接或间接的影响；

(2) 评估被审计单位违法违规的风险，包括评价内部控制保证被审计单位遵守有关法律法规的程度；

(3) 根据评价的结果设计测试程序以便确定被审计单位遵守法律法规的情况，这些程序要能够合理保证发现被审计单位有意和无意的违法违规行为。

（二）实施阶段

在对被审计单位实施合规审计时，审计人员必须实施必要的审计程序，确定被审计单位的管理层是否明确哪些法律法规对其财务报表可能有直接或间接的影响，掌握管理层是否忽视了有关的法律法规。

审计人员也要了解被审计单位的内部控制。与财务审计不同的是，在进行合规审计时要特别关注被审计单位关于保证有关的法律法规得到执行的内部控制程序的设计和执行情况，还要对内部控制进行测试，对控制风险加以评估。例如，审计人员了解到被审计单位的管理层对本单位所适用的法律法规并不清楚，这无疑对内部控制环境有重要的影响，审计人员要高估控制风险。

实施合规审计时，审计人员必须设计和执行专门的审计程序来完成合规审计的特定审计目标，收集充分的证据以支持审计结论。可以采取下列程序：

（1）参考在以前年度审计过程中所掌握的情况，考虑前次审计中发现的或可能存在的误报的性质、原因和金额；

（2）与企业的财务主管、法律顾问沟通；

（3）向被审计单位管理层索取声明书，管理层在声明书中要声明管理层有责任遵守法律法规，并已经向审计人员披露了对财务报表有直接和间接影响的法律法规；

（4）审核有关拨款、协议或合同；

（5）审核管辖监督被审计单位遵守有关法律法规的机构的会议记录；

（6）向资金提供机构的负责人了解提供资金的范围、限制条件和资金使用方面的规定。

（三）报告阶段

对合规审计的结果，审计人员要提出书面的审计报告，对测试的结果出具结论。合规审计报告的使用范围不及财务审计报告的使用范围广。合规审计报告的呈送对象取决于审计的委托方。如果合规审计是由企业的管理层安排的，由企业的管理层自行聘请注册会计师完成，审计的结果通常是报告给被审计单位的有关负责人，内部管理层是合规审计报告的主要使用者。如果某个组织机构要确定它所制定的制度或提出的要求是否得到了有关个人或组织的贯彻执行，这个组织就会聘请注册会计师来对有关个人或组织进行合规审计。例如，对纳税人缴纳所得税情况进行审计的，就是由政府税务部门聘请注册会计师对所得税申报单进行审计，审计报告就应当呈报给税务部门。

三、合规审计报告

合规审计报告与财务审计报告在内容和格式上都有很多共同之处。归纳起来，合规审计报告包括以下要点：

（1）说明对被审计单位的财务报表进行了审计并出具了审计报告，要提及审计报告的日期。

（2）说明审计的依据，即所遵循的审计准则。

（3）说明遵守某种法律法规或规定是被审计单位管理层的责任，注册会计师在对财务报表进行审计时实施了必要的审计程序，对被审计单位遵守法律法规的情况进行了测试。

（4）说明被审计单位是否存在违反法规的行为，以及违反法规行为对财务报表的影响程度。

（5）对违反法规的行为给予详细的说明。

（6）说明注册会计师在出具财务审计报告时已经充分考虑了上述违反法规的行为，即合规审计报告不影响财务审计报告。

（7）说明合规审计报告的使用范围。

第三节 内部审计

一、内部审计的定义、目标与特征

（一）内部审计的定义

内部审计的产生与发展经历了漫长的历史过程，萌芽于奴隶社会，形成于中世纪，发展于19世纪后期。它因财产所有权与经营权的分离而产生，因管理层次增多、分权管理的开始而发展，因管理内容复杂、管理难度的加大而最终形成完善的组织和理论体系，即现代内部审计。由于科学的进步和社会经济结构的变革，生产力得到了不断的提高，企业规模越来越大，管理层次越来越多，企业外部竞争越来越激烈，生产关系越来越复杂，经营者已经不可能直接进行全面管理。这就要求部门、单位设置专门机构或专职人员来加强内部经济监督和管理。现在，内部审计不仅是审计监督体系的一个重要组成部分，而且成为企业管理体系的一个重要组成部分，内部审计的职能范围在不断扩大。

《第1101号——内部审计基本准则》（简称《内部审计基本准则》）中指出，内部审计是一种独立、客观的确认和咨询活动，它通过运用系统、规范的方法，审查和评价组织的业务活动、内部控制和风险管理的适当性和有用性，以促进组织完善治理、增加价值和实现目标。

这一定义反映了国际、国内内部审计实务的最新发展变化，与国际内部审计师协会（IIA）对内部审计的定义完全接轨。国际内部审计师协会在内部审计最新定义中将内部审计界定为一种“确认”和“咨询”活动。“确认”就是指通过监督检查，对被审计的事项予以鉴证，并在此基础上提出评价意见和建议。“咨询”是在评价的基础上提出意见和建议，是评价的进一步发展。因此，从内涵上来看，确认和咨询包含了监督和评价的含义。相对于“监督”所体现的内部审计的查错纠弊功能，现代内部审计更强调由“咨询”所体现的内部审计的价值增值功能。

（二）内部审计的目标

内部审计经历了不同的发展阶段，在每个发展阶段，都伴随着审计目标的不断扩展。早期的内部审计，审计内容主要是财务审计，审计目标主要是揭露经济业务和会计记录中的差错和舞弊行为，即查错纠弊。随着现代经济和科学技术的发展，企业竞争日益加剧，为了提高企业的市场应变和竞争能力，强化内部经营管理和内部控制，内部审计开始向以评价企业经营管理活动为重点的经营审计和管理审计拓展，审计目标逐渐转变为对生产经营的经济性、效率性、效果性进行评价和建议。

2001年国际内部审计师协会颁布了《内部审计实务标准》，强调内部审计是一种独立、客观的确认和咨询活动，旨在增加组织的价值和改善组织的运营。内部审计通过应用系统的、规范的方法，评价并改善风险管理、控制和治理过程的效果，帮助组织实现其目标。

《内部审计基本准则》将内部审计的目标界定为“促进组织完善治理、增加价值和实现目标”，进一步明确了内部审计在提升组织治理水平、促进价值增值和实现组织目标中的重要作用。内部审计的目标已经从协助组织的管理成员有效履行职责转向了帮助组织增加价值，为组织提供增值服务。对内部审计目标的更高定位进一步提升了内部审计在组织中的地位和影响力，提升了内部审计的层次。

（三）内部审计的特征

内部审计作为审计的一种形式，具有审计的一般特征。内部审计作为审计的一种特殊形式，还具有区别于外部审计和注册会计师审计的特征，表现在以下几个方面：

1.服务的内向性

在我国审计体系中，审计署对国务院总理负责并报告工作，地方各级审计机关对本级人民政府和上一级审计机关负责并报告工作，会计师事务所和注册会计师对审计委托人负责并报告工作，这些都是外部审计，被审计单位与审计人之间没有组织上的关系。而内部审计机构在本部门、本单位主要负责人的直接领导下，对本部门、本单位的业务活动、内部控制和风险管理进行审计，对本部门、本单位的领导负责并报告工作。内部审计机构与被审计单位同在一个组织内，内部审计人员是本部门、本单位领导在经济管理方面的助手和参谋。因此，服务的内向性是内部审计最基本的特征。

内部审计与外部审计一样，都具有监督和服务双重职能，担负着监督部门、单位的经济活动和为加强改善部门、单位经营管理服务的双重作用，但两者的侧重点不同。外部审计侧重于外部监督，内部审计则侧重于内向服务。内部审计进行内部监督本身就是在为本部门和本单位的直接管理者提供服务，这是由内部审计的组织地位和利益导向决定的。内部审计作为组织内部的一个职能部门，在企业管理层直接领导下工作，内部审计人员的经济利益与本部门、本单位息息相关。这决定了内部审计必须也必然为本部门、本单位的利益服务。

2.审计范围的广泛性

内部审计作为对一个部门或一个单位的综合经济监督，其范围是相当广泛的：既可以对部门、单位的整个经济活动过程进行监督，又可以对部门、单位的计划、预算、合同、协议的合理性进行审计，还可以对部门、单位的工作效率、管理水平进行审计，或者对部门、单位遵守法律、法规、合同、制度、操作规程的情况进行审计。因此，现代内部审计有时很难明确区分财务审计和经营审计，就是说，内部审计既可以进行财务审计，又可以进行经营审计和合规审计；既可以进行全面审计，又可以进行专题审计；既可进行定期审计，又可以进行不定期审计。

3.相对的独立性

内部审计机构作为部门、单位的一个职能部门，与部门、单位有着千丝万缕的联系。一方面，审计人员的行为受到部门、单位负责人的牵制；另一方面，审计人员的利益又与部门、单位的利益休戚相关。所以，内部审计的独立性与权威性是相对的：首先，在组织上无独立性而言，只有在对本单位下属组织进行审计时才具有独立性；其次，由于内部审计人员是本单位职员，也影响了他对本单位审计时的客观公正性。总之，内部审计无论是在组织上、经济上还是精神上，其独立性都会受到一定的限制。

除了上述几个主要特征外，内部审计还具有审计方式的灵活性、审计时间的经常性和及时性、审计结论的非强制性等几个特征。

二、内部审计准则

内部审计准则是制约、协调与评价内部审计活动和内部审计人员的规范性、权威性要求。由于内部审计是由本单位内部的机构和人员进行的审计，所以如何配备审计人员以及如何进行审计工作在很大程度上要由各单位自行决定，就是说，内部审计准则不具备法律强制性。尽管如此，内部审计准则作为一种普遍认可的职业标准和行为规范，仍有相当大的影响力，它可以有效地促进内部审计人员素质和业务能力的提高；指导内部审计人员正确履行职责，为内部审计和外部审计的协调创造有利的条件；为衡量和评价内部审计工作的效果提供依据。

中国内部审计协会于2003年发布了首批内部审计准则，包括《内部审计基本准则》、《内部审计人员职业道德规范》以及10项内部审计具体准则。此后又陆续修订发布了五批共23项内部审计具体准则和6个实务指南，形成了由内部审计基本准则、内部审计人员职业道德规范、内部审计具体准则和内部审计实务指南构成的较为完善的内部审计准则体系。

随着经济社会的发展，内部审计面临着新的发展机遇和挑战，各类组织对内部审计的重视程度日益提高，对内部审计准则也提出了新的更高的要求，内部审计在理念、目标、职能和内容等方面都发生了很大变化。国际内部审计师协会根据内部审计实务的最新发展变化，多次对内部审计实务框架的结构和内容进行更新和调整。这些修订和完善充分反映了内部审计发展的最新理念，如更加重视内部审计在促进组织改善治理、风险管理和内部控制中发挥的作用，以及重视内部审计的价值增值功能等。在我国，随着内部审计的转型和发展，内部审计的理念、目标和定位也逐渐由“查错纠弊”向防范风险和增加价值方向转变。与此同时，我国的广大内部审计机构和内部审计人员也在不断创新审计方式方法，拓展审计领域，积累了许多宝贵经验，从而使得原有内部审计准则中的一些规定已不能适应新形势下内部审计工作的发展要求。基于以上原因，中国内部审计协会对2003年以来发布的内部审计准则进行了全面、系统的修订。

其中，第2205号准则自2016后3月1日起旅行；第2309号准则自2019年6月1日起施行；第2308号准则自2021年3月1日起施行。

修订将内部审计准则划分为三个层次，同时对准则体系采用四位数编码进行编号。具体说明如下：

第一层次包括内部审计基本准则和内部审计人员职业道德规范，即第1101号——内部审计基本准则和第1201号——内部审计人员职业道德规范。

第二层次为具体准则，分为作业类、业务类和管理类三大类。其中，作业类准则编号为2100，涵盖了内部审计程序和技术方法方面的准则，包括审计计划、审计通知书、审计证据、审计工作底稿、结果沟通、审计报告、后续审计、审计抽样、分析程序等9项具体准则，编码分别为第2101号至第2109号；业务类准则编号为2200，包括内部控制审计、绩效审计、信息系统审计、对舞弊行为进行检查和报告、经济责任审计等5项具体准则，编码分别为第2201号至第2205号；管理类准则编号为2300，包括内部审计机构的管理、与董事会或者最高管理层的关系、内部审计与外部审计的协调、利用外部专家服务、人际关系、内部审计质量控制、评价外部审计工作质量、审计档案工作、内部审计业务外包管理等9项具体准则，编码分别为第2301号至第2309号。

第三层次为实务指南，编码是3000。第3101号为审计报告，第3201号至3205号分别为建设项目审计、物资采购审计、高校内部审计、经济责任审计和信息系统审计。

三、内部审计程序

内部审计程序是指内部审计机构及人员进行审计时从开始到结束的审计工作步骤和顺序。根据我国内部审计准则的规定，内部审计工作的主要程序是：编制审计计划及项目审计方案；通知被审计单位；实施审计；与被审计单位沟通审计结果；出具审计报告；实施后续审计并编制后续审计报告。

（一）编制审计计划及项目审计方案

内部审计机构和内部审计人员应当全面关注组织风险，以风险为基础组织实施内部审计业务。内部审计机构应当根据组织的风险状况、管理需要及审计资源的配置情况，编制年度审计计划。内部审计机构应当根据年度审计计划确定的审计项目和时间安排，选派内部审计人员开展审计工作。审计项目负责人应当根据被审计单位情况，编制项目审计方案。

内部审计机构应当在本年度编制下年度审计计划，并报经组织董事会或者最高管理层批准；审计项目负责人应当在审计项目实施前编制项目审计方案，并报经内部审计机构负责人批准。编制年度审计计划应当结合内部审计中长期规划，在对组织风险进行评估的基础上，根据组织的风险状况、管理需要和审计资源的配置情况，确定具体审计项目及时间安排。

（二）通知被审计单位

内部审计机构应当根据经过批准后的年度审计计划和其他授权或者委托文件编制审计通知书。内部审计机构应当在实施审计3日前，向被审计单位或者被审计人员送达审计通知书。特殊审计业务的审计通知书可以在实施审计时送达。必要时审计通知书可以抄送组织内部相关部门。

（三）实施审计

内部审计人员可以运用审核、观察、监盘、访谈、调查、函证、计算和分析程序等方法，深入了解被审计单位的情况，审查和评价业务活动、内部控制和风险管理的适当性和有效性，关注被审计单位业务活动、内部控制和风险管理中的舞弊风险，对舞弊行为进行检查和报告。内部审计人员应当获取相关、可靠和充分的审计证据，以支持审计结论、意见和建议，并在审计工作底稿中记录审计程序的执行过程、获取的审计证据，以及作出的审计结论。

（四）与被审计单位沟通审计结果

内部审计机构应当在审计报告正式提交之前，与被审计单位、组织的适当管理层就审计概况、审计依据、审计发现、审计结论、审计意见和审计建议进行认真、充分的沟通，听取其意见。如果被审计单位对审计结果有异议，审计项目负责人及相关人员应当进行核实和答复。沟通一般采取书面或者口头方式。内部审计机构应当将结果沟通的有关书面材料作为审计工作底稿归档保存。

（五）出具审计报告

审计报告是内部审计人员就被审计事项作出审计结论，提出审计意见和审计建议的书面文件。内部审计人员应当在审计实施过程结束后，以经过核实的审计证据为依据，形成审计结论、意见和建议，出具审计报告。如有必要，内部审计人员可以在审计过程中提交期中报告，以便及时采取有效的纠正措施来改善业务活动、内部控制和风险管理。

内部审计机构还应当建立健全审计报告分级复核制度，明确规定各级复核的要求和复核人员的责任。

（六）实施后续审计并编制后续审计报告

后续审计是指内部审计机构为跟踪检查被审计单位针对审计发现的问题所采取的纠正措施及其改进效果而进行的审查和评价活动。内部审计机构负责人可以适时安排后续审计工作，并将其列入年度审计计划。内部审计机构可以在规定期限内，或者与被审计单位约定的期限内实施后续审计。

内部审计机构负责人如果初步认定被审计单位管理层对审计发现的问题已采取了有效的纠正措施，可以将后续审计作为下次审计工作的一部分。内部审计人员应当根据后续审计的实施过程和结果编制后续审计报告。

四、内部审计报告

（一）审计报告的编制要求

在我国，内部审计机构在实施审计后，通常都要编制详式审计报告。审计报告的编制应当符合下列要求：

（1）实事求是、不偏不倚地反映被审计事项的事实；

（2）要素齐全、格式规范，完整反映审计中发现的重要问题；

（3）逻辑清晰、用词准确、简明扼要、易于理解；

（4）充分考虑审计项目的重要性和风险水平，对于重要事项应当重点说明；

（5）针对被审计单位业务活动、内部控制和风险管理中存在的主要问题或者缺陷提出可行的改进建议，以促进组织实现目标。

（二）审计报告的内容

内部审计报告的内容因审计项目的不同而不同，但包括的要素是基本一致的。

审计报告主要包括下列要素：

（1）标题。

（2）收件人。

（3）正文。审计报告的正文主要包括下列内容：

①审计概况，包括审计目标、审计范围、审计内容及重点、审计方法、审计程序及审计时间等；

②审计依据，即实施审计所依据的相关法律法规、内部审计准则等规定；

③审计发现，即对被审计单位的业务活动、内部控制和风险管理实施审计过程中所发现的主要问题的事实；

④审计结论，即根据已查明的事实，对被审计单位业务活动、内部控制和风险管理所作的评价；

⑤审计意见，即针对审计发现的主要问题提出的处理意见；

⑥审计建议，即针对审计发现的主要问题提出的改善业务活动、内部控制和风险管理的建议。

（4）附件。审计报告的附件应当包括针对审计过程、审计中发现问题所作出的具体说明，以及被审计单位的反馈意见等内容。

（5）签章。

（6）报告日期。

（7）其他。

（三）审计报告的编制、复核与报送

审计组应当在实施必要的审计程序后，及时编制审计报告，并征求被审计单位的意见。被审计单位对审计报告有异议的，审计项目负责人及相关人员应当核实，必要时应当修改审计报告。审计报告经过必要的修改后，应当连同被审计单位的反馈意见及时报送内部审计机构负责人复核。

内部审计机构应当将审计报告提交给被审计单位和组织的适当管理层，并要求被审计单位在规定的期限内落实纠正措施。已经出具的审计报告如果存在重要错误或者遗漏，内部审计机构应当及时更正，并将更正后的审计报告提交给原审计报告接收者。

内部审计报告通常一式多份，内部审计机构应当将其中一份及时归入审计档案，妥善保存。

第四节　政府审计

一、政府审计的组织模式及意义、目标与特征

（一）政府审计的组织模式及意义

政府审计是指国家或政府机构所设立的审计机构组织实施的审计监督活动。政府审计又称国家审计，国家审计机关是代表国家行使审计监督的机关。政府审计是加强财政经济监督不可缺少的工具，其主要任务是对政府机关和行政事业单位的财政、财务收支活动的合法性和有效性进行审查。

目前，世界上许多国家都建立了与本国国情相适应的政府审计组织，负责本国的政府审计工作。虽然各国政府审计组织的称谓不尽相同，职责也存在差别，但就其基本组织模式看，大致有四种类型，即议会领导型、政府领导型、司法型和财政部领导型。

议会领导型是指国家的政府审计组织由议会（或国会）直接领导，依照国家法律赋予的权力，对各级政府机关的财政经济活动和公共企业事业单位的财务活动独立行使审计监督权，并对议会负责。议会领导型政府审计的代表国家有美国和英国。政府领导型是指国家的政府审计组织直接由各级政府领导，按照国家赋予的权限，对各级政府所属部门、各单位的财政、财务收支活动进行审计监督，并对政府负责。我国政府审计是政府领导型的代表。司法型的政府审计独立于政府或议会，根据审计结果进行独立裁决，代表国家是日本。财政部领导型是指国家政府审计组织直接由政府财政部门领导的模式。

我国目前的政府审计组织分三个层次：一是中央政府的审计组织，设在国务院，即中华人民共和国审计署，接受国务院总理领导，对国务院总理负责并报告工作。审计署是我国最高的政府审计组织。二是地方各级政府的审计组织，设在县以上的地方各级政府，即审计厅（局）。地方政府的审计厅（局）实行双重领导体制，即在业务上要受上一级政府审计组织的领导，在行政上要受本级政府行政首长的领导。因此，我国地方各级政府的审计厅（局）是在上级审计机关和本级人民政府的领导下负责本级政府辖区内的审计工作，对上级审计机关和本级政府负责并报告工作，在审计业务方面以上级审计机关领导为主。三是中央政府审计组织和地方政府审计组织根据需要设立的派出机构，包括设在国务院各部委的驻在机构、设在地方政府各厅（局）的驻在机构以及设在重点地区的审计办事处。各级政府的审计组织与其派出机构之间实行垂直领导。

（二）政府审计的目标

政府审计机构作为国家的代表，以维护国家利益为宗旨，从广义上讲，其审计目标就是维

护国家在社会经济活动中的权益不受侵犯。从狭义上讲，审计目标主要取决于审计的内容。政府审计是由政府审计组织实施的审计，从内容上来说，可以是财务审计，可以是合规审计，也可以是经营审计。因此，政府审计的基本目标与其他各种审计的基本目标是相同的，包括：

（1）真实性目标，即对经济资料和经济事项的真实性加以确认。这里的真实性包括经济活动的存在性、会计记录的完整性、计价的合理性、会计期间归属的正确性等。

（2）合法性目标，即对财务收支和经济活动及其处理是否符合国家法律法规、主管机构和单位内部的规章制度及合同等的规定给予认定。

（3）有效性目标，即对财务收支活动和经济活动在执行过程中是否经济、有效和高效率给予确认。

政府审计机构在执行不同的审计时需要侧重不同的审计目标：财务审计强调真实性和合法性审计目标；合规审计强调合法性目标；经营审计强调有效性目标。

（三）政府审计的特征

政府审计与内部审计和注册会计师审计比较而言，有其自身的特征，主要表现在以下几个方面：

1.审计对象特殊

政府审计属于宏观审计，其对象包括国民经济各部门、各行业的宏观调控部门和职能管理部门及企事业单位。政府部门本身就是监督机构，对它们进行审计，就是对监督部门进行再监督，既包括审查监督各政府部门自身的财政、财务收支活动，也包括审查和评价该部门的职能的履行情况、工作效果和工作效率、法规法律的执行情况。如对财政税务机关的审计，既要审查其财政税收政策的正确性和有效性，又要审查其本身的财务和业务活动的真实性、合法性和有效性。审计对象的特殊性决定了政府审计的内容广泛而复杂，包括财务审计、合规审计和经营审计。

2.审计依据政策性强

政府部门和行政事业单位所受的法律约束与其他经济组织是不同的。政府职能部门是管理部门，其作用必须通过贯彻执行国家的法律法规、方针政策和规章制度来实现，行政事业单位的收支必须遵守国家的专门规定。因此，在审查这些部门和单位的职能的履行情况和业务活动情况时，必须严格地以相关的法律法规、方针政策和规章制度作为审计的依据。

3.审计方式方法多样化

政府审计内容的综合性决定了其审计方式方法的多样性。在审计方式上，可以是通常的“上审下”，也可以采取“联合审”“同级审”“同步审”“就地审”“延伸审”等多种方式。在方法上，可以根据审计项目的要求灵活运用各种审计方法。

二、政府审计准则

政府审计准则是指政府审计人员对政府及其各部门单位进行审计时必须遵循的规范。政府审计准则一般是由国家最高审计组织制定的，如美国的政府审计准则就是由美国审计总署（GAO）制定和颁布的，我国制定政府审计准则的权威机关是审计署。

一般政府审计准则大体上包括一般准则、现场作业准则和报告准则三个部分。一般准则通常包括对审计人员独立性、业务技能、职业谨慎和保守秘密等方面的要求；现场作业准则一般包括制订审计计划、对现场工作进行监督、遵守法律和制度、收集和评价审计证据、归集和整理审计文件资料等方面的规定；报告准则规范审计报告的形式、审计报告的内容、审计报告的表达和审计报告的发送。

审计署于2010年9月1日颁布了最新的《中华人民共和国国家审计准则》，共七章：

第一章，总则。本章主要说明制定政府审计准则的意义、依据、作用，审计准则的适用范围，审计机关的地位和对审计工作的一般要求。

第二章，审计机关和审计人员。本章对审计机关和审计人员应该具备的资格条件及执业行为作出综合性的规范。

第三章，审计计划。本章规范审计计划、审计工作方案制订的根据和内容。

第四章，审计实施。本章对审计程序、审计证据、审计记录和重大违法行为检查处理等审计实务进行规范。

第五章，审计报告。本章规范了审计报告的内容和形式、审计决定以及整改检查等。

第六章，审计质量控制和责任。本章对审计机关内部控制制度要素和内容予以规范。

第七章，附则。本章对政府审计机关和人员工作特例（即不适用本准则的业务情况）、地方政府审计机关执行本准则等问题进行规范。

三、政府审计的程序与方法

（一）审计程序

政府审计程序是政府审计组织在进行审计时，从开始到结束的审计工作步骤和顺序。根据《中华人民共和国审计法》（以下简称《审计法》）第五章的规定，政府审计程序分为三个阶段，即准备阶段、实施阶段和终结阶段。《审计法》中关于审计程序的规定，是政府审计人员实施审计的法律依据，也是维护国家利益和被审计单位合法权益的重要保证。

1.准备阶段

（1）编制审计项目计划。审计项目计划是审计机关在一定时期（年度）内对需要审计的事项所做的具体规划。根据《审计法》的规定，国家审计机关应对国务院各部门和地方各级政府及其各部门的财政收支、国有的金融机构和企事业单位的财务收支，以及其他依照《审计法》规定应接受审计的财政、财务收支的真实性、合法性和效益性进行审计监督。由于审计的范围广，单位多，内容复杂多样，时间有限，要想在一定的时间内完成审计任务，充分发挥审计在国民经济中的监督作用，政府审计机关必须对审计工作进行统筹安排，编制审计项目计划，以指导、控制和促进审计工作。

（2）确定被审计单位和被审计项目。按照审计项目计划的时间安排，确定相应的被审计单位和被审计项目。在实际执行过程中，如果有上级交办或其他临时需要审计的项目，可对原审计项目计划进行调整，并报请审计机关批准执行。

（3）组织审计力量。实施项目审计，需要配备审计人员，组成审计小组。审计小组是审计机构派出审计人员实施具体审计项目的组织形式，至少要两人。其具体职责包括：拟订审计工作方案，实施审计，收集审计证据，编写审计工作底稿，撰写审计报告，征求被审计单位意见，报送审计报告，对审计事项立卷归档，检查审计意见和审计决定的落实情况，进行后续审计。

（4）拟订审计工作方案。审计工作方案是审计小组按照每一被审计单位（或项目）实施审计的具体工作安排，是审计项目计划的具体化，它对明确审计的范围和重点，明确审计责任，合理组织和协调审计工作具有重要的作用。审计工作方案的内容包括：被审计单位或被审计项目的名称，审计方式，审计依据，审计范围及审计时间，审计人员的组成和分工，审计实施步骤等。在拟订审计工作方案前，审计人员应对被审计单位的有关情况进行必要的了解，使审计工作方案能够切合实际。

2.实施阶段

（1）下达审计通知书。审计通知书是审计组织发给被审计单位、对被审计单位进行审计的书面通知，是审计人员执行审计任务、行使审计监督权的依据和证明。被审计单位收到审计通知书后，应按审计通知书的要求做好审计前的各项准备工作。审计通知书的主要内容包括：审计机关名称，被审计单位名称，审计范围、内容、时间，审计组成员及职务和职称，对被审计单位的要求等。

（2）实施审计。根据审计工作方案的时间安排，在送达审计通知书后审计人员进驻被审计单位开始实施审计。审计人员进驻后的第一项工作是通过召开“见面会”，与被审计单位有关领导、财会和内部审计等部门的负责人以及有关工作人员取得联系，说明审计的目的、内容、时间等，以取得被审计单位领导和员工的支持与配合，同时听取被审计单位的意见及有关情况介绍，协商确定有关审计事宜，如确定与审计组的联络人员，确定并公布接待来访的地点、时间等。

对被审计单位实施具体审计之前，审计组还需要对被审计单位的情况进行深入、细致的了解，尤其要重视对被审计单位的内部控制进行了解、测试和评价，根据新掌握的情况和内部控制可信赖程度适当修改和补充审计方案。审计方案修改后，审计组就可以分头实施审计方案，运用各种审计方法对被审计事项进行审查，收集审计证据，并认真做好审计记录，即编制审计工作底稿。

（3）提出审计报告。审计报告是审计小组实施审计后，对被审计单位财政、财务收支的真实性、合法性和效益性进行评价，提出意见和建议，作出审计结论的书面文件，是审计小组向其派出审计机关提出的内部工作文书。一般来说，凡是审计机关正式发出审计通知书的审计事项，均应提出书面审计报告。

审计报告的主要内容有：审计的基本情况（审计的范围、内容、方式、时间以及被审计单位概况说明）；审计中发现的问题；对审计事项的评价和结论；依据的法律法规、政策和有关规定；审计处理意见和改进建议。

（4）征求被审计单位意见。审计小组讨论修改后的审计报告要送交被审计单位征求意见，这一步骤是根据《审计法》的规定安排的。《审计法》第四十四条规定："审计组对审计事项实施审计后，应当向审计机关提出审计组的审计报告。审计组的审计报告报送审计机关前，应当征求被审计单位的意见。被审计单位应当在自接到审计组的审计报告之日起十日内，将其书面意见送交审计组。审计组应当将被审计单位的书面意见一并报送审计机关。"法律之所以要作出这一规定，一是通过让被审计单位核实有关内容，对不妥之处加以指正，来完善审计报告，提高审计质量；二是为了保护被审计单位的合法权益，增强执法的严肃性。

对于被审计单位提出的书面意见，属于审计报告中事实不清或有出入的，审计小组应当进一步核实；属于审计报告中的适用法律法规不准确或错误的，审计小组应当根据有关法律法规以及具体情况认真研究核实，必要时对报告进行修改。如果被审计单位在规定期限内未提出书面意见，可视作其对审计报告无异议。

3.终结阶段

（1）审定审计报告。派出审计机关要对审计组提交的审计报告和被审计单位的书面意见进行审定。审定审计报告是审计机关对审计报告所列内容进行复核审理，作出最后判断，形成最终评价的过程。审定审计报告，是《审计法》中所规定的重要环节，可使审计工作质量得到充分的保证。

审定审计报告的内容包括：审计事项的事实是否清楚；收集的证明材料是否具有客观性、相关性、合法性和充分性；适用的法律、法规、规章和具有普遍约束力的决定、命令是否准确；提出的审计意见是否可行、是否具有针对性；对查出问题的定性是否准确，初步处理意见是否恰当；对被审计单位提出的异议是否进行了认真研究；审计过程是否遵循了法定的程序。

（2）出具审计报告和审计决定。审计报告、审计决定是审计机关在审定审计组的审计报告后作出的，发给被审计单位及有关单位，对审计事项表达审计结果和审计机关态度、意见的行政法律文书。《审计法》第四十五条规定："审计机关按照审计署规定的程序对审计组的审计报告进行审议，并对被审计单位对审计组的审计报告提出的意见一并研究后，出具审计机关的审计报告。对违反国家规定的财政收支、财务收支行为，依法应当给予处理、处罚的，审计机关在法定职权范围内作出审计决定；需要移送有关主管机关、单位处理、处罚的，审计机关应当依法移送。"可见，审计报告、审计决定两种审计文书分别适用于不同的审计结果。审计机关通过对审计报告进行审定，如果未发现被审计单位有违反国家规定的财政、财务收支行为，不需要进行经济处理、处罚的，则只对被审计单位的财政、财务收支情况得出结论，进行评价，提出审计建议，出具审计报告；如果发现被审计单位有违反法律法规的行为，应依法进行经济处理、处罚的，则需作出审计决定。

（3）进行后续审计。后续审计是指在审计决定发出后的规定期限内，对被审计单位执行审计决定的情况所进行的审计。实行后续审计的目的有两个：第一，确保审计决定的贯彻执行，维护审计监督的权威性和严肃性；第二，验证审计结论的正确性，提高审计工作质量。

后续审计不是每个审计项目必需的步骤。一般而言，问题较多、性质严重而且审计决定不是在短期内就能得到贯彻执行的项目需要进行后续审计。后续审计的范围取决于审计决定的内容，即根据审计决定，审阅被审计单位或其他有关单位的会计记录和其他资料，逐项检查决定事项的落实情况，撰写后续审计报告，报送派出审计机关，并将有关资料存入审计档案。对拒不执行审计决定的被审计单位，审计机关应采取必要的措施，如向政府有关部门通报或向社会公布审计结果。当然，审计机关通报审计结果，应当按照国务院的有关规定，依法保守国家秘密、工作秘密、商业秘密、个人隐私和个人信息。

（4）受理审计行政复议。审计行政复议是行政复议的一种，是审计行政复议机关根据审计行政相对人的申请，依法解决审计争议的活动。审计行政复议是为了维护和监督审计机关依法行使审计职权，防止和纠正违法或不当的具体审计行政行为，保护被审计单位的权益。根据《行政复议条例》的规定，审计行政相对人对法律、法规规定范围内的具体审计行政行为不服，可以向有管辖权的审计行政复议机关提出审计行政复议申请，审计行政复议机关对符合受理条件的审计行政复议申请应当受理，并及时组织力量进行审理，作出复议决定。

审计行政复议的主体是享有复议管辖权的审计行政复议机关，一般是指作出有争议的具体审计行政行为的审计机关的上一级审计机关。特殊情况下，享有审计行政复议管辖权的审计行政复议机关是指作出有争议的具体审计行为的审计机关，如对审计署作出的具体审计行政行为不服引起的复议，审计署仍然为复议机关。个别情况下，享有审计行政复议管辖权的审计行政复议机关指的是法律规定的其他机关，如对审计机关和其他行政机关以共同名义作出的具体行政行为不服引起的复议，以他们的共同上一级行政机关作为复议机关。

审计行政复议的前提条件是审计行政相对人的申请。对于发生的审计行政行为，如果审计行政相对人不提出复议申请，审计行政复议机关无权对其进行审计行政复议。上级审计机关如果发现下级审计机关作出的具体审计行政行为违法或不当，只能通过审计机关内部行政监督程序予以纠正，而不能按行政复议程序处理。

审计行政复议的内容是有争议的具体审计行政行为，包括：对审计机关作出的行政处理不服的；对审计机关作出的行政处罚不服的；对审计机关采取的行政强制措施不服的；认为审计机关的具体审计行政行为侵犯法定经营自主权的；申请审计机关履行法定职责，审计机关拒绝履行或不予答复的；认为审计机关违法要求履行义务的；认为审计机关侵犯其他财产权的；法律法规规定可以申请复议的其他具体审计行政行为等。

审计行政复议的程序大体上由四个步骤组成，即申请、受理、决定、送达。审计行政复议决定的种类包括：维持决定；补正程序决定；撤销、变更决定。审计行政复议结束后，有关的复议资料应归入审计档案。

审计工作结束时，审计小组应将具有保存价值的文件资料按照一定的要求归类、装订、立卷，建立审计档案。审计档案是国家档案的重要组成部分，它真实地记录了审计项目的过程及结果，对今后审计案情的查考以及审计理论、教学的研究可提供重要的依据。

（二）审计方法

审计方法是审计主体实施审计程序、完成审计目标的手段，是审计程序的支持和延伸，只有借助于审计方法，审计程序才能得以实施，审计目标才能得以实现。

政府审计的内容广泛，故其方法是包括各种审计方法的一个完整的方法体系。如果按照审计的内容来说，政府审计将运用财务审计、合规审计和经营审计所使用的各种方法。财务审计主要侧重于证、账、表的审查，最多使用的是一些查账方法，包括顺查法、逆查法、详查法、抽查法、核对法、审阅法等；合规审计在对会计资料和其他资料进行审查的基础上，侧重于使用一些审计调查方法，包括观察法、询证法、盘存法等；经营审计则多需要使用一些分析方法，如比较分析、比率分析、因素分析、趋势分析等。审计人员需根据每个具体的审计项目的内容和要求，有效地使用审计方法。

四、政府审计报告与处理意见

1.政府审计报告

政府审计报告是国家审计机关的审计人员根据审计工作完成情况撰写的审计报告。政府审计报告由实施审计的审计组起草，经审计机关批准，报送国务院或各级地方人民政府及其授权和委托部门，并附送被审计单位，如涉及重大问题，应同时报送上级审计机关，发送被审计单位的主管部门、有关部门及所属审计机关。需进行后续审计的，还应提出后续审计报告。

2.处理意见

这里的处理意见是指政府审计机关在审定审计组的审计报告后出具的审计机关的审计报告和审计决定。政府审计机关所作出的审计报告和审计决定是国家行政机关的行政行为，具有强制性，一经作出就具有强制接受审计结论、强制执行审计处理决定的效力。为确保审计机关依法行政、准确行政，审计报告和审计决定只能由政府审计机关最高行政会议或授权的专门会议作出。

（1）审计报告应当包括下列内容：

① 审计的范围、内容、方式及时间；

② 对审计事项的评价意见和评价依据；

③ 责令被审计单位自行纠正的事项；

④ 改进被审计单位财政、财务收支管理的意见和建议。

（2）审计决定应当包括下列内容：

① 审计的范围、内容、方式和时间；

② 被审计单位违反国家规定的财政、财务收支的行为；

③ 定性、处理、处罚决定及其依据；

④ 处理、处罚决定执行的期限和要求；

⑤ 依法申请复议的期限及受理机关。

审计报告和审计决定均具有法律效力，但由于其内容不同，其法律效力也有所不同。审计决定具有强制性，自送达之日起，被审计单位必须无条件执行。如果被审计单位拒不执行审计决定，审计机关可提请本级人民政府或被审计单位上级机关进行处理。

□ 复习思考题

1.经营审计程序的特征是什么？

2.经营审计程序包括哪五个步骤？

3.合规审计程序可分为几个阶段？在各个阶段应注意什么？

4.内部审计有哪些特征？

5.内部审计报告在编制时应满足哪些要求？

6.审计人员对于内部审计中发现的问题应如何处理？

7.什么是政府审计？它的程序分为几个阶段？

本章要旨及
测试题

参考书目

［1］刘明辉. 独立审计准则研究［M］. 大连：东北财经大学出版社，1997.

［2］克涅科. 审计学：教程与案例（英文版）［M］. 大连：东北财经大学出版社，1998.

［3］卡迈克尔. 审计概念与方法［M］. 刘明辉，胡英坤，译. 大连：东北财经大学出版社，1999.

［4］阿伦斯. 审计学——整合方法研究［M］. 石爱中，等，译. 北京：中国审计出版社，2001.

［5］格雷. 审计流程：原理、实践与案例（影印版）［M］. 北京：中信出版社，2003.

［6］吴琮璠. 审计学［M］. 北京：中国人民大学出版社，2005.

［7］梅西尔. 审计与保证服务——一种系统的方法［M］. 刘明辉，主译. 北京：经济科学出版社，2006.

［8］国际会计师联合会. 国际审计准则［S/OL］.［2006-08-08］. http：//www.china.com.cn/law/flfg/txt/2006-08/08/content_7056848.htm.

［9］刘明辉. 审计与鉴证服务［M］. 北京：高等教育出版社，2007.

［10］刘明辉. 审计学：理论·实务与案例［M］. 北京：首都经济贸易大学出版社，2007.

［11］刘明辉. 高级审计研究［M］. 大连：东北财经大学出版社，2013.

［12］财政部会计司编写组. 企业会计准则讲解［M］. 北京：人民出版社，2009.

［13］刘明辉. 高级审计理论与实务［M］. 大连：东北财经大学出版社，2010.

［14］中国注册会计师协会. 审计［M］. 北京：经济科学出版社，2014.

［15］财政部. 中国注册会计师执业准则［S/OL］.［2010-11-09］. http：//kjs.mof.gov.cn/.

［16］关于印发《中国注册会计师审计准则第1101号——注册会计师的总体目标和审计工作的基本要求》等18项审计准则的通知（财会〔2019〕5号），http：//kjs.mof.gov.cn/.

［17］ELLIOTT R K，WILLINGHAM J J.Management Fraud：Detection and Deterrence［M］. New York：Petrocelli Books，1980.

［18］INSTITUTE OF INTERNAL AUDITORS. IIA Report on Fraud［R］. Altamonte Springs：IIA Research Foundation，1985.

［19］CARMICHAEL D R，WILLINGHAM J J. Perspectives in Auditing［M］. 4th ed. New York：McGraw-hill，1986.

［20］DOUGLAS R C，WILLINGHAM J J，CAROL A. Schaller，Auditing Concepts and Methods：A Guide to Current Theory and Practice［M］. 6th ed. New York：The McGraw-Hill Companies，Inc.，1996.

［21］DONALD H，TAYLOR，WILLIAM G.Auditing：An Assertions Approach［M］. 7th ed. Hoboken：John Wiley & Sons，Inc.，1997.

［22］ARENS A A. Auditing：An Integrated Approach［M］. Upper Saddle River：Prentice Hall Inc.，1997.

［23］MANCINO J.The Auditor and Fraud［J］. Journal of Accountancy，1997.

［24］ROBERTSON J C. Auditing and Other Assurance Engagements［M］. Transcontinental Printing Inc.，1998.

［25］POTER B，SIMON J，HATHERLY D.Principles of External Auditing［M］. Hoboken：John Wiley & Sons Ltd.，1998.

［26］ WHITTINGTON， PANY K.Principles of Auditing and Other Assurance Services ［M］. 3rd ed. New York： McGraw–Hill Companies Inc.， 2001.

［27］ WILLIAM F， MESSIER J R.Auditing and Assurance Services： A Systematic Approach ［M］. 3rd ed. New York： McGraw-Hill Companies Inc， 2003.

［28］ AICPA.SAS No.99 Consideration of Fraud in A Financial Statement Audit ［J］. Journal of Accountancy， 2003.